战略性新兴领域“十四五”高等教育系列教材

工业大数据与人工智能

主　编　汪　萌　吴　澄
副主编　徐　娟　丁　煦
参　编　郭运生　庄国航　邓正宇
何昊昱　祝佳涵　桂翰琦

全书知识图谱

机械工业出版社

本书从工业制造的数字化、网络化和智能化出发，介绍工业大数据的相关知识与工业人工智能技术的实现与应用。在工业大数据方面，阐述其发展和特征，展示数据采集、处理、存储、分析与挖掘等环节的常用技术。在工业人工智能方面，结合工业场景中的需求和任务，介绍面向工业数据的机器学习方法，总结工业中的感知智能技术、认知智能技术和智能优化算法，展示相关软件平台和具体技术的应用场景及典型案例。本书的特点是以智能制造为背景，在讲解大数据与人工智能技术时始终围绕工业和制造的主线，对技术的介绍同时做到覆盖广泛与重点突出，并以专门章节深入展示实际应用。

本书可作为高等院校机械类、自动化类、电子信息类等专业的教材，也可作为与智能制造技术相关的工程技术人员的参考用书。

图书在版编目（CIP）数据

工业大数据与人工智能 / 汪萌，吴澄主编. -- 北京 : 机械工业出版社，2024. 12. -- (战略性新兴领域“十四五”高等教育系列教材). -- ISBN 978-7-111-77198-2

I. F407.4-39

中国国家版本馆CIP数据核字第2024UT7762号

机械工业出版社（北京市百万庄大街22号　邮政编码100037）

策划编辑：丁昕祯　　责任编辑：丁昕祯　章承林

责任校对：郑　雪　宋　安　　封面设计：王　旭

责任印制：刘　媛

唐山三艺印务有限公司印刷

2024年12月第1版第1次印刷

184mm×260mm・22.5印张・555千字

标准书号：ISBN 978-7-111-77198-2

定价：69.80 元

电话服务

客服电话：010-88361066

010-88379833

010-68326294

网络服务

机　工　官　网：www.cmpbook.com

机　工　官　博：weibo.com/cmp1952

金　　书　　网：www.golden-book.com

机工教育服务网：www.cmpedu.com

序

为了深入贯彻教育、科技、人才一体化推进的战略思想，加快发展新质生产力，高质量培养卓越工程师，教育部在新一代信息技术、绿色环保、新材料、国土空间规划、智能网联和新能源汽车、航空航天、高端装备制造、重型燃气轮机、新能源、生物产业、生物育种、未来产业等领域组织编写了一批战略性新兴领域“十四五”高等教育系列教材。本套教材属于高端装备制造领域。

高端装备技术含量高，涉及学科多，资金投入大，风险控制难，服役寿命长，其研发与制造一般需要组织跨部门、跨行业、跨地域的力量才能完成。它可分为基础装备、专用装备和成套装备，例如：高端数控机床、高端成形装备和大规模集成电路制造装备等是基础装备，航空航天装备、高速动车组、海洋工程装备和医疗健康装备等是专用装备，大型冶金装备、石油化工装备等是成套装备。复杂产品的产品构成、产品技术、开发过程、生产过程、管理过程都十分复杂，例如人形机器人、智能网联汽车、生成式人工智能等都是复杂产品。现代高端装备和复杂产品一般都是智能互联产品，既具有用户需求的特异性、产品技术的创新性、产品构成的集成性和开发过程的协同性等产品特征，又具有时代性和永恒性、区域性和全球性、相对性和普遍性等时空特征。高端装备和复杂产品制造业是发展新质生产力的关键，是事关国家经济安全和国防安全的战略性产业，其发展水平是国家科技水平和综合实力的重要标志。

高端装备一般都是复杂产品，而复杂产品并不都是高端装备。高端装备和复杂产品在研发生产运维全生命周期过程中具有很多共性特征。本套教材围绕这些特征，以多类高端装备为主要案例，从培养卓越工程师的战略性思维能力、系统性思维能力、引领性思维能力、创造性思维能力的目标出发，重点论述高端装备智能制造的基础理论、关键技术和创新实践。在论述过程中，力图体现思想性、系统性、科学性、先进性、前瞻性、生动性相统一。通过相关课程学习，希望学生能够掌握高端装备的构造原理、数字化网络化智能化技术、系统工程方法、智能研发生产运维技术、智能工程管理技术、智能工厂设计与运行技术、智能信息平台技术和工程实验技术，更重要的是希望学生能够深刻感悟和认识高端装备智能制造的原生动因、发展规律和思想方法。

1. 高端装备智能制造的原生动因

所有的高端装备都有原始创造的过程。原始创造的动力有的是基于现实需求，有的来自潜在需求，有的是顺势而为，有的则是梦想驱动。下面以光刻机、计算机断层扫描仪（CT）、汽车、飞机为例，分别加以说明。

光刻机的原生创造是由现实需求驱动的。1952 年，美国军方指派杰伊·拉斯罗普（Jay W. Lathrop）和詹姆斯·纳尔（James R. Nall）研究减小电子电路尺寸的技术，以便为炸弹、炮弹设计小型化近炸引信电路。他们创造性地应用摄影和光敏树脂技术，在一片陶瓷基板上沉积了约为 200μm 宽的薄膜金属线条，制作出了含有晶体管的平面集成电路，并率先提出了“光刻”概念和原始工艺。在原始光刻技术的基础上，又不断地吸纳更先进的光源技术、高精度自动控制技术、新材料技术、精密制造技术等，推动着光刻机快速演进发展，为实现半导体先进制程节点奠定了基础。

CT 的创造是由潜在需求驱动的。利用伦琴（Wilhelm C. Röntgen）发现的 X 射线可以获得人体内部结构的二维图像，但三维图像更令人期待。塔夫茨大学教授科马克（Allan M. Cormack）研究辐射治疗时，通过射线的出射强度求解出了组织对射线的吸收系数，解决了 CT 成像的数学问题。英国电子与音乐工业公司工程师豪斯费尔德（Godfrey N. Hounsfield）在几乎没有任何实验设备的情况下，创造条件研制出了世界上第一台 CT 原型机，并于 1971 年成功应用于疾病诊断。他们也因此获得了 1979 年诺贝尔生理学或医学奖。时至今日，新材料技术、图像处理技术、人工智能技术等诸多先进技术已经广泛地融入 CT 之中，显著提升了 CT 的性能，扩展了 CT 的功能，对保障人民生命健康发挥了重要作用。

汽车的发明是顺势而为的。1765 年瓦特（James Watt）制造出了第一台有实用价值的蒸汽机原型，人们自然想到如何把蒸汽机和马力车融合到一起，制造出用机械力取代畜力的交通工具。1769 年法国工程师居纽（Nicolas-Joseph Cugnot）成功地创造出世界上第一辆由蒸汽机驱动的汽车。这一时期的汽车虽然效率低下、速度缓慢，但它展示了人类对机械动力的追求和变革传统交通方式的渴望。19 世纪末卡尔·本茨（Karl Benz）在蒸汽汽车的基础上又发明了以内燃机为动力源的现代意义上的汽车。经过一个多世纪的技术进步和管理创新，特别是新能源技术和新一代信息技术在汽车产品中的成功应用，使汽车的安全性、可靠性、舒适性、环保性以及智能化水平都产生了质的跃升。

飞机的发明是梦想驱动的。飞行很早就是人类的梦想，然而由于未能掌握升力产生及飞行控制的机理，工业革命之前的飞行尝试都是以失败告终。1799 年乔治·凯利（George Cayley）从空气动力学的角度分析了飞行器产生升力的规律，并提出了现代飞机“固定翼+机身+尾翼”的设计布局。1848 年斯特林费罗（John Stringfellow）使用蒸汽动力无人飞机第一次实现了动力飞行。1903 年莱特兄弟（Orville Wright 和 Wilbur Wright）制造出“飞行者一号”飞机，并首次实现由机械力驱动的持续且受控的载人飞行。随着航空发动机和航空产业的快速发展，飞机已经成为一类既安全又舒适的现代交通工具。

数字化网络化智能化技术的快速发展为高端装备的原始创造和智能制造的升级换代创造了历史性机遇。智能人形机器人、通用人工智能、智能卫星通信网络、各类无人驾驶的交通工具、无人值守的全自动化工厂，以及取之不尽的清洁能源的生产装备等都是人类科学精神和聪明才智的迸发，它们也是由于现实需求、潜在需求、情怀梦想和集成创造的驱动而初步形成和快速发展的。这些星星点点的新装备、新产品、新设施及其制造模式一定会深入发展和快速拓展，在不远的将来一定会融合成为一个完整的有机体，从而颠覆人类现有的生产方式和生活方式。

2. 高端装备智能制造的发展规律

在高端装备智能制造的发展过程中，原始科学发现和颠覆性技术创新是最具影响力的科技创新活动。原始科学发现侧重于对自然现象和基本原理的探索，它致力于揭示未知世界，拓展人类的认知边界，这些发现通常来自于基础科学领域，如物理学、化学、生物学等，它们为新技术和新装备的研发提供了理论基础和指导原则。颠覆性技术创新则侧重于将科学发现的新理论新方法转化为现实生产力，它致力于创造新产品、新工艺、新模式，是推动高端装备领域高速发展的引擎，它能够打破现有技术路径的桎梏，创造出全新的产品和市场，引领高端装备制造业的转型升级。

高端装备智能制造的发展进化过程有很多共性规律，例如：①通过工程构想拉动新理论构建、新技术发明和集成融合创造，从而推动高端装备智能制造的转型升级，同时还会产生技术溢出效应。②通过不断地吸纳、改进、融合其他领域的新理论新技术，实现高端装备及其制造过程的升级换代，同时还会促进技术再创新。③高端装备进化过程中各供给侧和各需求侧都是互动发展的。

以医学核磁共振成像（MRI）装备为例，这项技术的诞生和发展，正是源于一系列重要的原始科学发现和重大技术创新。MRI 技术的根基在于核磁共振现象，其本质是原子核的自旋特性与外磁场之间的相互作用。1946 年美国科学家布洛赫（Felix Bloch）和珀塞尔（Edward M. Purcell）分别独立发现了核磁共振现象，并因此获得了 1952 年的诺贝尔物理学奖。传统的 MRI 装备使用永磁体或电磁体，磁场强度有限，扫描时间较长，成像质量不高，而超导磁体的应用是 MRI 技术发展史上的一次重大突破，它能够产生强大的磁场，显著提升了 MRI 的成像分辨率和诊断精度，将 MRI 技术推向一个新的高度。快速成像技术的出现，例如回波平面成像（EPI）技术，大大缩短了 MRI 扫描时间，提高了患者的舒适度，拓展了 MRI 技术的应用场景。功能性 MRI（fMRI）的兴起打破了传统的 MRI 主要用于观察人体组织结构的功能制约，它能够检测脑部血氧水平的变化，反映大脑的活动情况，为认知神经科学研究提供了强大的工具，开辟了全新的应用领域。MRI 装备的成功，不仅说明了原始科学发现和颠覆性技术创新是高端装备和智能制造发展的巨大推动力，而且阐释了高端装备智能制造进化过程往往遵循着“实践探索、理论突破、技术创新、工程集成、代际跃升”循环演进的一般发展规律。

高端装备智能制造正处于一个机遇与挑战并存的关键时期。数字化网络化智能化是高端装备智能制造发展的时代要求，它既蕴藏着巨大的发展潜力，又充满着难以预测的安全风险。高端装备智能制造已经呈现出“数据驱动、平台赋能、智能协同和绿色化、服务化、高端化”的诸多发展规律，我们既要向强者学习，与智者并行，吸纳人类先进的科学技术成果，更要持续创新前瞻思维，积极探索前沿技术，不断提升创新能力，着力创造高端产品，走出一条具有特色的高质量发展之路。

3. 高端装备智能制造的思想方法

高端装备智能制造是一类具有高度综合性的现代高技术工程。它的鲜明特点是以高新技术为基础，以创新为动力，将各种资源、新兴技术与创意相融合，向技术密集型、知识密集型方向发展。面对系统性、复杂性不断加强的知识性、技术性造物活动，必须以辩证的思维方式审视工程活动中的问题，从而在工程理论与工程实践的循环推进中，厘清与推动工程理念与工程技术深度融合，工程体系与工程细节协调统一，工程规范与工程创新互相促进，工程队伍与工程制度共同提升，只有这样才能促进和实现工程活动与自然经济社会的和谐发展。

高端装备智能制造是一类十分复杂的系统性实践过程。在制造过程中需要协调人与资源、人与人、人与组织、组织与组织之间的关系，所以系统思维是指导高端装备智能制造发展的重要方法论。系统思维具有研究思路的整体性、研究方法的多样性、运用知识的综合性和应用领域的广泛性等特点，因此在运用系统思维来研究与解决现实问题时，需要从整体出发，充分考虑整体与局部的关系，按照一定的系统目的进行整体设计、合理开发、科学管理与协调控制，以期达到总体效果最优或显著改善系统性能的目标。

高端装备智能制造具有巨大的包容性和与时俱进的创新性。近几年来，数字化、网络化、智能化的浪潮席卷全球，为高端装备智能制造的发展注入了前所未有的新动能，以人工智能为典型代表的新一代信息技术在高端装备智能制造中具有极其广阔的应用前景。它不仅可以成为高端装备智能制造的一类新技术工具，还有可能成为指导高端装备智能制造发展的一种新的思想方法。作为一种强调数据驱动和智能驱动的思想方法，它能够促进企业更好地利用机器学习、深度学习等技术来分析海量数据、揭示隐藏规律、创造新型制造范式，指导制造过程和决策过程，推动制造业从经验型向预测型转变，从被动式向主动式转变，从根本上提高制造业的效率和效益。

生成式人工智能（AIGC）已初步显现通用人工智能的“星星之火”，正在日新月异地发展，对高端装备智能制造的全生命周期过程以及制造供应链和企业生态系统的构建与演化都会产生极其深刻的影响，并有可能成为一种新的思想启迪和指导原则。例如：①AIGC 能够赋予企业更强大的市场洞察力，通过海量数据分析，精准识别用户偏好，预测市场需求趋势，从而指导企业研发出用户未曾预料到的创新产品，提高企业的核心竞争力。②AIGC 能够通过分析生产、销售、库存、物流等数据，提出制造流程和资源配置的优化方案，并通过预测市场风险，指导建设高效灵活稳健的运营体系。③AIGC 能够将企业与供应商和客户连接起来，实现信息实时共享，提升业务流程协同效率，并实时监测供应链状态，预测潜在风险，指导企业及时调整协同策略，优化合作共赢的生态系统。

高端装备智能制造的原始创造和发展进化过程都是在“科学、技术、工程、产业”四维空间中进行的，特别是近年来从新科学发现、到新技术发明、再到新产品研发和新产业形成的循环发展速度越来越快，科学、技术、工程、产业之间的供求关系明显地表现出供应链的特征。我们称由科学-技术-工程-产业交互发展所构成的供应链为科技战略供应链。深入研究科技战略供应链的形成与发展过程，能够更好地指导我们发展新质生产力，能够帮助我们回答高端装备是如何从无到有的、如何发展演进的、根本动力是什么、有哪些基本规律等核心科学问题，从而促进高端装备的原始创造和创新发展。

本套由合肥工业大学负责的高端装备类教材共有 12 本，涵盖了高端装备的构造原理和智能制造的相关技术方法。《智能制造概论》对高端装备智能制造过程进行了简要系统的论述，是本套教材的总论。《工业大数据与人工智能》《工业互联网技术》《智能制造的系统工程技术》论述了高端装备智能制造领域的数字化网络化智能化和系统工程技术，是高端装备智能制造的技术与方法基础。《高端装备构造原理》《智能网联汽车构造原理》《智能装备设计生产与运维》《智能制造工程管理》论述了高端装备（复杂产品）的构造原理和智能制造的关键技术，是高端装备智能制造的技术本体。《离散型制造智能工厂设计与运行》《流程型制造智能工厂设计与运行：制造循环工业系统》论述了智能工厂和工业循环经济系统的主要理论和技术，是高端装备智能制造的工程载体。《智能制造信息平台技术》论述了产品、制造、工厂、供应链和企业生态的信息系统，是支撑高端装备智能制造过程的信息系统技术。《智能制造实践训练》论述了智能制造实训的基本内容，是培育创新实践能力的关键要素。

编者在教材编写过程中，坚持把培养卓越工程师的创新意识和创新能力的要求贯穿到教材内容之中，着力培养学生的辩证思维、系统思维、科技思维和工程思维。教材中选用了光刻机、航空发动机、智能网联汽车、CT、MRI、高端智能机器人等多种典型装备作为研究对象，围绕其工作原理和制造过程阐述高端装备及其制造的核心理论和关键技术，力图扩大学生的视野，使学生通过学习掌握高端装备及其智能制造的本质规律，激发学生投身高端装备智能制造的热情。在教材编写过程中，一方面紧跟国际科技和产业发展前沿，选择典型高端装备智能制造案例，论述国际智能制造的最新研究成果和最先进的应用实践，充分反映国际前沿科技的最新进展；另一方面，注重从我国高端装备智能制造的产业发展实际出发，以我国自主知识产权的可控技术、产业案例和典型解决方案为基础，重点论述我国高端装备智能制造的科技发展和创新实践，引导学生深入探索高端装备智能制造的中国道路，积极创造高端装备智能制造发展的中国特色，使学生将来能够为我国高端装备智能制造产业的高质量发展做出颠覆性创造性贡献。

在本套教材整体方案设计、知识图谱构建和撰稿审稿直至编审出版的全过程中，有很多令人钦佩的人和事，我要表示最真诚的敬意和由衷的感谢！首先要感谢各位主编和参编学者们，他们倾注心力、废寝忘食，用智慧和汗水挖掘思想深度、拓展知识广度，展现出严谨求实的科学精神，他们是教材的创造者！接着要感谢审稿专家们，他们用深邃的科学眼光指出书稿中的问题，并耐心指导修改，他们认真负责的工作态度和学者风范为我们树立了榜样！再者，要感谢机械工业出版社的领导和编辑团队，他们的辛勤付出和专业指导，为教材的顺利出版提供了坚实的基础！最后，特别要感谢教育部高教司和各主编单位领导以及部门负责人，他们给予的指导和对我们的支持，让我们有了强大的动力和信心去完成这项艰巨任务！

由于编者水平所限和撰稿时间紧迫，教材中一定有不妥之处，敬请读者不吝赐教！

杨善林

合肥工业大学教授

中国工程院院士

2024 年 5 月

前言

高端装备智能制造是一类极其重要的新质生产力，其发展水平是国家综合实力的重要标志。为了加强卓越工程师培养，教育部组织编写了一批战略性新兴领域“十四五”高等教育系列教材，我们有幸承担了《工业大数据与人工智能》教材的撰稿任务。工业大数据与人工智能的结合为制造业带来深刻变革，工业大数据为人工智能技术提供了产品全生命周期的海量训练数据和信息，而人工智能则对高度复杂的工业信息进行计算和分析，从而抽取出相应的工业规则和知识，实现数据驱动的智能决策。本书系统介绍了高端装备智能制造涉及的工业大数据与工业人工智能的核心思想、基本理论、关键技术和应用方法。本书在内容组织上既包含了工业-大数据深度融合而形成的工业大数据融合技术，又包含了工业-人工智能深度融合而形成的工业人工智能系统技术，在写作方法上创新性地使用了案例分析和问题启发等多种思维拓展方式。

工业大数据是指在工业领域中，围绕典型智能制造模式，从研发设计、生产制造、经营管理、运维服务等整个产品全生命周期各个环节所产生的各类数据及相关技术和应用的总称。工业大数据极大延展了传统工业数据范围，同时还包括工业大数据相关技术和应用。工业大数据技术的突破，其本质目标是为了从时序性、真实性、多模态性、强关联性、高通量性的工业数据集中挖掘有价值的新信息，发现新的工业知识与模式，从而推动产业升级、优化生产效能。为了培养新时代的卓越智能制造工程技术人才，本书围绕工业大数据的采集、处理、存储、分析与挖掘、软件与平台等内容，进行了较详细的分析，试图使学生认识到工业大数据融合技术对高端装备智能制造的深远影响。

与此同时，工业人工智能是人工智能技术与工业融合发展形成的系统化的方法与技术体系。它贯穿于设计、生产、管理、服务等工业领域各环节，实现模仿或超越人类感知、分析、决策等能力的技术、方法、产品及应用系统，成为推动高端装备智能化发展的关键技术。本书围绕面向工业数据的机器学习、工业中的感知智能、工业中的认知智能、工业中的智能优化方法和工业大数据与人工智能应用等内容，进行了较详细的分析，使学生理解工业人工智能系统技术，如何在全面感知、泛在连接、深度集成和高效处理的基础上，灵活应对多样且复杂的工业环境并执行各类工业任务。

目前市面上关于大数据和人工智能的教材多为学科通用的大数据技术或者人工智能技术的分别独立的教材。据笔者所知，聚焦于工业领域智能制造的发展规律和基本要求，从系统逻辑的层面将工业大数据技术和工业人工智能技术有机串联后进行全面阐述的高等教育本科教材仍显匮乏。现已出版的工业大数据相关教材，缺乏对工业人工智能技术的深入探讨，难以形成系统的知识体系。还有少量出版的工业人工智能教材，仅适用于专业导论类课程，内容较为简略，同时也缺乏全面、系统的融媒体学习资源，难以满足高等教育智能制造卓越工程师人才培养的专业课要求。因此，本书的主要贡献在于弥补这一缺陷，从系统层面梳理和构建了工业大数据技术和工业人工智能技术的知识体系，为读者提供一个相对完整的工业大数据与人工智能的学习与应用框架。最终在参考大量国内外相关研究的基础上，结合作者多年的研究成果和工程实践编著而成的。本书分为七个章节，具体包括绪论、工业大数据、面向工业数据的机器学习、工业中的感知智能、工业中的认知智能、工业中的智能优化算法，以及工业大数据与人工智能应用。最后，对全书进行了简要的总结与展望，并提出了值得深入思考的战略性和前沿性问题。值得一提的是，全书大量使用了案例分析的方法，在每一章的知识点讲解之后，着力介绍该技术在智能制造领域的实际应用案例，这里既有我国自主知识产权的智能制造的工程实践，也有国际上先进的工业人工智能的系统案例，力图使学生直观地感受到工业大数据和人工智能技术创新对高端装备智能制造的极端重要性。通过这七个章节的系统讲解，我们力求实现思想性、系统性、科学性、生动性、先进性和实践性的统一。希望能够为读者提供从理论到实践的全面指导，帮助他们掌握工业大数据与人工智能技术在高端装备及其制造过程中的基本规律、思想方法、核心知识和应用技能，从而培养学生的创新精神和实践能力，以应对未来工业变革中的挑战与机遇。

本书由合肥工业大学汪萌教授和清华大学吴澄院士主编，参与编写的人员还包括合肥工业大学徐娟、丁煦、郭运生、庄国航、邓正宇、何昊昱、祝佳涵、桂翰琦等。合肥工业大学张利教授、刘征宇副教授、魏振春副教授、樊玉琦副教授、吕增威副研究员等为本书中的应用案例提供了大力支持，在此表示衷心感谢。感谢所有的参考文献作者，他们的研究成果对本书的编写发挥了至关重要的作用！此外，在本书的整体方案设计、知识图谱构建和撰稿审稿直至编审出版的全过程中，得到了很多的支持和帮助，在此表示最真诚的敬意和由衷的感谢！感谢国家自然科学基金基础科学中心项目“智能互联系统的系统工程理论及应用”（项目编号：72188101），该项目成果对本书的研究工作提供了重要支撑！

本书可以作为高等院校机械类、自动化类、电子信息类等专业的教材，也可以作为从事智能制造领域相关工作的技术人员和研究人员的参考书。

限于编者水平和经验，本书难免有疏漏与不妥之处，恳请同行专家和使用本书的广大读者批评指正。

编者

目录

1

第 1 章

绪论

章知识图谱

当今世界，新一轮工业革命正在蓬勃发展。各国现有的制造系统与能力无法适应高端化、个性化、智能化产品和服务的需求升级。为了推进制造业进一步发展，迫切需要技术的革新和智能化的提升。工业大数据与人工智能作为推动制造业数字化和智能化发展的核心技术，为制造业的革命性产业升级带来了难得的历史性机遇，成为驱动制造业智能化发展的关键引擎。本章将对制造的数字化、网络化和智能化，工业大数据发展概况及工业人工智能发展概况三个方面进行深入解析。

1.1 制造的数字化、网络化和智能化

1.1.1 智能制造发展的三个阶段

根据制造业在各个发展阶段的特性，可以总结出三种基本的智能制造模式：数字化制造、网络化制造、智能化制造。

1）数字化制造：自 20 世纪后半叶起，信息技术以数字化为主要形式深刻渗透到制造业领域，触发了一场翻天覆地的变革。数字化制造巧妙结合了先进的数字化技术和制造技术，对产品、工艺及资源等各方面的信息进行数字化描述、分析、决策与控制。

数字化制造的主要特性包括：首先，产品制造过程中广泛采用数字技术，创造出数字化的新颖产品；其次，制造过程中大量运用了数字化设计、建模仿真、数字化装备以及信息化管理；最后，实现了生产流程的整合和优化。

值得强调的是，数字化制造构成智能制造的根基，其内涵持续演变，贯穿于智能制造的三大基本模式和全部发展过程。

2）网络化制造：自20世纪末以来，随着互联网技术的广泛应用，互联网与制造业的融合发展愈发明显，促进了网络化制造的兴起。网络化制造通过网络将人员、流程、数据及各种制造实体紧密相连，不仅促进了企业内部的无缝协作，还拓展到企业外部，实现了社会资源的广泛共享。这不仅重塑了制造业的价值链结构，也加速了行业从数字化制造模式向网络化制造模式的转型。

网络化制造的主要特性如下：第一是数字化及网络化的运用，使得产品能够联网，在设计和研发的过程中可以协同工作和资源共享；第二是在制造过程中实现了横向集成、纵向集成和端到端的集成，贯通了整个制造系统的数据流和信息流；第三则是服务的转变，企业开始利用互联网平台与用户进行交互，生产模式逐渐由以产品为中心过渡至以用户为中心。

3）智能化制造：在新经济和社会发展迫切需要的推动下，新一代人工智能技术深入地融入先进制造技术之中，产生了智能化制造的概念，也就是新一代智能制造。智能化制造将会重新构建整个产品的全生命周期的所有阶段，包括设计、制造、服务等方面，带来制造业的革命性变革。它会催生出全新的技术、产品、商业形态和生产方式，最终全面提升社会生产力。

总体而言，数字化制造、网络化制造和智能化制造这三种基本模式呈现出各自的发展特点和关键问题，反映了新一代的信息科技与先进制造技术的融合过程中的不同阶段特性。然而，这些模式在技术层面上并非完全独立，而是在彼此之间互相渗透、迭代升级，展现出了智能制造进程中的融合性趋势。对于像我国这样的新兴工业大国，应该充分利用其后发优势，选择三者并行推进、融合发展的技术路径。

1.1.2 智能制造的定义与内涵

广义而论，智能制造是新一代信息技术与先进制造技术的深度融合，贯穿于产品、制造、服务全生命周期的各个环节及相应系统的优化集成，实现制造的数字化、网络化、智能化，并不断提升企业的产品质量、效益、服务水平，推动制造业创新、绿色、协调、开放、共享发展。

在工业和信息化部、财政部印发的《智能制造发展规划（2016—2020年）》中指出：智能制造是基于新一代信息通信技术与先进制造技术深度融合，贯穿于设计、生产、管理、服务等制造活动的各个环节，具有自感知、自学习、自决策、自执行、自适应等功能的新型生产方式。

在由工业和信息化部与国家标准化管理委员会联合发布的《国家智能制造标准体系建设指南（2021版）》中，明确阐述了智能制造系统架构及智能制造标准体系的构成等内容。

1. 智能制造系统架构

智能制造系统架构如图1-1所示，从生命周期、系统层级和智能特征三个维度详细描绘了智能制造的元素、装备以及行为等内容，主要目标是确定智能制造的标准化对象与范围。

（1）生命周期　包含了自产品原型研发到产品回收再制造的所有步骤，涉及设计、生产、物流、销售、服务等一系列紧密相连的价值产出过程。生命周期的各环节可以迭代优化以实现持续改进，且每个行业的生命周期的构成和时间顺序可能有所差异。

（2）系统层级　系统层级是指与企业生产活动相关的多层次的组织结构，从硬件设施到战略管理全面覆盖。具体包括：设备层专注于利用传感器、仪器仪表、机械及各类装置执行实质性的物理操作，实现对物质实体的感知与操控。单元层则致力于企业内部，负责信息处理、监控物理过程并实施控制功能。车间层着重于面向工厂或车间层面的生产活动管理。企业层面向整个企业的运营管理。而协同层则是构建信息互联互通的桥梁，不仅促进企业内部与外部的信息共享，还推动跨企业的业务协同。

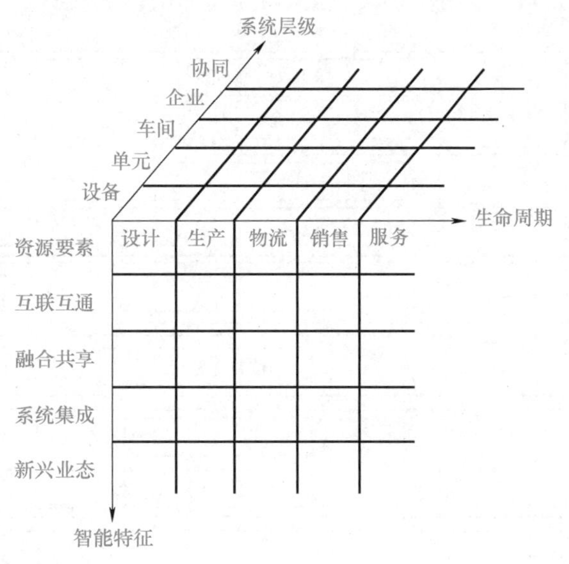

图 1-1　智能制造系统架构

（3）智能特征　智能特征是指制造活动具有的一系列高级功能的表征，包括自感知、自决策、自执行、自学习和自适应等。它涵盖了资源要素、互联互通、融合共享、系统集成和新兴业态等五个层次的智能化要求。

具体而言，资源要素指的是企业在制造过程中所需的各类资源、工具及其数字化模型；互联互通则是指这些资源要素间的数据传输与参数语义的互换，通常由有线或无线网络、特定通信协议及接口来完成；在此基础上，融合共享是指利用云计算、大数据等先进信息技术，实现更高级别的信息协同与资源共享；系统集成是智能制造的关键环节，涉及从单个设备、生产单元、生产线、数字化车间、智能工厂直至整个智能制造系统的数据交互与功能互联；新兴业态是一种基于不同层级资源要素和数字空间融合的层级，它通过数据、模型和系统来支持虚实迭代优化，具有认知、诊断、预测和决策等多种功能。

2. 智能制造标准体系结构

智能制造的标准体系结构由三个部分构成：基础共性标准、关键技术标准和行业应用标准，如图 1-2 所示。

（1）基础共性标准　基础共性标准涵盖了六个领域的标准，包括通用、安全、可靠性、检测、评价、人员能力等。这些标准共同构成智能制造标准体系的稳固基石，为关键技术标准与行业应用标准的建立提供了坚实的基础支撑。

（2）关键技术标准　关键技术标准是智能制造系统架构中智能特性的集中体现，具体映射到产品生命周期管理和系统结构的双重视角下，形成了一个包含六个关键部分的综合体系。其中，智能装备标准着重于智能特征维度的资源要素；智能工厂标准则聚焦于资源要素与系统集成的优化结合；智慧供应链标准则是为了促进智能特征维度信息的互联互通、资源的融合共享以及系统层面的高度集成而设立；智能服务侧重于智能特征维度的新兴业态；智能赋能技术关注的主要是智能特征维度的资源要素、互联互通、融合共享、系统集成和新兴业态；工业网络则重点在于智能特征维度的互联互通和系统集成。

（3）行业应用标准　行业应用标准位居智能制造标准体系结构的顶层，它根据基础共性标准和关键技术标准来实施落地，引导各行业推动智能制造的发展。

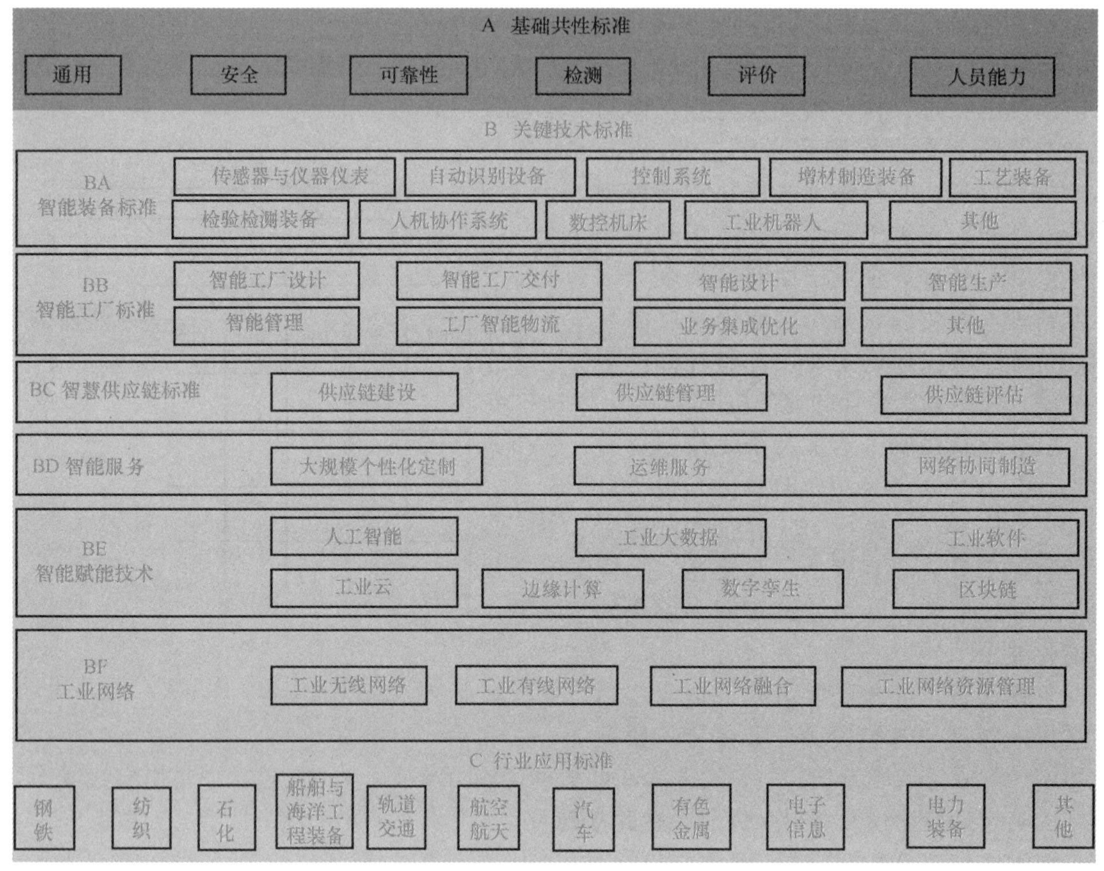

图 1-2　智能制造标准体系结构

智能制造领域的赋能技术主要包括：人工智能、工业大数据、工业软件、工业云平台、边缘计算、数字孪生技术和区块链。这些技术共同作用，推动制造业向智能化转型的进程。本书将围绕工业大数据和工业人工智能进行重点讲解。

1.1.3　工业互联网

尽管业界至今尚未就工业互联网的概念达成一致，但该理念的雏形可追溯至 2012 年 11 月，美国通用电气公司发布了《工业互联网：打破智慧与机器的边界》白皮书，这是“工业互联网”概念的首度提出。随后，中国国务院于 2017 年 11 月 27 日颁布了《关于深化“互联网+先进制造业”发展工业互联网的指导意见》，这一文件成为指导我国工业互联网发展的重要纲领。

中国工业互联网产业联盟（AII）将工业互联网定义为：工业互联网是新一代信息通信技术与工业经济深度融合的新型基础设施，通过对人、机、物、系统等全面连接，构建起覆盖全产业链、全价值链的全新制造和服务体系，为推进制造业数字化、网络化、智能化发展提供了实现途径，在支撑制造强国和网络强国建设，提升产业链现代化水平，推动经济高质量发展方面发挥了重要作用。

中国工业互联网研究院将工业互联网定义为：是新一代信息技术与制造业深度融合的产

物，是实现工业经济数字化、网络化、智能化发展的重要基础设施，通过人、机、物的全面互联，构建起全要素、全产业链、全价值链全面连接的新型工业生产制造服务体系。

中国工业互联网产业联盟发布的白皮书《工业互联网体系架构（版本 2.0）》中提出的工业互联网体系架构包括业务视图、功能架构、实施框架和技术体系等四个部分。

其中，实施框架描述了各项功能在实施过程中的层级结构、软硬件系统以及部署方式，如图 1-3 所示。实施框架被划分为四种层级：设备层、边缘层、企业层和产业层，详细说明了每个层级的网络、标识、平台和安全的系统架构、部署方式以及不同系统之间的关系。该实施框架的主要作用是为用户提供关于工业互联网具体实施的整体规划和建设方案，可进一步用于指导用户在技术选型和系统搭建方面的工作。

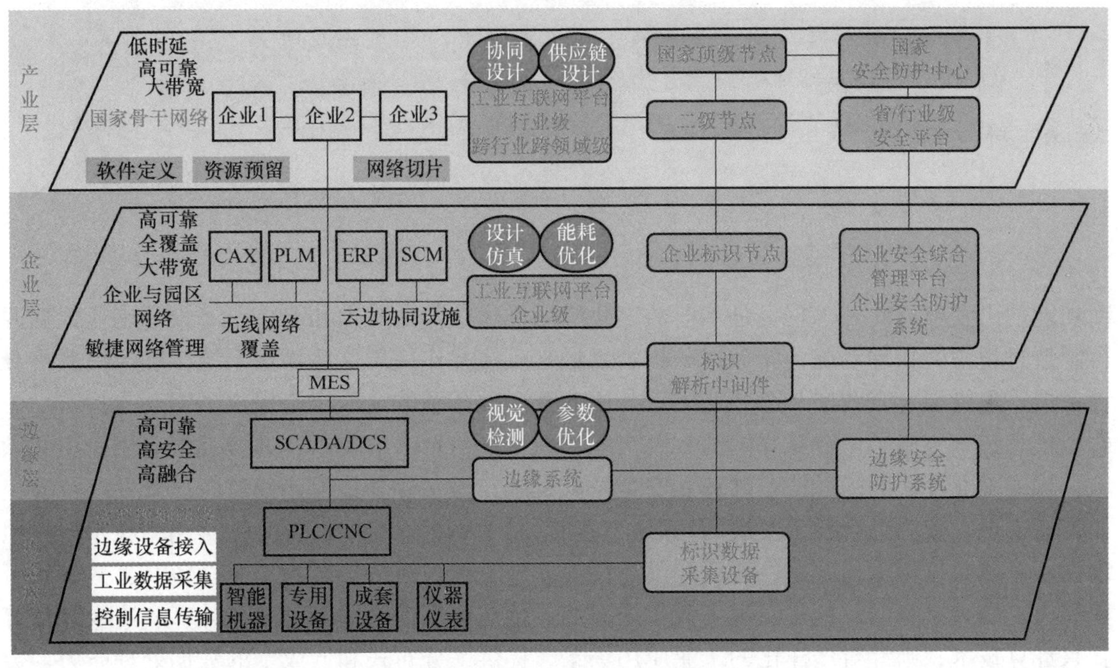

图 1-3 工业互联网实施框架

技术体系是支撑工业互联网功能架构实现和实施框架落地的整体技术结构。这一体系不仅超出了单一学科的界限，还需要把各个独立的技术相互连接，形成一种新的相互关联且各有侧重的技术体系，以确保能够提供出符合功能需求或系统建设的核心技术集合。概括起来，工业互联网的技术体系由制造技术、信息技术以及这两大技术相互交织而成的融合技术组成，如图 1-4 所示。

制造技术支撑构建了工业互联网的物理系统，这些技术包括从机械、电机和化工等工程学领域中提炼出来的材料、工艺等基础技术，还包含诸如工业视觉和测量传感等感知技术，以及用于执行驱动、监控采集、工业控制和安全保护等控制技术。在此基础上，为了满足运输、加工、检测、装配、物流的需求，形成了各种装备技术，例如工业机器人、数控机床、3D 打印机和反应容器等。最终，它们共同组成了生产线、车间、工厂等制造系统。

从工业互联网的视角出发，制造技术首要构建了专业知识和技术的坚实基础，为数据分析与知识积淀勾勒出明确的发展轨迹，成为设计网络架构、平台搭建、安全保障等工业互联

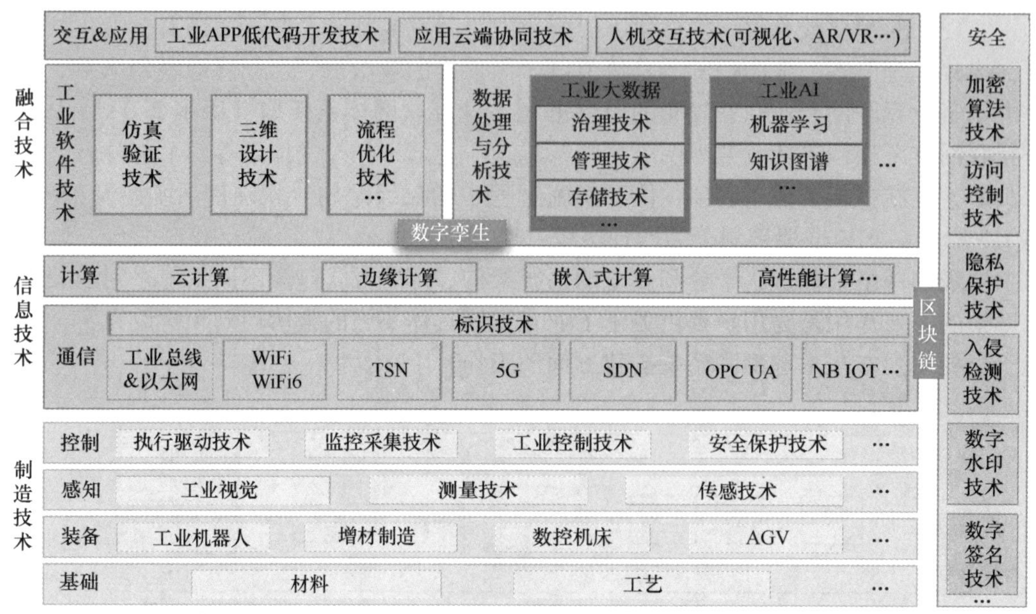

图 1-4　工业互联网技术体系

网功能的出发点。此外，它也是工业数字化应用优化迭代的起点和终点。海量的工业数据源自制造过程中的物理系统，而数据分析结果最终反馈并作用于这些物理系统，确保信息贯穿设备层、边缘层、企业层乃至产业层，为工业互联网体系的全面实施提供了闭环支持。

信息技术勾勒了工业互联网的数字空间，新一代信息通信技术一部分直接应用于工业领域，构成工业互联网的通信、计算和安全基础设施；另一部分技术还经过二次开发以符合工业特有需求，成为融合技术发展的基础。在通信技术中，5G、6G 与 WiFi 等网络技术极大地增强了系统数据传输的效率、速度和灵活性。此外，标识解析技术为工业设备及工艺赋予了独一无二的数字身份，这是实现工业数据无缝连接与可靠传输的关键。云计算和边缘计算等新兴计算技术，则针对多样化的工业应用场景，提供了分布式和低成本的数据处理能力。数据安全及权限管理等安全技术，则确保了数据的安全性、可靠性和可信度。

首先，信息技术为工业互联网系统的数据闭环优化提供了基本支撑体系，使其能够以统一的方法论和技术来构建；其次，信息技术打破了互联网领域与制造领域之间科技创新的壁垒，通过统一的技术基础，互联网领域的通用技术革新得以迅速融入工业互联网中。

融合技术推动了工业互联网中物理系统与数字空间的广泛连接和深度协同。为了适应工业互联网中的特定需求和新兴场景，制造技术和信息技术必须进行适当优化与调整，从而建立一个健全的技术体系。工业数据处理分析技术不仅要满足大量工业数据储存、管理和治理的需求，还要利用工业智能技术深入挖掘数据内涵，并与工业知识相结合，创建数字孪生体系，为分析预测和决策提供支持。此外，工业软件技术依赖于流程优化、仿真验证等关键技术使工业知识显性化，从而实现各种高级应用，如工厂或生产线的虚拟建模与仿真，多品种变批量的生成调度等。而工业交互和应用技术则借助 VR（Virtual Reality，虚拟现实）/AR（Augmented Reality，增强现实）技术改进了制造系统的交互方式，并运用云端同步和低代码开发技术改变了工业软件的设计和集成的策略。

简而言之，融合技术一方面建立了适合工业特点的数据采集、处理、分析体系，促进了信息技术向工业核心环节渗透；另一方面，重新定义了工业知识积累和使用的方式，提高了制造技术优化发展的效能。

1.1.4 工业4.0

2013年4月，全球传统的制造业强国——德国在其举办的汉诺威工业博览会上首次提出了“工业4.0”这一概念。2015年7月，发布了《工业4.0参考架构模型》(Reference Architecture Model Induserie 4.0，RAMI 4.0）研究报告，代表了德国对于“工业4.0”战略的深入理解和探索。

图1-5是德国工业4.0参考架构的总体视图，由层级（Layers）维度、生命周期与价值链（Life Cycle Value Stream）维度和架构等级（Hierarchy Levels）维度组成。原则上讲，任一企业都能够在这个三维架构里寻得最符合自身的定位。

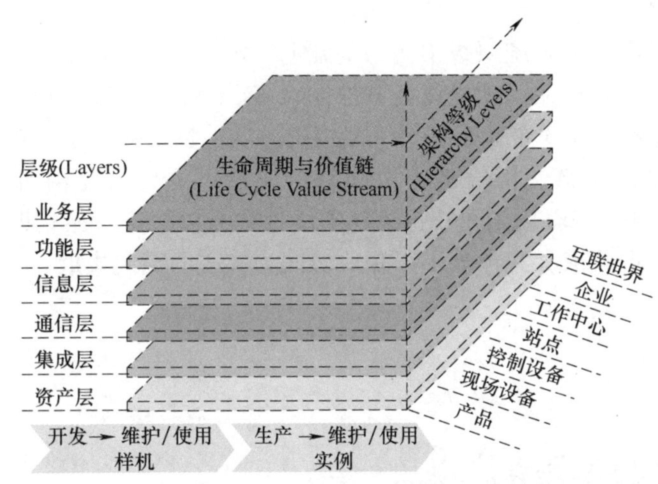

图1-5 德国工业4.0参考架构的总体视图

1. 层级维度

层级维度代表的是将复杂的工程分层并形成容易操作的子模块，是信息物理系统的核心功能。各个层次负责各自特定的功能，下层为上层提供接口，而后者则依赖于前者的服务。自底向上分别是：资产层、集成层、通信层、信息层、功能层和业务层。

1）资产层涵盖了生产环节的所有基本要素，如机器、设备、零部件及人力资源。

2）集成层涉及传感器与控制实体的集成，确保各单元协同工作。

3）通信层通过标准化的架构与通信协议，保障数据与文件的稳定传输。

4）信息层专注于数据处理与分析，提炼有价值的信息以供上层使用。

5）功能层则是对所需功能的形式化定义。

6）业务层映射了各类商业模式、业务流程及任务分配等制造业的业务活动。

2. 生命周期与价值链维度

生命周期与价值链维度从产品全生命周期的视角出发，阐述了如何通过虚拟设计、生产制造及运营优化这三个关键环节，实现以零部件、机器和工厂为代表的工业要素的价值创造过程。其参考标准是IEC 62890：2020《工业过程测量控制和自动化　系统和部件的生命周期管理》。产品全生命周期的过程是指从规划、设计、仿真、制造，到销售和服务的完整过程。

此外，RAMI 4.0模型进一步将生命周期划分为样机（Type）和实例（Instance）两个阶段，更明确地指出不同阶段关注的焦点有所差异。Type阶段涵盖了从最初的设计直至定型的过程，同时也包含了一系列的测试和验证，特别突出了虚拟仿真技术在工业4.0中的关键作用。而在Instance阶段，则主要关注产品的规模化、工业化的制造流程，每一个产品都是样机（Type）的具体表现形式（Instance）。在工业4.0中，Type阶段和Instance阶段构成闭环过程，深刻展现了工业生产核心要素，包括零部件、机械设备乃至整个工厂，实现虚拟设计与实物生产之间的双向映射。这充分强化了数字孪生技术的核心特征，即在虚拟与现实世界之间建立精准对应的镜像关系。在建立价值链的过程中，这些工业生产要素通过数字系统实现了端到端的集成。

3. 架构等级维度

架构等级维度是在企业系统层级架构的基础上，定义了不同功能和类型的生产要素在制造业中的分布情况，包含产品、现场设备、控制设备、站点、工作中心、企业、连接边界。该维度源自IEC 62264：2013企业系统层级架构的标准，特别强调了对产品本身及工厂外部的跨企业协同（包括质量链、价值链等协同）的制造关系，由此构筑了一个层次分明的“现场设备—感知控制—工段—车间—企业”五级架构系统。这一架构既体现了从现场设备到企业规划管理的纵向集成，又体现了以企业协同为核心的横向集成，两者共同构成完整的工业生态系统。

1.2 工业大数据发展概况

1.2.1 工业大数据概述

工业和信息化部在2020年发布了《关于工业大数据发展的指导意见》，指出工业大数据是工业领域产品和服务全生命周期数据的总称，包括工业企业在研发设计、生产制造、经营管理、运维服务等环节中生成和使用的数据，以及工业互联网平台中的数据等。

由中国电子技术标准化研究院等单位联合编制的《工业大数据白皮书（2019版）》中对工业大数据的定义为：工业大数据是指在工业领域中，围绕典型智能制造模式，从客户需求到销售、订单、计划、研发、设计、工艺、制造、采购、供应、库存、发货和交付、售后服务、运维、报废或回收再制造等整个产品全生命周期各个环节所产生的各类数据及相关技术和应用的总称。工业大数据以产品数据为核心，极大延展了传统工业数据范围，同时还包括工业大数据相关技术和应用 。

工业大数据展现出两种本质特性：价值特性和产权特性。价值特性是指，在工业生产、维护和服务的各个阶段，通过工业大数据采集、存储、分析等关键技术，实现工业大数据价值的提升与转化；而产权特性则强调这些数据明确的归属关系及其作为资产的重要价值，赋予企业对数据使用方式及范畴的掌控权。鉴于此，借助科学的管理体系和方法，可以助力工业企业清晰地界定数据资产目录、掌握数据资源布局，并确立所有权界限，为更深层次地挖掘数据价值奠定坚实基础。

1.2.2 工业大数据的发展历程

近年来，工业大数据技术作为支撑我国智能制造、驱动工业互联网进步以及加速信息化与工业化深度融合的核心技术，受到了广泛瞩目。自2015年起，国务院接连发布了《促进大数据发展行动纲要》《关于深化制造业与互联网融合发展的指导意见》《关于深化“互联网+先进制造业”发展工业互联网的指导意见》以及《关于构建更加完善的要素市场化配置体制机制的意见》等一系列政策文件，为工业大数据领域的发展设立了清晰的导向。这些政策着重强调了促进工业大数据在制造业中的深化应用，并要求全面加强工业互联网基础设施建设与数据资源管理系统的构建，旨在充分发挥数据作为基础性资源的潜在价值及其在创新驱动方面的重要作用。

工业大数据在国家和企业层面都得到了广泛关注，并且已经开始在各个领域中应用。在市场规模方面，全球工业大数据市场呈现持续增长的趋势，而我国工业大数据在相关政策的支持下也呈现出显著增长的势头。在行业应用方面，头部企业成为大数据应用的主要推动者，而那些拥有良好信息化和工业化基础的企业更有利于推动大数据应用。在应用类型方面，目前工业大数据平台主要应用于设备管理服务、生产过程管控和企业运营管理等三类场景，浅层应用占据主导地位。在数据资产方面，随着物联网和互联网的发展，物联网和外部数据成为增量数据的主要来源，对应的高频应用也将不断涌现。

1.2.3 工业大数据的前景和挑战

作为世界第一的制造大国，我国拥有丰富的工业大数据资源。近年来，随着新一代信息技术与制造产业深度融合并持续发展，工业大数据应用已经从理论探索转向落地实施的重要阶段。尽管大数据在互联网服务领域的应用已日臻成熟，工业大数据领域却面临着诸多挑战：数据收集不够全面，汇聚力度不足；信息流通与共享程度有限；开发利用的深度有待提升；数据治理及安全方面的短板尤为显著。总而言之，我国工业大数据领域目前仍处于初步探索和起步阶段，未来深化应用与拓展范围的潜力巨大。

在未来三到五年的时间里，工业大数据将从初期的探索阶段进入快速发展的关键时期，全球范围内的工业大数据竞争也会变得更加激烈。因此我国工业大数据的发展应主要着重以下几个方面：

1）在数据汇聚方面：需要全面收集工业数据、加速工业设备的互联互通、推动高质量的工业数据汇聚以及统筹建立国家级的工业大数据平台等。

2）在数据共享方面：需要构建促进工业数据开放共享的新型架构以及建立工业大数据资产价值的评估系统。在工业互联网中，为了实现跨不同系统和设备的数据共享和协作，联邦式结构将是重要的发展方向。联邦式结构允许多个独立实体保留数据所有权和控制权，同时通过安全的方式进行数据共享和协作，从而实现柔性链接多种工业要素的目标。

3）在深化数据应用方面：将促进工业大数据的深度应用，开展工业大数据应用示范项目，强化大数据平台的基础设施功能，建立健全工业大数据应用的生态系统。

4）**在**完善数据治理**方面：**进行大数据管理能力的评价和标准化，推动标准的制定和实施，并强化工业大数据的分类分级管理。

5）**在**强化数据安全**方面：**建立工业大数据安全的管理体系，并加大对工业大数据安全产品的研发力度。

6）**在**促进产业发展**方面：**核心任务是克服工业大数据领域的一系列关键技术挑战，包括数据汇聚、高级建模分析、应用软件开发、资源调度以及监控管理等共性难题。**此外，还需着力推进人工智能、区块链及边缘计算等先进信息技术的应用与深度融合，以此加速技术创新的步伐，进而构建完善的工业大数据产品服务体系，并培育一个充满活力的创新生态系统。**

1.3 工业人工智能发展概况

1.3.1 人工智能的定义

1956年，在美国达特茅斯学院举行的一场学术沙龙上，众多学术精英汇聚一堂，包括斯坦福大学的约翰·麦卡锡、麻省理工学院的马文·明斯基、卡内基梅隆大学的赫伯特·西蒙与艾伦·纽厄尔，以及信息论的奠基者克劳德·香农，还有来自国际商业机器公司（IBM）的代表。正是在这次会议上，他们首度提出了“人工智能”这一开创性概念：用计算机模拟人类的认知、思考和学习等心智活动。由此，人类社会一个新的时代——人工智能时代。

人工智能领域的奠基者是英国的数学与逻辑学巨匠艾伦·麦席森·图灵（1912—1954）。他提出的“图灵测试”源于其发表于1950年的文章“Computing Machinery and Intelligence”中设想的一种试验方法：如果一台计算机能够在5min内对来自人们的问题作出回应并且有至少30%的回答让测试者误以为是人类所作出的，那么这台计算机就被认为具备了智能。

1.3.2 工业人工智能的定义与内涵

2020年工业互联网产业联盟发布的《工业智能白皮书》中指出：工业智能（亦称工业人工智能）是人工智能技术与工业融合发展形成的，贯穿于设计、生产、管理、服务等工业领域各环节，实现模仿或超越人类感知、分析、决策等能力的技术、方法、产品及应用系统。

可以认为，基于工业需求而产生的工业人工智能技术是把通用人工智能技术同工业场景、机理、知识相结合后形成的融合性技术。它能对高度复杂的工业信息进行计算和分析，从而抽取出相应的工业规则和知识，具有自感知、自学习、自执行、自决策、自适应等特性。

当前，工业人工智能作为一套系统化的方法与技术体系，为工业领域带来创新的解决方案，成为推动智能制造与工业互联网发展的关键技术。它能够在全面感知、泛在连接、深度集成和高效处理的基础上，灵活适应多样且复杂的工业环境并执行各类工业任务，最终提升制造业的智能化水平。

工业人工智能与传统人工智能的区别主要体现在以下几个方面：

1）应用场景不同：传统人工智能主要应用于解决一般性的问题，如语音识别、图像识别、自然语言处理等。而工业人工智能则专注于工业领域，解决生产制造、设备管理、生产过程优化等与工业生产相关的问题。

2）处理对象不同：传统人工智能主要处理文字、图像和语音等非结构化信息。而工业人工智能则需要处理大量的结构化信息，例如传感器数据、生产线数据以及设备运行数据等。

3）决策需求不同：传统人工智能系统的决策往往是基于个体用户的需求，例如推荐系统根据用户的喜好推荐商品。而工业人工智能更侧重于对整个工业生产系统的决策优化，如生产计划调度、设备维护预测等。

4）实时性要求不同：传统人工智能应用中的一些任务可以在非实时环境下进行处理，而工业人工智能通常需要具备较高的实时性和稳定性，以支撑工业生产过程中的实时监控和决策。

5）处理数据量和复杂度不同：传统人工智能处理的数据量和复杂度相对较低，而工业人工智能需要处理的数据量通常更大，数据复杂度更高，因为工业生产中涉及多个环节、多个变量的复杂关联。

总体而言，工业人工智能更专注于解决工业领域的特定问题，对其在实时性、数据量、决策需求等方面的要求更高，而传统人工智能则更广泛地应用于各个领域的智能化解决方案。

1.3.3 工业人工智能的发展历程

工业人工智能的发展与人工智能技术的演进密切相关，从人工智能的概念诞生至今，工业人工智能经历了三个不同的发展阶段。

1. 萌芽期：基于规则的专家系统时代

自20世纪80年代以来，规则型专家系统不断发展成熟，其独特之处在于能利用已有的知识库构建规则，形成对特定领域的经验与专家知识进行固化及程序化执行的系统，以应对特定领域的问题。这类系统在工业企业的管理系统中展现了突出的功效，比如美国推行的车间调度专家系统以及日本新干线钢铁公司研发的FAIN专家系统，都是颇为显著的成功案例。

2. 渗透期：基于统计的传统机器学习时代

自21世纪初至21世纪20年代之初，可视为基于统计的传统机器学习时代。此间，“联结主义”蔚然成风，计算机科学与工程技术界的一系列先进技术——包括统计学方法、机器学习理论及神经网络技术——被广泛应用以破解那些机制尚不明晰的工业难题。举例而言，智能控制理论，特别是模糊控制与神经网络控制，在工业流程调控及机器人技术中得到广泛实践；图像处理技术的创新运用提高了产品外观质量的自动化检测水平；机器学习则在工业数据的建模分析方面大放异彩，进一步指导并优化了生产流程。然而，必须指出的是，以神经网络为支柱的机器学习技术，很大程度上属于黑箱方法，其可信度与可解释性的局限影响了其在工业领域的深度推广。

3. 发展期：基于复杂计算的深度学习时代

从 21 世纪初至今，已经迈入了以复杂计算为核心的深度学习时代。随着深度学习、知识图谱等技术的涌现，新型算法应对复杂任务的能力显著增强，使得人工智能技术逐步具备了应对现实复杂挑战并且超过人类能力的潜力。这个阶段的典型代表包括：基于数据驱动的优化与决策；基于机器视觉的产品质量检测；构建工业知识图谱应对跨领域、跨行业的复杂挑战；同时，人机协作的智能工业机器人也取得显著进步并在各个领域广泛应用。

人工智能技术正引领新一波科技产业革命的浪潮，成为驱动工业向智能化转变的核心动力。据预测，到 2035 年，人工智能对于制造业的增值占比可能达到 2.2%，位居全社会 16 个主要行业之首。依据麦肯锡的研究报告，人工智能预计能为德国的工业生产效率带来显著提升，年增长率可望达到 0.8%~1.4%。另一方面，埃森哲预计到 2035 年，由于人工智能的应用，我国制造业的增长速度会加快约 2.0%，是所有行业中提速最显著的。

提高工业领域的智能化水平已成为全球范围内的普遍共识。众多发达国家及组织出台了详细的方针政策。例如，美国、日本、德国以及欧盟分别颁布了《国家人工智能研究和发展战略规划》《新机器人战略》《国家工业战略 2030》《欧盟人工智能》，这些政策核心聚焦于推动产品生命周期优化、先进机器人、自动驾驶技术，以及大数据技术在工业领域的深度应用。

我国正紧紧抓住由人工智能引领的新一轮科技创新与产业升级的重要契机，推动智能制造的发展。从政策层面看，制造业的相关政策文件逾 20 次强调了人工智能技术的重要性，视其为推动制造业创新发展的关键要素。此外，明确将工业制造领域指定为人工智能技术实施的重点行业。在《“互联网+”人工智能三年行动实施方案》《新一代人工智能发展规划》及《促进新一代人工智能产业发展三年行动计划（2018—2020 年）》等多项政策文件中，均明确提出将制造业列为优先开展人工智能应用示范的重要领域，进一步凸显了对该领域融合发展的重视与支持。

1.3.4 工业人工智能的前景和挑战

从目前工业人工智能的应用现状来看，还存在以下几方面亟待解决的问题：

1. 实时性的挑战

目前通用的计算架构和芯片无法满足工业场景下的实时运算要求，这使得边缘推理的需求变得紧迫起来。深度学习包含了训练和推理两步。在训练阶段，能耗和实时性能并非关键考量因素。实际应用中，模型通常先在离线环境中完成训练，随后部署至实际应用场景，因此现有 GPU 芯片能够应对多数需求。但值得注意的是，一些特定的工业环境对推理环节提出了极高的实时性要求，这超出了现有芯片的处理能力范畴，因此设计专用芯片尤为重要。举例来说，标准芯片处理一张 1080P 分辨率图像大概耗时 1s，而在图像高精度高速检测的工业场景下，要求系统能够以接近人眼识别的速度，即 1/24s（41.7ms）进行图像识别，目前的 AI（Artificial Intelligence，人工智能）技术还远未达到。因此，为了适应工业领域对实时性能的严格要求，发展高性能、低成本的领域特定架构芯片，以及为工业应用场景量身定制的专用终端计算框架将是重要发展趋势。这标志着工业人工智能芯片与框架的发展趋向于更高效的解决方案和精细化的行业适配性。

2. 可靠性的挑战

算法可靠性是指在规定的时间内或者特定的环境中能够顺利完成规定功能的能力。例如，一些关键性的工业部门及流程对于推荐参数的准确性有着严格的要求，如果参数出现任何偏差，可能会影响安全生产，甚至使生命财产受到威胁。但是，目前的人工智能算法并不能保证其在工业领域应用的稳定性和可靠性。例如，BP、RBF 和 LSTM 这些流行的神经网络模型的输出层函数都是基于概率分布的方法，且对新数据泛化性较差，因此这些模型目前更多地被用于产品的缺陷检查、设备预测性维护等危险较低、辅助性质的工业场景。针对高危险等级的工业场景，需要开发满足可靠性要求的专用深度学习算法。

3. 可信性的挑战

当前，尽管以神经网络为代表的“联结主义”方法在众多领域展现出强大能力，但它无法提供直观清晰的语义解释。在冶金、核电这类工业核心领域，利用工业人工智能来破解难题时，具备坚实可靠的工程及科学原理至关重要。因此，我们需要透彻理解工业内在机理，这是发展工业人工智能的前提。将人工智能技术与工业机理知识相结合，不仅能够强化对复杂数据的分析能力，而且是建立可信度高、可解释性强的工业人工智能系统的关键路径。此外，工业人工智能系统通常处理敏感信息和关键数据，如生产流程、商业机密等。系统可能受到对抗性攻击，例如输入恶意数据以误导系统决策，因此确保系统的安全性，注重隐私保护，防止黑客入侵、数据泄露或恶意攻击，也是工业人工智能必须解决的重要问题。

4. 泛化性的挑战

人工智能模型训练后可以达到理想的性能，但当应用场景与训练环境场景区别较大时，其性能会显著下降。此外，模型易受到对抗样本攻击。人视觉或听觉无法感知的扰动，也可能会使模型输出错误结果。

5. 可控性的挑战

一些工业人工智能系统可能具有一定程度的自主性，能够在一定范围内做出决策。此外，工业人工智能系统在操作过程中可能会受到外部干扰或系统内部故障的影响，导致系统行为出现不确定性。特别是生成式人工智能模型在产品设计与优化、视觉质量控制和产品检验、个性化定制生产等众多工业场景中具有广泛的应用前景，但是该类模型可能会受到训练数据中的偏见影响，导致生成内容存在种族、性别、文化等方面的偏见或者出现虚假信息及误导性内容的情况。因此如何在系统的自主性和人类的干预之间找到平衡，确保系统行为符合人类的意图，是一个重要挑战。

总的来说，目前工业人工智能的应用大多集中在个别场景中，普及程度不够广泛，并且仍处于初步发展阶段。未来的发展趋势主要有三个方向：首先，致力于人工智能通用技术的瓶颈突破。围绕核心算法、硬件与系统等关键技术，加速推进通用技术产品的研发进程，提升技术的可解释性、跨场景迁移性和软硬件适配性。其次，加强工业领域的专用人工智能技术研发。鉴于工业领域对于实时性、可靠性、可信性、泛化性、可控性的特定需求，需促进工业级适配芯片、架构、算法及产品的联合研发与实测验证，确保技术深度贴合行业实际。最后，加速人工智能最前沿理论研究成果向工业领域的转化应用。通过构建工业人工智能创新中心、孵化器、加速器等多种形式的创新平台，为前沿技术提供应用测试、演示体验的环境，从而催化新技术在工业领域的快速落地与推广。

本章小结

本章主要阐述了制造的数字化、网络化和智能化，包括智能制造发展的三个阶段、智能制造的定义与内涵、工业互联网的概念、实施框架和技术体系，以及工业 4.0 概念和 RAMI 4.0 标准体系架构；随后分别阐述了智能制造和工业互联网的两大核心技术：工业大数据和工业人工智能的概况，包括：工业大数据的定义和特征、工业大数据的发展历程、工业大数据的前景和挑战；人工智能的定义、工业人工智能的定义与内涵、工业人工智能的发展历程、工业人工智能的前景和挑战。

思考题

1. 从智能制造的赋能技术中选择某项技术阐述你的理解，并举例说明其赋能技术在智能制造中的具体应用。

2. 从工业互联网的技术体系中选择某项技术阐述你的理解，并举例说明工业互联网的具体应用场景。

3. 阐述你对智能制造、工业互联网、工业 4.0 三者的区别和联系的理解。

4. 什么是工业大数据？阐述大数据与工业大数据的区别。

5. 从工业人工智能的定义出发阐述你对此的理解，并举例说明某类工业人工智能问题在智能制造中的具体应用。

参考文献

[1] 郑树泉，王倩，武智霞，等. 工业智能技术与应用［M］. 上海：上海科学技术出版社，2019.

[2] 臧冀原，王柏村，孟柳，等. 智能制造的三个基本范式：从数字化制造、“互联网+”制造到新一代智能制造［J］. 中国工程科学，2018，20（4）：13-18.

[3] ZHOU J，LI P G，ZHOU Y H，et al. Toward New-Generation Intelligent Manufacturing［J］. Engineering，2018，4（1）：11-20.

[4] 工业和信息化部，国家标准化管理委员会. 国家智能制造标准体系建设指南（2021 版）［R/OL］.（2021-11-17）［2024-06-18］. https://www.gov.cn/zhengce/zhengceku/2021-12/09/5659548/files/e0a926f4bc584e1d801f1f24ea0d624e.pdf.

[5] 美国通用电气公司. 工业互联网：打破智慧与机器的边界［M］. 北京：机械工业出版社，2015.

[6] 工业互联网产业联盟. 工业互联网标准体系（版本 3.0）［R/OL］.（2021-12-31）［2024-06-18］. https://www.aii-alliance.org/uploads/1/20220607/60ad3c60e7a2043ee99df5dfb96a56d3.pdf.

[7] 张忠平，刘廉如. 工业互联网导论［M］. 北京：科学出版社，2021.
[8] HANKEL M，REXROTH B. The Reference Architecture Model Industrie 4.0（RAMI 4.0）[R]. Frankfurt：VDI，VDE，ZVEI，2015.
[9] 欧阳劲松，刘丹，汪烁，等. 德国工业 4.0 参考架构模型与我国智能制造技术体系的思考［J］. 自动化博览，2016（3）：62-65.
[10] 中国电子技术标准化研究院. 工业大数据白皮书（2019 版）[R/OL].（2019-04-01）［2024-06-18］. https://www.cesi.cn/images/editor/20190401/20190401145953698.pdf.
[11] 刘海平. 工业大数据技术［M］. 北京：人民邮电出版社，2021.
[12] 工业和信息化部.《工业和信息化部关于工业大数据发展的指导意见》解读［A/OL］.（2020-05-13）[2024-06-18]. https://www.miit.gov.cn/jgsj/xxjsfzs/gzdt/art/2020/art_878c32c73a3f4ded9134d1b21e02fc8d.html.
[13] 丁世飞. 人工智能导论［M］. 3 版. 北京：电子工业出版社，2020.
[14] 工业互联网产业联盟. 工业智能白皮书 2020［R/OL］.（2020-04-26）［2024-06-18］. http://www.aii-alliance.org/upload/202004/0430_161537_192.pdf.

2

第2章 工业大数据

章知识图谱

说课视频

随着智能制造和工业互联网的发展，众多不同类型的设备与传感器持续涌现在工业环境中，为企业和工厂创造了前所未有的海量且多元的数据资源。这些浩瀚的数据蕴含着丰富的信息，成了推动产业升级、优化生产效能、塑造竞争优势的核心驱动力。本章将深入剖析工业大数据在采集、处理、存储、分析与挖掘、软件与平台等方面的技术及其应用场景。

大数据采集在工业大数据处理中扮演着核心角色，它通过各种先进的传感器和智能设备，实现了对工业现场的全面感知。这些传感器和设备能够实时捕捉到环境中的细微变化，如温度、湿度、压力、振动等关键参数，将物理世界的信号转化为数字信息，为后续的数据分析和决策提供原始数据支持。传感器的广泛应用使得数据获取更趋全面与即时，智能设备和自动化系统的增加也为数据采集开辟了更多可能途径，从而使人们能够对工业生产全过程有更深层次的认知，进而有效监控并优化生产操作流程。

大数据处理是工业大数据价值链中不可或缺的一环，承担着数据清洗、格式转换、数据集成等重要任务。由于工业环境中采集的数据通常体量庞大且格式多样，含有大量的噪声和冗余信息，直接用于分析可能会导致误导性的结果，因此高效的数据处理技术显得尤为重要。

大数据存储构成了工业大数据分析的基础架构。在工业化生产过程中，产生的大量生产数据、设备状态数据和质量数据等需被持久妥善保存，为后续的分析和挖掘提供支撑。然而，传统的数据库管理系统（DBMS）已难以适应日益增长且多样的存储需求，故此，分布式文件系统、NoSQL 数据库、云端存储等新兴技术成功解决了大规模数据存储难题，确保了数据的安全性、可靠性和完整性。

大数据分析与挖掘构成了工业大数据处理的中枢任务，它们共同推动着制造业智能化的进程。面对浩瀚如海的数据量，传统统计学方法的分析效率和深度已很难满足复杂的需求。因此，诸如机器学习、数据挖掘以及人工智能等前沿技术的融入，成了解锁工业数据潜力的关键。这些技术不仅能够构建复杂的数据模型，进行精准的预测分析，还能敏锐地识别生产流程中的异常情况，从而深度揭示数据背后的规律与联系，指导生产过程不断优化，确保运营效率与产品质量的双重提升。

工业大数据软件与平台，作为连接物理世界与数字世界的桥梁，通过对海量生产数据的采集、分析与应用，实现了生产过程的透明化、决策的智能化以及服务的个性化。

总之，工业大数据在数据采集、处理、存储、分析与挖掘、软件与平台等方面的精耕细作，成了工业向智能化转型升级的关键路径，也是实现智能制造的基石所在。

2.1 大数据技术概述

2.1.1 大数据的定义和特征

1. 大数据的定义

“大数据”这一概念在 20 世纪 90 年代便已悄然兴起，直至 2011 年，麦肯锡在一份颇具影响力的评估报告中正式确认了“大数据时代”的降临，从而极大地提升了社会各界对大数据价值的关注程度，尽管当时业界尚未形成对大数据的统一界定。

麦肯锡对于大数据的解读尤为突出了它与传统数据库处理框架的区别：大数据是指规模巨大且结构复杂，远超出常规数据库处理能力边界的大规模数据集合，在获取、存储、管理和分析等全流程上挑战了现行数据库管理系统和传统数据处理技术的极限。这一概念涵盖了数据从采集、存储、检索、共享、传输到可视化等整个生命周期的各个环节。同时，全球知名的信息技术（IT）研究与咨询服务提供商 Gartner，则将大数据定义为一种新的信息资产类别，这类资产拥有巨大的数据量、高速的增长率以及多样的数据形态，需要借助新的处理模式以增强决策效能、洞察力和业务流程优化能力。

换言之，大数据也可理解为一类数据集合，它们无法在现有的、可接受的时间范围内仅凭传统的 IT 和软硬件设施进行有效捕获、管理、加工和服务。这里“传统的 IT 和软硬件设施”特指基于单体计算架构以及旧有的数据分析算法。

尽管各方对大数据的含义有不同的表述方式，但普遍认同的是，大数据是信息技术领域内一次革命性的技术创新。

2. 大数据的特征

一般来说，大数据具备以下四个维度的特征（4V），即数据量大（Volume），种类多（Variety），速度快、时效高（Velocity）和价值高但价值密度低（Value），如图 2-1 所示。

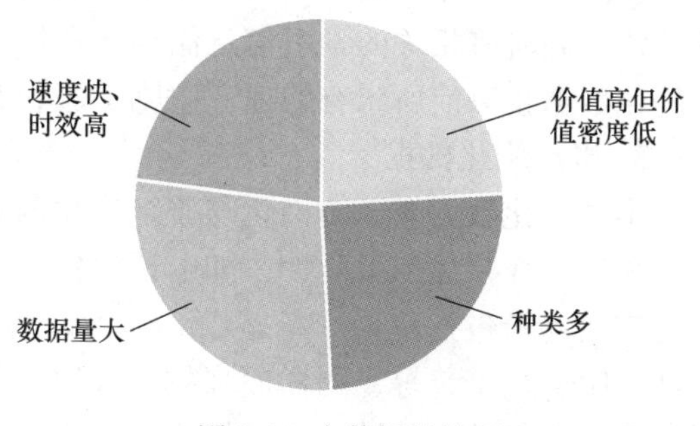

图 2-1　大数据的特征

（1）数据量大　来自互联网、线上交易、社交媒体平台，如微信、电话通信、企业内部信息系统、物联网传感器、社区交互等各种渠道的数据持续迅猛增长，迅速积累至 TB 乃至 PB、EB 级别，原有集中处理和集中存储数据的方式逐渐无法满足当前实际需求。

（2）种类多　相较于传统数据，大数据来源广泛且维度丰富，涵盖了多元化的数据类型。不仅包括易于组织和管理的结构化数据，还囊括了文档、网络访问记录、图像、音频视频资料、地理位置信息、模拟信号数据、社交互动信息等多种半结构化和非结构化数据。

（3）速度快、时效高　伴随带宽扩容和技术设备普及，数据流正以前所未有的速度不断涌现，每秒产生的数据流量惊人。数据从生成到应用的有效期限极短，遵循着“近乎实时”的原则（即“1s 定律”），这意味着要在有限的时间窗口内挖掘出数据的价值，对数据处理的时效性提出了极高要求。大数据环境下的数据产生、存储、分析和处理速度远超以往，这是大数据相较传统数据或少量数据的核心区别之一。

（4）价值高但价值密度低　大数据中多为半结构化和非结构化形态，原始状态下往往混杂了大量的冗余信息，表现为价值密度较低。然而，通过精细的数据清洗、整合和深度分析过程，可以从中提炼出极具价值的信息。比如，在公共区域的视频监控场景中，虽然全天候录制产生了大量视频数据，但真正蕴含关键信息、具有极高价值的可能仅仅是几秒的画面片段。

2.1.2　大数据的构成

近年来，得益于互联网、云计算、移动互联网及物联网等一系列新兴信息技术的飞速进步，数据的产出源头日益多元化，数据形态亦呈现更为丰富的多样性。大数据体系包含了结构化、非结构化以及半结构化三大类别的数据元素。

1. 结构化数据

结构化数据是指那些具备严格定义的架构、明确的属性分类和数据类型的信息，形象地说，它们相当于存储在数据库表格中的信息单元。尽管结构化数据在整个数据海洋中占比不足 20%，但正是这部分数据长久以来支撑了各类用户详尽的需求分析，其处理和利用技术已相当成熟和完善。

2. 非结构化数据

非结构化数据不具备统一的组织形式，涵盖视频、音频、图片、文档、纯文本等多种表现形式。这类数据广泛存在于诸如医学影像系统、在线教育视频、视频监控系统、地理信息系统、文件服务器、多媒体资源管理系统等诸多应用场景之中，涉及的数据存储需求包括基础存储、数据备份以及数据共享等。对于小型非结构化数据记录（例如 KB 级别），有时可以直接嵌入数据库表单的一个字段中；而对于大规模的数据记录，则更倾向于直接存储于文件系统，同时将相关的索引信息储存在数据库内。随着移动互联网和物联网的蓬勃发展，非结构化数据正以前所未有的速率急剧膨胀，其中蕴含的潜在价值不容忽视。

3. 半结构化数据

半结构化数据介于结构化与非结构化两者之间，它虽有一定的组织规则，却又允许具有一定程度的变化性和灵活性，如电子邮件、HTML 文档、报表格式数据、资源库资料等。其常见应用场景包括邮件系统运营、Web 服务集群搭建、教育资源库建设、数据深度挖掘项目和档案管理系统等，同样面临数据存储、备份、共享及归档的基本需求。对于半结构化数据，既可以尝试将其转化为结构化形式进行存储，也可根据数据项的具体规模和特性，灵活选取适宜的存储方案。

2.1.3 大数据的基本处理流程

大数据的基本处理流程一般可分为以下几个步骤：数据采集、数据处理、数据存储、数据分析与数据挖掘、数据可视化，如图 2-2 所示。

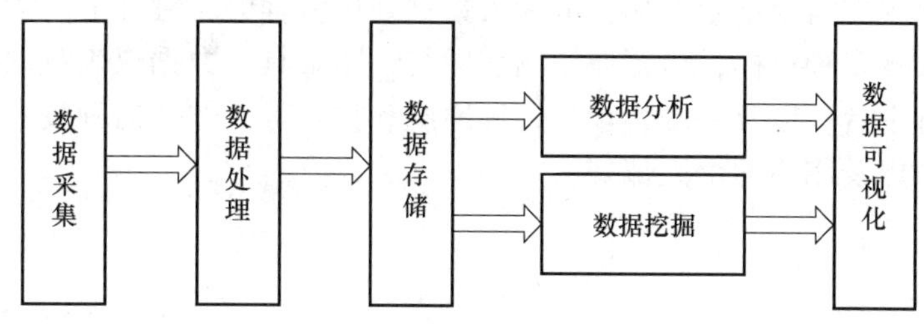

图 2-2 大数据的基本处理流程

1. 数据采集

数据采集又称数据获取，指运用多元技术手段从系统外部获取数据并将其引入内部系统的接口过程。主要的数据采集途径包括利用网络爬虫技术获取数据、数据批量导入以及通过物联网传感器设备实时自动采集信息等。

2. 数据处理

数据处理是对原始数据进行系统化操作，包括采集、清洗、转换、整合、分析、可视化和存储管理，旨在将其转化为有价值的信息以支持决策、解决问题或驱动数据应用。其核心环节包括：采集与清洗、转换与整合、分析与可视化、构建模型、数据管理。数据处理的目标是将原始数据转为信息资产，服务于业务决策、产品优化、科研及各类数据驱动场景。

3. 数据存储

数据存储涉及选择合适的存储系统和技术，以有效地保存处理后的数据，满足访问速度、容量、安全性、成本和合规性等要求。常见的数据存储类型包括关系数据库（如 MySQL、Oracle）、非关系数据库（如 MongoDB、Cassandra）、数据仓库（如 Amazon Redshift、Google BigQuery）、数据湖（如基于 Hadoop 的分布式文件系统或云存储服务），以及专用的大数据存储解决方案（如 Apache HBase、Apache Cassandra）。存储策略应考虑数据的结构化程度、查询需求、分析目的、备份与恢复需求等因素。

4. 数据分析与数据挖掘

数据分析，这一涵盖数据采集至解读的全过程，不仅涉及构建模型对数据进行严谨的处理与分析，还致力于从已知数据中发现规律，通过核查、筛选、计算与逻辑判断等手段，确保数据的质量与可靠性。其核心在于利用分布式统计分析以及针对未知领域的分布式挖掘与深度学习技术，通过聚类、分类、关联分析和深度学习等高级手段，深入剖析数据间复杂的关联与潜在规律，构建精准预测模型，为决策提供科学依据。

数据挖掘运用一系列探索性方法和技术，对现有数据进行深度剖析，旨在发现新颖的模式与趋势，构建预测模型以满足高级分析需求。与传统统计分析相比，数据挖掘更为灵活，它不拘泥于预设假设，而是依托于更强大的算法，在海量数据中自主寻找有意义的结构。

5. 数据可视化

数据可视化是一种将大量数据以图形、图像形式表现出来的技术，借助数据分析工具揭示其中的隐含信息。它利用图形图像处理技术、计算机视觉技术以及用户界面设计，通过数据的表达、建模和三维、二维图形展示，对数据进行直观诠释。

在大数据时代，由于数据规模和复杂性的增加，用户直接从大数据中洞察知识变得越发困难，因此数据可视化需求不断增加，成为大数据处理流程的关键环节。大数据时代下的可视化技术可用于实现多种目标，包括使用图表库与绘图工具、数据仪表盘软件、可视化编程语言、大数据处理平台，以及一套科学的设计原则和技巧等。选择何种技术和方式取决于数据规模、分析需求以及用户的个人偏好。

2.2 工业大数据分类及其特征

工业大数据并非孤立存在的单一概念，而是由多元化的数据源汇聚而成的复杂生态系统，其来源与特征可以从制造业务流程、采集类型以及数据来源三个维度进行剖析。

2.2.1 按照制造业务流程划分

工业大数据犹如一条无形的数据链，贯穿于产品生命周期的各个阶段，从市场需求洞察、产品构思设计，到原料采购、生产执行、质量监控，直至产品销售、售后服务乃至废弃处置或再利用，每一环节都源源不断地产生并积累着丰富的数据。以业务流程划分，可分为以下几类数据：

1. 设计工艺数据

在产品设计阶段，设计工艺数据构成设计图样、计算机辅助设计（CAD）模型以及工艺流程蓝图的基础，帮助企业在产品设计上精益求精，优化生产工艺流程，从而提升产品的整体质量和性能。设计工艺数据让制造企业能够深入了解并把控产品设计细节、制造要求以及与其他系统的相互作用。

此外，设计工艺数据与数字化制造技术（如 CAD 和 CAM 系统）的结合，使产品从设计到生产的全过程实现了数字化模拟和精准操控，这有力地推动了生产率和品质的升级。

2. 生产执行数据

生产执行数据是对生产各环节实施实时追踪和控制的重要基础，它涵盖了原料使用情况、设备状态、工序执行详情、生产进度以及员工操作日志等多个维度。实时关注这类数据有助于快速应对生产中出现的问题和异常情况。例如，通过密切关注生产计划与实际执行进展，企业能够迅速做出调整以保证按照既定标准和计划顺利完成生产任务；通过监测设备的运行状态，可预见可能发生的故障并提前做好维护保养。

3. 产品质量记录数据

产品质量记录数据涉及产品尺寸、外观特性和物理性能等各项评价指标的实测结果以及质量检测记录。这类信息为企业评估产品质量水平提供了有力依据，并支撑起了质量控制和改进活动。例如，通过测量产品的尺寸和外观特性来判断其是否符合设计规范；通过测试物理性能参数来明确产品的耐用性、强度等关键性能指标。同时，产品质量记录数据也在推动质量管理的数字化转型。通过整合数字技术，实现质量数据的可视化和信息化管理。

4. 供应链数据

供应链数据涵盖供应商管理、原材料采购、零部件供应、物流配送和仓储管理等多个环节，包含供应商资质、交货时间、准时率、库存水平、供应链成本等多种要素。供应链数据的分析与应用在优化供应商选择、强化物流效能及推动数字化管理方面展现出巨大价值。企业通过精细评估供应商表现，如交货速度与库存管理，来甄选成本效益最优的合作伙伴。同时，借助对物流和仓储数据的深入分析，有效调整物流布局与仓储策略，既降低了运营成本，又提升了客户满意度。更进一步，供应链数据与数字技术的融合加速了供应链管理的可视化与自动化进程，借助先进的管理软件，可以实现对供应链数据的实时监控与智能分析。

5. 维护和服务数据

维护和服务数据专注于设备维护保养、故障报告、维修历史记录以及客户服务档案等内容，这些信息对于设备维护计划制定、故障预防、售后服务以及客户关系管理等方面都极为重要。它不仅助力企业依据设备运行状态和历史记录科学制定维护保养计划，提升设备的稳定性和可靠性，还能通过分析故障模式与维护历史，预见并规避风险，采取预置维修行动。在售后服务领域，这些信息能够基于客户的反馈持续改进，并优化服务流程，以此来增强客户满意度与忠诚度。

2.2.2　按照采集类型划分

不同类型的采集数据相互融合，构建起一个多维度、立体化的信息空间，为企业决策提供全方位的洞察支持，本小节详细介绍以下几种类型数据：

1. 键值对（Key-Value）数据

在工业大数据领域中，键值对数据结构是一种广泛应用的数据类型，其基本构成是由“键”和“值”两部分组成，如在键值对（“name”“sensor”“type”“temperature”）中，“name”和“type”作为关键字（Key），分别关联着“sensor”和“temperature”这两个值（Value）。这种模型利用映射关系建立起键与值之间的联系，类似散列函数。在键值存储系统中，数据以键值对的形式集合在一起，每个键在集合内具有唯一性，用户可以通过键来进行数据的查找或更新。相较于传统的数据库关系模型，键值模型摒弃了预先设定好的固定模式，允许任意类型的值与键相关联，只需知道键，就能快速获取相应值，而值的类型、大小等属性并无严格限定，如图 2-3 所示。

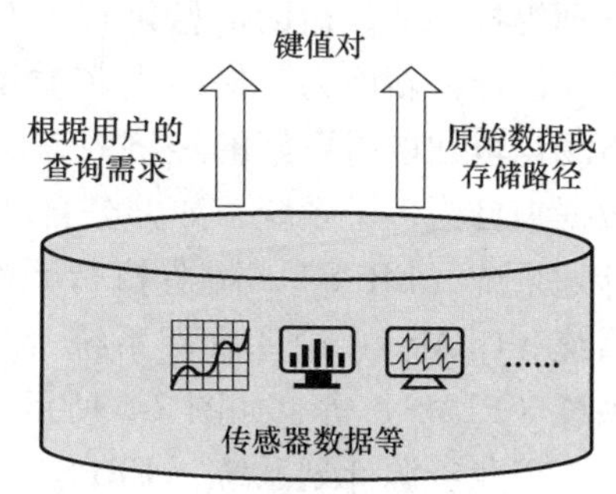

图 2-3　键值对数据

鉴于传感器技术的快速发展和广泛应用，工业生产环境中产生了大量的传感器数据，如温度、压力等，这些数据高频生成且单条数据内容相对较小。由于其高频读写特性和数据模型的简洁性，非常适合采用键值对模型进行表示和存储。例如，对于传感器数据，可以根据传感器 ID 和采集时间戳构建键，如“sensorid-timestamp”，便于快速定位到某一特定传感器在特定时间点采集的数据，而值可以是原始数据本身或者指向更大规模数据的存储位置信息。

2. 文档数据

在网络环境下，许多半结构化数据如 HTML/XML 文档也成为工业大数据的一部分。由于传统关系数据库难以应对海量且结构复杂的文档数据存储需求，于是出现了专门针对文档数据设计的数据库模型——文档型数据库。与早期文件管理系统中数据难以共享的问题不同，文档型数据库支持数据共享，以文档作为信息处理的基本单元。文档型数据库是 NoSQL 数据库家族的一员，尤其擅长存储和管理半结构化数据，如 MongoDB、CouchDB、Terrastore 等，它们允许不同结构的文档存储在同一数据库或集合中，并且无须预先定义严格的模式，具体如图 2-4 所示。

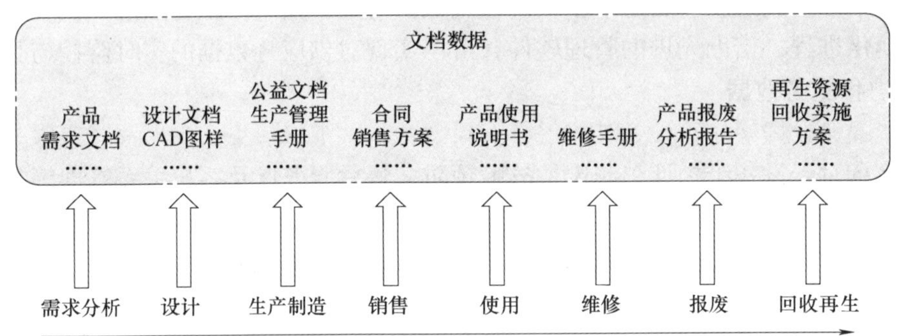

图 2-4　工业产品在全生命周期中产生的文档数据

3. 信息化数据

信息化数据源自企业在信息化进程中产生的各种数据，通常保存在数据库中。信息化是通过现代通信、网络、数据库技术手段，将各类信息资源集中整合，服务于生产生活、决策分析等活动的过程。这一过程显著提升了工作效率，为社会发展注入强大动力。

对于工业企业来说，信息化体现在研发、生产、营销、管理等各环节，借助信息化技术对相关信息进行处理，提升产品设计创新能力，提高生产质量，强化营销效果，以适应市场竞争和取得更好的经济效益。企业信息化过程中产生的数据来自诸多子系统，如办公自动化系统（OAS）、企业资源计划系统（ERPS）、制造执行系统（MES）、客户关系管理系统（CRMS）、仓库管理系统（WMS）、产品生命周期管理系统（PLMS）等，如图 2-5 所示。

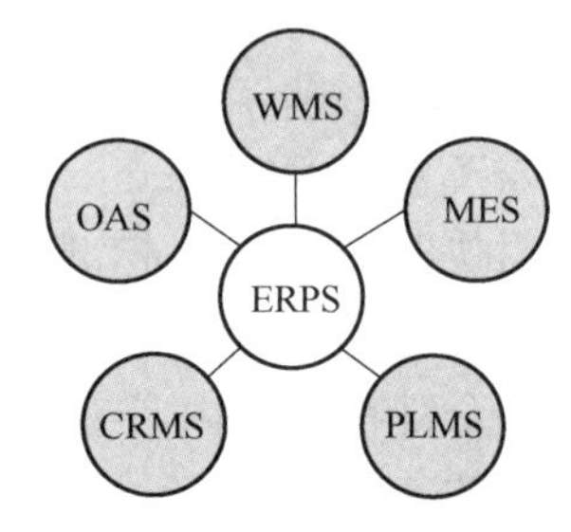

图 2-5　企业信息化子系统

企业资源计划系统（ERPS）作为一个集成化管理平台，囊括企业内部所有资源及信息，包括生产资料数据、财务数据、设备数据、产品研发数据和人力资源数据，同时也涵盖了供应链上下游的相关信息。这些数据大部分存储在 ERPS 的数据库中，便于直接提取和利用。

4. 接口数据

随着工业信息化水平不断提升，企业内部通常部署有多套信息系统，如销售管理系统、生产管理系统等，各系统可能会使用不同的数据库，导致数据格式各异，系统间数据交互面临挑战。尤其是在迈向智能制造的过程中，不同信息系统间的协同需求越来越强烈，例如，生产管理系统需要获取销售管理系统中的客户定制数据。为此，远程过程调用（RPC）技术得到广泛应用，随之产生了 XML-RPC、JSON-RPC、SOAP 等数据交换协议和接口数据（见图 2-6）。其中，XML-RPC 和 SOAP 基于 XML 格式传递消息，JSON-RPC 则基于 JSON 格式。

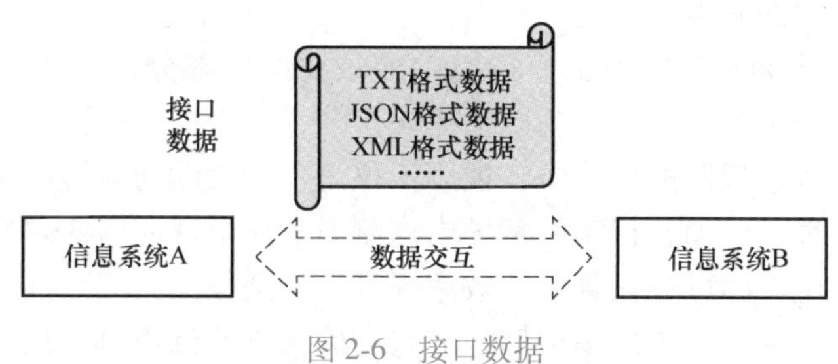

图 2-6　接口数据

（1）TXT 格式数据　TXT 格式，全称为“Text”或“Plain Text”，是一种极为基础且广泛应用的文本文件标准。其核心特征在于其纯粹性与简洁性，仅包含无格式的文字信息，摒弃了诸如图像、表格、字体样式、颜色等非文本元素，确保内容以最原始、最直接的方式呈现。

TXT 格式作为一种专注于纯文字内容记录与交换的标准，凭借其纯粹、简洁、通用、易编辑等特点，成为众多应用场景中的理想选择，尤其在需要消除格式干扰、凸显内容实质的情况下表现出色。

（2）JSON 格式数据　JSON（JavaScript Object Notation）格式是一种轻量级的数据交换格式，源于 JavaScript 编程语言。JSON 以文本形式表示数据，具有简洁的层级结构和较高的读写性能，且易于机器解析和生成。与 XML 相比，JSON 格式文件体积更小，解析速度更快。在工业领域中，JSON 格式的接口数据具备如下优势：灵活简洁的描述能力，适用于描述工业领域中的结构化、半结构化数据以及来自关系数据库、对象数据库等多种数据源的内容；采用无保留字的自定义描述关键字，适应工业设备中频繁变化的字段需求；在异构系统间数据交换时，JSON 格式数据易于解析和处理，大大提高了数据交换的效率和速度。

（3）XML 格式数据　XML（可扩展标记语言）格式作为一种开放的标准化文本格式，促进了不同平台与系统间的数据互换，确保了信息交流的一致性与普遍适用性。它允许自定义标签以适应工业领域的各种专业术语和描述，并支持数据的部分更新，仅需发送变动部分而非整个数据包，这在工业设计和生产中具有重要意义。XML 格式数据凭借其广泛的兼容性和标准化特点，成为工业异构系统间数据交互的理想媒介。

值得注意的是，XML 和 JSON 均为开放数据交换格式，两者之间可以互相转换，以满足不同场景下的数据交互操作需求。

5. 现场多媒体数据

为了保证工业生产的安全和方便事故的回溯，在工业现场一般会安装很多图像设备、音频采集器、视频监控设备等，这些设备会产生大量的图像数据、视频数据和音频数据，这些数据统称为现场多媒体数据。

（1）图像数据　图像数据源自工业现场的各类拍摄设备，如巡检手持设备捕捉的设备和环境图像。这些图像本质上是由不同点上的光照强度和色彩信息构成的，转化成数据时，图像被分割成像素单元。像素值决定了图像的类型：二值图像仅含黑白信息，灰度图像展示从黑到白的多个灰阶，而彩色图像则通过 RGB 三原色组合表达丰富的色彩。在工业领域，图像数据的应用至关重要，它支持自动化的部件识别、分类及缺陷检测，提升了检测效率，并在三维视觉技术中发挥作用，助力机械臂等设备实现精准定位与作业流程优化，整体促进了工业自动化和智能化的发展。

（2）视频数据　视频数据作为工业环境中的重要组成部分，主要由广泛的监控设备捕获，实质上体现为连续图像序列，其基础构建块是帧，进而构成镜头、场景乃至包含完整叙事的故事单元。在工业电视监控系统中，视频不仅是生产活动与环境的实时观测媒介，还涉及复杂的时空数据管理。例如，特制的窑炉内窥测温工业电视能够实现实时监控火焰与物料状况，极大地促进了生产的可视化管理、效率提升、安全保障与工作环境优化。尽管视频数据因规模庞大和结构复杂常限于采集存储，但它在确保工业流程可控性与智能化转型方面的潜力不容忽视。

（3）音频数据　音频数据是数字化声音信息的载体，通过采样和模数转换将模拟音频信号处理为可在计算机中存储和处理的形式。此过程的关键在于采样频率和采样位数：前者决定每秒采样次数，影响声音还原的真实度与数据量；后者确定每次采样的精度，关乎声音细节的丰富程度。音频数据在诸如设备故障诊断中展现出巨大价值，尤其是通过声音检测技术自动分析机械声纹以实现精准维护，对比人工检查，不仅提升了诊断准确性，还有效降低了维护成本并简化了检查流程，特别是在发动机监测等复杂应用场景中。

2.2.3　按照数据来源划分

工业大数据的生成源头既包括企业内部的各类信息系统，也延伸至设备物联网及广泛的外部互联网。内外部数据的深度融合与分析，不仅强化了企业内部运营管理，更提升了对外部环境变化的敏锐感知与快速响应能力。

1. 企业信息化数据

企业信息化的核心在于全面数字化企业的日常运营全流程，包括产品制造、物料流通过程、现金流管理、业务运营、客户互动、售后服务等多个环节，并通过信息技术将这些流程集成在网络上进行综合处理，使企业能够迅速获取并掌握所有业务信息，从而实现科学合理的业务决策，提升在全球市场经济竞争中的优势。因此，企业信息化扮演推动企业生产及管理过程智能化、优化企业资源使用效率的关键角色。在技术实现上，企业信息化倚赖互联网、大数据、云计算、人工智能等先进技术，促进企业内外部数据的高度共享，强化内部各部门协作与外部企业间的联动，同时整合企业自身的供应链关系，增强对业务运营和市场需求的掌控力度，及时优化业务流程，使之更为高效。

2. 工业物联网数据

工业物联网作为驱动工业智能化的核心技术，深度融合传感器、控制器与先进的通信技术于制造业各环节，显著提升效率、质量，降低成本与资源消耗。它基于工业大数据与云端计算，构建高效安全的通信体系，支撑数据的全面采集至分析，为设备智能化操作奠定基石。工业物联网数据源自多样化设备如数控机床、射频识别（RFID）设备、传感器等，促进人-机及机-机交互，实现设备状态的实时监测与智能决策，随着技术成熟与设备创新，物联网数据量剧增，进一步巩固其在工业大数据领域的重要地位。

3. 外部跨界数据

在信息技术驱动下，企业日益重视跨界外部数据，这些源自广泛领域的信息如气候变化、市场趋势及政策变动，虽非企业直接产生，却可通过网络渠道轻松获得。企业巧妙融合此类外部数据与内部运营情报，深入剖析，提炼精华，赋能核心竞争力。例如，农机企业联结气候与农业数据，定制增产方案；制造企业依据气象预警及供应链动态灵活调整生产物流，防患于未然；销售策略在宏观经济与地域文化的洞察中精准成型，推动产品畅销，助力企业盈利与市场领航。工业大数据具体分类如图 2-7 所示。

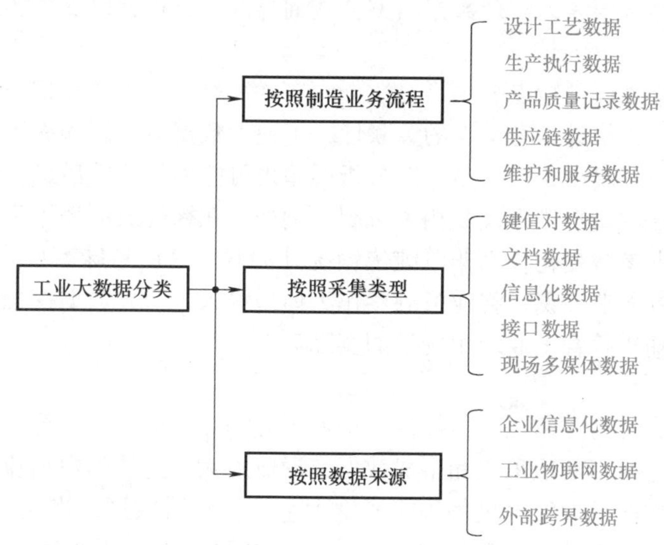

图 2-7　工业大数据具体分类

2.2.4　工业大数据特征

工业大数据是大数据的一个应用行业。它除具有一般大数据的特征外，还具有时序性、真实性、多模态性、强关联性、高通量性等特征，具体描述如下：

1. 时序性

工业大数据的时序性指的是在工业领域中所涉及的数据具有时间顺序和时间相关性的特征。这意味着数据不仅包含关于特定事件或对象的信息，还包含了这些信息随时间的变化趋势。时序性数据通常以时间序列的形式存在，其中每个数据点都与特定的时间戳相关联。

在工业领域，时序性数据可以来自各种传感器、监测设备和生产系统，记录了设备状态、生产指标、环境条件等随时间变化的信息。这些数据可以用于分析生产过程的动态变化、检测设备故障、预测生产趋势等。

2. 真实性

真实性在工业大数据中至关重要。精准的数据如同构筑智慧决策的基石，其真实性与质量直接影响基于数据的决策准确性。在工业环境中，通过高速实时的数据捕获技术、跨多个源头的数据整合以提升数据的准确性，或是采用数据清洗手段以确保数据真实有效，避免因数据质量问题导致错误甚至误导性决策。

3. 多模态性

多模态性体现在工业大数据来源多样且形态各异。既有传统信息系统中的结构化数据，又有来自系统日志、传感器等半结构化和非结构化数据。同一对象经由不同方式或角度记录，形成多样的数据模态，它们各自承载着独特且互补的信息。举例来说，工业设备的使用情况可以通过图像记录现场操作，同时通过传感器数据记录设备性能参数。多模态数据的整合有助于企业更全面地理解和解析复杂的现象，尤其是在单一模态数据缺失的情况下。工业大数据实践中，关键在于揭示各模态间隐藏的关系，协同作用于描绘生产环节或设备行为的全貌。这就要求运用统一的数据建模方法论，将不同模态的数据映射至同一对象模型，并通过业务逻辑关联各生产要素，实现数据的整合查询与深入分析，以支持实际生产活动。

4. 强关联性

工业大数据的强关联性特点强调了对数据内在联系的深刻理解和精确把握。不同于常规大数据分析中主要关注统计学意义上的关联性，工业大数据对预测和决策的精确度有着极为严格的标准。在工业环境中，即便是一次分析误差也可能引发严重后果，因此，工业大数据更看重数据背后反映的物理逻辑及其相关机制。例如，在探究成品率下降的原因时，要深度分析与之相关的工业参数变化，而非单纯依赖统计关联。这就意味着要在构建数据模型时，充分融合工业领域的专业知识，将业务洞察作为模型输入，引导数据挖掘、分析和预测模型的设计，确保模型输出符合工业应用场景的实际需求。

5. 高通量性

高通量性特征表现为工业场景中大量、快速生成的数据流。在智能制造环境下，机器和传感器以高频次、连续不断地采集和生成数据，形成庞大且持续的数据流。例如，参照国际标准，一台正常工作的风力发电机每秒能产生大量的传感器数据，当大量风机同时运作时，数据写入速率将达到极高值。由于设备分布广泛且数量众多，所产生的时序数据采集频率高、总量巨大，全天候不间断，这就形成了典型的“高通量性”特征。针对这种特性，工业大数据系统必须配备能够应对高并发、高吞吐量的数据接入、缓存、高效读写存储、查询以及分布式分析等功能，构建一体化的数据管理系统，确保能满足工业实时数据处理的严苛要求。

2.3 工业大数据采集

工业大数据采集离不开坚实的网络基础模型与先进的采集技术支撑。本节主要探讨工业大数据网络基础模型的关键构成，剖析工业大数据常用的网络传输协议，以及详解单点采集与组合采集技术，旨在揭示它们在构建稳健、高效工业大数据采集体系中的核心作用。

2.3.1 工业大数据网络基础模型

本节围绕工业大数据中的两种典型网络基础模型展开——现场总线通信技术网络模型和工业以太网网络模型。

1. 现场总线通信技术网络模型

（1）现场总线通信技术的概念　现场总线控制系统（Fieldbus Control System，FCS），成功解决了传统分布式控制系统（Distributed Control System，DCS）中专用通信网络的局限性。它不仅将 DCS 的集中与分散融合架构优化提升至一个全新的全分布式层次，而且还把控制功能彻底下放到现场，这极大提升了系统效率与灵活性。

现场总线通信技术巧妙地将控制逻辑与通信功能融为一体，促成设备间的直接沟通，减轻了对中央控制器的依赖，使系统能够更快适应现场变动，并迈向更高层次的自治性与响应效率。这项技术通过显著削减硬接线使用，不仅大幅降低了初期安装与后续维护的成本，还简化了系统架构，赋予系统更高的灵活性和扩展潜力。即插即用的特性让新设备的添加或系统调整变得轻松快捷，为未来系统升级预留了宽广空间。

（2）现场总线通信技术的分类及其特点　现场总线通信技术作为现代工业自动化的核心组成部分，其分类多样，覆盖了从基础的设备级通信到复杂的控制级应用，每种类型都有其独特的优势和适用场景。以下是几种主要的现场总线分类及其特点的详细说明：

1）FF（Foundation Fieldbus）。作为一种遵循 ISO/OSI（开放系统互连）参考模型的现场总线，FF 分为 H1 和 H2 两种类型。H1 专为设备级通信设计，适用于传感器、执行器等低速设备的互联，而 H2 则服务于控制级应用，提供更高的数据传输速率，适用于更复杂的过程控制需求。FF 总线的开放性和模块化设计使其在石油、化工等过程自动化领域有着广泛的应用。

2）CAN（Controller Area Network）。CAN 总线最初为汽车工业设计，因其卓越的错误检测与恢复能力、高可靠性和实时性而在工业控制领域获得广泛应用。

3）ControlNet 是罗克韦尔自动化公司推出的一种高性能网络，专门设计用于满足运动控制、I/O 控制和设备级控制的严格要求，适用于对实时性有极高要求的高端应用。

（3）现场总线通信技术的网络结构　现场总线通信技术的网络结构通常遵循 OSI 七层模型的简化版本，如图 2-8 所示。

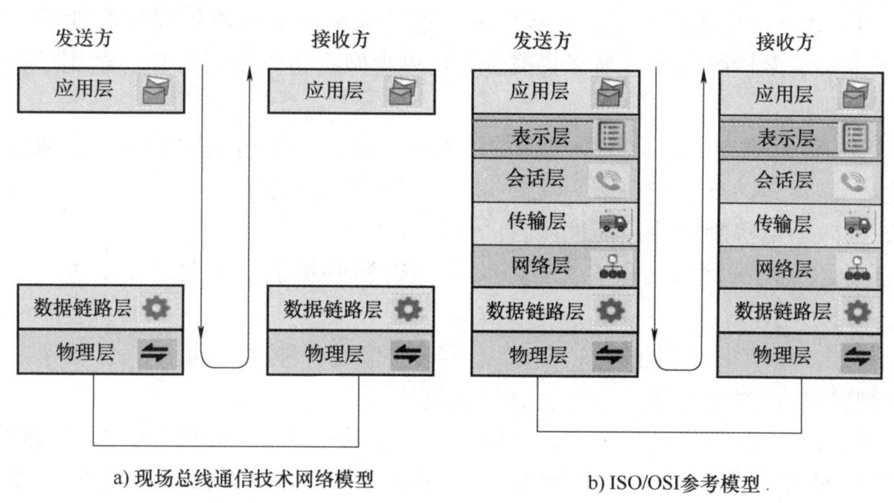

图 2-8　现场总线通信技术网络模型与 ISO/OSI 参考模型具体对比

1）物理层。物理层是现场总线通信技术模型的基础，它定义了数据传输的实际载体——物理介质，这包括双绞线、光纤、无线信道等。此外，物理层还规定了信号的类型（在现代现场总线中通常是数字信号），以及电压等级和信号编码方式，这些都是为了确保数据能有效、无误地在介质中传输。

2）数据链路层。数据链路层构建在物理层之上，它的核心任务是确保两个相邻网络节点间可靠的数据传输。在这一层，错误检测与纠正机制将被实施。帧同步功能确保接收方能够准确识别数据包的起始与结束，避免信息混淆。

3）应用层。应用层位于现场总线通信技术模型的顶端，是直接与最终用户和应用程序交互的层面。它负责定义数据的组织形式、控制信息的结构以及制定设备间通信的具体规则，确保来自不同制造商的设备能够通过统一的“语言”进行沟通，实现互操作性。这一层的设计对于系统的整体功能实现和用户友好性至关重要。

2. 工业以太网网络模型

（1）工业以太网的概念　工业以太网是指将标准的以太网技术与工业环境中的特殊需求相结合而形成的适用于工业控制领域的网络通信技术。它继承了商用以太网的开放性、低成本和高带宽等优点，同时针对工业现场的恶劣环境、实时性要求以及网络可靠性等需求进行了强化设计。工业以太网主要用于连接自动化生产线上的各种设备，如 PLC（可编程逻辑控制器）、传感器、执行器、HMI（人机界面）等，实现设备间的高效数据交换和控制指令传输。

（2）工业以太网的分类及其特点　工业以太网技术不断发展，形成了多种标准和协议，以适应不同行业和应用场景的需求，以下是几种常见的工业以太网分类及其特点的说明。

1）ETHERNET/IP 是 ODVA 开发的开放式工业网络协议，广泛用于北美，特别是与 Rockwell Automation 系统集成。基于标准以太网，支持 TCP/IP 和 UDP/IP，实现企业级网络无缝连接，兼具控制、数据采集及扩展性，适合复杂的自动化方案。

2）Modbus TCP 基于以太网的 Modbus，保留原协议的简单性，利用以太网优势，实现通信升级。其结构简单，跨平台互操作性强，成本低，尽管实时性一般，但在众多系统中仍重要。

3）POWERLINK 是开源工业以太网协议，通过确定性实时通信实现高性能控制，可在标准以太网上实现微秒级周期，易于集成。它可确保数据传输实时可靠，适用于快速响应系统，如机器人领域。

4）SERCOS III 是专为运动控制优化的以太网协议，提供精确同步通信，结合高速传输与时钟同步，满足高动态性能需求。其低抖动、确定性传输和同步精度，适用于机床等精密运动控制，高效通信机制可促进高性能自动化系统集成。

（3）工业以太网的网络结构　工业以太网网络模型基于 OSI 七层模型进行了简化，详细模型如图 2-9 所示。

1）用户层。操作员与工业系统交互，包括图形显示、控制面板、报警提示等，使得操作人员能够监控生产过程、输入指令、调整参数等。

2）应用层。定义了网络服务和应用程序如何使用网络来交换数据。在工业以太网中，应用层协议如 ETHERNET/IP、PROFINET、Modbus TCP、EtherCAT 等，它们为设备间的特定应用通信提供规则，如控制命令的发送、设备状态的查询等。

3）传输层。通常指 TCP（传输控制协议）和 UDP（用户数据报协议）。TCP 专注于提供一种可靠且基于连接的数据传输方式，确保数据的完整性与顺序传递，这对于那些对数据准确性有严格要求的应用场景至关重要。相反，UDP 则采取无连接、不保证可靠性的传输模式，它更适合于那些对实时性有高度需求、能够接受轻微数据丢失的场景，例如某些即时控制通信领域。

4）网络层。IP（互联网协议）是核心所在，专注于数据包的路由选择与寻址过程，确保信息能够顺畅地从源头主机传递到目标主机。在工业以太网中，IP 配合以太网的 IEEE 802.3 标准，共同构成网络通信的基础框架。

5）数据链路层。对应于以太网的 IEEE 802.3 标准，它处理数据帧的封装、解封装、错误检测和介质访问控制（MAC）。在工业环境中，可能会采用特定的技术，如快速生成树协议（RSTP）、媒体冗余协议（MRP）等来增强网络的可靠性和实时性。

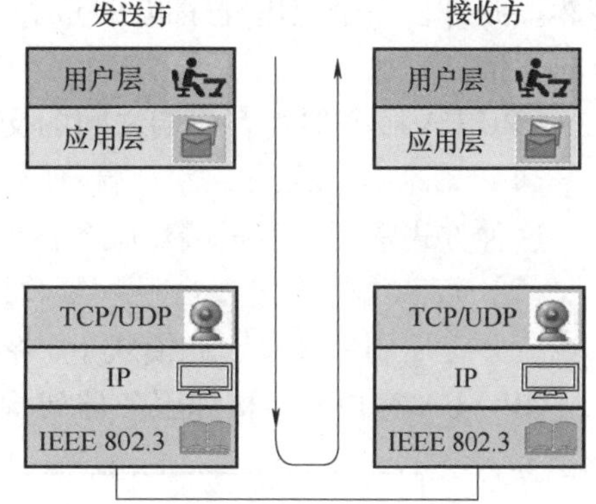

图 2-9　工业以太网网络模型

2.3.2　工业大数据常用网络传输协议

工业大数据常用网络传输协议，如 OPC UA、LoRa、NB-IoT，作为联结物理世界与数字世界的桥梁，各自凭借独特优势与应用场景，赋能工业设备间的无缝通信、远程监控与智能化决策。本小节旨在深入探讨这三大协议——OPC UA、LoRa、NB-IoT 在工业大数据采集与传输中的关键角色，揭示其技术特性、适用场景。

说课视频

1. OPC UA 技术

OPC 依托于微软的 ActiveX、COM（Component Object Model，组件对象模型）及 DCOM（Distributed Component Object Model，分布式组件对象模型）技术体系，树立了自动化控制领域中的通信协议标准。它为自动化领域应用系统设计了一套标准化的接口、属性及方法集，采用客户端-服务器（Client-Server，C/S）架构模式，有力保障了不同制造商的设备与软件应用程序在工业自动化环境中能够实现数据的无缝交流与集成。

OPC 规范主要包括三个核心部分：OPC 数据访问（OPC DA）、OPC 报警与事件（OPC AE）和 OPC 历史数据访问（OPC HDA）。

1）OPC DA（Data Access）：定义了数据交换的标准，涵盖了数据值、时间戳和质量信息的传输。

2）OPC AE（Alarms & Events）：专门针对报警和事件类型的消息交换，以及变量状态和状态管理进行了规范。

3）OPC HDA（Historical Data Access）：规范了历史数据和分析数据的访问方法。

OPC UA（Unified Architecture，统一架构）作为一种独立于平台、面向服务的先进架构，整合了过往所有 OPC 规范的特性，并打破了 Windows 平台的限制，实现了跨平台的广泛适应性。它能够在多种环境诸如传统个人计算机、云端服务器、可编程逻辑控制器（PLC）及微控制器上灵活部署，全面兼容 Windows、macOS X、Android 和 Linux 等主流操作系统。OPC UA 能从传感器和现场层级获取原始数据，并将预处理信息传递给控制系统和生产规划系统。

OPC UA 系统架构主要由 OPC UA 服务器和客户端两部分构成，其中 OPC UA 服务器负责数据采集、处理逻辑并通过 OPC UA 通信协议向客户端提供所需数据和服务。在一个系统中，可以包含多个服务器和客户端，且每个客户端可以与一个或多个服务器建立连接，反之亦然。此外，一个应用程序也可同时充当服务器和客户端角色，与其他服务器和客户端实现双向通信。

OPC UA 服务器和客户端之间的交互模式主要有两种：

（1）请求响应模式　客户端向服务器发送请求，服务器执行相应任务后立刻回应客户端。这种方式常用于客户端对服务器的数据读写操作。

（2）订阅推送模式　当服务器数据发生变更时，服务器主动将数据推送给已订阅的客户端，并定期刷新缓存。此模式下，客户端只能被动接收服务器的数据更新。

OPC UA 客户端架构和服务器架构分别如图 2-10 和图 2-11 所示。

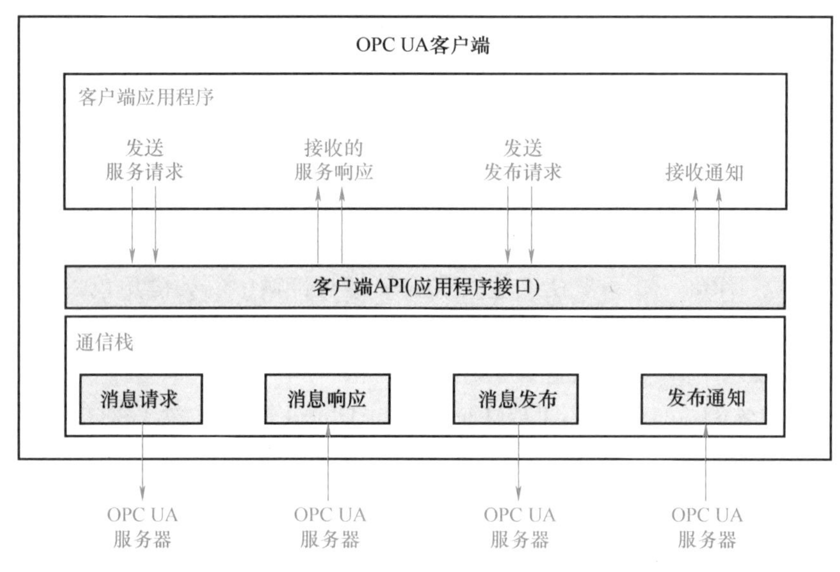

图 2-10　OPC UA 客户端架构

2. LoRa 技术

LoRa（Long Range）是由 Semtech 公司研发的一种基于扩频技术的无线通信技术。相比于传统的短距离无线通信技术，如蓝牙和 WiFi，LoRa 技术在保持低功耗特性的同时，显著提升了通信距离。LoRa 通过线性调频扩频调制技术，能在维持低能耗的前提下实现远距离通信。

（1）LoRa 技术的网络结构　LoRa 网络主要由终端（可内置 LoRa 模块）、网关、网络服务器和云平台四部分组成。

1）终端。这是该网络中最基本的单元，通常包含一个内置的 LoRa 模块，负责收集数据（如温湿度传感器读数、设备状态信息等），并通过 LoRa 无线通信技术将数据发送给网关。终端设备设计注重低功耗，许多应用中仅依靠电池即可长时间运行。终端还可以接收来自服务器的指令，实现远程控制或配置更新等功能。

2）网关。网关或称为基站，是连接终端设备与后端服务器的桥梁。它接收来自终端的

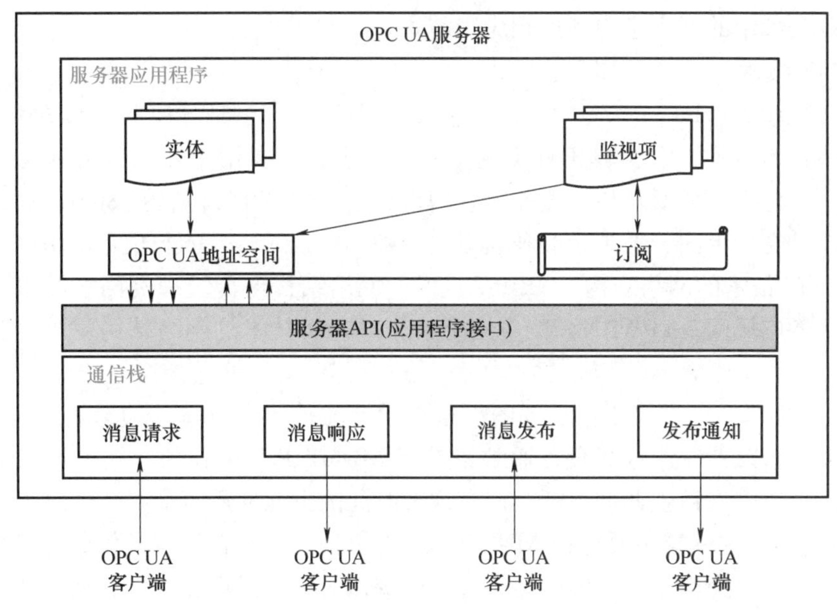

图 2-11　OPC UA 服务器架构

LoRa 无线信号，然后通过有线（如以太网）或无线（如 4G/5G、WiFi）回程连接将数据转发到网络服务器。网关通常覆盖较大区域，可以同时接收多个终端的信号，并具有高增益天线以增强信号接收能力，支持大规模的设备连接。

3）网络服务器。网络服务器负责处理从网关接收到的数据，进行数据解析、存储、管理和分发。它也可以向网关发送指令，经由网关传达给终端设备，实现远程控制或配置更新等功能。网络服务器扮演着核心的角色，确保数据的正确路由和安全传输。

4）云平台。云平台为数据的进一步处理、分析及应用提供环境。它可能包括数据仓库、大数据分析工具、用户界面（如 Web 仪表板）以及与第三方应用或服务的接口。云平台使用户能够随时随地访问数据和管理他们的物联网网络，同时提供扩展性和灵活性，以适应不断变化的需求。

（2）LoRa 技术的特点　凭借超长的传输距离与超低功耗特性，LoRa 设备能在广域范围内长时间运作，尤其适合远程监控和低功耗应用；其次，出色的抗干扰能力和大容量的网络连接性，使得 LoRa 能在复杂环境中维持稳定通信，并支持大规模设备接入；加之成本效益高、安全性强，LoRa 成为智慧城市建设、农业等多领域首选。然而，LoRa 也面临挑战，包括频谱干扰风险随着应用普及而上升，数据传输速率偏低不适合大数据量实时传输，网络承载能力存在上限可能影响大规模部署的性能，以及通信延迟较高等问题，这些在特定应用场景中可能构成限制。因此，在享受 LoRa 带来的便利的同时，也需要合理规划应对这些潜在劣势。

（3）LoRa 技术的应用　LoRa 技术在工业领域发挥着关键作用，通过远程监控与控制工业设备，实现预测性维护，加强环境安全监控管理，并促进工厂自动化与信息化的深度融合。它不仅能够远程采集关键运行数据以预防故障、减少停机时间与维护成本，还能确保生产环境安全、推动工业智能化升级。凭借其远距离、低功耗等优势，LoRa 正不断拓宽工业物联网应用边界，为提升生产效率、资源利用率及安全性，同时降低成本开辟新径，展现出在数字化工业转型中的巨大潜力和广阔应用前景。

3. NB-IoT 技术

NB-IoT（Narrow Band Internet of Things），即窄带物联网，是一项专为低功耗广域场景设计的无线通信技术标准，它构建于蜂窝网络基础之上，主要用于连接各类智能感应器和设备，服务于全球范围内的低功耗广覆盖物联网市场。NB-IoT 仅占用约 180kHz 的带宽，利用授权频段运作，支持带内、保护带和独立载波三种部署模式，并能与现存网络并存。

（1）NB-IoT 技术的网络结构　NB-IoT 技术的网络结构与传统蜂窝网络类似，但经过优化以支持低功耗广域网（LPWAN）的应用场景。NB-IoT 技术的网络结构主要由以下五个部分组成：

1）终端。终端是直接部署在现场的设备，如智能仪表（水表、电表、气表）、环境监测传感器、资产跟踪器等。这些设备通常集成有 NB-IoT 芯片或模块，能够通过窄带空中接口与基站通信。终端设计强调低功耗，以实现长时间的电池使用寿命。

2）无线网络。这一层主要包括 NB-IoT 基站，负责接收来自终端的信号并将其传送到核心网络。基站支持窄带信号的传输，能够进行广域覆盖，且穿透能力强，适合地下室、建筑物内部等信号难以到达的地方。

3）核心网络。核心网络负责管理用户身份验证、会话管理、数据路由等功能，确保终端设备能够接入网络并与其他网络或应用服务器进行通信。

4）IoT 支持平台。这是一个中间层平台，通常分为物联网连接管理平台和物联网业务使能平台。连接管理平台处理设备的激活、去激活、计费、数据用量监控等操作，而业务使能平台提供设备管理、数据管理、应用程序接口（API）等功能，便于应用开发者集成和管理物联网服务。

5）应用服务器。应用服务器位于网络结构的顶层，是物联网服务的实际应用端。应用服务器处理从终端设备收集的数据，进行分析、存储，并根据业务需求触发相应的动作或提供服务。这些服务可能包括智慧城市管理、远程监控、报警通知等。

整个网络架构设计旨在实现高效、可靠、低功耗的数据传输，特别适合那些对功耗敏感、数据传输量小，但对连接数量和覆盖范围有高要求的物联网应用。

（2）NB-IoT 技术的特点　NB-IoT 技术作为物联网领域的突破性进展，集低功耗、低成本、广覆盖、海量连接及深度穿透覆盖等优势于一身。其简洁的窄带设计不仅降低了硬件复杂度与成本，还允许在现有网络上进行快速部署，实现更广泛的信号覆盖。该技术极大提升了单基站连接能力，满足大规模物联网设备的同时接入需求，且在室内或偏远地区表现出色，覆盖能力远超传统网络。不过，NB-IoT 的使用场景受限，主要面临高延迟、不支持高速移动、数据传输量小以及更适合低频通信的局限，这限制了它在实时数据传输和大数据量应用方面的能力。

（3）NB-IoT 技术的应用　NB-IoT 技术在现代工业与物流管理中展现出了变革性力量，它不仅通过资产标签和传感器实现工厂资产的精细化追踪与管理，提升资产安全与使用效率；还在智能供应链场景下，借助物流追踪设备监控货物状态，优化运输流程，增强供应链的透明度与响应速度；此外，它还应用于工业环保领域，如在排污口部署监测设备来实时监控废水废气，保障排放合规。

2.3.3　工业大数据单点采集技术

单点采集技术是构建工业大数据基础的核心组件。本小节将介绍单点采集技术中的两项常用技术——传感器技术和无线射频识别（RFID）技术。

1. 传感器技术

（1）传感器的概念　传感器技术在高度工业化的背景下应运而生，以弥补人类五感在精确度和范围上的局限。作为一种检测装置，传感器能捕捉各类信息（包括人类无法直接感知的），将其转换为电信号等输出形式，满足多样化信息处理需求。作为人类感知的延伸，传感器涵盖物理、化学、生物三大领域，不仅应用于工业制造，还在化工、生物制药等行业发挥重要作用，通过持续监控生产过程并收集数据，为深度分析与决策提供基础，构成现代工业数据采集的前端感知核心。

（2）传感器的结构　传感器的结构通常包括以下几个组成部分。

1）电源：为传感器正常工作提供必要的能量供给。

2）感知元件：由传感元件和模数转换组件两部分构成。传感元件的主要职责是感知外界信息并将其捕获。随后，模数转换组件介入，将这些由传感元件收集的模拟信号转变为便于处理的数字信号。

3）处理部件：也称为嵌入式处理器，负责传感器内部各部分的运作，包括调整传感元件与电源的工作模式，并对获取的信息实施必要的处理及储存。

4）存储器：保存经处理后的数据，确保信息的留存。

5）通信部件：负责在不同的传感器或监测设备之间传输数据，保障信息流通。

6）软件：作为传感器的辅助系统，提供了不可或缺的软件支持，涵盖了嵌入式操作系统、嵌入式数据库管理系统等关键组件，为传感器的高效运行和数据管理奠定了基础。

（3）工业中常见传感器类别　在工业生产实践中，传感器作为数据采集的第一道关卡，其重要性不言而喻。其中，检测类传感器广泛应用于工业环境中，常用于测量压力、位移等物理量，是工业领域中最常见的传感器类型。以下列举了几种工业中常用的传感器。

1）压力传感器。压力传感器能够探测压力变化，并将其转化为清晰的电信号输出。其中，压阻式压力传感器应用最为广泛，其工作原理基于压力引起电阻材料变形，进而导致电阻值变化，通过测量电阻值变化即可感知压力变化。图 2-12 展示了一种压力传感器示例。

2）温度传感器。温度传感器能够感知温度变化并将其转化为可供输出的信号。它是基于金属材料随温度变化而膨胀的原理设计，通过感知金属材料长度的变化间接测量温度变化。图 2-13 展示了一种温度传感器示例。

图 2-12　压力传感器示例

图 2-13　温度传感器示例

温度传感器依据其是否直接与被测物体接触可分为两类：接触式和非接触式。其中，前者要求与被测物体充分接触，以确保两者达到相同的温度状态，后者则通过感知被测物体发出的热辐射等方式测量温度。这两种传感器各有优劣，选用时需结合实际应用场景。

3）位移传感器。位移传感器（又称线性传感器）能够将机械位移转化为电阻值或电压信号。通常情况下，物体移动会引起电位器移动端电阻的变化，物体移动的距离可以通过电阻变化的幅度计算得出，位移方向则通过电阻的增减判断，同时，还可根据位移信息间接获取物体的速度与加速度信息。图 2-14 展示了一种位移传感器示例。

位移传感器可根据检测运动方式分类，具体分为直线位移传感器和角度位移传感器两大类。此外，依据传感器所使用的材料差异，还可进一步细分为霍尔效应位移传感器与光电位移传感器两种类型。

4）霍尔传感器。霍尔传感器基于霍尔效应原理制造，用于测量磁场强度，并能通过磁场测量电压、电流等物理量。霍尔传感器的一大特点是能够非接触式测量电流，并具有精度高、线性度好的优点。图 2-15 展示了一种霍尔传感器示例。

霍尔传感器主要分为两大类：线性霍尔传感器与开关型霍尔传感器。线性霍尔传感器由霍尔元件、线性放大器及射极跟随器构成，能够输出模拟信号。相比之下，开关型霍尔传感器的内部设计更为复杂，集成了稳压器、霍尔元件、差分放大器、施密特触发器和输出级，专门用于产生数字信号输出。线性霍尔传感器主要用于检测电流、电压等参数，而开关型霍尔传感器主要用于感应磁场变化。

5）加速度传感器。这是一种能测量物体加速度的传感器，其工作原理遵循牛顿第二定律，即物体的加速度与其所受力成正比，与其质量成反比。通过测量加速度引起的力，加速度传感器就能测定加速度值。图 2-16 展示了一种加速度传感器示例。

图 2-14　位移传感器示例

图 2-15　霍尔传感器示例

图 2-16　加速度传感器示例

基于敏感元件的差异，加速度传感器主要分类为电容式、电感式、应变式或压阻式及压电式等多种类型。这些传感器广泛应用于汽车安全技术、游戏操控设备等诸多领域，例如，苹果公司的 AirPods Pro 耳机就搭载了加速度传感器，通过获取加速度数据感知头部动作，确保音效始终稳定在固定位置，增强了音效的真实感。

6）光电传感器。光电传感器是一种装置，专门设计用于将光信号转换成电信号，其运作机理根植于光电效应原理。这意味着，当光线照射到特定材料上，这些材料内部的电子会吸收光子携带的能量，从而引发可测量的电学效应。光电传感器通常由发射器、接收器和检测电路三部分组成，发射器发射光线，接收器接收到发射回来的光，并通过检测电路滤除杂波，将有效的信号进行整形处理，作为控制信号输出。图 2-17 展示了一种光电传感器示例。

图 2-17　光电传感器示例

光电传感器结构简洁、精度高、响应速度快、具备非接触测量的优点，在工业场所得到了广泛应用，尤其在钢铁工业和半导体工业洁净室生产中的片材检测等方面表现出色。不同传感器的具体对比见表 2-1。

表 2-1　不同传感器的对比表

传感器类型	特点	应用举例
压力传感器	测量气体、液体压力，高精度、宽量程，多种输出形式，适应恶劣环境	工业过程控制（化工、能源），汽车系统（制动、轮胎压力监测），环境监测（气象站）
温度传感器	测量环境或物体温度，多种工作原理，精度高、响应快，广泛的温度范围适应性	家用电器（冰箱、空调），工业设备（加热炉、冷却系统）
位移传感器	测量物体位置或距离变化，多种测量原理，高分辨率、长量程，可在恶劣环境下工作	机床定位与反馈（数控加工），工程机械（升降机、起重机），自动门与电梯控制
霍尔传感器	对磁场敏感，非接触式测量，抗干扰能力强，结构简单，耐用	电动机速度控制，位置与角度检测（如阀门开闭、车速检测），电子开关与接近感应
加速度传感器	测量线性或旋转加速度，低噪声、高带宽、低功耗，适用于动态振动与冲击监测	汽车安全系统（ABS、ESP），工业自动化（振动分析）
光电传感器	检测光强、颜色、距离、速度等光学信息，非接触式测量，反应速度快、灵敏度高	工业自动化（物体检测、计数、定位），安全防护（光幕、入侵检测）

2. RFID 技术

（1）RFID 技术的概念　RFID（Radio Frequency Identification，无线射频识别）技术是一种无接触的自动识别技术，利用无线射频信号实现。该技术的特色在于能够使读写设备在无须物理接触的情况下，与电子标签或射频卡进行信息交换，从而辨识物体并提取其数据信息。其显著优势在于高速移动物体的识别能力及同时批量读取多个标签的高效性。

具体应用时，RFID 系统中的读写器会发射特定频段的无线射频信号。一旦 RFID 标签进入读写器的有效作用区域，两类不同的标签响应方式随之启动：无源标签（被动标签）通过吸收读写器产生的电磁场能量来激活芯片，并发送存储的信息；而有源标签（主动标签）则自带电源，能主动发射预设频率的信号作为响应。随后，读写器捕获这些信号，经过解调和解码处理，将解析出的数据传送至后台系统做进一步的处理与分析。

（2）RFID 系统的组成及分类　RFID 系统由三大部分构成：电子标签（射频卡）、读写器以及数据管理系统。下面详细介绍这两个核心组件——电子标签和读写器的组成。

1）电子标签。电子标签内部包含接收/发送天线、AC/DC 转换电路、解调电路、逻辑控制电路、存储器和调制电路。这些部件的具体功能如下。

接收/发送天线：负责接收读写器信号并将数据反馈给读写器。AC/DC 转换电路：将读写器产生的磁场能量转为直流电能供标签内部电路使用。解调电路：从接收到的信号中分离出原始信息。逻辑控制电路：解码读写器的指令并对之作出响应，通过天线发送数据。存储器：保存预先录入的程序和数据信息。调制电路：将逻辑控制电路处理后的数据嵌入射频信号并通过天线发射出去。

2）读写器。读写器则集成有接收/发送天线、频率发生器、锁相环、调制电路、微处理器、存储器、解调电路以及外部接口等组件。这些组件的具体功能如下。

接收/发送天线：执行信号发送和接收标签响应的任务。频率发生器：提供系统运行的稳定工作频率。锁相环：生成载波信号。调制电路：加载数据到载波信号中以便通过天线传输至标签。微处理器：负责执行信号的编码、解码、加密和解密等运算任务。存储器：存储系统运行必要的软件程序和数据内容。解调电路：解析从标签接收的信号。外部接口：实现与计算机和其他设备间的通信。

RFID 系统依据电子标签是否内置电源可分为三类：有源 RFID 系统、无源 RFID 系统及半有源 RFID 系统。有源 RFID 系统依赖电池供能，运作于较宽的频率范畴，特点是识别距离远且数据传输速率快；无源 RFID 系统并无内置电源，其能量获取途径为读写器发射的射频脉冲；半有源 RFID 系统结合了两者的优点，通常在休眠状态下只对存储部分供电，待读写器以低频信号激活后才开始全面通信，这样既能达到较远的识别距离，又能减小电池体积和维护需求。

RFID 系统按工作频率的不同，还可细分为低频、高频、超高频和微波频段 RFID 系统，每种频段的 RFID 系统各有特点，具体对比见表 2-2。

表 2-2　不同工作频率的 RFID 系统对比

不同频率的 RFID 系统	频段	作用距离	穿透能力
低频	125～134kHz	45m 左右	较强
高频	10～15MHz	1～3m	一般
超高频	400～1000MHz	3～9m	较弱
微波	2.4GHz 左右	3m	最弱

（3）RFID 技术的应用　RFID 技术在物联网和物流领域的广泛应用标志着信息技术的革新，其构建的无处不在的信息网络能够实现物品的实时追踪与定位，对社会各层面产生了深远影响。通过独特的空间定位能力，尤其是在室内环境，RFID 技术克服了传统定位技术的不足。在制造业中，RFID 技术促进了生产自动化，提升了效率，降低了成本，并为生产和库存管理提供了强有力的数据支持，进一步巩固了物联网作为信息技术革命性进展的地位。

2.3.4　工业大数据组合采集技术

单点采集技术的特点是各个采集通道获取的数据项彼此孤立，各类数据的采集与传输独立进行，确保了数据之间不会相互干扰，但也造成了数据间缺乏关联性，难以进行深入有效的关联分析，数据间关联价值的利用程度有限。而组合采集技术通过多传感器协作配合，数据来源丰富多样，能够提供更加详尽、立体的数据支撑，不但增加了数据的维度，还提升了数据的准确度和实用性，为企业的决策制定提供了更强大的数据支持。随着单点采集向组合采集的平稳过渡，工业生产将实现从数据采集到智能应用的全面升级，进一步促进生产效率和产品质量的提升，有力推动企业步入数字化转型的新阶段。

1. 组合采集原理

利用具备多采样通道的通信协议，将设备运行的各种状态数据与工作任务状态、制造资源状态等多维度数据进行多通道的采集，有效解决了时域和频域分析中存在的问题和不足。通过组合数据分析，能够清晰地展现工作任务状态、制造资源状态与运行数据之间的映射关系，对这些数据进行深度分析后，能够提供一系列智能制造服务，如数控加工工艺参数优化、机床及工艺系统的健康管理等智能化应用。

组合采集技术在工业大数据中的实施流程主要包括四个核心模块：采集参数配置模块、数据采集模块、数据库模块以及云端存储系统。

1）采集参数配置模块允许用户根据自身需求个性化定制采集参数，创建“配置文件”，并将配置信息提交给数据采集模块。

2）数据采集模块根据配置文件中的参数信息对设备进行持续性、周期性采集，并对采集的数据进行组合处理，形成组合数据，每次组合操作应设置合理的阈值，防止组合数据过多影响处理效率。

3）数据库模块负责对组合后的数据进行临时存储。

4）云端存储系统对数据库中的组合数据进行永久存储。

工业大数据组合采集技术流程如图 2-18 所示。

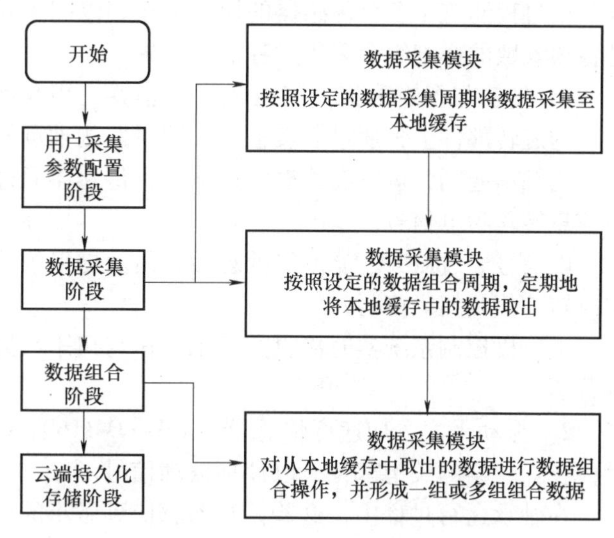

图 2-18　工业大数据组合采集技术流程

第一步：用户通过采集参数配置接口设定采集参数，包括要采集的数据项目、数据采集周期以及数据组合周期等。其中，数据采集周期指的是数据采集模块请求设备发送数据的时间间隔，用户设定的最短采集时间不得小于单次数据采集周期；数据组合周期是指采集模块对一定数量的数据采集周期内采集的数据集进行组合处理的时间间隔。

第二步：数据采集模块按照设定的周期持续从设备中采集数据。

第三步：数据采集模块按照用户设定的采集周期完整采集数据，并暂时存储在本地。

第四步：对本地缓存的数据进行组合操作，生成一组或多组组合数据。

第五步：将形成的组合数据存储到数据库中，并上传至云端进行永久存储。

2. 组合采集的应用案例

（1）案例背景　图 2-19 所示为某课题组设计开发的轴承综合性能与故障诊断实验台，该实验台集成了先进的传感器系统和可调机械组件，主要用于模拟和检测轴承在不同工况下的故障情况。该实验台不仅能够调节转速、负载，模拟多种故障类型，还能实时采集和分析轴承运行过程中的多项关键参数，如转速、振动、温度、加速度、位移等。

图 2-19　轴承综合性能与故障诊断实验台

（2）实验台配置与功能

1）转速与负载控制：实验台可通过伺服电动机调控转速并在不同负载条件下进行实验，配备有扭矩转速传感器进行实时监测。

2）故障模拟：可模拟内圈沟道故障、外圈沟道故障、滚动体故障以及保持架断裂等多种故障类型，同时具备综合故障模拟能力。

3）多参数监测：搭载各类传感器，如加速度传感器（CA-YD-1160）、扭矩转速传感器（PLD950A-50）、压力传感器（PLD204D-26）、速度位移传感器（CRZ-401）、温度传感器（SA20BC）以及三向加速度传感器（CA-YD-3193），用于全方位监测轴承运行状态。

4）数据采集与处理：实验台能够实时采集所有相关数据，并通过 PLC 控制系统与上位机进行交互，实现数据的可视化和分析。

（3）组合采集详细过程　在对 6205 深沟球轴承进行综合故障模拟与监测的实验中，组合采集过程涵盖了多个传感器的协同工作，以同步获取反映轴承运行状态的多元数据。以下是各项参数的详细组合采集过程。

1）转速与扭矩采集。扭矩转速传感器（PLD950A-50）直接安装在轴承传动轴或与之关联的旋转部件上，通过非接触方式同时监测轴承的转动速度与扭矩。

当轴承起动并运行在预设转速下时，传感器通过检测磁场变化或机械接触，将转速和扭矩信息转化为电信号。

电信号经过放大、滤波等处理后，由数据采集系统转换为数字量，分别精确表示轴承的实时转速值和扭矩值。

上位机控制系统实时接收并显示转速与扭矩数据，同时记录在实验数据文件中，便于后续分析。

2）振动采集。加速度传感器（CA-YD-1160、CA-YD-3193）被布置在轴承内外圈、滚动体及保持架的关键部位，以捕捉振动信号。

在轴承运行过程中，这些传感器感应到微小的振动加速度，将其转化为电信号。

电信号经过放大、滤波、积分等处理后，转化为速度和位移信号，由数据采集系统进一步转换为数字量，记录振动幅值、频率特性等参数。

速度位移传感器（CRZ-401）可能用于补充或验证加速度传感器的振动数据，特别是在需要精确测量低频振动或位移变化时。

上位机控制系统实时显示振动参数曲线，记录在实验数据文件中。

3）温度采集。温度传感器（SA20BC）安装在轴承及其周围环境的热源点，如轴承座、润滑油槽、轴承内外圈表面等，监测轴承运行温度。

当轴承因摩擦、负载、故障等因素产生热量时，温度传感器感应温度变化，将其转化为电信号。

电信号经过放大、线性化等处理后，由数据采集系统转换为数字量，精确表示轴承各监测点的实时温度值。

上位机控制系统实时显示温度数据，绘制温度曲线，记录在实验数据文件中。

4）多参数同步采集。在实验过程中，数据采集系统通过内部时钟同步机制，确保各传感器采集数据的时间一致性。当轴承在变转速、载荷变化、单一故障与综合故障模拟等不同工况下运行时，所有传感器同步采集各自负责的参数数据。

数据采集系统实时接收并整合这些多源、多参数数据，通过网络接口传输至上位机控制系统。

上位机控制系统实时显示多参数动态趋势图，便于研究人员直观监控轴承运行状态，并记录所有数据在统一的时间坐标系下，形成完整的实验数据文件。

对轴承运行状态的组合采集流程如图 2-20 所示。

通过精心布置的数据采集系统，实验台实现了对轴承转速、扭矩、振动、温度等多参数的同步采集，为后续的故障模式识别与早期预警模型构建提供了全面、详实的数据基础。

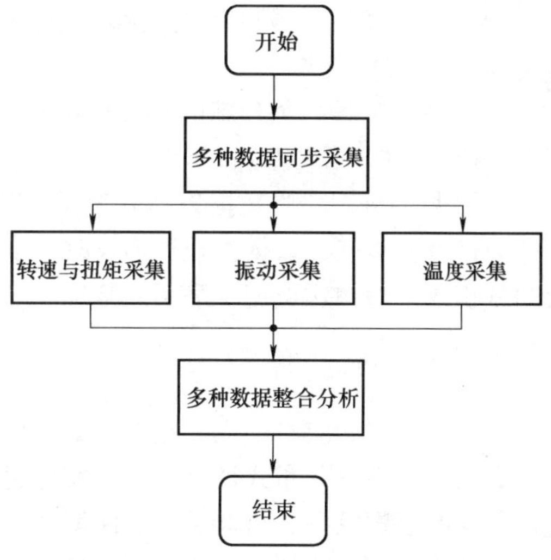

图 2-20　轴承运行状态的组合采集流程

2.4　工业大数据处理

工业大数据处理是对海量、复杂、高速产生的工业数据进行有效管理和深度利用。其中，数据预处理、分布式计算和流式计算作为其关键技术，在本节将进行详细介绍。

2.4.1　数据预处理

由于实际数据可能存在噪声、不一致性、冗余、缺失、异常值、重复记录以及类别不平衡等诸多问题，未经预处理的数据易导致挖掘结果偏差。因此，在挖掘前，须对原始数据进行系统性优化，降低后续分析与建模的误差。数据预处理主要包括严格审核数据完整性与准确性，通过逻辑和计算检查识别不合理内容和错误。审核完成后，进入数据筛选流程，该阶段旨在选取适用于分析的有效数据，并整合多源数据。

主要的数据预处理步骤包括：

（1）数据清洗　缺失值处理：处理数据中集中缺失或空缺的值，通常采用填充（例如，使用平均值、中位数、众数或模型预测值）、删除记录或插值等方法。异常值处理：识别并处理数据中的极端值，可以选择删除、替换或通过统计方法平滑处理。重复值处理：识别并删除数据集中的重复记录，以避免分析偏差。

（2）数据转换　如将分类数据转换为数值数据（独热编码、标签编码）。特征缩放：如标准化（使数据具有零均值和单位方差）或归一化（调整数据到特定范围，如［0，1］），以减少不同特征间尺度差异的影响。数据离散化：将连续型数据进行分段或分类，将其转换为离散型数据，便于处理和解释。

（3）数据集成　将不同来源的数据合并到一个一致的数据集中，处理数据冗余和不一致性问题。

（4）数据规约　减少数据集的大小，同时保持数据的完整性，常用方法有属性选择、属性构造和数据采样。

（5）特征工程　创建新的特征以提取数据中的隐藏模式，可能包括计算衍生特征、特征组合或基于领域知识的特征选择。

（6）数据分割　将数据集划分为训练集、验证集和测试集，以评估模型的泛化能力。

通过以上步骤，数据预处理不仅改善了数据质量，还增强了模型的准确性和效率，为后续的分析或模型构建奠定了坚实的基础。

2.4.2　分布式计算

分布式计算是应对工业大数据海量、高速特性，实现高效处理与分析的关键技术。在工业大数据处理中，分布式计算不仅能够加速数据清洗、特征工程等数据预处理任务，更能够支持复杂的数据挖掘、机器学习、深度学习等高级分析算法的高效执行，为工业企业的智能决策、故障预测、能耗优化等应用提供强大的计算引擎。

1. 分布式计算的定义

分布式计算的基本理念是在分布式系统环境下运行的计算过程。更严谨的说法是，分布式计算致力于研究如何将对计算能力要求极高的复杂问题，拆解成多个较小、更易管理的部分，然后将这些小块分散到多台计算机上分别处理，最后将各部分的计算结果汇总整合，从而得出最终结论。从根本上讲，分布式计算是一种基于网络的分布式问题解决方法。

2. 分布式计算的相关计算形式

为了更好地理解和区分分布式计算的概念，下面将探讨五种计算形式：单机计算、并行计算、网络计算、网格计算以及云计算。

（1）单机计算　单机计算是最基础的计算模式，它仅依赖于单个独立计算机（例如个人计算机）进行数据处理，无须与其他设备联网，因此仅能利用本地计算机所拥有的所有资源。典型的单用户单机计算场景下，一台计算机在同一时间只供一位用户使用，无法获取其他计算机上的资源。然而，单机计算也可以支持多用户环境，即通过分时技术允许多个用户共享一台计算机的资源，这就是所谓的集中式计算。在这种情况下，大型机作为资源中心，用户通过终端设备与其建立连接并在交互过程中使用其资源。

与单独的单机计算模式不同，分布式计算的场景涉及多台计算机通过网络相互连接（见图 2-21），每台计算机配备独立的处理器及丰富的资源。用户借助工作站，能够灵活利用网络中任意一台互联计算机的潜力，并无缝桥接本地与远程计算机的交互，实现对远方资源的有效访问。万维网便是这类分布式计算应用的典型案例。具体来说，在浏览网页的日常体验中，本地计算机上的浏览器软件会与远端的 Web 服务器应用程序进行沟通，进而索取存储在另一台遥远服务器上的文件资料，这一过程生动展现了分布式计算的魅力和实用性。

（2）并行计算　并行计算作为一种与串行计算相对立的技术概念，兴起于 20 世纪 60 年代至 70 年代，它在并行计算机系统框架内运作，依托多个处理器同步执行同一套指令集。该技术核心在于利用丰富的计算资源，通过并发工作解决计算难题，即把问题拆分为多个子任务，由多个处理器同时处理，以此实现计算速度和处理能力的显著增强。并行计算涵盖两大类别：时间并行，例如流水线处理技术；空间并行，涉及多处理器的同时运算。值得注意

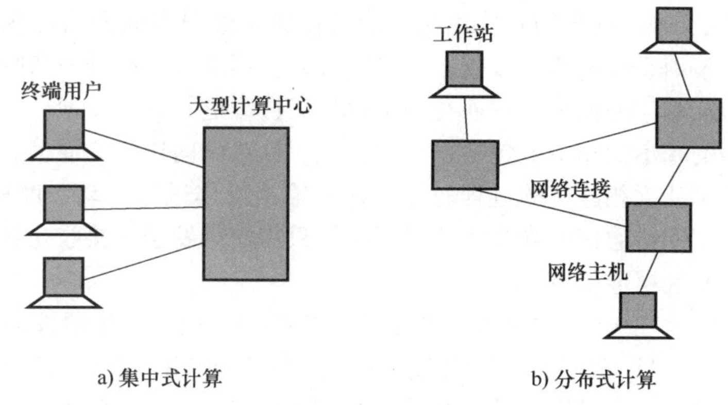

图 2-21　集中式计算与分布式计算

的是，尽管分布式计算也涉及任务的分发，但它侧重于网络环境中的任务部署，而并行计算则更专注于任务的同时执行这一维度。

（3）网络计算　网络计算作为一个广泛的术语，随计算机网络的发展而演变，其内涵在不同时期有所差异。有时，网络计算指的是分布式计算，有时则涵盖了云计算等新型计算模式。但其核心理念始终在于，借助网络的强大力量，综合广泛分布的资源与系统，促进资源共享、协同作业及集体运算，为用户呈上多样化的在线服务。

（4）网格计算　网格计算作为一种前沿技术应用，巧妙借助互联网架构，将分散的资源，如计算能力、存储空间、网络带宽、软件工具、数据档案、信息知识等融合为统一的逻辑实体，并模拟超级计算机的能力，向最终用户提供综合性的信息服务和应用程序。其精髓在于构建一个资源共享的生态系统，任何节点既能请求并利用其他节点资源，也需贡献自身资源以供他用。相较于传统的分布式计算，网格计算更侧重于高效并行处理的实现。

（5）云计算　云计算的概念最初由 Google 提出，它在商业层面上意味着以"云"形态提供服务，在技术层面上则体现了各种客户端的"计算"都在云端网络中完成。结合云与计算的概念，揭示了 Google 在商业模式和计算架构方面的创新之处。随着认知与技术的不断演进，云计算的概念虽未达成普遍共识，但它广泛被认为是一种融合了网格计算、分布式计算、并行计算及效用计算等多重技术的创新商业模式。从技术层面阐释，云计算代表了一种基于互联网的先进计算范式，能够按需为各类计算机及设备灵活提供共享的软硬件资源与信息。时至今日，其服务模式主要概括为三大类：基础设施即服务（IaaS）、平台即服务（PaaS）以及软件即服务（SaaS）。与上述计算方式相比，云计算强调资源的专属性，即用户获取的服务或资源是专属的，通常由少数供应商提供，而不需用户自身贡献资源。

3. 分布式计算范型

分布式计算范型作为协调与利用多个互联实体计算能力的基础架构蓝图，在塑造现代分布式系统的设计与功能中发挥着至关重要的作用。常见的分布式计算范型如下所示：

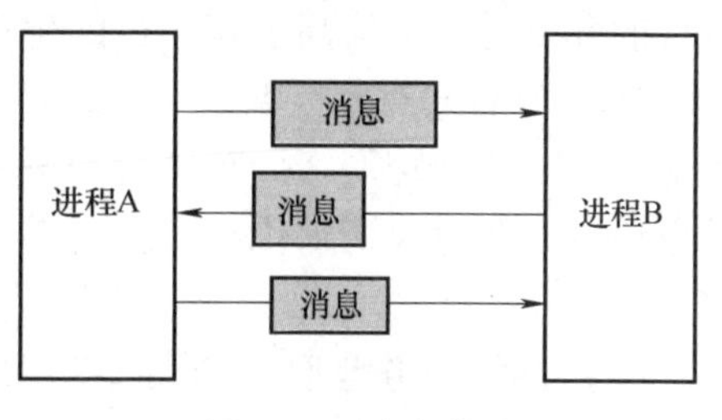

图 2-22　消息传递

（1）消息传递范型　消息传递是进程间通信的基础机制，如图 2-22 所示，在此范式中，代表信息的数据在两个进程——发送者（进程 A）和接收者

（进程 B）之间流动交换。在分布式应用中，消息传递是最根本的通信范例，一个进程发送包含请求的消息，该消息被传递至接收方；接收方处理请求后，回送一条响应消息，而这可能引发新一轮请求与响应的循环，从而在两个进程间持续进行数据交换。

消息传递范型的基本操作主要包括发送和接收。针对面向连接的通信，还需具备连接和断开等操作。该模型让互相连接的进程通过输入和输出操作进行互动，就像操作文件那样，隐藏了操作系统底层网络通信的细节，使得程序员只需使用发送和接收操作便能方便地收发消息，无须深入了解底层通信机制。

Socket 应用程序接口（Socket API）与信息传递接口（MPI）是两种促进进程间通信的关键技术工具。Socket API 遵循伯克利套接字标准，使不同设备或同一计算机上的进程能够通过网络套接字交换信息，是实现跨主机通信的基石，常在 Java 等语言中通过特定方法实现。而 MPI 作为一种面向并行计算的消息传递规范，确保了在超级计算机和集群等非共享内存系统上的高效编程，它定义了在不同 MPI 实现的兼容性，支持 C、Java 等多种语言，尽管理论上位于 OSI 模型的较高层，但实际上通过包括 Socket 在内的多层技术实现，保证了高度的可移植性和性能。

（2）客户端/服务器范型　客户端/服务器范型（C/S 范型）是网络应用中最广泛应用的分布式计算范型之一，该模型将合作的两个进程赋予不对称角色。它通过区分服务提供者（服务器）和请求发起者（客户端）的角色来组织合作进程。在这种模式下，服务器被动地等待并处理来自客户端的请求，而客户端则主动发起请求并接收服务器响应，这种明确的职责分配简化了进程间同步，提高了服务请求处理的效率和清晰度。

（3）P2P 范型　P2P（Peer-to-Peer）范型来源于 P2P 网络，即对等计算网络。不同于客户端/服务器结构，它不依赖中心服务器，而是让网络中的每个节点（称为对等体）都能充当资源的请求者和提供者，实现资源的直接共享和交互。这种去中心化的设计促进了网络的自组织性和弹性，每个参与者都拥有相等的地位和能力。

（4）消息系统范型　消息系统范型是一种扩展的分布式通信方式，利用消息中间件作为中介，支持独立进程间的非直接、异步通信。

消息系统范型可细分为点对点消息范型和发布/订阅消息范型两类。

1）点对点消息范型确保消息从发送方准确投递到指定接收方的消息队列，实现了消息生产和消费的解耦。

2）发布/订阅消息范型则是基于主题的通信，允许多个订阅者接收特定类型的消息广播，适合一对多的通信场景，增强了系统的灵活性和扩展性。

（5）过程调用范型　远程过程调用范型为复杂的分布式系统提供了高级抽象，使得跨网络调用远程服务如同调用本地函数一样简便。通过隐藏网络通信细节，大大简化了分布式软件的开发过程，提高了程序员的生产力。

（6）分布式对象范型　分布式对象范型融合了面向对象技术和分布式计算，使应用程序能透明地访问跨网络分布的对象资源。它主要包括远程方法调用，允许直接调用远程对象的方法，以及对象请求代理，作为对象间通信的桥梁，确保不同平台和接口下的对象能够无缝交互。

（7）网络服务范型　如图 2-23 所示，网络服务范型主要由三部分构成：服务请求者、服务提供者（服务对象以及目录服务）。在这个范型中，服务提供者首先将其服务信息登记到网络目录服务器中。当有服务需求时，服务请求者会在运行时刻查询该目录服务器。一旦发现所需服务可用，目录服务器便会向服务请求者提供一个导向该服务的链接。接着，服务请求者通过此链接与目标服务进行交互，从而满足其服务需求。

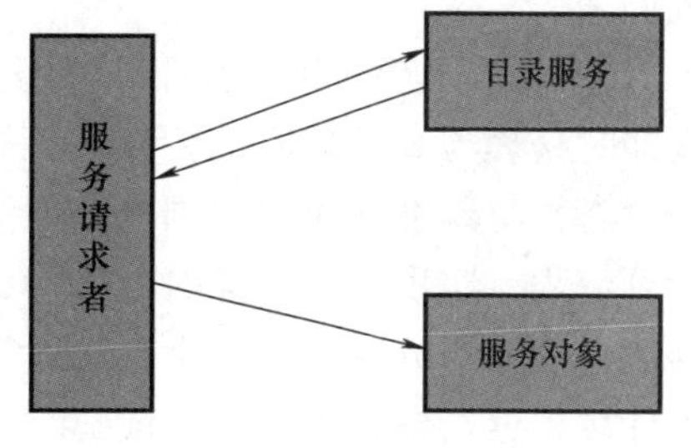

图 2-23　网络服务范型

（8）云服务范型　在云服务领域，美国国家标准与技术研究院（NIST）明确了三种核心服务模型，分别是基础设施即服务（IaaS）、平台即服务（PaaS）以及软件即服务（SaaS），为云计算的分类提供了框架，详细内容如图 2-24 所示。

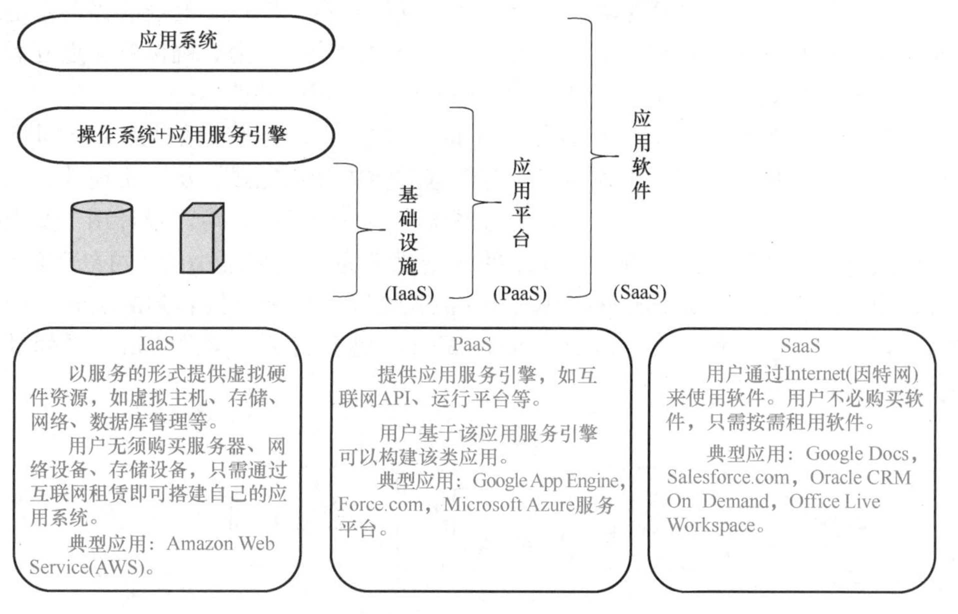

图 2-24　云服务范型

（9）移动代理范型　移动代理范型中的移动代理是能在网络中自主迁移的程序或对象。在该范型中，代理从源主机出发，然后自动在网络中的不同主机之间按照预设路径迁移。一旦到达每台主机，它们会访问必要的资源和服务，以完成既定任务，推进目标实现。

2.4.3　流式计算

流式计算作为一种连续性、低延迟且事件驱动型的计算模型，专注于实时捕获与处理来自多源的海量数据流。它在数据流动的过程中即刻进行解析与分析，旨在即时洞察与提炼关键信息，满足大数据处理对时效性的迫切需求，尤其强调对数据流的迅速响应与高效、低延迟处理能力，从而在数据产生的瞬间解锁其价值。流式计算的工作流程如下所示：

（1）启动流式计算任务　首先，运用实时数据集成工具将不断变动的数据实时注入到流数据缓冲区。这一过程将原本大规模积累的数据转化为持续不断的实时微批次（数据块）传输，从而确保数据集成阶段的低延迟表现。数据源源不断地流入流数据缓冲区，并无须预先载入；同时，流式计算并不保留原始流数据，而是随着计算的完成立即丢弃已处理过的数据。

（2）等待流数据触发计算任务执行　在计算范式中，流式计算独树一帜，尤其体现在其即时处理与高效响应的特性。流式计算系统设计为常驻服务模式，一旦激活，便持续处于待命态，时刻准备应对数据流的变动。当新的数据片段到达流数据缓冲区时，系统即刻触发计算流程，实现数据的即时分析与结果产出。此模式依托于增量计算策略，通过将大规模数据流智能地切分为多个小批次进行连续处理，显著缩小了单次计算的规模，有力地削减了总体计算延迟，提升了处理效能。

用户参与流式计算作业前，需预先规划并配置好计算逻辑，随后将此逻辑部署至流式计算系统。作业一经启动，其计算逻辑在运行周期内维持固定，体现了处理流程的稳定性和一致性。作业需终止并重新部署时，系统具备识别已处理数据的能力，确保避免重复运算，既维护了计算资源的高效利用，又保障了数据处理的连贯性和准确性。

（3）计算结果实时输出　流式计算作业在每次处理完一小批次数据后，立即将结果数据推送至在线系统或批量系统，无须等待所有数据的整体计算完成，从而实现计算结果的实时展现。Spark Streaming 是 Apache Spark 生态系统中的一个组件，专门设计用于实现实时数据处理和流式计算。它的工作原理是将连续的数据流视为一系列短小的、可处理的数据块，而不是处理单个的事件。例如，Spark Streaming 流式计算引擎会对接收到的实时数据流按照预设的时间窗口进行切片处理，然后交由 Spark Engine 进行计算，最终生成一系列批次的计算结果，如图 2-25 所示。

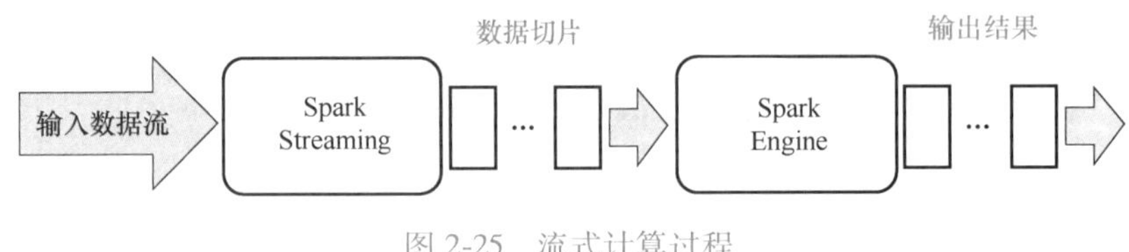

图 2-25　流式计算过程

在大多数大数据处理场景中，流式计算是重要的补充和增强，尤其是在处理事件流时的时效性方面，流式计算已成为大数据计算不可或缺的增值功能。

2.5 工业大数据存储

2.5.1 工业大数据的数据库系统

工业大数据的数据库系统包括关系数据库管理系统和非关系数据库管理系统，在本小节将详细介绍。

1. 关系数据库管理系统

关系数据库管理系统（Relational Database Management System，RDBMS）本质上是元组

和属性的集合，其中元组代表表格中的一行数据，属性则代表一列数据，其值的取值范围被称为域，相当于属性的数据类型。关系的基数或势指的是元组的数量。关系模式则通过属性及其对应的域定义关系的结构，同时也设定了数据类型和约束条件。在实例化关系模式后，即可生成具体的属性值集合，这构成关系的实际内容，而关系模式也可视为表格的设计蓝图。

在关系模型中，识别每个数据项的关键在于键或码。若某个属性集合能够唯一标识一个元组，则该集合即为该关系的键，其中选定的主要键被称为主键。此外，候选键是指在移除任一属性后仍能唯一标识元组的属性集合。主属性包含在候选键内，而非主属性则不在候选键之中。通常情况下，人们会选择最小的属性集合作为主键，以有效标识数据。

（1）结构化查询语言　在实际应用中，结构化查询语言（SQL）扮演着至关重要的角色，它是一种高级非过程化的编程语言，用于查询、修改和管理关系数据库。SQL 不受底层数据库存储方式的影响，因此能在不同结构的数据库系统中通用，并以其强大的嵌套语句功能提供高度的灵活性和功能丰富性。

SQL 的功能可划分为三大子集：数据定义语言（DDL）负责创建和删除数据库对象，如表、视图和索引；数据操作语言（DML）涉及对数据的读取、增加、修改和删除；而数据控制语言（DCL）则涵盖了权限控制、事务管理和会话控制等功能。

（2）数据库事务　现代数据库管理系统普遍具备多用户并行操作的特点，在运行时，不同用户可能会同时对数据库中的数据执行各种操作。例如，在学生选课高峰期，多位学生可能同时查询同一门课程的详情。当这些并发操作仅限于读取数据时，相互之间不会引起问题。然而，一旦涉及对相同数据的修改操作，无论是全部还是部分，就容易触发潜在的负面效应。

为了解决上述潜在问题，现代数据库管理系统（DBMS）引入了“事务”的理念。事务是一组连续执行的数据库操作单元，它必须符合四个关键属性：

1）原子性（Atomicity）：在事务处理中，所有操作被封装成一个不可分割的单位，确保它们要么全部被执行，要么完全不执行，以此维护数据的完整性。

2）一致性（Consistency）：确保事务执行完毕后，数据库维持在一个合乎逻辑、准确的状态，不会遗留任何可能引发数据不一致的操作影响。

3）隔离性（Isolation）：各个事务在执行过程中彼此独立，互不影响，好似在隔离的环境中操作，以防止数据混淆和不一致。

4）持久性（Durability）：一旦事务被成功提交，它对数据库的修改将是永久性的，即使系统发生故障，这些改动也将得以保留。

这四个特性构成著名的 ACID 原则（ACID 是上述四个英文单词的首字母）。通过原子性保障，如在不同仓库间转移货物的操作，能够确保数据变更的完整性；借助隔离性，各事务不能看到其他事务尚未提交的中间结果，从而有效避免了上述提到的并发操作引发的问题。为了确保 ACID 特性的实现，数据库管理系统采用了诸如锁定机制、日志记录和事务调度等一系列技术手段。

（3）关系数据库管理系统的发展和应用　关系数据库管理系统（RDBMS）自关系模型诞生以来，经历了显著的发展与广泛应用。IBM、Oracle 等国际企业及开源社区研发了多种知名的 RDBMS 产品，如 Oracle 数据库、IBM DB2 以及 Microsoft SQL Server。Oracle 作为行业领军者，其数据库管理系统强调云优先策略，推出了具备自我管理功能的自治数据库，并持续引领智能化数据库的技术潮流。SQL Server 由微软公司在 Windows 平台上深度优化，以其便捷性、良好的扩展性和高度集成优势著称，尽管早期跨平台能力较弱，但现已支持 Linux 平台。IBM DB2 源自关系模型发源地，具备卓越的可伸缩性，适用于从大型主机至单用户环境的多种场景，并可在多种服务器操作系统下运行，尤其在中国银行业得到广泛应用，尽管整体市场份额相对 Oracle 和 SQL Server 较小。

与此同时，国产 RDBMS 也在不断进步，如电科金仓（原人大金仓）的 KingBase、武汉达梦的 DM 数据库、南大通用的 GBase 等，尽管在市场占有率和技术性能上尚与国际领先产品存在一定差距，但在各自的细分市场中逐渐崭露头角，尤其随着国内互联网巨头的投入，国产数据库发展前景广阔。

在开源领域，MySQL、PostgreSQL 和 SQLite 等 RDBMS 同样受到广泛关注。MySQL 因其小巧、高效、开源的特性，在 Web 应用中占据重要地位，尤其在中小型企业及网站开发中广受欢迎。PostgreSQL 作为一个高度先进的开源对象关系数据库系统，支持丰富的 SQL 特性和广泛的编程语言绑定，在全球范围内积累了大量用户群体，其流行度紧随 Oracle、MySQL 和 SQL Server 之后。SQLite 作为一种嵌入式数据库引擎，凭借小巧灵活的特点，在物联网和移动设备应用中得到了广泛应用。

2. 非关系数据库管理系统

面对关系数据库在处理特定类型数据方面的局限性，NoSQL（Not Only SQL）数据库应运而生。这类非关系数据库管理系统旨在有效管理和访问键值对、文档、图形等数据类型，在大数据应用环境下迅速崛起。

NoSQL 数据库创新性地采用了横向扩展策略，通过大量节点并行处理，实现极高的数据处理能力和吞吐率。NoSQL 数据库放弃了关系数据库的一些特征，比如固定的表结构、ACID 事务和 SQL 查询语言，转而采用多种不同的数据模型和查询方法，以提高性能、可扩展性和数据模型的灵活性。

在 NoSQL 数据库类别中，键值对数据库，如 Amazon DynamoDB，因高效处理高并发读写需求而备受瞩目，通过一致性散列技术和 Quorum 机制实现数据分区和冗余备份。文档数据库，如 MongoDB，则特别适合存储半结构化数据，以 JSON 等形式表现的文档不受严格模式限制，且支持动态查询和索引。列族数据库，如 Apache HBase，擅长处理海量数据，以列族为单位存储数据，支持横向扩展和高效读写。图数据库，如 Neo4j，专为处理节点和边结构数据而设计，尤其在社交网络分析、语义网构建等方面发挥重要作用。最后，时序数据库，如 InfluxDB 和 Apache IoTDB，主要用于存储和分析随时间变化的数据流，如工业监控、物联网传感器数据，它们通过高效的数据压缩和索引技术，实现快速写入和查询。

无论是关系数据库还是非关系数据库管理系统，都在各自领域不断创新与发展，以满足日益增长的多样化的数据管理需求。两种数据库管理系统的对比见表 2-3。

2.5.2 分布式存储系统架构

在信息时代，面对爆炸式增长的数据量，传统的集中式存储系统已难以胜任。分布式存储系统，以其独特的架构设计，成为现代数据管理和处理的基石。本小节将对分布式文件系统、分布式表格系统、分布式键值系统和分布式数据库进行简要概述。

表 2-3　两种数据库管理系统的对比

数据库类别	优点	缺点	应用场景
关系数据库管理系统	1. 易维护 2. 使用方便 3. 能做复杂操作	1. 读写性能比较差，尤其是对海量数据的高效率读写 2. 表结构固定，灵活度稍欠 3. 高并发读写需求，对传统关系数据库来说，硬盘 I/O 是一个很大的瓶颈	医药、金融、传统互联网
非关系数据库管理系统	1. 格式灵活 2. 速度快 3. 高扩展性 4. 成本低	1. 不提供 SQL 支持，学习和使用成本较高 2. 无事务处理 3. 数据结构相对复杂，复杂查询方面稍欠	1. 日志分析、用户行为分析 2. 社交网络和电子商务网站 3. 社交网络图谱、推荐系统和网络安全分析

1. 分布式文件系统

文件系统是操作系统中不可或缺的部分，它涵盖了文件管理相关的软件模块、待管理的文件实体以及诸如目录、索引表等支撑数据结构。文件系统不仅是共享信息资源的核心途径，更是操作系统在物理存储设备（如本地硬盘或网络存储如 SAN）上组织、存储和检索数据的逻辑手段。针对本地文件系统存在的数据安全性较低、易损且不利于分享等问题，在计算机和网络技术飞速发展的背景下，分布式文件系统（DFS）应运而生。本部分主要剖析 DFS 中的典范之作——Google 文件系统（GFS）和 Hadoop 分布式文件系统（HDFS）的基本组成、架构及其特点。

（1）Google 文件系统

1）GFS 的基本组成。GFS 是由 Google 开发的一种分布式文件系统，服务于大规模数据存储与处理。它主要包括三个核心组件：主服务器（Master Server）、数据服务器（Chunk Server）和客户端（Client）。

① 主服务器：作为 GFS 的中枢控制器，主服务器节点负责管理整个系统的元数据，包括文件名、目录结构、文件大小、数据块的副本数量以及数据块在数据服务器上的分布位置等信息。同时，主服务器还承担着数据块的分配、复制以及数据服务器的心跳检测和故障处理任务。

② 数据服务器：数据服务器是承载实际数据的节点，每个数据服务器管理多个数据块。数据块是 GFS 存储数据的基本单元，一个文件可拆分成多个数据块，分散存储在不同的数据服务器上，以此实现数据的高度可靠性和可扩展性。数据服务器负责读写数据块数据，并将其存储在本地磁盘。

③ 客户端：客户端作为数据请求方，首先与主服务器节点交互获取文件元数据信息，再与数据服务器直接通信进行数据读写。客户端需先向主服务器请求特定文件的元数据，收到响应后根据数据服务器位置信息向相应服务器发送数据读写请求。

2）GFS 的架构。客户端从 GFS 集群中读取文件内容的过程大致如图 2-26 所示。

系统操作流程：当客户端访问 GFS 时，首先是向主服务器节点请求所需数据服务器信息，继而直接与这些数据服务器互动完成数据读写。GFS 的设计巧妙之处在于将控制流与数据流分离，主服务器仅负责控制流，减轻了其负载压力，而客户端与数据服务器间直接传递

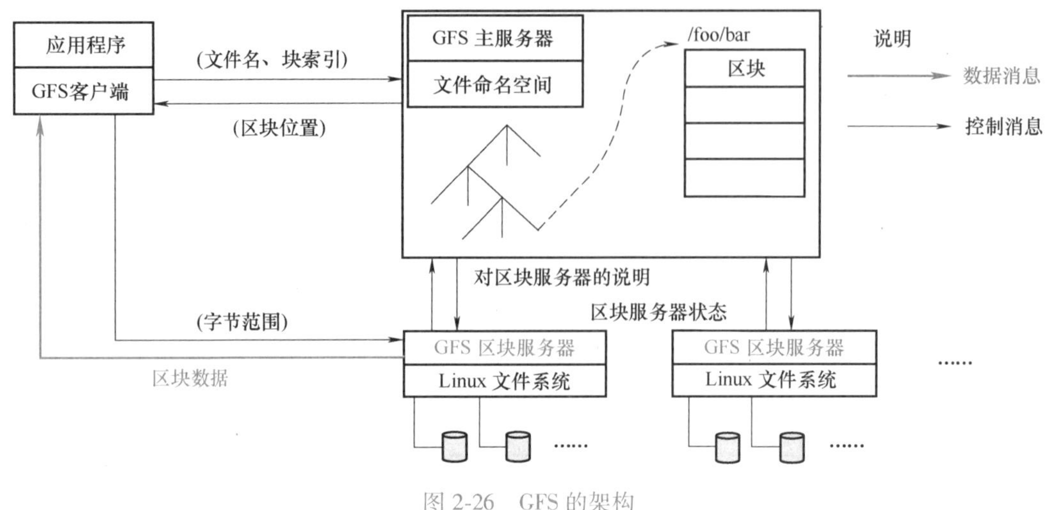

图 2-26　GFS 的架构

数据流，利用文件被分块存储的特性，实现多个数据服务器的同时访问，提升了系统的 I/O 并行度和整体性能。

3）GFS 的特点。

① 集中式管理：GFS 采用主服务器模式管理文件系统，简化了系统设计，降低了实现难度。主服务器管控所有元数据，文件被切割成数据块存储，所有操作都需由主服务器协调执行。

② 无数据缓存策略：考虑到 GFS 的应用场景和特点，它并未实施复杂的数据缓存机制。这是因为客户端主要进行流式读写操作，缓存效果有限；而数据服务器层面，本地文件系统本身会对频繁访问的数据块进行缓存。

③ 用户态实现：GFS 选择在用户态而非内核态实现，理由包括：简化实现难度，利用 POSIX 接口丰富功能，易于调试，以及可对主服务器和数据服务器进程进行独立优化等。

④ 专用接口提供：不同于常规分布式文件系统提供与 POSIX 兼容的接口，GFS 设计初期就面向 Google 应用定制了专门的文件系统访问接口，以库函数形式提供给应用程序调用。

（2）Hadoop 分布式文件系统　HDFS 是一个分布式文件系统，采用单一命名空间设计，通过名称节点与多个数据节点协同运作，构建高效、可靠的存储平台。

1）HDFS 的基本组成。HDFS 同样采用主从架构，包括名称节点（NameNode）、数据节点（DataNode）、辅助名称节点（Secondary NameNode）以及客户端（Client），如图 2-27 所示。

① 名称节点。相当于 HDFS 的主控节点，负责维护整个系统的元数据，管理文件名、目录结构、文件大小、Block 的副本数量以及 Block 在数据节点中的位置等信息，并负责 Block 的分配、复制以及数据节点的健康监测和故障恢复。

② 数据节点。数据节点是存储实际数据的节点，负责管理多个 Block。同 GFS 中的数据块，Block 是 HDFS 数据存储的基本单位，一个文件可拆分成多个 Block 分布在不同数据节点上，以保证数据的高可靠性和可扩展性。

③ 辅助名称节点。辅助名称节点并不是名称节点的热备份，它不会在名称节点故障时

立即接管其职责。它的主要作用是协助名称节点进行状态检查和优化，例如定期合并名称节点的 fsimage（映像文件）和 edit log（编辑日志），以防止 edit log 变得过大。在紧急情况下，它可以作为名称节点的恢复点。

④ 客户端。客户端同样通过与名称节点交互获取元数据信息，然后与数据节点通信进行数据读写。

2）HDFS 的架构。HDFS 的架构如图 2-27 所示。

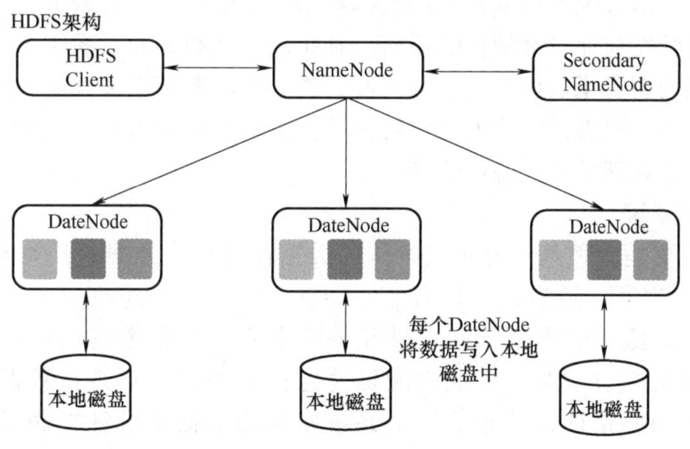

图 2-27　HDFS 的架构

3）HDFS 的特点。HDFS 利用分块存储机制将文件分割成固定大小的 Block，并借助强大的元数据管理和副本策略，在集群中实现数据的高可用存储及快速访问，尤其适用于大规模数据处理与分析任务，优化于一次性写入、多次读取的场景，虽不擅长频繁修改，但在大数据批处理应用中表现出众。

2. 分布式表格系统

分布式表格系统是应对大规模结构化数据挑战的高效存储方案，以表格模型为核心，利用行列组织数据，并通过横向扩展技术实现高性能与高可用。Google Bigtable 作为典范，构建在 GFS 之上，展现出卓越的扩展能力，尽管存在单点性能瓶颈和系统耦合度高等局限，但可以通过分片策略等优化手段加以改善。Bigtable 的设计亮点包括以主键标识的表格行、列族分类以及灵活的多版本数据管理，这些特性共同支撑起一个强大而灵活的分布式数据处理平台。

（1）Bigtable 的基本组成　Bigtable 的主要组件包括：客户端库（Client Library）、主服务器（Master Server）、片服务器（Tablet Server）。

1）客户端库：这是一个链接到应用程序中的库，它为开发者提供了一个接口，使得应用程序可以与 Bigtable 进行交互，执行数据的读写操作。

2）主服务器：主服务器负责整个 Bigtable 集群的管理，包括分配数据表的片（Tablet）到各个片服务器，监控集群健康状况，以及在片服务器出现故障时进行恢复操作。它还负责管理集群的元数据。

3）片服务器：片服务器是 Bigtable 中负责存储和处理数据的实际工作节点。Bigtable 将表（Table）分成多个片，每个片包含一部分行数据。片服务器存储并管理这些片，提供数据的读写服务。

（2）分布式表格系统的特点　分布式表格系统凭借其出色的横向扩展性，能够轻松应对数据量增长和高并发访问，通过增加节点以实现性能与容量的无缝升级。系统内置的高可用性和容错机制，确保了数据访问的连续性，即使面对节点故障也能自动恢复，维持服务稳定。其弹性适应性体现在能灵活处理节点动态变化，智能重分布数据与任务，保障整体性能。通过严格的数据一致性协议，系统维护跨节点数据同步，保证信息的准确可靠。

另外，分布式表格系统支持多样化的数据模型，如键值对、列族等，满足不同业务场景的需求，实现了灵活性与针对性的存储策略。在扩展与负载方面，系统不仅能够平衡地扩展资源，还通过负载均衡优化数据与请求的分配，进一步稳固了整体性能。加之高效的查询优化与分布式计算能力，使得系统能够在大规模数据上执行快速查询与分析，充分利用集群计算资源，确保了数据处理的高效与响应速度。

3. 分布式键值系统

分布式键值系统是一种基于分布式架构的数据存储解决方案，其关键原理在于通过网络互联的多台计算机共同存储和处理数据，以达到高可用性和高并发数据访问的目的。这类系统将数据以键值对的形式分散存储于各个节点，并根据键的哈希值决定数据的存储位置，当客户端发起请求时，系统就能迅速定位到相应节点进行数据读取或更新。为了增强系统稳健性和容错性，分布式键值系统常采用数据备份和复制策略，确保数据的可靠性和持久性。

（1）分布式键值系统的基本组成

1）存储节点（Storage Node）：这些节点负责存储数据。每个节点可能只存储数据集的一部分，这样可以利用并行处理和数据复制来提高系统的性能和可靠性。

2）协调器或主节点（Coordinator or Master Node）：某些系统可能包含一个或多个协调器节点，用于管理数据的分布和一致性，以及处理客户端的请求。在无中心（无单点故障）系统中，这种角色可能由共识协议（如 Raft 或 Paxos）动态确定。

3）客户端（Client）：客户端是访问分布式键值系统的应用程序或服务。它们通过 API 与系统交互，进行键值对的读写操作。

4）数据分片（Data Sharding）：数据被分成多个片段（Shard），每个片段可以存储在不同的节点上。这有助于实现数据的横向扩展。

5）一致性协议（Consistency Protocol）：这些协议确保数据在不同节点之间的一致性。

6）复制（Replication）：为了提高数据的可靠性和可用性，键值对通常在多个节点上进行复制。如果一个节点失败，则可以从其他节点检索数据。

7）分区（Partitioning）：分区策略决定了如何将数据分布在不同的节点上。这通常涉及哈希函数和一致性哈希环。

8）容错（Fault Tolerance）：系统需要设计成能够容忍节点故障而不丢失数据或服务中断。

9）负载均衡（Load Balancing）：系统应该能够均匀地分配请求到不同的节点，以避免热点和性能瓶颈。

10）网络通信（Network Communication）：节点之间的通信是分布式系统的关键部分，通常使用 TCP/IP 或其他网络协议进行数据交换。

11）API 和接口（API and Interface）：分布式键值系统提供 API 供外部系统调用，也可能有管理接口供系统管理员使用。

12）监控和管理（Monitoring and Management）：监控工具用于跟踪系统性能和健康状况，管理工具则用于配置和调整系统参数。

（2）分布式键值系统的特点

1）简洁易用：键值对存储模式简单直观，便于操作。

2）高效性能：借助分布式节点架构，系统能并行处理请求，提升整体性能。

3）高可用与容错：通过数据复制至多个节点，即使个别节点故障，系统依然能从其他节点获取数据，维持服务连续性。

4）可横向扩展：系统容量和处理能力随节点数量增加而线性扩展，适合大数据量和高并发场景。

（3）分布式键值系统的应用　分布式键值存储因其特性适用于多种互联网应用场景，比如高流量网站访问、分布式缓存、分布式锁机制及消息队列等，其中 Redis、Memcached、Cassandra 和 Dynamo 等是业界广泛应用的例子。

4. 分布式数据库

随着计算机网络技术和数据库应用领域的快速发展，传统的集中式数据库暴露出局限性，尤其是无法有效应对日益增长的数据分布存储需求和大规模并发访问压力。因此，数据库设计理念逐渐从集中式转向分布式，形成了分布式数据库这一分支。

分布式数据库系统构建于网络之中，由多个逻辑上相互关联的数据库节点组成，每个节点都具有独立处理的能力，既能运行本地应用程序，也能协同其他节点通过网络实现跨区域的应用执行。支撑这一复杂架构高效运作的核心在于分布式数据库管理系统，它致力于为用户营造一种透明无感的分布式数据管理环境，大大降低了操作与维护的复杂度。

自 20 世纪 90 年代起，众多传统的关系数据库产品顺应技术发展趋势，纷纷转型升级，依托日益成熟的网络技术和多任务操作系统，演变成适应广泛需求的分布式数据库解决方案，并且逐步倾向于采用客户/服务器（C/S）架构模式，以优化数据访问效率和提升系统整体性能。

常规的分布式数据库系统（DDBS）环境如图 2-28 所示。

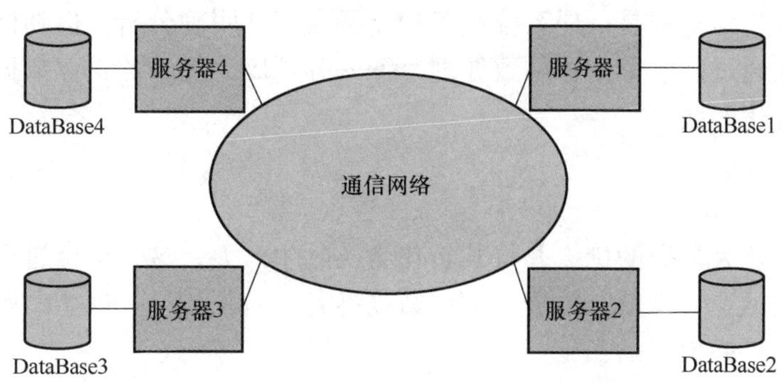

图 2-28　常规的 DDBS 环境

分布式数据库系统根据其数据库模型与分布式数据库管理系统（D-DBMS）的匹配情况，可以细分为三类：同构同质型 DDBS、同构异质型 DDBS 和异构型 DDBS。在同构同质型 DDBS 中，所有站点均部署相同的数据库模型，并统一使用同一型号的数据库管理系统；同构异质型 DDBS 虽然采用相同的数据库模型，但可能使用不同厂商的数据库管理系统；异构型 DDBS 则是在数据类型和使用的数据库管理系统上都存在差异。

（1）分布式数据库的核心功能　分布式数据库管理涉及多个关键技术环节：首先，通过数据分片将大型数据库拆分为更易管理的部分，依据水平、垂直或混合策略分布于不同节点，以此降低数据复制的负担。接着，利用数据分配优化算法确保这些分片在各节点上的部署既能平衡负载，又能提升系统响应速度和吞吐量。在集成层面，物理集成采用 ETL（企业信息集成）工具构建统一视图，而逻辑集成则通过 EII 维护虚拟全局模式，无须物理复制。数据与访问控制层面，实施严格的权限管理、数据加密及视图机制，保障信息安全。查询处理与优化面临跨节点查询的挑战，需通过复杂的优化策略尽量减少通信开销。最后，事务管理是确保数据一致性的关键，要求实现分布式事务的有效分解、协调提交，以及并发控制，以此来维护系统的一致性和可靠性。

（2）分布式数据库系统的特点　分布式数据库系统实现了物理分布与逻辑一体的架构，数据在多站点上分散存储，而用户则通过单一 DBMS 感受如同访问单一数据库的完整性和共享性，结合场地自治与集中管控策略，既满足局部应用需求，又支持全局数据访问。系统利用数据分片优化存储与访问，同时保持分布透明性，确保用户操作便捷。通过合理利用数据冗余策略，在提高系统可靠性和可用性的同时，优化访问速度。在此基础上，分布式事务管理机制保证了跨站点数据操作的原子性和一致性，即使面对故障，亦能确保系统稳定性与数据完整性，体现了分布式数据库在复杂环境下的高效与韧性。

因篇幅限制，本书对分布式存储系统架构只进行了简要探讨，对相关内容感兴趣的读者可以查阅相关专业技术文献以获取更多信息。

2.6　工业大数据分析与挖掘

工业大数据分析与挖掘是一项系统性工程，涵盖了从明确分析目标到模型部署及持续优化的全过程，旨在通过高效采集、细致处理、深入分析庞大复杂的工业数据，驱动工业生产的智能化决策与优化升级。

2.6.1　基本步骤

为充分挖掘工业大数据的价值并将其转化为实际生产力，这一综合过程通常遵循一系列关键步骤，具体包括业务理解、数据理解、数据准备、数据建模、模型的验证与评估、知识表示与解释，直至最终模型的实施与反馈。

1. 业务理解

业务理解是大数据分析与挖掘的起点，其核心在于深入理解业务背景、明确分析目的，并据此设定科学合理的评估指标。首先，与业务团队紧密合作，明确项目旨在解决的具体问题或提升的业务领域，比如提高客户满意度、优化库存管理、预测销售趋势等。接下来，通过访谈、会议、问卷调查等方式广泛收集业务需求，确保分析目标与实际业务痛点高度契合。设定评估指标时，需确保指标既可量化又与业务目标直接相关，例如采用提升率、降低率、预测准确度等，作为衡量分析成果的标准。在整个过程中，持续沟通与反馈机制的建立至关重要，它能确保分析方向不偏离业务目标，同时也为后续工作奠定坚实的基础。

2. 数据理解

数据理解阶段的核心任务是深入探索数据的特性、来源、质量和相互关系。首先，明确数据的来源渠道，无论是内部数据库、应用程序接口、公开数据集还是其他第三方服务，确保数据的合法合规性。接着，对数据进行初步分类，区分结构化、半结构化和非结构化数据，理解每类数据的含义及潜在价值。通过数据探查，评估数据质量，识别并记录缺失值、异常值、重复值等问题，必要时采取数据清洗措施。同时，利用可视化工具探索数据间的关系，如相关性分析、时间序列分析等，帮助构建数据的全局视角，为后续分析打下坚实的基础。

3. 数据准备

数据准备是将原始数据转化为可用于模型训练的格式和内容的关键步骤。首先，基于业务理解和数据理解的结果，进行特征选择，识别出对预测目标最具影响力的变量。通过特征工程，包括特征转换（如对数转换、标准化）、特征构造（结合业务知识创造新特征）和特征选择（如基于重要性评分），来优化数据集，提升模型的预测能力。此外，还需考虑数据集划分，合理分配训练集、验证集和测试集，确保模型在未知数据上的泛化能力。整个数据准备过程需兼顾效率与效果，确保模型输入既纯净又有信息量。

4. 数据建模

数据建模阶段，根据业务需求和数据特性选择合适的算法构建分析模型。这一步骤涉及算法理论的理解、技术选型和参数调优。例如，针对关联规则挖掘，可能会选用 Apriori 或 FP-Growth 算法；对于分类问题，则可能考虑决策树、随机森林、支持向量机等方法；聚类分析则常使用 k-Means、DBSCAN 等方法。在模型构建过程中，应注重模型的复杂度与解释性的平衡，确保模型不仅在训练数据上表现良好，也能在理论上对业务问题提供合理的解释。同时，利用交叉验证等技术避免过拟合，确保模型的稳健性。

5. 模型的验证与评估

模型的验证与评估是确保分析结果可靠性和有效性的关键环节。通过一系列评估指标，如准确率、召回率、F1 分数、AUC-ROC 曲线等，对模型在测试集上的表现进行全面考量。除了定量评估，还应进行定性分析，比如检查预测结果的合理性，是否符合业务逻辑。此阶段可能还需要进行模型比较，选择最优模型或进行模型融合，进一步提升预测精度。此外，对模型的稳定性、泛化能力和鲁棒性进行考察，确保模型在实际应用中的可靠表现。

6. 知识表示与解释

将复杂的分析结果转化为直观、易懂的形式，是知识表示与解释阶段的主要任务。通过数据可视化、业务报告、故事讲述等方式，将模型预测、关联规则、聚类结果等抽象信息转化为决策者能够理解的信息。这不仅要求分析师具备良好的数据解读能力，还需具备将技术语言转化为业务语言的技能，确保分析结果能够被非技术背景的决策者快速吸收并采取行动。良好的知识表示有助于提升决策的效率和质量，促进数据驱动文化的形成。

7. 模型的实施与反馈

将分析成果应用于实际业务场景，是大数据分析项目的最终目标。这一阶段涉及模型的部署、监控和维护，以及持续的性能评估。实施过程中，需密切跟踪模型在生产环境中的表现，及时收集业务反馈，评估模型对业务指标的实际影响。通过反馈循环，识别并修正模型的不足，不断调整优化策略。长期来看，构建一个灵活的迭代机制，确保分析模型能够随着业务环境的变化和数据的更新而进化，是保持分析项目生命力的关键。

2.6.2 基本算法

在数据分析与机器学习领域，基本算法扮演着核心角色，涵盖关联规则挖掘、分类算法、聚类算法以及回归预测算法等算法，共同构成处理、解析和预测复杂数据的强大工具集。

1. 关联规则挖掘

关联规则挖掘技术是从大量数据中探索变量间联系的关键手段，它专注于揭示数据项的共现规律及潜在因果联系。该技术实施主要包括两步：识别频繁出现的项目集以及据此构建关联规则。在这一领域，Apriori 算法与 FP-Growth 算法是最为著名的两种策略。

（1）Apriori 算法　Apriori 算法由 Agrawal 和 Srikant 于 1994 年首次提出，作为关联规则挖掘的开创性工作，依据“先验原则”。算法的基本逻辑在于：一个项目组合如果是频繁出现的，那么它所有的子集也必然是频繁出现的；相反，若一项目组合不频繁出现，则其任何扩展集亦非频繁出现。Apriori 算法通过循环往复的过程，逐步构建并检验更大的候选项目集，直至找不到更多新的频繁集。

（2）FP-Growth 算法　FP-Growth 算法由 Han 等人于 2000 年提出，旨在改进 Apriori 算法在大数据集上的效率问题，尤其专注于降低对数据库的扫描频次。此算法创新性地引入了一种数据结构——FP 树（Frequent Pattern Tree），专门用于高效存储并管理数据库中的高频项目信息，并通过高效的压缩和分解技术来高效挖掘频繁项集。

2. 分类算法

分类算法是机器学习领域中用于数据预测所属类别的方法。常见的分类算法有：决策树、随机森林、支持向量机 、k-最近邻、逻辑回归。

3. 聚类算法

聚类算法是无监督学习算法的一种，其主要目标是在没有先验类别标签的情况下，将数据集中的数据自动分成多个组或簇（Cluster），每个簇内的数据相似度较高，而不同簇间的相似度较低。常见的无监督聚类算法有：k-Means 算法、DBSCAN 算法、层次聚类。

4. 回归预测算法

回归预测算法旨在基于输入变量（特征）与目标变量（响应变量）之间的关系预测一个连续值输出。常见的回归预测算法有：线性回归、多项式回归、岭回归、LASSO 回归。

这些回归预测算法各自有其适用场景和特点，选择时需根据数据的性质、模型解释性需求以及是否需要特征选择等因素综合考虑。

第 3 章将详细说明相关算法。

2.6.3 核心技术

本节介绍工业大数据分析与挖掘中主要的三项核心技术：时序模式分析技术、多源数据融合分析技术以及工业知识图谱技术。

1. 时序模式分析技术

（1）时间序列分析的定义　时间序列，作为一种按照特定时间间隔（如小时、日、周、月等）有序排列的数据集，精确地刻画了各种现象随时间演进的动态变化情况，如图 2-29 所示。这些数据直接来源于现实世界的真实记录，并隐藏着现象中内在的时间演变规律。

在进行时间序列的深度建模与分析之前，首要任务是对原始数据进行一系列关键的预处理。这包括纯随机性检验和平稳性检验两个核心环节。纯随机性检验的主要目的是探究时间序列中的各观测值之间是否存在某种内在关联性，如果一个时间序列展现出了纯随机性质，那么它的自相关系数会在零点周围呈现出随机分布的状态。而平稳性检验则是为了验证该序列是否围绕一个恒定水平上下波动，且具备恒定的均值、方差，并确保不论滞后多少期，其自协方差和自相关系数都保持不变。

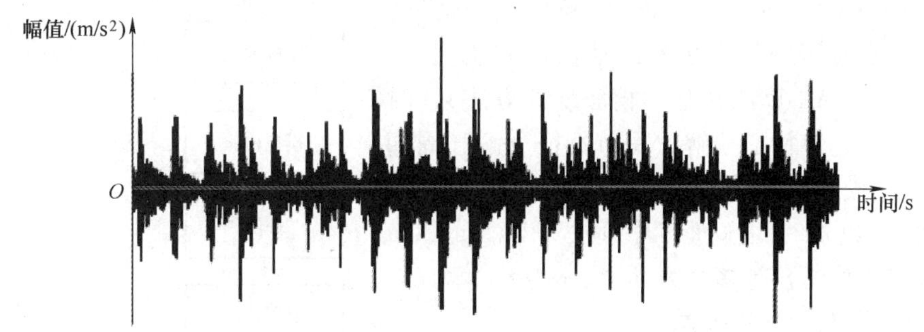

图 2-29　关于轴承振动随时间演进的动态变化情况

（2）时间序列分析的分类和建模

1）从多元化的角度来审视，时间序列可以根据不同属性进行分类：

① 按照观测对象的数量多少，可以将时间序列划分为单变量时间序列和多变量时间序列。

② 根据时间间隔是否连续不断，可以将时间序列划分为离散时间序列和连续时间序列。

③ 针对时间序列数据的统计特性，可以进一步将时间序列划分为平稳时间序列和非平稳时间序列。平稳时间序列表现出没有显著趋势并且只包含随机成分，而非平稳时间序列则兼具趋势、季节性及随机性成分。

④ 依据时间序列数据分布的特点，可以将时间序列划分为高斯型时间序列和非高斯型时间序列。

2）时间序列建模步骤。当遇到非平稳时间序列问题时，常用的方法是通过差分技术将其转化为平稳时间序列。具体而言，这是通过对时间序列中相邻时间点的数值求差，构造一个新的差分序列，随后选用适宜的模型对这个差分序列进行拟合和预测，如图 2-30 所示。

时间序列分析的一个突出特点是强调时间序列数据内部各观测值间的相互关联性，这与许多统计分析中常常假设数据独立性的情形形成了鲜明对比。该方法通过构造离散指标所对应的随机过程，并对其进行统计分析，进而创建能够捕获时间序列动态依赖关系的数学模型，最终得以对未来状态作出有效预测。

在进行确定性时间序列分析的过程中，趋势拟合法和平滑法是两种常用的分析技术。趋势拟合法是通过建立以时间为自变量、序列观测值为因变量的回归模型，以揭示随时间推进的序列变化规律，这种拟合法既可以表现为线性模型，也可以是非线性的形式。相比之下，平滑法则侧重于减少短期内随机波动对时间序列真实趋势的影响，它通过对时间序列进行平滑处理，揭示出时间序列背后的长期趋势特征，特别是在趋势分析和预测实践中，平滑法发挥了尤为重要的作用。通过这些综合方法和技术的应用，时间序列分析为理解和预见复杂系统的行为提供了强有力的手段。

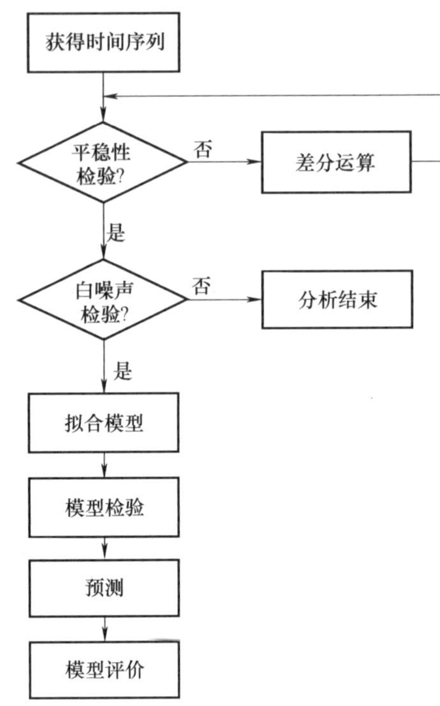

图 2-30　时间序列建模步骤

（3）时序模式分析的工业应用　工业大数据领域开发了一系列针对时序数据的专业算法，涵盖了时间序列预测（如 ARIMA 模型、GARCH 模型）、异常变动模式检测（含基于统计方法和滑动窗口方法）、时间序列分类（如 SAX 算法和基于相似度的方法）、时间序列分解（如趋势特征分解、季节特征分解和周期性分解）、频繁模式挖掘（如 MEON 算法和基于 Motif 的挖掘方法），以及时间序列切片算法（如 AutoPlait 算法和 HOD-1D 算法）等多个方面。

2. 多源数据融合分析技术

企业运营的各个环节，如采购、生产、营销和物流，都会生成大量多样化的数据资源，这些数据包罗万象，既有结构严谨的部分，也不乏非结构化的信息。它们如同一座金矿，能够助力企业深挖市场动态、预判价格走势、促进供应链的无缝协作、推动精细化营销策略、优化市场资源配置、强化产品追踪能力、分析产能与质量控制等。数据分析的深化无疑能极大赋能企业，在生产效率、质量监管、运营策略、市场推广及风险预警等方面实现显著提升。然而，数据来源的多样性也带来了技术障碍，尤其是数据质量的不一和信度差异，加之不同业务背景下的表达特性各异，这些都要求采取高明的策略来整合这些复杂数据。

为了克服上述挑战，多源数据融合分析技术应运而生，涵盖了广泛的方法论，如统计分析、深度学习、回归分析、分类算法、聚类分析以及关联规则挖掘等。这些工具允许人们对各类数据源实施个体化剖析，再经由综合统计评估或辅以人为决策，达成数据融合的目标。另一种融合路径则侧重于分析方法的创新，比如，通过非结构化文本的深度语义集成，创建富含制造业知识的知识图谱，这不仅能够对各类数据实体进行精准标注和语义解释，还能够在图模型框架下揭示不同领域实体之间的深层联系，从而在工业时序数据分析中，有效识别维修报告等文本材料中的故障信号，为时间序列数据的分类提供有力依据。关于多源数据融合分析技术的详尽阐述，将在后续的第 4 章中详细展开。

3. 工业知识图谱技术

在工业生产的日常运作中，会产生海量的日志文本资料，涵盖维修记录、工艺说明及故障档案等，这些非结构化数据潜藏了宝贵的专业智慧。通过文本分析手段，能够抽取出关键事件要素及其类别（如故障模式识别）、追踪事件的发展脉络（包括故障表现、先兆、解决步骤与结论分析），并进一步积淀成为专家系统知识库，如故障诊断指南、维护检修手册及设备操作规范等。

尽管现有的文本挖掘技术，如分词处理、关键词提取、词向量映射、词性标注以及主题建模（LDA 等）在一般领域已相当成熟，但在面对工业数据特有的行业术语、品牌专称、型号规格及特定情境描述（如常见运行状态、故障表象）时，其效能往往会大打折扣。因此，构建专注于工业领域的知识图谱成了必要之举。它不仅融入了行业特有词汇，还通过与结构化数据的语义模型结合，增强了数据查询的灵活性与推理能力。关于如何构建及应用工业知识图谱的深入探讨，将在后续的第 5 章中详细展开。

2.7 工业大数据软件与平台

工业大数据软件与平台特别强调与实际工业生产环境的深度融合与协同联动。它不仅配备有直观易用的数据可视化界面，协助企业实现实时的生产过程监控、自定义报告生成及各类统计图表展示，还支持用户进行交互式的数据探索分析。尤为关键的一点是，工业大数据软件与平台能够与企业现有的生产执行系统、企业资源计划系统等多元信息系统无缝集成，促进数据在企业内部、各环节间的自由流动与高效利用，从而全面提升数据的价值转化率。

2.7.1 常用的工业大数据软件

1. Map Reduce

Hadoop 作为一个由 Apache 软件基金会研发的分布式系统架构，其两大基石为 HDFS（Hadoop Distributed File System）和 Map Reduce。HDFS 旨在解决大数据存储问题，尤其适应部署在低成本硬件集群上，它具备高容错性和大吞吐量访问特性，满足大型数据集应用的需求，同时适度放松了对 POSIX 标准的遵循，允许以数据流方式访问文件系统。

Map Reduce 源于 Google 的一种并行处理框架，特别适用于对超过 1TB 规模的大数据集进行高效计算。Map Reduce 的核心理念来源于函数式编程语言中的映射和化简操作，并引入了向量化编程特征。在实际执行中，开发者需定义 Map 函数，此函数将一组键值对映射成一组新的键值对；同时还要定义 Reduce 函数，确保所有具有相同键的映射结果会被聚集在一起并发处理。

以下是 Map Reduce 作业的基本处理流程：

1）输入数据被划分为多个数据块（通常为 64MB），作为 Map 任务的输入单元。

2）整个系统包含一个中心主控主服务器节点及多个 Worker 节点，主服务器负责任务分配和全局管理，而 Worker 执行具体的 Map 或 Reduce 任务。

3）Map 任务读取对应的数据块内容，通过用户自定义的 Map 函数处理键值对数据，得到的中间结果暂存在内存中，并周期性地写入磁盘。每份 Map 的中间结果会根据 Reduce 任务的数量进行分割，并通过哈希取模策略确定分区。

4）当 Map 任务完成后，主服务器节点将各个 Map 任务产生的中间结果位置通知给 Reduce 任务的 Worker 节点。

5）Reduce 任务的 Worker 节点在接收到通知后，将所有 Map 任务产生的中间结果数据拉取至本地，并按照 Key 进行排序和聚合。

6）在所有 Map 和 Reduce 任务完成之后，主服务器唤醒用户应用程序并报告作业完成。

Map Reduce 是一种分布式计算框架，专为处理海量数据而设计。它不仅能够高效地执行大规模数据处理任务，还内置了容错机制和可靠性保障，确保数据处理的准确性和稳定性。该框架通常部署在由大量计算节点组成的集群环境中，以实现资源的优化利用和计算能力的横向扩展。

Map Reduce 采用了主从架构设计，主要组件包括客户端（Client）、作业追踪器（Job Tracker）和任务追踪器（Task Tracker），如图 2-31 所示。

1）客户端负责编写并提交 Map Reduce 作业至作业追踪器，后者负责作业的实际调度和执行监控。

2）作业追踪器承担了管理和调度任务追踪器节点的角色，负责作业分发、资源管理（资源以 Slot 为单位）以及监控任务追踪器节点的状态。

3）任务追踪器定期向作业追踪器发送心跳消息，表明自身处于活动状态，并接受来自作业追踪器的具体任务指令。它还根据 Slot 资源模型报告自身的资源使用情况，区分 Map Slot 和 Reduce Slot 两类资源。

在 Map Reduce 框架中，数据输入源自 HDFS，文件被切分成多个 Block，每个 Block 关联一个 Map 任务。Map Reduce 将整个计算过程划分为 Map 和 Reduce 两个主要阶段，有时还包括一个可选的 Combine 阶段，用于优化数据处理。

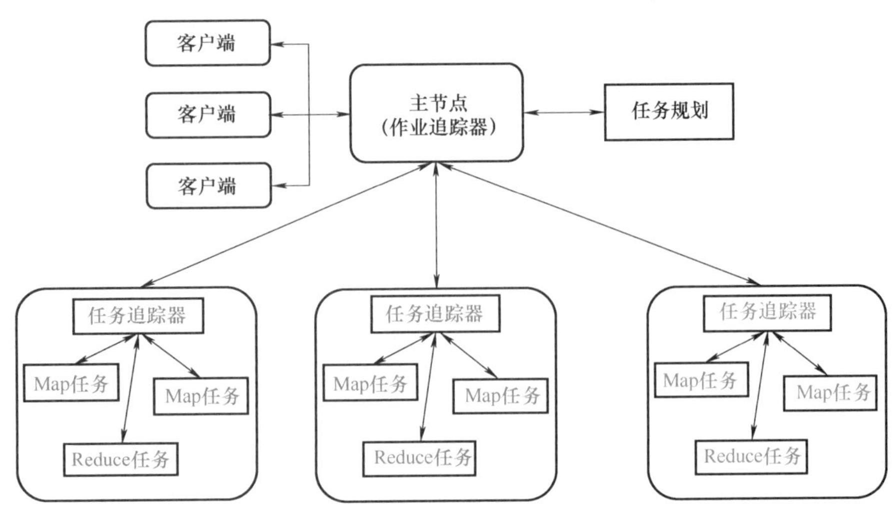

图 2-31 Map Reduce 的架构

2. Spark

Spark 是加州大学伯克利分校 AMP 实验室开发的一个开源分布式计算平台，它借鉴了 Hadoop Map Reduce 模型并加以优化。Spark 的关键创新在于利用内存来存储中间数据，相较于频繁访问 HDFS 的 Map Reduce，这一机制显著加速了处理流程，尤其是对于涉及多次迭代的数据挖掘和机器学习任务，实现了性能的飞跃。

Spark 的核心构建块是弹性分布式数据集（Resilient Distributed Dataset，RDD），这是一种分区、不可变且能够并行处理的数据集合。RDD 必须支持序列化，可以被缓存至内存中，这样一来，每次对 RDD 执行操作后的结果都能够留在内存中供下一次操作直接读取，从而大大减少了 Map Reduce 原本需要进行的大量磁盘 I/O 操作，非常适合迭代型计算任务。

Spark 可以部署在单节点或分布式多节点集群之上，能够通过自身的资源管理器运作，也可搭配 Mesos 集群管理器共同管理资源，确保 Spark 与 Hadoop 可以在共享资源池中共存。Spark 的部署如图 2-32 所示。

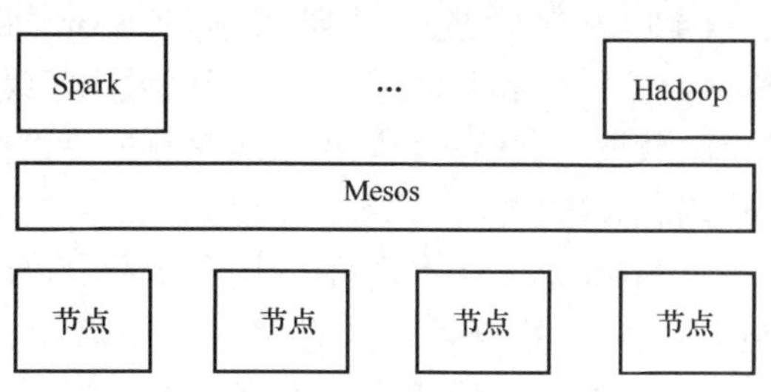

图 2-32　Spark 的部署

下面开始深入探讨 Spark 的内部工作原理，具体包括 Spark 运行的 DAG（有向无环图）、Partition 分区、Lineage 容错机制、内存管理以及数据持久化。

（1）DAG　当 Spark 应用程序被提交后，其逻辑表述是通过构建一个基于 RDD（弹性分布式数据集）的 DAG 来实现的。在这个 DAG 中，每个节点象征着一个 RDD，而边则描绘了 RDD 之间的依赖关系链。一旦触发了行动操作，Spark 的调度系统就会根据 RDD 的血缘图来构造 DAG，进而在这一基础上规划并执行各项任务。

在 DAG 的结构中，还细致地区分了窄依赖和宽依赖两种类型，如图 2-33 所示。窄依赖是指任何一个父 RDD 的分区最多只会被单一的子 RDD 的分区所直接利用。与之相对，宽依赖则表示一个父 RDD 的分区会被多个子 RDD 的分区所共同依赖，在这种情况下，数据需要在分区级别上进行更广泛的重分配。

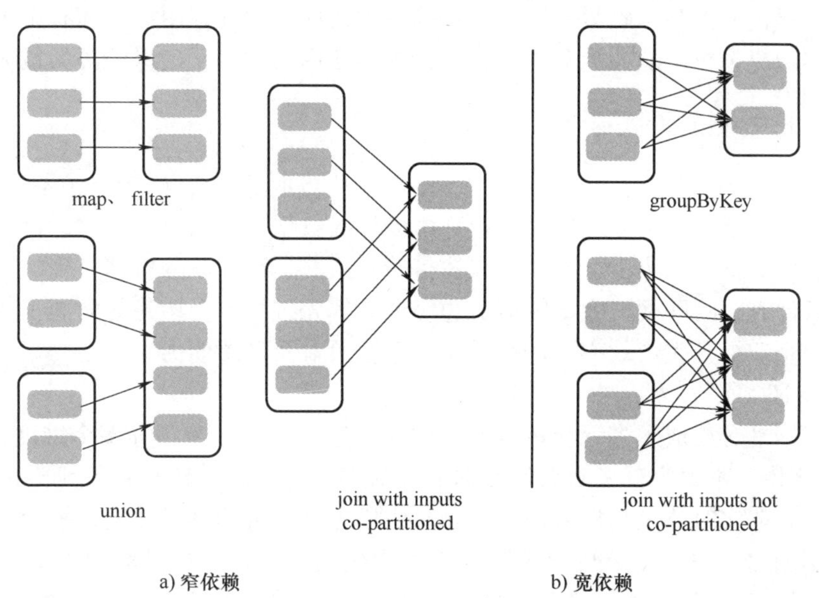

图 2-33　窄依赖和宽依赖

（2）Partition 分区　在 Spark 中，每一次 Transform 操作都会产生新的 RDD，每个 RDD 由一系列 Partition 组成。Spark 的所有操作实际上都细化到了对 Partition 的操作层面，每个

Partition 关联一个 Spark 任务。

（3）Lineage 容错机制　在容错方面，存在多种策略，比如数据复制和修改日志记录。然而，由于 Spark 采用 DAG 来表述 Driver Program 中的计算逻辑，因此 Spark 的 RDD 采取了一种特殊的容错手段，即 Lineage。

（4）内存管理　早期版本的 Spark 将内存划分为执行（Execution）区域、存储（Storage）区域和其他区域。执行区域用于缓存 Shuffle、Join、Sort 和 Aggregation 等操作产生的中间数据；存储区域则用来缓存数据块以提升性能；其他区域用于存储系统自身运行所需的代码和元数据。

自 Spark 1.6 版本之后，执行内存与存储内存之间实现了相互借用的功能。当执行内存出现不足时，系统可以从存储内存中借用空间，反之亦然。执行内存的管理通过三层结构——Shuffle 内存管理器、任务内存管理器和执行器内存管理器来实现。这些层级分别负责全局内存分配决策、具体任务的内存管理和实际的内存分配与回收工作。另外，存储内存由 Block Manager 统一管理，主要职责包括对于 RDD 分区的缓存以及对于大数据量结果的广播。

（5）数据持久化　Spark 的一大核心优势在于其赋予用户能力，通过调用 persist( ) 或 cache( ) 方法，实现 RDD 在内存中的高效持久化。一旦 RDD 数据被成功持久存储，其所有组成部分将驻留在各节点的内存里，为后续针对该 RDD 本身或衍生出的新 RDD 的操作提供即时可用的数据复用，显著增强了执行效率。更为重要的是，Spark 的缓存机制内置了容错特性，能够确保即使遇到任何单个分区数据丢失的情况，系统也能依赖于 RDD 的原始转换步骤自动重算并恢复丢失部分，保证了数据的完整性。

为满足多样化的应用场景需求，Spark 允许用户灵活选择不同的存储级别来优化 RDD 的持久化方式，涵盖从内存、磁盘到堆外内存等多种选项。此外，用户还拥有是否采用序列化形式存储数据的决定权，从而能够进一步提升内存使用的效率，确保资源的最大化利用。

2.7.2　工业大数据平台概述

1. 定义

工业大数据平台是一个专门针对工业环境设计的数据管理和分析系统，旨在整合企业内外部各类工业数据资源，提供从数据采集、存储、清洗、治理、分析到应用的一体化解决方案。它融合云计算、物联网、人工智能、边缘计算等先进技术，构建起面向工业场景的数据价值链，助力企业提升生产效率、产品质量、运营效益及创新能力。

2. 主要特征

工业大数据平台集成了多元化数据源，覆盖生产、运营、市场等多个维度，凭借 PB 至 EB 级的处理规模，不仅实现了对海量数据的高效存储与计算，还具备低延迟的实时数据处理能力，满足工业实时监控与控制需求。通过应用先进的机器学习算法，平台深度挖掘数据价值，助力预测性维护、质量与能耗管理等智能化决策过程。在保障数据安全与合规性方面，平台严格执行安全标准与隐私保护法规，确保数据在全生命周期内的安全性与合规使用。

3. 核心应用场景

（1）生产过程优化　通过实时监控设备状态、工艺参数、物料消耗等数据，识别生产瓶颈，优化生产调度，提高设备利用率和产线效率。

（2）预测性维护　基于设备运行数据、故障历史记录，运用机器学习预测设备故障发生概率及剩余寿命，实现预防性维修，降低停机风险和维修成本。

（3）质量管理　通过对原材料、生产过程、成品检验等全链条数据的分析，发现影响产品质量的关键因素，实施精准质量控制，提升产品合格率。

（4）能耗管理与环保监测　实时监测能源消耗、排放指标，分析能耗分布、能效比，提出节能降耗措施，同时确保企业环保合规。

（5）供应链协同　整合供应链上下游数据，实现供需精准匹配、库存优化、物流跟踪，提升供应链响应速度和整体效能。

4. 架构

从技术架构的角度，工业大数据平台可被细分为四个关键层次：数据采集层、数据存储层、数据处理层及服务封装层，如图 2-34 所示。

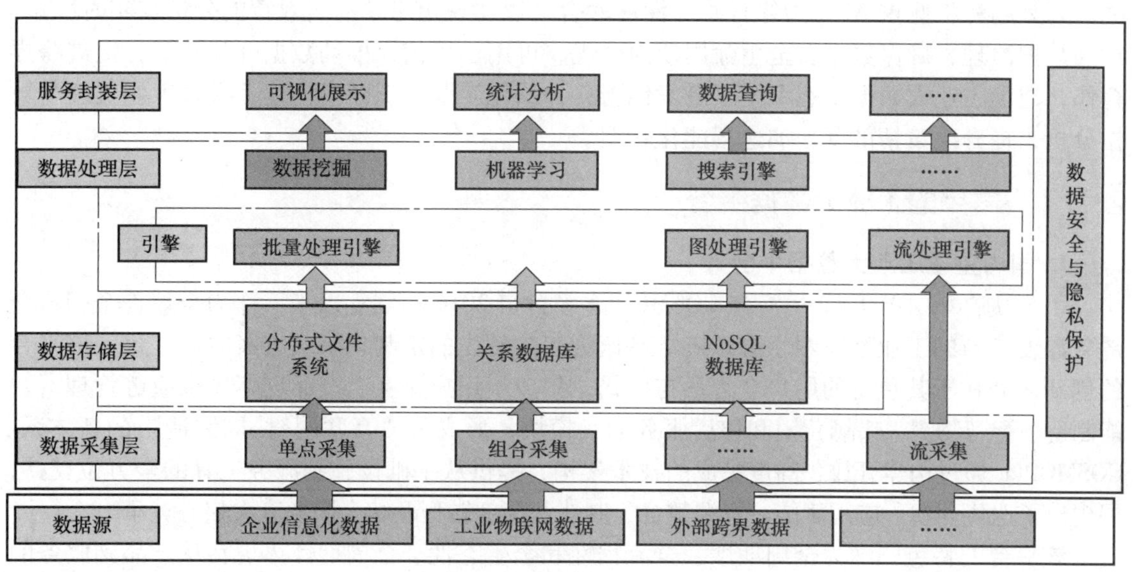

图 2-34　工业大数据平台技术架构

（1）数据采集层　该层级的核心任务是获取来自多元化数据源的信息。数据源广泛覆盖了内部业务数据库、公开网络数据流以及物联网的实时数据。内部业务数据库通过批量抽取机制，统一迁移到大数据存储设施中。公开网络数据的收集则依托于网络爬虫技术。至于物联网的实时数据，采取连续流式采集策略，确保数据即刻进入大数据存储或直接传输至流处理系统，实现即时分析。

（2）数据存储层　此层级致力于大数据的保管与运营。原始数据常被安置在分布式文件系统或云存储服务中。为了高效便捷地访问与管理数据，大数据平台倾向于使用 NoSQL 数据库，根据数据特性和处理需求灵活配置，如键值存储、列族数据库、文档数据库、图形数据库等。

（3）数据处理层　这一层级主要专注于大数据的加工和分析工作。在多数情况下，人们需根据数据特性选择合适的处理引擎。针对那些静态的、大批量的数据处理需求，常常采用批量处理引擎，如 Map Reduce，来高效地完成任务。而对于实时变化、流动性的数据流处理需求，则普遍倾向于使用流处理引擎（如 Storm），以确保数据处理的即时性和连续性。对于复杂的图数据结构，则常采用专门的图处理引擎（如 Giraph）。这些处理引擎为大数据提供了基本的数据计算和处理功能。与此同时，大数据处理平台还会配备一系列高级工具，如数据挖掘工具、机器学习工具以及搜索引擎等，以便进行深层次的数据处理和分析。

（4）服务封装层　这一层的核心作用在于根据用户的多元化需求，将各类大数据处理和分析功能进行封装并提供对外服务。常见的大数据服务项目包括数据可视化展示、数据查询与分析、统计分析等。此外，大数据处理平台中还内置了贯穿各层次的数据安全与隐私保护模块，以确保数据在全生命周期内的安全性。这一模块也是平台不可或缺的一部分，为用户提供全面的数据安全保障。

5. 挑战与发展趋势

工业大数据平台虽价值显著，但仍需应对数据孤岛、数据质量、数据安全及人才等挑战。未来趋势将侧重 AI 与边缘计算的深度融合，以实现边缘端的高效智能分析与实时决策；加强数据治理，确保数据在全生命周期内合规、可用、可信；推动数据开放共享，促进跨界合作，建设工业大数据生态系统，激发创新；并深化工业知识图谱构建，融合工业机理与数据分析，提升决策精准度，加速智能化转型。

2.7.3　常用的工业大数据平台

1. 国内主要工业大数据平台

（1）海尔 COSMOPlat　海尔 COSMOPlat 平台自 2016 年创立以来，作为全球首个用户全链条深度参与的工业互联网生态系统，迅速崛起为领先的定制化解决方案服务平台。该平台的创新之处在于其独特的用户全程参与模式，集成了用户交互、产品创新、供应链管理、智能制造、智慧物流、市场营销和售后服务七大模块，形成了“互联网+协同制造”的新体系。COSMOPlat 通过构建开放、高度集成的技术架构，提供从基础设施到服务工具的全方位支持，展现出了迭代创新、应用赋能、资源整合、制造业深度转型及综合服务五大核心竞争力。

该平台的特色归纳为全周期性、全流程性和全生态性。全周期性体现在从产品到服务的全面升级，满足用户产品全生活周期需求；全流程性则解决了大规模生产和个性化定制的矛盾，实现用户中心的高效并行生产流程；全生态性通过建立开放互联的生态系统，促进全球资源的合作与共享，共同推动产业革新。

在模式、技术和生态三方面的创新中，COSMOPlat 实现了用户体验主导的大规模定制模式，构建了智能、灵活的工业互联网架构，以及多元共融的生态系统，促进了信息技术与运营技术的深度融合，集结了广泛的产、学、研资源，共同推动制造业的数字化转型和生态共赢。

（2）航天云网 INDICS 平台　航天云网 INDICS 平台基于“云制造”理念，依托航天科工深厚背景，借助云计算、大数据、物联网技术，打造出开放、融合的工业互联网生态系统。该平台致力于推进智能制造、协同制造、云制造模式，覆盖智能商务至服务全链条，助力企业实现资源共享、能力协同及效率提升。

INDICS 平台采用创新的分层云-微核心架构，集成八大关键技术，如数据驱动的 App（Application）构建技术、数字化建模优化技术、区块链安全技术等，实现异构设备高效管理、工业 App 快速部署及网络安全自主可控。该平台架构分为五层，无缝对接工业设备与服务，为应用开发提供强大支持，包括原生及第三方应用的灵活部署。

平台架构中的 PaaS 层提供丰富的工具与服务，如开发工具、公共服务组件、工业互联网产品等，特别配置了设备接入、App 开发部署组件及物联网、建模、API 等核心产品，全面满足企业六大业务场景需求。该平台注重强化应用能力、服务能力、基础设施能力等核心能力，支持数据全生命周期服务，配备完善的开发支撑工具。

随着建设与能力提升，INDICS 平台在工业设备连接、模型服务、App 服务、用户与开发者群体、行业覆盖度等方面取得显著成效，已广泛应用于航空航天、装备制造、节能环保等十大行业，持续丰富行业解决方案，推动工业互联网生态的深化发展。

2. 国外主要工业大数据平台

（1）通用电气 Predix 平台　Predix 平台是由美国通用电气公司（GE）推出的专为工业互联网设计的操作系统平台。Predix 平台充分利用了云计算技术的优势，提供了高可用性、按需服务、用量计费、弹性伸缩等云计算核心特性。其系统架构布局如图 2-35 所示，涵盖了从设备连接、数据传输、云端处理到应用服务的完整链条。

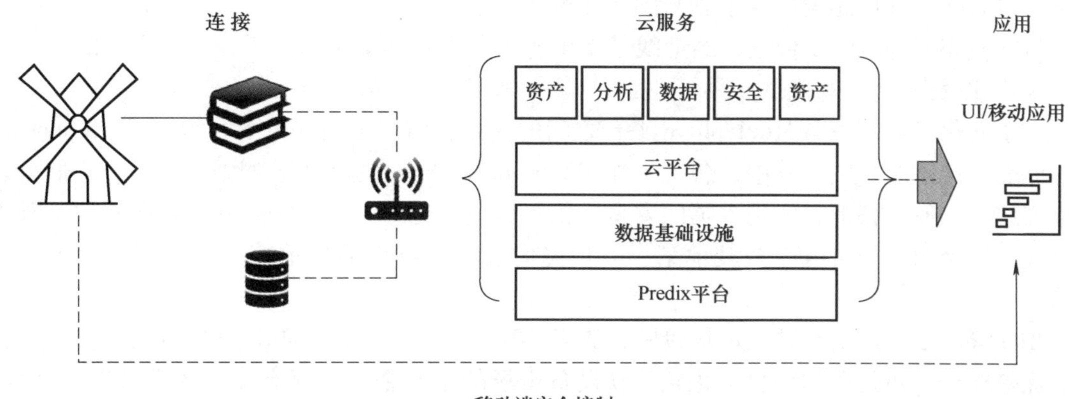

图 2-35　Predix 平台的系统架构布局

GE 计划将 Predix 平台广泛应用到工业领域的各个方面，并归纳出七大核心功能，这七大核心功能包括：

1）调度与物流优化：运用预测性分析技术提升资产使用率，提高性能与效率，降低维护成本。

2）产品智能化连接：通过软件定义机器，实现由预防性维护替代传统的故障修复模式。

3）智慧环境建设：在城市与建筑物环境中采用 LED 解决方案和传感器收集并分析数据，提升个人体验。

4）现场人员效能提升：为工人提供实时的机器数据、专业知识与流程指南，从而提高维修和升级工作的效率。

5）工业数据分析：通过实时监控资产健康状况，运用预测性和规范性分析方法提升生产效率。

6）资产性能管理：在整个资产生命周期中，努力实现性能、可靠性和可用性的全面提升。

7）运营优化：运用企业级规模的关键洞察，解决运营中存在的问题，推动生产力提高，实现效率飞跃。

Predix 平台依托 GE 庞大的工业设备基础，连接万亿级资产，尤其在优化 GE 产品性能分析上效果显著，如精准预测飞机发动机维护时机。航空公司利用 Predix 平台分析 CFM56 发动机数据，建立损伤预测模型，减少不必要停飞，提升运营效率。GE 还与其他行业巨头合作，如与思科公司推出 Predix 平台兼容路由器、与 Intel 公司开发边缘设备架构、为多家通信企业优化网络连接，以及与 AT&T 公司合作，实时上传交通工具发动机数据，共同推动工业互联网的互操作性和优化服务，实现资产性能管理和运营升级。

（2）MindSphere 平台　MindSphere 平台是西门子公司响应市场需求推出的一款工业互联网平台，其定位与 Predix 平台相似，旨在聚合和利用生产资产数据，通过进行增值分析，实现预防性维护、能源数据管理以及工厂资源优化等多种功能。例如，机械设备制造商和工厂构建商能够借助 MindSphere 平台监控其全球范围内的设备群，从而有效提供服务，减少设备停机时间，并借此契机探索创新的商业模式。

目前，MindSphere 平台上已经上线了多个应用程序，其中包括用于设备群管理的“Fleet Manager”以及专门针对机器工具管理的“Fleet Manager for Machine Tools”。

为了简化工业设备与 MindSphere 平台之间的连接，西门子还提供了名为“MindConnect”的一整套连接解决方案。其中，包含了如 MindConnect Nano 这样的小型硬件代理，它们可以直接安装在工业设备上，实现数据的安全采集与传输。此外，MindSphere 平台还开放了云平台协议，使得西门子自身以及其他第三方厂商的设备能够更便捷地接入并实现与云平台的通信。

MindSphere 平台虽然进入市场较晚，直至 2016 年 4 月才正式推出公共测试版，但其独特的优势在于，西门子作为自动化和传动设备市场的领军企业，拥有庞大的设备装机基数。这意味着在推广 MindSphere 平台的过程中，尤其是在西门子自身产品线以及广泛使用西门子控制设备和软件的企业中，MindSphere 平台具有得天独厚的推广和应用潜力。通过整合丰富的工业设备数据，MindSphere 平台能够做好深刻的用户洞察，驱动工业生产的智能化升级与转型。

本章小结

本章全面剖析了工业大数据，从分类及其特征至采集、处理、存储、分析与挖掘，再到常用的软件与平台，构建了一套完整的知识体系，并为后续章节奠定基础。工业大数据领域全面覆盖了从基本概念、处理流程到实际应用的广泛知识。大数据的特征在于其数据量大，种类多，速度快、时效高，价值高但价值密度低，处理过程包括数据的采集、处理、分析与挖掘和可视化。在工业环境下，大数据来源于广泛的业务环节，面临海量、高速、复杂性的挑战，展现出通过 OPC UA 等协议保障的安全通信和多层次的数据采集策略。为应对这些挑战，采取了高效的数据处理技术，如分布式计算与流式计算，并利用时序数据库等专有系统确保数据的有效存储与管理。分析与挖掘层面，强调时序模式分析、多源数据融合分析以及工业知识图谱构建的重要性，为实现设备预测性维护和智能决策提供支持。此外，介绍了工业大数据软件与平台（如 Predix 平台、MindSphere 平台）的核心能力及其在促进企业数字化转型中的关键作用。

思考题

1. 什么是工业物联网数据？举例说明。
2. 如何解释工业数据碎片化？
3. 说明工业大数据与大数据的区别。
4. 说明工业大数据分析与大数据分析的区别与联系。
5. 智能制造兴起的原因有哪些？
6. 工业大数据的来源有哪些？
7. 请简述传感器技术的发展历程，并写出 3 种工业中常用的传感器。
8. 除了本章所介绍的 RFID 应用，你还知道哪些 RFID 的常见应用？
9. 分布式存储的特点工业大数据从数据结构上可以分为哪几类？
10. 分布式文件系统（HDFS）的特点有哪些？
11. 关系数据库管理系统的特点是什么？
12. NoSQL 数据库的特点是什么？
13. 请简述分布式键值系统的概况。
14. 请简述分布式计算的概念。
15. 你还知道哪些工业大数据平台？请简要说明。

习题解答

参考文献

[1] McKinsey Global Institute. Big data：The next frontier for innovation，competition，and productivity [R]. New York：McKinsey & Company，2011.

[2] 吕云翔，钟巧灵，张璐，等. 云计算与大数据技术 [M]. 北京：清华大学出版社，2018.

[3] 胡大威，孙琳. 大数据技术与应用 [M]. 北京：中国铁道出版社，2019.

[4] 李建军. 大数据应用基础 [M]. 北京：人民邮电出版社，2022.

[5] 刘海平. 工业大数据技术 [M]. 北京：人民邮电出版社，2021.

[6] 李国伟. 智能电厂现场总线技术及其应用 [J]. 电子技术，2022，51（7）：194-195.

[7] 彭国超，邢飞，刘彩华. 工业人工智能创新与应用 [M]. 北京：科学出版社，2022.

[8] 刘怀兰，惠恩明. 工业大数据导论 [M]. 北京：机械工业出版社，2019.

[9] 张忠平，刘廉如. 工业互联网导论 [M]. 北京：科学出版社，2021.

[10] 李建中，李金宝，石胜飞. 传感器网络及其数据管理的概念、问题与进展 [J]. 软件学报，2003，14

(10): 1717-1727.

[11] 王兴，侯礼宁，白雪. 基于RFID技术的身份证识别门禁系统开发 [J]. 高技术通讯，2019，29 (6): 539-545.

[12] 高聪，王忠民，陈彦萍. 工业大数据融合体系结构与关键技术 [M]. 北京：机械工业出版社，2020.

[13] 林伟伟，刘波. 分布式计算、云计算与大数据 [M]. 北京：机械工业出版社，2015.

[14] SULLIVAN D. NoSQL实践指南：基本原则、设计准则及实用技巧 [M]. 爱飞翔，译. 北京：机械工业出版社，2016.

[15] 王雪涛，刘伟杰. 分布式文件系统 [J]. 科技信息（学术研究），2006 (11): 273.

[16] 金国栋，卞昊穹，陈跃国，等. HDFS存储和优化技术研究综述 [J]. 软件学报，2019，31 (1): 137-161.

[17] CHANG F, DEAN J, GHEMAWAT, et al. Bigtable: A distributed storage system for structured data [J]. ACM transactions on computer systems, 2008, 26 (2): 1-26.

[18] 田春华，杨锐，崔鹏飞. 工业大数据的实践与认识 [J]. 软件和集成电路，2019 (9): 24.

[19] 朱涛，郭进伟，周欢，等. 分布式数据库中一致性与可用性的关系 [J]. 软件学报，2017，29 (1): 131-149.

[20] 夏志杰. 工业互联网：体系与技术 [M]. 北京：机械工业出版社，2017.

[21] 李继光，杨迪. 大数据背景下数据挖掘及处理分析 [M]. 青岛：中国海洋大学出版社，2019.

[22] AGRAWAL R, SRIKANT R. Fast algorithms for mining association rules [C] //Proceedings of the 20th International Conference on Very Large Data Bases. San Francisco: IEEE, 1994, 1215: 487-499.

[23] HAN J, PEI J, YIN Y. Mining frequent patterns without candidate generation: a frequent-pattern tree approach [J]. Data Mining and knowledge discovery, 2004, 8 (1): 53-87.

[24] 周志华. 机器学习 [M]. 北京：清华大学出版社，2016.

[25] 中国电子技术标准化研究院. 工业大数据白皮书（2019版）[R/OL]. (2019-04-01) [2024-06-18]. https://www.cesi.cn/images/editor/20190401/20190401145953698.pdf.

第 3 章

3

面向工业数据的机器学习

章知识图谱

说课视频

借助机器学习技术，可以对工业数据进行分析、挖掘和预测，发现数据之间的关联性和规律性，为企业提供数据驱动的智能决策和优化方案。同时，工业数据对机器学习技术也是宝贵的信息源，这不仅可以为企业提供智能化转型的台阶，也为机器学习相关技术发展和与其他领域的融合提供了新的可能性。例如，利用机器学习技术可以实现设备故障预测和维护优化、生产过程优化和质量控制、供应链管理和物流优化等方面的应用。

3.1 典型机器学习算法

3.1.1 线性模型

线性模型（Linear Model）是一种用来预测结果的简单方法，它通过对属性的线性组合来建立预测函数。

给定由 d 个属性描述的示例 $\boldsymbol{x}=(x_1,x_2,\cdots,x_d)$，其中 x_i 是 $\boldsymbol{x}$ 在第 i 个属性上的取值，即

$$f(\boldsymbol{x})=w_1x_1+w_2x_2+\cdots+w_dx_d+b \tag{3.1}$$

式（3.1）一般写成向量形式：

$$f(\boldsymbol{x})=\boldsymbol{w}^{\mathrm{T}}\boldsymbol{x}+b \tag{3.2}$$

式中，$\boldsymbol{w}=(w_1,w_2,\cdots,w_d)$。学得 $\boldsymbol{w}$ 和 b 之后，模型就可以进行预测了。

线性模型的优势在于其简单易懂和良好的可解释性，同时它包含着机器学习中重要的基本思想。许多功能更为强大的非线性模型（Nonlinear Model）可以从线性模型的基础上通过

引入层级结构或高维映射得到。线性模型之所以具备高度的可解释性，是因为它直观地展现了各因素在预测过程中的影响力大小。例如，若在预测设备产量问题中学得“$f_H(x)=1000+5x_W-2x_D$（H=生产效率，W=工作时间，D=设备年龄）”，就可以用来预测设备在不同工作时间和不同设备年龄下的产量，帮助工厂进行生产计划和设备维护安排。

接下来介绍经典的回归任务线性模型。

在“线性回归”（Linear Regression）任务中，人们试图学习一个线性模型来准确预测实数输出。

这里举最简单的例子：当输入属性只有一个时，可以忽略属性的下标，将数据集表示为 $D=\{(x_i,y_i)\}_{i=1}^m$，其中 $x_i\in\mathbf{R}$。对于离散属性，可以通过连续化处理将属性值转化为连续值。下面举例一些常见的离散属性转化为连续属性的方法：

独热编码（One-Hot Encoding）：对于具有多个类别的离散属性，可以使用独热编码将每个类别转化为一个二进制向量。例如，在生产过程中，产品通常分为不同的类别。对产品类别进行独热编码可以将类别信息转换为可用于机器学习模型的二进制特征，产品 A、B、C 可以转化为三个二进制向量：$\boldsymbol{A}(1.0,\ 0.0,\ 0.0)$、$\boldsymbol{B}(0.0,\ 1.0,\ 0.0)$ 和 $\boldsymbol{C}(0.0,\ 0.0,\ 1.0)$。

序号编码（Ordinal Encoding）：对于具有序关系的离散属性，可以使用序号编码将类别信息转化为整数值。例如，制造业中，产品的质量等级可以用序号编码表示，例如（1.0）表示低质量，（2.0）表示中等质量，（3.0）表示高质量等级。

频率编码（Frequency Encoding）：对于具有频率信息的离散属性，可以使用频率编码将类别信息转化为对应的频率值。对于工业设备的故障记录，可以使用频率编码将故障类型的频率信息转换为特征。例如，对于每种故障类型，可以计算其出现的频率，并将频率作为特征进行编码，反映该故障类型的普遍程度。

线性回归的训练目标是

$$f(x_i)=wx_i+b,\text{使得} f(x_i)\simeq y_i \tag{3.3}$$

如何确定 w 和 b 呢？关键在于找到一种有效的方法来评估 $f(\boldsymbol{x})$ 与实际结果之间的差异。在回归分析领域，均方误差被广泛认可为衡量模型性能的重要指标。因此，可以通过最小化均方误差的方式来优化模型，即

$$\begin{aligned}(w^*,b^*)&=\arg\min_{(w,b)}\sum_{i=1}^{m}(f(x_i)-y_i)^2\\&=\arg\min_{(w,b)}\sum_{i=1}^{m}(y_i-wx_i-b)^2\end{aligned} \tag{3.4}$$

均方误差的几何意义是常用的欧几里得距离或简称“欧氏距离”（Euclidean distance）。通过最小化均方误差来确定模型参数的策略，被称作“最小二乘法”（Least Square Method）。以一元线性回归模型为例，运用最小二乘法的原理来确定一条直线，目标是使得所有数据样本到这条直线的欧氏距离总和达到最小值。

求解 w 和 b 使 $E_{(w,b)}=\sum_{i=1}^{m}(y_i-wx_i-b)^2$ 最小化的过程，称为线性回归模型的最小二乘“参数估计”（Parameter Estimation）。可将 $E_{(w,b)}$ 分别对 w 和 b 求导，得到

$$\frac{\partial E_{(w,b)}}{\partial w}=2\left(w\sum_{i=1}^{m}x_i^2-\sum_{i=1}^{m}(y_i-b)x_i\right) \tag{3.5}$$

$$\frac{\partial E_{(w,b)}}{\partial b}=2\left(mb-\sum_{i=1}^{m}(y_i-wx_i)\right) \tag{3.6}$$

然后令式（3.5）和式（3.6）为零，可得到 w 和 b 最优解的闭式（Closed-form）解：

$$w=\frac{\sum_{i=1}^{m} y_i(x_i-\bar{x})}{\sum_{i=1}^{m} x_i^2-\frac{1}{m}\left(\sum_{i=1}^{m} x_i\right)^2} \tag{3.7}$$

$$b=\frac{1}{m}\sum_{i=1}^{m}(y_i-wx_i) \tag{3.8}$$

式中，$\bar{x}$为 x 的均值，$\bar{x}=\frac{1}{m}\sum_{i=1}^{m} x_i$。

更一般的情形是“多元线性回归”（Multiple Linear Regression），如本节开头的数据集 D，样本由 d 个属性描述。此时试图学得

$$f(\boldsymbol{x}_i)=\boldsymbol{w}^{\mathrm{T}}\boldsymbol{x}_i+b,\text{使得}f(\boldsymbol{x}_i)\simeq y_i \tag{3.9}$$

类似地，可利用最小二乘法来对 $\boldsymbol{w}$ 和 b 进行估计。一般 $\boldsymbol{w}$ 和 b 会用向量形式$\hat{\boldsymbol{w}}=(\boldsymbol{w};b)$来表示，把数据集 D 表示为一个 $m\times(d+1)$ 大小的矩阵 $\boldsymbol{X}$，其中每行对应于一个示例，每一行前 d 个元素对应于该示例的 d 个属性值，最后一个元素恒置为 1，即

$$\boldsymbol{X}=\begin{bmatrix} x_{11} & x_{12} & \cdots & x_{1d} & 1 \\ x_{21} & x_{22} & \cdots & x_{2d} & 1 \\ \vdots & \vdots & & \vdots & \vdots \\ x_{m1} & x_{m2} & \cdots & x_{md} & 1 \end{bmatrix}=\begin{bmatrix} \boldsymbol{x}_1^{\mathrm{T}} & 1 \\ \boldsymbol{x}_2^{\mathrm{T}} & 1 \\ \vdots & \vdots \\ \boldsymbol{x}_m^{\mathrm{T}} & 1 \end{bmatrix} \tag{3.10}$$

再把标签也写成向量形式 $\boldsymbol{y}=(y_1,y_2,\cdots,y_m)$，则类似于式（3.4），有

$$\hat{\boldsymbol{w}}^*=\underset{\hat{\boldsymbol{w}}}{\operatorname{argmin}}(\boldsymbol{y}-\boldsymbol{X}\hat{\boldsymbol{w}})^{\mathrm{T}}(\boldsymbol{y}-\boldsymbol{X}\hat{\boldsymbol{w}}) \tag{3.11}$$

对 $\hat{\boldsymbol{w}}$ 求导得到

$$\frac{\partial E_{\hat{\boldsymbol{w}}}}{\partial \hat{\boldsymbol{w}}}=2\boldsymbol{X}^{\mathrm{T}}(\boldsymbol{X}\hat{\boldsymbol{w}}-\boldsymbol{y}) \tag{3.12}$$

要获取 $\hat{\boldsymbol{w}}$ 最优解的明确表达形式，可通过将式（3.12）设为零来实现。然而，这一过程相较于单一变量的情形增加了难度，主要是因为它涉及矩阵求逆的操作。下面将做一个简单讨论。

当 $\boldsymbol{X}^{\mathrm{T}}\boldsymbol{X}$ 为满秩矩阵（Full-rank Matrix）或正定矩阵（Positive Definite Matrix）时，可以通过求逆矩阵的方式得到最优解的闭式解，令式（3.10）为零可得

$$\hat{\boldsymbol{w}}^*=(\boldsymbol{X}^{\mathrm{T}}\boldsymbol{X})^{-1}\boldsymbol{X}^{\mathrm{T}}\boldsymbol{y} \tag{3.13}$$

式中，$(\boldsymbol{X}^{\mathrm{T}}\boldsymbol{X})^{-1}$是矩阵（$\boldsymbol{X}^{\mathrm{T}}\boldsymbol{X}$）的逆矩阵。令$\hat{\boldsymbol{x}}_i=(\dot{\boldsymbol{x}}_i,1)$，则最终学得的多元线性回归模型为

$$f(\hat{\boldsymbol{x}}_i)=\hat{\boldsymbol{x}}_i^{\mathrm{T}}(\boldsymbol{X}^{\mathrm{T}}\boldsymbol{X})^{-1}\boldsymbol{X}^{\mathrm{T}}\boldsymbol{y} \tag{3.14}$$

在实际问题中，自变量的数据集通常会十分庞大，以至于其列数（特征量）超过了行

数（样本量），导致矩阵非满秩。这种情况下，模型能够求解出多个解，它们都能将均方误差降至最低水平。面对众多解，如何选择最优输出，则依赖于学习算法本身的归纳偏好。在实践中，引入正则化（Regularization）技术是一种常见且有效的策略。

线性模型虽然简单，其应用灵活性却很大。例如，对于样例（$\boldsymbol{x},y$），$y\in\mathrm{R}$，当线性模型的预测值逼近真实标记 y 时，就得到了可以用于预测标签的线性回归模型。为便于观察，本书把线性回归模型简写为

$$y=\boldsymbol{w}^{\mathrm{T}}\boldsymbol{x}+b \tag{3.15}$$

如果目标是让模型的预测结果为接近变量 y 的函数，该怎么办呢？举个例子，假设样本的输出标签在指数尺度上发生变化，这时，一个有效的策略是将输出标签取对数，进而作为线性模型拟合的目标，即

$$\ln y=\boldsymbol{w}^{\mathrm{T}}\boldsymbol{x}+b \tag{3.16}$$

这就是“对数线性回归”（Log-Linear Regression），它实际上是在试图让 $\mathrm{e}^{\boldsymbol{w}^{\mathrm{T}}\boldsymbol{x}+b}$ 逼近 y。其核心在于通过非线性的巧妙融入来提升模型逼近能力。尽管在目标函数的结构上它保留了线性回归的基本形态，但实际上，通过对输入进行指数函数映射，该方法引入了非线性元素，增强了模型描述现实问题的准确性和适应性。

更一般地，可以有任意单调可微函数 $g(\cdot)$，使得

$$y=g^{-1}(\boldsymbol{w}^{\mathrm{T}}\boldsymbol{x}+b) \tag{3.17}$$

这样得到的模型称为“广义线性模型”（Generalized Linear Model），其中函数 $g(\cdot)$ 称为“联系函数”（Link Function），显然，对数线性回归是广义线性模型在 $g(\cdot)=\ln(\cdot)$ 时的特例。

3.1.2 决策树算法

决策树（Decision Tree）是一类专门用于应对分类任务的机器学习方法。设想一个二分类情境，目标是借助已标记的训练数据集，提炼出一个模型，使之能够对新出现的实例进行准确分类。决策树的思想源于人类处理决策问题的方式，即通过一系列的判断或“子决策”来得出最终结论。例如，对于判断“现在应该停下还是继续走?”这个问题，人们可能会依次询问“现在是红灯还是绿灯?”“绿灯还剩多久?”“斑马线上会有车过来吗?”等问题，最终得出“停下”或“继续走”的结论。

不难发现，决策流程的终点即是期望的判断结果，比如“停下”或“继续走”。而途中每一步的判断均可视作对某一特征的考察，诸如“交通灯颜色如何?”“路面状况怎样?”等。每一个考查点的答案，不是直接指向最终决策，便是引出下一个更具体的判断问题，并且，后续考量严格限定在前序判断框架内。譬如，在确认“交通灯为绿色”之后，再探讨“路面情况”时，仅聚焦于绿灯情境下的路况分析。

决策树的构成要素包括根节点、内部节点以及叶节点。典型地，一个决策树由单一的根节点、多个内部节点和多个叶节点组成。在这里，叶节点代表了决策的最终结果；每一个非叶节点则关联了一个属性测试，通过该测试将实例数据分配到相应的子节点中，根节点覆盖了所有待处理的样本集。从根节点延伸至任意叶节点的路径定义了一套判断条件序列。决策树学习的核心目标是构建一个具有强大泛化能力的模型，即能够有效应对未见过的样本案例，其构建过程可概括为算法 3-1。

算法 3-1　决策树学习基本算法

```
输入：训练集 D={(x_1,y_1),(x_2,y_2),…,(x_m,y_m)}；属性集 A={a_1,a_2,…,a_d}
过程：函数 TreeGenerate（D,A）
生成节点 node
if D 中样本全属于同一类别 C then
将 node 标记为 C 类叶节点；return
end if
if A==∅or D 中样本在 A 上取值相同 then
将 node 标记为叶节点，其类别标记为 D 中样本数最多的类；return
end if
从 A 中选择最优划分属性 a_*
for a_* 的每一个值 a_*^v do
为 node 生成一个分支；令 D_v表示 D 中在 a_* 上取值为 a_*^v 的样本子集
    if D_v为空 then
            将分支节点标记为叶节点，其类别标记为 D 中样本最多的类；return
    else
            以 TreeGenerate(D_v,A\{a_*})为分支节点
    end if
end for
输出：以 node 为根节点的一棵决策树
```

显然，决策树的构建遵循递归逻辑。在基本的决策树算法框架内，递归过程会在以下三种情况下终止：

1）当前节点所包含的所有样本全属于同一类别，无需划分。

2）当前属性集为空，或是所有样本在所有属性上取值相同，无法划分。

3）当前节点包含的样本集合为空，无法划分。

针对第二种情况，处理策略是在决策树算法中，将此节点定义为一个叶节点，并将其类别直接指定为该节点所含样本最多的类别。这一做法实质上是借鉴了节点内部样本的后验分布信息。至于第三种情况，处理手法略有不同：将当前节点同样标记为叶节点，但其类别判定依据提升至父节点层面，即设置为父节点样本中占比最多的类别。这种策略实质上是利用了父节点的样本分布特性作为对当前节点分类的先验分布。

3.1.3　贝叶斯分类器

贝叶斯决策论（Bayesian Decision Theory）是一种在概率论框架下展开的决策模型，在分类任务中尤其重要。该理论考虑如何利用已知的概率信息和误判损失，以实现最优类别判断的选择。接下来将通过一个多分类场景的例子，来介绍这一理论的基本逻辑。

假设存在 N 个可能的类别标签，$y=\{c_1,c_2,\cdots,c_N\}$，λ_{ij}是将一个真实标记为 c_j的样本误分类为 c_i所产生的损失。基于后验概率 $P(c_i|\boldsymbol{x})$ 可获得将样本 $\boldsymbol{x}$ 分类为 c_i所产生的期望损失（Expected Loss），即在样本 $\boldsymbol{x}$ 上的“条件风险”（Conditional Risk）

$$R(c_i|\boldsymbol{x})=\sum_{j=1}^{N}\lambda_{ij}P(c_j|\boldsymbol{x}) \tag{3.18}$$

这里的目标是寻找一个判定准则 $h:\mathcal{X}\mapsto\mathcal{Y}$，以最小化总体风险

$$R(h)=E_x[R(h(\boldsymbol{x})|\boldsymbol{x})] \tag{3.19}$$

式中，E_x 表示条件风险的数学期望。显然，对每个样本 $\boldsymbol{x}$，若 h 能最小化条件风险 $R(h(\boldsymbol{x})|\boldsymbol{x})$，则总体风险 $R(h)$ 也将被最小化。这就产生了贝叶斯判定准则（Bayes Decision Rule）：为最小化总体风险，只需在每个样本上选择那个能使条件风险 $R(c|\boldsymbol{x})$ 最小的类别标记，即

$$h^*(\boldsymbol{x})=\underset{c\in\mathcal{Y}}{\operatorname{argmin}}R(c|\boldsymbol{x}) \tag{3.20}$$

此时，h^* 称为贝叶斯最优分类器（Bayes Optimal Classifier），与之对应的总体风险 $R(h^*)$ 称为贝叶斯风险（Bayes Risk）。$1-R(h^*)$ 反映了分类器所能达到的最好性能，即通过机器学习所能产生的模型精度的理论上限。

具体来说，若目标是最小化分类错误率，则误判损失 λ_{ij} 可写为

$$\lambda_{ij}=\begin{cases}0, & \text{当 } i=j \text{ 时}\\ 1, & \text{其他}\end{cases} \tag{3.21}$$

此时条件风险

$$R(c|\boldsymbol{x})=1-P(c|\boldsymbol{x}) \tag{3.22}$$

于是，最小化分类错误率的贝叶斯最优分类器为

$$h^*(\boldsymbol{x})=\underset{c\in\mathcal{Y}}{\operatorname{argmax}}P(c|\boldsymbol{x}) \tag{3.23}$$

每个样本应选择能使后验概率 $P(c|\boldsymbol{x})$ 最大的类别标签。

$$P(c|\boldsymbol{x})=\frac{P(\boldsymbol{x},c)}{P(\boldsymbol{x})} \tag{3.24}$$

式中，后验概率 $P(c|\boldsymbol{x})$ 可以根据贝叶斯定理计算，即

$$P(c|\boldsymbol{x})=\frac{P(c)P(\boldsymbol{x}|c)}{P(\boldsymbol{x})} \tag{3.25}$$

式中，$P(c)$ 是类别 c 的先验概率，这是指在没有任何属性信息的前提下，样本属于类别 c 的概率；$P(x_i|c)$ 是在给定类别 c 下属性 x_i 的条件概率。不难发现，基于贝叶斯公式［式（3.25）］来估计后验概率 $P(c|\boldsymbol{x})$ 的主要困难在于：类条件概率 $P(\boldsymbol{x}|c)$ 是所有属性上的联合条件概率，而这难以直接从有限的训练数据中准确获得。

为克服这一障碍，朴素贝叶斯分类器（Naive Bayes Classifier）引入了“属性条件独立性假设”（Attribute Conditional Independence Assumption），该假设表明：在已知分类标签的情况下，所有特征属性相互之间是独立影响的。换句话说，每个属性都是独立地对最终分类结果做出贡献的。这一简化处理极大地便利了后验概率的计算过程（即根据样本的具体特征来判断其属于某类的概率），因此，朴素贝叶斯分类器在众多实际应用场景中展现出了极高的实用价值。

基于上述“属性条件独立性假设”，式（3.25）可重写为

$$P(c|\boldsymbol{x})=\frac{P(c)P(\boldsymbol{x}|c)}{P(\boldsymbol{x})}=\frac{P(c)}{P(\boldsymbol{x})}\prod_{i=1}^{d}P(x_i|c) \tag{3.26}$$

由于对所有类别来说 $P(\boldsymbol{x})$ 相同，因此基于式（3.26）的贝叶斯判定准则有朴素贝叶斯分类器的表达式：

$$h_{nb}(\boldsymbol{x})=\underset{c\in\mathcal{Y}}{\arg\max}P(c)\prod_{i=1}^{d}P(x_i|c) \tag{3.27}$$

显然，朴素贝叶斯分类器的训练过程就是基于训练集 D 来估计类先验概率 $P(c)$，并为每个属性估计条件概率 $P(x_i|c)$ 即在给定类别 c 下属性 x_i的概率。令 D_c表示训练集 D 中第 c 类样本组成的集合，若有充足的独立同分布样本，则可容易地估计出类先验概率

$$P(c)=\frac{|D_c|}{|D|} \tag{3.28}$$

对离散属性而言,条件概率 $P(x_i|c)$可估计为

$$P(x_i|c)=\frac{|D_{c,x_i}|}{|D_c|} \tag{3.29}$$

式中，$|D_{c,x_i}|$表示训练集 D_c中在第 i 个属性上取值为 x_i的样本数量。这种情况下，条件概率可以直接通过统计得到。

对连续属性可考虑概率密度函数，假设属性的概率密度函数服从正态分布 $p(x_i|c)\sim N(\mu_{c,i},\sigma_{c,i}^2)$，其中 $\mu_{c,i}$和 $\sigma_{c,i}^2$分别是第 c 类样本在第 i 个属性上取值的均值和方差，则有

$$p(x_i|c)=\frac{1}{\sqrt{2\pi}\sigma_{c,i}}\exp\left(-\frac{(x_i-\mu_{c,i})^2}{2\sigma_{c,i}^2}\right) \tag{3.30}$$

需要注意的是，这些估计方法都基于训练集中的样本数据，因此在使用朴素贝叶斯分类器时，需要保证训练集具有充足的样本数量，并且样本应该是独立同分布的。

3.1.4　支持向量机

说课视频

支持向量机（Support Vector Machine，SVM）的核心理念，在于在数据空间中找到一个最优的划分超平面，此超平面能有效区分不同类别的数据点。该超平面的独特之处，在于它力求最大化两类样本之间的间隔，这一策略增强了模型对外部干扰的抵抗能力，即提升了模型的鲁棒性（Robustness）。

在 SVM 框架内，这一决策边界，即划分超平面，可通过一个精简的线性方程来定义：

$$\boldsymbol{w}^{\mathrm{T}}\boldsymbol{x}+b=0 \tag{3.31}$$

式中，$\boldsymbol{w}=(w_1,w_2,\cdots,w_d)$ 是法向量，决定了超平面的方向；b 是位移项，决定了超平面与原点之间的距离。显然，划分超平面可被法向量 $\boldsymbol{w}$ 和位移 b 确定，下面将其记为（$\boldsymbol{w}$，b）。对于样本空间中的任意点 $\boldsymbol{x}$，到划分超平面（$\boldsymbol{w}$,b）的距离可以写为

$$r=\frac{|\boldsymbol{w}^{\mathrm{T}}\boldsymbol{x}+b|}{\|\boldsymbol{w}\|} \tag{3.32}$$

对于训练集中的每个样本（$\boldsymbol{x}_i$,y_i），如果 $y_i=+1$，则要求 $\boldsymbol{w}^{\mathrm{T}}\boldsymbol{x}_i+b>0$；如果 $y_i=-1$，则要求 $\boldsymbol{w}^{\mathrm{T}}\boldsymbol{x}_i+b<0$。这可以写成以下约束条件：

$$y_i(\boldsymbol{w}^{\mathrm{T}}\boldsymbol{x}_i+b)\geqslant 1 \tag{3.33}$$

支持向量（Support Vector）是距离超平面最近的训练样本点，两个异类支持向量到超平面的距离之和为

$$\gamma=\frac{2}{\|\boldsymbol{w}\|} \tag{3.34}$$

γ 被称为“间隔”（Margin）。欲找到具有“最大间隔”（Maximum Margin）的划分超平面，也就是要找到能满足式（3.33）中约束的参数 $\boldsymbol{w}$ 和 b，使得 γ 最大，即

$$\max_{\boldsymbol{w},b}\frac{2}{\|\boldsymbol{w}\|} \tag{3.35}$$
$$\text{s.t. } y_i(\boldsymbol{w}^{\mathrm{T}}\boldsymbol{x}_i+b)\geqslant 1, i=1,2,\cdots,m$$

显然，为了最大化间隔，仅需最大化$\|\boldsymbol{w}\|^{-1}$，这等价于最小化$\|\boldsymbol{w}\|^2$。于是，式（3.35）可重写为

$$\min_{\boldsymbol{w},b}\frac{1}{2}\|\boldsymbol{w}\|^2 \tag{3.36}$$
$$\text{s.t. } y_i(\boldsymbol{w}^{\mathrm{T}}\boldsymbol{x}_i+b)\geqslant 1, i=1,2,\cdots,m$$

这就是支持向量机的基本形式，通过求解优化问题，能获得一个最优的划分超平面，进而实现对数据的有效分类。此过程核心在于识别这样的超平面，它能最大程度地将不同类别的样本点分开。

使用拉格朗日乘子法可得到其“对偶问题”（Dual Problem）。具体来说，在每个约束条件上引入拉格朗日乘子$\alpha_i\geqslant 0$，则问题的拉格朗日函数可以写为

$$L(\boldsymbol{w},b,\boldsymbol{\alpha})=\frac{1}{2}\|\boldsymbol{w}\|^2+\sum_{i=1}^{m}\alpha_i(1-y_i(\boldsymbol{w}^{\mathrm{T}}\boldsymbol{x}_i+b)) \tag{3.37}$$

式中，$\boldsymbol{\alpha}=(\alpha_1,\alpha_2,\cdots,\alpha_m)$。令拉格朗日函数对 $\boldsymbol{w}$ 和 b 的偏导数等于零可得

$$\boldsymbol{w}=\sum_{i=1}^{m}\alpha_i y_i\boldsymbol{x}_i \tag{3.38}$$

$$0=\sum_{i=1}^{m}\alpha_i y_i \tag{3.39}$$

将 $\boldsymbol{w}$ 的表达式代入拉格朗日函数，即可将 $L(\boldsymbol{w},b,\boldsymbol{\alpha})$ 中的 $\boldsymbol{w}$ 和 b 消去，再考虑式（3.39）的约束，就得到式（3.36）的对偶问题

$$\max_{\boldsymbol{\alpha}}\sum_{i=1}^{m}\alpha_i-\frac{1}{2}\sum_{i=1}^{m}\sum_{j=1}^{m}\alpha_i\alpha_j y_i y_j\boldsymbol{x}_i^{\mathrm{T}}\boldsymbol{x}_j \tag{3.40}$$
$$\text{s.t. } \sum_{i=1}^{m}\alpha_i y_i=0, \alpha_i\geqslant 0, i=1,2,\cdots,m$$

解出 $\boldsymbol{\alpha}$ 后，求出 $\boldsymbol{w}$ 与 b 即可得到模型

$$\begin{aligned} f(\boldsymbol{x})&=\boldsymbol{w}^{\mathrm{T}}\boldsymbol{x}+b \\ &=\sum_{i=1}^{m}\alpha_i y_i\boldsymbol{x}_i^{\mathrm{T}}\boldsymbol{x}+b \end{aligned} \tag{3.41}$$

其中，从对偶问题解出的α_i是拉格朗日乘子，它对应着训练样本（$\boldsymbol{x}_i,\boldsymbol{y}_i$）。由于对偶问题有不等式约束，因此需要满足关于拉格朗日乘子 α_i的 KKT（Karush-Kuhn-Tucker）条件，即要求

$$\begin{cases} \alpha_i\geqslant 0 \\ y_i f(\boldsymbol{x}_i)-1\geqslant 0 \\ \alpha_i(y_i f(\boldsymbol{x}_i)-1)=0 \end{cases} \tag{3.42}$$

这些条件确保了获得最优解的一系列特性，包括明确区分支持向量与非支持向量，以及模型仅受支持向量的直接影响。对任意训练样本（$\boldsymbol{x}_i,y_i$），总有 $\alpha_i=0$ 或 $y_i f(\boldsymbol{x}_i)=1$。若 $\alpha_i=0$，

则该样本将不会在式（3.41）的求和中出现，也就不会对$f(\boldsymbol{x})$有任何影响；若$\alpha_i>0$，则必有$y_i f(\boldsymbol{x}_i)=1$，对应的样本点是支持向量。这一特点凸显了支持向量机的关键属性：在训练完毕后，大部分训练数据可以丢弃，因为模型的构建仅依赖于支持向量。

那么，如何求解式（3.40）呢？不难发现，它实质上是一个二次规划问题，理论上可通过标准的二次规划算法来应对。但需注意的是，该问题的复杂度直接随训练样本数量的增长而增加，这在实际应用中可能导致极高的计算成本。为了解决这一难题，研究者们借助问题的独特性质，发展出多种高效算法，SMO（Sequential Minimal Optimization）是其中一个著名的代表。

SMO 算法通过不断优化一对拉格朗日乘子α_i和α_j来求解对偶问题。注意到只需选取的α_i和α_j中有一个不满足 KKT 条件，目标函数就会在迭代后减小。更直观地讲，KKT 条件偏离的程度与变量更新后可能导致的目标函数下降幅度成正比。因此，SMO 算法策略性地选取违背 KKT 条件最显著的变量作为优化的起点。在优化过程中，固定其他乘子，求解二次规划问题，得到更新后的α_i和α_j，再根据更新后的乘子，更新模型参数。这样，SMO 算法每次只优化两个乘子，使得整个算法更加高效。优化过程中的目标是使目标函数值减小，即在每次迭代中，目标函数值都要减小，直到收敛于最优解。

SMO 算法之所以能高效运行，关键在于它在固定其余参数的前提下，仅对两个参数进行优化。具体来说，仅考虑α_i和α_j时，式（3.40）中的约束可重写为

$$\alpha_i y_i+\alpha_j y_j=c,\alpha_i\geqslant 0,\alpha_j\geqslant 0 \tag{3.43}$$

式中

$$c=-\sum_{k\neq i,j}\alpha_k y_k \tag{3.44}$$

是使$\sum_{i=1}^{m}\alpha_i y_i=0$成立的常数。用

$$\alpha_i y_i+\alpha_j y_j=c \tag{3.45}$$

消去式（3.40）中的变量α_j，则得到一个关于α_i的单变量二次规划问题，仅有的约束是$\alpha_i\geqslant 0$。值得注意的是，这类特定的二次规划问题拥有解析解，可以直接计算出更新后的值而无须依赖复杂的数值优化技术，从而极大地提高了计算效率。不难发现，这样的二次规划问题具有闭式解，于是不必使用数值优化算法即可高效地计算出更新后的α_i和α_j。

偏移项b则可以通过支持向量的线性组合来确定。对任意支持向量$(\boldsymbol{x}_s,\boldsymbol{y}_s)$，有$y_s f(\boldsymbol{x}_s)=1$。利用这个性质，可以求解偏移项$b$。一种常见的做法是通过计算所有支持向量对应的偏移量平均值来确定最终的偏移项，这种方法增强了模型的稳健性和泛化能力：

$$b=\frac{1}{|S|}\sum_{s\in S}\left(y_s-\sum_{i\in S}\alpha_i y_i \boldsymbol{x}_i^{\mathrm{T}}\boldsymbol{x}_s\right) \tag{3.46}$$

3.1.5　集成学习

如图 3-1 所示，集成学习（Ensemble Learning）是一种通过结合多个学习器来完成学习任务的方法。这种方法通常能够超越单一模型的表现，显著提升泛化能力。

集成学习的核心理念在于集合多个模型的智慧，共同优化预测的准确度与韧性。集成学习分为两大类别：同质集成（Homogeneous Ensemble）与异质集成（Heterogeneous Ensemble）。

在这一过程中，模型借助现有的学习算法从训练数据中衍生而出。个体学习器通常由一个现有的学习算法从训练数据产生，同质集成中的个体学习器都属于同一种类型，比如全部由决策树或神经网络构成，这些基础单元又被称作“基学习器”（Base Learner），相应的学习算法称为“基学习算法”（Base Learning Algorithm）。这种集成方法的典型代表是 Bagging 和 Boosting。异质集成中的个体学习器则可以是不同类型的，例如既包含决策树又包含神经网络，常称为“组件学习器”（Component Learner）。这种集成方法的典型代表是随机森林（Random Forest）。其展示了如何整合多种模型，实现更高级别的预测效能。

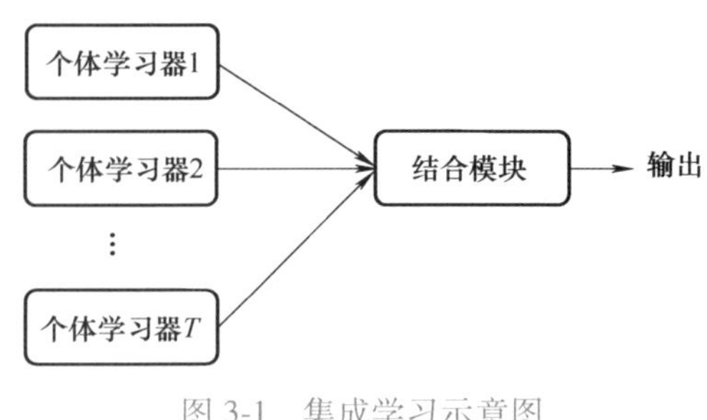

图 3-1 集成学习示意图

在实践中，要让集成学习取得更好的效果，个体学习器不仅需要有一定的准确性，即它们各自的基础错误率较低，而且需要有足够的多样性，即它们在预测时所犯的错误应当有所不同，这样才能在集成过程中互补各自的弱点。举例来说，在二分类任务中，若三个分类器分别对三个测试样本进行判断，当分类器准确率相似且有差异时，通过投票法集成（如多数表决），集成结果可能达到100%的准确率，但如果所有分类器完全一致或表现极差，则集成效果不佳。

理论分析表明，如果有 T 个基分类器，每个分类器的错误率均为 ε，且它们的错误相互独立，那么通过简单投票法集成的错误率可以通过 Hoeffding 不等式得到上界表达式，并且随着 T 的增加，集成错误率会以指数形式下降至接近 0。

然而，现实中个体学习器的错误往往不是完全独立的，因为它们通常基于同样的训练数据和问题进行训练。在追求高多样性的同时，可能会面临准确性略微妥协的情况。因此，如何巧妙地调和准确度与多样性的冲突，并高效地孕育及融合那些既优秀又具备差异性的个体学习模型，成为集成学习研究领域中的核心议题。

根据个体学习器的生成方式，集成学习方法主要分为两大类。

序列化方法（如 Boosting 算法）：个体学习器之间存在强依赖关系，后续学习器着重纠正前面学习器的错误，例如 AdaBoost 算法通过在每轮迭代中为被错误分类的样本赋予更高的权重，引导接下来的学习器加强对这些难题的关注。

并行化方法（如 Bagging 算法和随机森林）：个体学习器之间相对独立，可以并行生成，如在 Bagging 算法中，通过 Bootstrapping 抽样机制从原始数据中衍生出多个子集，每个子集用于训练一个基学习器。而随机森林在此基础上更进一步，为每棵决策树引入了特征随机选择机制，以此增强模型间的多样性。

Boosting 算法通过组合许多“弱”分类器来产生一个强大的分类器组。弱分类器的性能较随机选择强，因此它可以设计得非常简单并且不会有太大的计算开销。Boosting 算法的独特之处在于通过迭代过程逐渐改善模型性能。在每一轮迭代中，Boosting 算法都会重点关注在先前迭代中被错误分类的样本，并相应地增加这些样本在接下来训练中的权重。这意味着后续的弱分类器会更加重视那些难例，努力纠正前面模型犯下的错误。

下面介绍 Boosting 算法的工作流程：

1. 初始化

给定训练数据集，每一个样本都有一个初始权重，通常是均匀分配。

2. 迭代训练

1）在每一次迭代中，根据当前样本权重分布训练一个新的弱学习器。

2）计算每个弱学习器在训练集上的错误率或权重，错误率较高的样本会被赋予更大的权重。

3）根据弱学习器的表现，为其分配一个权重，表现较好的弱学习器在最终集成模型中有较大的影响力。

3. 结合弱学习器

1）对于分类任务，最终的预测结果通常采用加权多数投票的方式，即每个弱学习器的预测结果乘以其相应的权重后累加，最后根据累加结果决定最终类别。

2）对于回归任务，则可能是对各个弱学习器的结果进行加权求和或平均。

继续迭代，直至达到预设的最大迭代次数或满足停止条件（如连续几轮模型性能不再显著提升）。

Boosting 算法通过专门针对已被先前分类器误分类的数据进行优化，来生成新的分类器。与 Bagging 算法不同，Boosting 算法的最终分类结果是基于所有分类器的加权总和得出的，其中每个分类器的权重反映了其在前一轮迭代中的表现效率。相比之下，Bagging 算法赋予所有分类器相等的权重，而 Boosting 算法则根据每个分类器的上一轮成功程度动态调整其权重，以此实现性能提升。

3.1.6　聚类算法

聚类算法是“无监督学习”（Unsupervised Learning）的重要分支，“无监督学习”中的特点在于其处理的数据样本并不附带标记信息。该算法的根本目标是将一组未被分类的数据集分割成多个子群体，这些子群体被称为“簇”。在理想的聚类结果中，每个簇内部的数据点表现出高度的相似性，而不同簇之间的数据点则呈现出较低的相似度，以此实现数据的有效分群。但是，聚类算法只是能自动形成簇结构，簇所对应的概念对于算法来说依然是未知的，这需要使用者来命名。

下面将阐述聚类算法在数学上的准确形式定义，在无监督学习的聚类问题中有一个样本集 $D=\{\boldsymbol{x}_1,\boldsymbol{x}_2,\cdots,\boldsymbol{x}_m\}$，其中每个样本 $\boldsymbol{x}_i$ 是一个 n 维特征向量，记作 $\boldsymbol{x}_i=(x_{i1},x_{i2},\cdots,x_{in})$。聚类算法对这些样本进行分组，形成个 k 互斥的簇集合 $\{C_l \mid l=1,2,\cdots,k\}$，满足 $C_{l'}\bigcap_{l'\neq l} C_l=\varnothing$（不同簇之间没有重叠），$D=\bigcup_{l=1}^{k} C_l$（所有样本都被某个簇包含）。

整个聚类过程的结果可以用一个包含 m 个元素的簇标记向量 $\boldsymbol{\lambda}=(\lambda_1,\lambda_2,\cdots,\lambda_m)$ 来表示，其中 λ_i 表示第 i 个样本所属的簇编号。对于每一个样本 $\boldsymbol{x}_i$ 分配一个簇标记 λ_j，这个标记代表了 $\boldsymbol{x}_i$ 属于哪个簇，即 $\boldsymbol{x}_i\in C_{\lambda_j},\lambda_j\in\{1,2,\cdots,k\}$。

聚类算法在多个领域有着广泛应用，如客户细分、市场分析、图像分割、生物信息学、社交网络分析等，可以帮助研究人员洞察数据背后的模式和结构。然而，聚类算法的选择和参数设定对结果有很大影响，且不同算法对噪声数据、异常值、数据分布形态、簇的大小和形状等情况的适应性各有不同，所以在实际应用中需要根据具体情况灵活选用和调整算法。

3.1.7　*k* 均值算法

k 均值算法是一种发现给定数据集的 k 个簇的算法，其中簇的个数由用户给出，最终，每个簇用它们的质心来表示，以下是 k 均值算法的迭代步骤：

1. 初始化阶段

随机选取 k 个样本点作为初始质心（Centroid）。

2. 迭代阶段

1）将每个样本点分配到与其最近的质心所代表的簇中。这里的“最近”通常是指欧氏距离或其他适合数据集的距离度量方式。

2）更新每个簇的质心为该簇内所有样本点的坐标均值，也就是重新计算每个簇的几何中心。

3. 终止条件

若经过一轮迭代后，所有样本点的簇归属不再发生变化，或者达到预设的最大迭代次数，算法停止迭代。

总结起来，k 均值算法的关键在于两点：一是距离计算，即衡量样本点与质心之间的相似性或差异性；二是质心更新，即通过不断优化质心的位置来逐步改善簇划分的质量。

尽管 k 均值算法简单易用且效率较高，但也有一些限制，比如对初始质心敏感，可能陷入局部最优解；另外，它要求数据集满足簇的凸性假设，对于非凸形状或者大小差距悬殊的簇划分效果不佳。不过，k 均值算法仍广泛应用于各种实际场景，包括市场细分、图像分割、用户行为分析等领域。在实际应用中，聚类结果可以用来辅助理解数据结构，并常常作为后续数据分析或监督学习任务的预处理步骤。

3.1.8 降维与度量学习

维数灾难（Curse of Dimensionality）是指在高维空间中面临的数据分布变得稀疏、距离计算变得困难、数据点间距离差异性减小等问题，进而影响了数据分析、模式识别、机器学习等技术的效率和准确性。

1. 多维缩放

多维缩放（Multiple Dimensional Scaling，MDS）作为一种经典的降维技术，致力于将高维度空间中的数据点转换到低维度空间，同时确保这些点之间的相对距离关系得以保留。

MDS 的目标是将高维空间中的样本点映射到低维空间中，使得任意两个样本在低维空间中测量的欧几里得距离，应当与其在原始高维空间中的实际距离相匹配，从而保证了降维后样本间距离的保真度。假设有 m 个样本，在原始高维空间中的距离矩阵为 $\boldsymbol{D}\in\mathbf{R}^{m\times m}$，其中 dist_{ij}表示样本 $\boldsymbol{x}_i$到 $\boldsymbol{x}_j$的距离。将高维空间中的样本通过某种数学变换映射到 d'维空间，得到表示矩阵 $\mathbf{Z}\in\mathbf{R}^{d'\times m}$，$d'\leqslant d$。根据降维后的样本表示矩阵 $\mathbf{Z}$，计算内积矩阵 $\boldsymbol{B}=\mathbf{Z}^{\mathrm{T}}\mathbf{Z}\in\mathbf{R}^{m\times m}$，其中 b_{ij}表示样本 z_i与 z_j的内积。

通过计算内积矩阵 $\boldsymbol{B}$ 中的元素 $b_{ij}=z_i^{\mathrm{T}}z_j$，可以得到样本在低维空间中的内积关系，进而保持样本之间的距离关系不变：

$$
\begin{aligned}
\mathrm{dist}_{ij}^2 &= \|z_i\|^2+\|z_j\|^2-2\,z_i^{\mathrm{T}}z_j \\
&= b_{ii}+b_{jj}-2b_{ij}
\end{aligned}
\tag{3.47}
$$

通常情况下，降维后的样本表示矩阵 $\mathbf{Z}$ 会进行中心化处理，即 $\sum_{i=1}^{m} z_i=0$，因此 $\sum_{i=1}^{m} b_{ij} = \sum_{j=1}^{m} b_{ij} = 0$，有

$$\sum_{i=1}^{m} \mathrm{dist}_{ij}^2 = \mathrm{tr}(\boldsymbol{B}) + mb_{jj} \tag{3.48}$$

$$\sum_{j=1}^{m} \mathrm{dist}_{ij}^2 = \mathrm{tr}(\boldsymbol{B}) + mb_{ii} \tag{3.49}$$

$$\sum_{i=1}^{m}\sum_{j=1}^{m} \mathrm{dist}_{ij}^2 = 2m\mathrm{tr}(\boldsymbol{B}) \tag{3.50}$$

通过降维前后保持不变的距离矩阵 $\boldsymbol{D}$ 求取内积矩阵 $\boldsymbol{B}$：

$$b_{ij} = -\frac{1}{2(\mathrm{dist}_{ij}^2 - \mathrm{dist}_{i\cdot}^2 - \mathrm{dist}_{\cdot j}^2 + \mathrm{dist}_{\cdot\cdot}^2)} \tag{3.51}$$

总的来说，MDS 方法通过数学变换将高维空间中的样本映射到低维空间，并保持了样本之间的距离关系，从而有效缓解了维数灾难问题。MDS 算法的伪代码见算法 3-2。

算法 3-2　MDS 算法

输入：距离矩阵 $\boldsymbol{D} \in \mathbf{R}^{m\times m}$，其元素 dist_{ij} 为样本 $\boldsymbol{x}_i$ 到 $\boldsymbol{x}_j$ 的距离；低维空间维数 d'。

过程：

计算 $\mathrm{dist}_{i\cdot}^2$，$\mathrm{dist}_{\cdot j}^2$，$\mathrm{dist}_{\cdot\cdot}^2$；

计算矩阵 $\boldsymbol{B}$；

对矩阵 $\boldsymbol{B}$ 做特征值分解；

取 $\tilde{\boldsymbol{\Lambda}}$ 为 d' 个最大特征值所构成的对角矩阵，$\tilde{\boldsymbol{V}}$ 为相应的特征向量矩阵。

输出：矩阵 $\tilde{\boldsymbol{V}}\tilde{\boldsymbol{\Lambda}}^{1/2} \in \mathbf{R}^{m\times d'}$，每行是一个样本的低维坐标。

特征值分解（Eigenvalue Decomposition）是将矩阵 $\boldsymbol{B}$ 分解为特征值构成的对角矩阵 $\boldsymbol{\Lambda}$ 和特征向量矩阵 $\boldsymbol{V}$ 的过程，即 $\boldsymbol{B}=\boldsymbol{V\Lambda V}^{\mathrm{T}}$，其中 $\boldsymbol{\Lambda}=\mathrm{diag}(\lambda_1,\lambda_2,\cdots,\lambda_d)$ 为特征值构成的对角矩阵，$\lambda_1 \geqslant \lambda_2 \geqslant \cdots \geqslant \lambda_d$。

在降维过程中，通常会选择仅保留最大的 d^* 个非零特征值，构成对角矩阵 $\boldsymbol{\Lambda}^* = \mathrm{diag}(\lambda_1,\lambda_2,\cdots,\lambda_{d^*})$，对应的特征向量矩阵为 $\boldsymbol{V}_*$，则降维后的样本表示矩阵 $\boldsymbol{Z}$ 可以表达为

$$\boldsymbol{Z} = \boldsymbol{\Lambda}_*^{\frac{1}{2}} \boldsymbol{V}_*^{\mathrm{T}} \in \mathbf{R}^{d^*\times m} \tag{3.52}$$

然而，在实际应用中，为了有效降维并保持样本之间的距离关系，往往只需降维后的距离与原始空间中的距离尽可能接近，而不必严格相等。因此，可以选择仅保留最大的 d' 个特征值，构成对角矩阵 $\tilde{\boldsymbol{\Lambda}}=\mathrm{diag}(\lambda_1,\lambda_2,\cdots,\lambda_{d'})$，对应的特征向量矩阵为 $\tilde{\boldsymbol{V}}$，则降维后的表示矩阵 $\boldsymbol{Z}$ 可以表达为

$$\boldsymbol{Z} = \tilde{\boldsymbol{\Lambda}}^{\frac{1}{2}} \tilde{\boldsymbol{V}}^{\mathrm{T}} \in \mathbf{R}^{d'\times m} \tag{3.53}$$

这种方式可以有效地降低数据的维度，同时保持了数据之间的关系，使得数据在降维后的空间中更易于处理和分析。

线性降维方法通过对原始高维空间进行线性变换以构建一个低维度的子空间。给定 d 维空间中的样本 $\boldsymbol{X}=(\boldsymbol{x}_1,\boldsymbol{x}_2,\cdots,\boldsymbol{x}_m)\in\mathbf{R}^{d\times m}$，通过线性变换得到 $d'\leqslant d$ 维空间中的样本表示矩阵为 $\boldsymbol{Z}=\boldsymbol{W}^{\mathrm{T}}\boldsymbol{X}$，其中 $\boldsymbol{W}\in\mathbf{R}^{d\times d'}$ 是变换矩阵，$\boldsymbol{Z}\in\mathbf{R}^{d'\times m}$ 是样本在新空间中的表示矩阵。

在线性降维方法中，变换矩阵 $\boldsymbol{W}$ 可以看作是为 d' 个 d 维基向量，样本在新空间中的表

示 $z_i=W^{\mathrm{T}}x_i$ 是原属性向量 x_i 在新坐标系 $\{w_1,w_2,\cdots,w_{d'}\}$ 中的坐标向量。如果新坐标系中的基向量 w_i 与 $w_j(i\neq j)$ 正交，那么新坐标系就是一个正交坐标系，此时 W 为正交变换。在此新空间里，每个属性都是原空间属性的线性组合。

为了适应不同的需求，线性降维方法可通过在目标低维空间上施加特定约束来优化降维效果。例如，若强调增强样本间的可分离性以达到最优分类，这将导向一种广泛应用的线性降维策略。评估这类技术的有效性，通常涉及比较降维前后的模型性能，性能的提升直接反映了降维措施的成功。尤其在降维至二维或三维场景下，可视化工具成为一种直观评价降维效果的有力手段，使人们能够直接观察到数据分布的变化情况。

2. k 近邻学习

k 近邻（k-Nearest Neighbors，kNN）是一种广泛应用的监督学习技术，其核心原理非常直接：对于一个新的测试样本，首先根据预设的距离度量标准，在训练集中寻找与其最接近的 k 个训练样本。接着，基于这些“邻居”样本的信息来作出预测判断。在分类场景下，通常采取多数表决的方式，即选取 k 个邻居中最常见的类别标签作为预测类别；而在回归分析中，则采取均值法则，即计算这 k 个样本输出值的平均值并将其作为预测值。另外，还可以根据邻居与测试样本之间的距离赋予邻居不同的权重，距离越小，权重越大。

考虑图 3-2 所示的 k 近邻分类器示意图，参数 k 的选择至关重要，因为不同的 k 值可能导致迥异的分类效果。此外，采用不同的距离度量方法同样会显著影响所找“邻居”的集合，进一步改变分类结果。

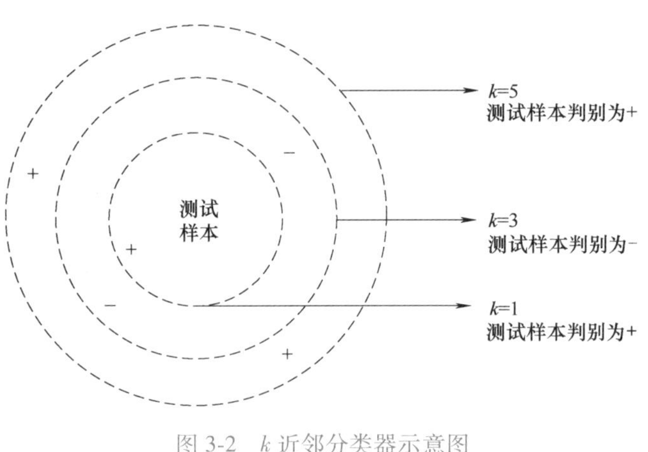

图 3-2　k 近邻分类器示意图

现在，仅关注“最近邻分类器”（即 1NN，$k=1$ 的情况）在二分类问题上的性能表现。若某个测试样本 x 的最近邻是样本 z，那么最近邻分类器犯错的概率即是 x 与 z 的类别标签不一致的概率，表示为

$$P(\mathrm{err})=1-\sum_{c\in\mathcal{Y}}P(c\mid x)P(c\mid z) \tag{3.54}$$

假定样本独立同分布，并且在任意测试样本 x 周围任意小的距离 δ 内总能找到至少一个训练样本，这意味着对于任何测试样本，理论上总能在足够近的距离内找到上述表达式中的训练样本 z。令 $c^*=\arg(\max_{c\in\mathcal{Y}})P(c\mid x)$ 代表依据最大后验概率原则得到的最优贝叶斯分类结果，则有

$$\begin{aligned}P(\mathrm{err})&=1-\sum_{c\in\mathcal{Y}}P(c\mid x)P(c\mid z)\\&\simeq1-\sum_{c\in\mathcal{Y}}P^2(c\mid x)\\&\leqslant1-P^2(c^*\mid x)\\&=(1+P(c^*\mid x))(1-P(c^*\mid x))\\&\leqslant2(1-P(c^*\mid x))\end{aligned} \tag{3.55}$$

尽管最近邻分类器结构简单，但它在泛化错误率方面的性能上限不会超过最优贝叶斯分类器错误率的两倍，有相对优良的泛化能力。

3. 主成分分析

在介绍主成分分析（PCA）之前，先探讨一个理论问题：在一个正交属性空间内的样本点如何通过一个超平面（它是直线在高维空间中的推广）来有效地表示？理想的超平面应当具备以下两个关键特性。

最近重构性：所有样本点到该超平面的距离都非常小，意味着经过超平面投影后的样本能够较准确地重构原始样本点。

最大可分性：样本点在超平面上的投影能够最大程度地区分开不同类别的样本。

基于这两个特性，PCA 可以从两个角度推导得出。首先，从最近重构性的角度看，如果已知样本点已被中心化处理（即每个属性的均值为零），并且新的坐标系由一组正交基向量 $\{\boldsymbol{w}_1,\boldsymbol{w}_2,\cdots,\boldsymbol{w}_d\}$ 构成，每个基向量的模长为 1 且 $\boldsymbol{w}_i^{\mathrm{T}}\boldsymbol{w}_j=0(i\neq j)$。当将样本点 $\boldsymbol{x}_i$ 投影到低维空间并只保留前 $d'<d$ 维时，得到的投影 $z_i=(z_{i1},z_{i2},\cdots,z_{id'})$，其中 $z_{ij}=\boldsymbol{w}_j^{\mathrm{T}}\boldsymbol{x}_i$ 表示样本点 $\boldsymbol{x}_i$ 在低维坐标系下的第 j 维坐标。利用 z_i 来重构 $\boldsymbol{x}_i$ 得到

$$\hat{\boldsymbol{x}}_i=\sum_{j=1}^{d'}z_{ij}\boldsymbol{w}_j \tag{3.56}$$

为了最小化整个训练集中样本点 $\boldsymbol{x}_i$ 与其重构版本 $\hat{\boldsymbol{x}}_i$ 之间的欧氏距离二次方和，可以推导出目标函数如下：

$$\begin{aligned}\sum_{i=1}^{m}\left\|\sum_{j=1}^{d'}z_{ij}\boldsymbol{w}_j-\boldsymbol{x}_i\right\|_2^2&=\sum_{i=1}^{m}\boldsymbol{z}_i^{\mathrm{T}}\boldsymbol{z}_i-2\sum_{i=1}^{m}\boldsymbol{z}_i^{\mathrm{T}}\boldsymbol{W}^{\mathrm{T}}\boldsymbol{x}_i+\text{const}\\&\propto-\operatorname{tr}\left(\boldsymbol{W}^{\mathrm{T}}\left(\sum_{i=1}^{m}\boldsymbol{x}_i\boldsymbol{x}_i^{\mathrm{T}}\right)\boldsymbol{W}\right)\end{aligned} \tag{3.57}$$

式中，$\boldsymbol{W}$ 是包含 $\boldsymbol{w}_1$，$\boldsymbol{w}_2,\cdots$，$\boldsymbol{w}_{d'}$ 的矩阵。根据最近重构性要求，需要最小化这个目标函数，并同时满足正交约束 $\boldsymbol{W}^{\mathrm{T}}\boldsymbol{W}=\boldsymbol{I}$。因此，PCA 的优化问题表述为

$$\begin{aligned}&\min_{\boldsymbol{W}}-\operatorname{tr}(\boldsymbol{W}^{\mathrm{T}}\boldsymbol{X}\boldsymbol{X}^{\mathrm{T}}\boldsymbol{W})\\&\text{s. t. }\ \boldsymbol{W}^{\mathrm{T}}\boldsymbol{W}=\boldsymbol{I}\end{aligned} \tag{3.58}$$

另外，从最大可分性的角度出发，若要使得样本点在新空间中超平面的投影尽可能分离，则需要最大化投影后的样本点方差，即最大化 $\operatorname{tr}(\boldsymbol{W}^{\mathrm{T}}\boldsymbol{X}\boldsymbol{X}^{\mathrm{T}}\boldsymbol{W})$。对应的优化问题是

$$\begin{aligned}&\max_{\boldsymbol{W}}\operatorname{tr}(\boldsymbol{W}^{\mathrm{T}}\boldsymbol{X}\boldsymbol{X}^{\mathrm{T}}\boldsymbol{W})\\&\text{s. t. }\ \boldsymbol{W}^{\mathrm{T}}\boldsymbol{W}=\boldsymbol{I}\end{aligned} \tag{3.59}$$

实际上，这两种优化问题形式上是等价的。

接下来，通过拉格朗日乘子法求解上述优化问题，可以得到特征方程 $\boldsymbol{X}\boldsymbol{X}^{\mathrm{T}}\boldsymbol{W}=\lambda\boldsymbol{W}$。通过对协方差矩阵 $\boldsymbol{X}\boldsymbol{X}^{\mathrm{T}}$ 进行特征值分解，得到按降序排列的特征值 $\lambda_1\geqslant\lambda_2\geqslant\cdots\geqslant\lambda_d$，以及相应的特征向量。取前 d' 个最大特征值对应的特征向量组成矩阵 $\boldsymbol{W}=(\boldsymbol{w}_1,\ \boldsymbol{w}_2,\ \cdots,\ \boldsymbol{w}_{d'})$，这就是 PCA 的解决方案，伪代码如下所示：

算法 3-3　PCA 算法

输入：样本集 $D=\{\boldsymbol{x}_1,\boldsymbol{x}_2,\cdots,\boldsymbol{x}_m\}$；低维空间维数 d'。

过程：

对所有样本进行中心化：$\boldsymbol{x}_i \leftarrow \boldsymbol{x}_i - \frac{1}{m}\sum_{i=1}^{m}\boldsymbol{x}_i$；

计算样本的协方差矩阵 $\boldsymbol{X}\boldsymbol{X}^{\mathrm{T}}$；

对协方差矩阵 $\boldsymbol{X}\boldsymbol{X}^{\mathrm{T}}$ 做特征值分解；

取最大的 d' 个特征值所对应的特征向量 $\boldsymbol{w}_1$，$\boldsymbol{w}_2$，…，$\boldsymbol{w}_{d'}$。

输出：投影矩阵 $\boldsymbol{W}=(\boldsymbol{w}_1,\boldsymbol{w}_2,\cdots,\boldsymbol{w}_{d'})$。

降维后的维度 d' 通常由用户预先设定，或者通过交叉验证的方法确定，比如通过观察不同 d' 值下 k 近邻分类器或其他学习器的性能变化。此外，也可以通过设置一个重构阈值（如 $t=95\%$），选取使得总体方差保留比例大于或等于 t 的最小维度 d'，即

$$\frac{\sum_{i=1}^{d'}\lambda_i}{\sum_{i=1}^{d}\lambda_i} \geqslant t \tag{3.60}$$

PCA 只需要存储 $\boldsymbol{W}$ 矩阵和样本的均值向量，就可以通过简单的减法和矩阵-向量乘法将新样本映射到低维空间。值得注意的是，由于舍弃了对应于 $d-d'$ 个最小特征值的特征向量，低维空间与原始高维空间必然有所差异。这种降维过程虽然牺牲了一部分信息，但在实际应用中却可能是必要的：一是降低了样本在新空间的稀疏性，提高了采样密度；二是最小特征值对应的特征向量往往反映了数据中的噪声成分，剔除它们有助于减少噪声影响。

3.2 深度学习

3.2.1 神经网络基础

神经网络在机器学习领域广泛应用于各种场景，该技术模仿了生物神经系统对环境的复杂响应机制，通过一系列灵活且高度互联的简单神经元来实现。

生物体中神经元相互作用的过程是信息以化学信号形式在激活的神经元间传递，引起接收神经元电位的变化。一旦某个神经元的电位超越某一阈值，它便会被激发并继续传递信号链。1943 年，McCulloch 和 Pitts 的开创性工作将生物神经系统的这一复杂互动简化为 M-P 神经元模型，此模型沿用至今。M-P 模型描述的神经元能够接收其他神经元经由加权连接传输的输入信号。这些输入经过汇总，并与预设的阈值比较，随后通过激活函数转化产生输出反应。神经网络的学习目的在于优化调整这些连接的权重及选择合适的激活函数，从而使网络能够识别、学习输入数据中的独特模式与特征。

神经网络是一种基于层次结构构建的数学模型，它模拟了大量神经元的连接方式，围绕某个目标的最优化进行训练。优化问题本质上是调节变量实现目标函数值的最小化或最大化。具体到神经网络内部，每个神经元接收其他神经元传递的输入信息，并通过加权的连接路径进行信息的传递与加工，最终导出输出结果。

1. 激活函数

理想中的激活函数是阶跃函数，它将输入值映射为输出值“0”或“1”。

$$f(x)=\begin{cases}0, & \text{当 } x<0 \text{ 时}\\ 1, & \text{当 } x\geqslant 0 \text{ 时}\end{cases} \tag{3.61}$$

神经元的激活与抑制状态可以通过特定函数来模拟，其中阶跃函数因其不连续和非平滑特性，在实际部署中显得不够理想。因此，Sigmoid 函数脱颖而出，成为神经网络领域中广泛应用的一种激活函数。

Sigmoid 函数是一种平滑的非线性函数，通常表示为 $f(z)=1/(1+e^{-z})$，其中 z 是输入的加权和。Sigmoid 函数的输出范围在（0，1）之间，将可能在较大范围内变化的输入值挤压到（0，1）输出值范围内，因此也称为“挤压函数”（Squashing Function）或“压缩函数”。这种函数的平滑性使得神经网络的训练更加稳定和有效。

除了 Sigmoid 函数之外，还有其他常用的激活函数，如 ReLU（Rectified Linear Unit）、Leaky ReLU、Tanh 等。每种激活函数都有其特定的特点和适用场景，在实际应用中需要根据问题的性质和数据的特点选择合适的激活函数来提高模型的性能和收敛速度。

2. 梯度下降

在深度学习中，优化是一个非常重要的任务，它通过调整模型参数来最小化或最大化一个损失函数或目标函数。

在优化过程中，经常会遇到一些术语，比如目标函数、代价函数、损失函数或误差函数，它们实际上指的都是同一个东西，即要优化的函数。本书通常使用一个上标 * 来表示最小化或最大化函数的自变量值，如 $x^{*}=\operatorname{argmin} f(x)$。

导数在优化中发挥着关键的作用，它告诉人们函数在这个点上是增大还是减小。利用导数的信息，人们可以知道如何微调模型的参数来让函数值略微改善。这个过程被称为梯度下降，是常用的优化技术之一。

梯度下降技术的基本思想是沿着目标函数的负梯度方向进行参数更新，以期望在每一步都朝着函数值减小的方向移动。导数为 0 时的点为临界点，这些点可能是局部最小值、局部最大值或者鞍点。局部最小值指的是在该点附近函数值最小，但不一定是全局最小值；局部最大值指的是在该点附近函数值最大，同样也可能不是全局最大值；而鞍点则是在某个方向上是局部最小值，在另一个方向上是局部最大值。这些临界点在优化过程中具有不同的意义，需要根据具体情况来进行分析和处理。

当 $f'(x)=0$，导数无法提供往哪个方向移动的信息。$f'(x)=0$ 的点称为临界点（Critical Point）或驻点（Stationary Point）。一个局部极小点（Local Minimum）意味着这个点的 $f(x)$ 小于所有邻近点，因此不可能通过移动无穷小的步长来减小 $f(x)$；一个局部极大点（Local Maximum）意味着这个点的 $f(x)$ 大于所有邻近点，因此不可能通过移动无穷小的步长来增大 $f(x)$。存在一类临界点，它们既非局部最小，也非局部最大，即鞍点（Saddle Point）。

局部最小值表示在该点附近函数值最小，尽管这并不保证是全局最小；局部最大值表示在该点附近函数值最大，同样也不一定是全局最大值；鞍点的特性在于，它在一个方向上表现为局部最小，在另一个方向上则体现为局部最大。在深度学习领域，优化路径经常遭遇包含多个局部最小值及鞍点的复杂地形，这无疑为优化算法带来了额外的挑战。

而面对具有多维输入的函数时，需要用到偏导数（Partial Derivative）的概念。偏导数 $\frac{\partial}{\partial x_i}f(x)$ 衡量点 x 处只有 x_i 增加时 $f(x)$ 如何变化。梯度是多元函数在某一点处的导数。对于一个具有多个自变量的函数，其梯度是一个向量，包含了函数对每个自变量的偏导数，记为 $\nabla_x f(x)$。梯度可以用来表示函数在该点处的变化率和方向。在优化问题中，梯度的方向指向函数值增加最快的方向，而负梯度的方向则指向函数值减小最快的方向。梯度的第 i 个元素是函数 f 关于 x_i 的偏导数。在多维情况下，临界点是梯度中所有元素都为零的点。

方向导数表示函数在某一方向上的变化率，即斜率。对于函数 $f(x)$，在单位向量 $\boldsymbol{u}$ 的方向上的方向导数表示为 $\boldsymbol{u}^{\mathrm{T}}\nabla_x f(x)$，其中 $\nabla_x f(x)$ 是梯度，表示函数 f 在点 x 处的变化率。$\boldsymbol{u}^{\mathrm{T}}\nabla_x f(x)$ 可以用链式法则推导得到，当 $\alpha=0$ 时，方向导数等于梯度与单位向量的内积，$\frac{\partial}{\partial\alpha}f(x+\alpha\boldsymbol{u})=\boldsymbol{u}^{\mathrm{T}}\nabla_x f(x)$。

为了最小化函数 f，要找到使函数 f 下降得最快的方向。计算方向导数：

$$\min_{\boldsymbol{u},\boldsymbol{u}^{\mathrm{T}}\boldsymbol{u}=1}\boldsymbol{u}^{\mathrm{T}}\nabla_x f(x) \tag{3.62}$$

$$\min_{\boldsymbol{u},\boldsymbol{u}^{\mathrm{T}}\boldsymbol{u}=1}\|\boldsymbol{u}\|_2\|\nabla_x f(x)\|_2\cos\theta \tag{3.63}$$

式中，θ 是 $\boldsymbol{u}$ 与梯度的夹角。将 $\|\boldsymbol{u}\|_2=1$ 代入，并忽略与 $\boldsymbol{u}$ 无关的项，就能简化得到 $\min_{\boldsymbol{u}}\cos\theta$。这在 $\boldsymbol{u}$ 与梯度方向相反时取得最小。在单位向量 $\boldsymbol{u}$ 的方向上，函数 f 的变化率是 $\boldsymbol{u}^{\mathrm{T}}\nabla_x f(x)$。可以通过最小化这个变化率来找到最快下降的方向。这就是 $\min_{\boldsymbol{u}}\cos\theta$ 的含义，其中 θ 是梯度向量和单位向量 $\boldsymbol{u}$ 之间的夹角。当夹角为 180°时，$\cos\theta$ 取得最小值-1，即在负梯度方向上移动可以使函数值下降最快。最速下降建议新的点为

$$x'=x-\varepsilon\nabla_x f(x) \tag{3.64}$$

式中，ε 为学习率（Learning Rate），是一个确定步长大小的正标量。在实践中可以通过几种不同的方式选择学习率 ε。

1）选择小常数：这是最常见的方式之一，可以手动选择一个小的常数作为学习率，例如 0.01 或 0.001。这种方式简单直接，但需要经验来确定合适的学习率大小。

2）使方向导数消失的步长：可以通过计算来选择使得方向导数（变化率）消失的步长。具体做法是找到使得 $f(x-\varepsilon\nabla_x f(x))$ 最小化的 ε 值。这样可以确保在更新参数时不会跨越最优点，避免过大的步长导致优化过程不稳定。

3）线搜索（Line Search）：这是一种更加精确的选择学习率的方法。在线搜索中，根据几个候选的学习率 ε 计算 $f(x-\varepsilon\nabla_x f(x))$，然后选择能够产生最小目标函数值的学习率 ε。这样可以在每次迭代中动态地调整学习率，从而更有效地优化目标函数。

选择合适的学习率对于梯度下降算法的性能和收敛速度至关重要。如果学习率过大，可能会导致算法发散；如果学习率过小，可能会导致收敛速度过慢或掉入一个表现较差的局部最优解。因此，根据具体的问题和数据特点选择合适的学习率策略是优化过程中的关键一步。

3.2.2　卷积神经网络

实验课

1. 卷积神经网络简介

卷积神经网络（Convolutional Neural Networks，CNN）是一种专门设计用于处理具有局部相关性和空间结构的数据的深度学习模型，在图像识别、视频分析和语音识别等领域表现出色。CNN 的核心特点在于其利用卷积操作来提取输入数据（如图像）的特征，而不是传统的全连接神经网络中的矩阵乘法。

卷积神经网络中，最重要的组成部分是卷积层（Convolutional Layer）。卷积层通过应用一个卷积核（滤波器）对输入数据进行卷积运算。卷积核在输入数据上滑动并对局部区域进行加权求和，以提取局部特征。卷积核在输入数据上滑动时，会产生一个新的特征图（Feature Map），又称特征映射，该特征图反映了输入数据在特定方向和尺度上的特征表达。通过多层卷积和非线性激活函数（如 ReLU）的作用，CNN 能够逐层提取越来越抽象和复杂的特征。

在不同的数据维度上，卷积运算的实现形式有所不同，但其核心思想依然保持不变，即通过滑动窗口与数据进行局部交互并提取特征。

假设要处理一段连续的音频时域信号 $x(t)$，为了去除这段音频中的高频噪声或者突出某种特定频率成分（例如，增强某个音调），可以设计一个一维滤波器 $w(m)$，它也是一个离散的信号序列，通常被称为卷积核或滤波器系数。

在卷积运算中，将滤波器 $w(m)$ 在音频时域信号 $x(t)$ 上滑动，并在每个位置上求信号的加权平均，以生成一个新的信号 $s(t)$。这个过程可以用数学公式表示为

$$s(t)=\int x(m)w(t-m)\,\mathrm{d}m \tag{3.65}$$

这种运算就叫做卷积（Convolution）。卷积运算通常用星号表示：

$$s(t)=(x*w)(t) \tag{3.66}$$

这样得到的 $s(t)$ 就是经过滤波器 $w(m)$ 处理过的音频时域信号，它可能包含了去噪、增益调节或频率响应改变后的结果。其中，参与卷积运算的第一个参数（在这个例子中为函数 x）通常叫作输入（Input），第二个参数（函数 w）叫作核函数（Kernel Function），输出有时被称作特征映射。

在神经网络中，一维卷积层同样采用类似的卷积运算，只不过卷积核的参数是通过训练学习得到的，可以自动提取输入信号中的有用特征，如在语音识别中提取声学特征，或在自然语言处理中对单词语义进行映射。

在实际使用中，输入的信号有时是用传感器采集的离散信号，即时刻 t 只取离散值的信号。当 x 和 w 都定义在离散时刻 t 上时，就卷积定义的离散形式如下：

$$s(t)=(x*w)(t)=\sum_{m=-\infty}^{\infty}x(m)w(t-m) \tag{3.67}$$

卷积在改进机器学习系统方面有三个关键思想：稀疏交互（Sparse Interaction），使用较小尺寸的卷积核（例如宽度远小于输入信号维度的滤波器），卷积操作仅关注输入信号的小窗口部分，这意味着模型不是全连接的，而是局部连接，大大减少了计算量和参数数量；参数共享（Parameter Sharing），在卷积神经网络中，同一卷积核在整个输入空间上滑动，意味

着同一个滤波器的参数被应用于输入空间的不同区域。这种参数重用机制降低了过拟合的风险，并使模型学习到输入数据的平移不变性特征；等变表示（Equivariant Representation），卷积操作保证了输出特征与输入特征的空间布局相对应，也就是说，如果输入信号中的某个特征发生了平移，则其对应的特征图也会相应地平移。

2. 卷积神经网络的结构

图 3-3 所示为一个卷积神经网络分类任务示例。示例图左边通过一系列卷积层的堆叠，最终将卷积特征映射转换为高维向量，然后将其送入与常规前馈神经网络分类器相连的部分进行分类。最终的结果输出摒弃了全连接权重层，其最后一层卷积层直接为每个类别生成一个特征映射，这种设计有助于网络学习每个类别的特征在图像空间各个位置上的分布可能性。最后，通过对这些特征映射进行全局平均，得到单个数值作为输入，供给顶部的 Softmax 分类器进行分类决策。

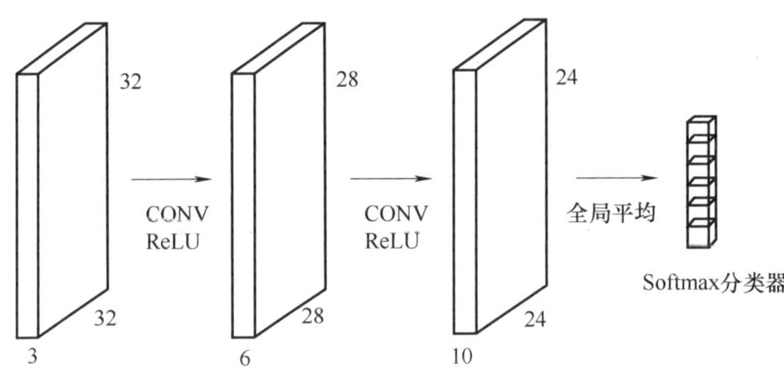

图 3-3　卷积神经网络分类任务示例

这个示例展示的卷积神经网络结构是为了便于演示而简化设计的，实际应用中的网络通常会更深更复杂，并且可能包含多个分支结构。

3. 常用卷积神经网络

（1）LeNet　“Gradient-Based Learning Applied to Document Recognition”一文中提出的 LeNet5 主要用于手写数字识别数据集 MNIST 上，LeNet5 是卷积神经网络（CNN）发展史上的一个重要里程碑，其网络架构对后续的 CNN 设计产生了深远的影响。

LeNet5 的输入是 32×32 的灰度图像，架构主要包括卷积层（CONV 层）、池化层（POOL 层）和全连接层（FC 层）。第一部分是卷积层 C1，使用 5×5 大小的滤波器（Filter），步长为 1。第二部分是最大池化层 S2，池化窗口大小为 2×2，步长也为 2。然后是卷积层 C3 和池化层 S4。最后连接两个全连接层（FC5 和 FC6）以及一个输出层（OUTPUT 层）用于分类任务。

总体而言，LeNet5 展现了早期 CNN 的基本组成结构，并为后来更大规模、更复杂的 CNN 架构的发展铺平了道路，尤其是在 2010 年代中期的 ILSVRC（ImageNet Large-Scale Visual Recognition）挑战赛中出现的 AlexNet、VGGNet、GoogLeNet 等，它们在很大程度上受到了 LeNet5 设计思路的启发和影响。

（2）AlexNet　AlexNet 在大规模图像识别任务上取得的重大突破，引入了多个创新技术，显著提升了深度学习在计算机视觉领域的表现。

AlexNet 是最早在大规模图像识别竞赛中采用 ReLU 作为激活函数的 CNN 之一，相比传统的 Sigmoid 和 Tanh 激活函数，ReLU 能够有效缓解梯度消失问题，加快训练速度，并且网络的表达能力更强。为了防止过拟合，AlexNet 采用了 0.5 概率的 Dropout 层，随机丢弃一部分神经元的输出，从而在训练过程中强制网络学习到更鲁棒的特征表示。

受限于当时的硬件条件，AlexNet 设计了能够在两个图形处理单元（GPU）上并行训练的架构，通过数据并行的方式分散计算负荷，加速训练过程。

尽管 AlexNet 原本是为 1000 类的 ImageNet 数据集设计的，但通过迁移学习（Transfer Learning）和修改最后一层全连接层，可以将其应用于其他任务。虽然有更精确的网络可用，但由于 AlexNet 相对简单的网络结构和较小的深度，AlexNet 在今天仍然被广泛使用于计算机视觉领域。

（3）VGGNet　VGGNet（Visual Geometry Group Network）是深度卷积神经网络模型，其因简洁而富有成效的设计赢得了业界的广泛认可。VGGNet 通过增加网络的深度来提高图像识别性能，证明了深度对卷积神经网络的重要性。

VGGNet 有两种主要版本：VGG16 和 VGG19，名称来源于它们各自包含的卷积层和池化层总数（不含输入层、全连接层和 Softmax 层）。VGG16 包含 13 个卷积层和 3 个全连接层，总共有 16 个学习层级；VGG19 则进一步加深，共包含 16 个卷积层和 3 个全连接层，总共有 19 个学习层级。

VGGNet 的关键设计特点是使用固定大小（3×3）的小卷积核，并通过堆叠多层这样的小卷积核来捕获更复杂和抽象的特征。与 AlexNet 中较大的卷积窗口相比，小卷积核带来的好处是参数数量相对较少，而且能够以更深的网络结构捕捉到更丰富的图像特征。

尽管 VGGNet 在当时取得了出色的成绩，但其参数数量庞大，尤其是全连接层占据较大比例。为了减少参数数量和计算成本，现代网络架构常常会将 VGGNet 的全连接层替换为全局平均池化层（Global Average Pooling，GAP），这不仅能减少参数，还可以提高模型的泛化能力和对输入大小的适应性。此外，VGGNet 中的参数数量随着网络深度的增加而增长，滤波器数量也会随着网络处理的特征图尺寸减小而适度增加，以保持合理的感受野大小。

（4）ResNet　ResNet（Residual Network）是一种通过引入残差块（Residual Block）来解决深度神经网络中梯度消失和训练误差增加问题的创新结构，其在 2015 年的 ILSVRC 挑战赛中胜出，误差率仅 3.57%。在深度较大的卷积神经网络中，增加额外层可能会导致训练误差和验证误差的不稳定性，性能不再随着层数的增加而一直提升，而是在一定深度后出现下降的情况。

ResNet 的核心思想是在标准的卷积神经网络结构中引入残差连接（Residual Connection），允许每次跳过多个卷积层。这些残差连接允许信息在网络中更快地传播，有助于减轻梯度消失问题。每个残差块都包含了一个或多个卷积层，通常是 3×3 的卷积层，以及一个跨层的连接。

在 ResNet 中，网络的深度可以达到数百层，如 34 层、50 层、101 层和 152 层等。与传统的神经网络结构相比，ResNet 在 ImageNet 等大规模数据集上取得了更好的性能，其背后的设计理念被广泛应用于深度学习领域。

3.2.3 循环神经网络

1. 循环神经网络简介

循环神经网络（Recurrent Neural Network，RNN）是一种适用于处理具有时间依赖性的序列结构，如文本、语音、视频帧序列等数据的神经网络结构。在 RNN 中，信息不仅沿着网络的层级流动，而且在网络的循环结构中沿时间维度传递，即每个时间步（Timestep）的输出不仅取决于当前时刻的输入x^t，还依赖于过去时刻的状态h^{t-1}。

RNN 的特点是其内部包含一个循环单元，该单元在处理序列数据时能够维持一个隐藏状态（Hidden State），并在处理序列中的每一个元素时更新这个状态。这个状态就像是网络的记忆，能够捕捉到先前输入的信息，并将其用于后续时刻的计算。因此，RNN 擅长捕捉时间域上的局部和长期依赖关系，可以灵活地处理不同长度的序列数据，包括处理长度可变的序列数据，这是因为其隐藏状态的更新机制可以适应序列长度的变化。例如，RNN 可以用于文本生成，其中过去的词汇会影响接下来预测的词汇；也可以用于语音识别，其中连续的音频片段共同决定了最终的识别结果。

2. 循环神经网络的结构

循环神经网络（RNN）是一种神经网络结构，通过引入循环连接来高效处理诸如文本、语音及时间序列等有序数据。以下是循环神经网络的结构和相关设计模式。

1）每个时间步都产生一个输出，并且隐藏单元之间有循环连接的循环网络。这种结构下，每个时间步都产生一个输出，并且隐藏单元之间存在循环连接。每个时间步的输出可以用于后续的预测或任务。

2）只有当前时刻的输出到下个时刻的隐藏单元之间有循环连接的循环网络。这种结构下，只有当前时刻的输出与下一个时刻的隐藏状态之间存在循环连接，其他隐藏单元之间没有直接的循环连接。

3）隐藏单元之间存在循环连接，但读取整个序列后产生单个输出的循环网络。这种结构下，隐藏层中的循环连接持续累积信息，直至序列结束时才综合所有时间步的信息产生单一的最终输出。其适用于一次性对整个序列进行处理的任务。

如图 3-4 所示的循环神经网络（RNN）前向传播过程中，网络通过一系列时间步，从一个初始隐藏状态 $\boldsymbol{h}^{(0)}$ 开始处理输入序列。假设使用 Tanh（双曲正切函数）作为隐藏单元的激活函数，网络遵循以下更新规则。

加权输入：$\boldsymbol{a}^{(t)}=\boldsymbol{b}+\boldsymbol{W}\boldsymbol{h}^{(t-1)}+\boldsymbol{U}\boldsymbol{x}^{(t)}$，（其中 $\boldsymbol{b}$ 是隐藏单元的偏置向量，$\boldsymbol{W}$ 是隐藏到隐藏的权重矩阵，$\boldsymbol{U}$ 是输入到隐藏的权重矩阵，$\boldsymbol{h}^{(t-1)}$ 是上一时间步的隐藏状态，$\boldsymbol{x}^{(t)}$ 是当前时间步的输入）；隐藏状态：$\boldsymbol{h}^{(t)}=\tanh(\boldsymbol{a}^{(t)})$；输出向量：$\boldsymbol{o}^{(t)}=\boldsymbol{c}+\boldsymbol{V}\boldsymbol{h}^{(t)}$（其中 $\boldsymbol{c}$ 是输出层的偏置向量，$\boldsymbol{V}$ 是隐藏到输出的权重矩阵）；标准化输出概率向量：$\hat{\boldsymbol{y}}^{(t)}=\mathrm{Softmax}(\boldsymbol{o}^{(t)})$。

对于一个输入序列 $\{\boldsymbol{x}^{(1)},\cdots,\boldsymbol{x}^{(\tau)}\}$ 和对应的输出序列 $\{\boldsymbol{y}^{(1)},\cdots,\boldsymbol{y}^{(\tau)}\}$，损失函数被定义为所有时间步上负对数似然的累加：

$$
\begin{aligned}
&\boldsymbol{L}(\{\boldsymbol{x}^{(1)},\cdots,\boldsymbol{x}^{(\tau)}\},\{\boldsymbol{y}^{(1)},\cdots,\boldsymbol{y}^{(\tau)}\}) \\
&=\sum_t \boldsymbol{L}^{(t)} \\
&=-\sum_t \lg p_{\mathrm{model}}(\boldsymbol{y}^{(t)} \mid \{\boldsymbol{x}^{(1)},\cdots,\boldsymbol{x}^{(t)}\})
\end{aligned}
\tag{3.68}
$$

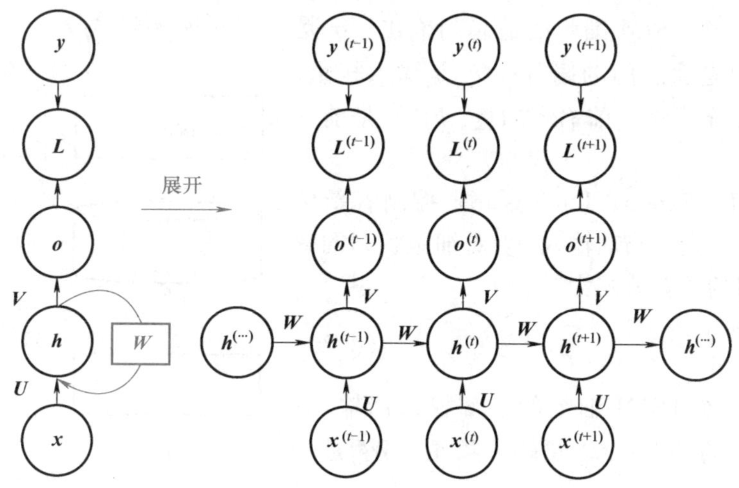

图 3-4 循环神经网络前向传播过程

式中，$p_{\text{model}}(\boldsymbol{y}^{(t)}\mid\{x^{(1)},\cdots,\boldsymbol{x}^{(t)}\})$ 是从模型输出向量 $\hat{\boldsymbol{y}}^{(t)}$ 中抽取对应于实际输出 $\boldsymbol{y}^{(t)}$ 项的概率。

计算这个损失函数关于网络参数的梯度是一个计算密集型操作，通常采用通过时间反向传播（BPTT）算法完成。BPTT 包括首先进行一次完整的前向传播，随后进行从右到左的反向传播过程以计算梯度。由于 RNN 的时间依赖性，BPTT 的时间复杂度为 $O(\tau)$，其中 τ 是序列长度，并且在计算过程中，每个时间步的状态都需要被存储以供反向传播使用，这导致内存需求也为 $O(\tau)$。

尽管循环神经网络因其强大的序列建模能力而备受青睐，但由于其训练过程所需的计算资源较大、时间较长，研究人员一直在探寻更有效率的训练方法和网络结构改进，比如长短期记忆（LSTM）网络和门控循环单元（GRU），以缓解 RNN 训练中的梯度消失和梯度爆炸问题，并提高网络的性能和训练效率。同时，也有一些研究尝试通过近似方法或并行化策略来降低训练成本。

3. 常用循环神经网络

长短期记忆（LSTM）模型的主要贡献是引入自循环机制，使得梯度能够长时间持续流动，从而解决了传统循环神经网络（RNN）中梯度消失或梯度爆炸的问题。这一构思最早由 Hochreiter 和 Schmidhuber 于 1997 年提出，并在之后的研究中不断扩展和改进。其中，一个关键的扩展是使自循环的权重能够根据上下文而动态调整，而不是固定的。这意味着门控自循环的权重可以根据输入序列的特征动态改变累积的时间尺度。这种动态调整使得即使是具有固定参数的 LSTM 模型，也能够根据输入序列的不同部分灵活地调整时间尺度，从而更好地捕捉长期依赖关系。

LSTM 具有内部的 LSTM 细胞循环（自环），在处理长序列数据和长期依赖关系时具有显著的优势。长短期记忆模型结构如图 3-5 所示。

遗忘门（Forget Gate）控制着细胞状态（Cell State）$\boldsymbol{s}(t)$ 的遗忘程度，决定了前一时刻的细胞状态中哪些信息会被保留，遗忘门的计算公式为

$$\boldsymbol{f}_i^{(t)}=\sigma\left(\boldsymbol{b}_i^f+\sum_j \boldsymbol{U}_{i,j}^f\boldsymbol{x}_j^{(t)}+\sum_j \boldsymbol{W}_{i,j}^f\boldsymbol{h}_j^{(t-1)}\right) \tag{3.69}$$

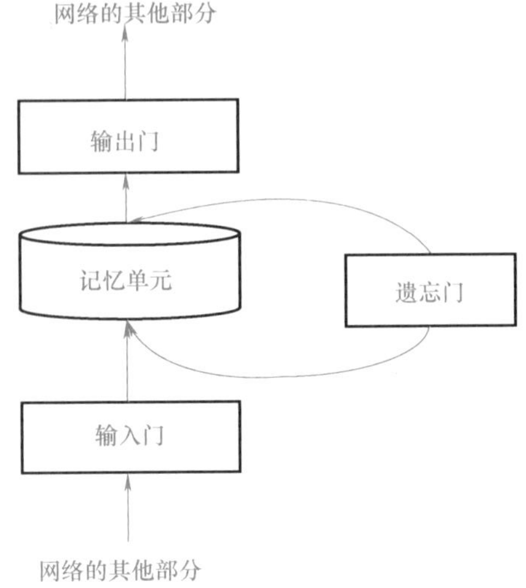

图 3-5　长短期记忆模型结构

式中，$f_i^{(t)}$ 是第 i 个 LSTM 细胞的遗忘门输出；σ 是 Sigmoid 函数；b_i^f 是遗忘门的偏置；$U_{i,j}^f$ 是输入权重；$W_{i,j}^f$ 是循环权重；$x_j^{(t)}$ 是当前输入向量；$h_j^{(t-1)}$ 是前一时刻的隐藏状态。

外部输入门（External Input Gate）控制着新信息的输入程度，决定了当前输入 $x^{(t)}$ 对细胞状态的影响，外部输入门的更新公式为

$$g_i^{(t)}=\sigma\left(b_i^g+\sum_j U_{i,j}^g x_j^{(t)}+\sum_j W_{i,j}^g h_j^{(t-1)}\right) \tag{3.70}$$

式中，$g_i^{(t)}$ 是第 i 个 LSTM 细胞的外部输入门输出；b_i^g 是外部输入门的偏置；$U_{i,j}^g$ 是输入权重；$W_{i,j}^g$ 是循环权重。

输出门（Output Gate）控制着细胞状态的输出程度，决定了当前时刻的输出 $h_i^{(t)}$ 中包含多少细胞状态信息，输出门的计算公式为

$$\begin{gathered}h_i^{(t)}=\tanh(s_i^{(t)})q_i^{(t)}\\ q_i^{(t)}=\sigma\left(b_i^q+\sum_j U_{i,j}^q x_j^{(t)}+\sum_j W_{i,j}^q h_j^{(t-1)}\right)\end{gathered} \tag{3.71}$$

式中，$q_i^{(t)}$ 是第 i 个 LSTM 细胞的输出门输出。

门控机制通过调节门的开闭程度，控制着信息的流动和细胞状态的更新，使得 LSTM 模型在处理长期依赖关系和长序列数据时具有较好的性能表现。

3.2.4　生成对抗网络

1. 生成对抗网络简介

生成对抗网络（Generative Adversarial Network，GAN）是由 Ian Goodfellow 等人在 2014 年提出的一种深度学习框架，特别适用于无监督学习中的生成任务。

GAN 的基础理念源自博弈论中的二人零和博弈概念，由两个核心部分组成：用于根据某些输入生成对象的生成网络，以及紧接生成网络的用于判断生成对象真实与否的判别网络。在训练过程中，这两个网络形成了一种动态博弈关系，生成器的目标是生成越来越真实的样本，以欺骗判别器；判别器则极力区分真实数据与生成器生成的伪造数据。在每一轮迭代中，会先固定生成器的参数并更新判别器的参数以提高其区分能力，然后固定判别器的参数，更新生成器的参数使其生成的样本更难被判别器识别为伪造数据。

GAN 因其强大的合成数据能力，在诸如图像生成、图像修复、图像转译、视频生成、语音合成、自然语言处理等领域取得了显著成果。

2. 生成对抗网络的结构

GAN 的架构主要由生成器和判别器组成。

生成器（Generator）在前向推理过程中接收随机向量作为输入，生成一个与训练数据相似的数据样本（例如，一张图片或者一段音频片段）。在反向梯度优化过程中，生成器并不直接优化使得生成样本与真实样本完全一致，而是通过对抗训练的方式优化其参数，即努力让

判别器无法准确区分生成样本与真实样本。生成器在训练时根据判别器对其生成样本的判别得分进行反向传播，调整自身的权重以增大这一得分，尽量让判别器认为生成的样本是真实的。

判别器（Discriminator）接收到两类输入，真实样本和生成器生成的伪造样本。在前向推理过程中对每个输入数据做出判断。在反向传播过程中通过梯度下降法更新权重，最大化对真实数据的预测概率，同时最小化对生成器生成的虚假数据的预测概率。图 3-6 所示为生成对抗网络模型结构。

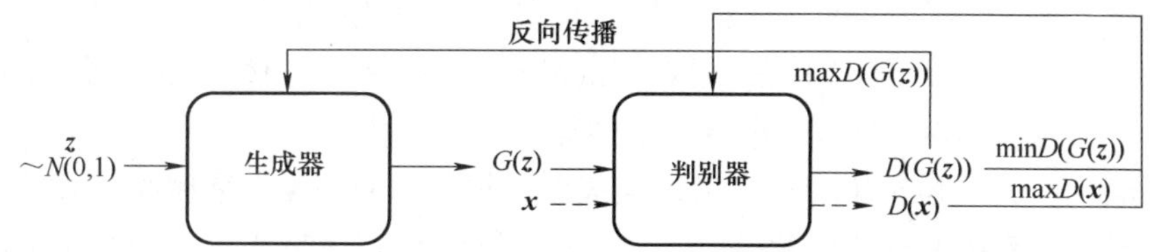

图 3-6　生成对抗网络模型结构

总结来说，生成器和判别器之间的对抗训练形成了一个动态平衡，随着训练的进行，生成器生成越来越逼真的数据。

3. 常用生成对抗网络

（1）GAN　生成对抗网络（GAN）是一种用于生成模型的框架，通过生成器和判别器的对抗学习过程，实现了高质量数据生成的能力，广泛应用于图像生成、文本生成等领域。其中包含两个神经网络：生成器和判别器。

具体来说，生成器 G 接收来自噪声空间的输入 $\boldsymbol{z}$（通常是随机向量），通过映射 $G(\boldsymbol{z},\theta_g)$（$\theta_g$为参数）生成数据样本。生成器的目标是使生成的数据与真实数据尽可能接近以欺骗判别器。判别器 $D(\boldsymbol{x},\theta_d)$（$\theta_d$为参数）则输出 $\boldsymbol{x}$ 来自真实数据而非生成器 G 的概率，尝试正确地区分生成器生成的数据和真实数据。因此，生成器和判别器形成了一种对抗关系：生成器努力生成逼真的数据以骗过判别器，而判别器努力识别出真实数据和生成数据的差异。

在训练过程中，判别器的目标是最大化对真实数据和生成数据的分类正确率，即最大化 $D(\boldsymbol{x})$。同时，生成器的目标是最小化生成的数据被判别器判断为假数据的概率，即最小化 $\lg(1-D(G(\boldsymbol{z})))$。这种对抗的训练过程使得生成器和判别器逐渐提高各自的性能，最终生成器可以生成接近真实数据分布的样本。

（2）InfoGAN　InfoGAN（Information Maximizing Generative Adversarial Network）是对传统 GAN 框架的扩展，通过引入潜在代码（Latent Code），增强了对生成数据的控制和理解。传统的 GAN 使用单一的非结构化噪声向量 z 来生成数据，而 InfoGAN 将 z 分解为两部分：$\boldsymbol{z}$ 和 $\boldsymbol{c}$，其中 z 是不可压缩噪声，而 $\boldsymbol{c}$ 则被称为潜在代码，包含对真实数据分布的重要结构化语义特征。

InfoGAN 的目标是在生成器 G 和判别器 D 的训练中最大化潜在代码 $\boldsymbol{c}$ 和生成数据之间的互信息，从而使得生成的数据不仅仅是随机的噪声变化，还包含了对真实数据有意义和重要的特征。这样可以增强生成器对数据的控制和理解，使得生成的数据更具有可解释性和可控性。

具体地，InfoGAN 的目标函数可以表示为

$$\min_{G}\max_{D} V_I(D,G)=V(D,G)-\lambda I(\boldsymbol{c};G(\boldsymbol{z},\boldsymbol{c})) \tag{3.72}$$

式中，$V(D,G)$ 是原始 GAN 的目标函数；$G(z,\boldsymbol{c})$ 是生成的示例；$I(\boldsymbol{c};G(z,\boldsymbol{c}))$ 表示潜在代码 $\boldsymbol{c}$ 和生成数据之间的互信息，是一个可调节的正则化参数。最大化 $I(\boldsymbol{c};G(z,\boldsymbol{c}))$，可以使得生成的数据包含更多重要且有意义的特征，从而增强了模型的表达能力和生成数据的质量。

然而，直接优化 $I(\boldsymbol{c};G(z,\boldsymbol{c}))$ 是困难的，因为这需要访问后验分布 $P(\boldsymbol{c}|\boldsymbol{x})$。InfoGAN 通过引入一个辅助分布 $Q(\boldsymbol{c}|\boldsymbol{x})$ 来近似 $P(\boldsymbol{c}|\boldsymbol{x})$，从而获得了 $I(\boldsymbol{c};G(z,\boldsymbol{c}))$ 的下限 $L_I(\boldsymbol{c};Q)$。因此，最终的 InfoGAN 的目标函数为

$$\min_G \max_D V_I(D,G)=V(D,G)-\lambda L_I(\boldsymbol{c};Q) \tag{3.73}$$

式中，$L_I(\boldsymbol{c};Q)$ 是 $I(\boldsymbol{c};G(\boldsymbol{z},\boldsymbol{c}))$ 的下限。InfoGAN 还有多种变体，如因果 InfoGAN 和半监督 InfoGAN，可以进一步扩展和改进模型的性能和应用范围。

（3）Conditional GAN（cGAN） 条件生成对抗网络（cGAN）是在原始 GAN 的基础上增加额外信息 $\boldsymbol{y}$ 作为条件进行训练的模型。cGAN 的目标函数在最小化生成器 G 的同时最大化判别器 D 的成本函数 $V(D,G)$，其形式为

$$\begin{aligned}\min_G \max_D V(D,G)=&E_{\boldsymbol{x}\sim p_{\text{data}}(\boldsymbol{x})}[\lg D(\boldsymbol{x}|\boldsymbol{y})]+\\&E_{z\sim p_z(z)}[\lg(1-D(G(\boldsymbol{z}|\boldsymbol{y})))]\end{aligned} \tag{3.74}$$

此外，InfoGAN 引入了附加网络 Q 以估计条件变量 $\boldsymbol{c}$。cGAN 可用于根据不同的条件数据生成实例，比如类标签、文本描述、边界框、关键点等。

Stacked Generative Adversarial Network（SGAN）在文献中被用来从文本生成真实图像。cGAN 在多个领域得到广泛应用，包括但不限于：卷积神经网络的人脸生成、人脸老化模拟、图像到图像的翻译、具有特定属性的户外场景合成、图像描述生成以及三维感知场景处理。

对于判别器的训练，在原始 GAN 中，其目标是最大概率地正确区分真实样本和伪造样本的对数概率。与此不同，辅助分类器 GAN（AC-GAN）目标函数包含两个部分：来自正确来源的真实对数似然 L_S 和正确类别标签的对数似然 L_C。

$$L_C=E[\lg P(C=c|X_{\text{real}})]+E[\lg(P(C=c|X_{\text{fake}}))] \tag{3.75}$$

$$L_S=E[\lg P(S=\text{real}|X_{\text{real}})]+E[\lg(P(S=\text{fake}|X_{\text{fake}}))] \tag{3.76}$$

AC-GAN 的判别器不仅最大化 L_S，还包括 L_C，并试图正确预测类别标签。AC-GAN 的生成器则相应地最小化 L_C-L_S。值得注意的是，AC-GAN 成功实现了生成 ImageNet 数据集所有类别的可识别样本。

在图像到图像的转换任务中，如 Pix2Pix 模型，生成器学习从输入图像 $\boldsymbol{y}$ 直接映射到输出图像 $G(\boldsymbol{y})$，而不是像传统 GAN 那样从随机噪声 z 生成。Pix2Pix 使用了 cGAN 框架，并添加了 l_1 距离损失以实现更精确的像素级别转换，cGAN 的目标表述如下

$$L_{\text{cGAN}}(D,G)=E_{x,y}[\lg D(\boldsymbol{x},\boldsymbol{y})]+E_y[\lg(1-D(\boldsymbol{y},G(\boldsymbol{y})))] \tag{3.77}$$

此外，还使用了 l_1 距离：

$$L_{l_1}(G)=E_{x,y}[\|x-G(y)\|_1] \tag{3.78}$$

最终的目标函数是联合优化 cGAN 损失和 l_1 距离损失：

$$L_{\text{cGAN}}(D,G)+\lambda L_{l_1}(G) \tag{3.79}$$

式中，L_{cGAN}是条件 GAN 损失；L_{l_1}是 l_1 距离损失；λ 是平衡两者权重的超参数。

进一步发展为 Pix2PixHD 模型后，使用 cGAN 损失和特征匹配损失针对高分辨率图像合成和语义解析。在这个框架下，判别器 D 的优化成为一个多任务学习问题：

$$\min_{G}\max_{D_1,D_2,D_3}\sum_{k=1,2,3}L_{\text{GAN}}(G,D_k) \tag{3.80}$$

$\{(s_i,x_i)\}$ 为成对图像组成的训练集，其中 x_i是自然照片，s_i是对应的语义标签图。鉴别器 D_k的第 i 层特征提取器表示为 $D_k^{(i)}$（从输入到 D_k的第 i 层）。同时考虑 GAN 损失和特征匹配损失 $L_{\text{FM}}(G,D_k)$：

$$L_{\text{FM}}(G,D_k)=E_{(s,x)}\sum_{i=1}^{T}N_i[\|D_k^{(i)}(s,x)-D_k^{(i)}(s,G(s))\|_1] \tag{3.81}$$

式中，N_i 为每层元素的个数；T 为总层数。最后的目标函数为

$$\min_{G}\max_{D_1,D_2,D_3}\sum_{k=1,2,3}(L_{\text{GAN}}(G,D_k)+\lambda L_{\text{FM}}(G,D_k)) \tag{3.82}$$

式中，L_{FM}表示特征匹配损失，通过对生成图像和真实图像在同一层特征空间上的差异进行惩罚，从而确保生成图像在深层结构上与真实图像保持一致。

3.2.5　常用优化算法

1. 动量法

动量（Momentum）法是一种优化技术，用于加快随机梯度下降的学习过程，特别适用于处理具有高曲率、稳定小梯度或有噪声梯度的情况。它通过积累并应用指数衰减的梯度移动平均来指导学习方向，类似于牛顿运动定律中的物理动量概念。

动量法引入了一个速度变量 $\boldsymbol{v}$，表示参数在参数空间中的移动方向和速度大小。速度 $\boldsymbol{v}$ 被设置为负梯度的指数衰减平均值，更新规则如下：

$$\begin{gathered}\boldsymbol{v}\leftarrow\alpha\boldsymbol{v}-\varepsilon\nabla_{\theta}\left(\frac{1}{m}\sum_{i=1}^{m}L(f(\boldsymbol{x}^{(i)};\boldsymbol{\theta}),\boldsymbol{y}^{(i)})\right)\\ \boldsymbol{\theta}\leftarrow\boldsymbol{\theta}+\boldsymbol{v}\end{gathered} \tag{3.83}$$

式中，α 是动量的超参数，控制之前梯度对当前方向的影响大小。较大的 α 表示之前梯度对当前方向的影响更大，类似于牛顿运动定律中的物理动量。动量法在梯度下降的基础上引入了速度的概念，可以加速学习并提高收敛速度。速度 $\boldsymbol{v}$ 累积了梯度元素$\nabla_{\boldsymbol{\theta}}\left(\frac{1}{m}\sum_{i=1}^{m}L(f(\boldsymbol{x}^{(i)};\boldsymbol{\theta}),\boldsymbol{y}^{(i)})\right)$。相对于 ε，α 越大，之前梯度对当前方向的影响也越大。使用动量的随机梯度下降（SGD）算法如下所示。

算法 3-4　使用动量的随机梯度下降（SGD）算法

超参数：学习率 ε，动量参数 α，初始参数 $\boldsymbol{\theta}$，初始速度 $\boldsymbol{v}$

过程：

while 没有达到停止准则 do

从训练集中采集包含 m 个样本 $\{\boldsymbol{x}^{(1)},\cdots,\boldsymbol{x}^{(m)}\}$ 的小批量，对应目标为 $\boldsymbol{y}^{(i)}$。

计算梯度估计：$\boldsymbol{g}\leftarrow\frac{1}{m}\nabla_{\boldsymbol{\theta}}\sum_{i}L(f(\boldsymbol{x}^{(i)};\boldsymbol{\theta}),\boldsymbol{y}^{(i)})$

计算速度更新：$\boldsymbol{v}\leftarrow\alpha\boldsymbol{v}-\varepsilon\boldsymbol{g}$

应用更新：$\boldsymbol{\theta}\leftarrow\boldsymbol{\theta}+\boldsymbol{v}$

end while

动量法中步长的大小可以通过以下公式计算：

$$步长大小=\frac{\varepsilon\|\boldsymbol{g}\|}{1-\alpha} \tag{3.84}$$

当动量法观测到连续的梯度指向相同的方向时，会在该方向上不停加速，直到达到最终速度。步长的大小由学习率和梯度的范数以及动量的超参数共同决定。将动量的超参数视为 $1/(1-\alpha)$ 有助于理解动量法中步长的变化规律。例如，$\alpha=0.9$ 对应着 $1/(1-\alpha)=10$，即此时的动量法最大速度 10 倍于梯度下降算法。

动量算法还引入了黏性阻力，以避免粒子永远不停下来的问题，使其能够收敛到局部极小点。在实践中，动量算法的超参数 α 一般取值为 0.5、0.9 或 0.99，初始值较小并随时间逐渐调整。动量法的引入可以加速优化过程并提高模型的训练效率。

2. AdaGrad 算法

AdaGrad（Adaptive Gradient）算法是一种自适应学习率算法，它独立地适应每个模型参数的学习率，根据参数的梯度历史二次方值总和的二次方根来缩放学习率。该算法的更新规则如下所示：

$$\theta_{t+1,i}=\theta_{t,i}-\frac{\eta}{\sqrt{G_{t,ii}+\delta}}g_{t,i} \tag{3.85}$$

式中，$\theta_{t+1,i}$是第 i 个参数在时间步 $t+1$ 的值；$\theta_{t,i}$是第 i 个参数在时间步 t 的值；η 是初始学习率；$G_{t,ii}$是参数 i 的梯度历史二次方值总和；δ 是为了数值稳定性而添加的小常数；$g_{t,i}$是第 i 个参数在时间步 t 的梯度。

AdaGrad 算法的思想是根据参数的梯度历史二次方值来调整学习率，令梯度较大的参数在学习率上有相对较大的下降，而梯度较小的参数在学习率上有相对较小的下降。这样做的目的是使得在参数空间中更为平缓的倾斜方向可以取得更大的进步，从而加速收敛。AdaGrad 算法如下所示。

算法 3-5　AdaGrad 算法

超参数：全局学习率 ε，初始参数 $\boldsymbol{\theta}$，小常数 δ，为了数值稳定大约设为 10^{-7}

过程：

初始化梯度累积变量 $\boldsymbol{r}=\mathbf{0}$

while 没有达到停止准则 do

从训练集中采集包含 m 个样本 $\{\boldsymbol{x}^{(1)},\cdots,\boldsymbol{x}^{(m)}\}$ 的小批量，对应目标为 $\boldsymbol{y}^{(i)}$

计算梯度：$\boldsymbol{g}\leftarrow\frac{1}{m}\nabla_{\boldsymbol{\theta}}\sum_i L(f(\boldsymbol{x}^{(i)};\boldsymbol{\theta}),\boldsymbol{y}^{(i)})$

累积二次方梯度：$\boldsymbol{r}\leftarrow\boldsymbol{r}+\boldsymbol{g}\odot\boldsymbol{g}$

计算更新：$\Delta\boldsymbol{\theta}\leftarrow-\frac{\varepsilon}{\delta+\sqrt{\boldsymbol{r}}}\odot\boldsymbol{g}$（逐元素地应用除和求二次方根）

应用更新：$\boldsymbol{\theta}\leftarrow\boldsymbol{\theta}+\Delta\boldsymbol{\theta}$

end while

虽然 AdaGrad 算法在一些凸优化问题上表现良好，但在训练深度神经网络模型时存在一些问题。具体来说，由于累积梯度二次方会导致有效学习率过早和过量的减小，导致训练过程中出现学习速度过慢的问题。因此，在某些深度学习模型上，AdaGrad 算法的效果不错，但并非适用于所有情况。

3. RMSProp 算法

RMSProp（Root Mean Square Propagation）算法是对 AdaGrad 算法的改进，在处理非凸问题时效果更好。它的主要改进在于使用指数加权移动平均丢弃较早的梯度历史信息来调整学习率，而不是简单地对梯度进行二次方求和。这种改进使得 RMSProp 能够丢弃较早的梯度历史信息，从而更灵活地调整学习率，在找到凸碗状结构后能够更快地收敛。

以下是 RMSProp 算法的标准形式和结合 Nesterov 动量的 RMSProp 算法：

（1）RMSProp 算法的标准形式

1）初始化参数：全局学习率 ε，衰减率 ρ，初始梯度二次方累积变量 $\boldsymbol{r}=\boldsymbol{0}$。

2）迭代更新参数：

$$\boldsymbol{r}\leftarrow\rho\boldsymbol{r}+(1-\rho)(\nabla_{\boldsymbol{\theta}}J(\boldsymbol{\theta}))^2$$
$$\boldsymbol{\theta}\leftarrow\boldsymbol{\theta}-[\varepsilon/(\sqrt{\delta+\boldsymbol{r}})]\nabla_{\boldsymbol{\theta}}J(\boldsymbol{\theta}) \tag{3.86}$$

（2）结合 Nesterov 动量的 RMSProp 算法

1）初始化参数：全局学习率 ε，衰减率 ρ，初始梯度二次方累积变量 $\boldsymbol{r}=\boldsymbol{0}$，动量参数 α。

2）迭代更新参数：

$$\boldsymbol{r}\leftarrow\rho\boldsymbol{r}+(1-\rho)(\nabla_{\boldsymbol{\theta}}J(\boldsymbol{\theta}))^2$$
$$\boldsymbol{g}\leftarrow\alpha\boldsymbol{g}+[\varepsilon/(\sqrt{\delta+\boldsymbol{r}})]\nabla_{\boldsymbol{\theta}}J(\boldsymbol{\theta}-\alpha\boldsymbol{g}) \tag{3.87}$$
$$\boldsymbol{\theta}\leftarrow\boldsymbol{\theta}-\boldsymbol{g}$$

这些算法中，ρ 控制了历史梯度信息的衰减速度，δ 是一个很小的数值，用来避免分母为零。RMSProp 算法通过移动平均来自适应地调整学习率，能够更好地适应非凸问题，是深度学习中常用的优化算法之一。RMSProp 算法如下所示。

算法 3-6　RMSProp 算法

超参数：全局学习率 ε，衰减率 ρ，初始参数 $\boldsymbol{\theta}$，小常数 δ，通常设为 10^{-6}（用于被小数除时的数值稳定）

初始化累积变量 $\boldsymbol{r}=\boldsymbol{0}$

while 没有达到停止准则 do

从训练集中采集包含 m 个样本 $\{\boldsymbol{x}^{(1)},\cdots,\boldsymbol{x}^{(m)}\}$ 的小批量，对应目标为 $\boldsymbol{y}^{(i)}$

计算梯度：$\boldsymbol{g}\leftarrow\frac{1}{m}\nabla_{\boldsymbol{\theta}}\sum_i L(f(\boldsymbol{x}^{(i)};\boldsymbol{\theta}),\boldsymbol{y}^{(i)})$

计算参数更新：$\nabla\boldsymbol{\theta}=-\frac{\varepsilon}{\sqrt{\delta+\boldsymbol{r}}}\odot\boldsymbol{g}\left(\frac{1}{\sqrt{\delta+\boldsymbol{r}}}\text{逐元素应用}\right)$

应用更新：$\boldsymbol{\theta}\leftarrow\boldsymbol{\theta}+\Delta\boldsymbol{\theta}$

end while

---

4. Adam 算法

Adam（Adaptive Moment Estimation）算法是一种在深度学习中广泛应用的优化算法，结合了 AdaGrad 算法和 RMSProp 算法的优势，是一种自适应学习率优化方法，尤其适合于训练大型神经网络。它直接将动量与梯度的一阶矩估计相结合，这与将动量应用于缩放后的梯度的方式不同。另外，Adam 还包括偏置修正，修正了一阶矩估计和二阶矩估计，这些估计是从原点初始化的。相比之下，RMSProp 算法也使用了二阶矩估计，但缺少了修正因子，因此可能在训练初期存在较高的偏置。

以下是 Adam 算法的标准形式：

1）初始化参数：学习率 η，一阶矩估计变量 $\boldsymbol{m}=\boldsymbol{0}$，二阶矩估计变量 $\boldsymbol{v}=\boldsymbol{0}$，时间步数 $t=0$，一阶矩估计修正因子 β_1，二阶矩估计修正因子 β_2，防止除零的小数 δ。

2）迭代更新参数：

$$\begin{cases} t \leftarrow t+1 \\ \boldsymbol{m} \leftarrow \beta_1 \boldsymbol{m}+(1-\beta_1)\nabla_{\boldsymbol{\theta}} J(\boldsymbol{\theta}) \\ \boldsymbol{v} \leftarrow \beta_2 \boldsymbol{v}+(1-\beta_2)(\nabla_{\boldsymbol{\theta}} J(\boldsymbol{\theta}))^2 \\ \hat{\boldsymbol{m}} \leftarrow \boldsymbol{m}/(1-\beta_1^t) \\ \hat{\boldsymbol{v}} \leftarrow \boldsymbol{v}/(1-\beta_2^t) \\ \boldsymbol{\theta} \leftarrow \boldsymbol{\theta}-\eta \hat{\boldsymbol{m}}/(\sqrt{\hat{\boldsymbol{v}}+\delta}) \end{cases} \tag{3.88}$$

在 Adam 算法中，$\boldsymbol{m}$ 和 $\boldsymbol{v}$ 分别表示梯度的一阶矩估计和二阶矩估计。修正因子 β_1 和 β_2 用来纠正一阶矩估计和二阶矩估计的偏差。算法中的 $\hat{\boldsymbol{m}}$ 和 $\hat{\boldsymbol{v}}$ 是对一阶矩估计和二阶矩估计的修正版本，用于消除训练初期的偏差。最后，使用修正后的一阶矩估计和二阶矩估计来更新参数。

3.2.6 正则化方法

在深度学习中，正则化是一种关键的技术手段，用来防止过拟合现象，即模型在训练集上表现良好但对未见过的新数据（测试集）泛化能力差。正则化通过对模型参数施加约束或惩罚来控制模型复杂度，这通常会导致模型对训练数据的拟合程度稍微减弱，但却有利于在未知数据上的泛化性能。

在深度学习的复杂模型族中，模型往往具有极高的表达能力，理论上足以模拟极其复杂的潜在数据生成过程。然而，在实际应用中，由于训练数据有限，以及模型可能存在大量的冗余参数，如果不加以控制，模型可能会过度拟合训练数据中的噪声和偶然性特征，而非真正反映数据的本质规律，因此正则化的目标并不是单纯地缩小模型规模或减少参数数量，而是寻求一种平衡，允许模型保持一定的复杂度以捕捉数据的丰富结构，同时通过某种方式抑制模型对训练数据的过度敏感性。例如，L1 和 L2 正则化通过在损失函数中添加参数绝对值之和或平方和作为惩罚项，促使模型倾向于更加简洁的参数分布；Dropout 则是另一种形式的正则化，通过在训练阶段随机丢弃一部分神经元输出，间接实现了对模型复杂度的控制。

这意味着控制模型的复杂度不是找到合适规模的模型（带有正确的参数个数）这样一个简单的事情。相反，最好的拟合模型（从最小化泛化误差的意义上）是一个适当正则化的大型模型。现在回顾几种策略，以创建这些正则化的大型深度模型。正则化策略旨在通过各种机制让模型能够在包含真实数据生成过程的前提下，尽量排除那些可能导致过拟合的额外复杂性，从而使模型能够在未知数据上表现得更好，提高泛化能力。在深度学习中，即使模型族远大于真实数据生成过程所需要的复杂度，合理的正则化仍然能够帮助人们找到最优的大型模型。

1. 参数正则化

在大型的神经网络中对目标函数添加适应的正则化项，或对网络中的参数进行一定的控制是现在非常普遍的预防过拟合的措施。近年来对于该类型的研究依然有很多成果，本部分将对参数正则化进行详细分析。

(1) Dropout　在卷积神经网络中，Dropout 处理是一种有效控制网络参数数量的方法。它以概率 p 随机使隐藏层中的特征节点处于未激活状态，从而降低模型训练中的复杂度，防止过拟合。Dropout 的前向传播过程如下：

$$\hat{\boldsymbol{y}}^{(n)}=\boldsymbol{r}^{(n)}\boldsymbol{y}^{(n)} \tag{3.89}$$

$$z_i^{(n+1)}=\boldsymbol{W}_i^{(n+1)}\hat{\boldsymbol{y}}^{(n)}+\boldsymbol{b}_i^{(n+1)} \tag{3.90}$$

式中，$\boldsymbol{r}^{(n)}$ 是与第 n 层神经元个数相同的向量，每个元素取值为 1 或 0，并符合伯努利分布，即每个元素被保留的概率为 p；$\boldsymbol{W}_i^{(n+1)}$ 是第 n 层到第 $n+1$ 层的权重矩阵；$\boldsymbol{b}_i^{(n+1)}$ 是第 n 层到第 $n+1$ 层的偏置向量。

N. Srivastava 等人在研究中发现，对于固定的神经网络层数，Dropout 的丢弃率（记作 p）过大或过小都会导致模型过拟合或欠拟合；当 p 值位于 0.4 至 0.8 之间时，模型的测试误差表现相对平缓。为了增强 Dropout 的效果，I. J. Goodfellow 等人提出了 Maxout 激活函数，该函数输出一组输入特征的最大值，有助于优化 Dropout 过程。J. Choe 等人将自注意力机制与 Dropout 相结合，提出了基于注意力机制的 Dropout 层，有助于 CNN 分类器学习全局特征信息。H. Zhu 等人的 Target Drop 方法同样结合了注意力机制，可准确排除检测对象的部分有效特征，促使模型捕捉更多的判别信息。

L. Wan 等人提出了 DropConnect 技术，通过随机丢弃权重来改进 Dropout，使用 DropConnect 的全连接层会转变为稀疏连接层。M. Faramarzi 等人开发的 PatchUp 能够丢弃任意形状而非仅限于矩形的特征，从而提升模型的泛化能力以及对对抗攻击的鲁棒性。H. Moayed 等人提出的 Skipout 将网络分割为训练层和鲁棒层，在训练过程中跳过鲁棒层确保了网络反向传播的有效性，提高了模型的泛化性能。Z. Lu 等人结合拉德马赫复杂度提出了 LocalDrop，适度延长网络反向传播优化时间，从而提升 Dropout 的性能。

Random Drop 是专为残差网络设计的，采用线性衰减概率丢弃残差层。Y. Yamada 等人在受到 Shake-Shake 正则化启发的基础上，结合 Random Drop 提出了 Shake-Drop，通过给残差网络的特征映射乘以正则化权重，既改善了模型的泛化能力又提升了残差网络性能。Y. Lu 等人提出的 MSC（Multiscale Conditional）正则化将特征划分为三个不同尺度的特征映射，并分别赋予不同的正则化权重，提升了正则化过程的灵活性和适应性。Z. Zhao 等人提出的 Frequency Regularization 直接通过截断携带大量高频信息的参数张量，降低了网络参数量，有效防止过拟合的发生。

鉴于原始 Dropout 在处理卷积层时仅独立随机丢弃特征节点，无法有效降低节点间的相关性，因此常规 Dropout 不适用于卷积层。为此，G. Ghiasi 等人提出了结构化的 Dropout——DropBlock，它从特征图中丢弃连续的区域，而不仅仅是独立的随机单元，实验显示 DropBlock 在 ImageNet 图像分类任务中是一种非常有效的正则化手段。B. A. Skout 等人将 Dropout 与混合池化模块结合，有效地避免了模型通过参数间的关联来“记忆”样本。J. Tompson 等人提出的 Spatial-Dropout 解决了卷积层中节点相关性问题，通过删除整个特征映射来实现。

考虑到 Dropout 及其变体大多采用随机处理特征节点的方式，这可能导致上下文信息或目标完全丢失，对此，L. J. Ba 等人提出利用一个与深度网络共享参数的网络来计算 Dropout 的超参数 p，此方法适用于深度网络中的无监督和有监督学习场景。D. Gong 等人通过 Dropmask 引入额外超参数来平衡丢弃特征与保留特征的数量比例，避免有效目标信息过度丢失。最后，H. Pham 等人提出的 AutoDropout 实现了 Dropout 模式的自动化，在该方法中，控制器学习在卷积神经网络的每个层生成 Dropout，并将性能验证结果作为控制器学习的反馈信号，从而提升了 CNN 以及主流 Transformer 模型的图像分类性能。

（2）L1 正则化（L1-norm） 在卷积神经网络（CNN）的训练中，范数正则化是广泛应用的防止过拟合的技术之一。在损失函数中加入范数正则化项后，优化目标不仅包含对预测误差的考量，还增加了对模型参数复杂度的约束。带正则化的损失函数为

$$L=\frac{\mathrm{argmin}1}{N}\sum_{i=1}^{N}\left(\gamma(\hat{y}_i,y)+\lambda R(\boldsymbol{\omega})\right) \tag{3.91}$$

式中，$\gamma(\hat{y}_i,y)$ 是标准损失函数的一部分，用于衡量模型对第 i 个样本预测值 $\hat{y}_i$ 与真实标签 y_i 之间的差异，可以根据实际情况选择不同的损失函数，如交叉熵损失、均方误差等；λ 是正则化项的权重参数，用于控制正则化强度，λ 越大，正则化效果越强，模型参数受到的约束也越大；$R(\boldsymbol{\omega})$ 是正则化项。

常见的正则化范式包括 L1 正则化（LASSO）和 L2 正则化（Ridge），分别对应于参数向量 $\boldsymbol{\omega}$ 的 L1 范数（绝对值之和）和 L2 范数（二次方和）。通过在损失函数中添加范数正则化项，可以促使模型在训练过程中对参数进行约束，避免模型过于复杂，从而有效地防止过拟合问题的发生。L1 正则化有助于产生稀疏权重矩阵，实现特征选择；L2 正则化则倾向于将权重拉向零，但不会使之变为零，从而降低模型复杂度。两者都能在一定程度上提高模型的泛化能力。

L1 正则化项 $R_{\mathrm{L1}}(\boldsymbol{\omega})$ 是对权值矩阵 $\boldsymbol{W}$ 中每一维度求 L1 范数的和，即所有权重绝对值之和，为了避免在权值为零时导数不存在的问题，引入了一个很小的正数 ε，确保正则化项在零点处连续可微，即

$$R_{\mathrm{L1}}(\boldsymbol{\omega})=\sum_{K=1}^{Q}\|\boldsymbol{W}\|_1 \tag{3.92}$$

$$\|\boldsymbol{W}\|_1=\sum_{K=1}^{Q}\sqrt{\boldsymbol{\omega}_k^2+\varepsilon} \tag{3.93}$$

针对 L1 正则化的改进和应用，X. Hong 等人提出的 L1-POFR 算法结合了正则化、特征选择和参数估计，通过正交分解提高了 L1 正则化算法的效率，并在处理高维数据时增强了模型性能。Z. Lu 等人提出的 L1-SSL 方法利用半监督学习环境下的 L1 正则化特性，有效减少了噪声标签的影响，进一步提升了模型鲁棒性。E. Tartaglione 等人提出的 SeReNe 算法采用特征节点的灵敏度作为正则化器，以此指导模型训练过程中的稀疏化，以获得更为简洁的模型结构。对于卷积神经网络中加速训练和减少计算负担的问题，Y. Hu 等人通过剪枝网络的输入节点或冗余权值来实现网络的稀疏化，从而减轻了网络结构的复杂度。另外，S. Wu 等人针对 Batch Normalization（BN）层带来的额外计算开销问题，提出了使用 L1 正则化的 BN 算法（L1-BN），这种算法简化了传统的 L2-BN 层的运算，尤其省去了二次方根运算，实现在 Fashion-MNIST、ILSVRC2012 等数据集上训练 CNN 时，在保证精度的同时降低了计算量，提高了训练效率。

（3）L2 正则化（L2-norm） L2 正则化，又称岭回归，在深度学习中是一种广泛应用的正则化手段，其目的是通过对模型参数向量 $\boldsymbol{W}$ 的 L2 范数二次方求和，即所有权重参数的二次方和，来约束模型复杂度，避免过拟合。L2 正则化的作用体现在让模型参数趋于较小的数值而非严格为零，这样既保持了模型的泛化能力，又避免了模型过于依赖个别特征节点，增强了模型的稳健性。在正则化后的损失函数中，L2 正则化项表现为

$$R_{\mathrm{L2}}(\boldsymbol{\omega})=\sum_{K=1}^{Q}\|\boldsymbol{W}\|_2^2 \tag{3.94}$$

式中，Q 代表特征的维数；$\boldsymbol{W}$ 是指权值向量。通过对参数空间的平滑约束，使得即使面对测试集中的噪声，模型预测也不会受到极端值的过度影响。

C. Cortes 等人在研究中指出，虽然 L1 正则化能够促进内核（CNN 中的滤波器）性能的部分提升，但在大规模应用时可能会导致性能下降；相反，L2 正则化则表现出更为稳定的性能优势，不易引发此类问题。

权重衰减是一种常见的正则化技术，它在梯度下降更新过程中作用于权重参数，通过在每次迭代更新时按一定比例减小当前权重值，间接限制模型复杂性。

$$w_{n+1}=(1-\lambda)w_n-\alpha\frac{\partial E}{\partial w(7)} \tag{3.95}$$

在权重更新规则中，E 是权重参数，权重衰减系数 λ 控制着衰减的程度，而 α 则是学习率。

尽管 L2 正则化与权重衰减在一定程度上都能促使权重变小且常常被关联在一起讨论，但在技术细节上它们并不完全等同。正如 I. Loshchilov 等人所阐述的那样，尤其是在优化器的选择上，差异会变得更加明显。在标准的随机梯度下降（SGD）优化算法中，L2 正则化和权重衰减的正则化效果基本一致。然而，当采用自适应梯度方法如 Adam 时，情况有所不同，因为 Adam 内部动态调整各个参数的学习率，这会导致 L2 正则化在实际应用中的效果可能不如权重衰减稳定和有效。由于权重衰减的衰减比例不随学习率的变化而变化，因此它在 Adam 等自适应学习率算法下表现得更为一致和可靠。

2. 数据正则化

除了直接对模型参数施加正则化外，还有另一类重要的正则化策略针对的是训练数据本身及其训练过程，这些被称为数据正则化方法。

（1）数据增广（Data Augmentation） 近年来，数据增广方法在解决过拟合问题上发挥着重要作用。给予充足有效的训练样本是解决过拟合的最直接方法，但在实际中成本较高。因此，数据增广成为一种有效的正则化方法，通过一定规则修改训练样本，平衡各类别样本比例，达到减少过拟合的目的。常见的数据增广方法包括随机裁剪、图像翻转和随机擦除等。

在卷积神经网络的发展中，数据增广方法得到广泛应用。例如，“捉迷藏”可以生成多个不连续的隐藏补丁，提高模型对遮挡情况的鲁棒性；CutMix 在训练图像之间随机剪切并粘贴，增强模型的泛化能力；LMix 使用随机掩模保持数据分布，并使用高频滤波锐化样本；Cutout 在训练中随机屏蔽输入图像的矩形区域，增加模型对错误标签的鲁棒性。对于数据增广方法中存在的问题，如随机性可能导致有效特征丢失，也有自适应的增广方法，如 Keep-Augment 通过显著图来保持重要区域不受影响。

在对抗训练方面，Mixup 被广泛应用，通过混合成对样本和标签减少模型对错误标签的记忆，提高对对抗实例的鲁棒性。

此外，数据增广方法也适用于自然语言处理领域。例如，EDA 包含同义词替换、随机插入、随机交换和随机擦除等功能，是一种简单有效的自然语言处理数据增广方法。

（2）提前停止（Early Stopping） 在训练过程中，除了数据增广外，常用的策略还包括提前停止。这种策略通过将数据集划分为训练集、验证集和测试集，然后在训练过程中隔一定迭代（Iterations）次数使用验证集对模型进行评估，当模型在验证集上的性能不再改善时，就可以提前停止训练，以避免过拟合或减少训练时间。

Y. Bai 等人提出了渐进早期停止（PES）方法，该方法通过将 CNN 分离为不同部分，并在初始化阶段使用相对大量的 Epoch 来预训练模型，然后再进行少量 Epoch 的训练。这种方法能够让模型更好地抵御样本中噪声标签的影响，并且在当前的模型训练中，通常会在预训练模型的基础上进行优化调整，以提高模型的性能和泛化能力。

3. 标签正则化

在卷积神经网络（CNN）中，标签正则化是一种重要的优化手段，其中标签平滑（Label Smoothing）是一种常用的方法。标签平滑主要是通过修改训练目标的标签分布，从而减少模型对训练数据标签的过拟合现象。在传统的多分类任务中，通常使用 One-Hot 编码表示类别标签，这会导致模型在训练时过于追求对单一类别的绝对区分，忽略了类别间的潜在关联信息，有可能损害模型的泛化性能。

标签平滑的基本思想是：对于原本为 One-Hot 分布的真实标签，人为地为其添加一个较小的平滑项，使得模型不仅仅学习到严格意义上的边界，还能兼顾类别间的相对距离。具体做法是将硬边界的 One-Hot 分布进行软化，即将原本为 1 的概率值稍微减小，并将减小的部分均匀分配给其他类别，形成一个平滑后的标签分布。以交叉熵损失函数为例，损失函数及其标签分布如下：

$$L=-\sum_{K=0}^{K}\lg(p(k)q(k)) \tag{3.96}$$

$$q(k)=\begin{cases}0, & k=y\\1, & k\neq y\end{cases} \tag{3.97}$$

式中，$p(k)$ 表示模型计算的每个标签的概率；$q(k)$ 表示标签的真实分布。

在交叉熵损失函数中，原始标签分布 $q(k)$ 为 0-1 分布，而标签平滑后的分布 $q'(k)$ 则是将真实标签分布与一个均匀分布 $\mu(k)$ 按照（$1-\varepsilon$）和 ε 的比例进行混合，其中 ε 是一个很小的正数，表示平滑的程度。

$$q'(k)=(1-\varepsilon)q(k)+\varepsilon\mu(k) \tag{3.98}$$

通过标签平滑，模型在训练时对于正确的类别预测概率不再是绝对的 1，而是略小于 1 的一个值，而错误类别也会有一个非零的小概率，这有助于模型在整个类别空间中学习更为平滑和鲁棒的决策边界，从而降低过拟合的风险。

然而，标签平滑也存在一些潜在问题，由于平滑后的概率分布可能并不能准确反映出真实世界的概率分布，它可能会引入一定程度的偏差，从而对模型的泛化能力造成负面影响。对此，研究人员也提出了其他改进方法，例如标签松弛（Label Relaxation），通过引入一组更广泛的候选概率分布来替代原有的标签分布，以期进一步降低过拟合几率并提高模型泛化能力。

3.2.7　超参数调试

深度学习算法中的超参数是影响模型性能的关键因素，超参数会影响模型的复杂度、训练效率、存储需求以及在新数据上的泛化能力。

手动调整超参数和自动调整超参数是优化深度学习模型性能的两种基本方法。

手动调整超参数时，需要深入了解模型的有效容量与任务复杂度的关系，以及训练误差、泛化误差和计算资源之间的权衡。常见的超参数如隐藏层节点数、学习率、权重衰减系数等，它们的变化可能带来过拟合或欠拟合。理想的超参数配置应使模型的有效容量匹配任务的复杂性。有效容量受限于三个因素：模型的表示容量、学习算法成功最小化训练模型代价函数的能力以及代价函数和训练过程正则化模型的程度。当遇到训练误差高于期望或测试误差高于目标时，可以分别通过增加模型容量或引入正则化手段来改善模型性能。超参数调整对模型有效容量的影响见表 3-1。

学习率是一个非常重要的超参数，它的选取会影响到模型能否有效地收敛到一个好的解。过高可能导致训练不稳定使误差明显提升，过低则可能导致训练速度慢且容易陷入局部极小值。调整学习率外的其他参数时，需要同时监测训练误差和测试误差以防止模型欠拟合或过拟合。不同超参数值可能导致不同的泛化误差表现，在实践中，超参数的调整方向可以根据经验判断，通常呈现 U 形曲线关系，最优的模型容量在曲线中间，有着中等的泛化误差和中等的训练误差。

表 3-1　超参数调整对模型有效容量的影响

<table>
<tr><th>超参数</th><th>容量何时增加</th><th>原因</th><th>注意事项</th></tr>
<tr><td>学习率</td><td>调至最优</td><td>不正确的学习速率，不管是太高还是太低都会由于优化失败而导致低有效容量的模型</td><td rowspan="6">较宽的卷积核会导致输出尺寸变窄，除非使用隐式零填充减少此影响，否则会降低模型容量。较宽的卷积核需要更多的内存存储参数，并会增加运行时间，但较窄的输出会降低内存代价
几乎模型每个操作所需的时间和内存代价都会随隐藏单元数量的增加而增加
大多数操作的时间和内存代价会增加</td></tr>
<tr><td>卷积核宽度</td><td>增加</td><td>增加卷积核宽度会增加模型的参数数量</td></tr>
<tr><td>隐藏单元数量</td><td>增加</td><td>增加隐藏单元数量会增加模型的表示能力</td></tr>
<tr><td>隐式零填充</td><td>增加</td><td>在卷积之前使用隐式零填充能保持较大尺寸的表示</td></tr>
<tr><td>权重衰减系数</td><td>降低</td><td>降低权重衰减系数使得模型参数可以自由地变大</td></tr>
<tr><td>Dropout 比率</td><td>降低</td><td>较少地丢弃单元可以更多地让单元彼此“协力”来适应训练集</td></tr>
</table>

如果是训练误差不理想，可以不断增加模型容量和训练集规模。如果是测试误差明显大于训练误差，则可能是出现了过拟合现象，这种情况通常可以采用正则化来缓解。通过调整正则化超参数来降低模型的有效容量，也就是降低模型的复杂度。常用的正则化技术包括 L1 或 L2 权重衰减（Weight Decay）、Dropout（随机失活）、Batch Normalization（批量归一化）等，这些方法有助于减少模型对训练数据中的噪声或冗余特征的依赖。

尽管手动调整超参数在实践中常见且有时非常有效，但随着模型复杂性的增加，手动调整变得越发困难且耗时。自动超参数优化算法（如网格搜索、随机搜索、贝叶斯优化等）因此成为一种趋势，它们通过自动化的方式来搜索最优超参数组合，减轻了人工调整的工作负担，尽管它们本身也存在一定的计算成本和自身需要设定的次级超参数等问题。但自动超参数优化技术能够在一定程度上弥补实践经验不足或缺乏先验知识的情况。

3.3 强化学习

3.3.1 强化学习基本概念

强化学习（Reinforcement Learning）是一种机器学习方法，强化学习的基本思想是通过智能体（Agent）与环境（Environment）的交互来学习如何做出决策以达到最大化累积奖励的目标。

强化学习中的智能体是一个决策制定者，它与环境进行交互，交互是通过预先定义好的动作集合（Action Set）$\mathcal{A}=\{A_1,A_2,\cdots\}$ 来实现的。动作集合描述了所有可能的动作。环境是智能体所处的外部世界，它对智能体的动作产生响应，并给予奖励或惩罚。这里的环境可以是完全可观测的（Fully Observable），也可以是部分可观测的（Partially Observable）。完全可观测的环境意味着智能体可以直接观测到环境的全部状态信息，而部分可观测的环境则意味着智能体只能观测到环境的局部状态信息。

奖励函数是强化学习中的重要组成部分，它根据智能体的动作和环境的状态给出奖励或惩罚。智能体会不断尝试不同的行为，并根据环境反馈的奖励信号（Reward Signal）调整自己的行为策略。

如图 3-7 所示，智能体学习玩扫雷游戏就是一个典型的强化学习案例：

迷你扫雷游戏是一个经典的单人游戏，玩家需要根据已知的雷区信息推断雷的位置并标记，同时避免揭开雷区。这个示例简化游戏规则，让智能体只需要选择一个方块，并揭开该方块。每个方块有两种状态：未揭开和已揭开。未揭开的方块有可能是雷区或者安全区，而已揭开的方块会显示周围雷的数量。智能体的动作是选择一个未揭开的方块进行揭开。在每个时间步 t，智能体观测到当前环境的状态 S_t 和对应的奖励 R_t，然后根据这些信息决定如何行动。

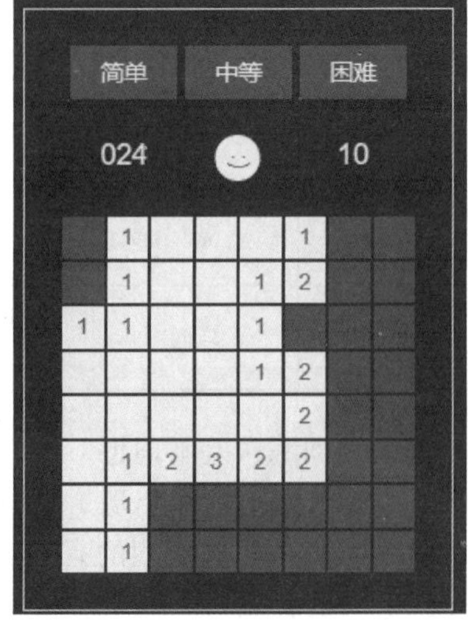

图 3-7　扫雷游戏

根据游戏的规则，奖励可以设定为如果揭开的方块是雷区，则奖励为负数，智能体会受到惩罚；如果揭开的方块是安全区，则奖励为正数，智能体会受到奖励；

游戏结束时，根据揭开的方块数量和正确标记的雷数量给予额外奖励或惩罚。

在这个例子中智能体需要学习一个策略，即在给定状态下选择最佳动作来最大化累积奖励。这可能涉及探索未知区域和利用已知信息的权衡，比如在已知雷区周围的方块中选择揭开哪一个。

通过不断与环境交互，智能体可以学习到哪些方块可能是雷区，哪些是安全区，并逐步提高游戏的得分和成功率。

轨迹（Trajectory）是智能体与环境交互的历史记录，包括状态、动作和奖励的序列。

$$\tau=(S_0,A_0,R_0,S_1,A_1,R_1,\cdots) \tag{3.99}$$

这个序列记录了从初始状态到最终状态的过程，有时也称为片段（Episode）或者回合。在某些情况下，一个片段可能由多局子游戏组成。轨迹的开始状态 S_0 是从起始状态分布 ρ_0 中随机采样得到的，而状态之间的转移可以是确定性的，也可以是随机性的。对于确定性的转移过程，S_{t+1} 由一个确定性函数得出：

$$S_{t+1}=f(S_t,A_t) \tag{3.100}$$

这里的 S_{t+1} 是唯一的。但对于随机性转移过程，下一时刻的状态 S_{t+1} 是用一个概率分布（Probabilistic Distribution）来描述的：

$$S_{t+1}\sim p(S_{t+1}|S_t,A_t) \tag{3.101}$$

实际的 S_{t+1} 是从其概率分布中随机采样得到的。

探索（Exploration）与利用（Exploitation，有时候也叫守成）的权衡是强化学习中一个重要的问题，涉及智能体如何在探索未知领域和利用已知信息之间做出平衡。探索是指为了获取更多信息而采取的行动，而利用则是基于已知信息来做出最优决策的行为。这个问题在许多实际应用中都是非常关键的，比如在金融投资中决定是否继续投资已知的高回报项目或者探索新的投资机会，在医疗领域决定是否尝试新的治疗方法等。

假设一家公司有多种广告渠道可以选择，比如社交媒体广告、搜索引擎广告、电子邮件营销等，每种渠道都有不同的费用和潜在的收益。公司需要决定在哪些广告渠道上投放广告以获得最大的营销效果。如果公司一直选择已知效果较好的广告渠道进行投放（利用策略），那么可能会错过其他潜在的高效广告渠道，导致市场覆盖面不够广泛或者无法满足不同客户群体的需求。因此，公司需要通过一定程度的探索来尝试其他广告渠道，以便获取更全面的市场信息和潜在的高效广告渠道。然而，过度的探索可能会增加广告投放的成本，并且可能会带来一些不确定性。因此，公司需要在探索和利用之间找到平衡，制定合适的广告投放策略，以最大化营销效果和收益。

探索-利用的权衡问题是一个经典的强化学习问题，在实际应用中需要根据具体情况设计合适的策略来平衡探索和利用，以达到最优的长期回报。

3.3.2　马尔可夫决策过程

马尔可夫决策过程（Marka Decision Process，MDP）提供了对决策过程的抽象描述，包括状态空间、动作空间、状态转移概率和奖励函数等，使得问题的建模更加简洁清晰。这种抽象性使得人们能够将问题形式化为数学模型，从而应用强化学习算法进行求解。MDP 是在模拟序列决策过程中被广泛研究和应用的概念。在马尔可夫决策过程中，有一系列的状态和动作，智能体根据当前状态和可选的动作来决定下一步的行动，以最大化期望回报。马尔可夫决策过程可以用元组<$\mathcal{S},\mathcal{A},P,R,\gamma$>来表示，其状态转移矩阵的元素变为

$$p(s'\mid s,a)=p(S_{t+1}=s'\mid S_t=s,A_t=a) \tag{3.102}$$

式中，$\mathcal{S}$ 表示状态空间，包含所有可能的状态。在自动驾驶问题中可以将城市划分为不同的区域或者交叉路口作为状态。例如，每个路口可以是一个状态，车辆在路口的不同位置也可以是不同的状态。假设有 5 个路口，那么状态空间就是 $\mathcal{S}=\{s_1,s_2,s_3,s_4,s_5\}$，其中每个状态表示车辆所在的路口。

$\mathcal{A}$ 表示动作空间 $\{a_1,a_2,\cdots\}$，包含所有可能的动作。如车辆可以采取的动作可以是直行、左转、右转或者停车等。假设每个路口都有这四种动作可选，那么动作空间就是 $\mathcal{A}=\{a_1,a_2,a_3,a_4\}$，其中每个动作表示车辆在路口可以执行的动作。

P 表示状态转移概率 $P_{s,s'}=p(s'\mid s)$，即在给定状态和动作下，下一状态的概率分布。例如 $p(s_1'\mid s_1,a_1)=0.5$ 时，表示从状态 s_1 执行动作 a_1 转移到 s_1' 的概率为 0.5。

R 表示奖励函数，即在给定状态和动作下，智能体获得的即时奖励。γ 表示折扣因子，用来衡量当前奖励和未来奖励的重要性。

MDP 中的一个重要概念是策略（Policy），表示智能体根据当前状态的观测来选择动作的决策方式。策略可以用一个映射 $\pi(a\mid s)$ 来表示，是在每一个状态 s 下采取动作 a 的概率。

$$\pi(a\mid s)=p(A_t=a\mid S_t=s),\ \exists t \tag{3.103}$$

强化学习的目标就是通过优化策略来使得期望回报最大化。给定起始状态分布 ρ_0 和策略 π，马尔可夫决策过程中一个 T 步长的轨迹的发生概率可以表示为轨迹的发生概率是起始状态概率乘以状态转移概率和动作选择概率的乘积：

$$p(\tau\mid\pi)=\rho_0(S_0)\prod_{t=0}^{T-1}p(S_{t+1}\mid S_t,A_t)\pi(A_t\mid S_t) \tag{3.104}$$

式中，p 是轨迹发生的概率，发生概率越高，则对期望回报计算的权重越大。给定奖励函数 R 和所有可能的轨迹 τ，期望回报 $J(\pi)$ 是对所有可能轨迹的回报进行加权平均，权重是轨迹发生的概率。

$$J(\pi)=\int_\tau p(\tau\mid\pi)R(\tau)=E_{\tau\sim\pi}[R(\tau)] \tag{3.105}$$

强化学习优化问题（RL Optimization Problem）通过优化方法来提升策略，从而最大化期望回报。最优策略（Optimal Policy）π^* 可以表示为

$$\pi^*=\arg(\max_\pi)J(\pi) \tag{3.106}$$

最优策略 π^* 可以通过优化价值函数来求解，价值函数 $V^\pi(s)$ 表示在某个状态 s 下采取策略所得到的期望回报：

$$V^\pi(s)=E_{\tau\sim\pi}[R(\tau)\mid S_0=s]=E_{A_t\sim\pi(\cdot\mid S_t)}\left[\sum_{t=0}^{\infty}\gamma^t R(S_t,A_t)\middle|S_0=s\right] \tag{3.107}$$

这里符号 $\tau\sim\pi$ 表示轨迹 τ 是通过策略 π 采样得到的，而 $A_t\sim\pi(\cdot\mid S_t)$ 表示在状态 S_t 下按照策略 π 采样得到的动作 A_t。这个过程中，下一个状态的确定性依赖于状态转移矩阵 $\boldsymbol{P}$、当前状态 S_t 和选择的动作 A_t。在这种情况下，可以定义动作价值函数 $Q^\pi(s,a)$，表示在给定状态 s 和动作 a 下按照策略 π 所获得的期望回报。它的计算公式为

$$
\begin{aligned}
Q^{\pi}(s,a) &= E_{\tau\sim\pi}[R(\tau)\mid S_0=s,A_0=a] \\
&= E_{A_t\sim\pi(\cdot\mid S_t)}\left[\sum_{t=0}^{\infty}\gamma^t R(S_t,A_t)\,\middle|\,S_0=s,A_0=a\right]
\end{aligned} \tag{3.108}
$$

需要注意的是，$Q^{\pi}(s,a)$ 是基于策略 π 得出的估计值，因为其估计依赖于策略 π 生成的轨迹的期望。因此，如果策略 π 发生变化，$Q^{\pi}(s,a)$ 也会相应地改变。这种基于特定策略估计的价值函数通常被称为在线策略价值函数（On-Policy Value Function），与最优策略下的最优价值函数（Optimal Value Function）进行区分。价值函数的关系如下：

$$q_{\pi}(s,a)=E_{\tau\sim\pi}[R(\tau)\mid S_0=s,A_0=a] \tag{3.109}$$

$$v_{\pi}(s)=E_{a\sim\pi}[q_{\pi}(s,a)] \tag{3.110}$$

最优状态价值函数 $V^*(s)$ 和最优动作价值函数 $Q^*(s,a)$ 分别表示在最优策略下的状态价值和动作价值。解决马尔可夫决策过程的关键是利用贝尔曼方程来更新和优化价值函数，进而得到最优策略。

为了计算状态价值函数 $v_{\pi}(s)$ 和动作价值函数 $q_{\pi}(s,a)$，有两种简单方法：一种是穷举法（Exhaustive Method），即计算所有可能轨迹的概率并根据计算出的概率和回报来估计价值函数；另一种是利用蒙特卡洛方法通过采样大量的轨迹来估计价值函数。这两种方法都有各自的优缺点，实际应用中需要根据具体情况选择合适的方法。同时，根据贝尔曼方程，可以对价值函数的计算进行进一步简化。

3.3.3　价值函数与策略

价值函数预测智能体进入某个状态后未来可能获得的奖励，并且用这个预测来评估当前状态的好坏。价值函数的值越大，说明智能体进入这个状态越有利。这个预测是基于一个折扣因子（Discount Factor），折扣因子考虑了未来奖励的价值相对于当前奖励的价值。

在强化学习中有两种重要的价值函数：V 函数和 Q 函数。

V 函数考虑的是在某个状态下采取某个动作，从当前时间开始未来可以获得的期望奖励。V 函数可以表示为

$$V_{\pi}(s,a)=E_{\pi}[G_t\mid s_t=s]=E_{\pi}\left[\sum_{k=0}^{\infty}\gamma^k r_{t+k+1}\,\middle|\,s_t=s\right],s\in S \tag{3.111}$$

这里期望 E_{π} 的下标是 π 函数，这表示使用策略 π 的时候，到底可以得到多少奖励。

而 Q 函数则考虑的是在某个状态下采取某个动作后，从当前时间开始未来可以获得的期望奖励。Q 函数中包含两个变量：状态和动作。其定义为

$$Q_{\pi}(s,a)=E_{\pi}[G_t\mid s_t=s,a_t=a]=E_{\pi}\left[\sum_{k=0}^{\infty}\gamma^k r_{t+k+1}\,\middle|\,s_t=s,a_t=a\right] \tag{3.112}$$

式中，a 表示动作；$Q_{\pi}(s,a)$ 表示在状态 s 下采取动作 a 可以获得的期望奖励。

策略 π 是智能体的动作模型，它决定了智能体的动作。策略可以分为随机性策略和确定性策略。随机性策略会根据状态输出一个动作的概率分布，而确定性策略会直接选择最可能的动作。

随机性策略（Stochastic Policy）就是 π 函数，即 $\pi(a\mid s)=p(a_t=a\mid s_t=s)$。输入一个状态，输出一个概率对于给定的状态 s，随机性策略通过概率分布 $\pi(a\mid s)$ 来表示智能体采取每个动作的概率。假设智能体处于某个状态 s，并且根据随机性策略的概率分布计算出向左

的概率为0.7，向右的概率为0.3。这意味着在这个状态下，智能体有70%的概率选择向左移动，30%的概率选择向右移动。通过对这个概率分布进行采样，智能体最终确定要采取的动作。

确定性策略与随机性策略不同，它直接选择具有最高概率的动作 $a^* = \arg\max_a \pi(a|s)$ 作为智能体的决策。换句话说，对于给定的状态 s，确定性策略会选择使得 $\pi(a|s)$ 最大化的动作作为最终的决策。如果根据确定性策略的概率分布计算出向左的概率为0.8，向右的概率为0.2，那么确定性策略会直接选择向左移动。

强化学习通常会使用随机性策略，因为它有利于探索环境，同时在多智能体的情况下具有更好的多样性。确定性策略虽然直接，但容易被对手预测。

3.3.4 动态规划与蒙特卡洛方法

20世纪50年代，Richard E. Bellman 提出了动态规划这一概念，这一理论框架在解决一系列涉及序列决策和优化策略的复杂问题上发挥了重要作用。动态规划的核心原理是将一个大问题分割成多个相互关联的子问题，通过对子问题进行求解和组合，最终得出原问题的最优解决方案。

在强化学习领域，尽管动态规划在理论上为解决马尔可夫决策过程（MDP）提供了强大的数学基础，但实际上 MDP 中的许多实际问题并不完全具备所有所需的信息，如未来的奖励和状态转移概率。尽管如此，动态规划的思路启发了许多强化学习算法的设计，尤其是当状态和动作空间有限时，通过运用贝尔曼方程能够递归地计算出状态的价值函数，从而寻找到最优策略。

应用动态规划解决问题的关键前提是问题需具备最优子结构（Optimal Substructure）和重叠子问题（Overlapping Sub-Problems）这两个特性。最优子结构意味着一个问题的全局最优解可以通过其组成部分（子问题）的最优解来构建；重叠子问题则是指在求解过程中反复遇到相同的子问题，通过存储和检索先前解决过的子问题结果，可以避免重复计算，显著提高求解效率。

在有限的状态空间和动作空间中，强化学习中的很多问题是可以通过动态规划方法来有效求解的，而针对无限或者部分可观测的情况，则需要借助其他方法如蒙特卡洛方法、时序差分（Temporal Difference，TD）学习以及 Q-Learning 等进行近似求解。

1. 策略迭代

策略迭代是一种直接操纵和优化策略的方法，其目的是寻找最优策略以最大化长期累积奖励。起始时，可以从任意策略 π 出发，利用贝尔曼方程对其进行评估，即计算在策略 π 下，从状态 s 开始的预期累计回报。

$$v_\pi(s) = E_\pi[R_t + \gamma v_\pi(S_{t+1}) | S_t = s] \tag{3.113}$$

之后，根据当前策略 π 的状态价值函数 $v_\pi(s)$，通过 ε-greedy（贪心）策略选择公式找出改进后的策略 π'，该策略在每个状态下选取能使 $v_\pi(s)$ 最大的动作。

$$\pi'(s) = \text{greedy}(v_\pi) = \underset{a \in \mathcal{A}}{\arg\max}\, q_\pi(s, a) \tag{3.114}$$

策略迭代的整个流程分为两个交替进行的步骤：策略评估和策略改进。在策略评估阶段，对给定的策略 π_t 计算其对应的状态价值函数 $v_{\pi_t}(s)$；在策略改进阶段，基于最新的状态价值函数找到一个更好的策略 π_{t+1}，这个过程一直持续到策略不再改变，此时得到的就是最优策略 π^*。

一个基本的问题是，策略迭代的过程是否在最优值 v_* 上收敛。在策略评估的每一次迭代中，对于固定的、确定性的策略 π，状态价值函数更新可以被贝尔曼期望回溯算子 $\mathcal{T}^\pi$ 重写为

$$(\mathcal{T}^\pi V)(s)=(\mathcal{R}^\pi+\gamma\mathcal{P}^\pi V)(s)=\sum_{r,s'}(r+\gamma V(s'))P(r,s'|s,\pi(s)) \tag{3.115}$$

式中，$\mathcal{T}^\pi$ 是一个收缩映射，这意味着对任意初始状态价值函数 V 和 V'，经过 $\mathcal{T}^\pi$ 操作后，它们的距离将会缩小，最终收敛到同一个固定点，也就是策略 π 下的状态价值函数 v_π。对于 $\mathcal{T}^\pi$ 有如下的收缩（Contraction）证明：

$$\begin{aligned}
&|\mathcal{T}^\pi V(s)-\mathcal{T}^\pi V'(s)| \\
&=\left|\sum_{r,s'}(r+\gamma V(s'))P(r,s'|s,\pi(s))-\sum_{r,s'}(r+\gamma V'(s'))P(r,s'|s,\pi(s))\right| \\
&=\left|\sum_{r,s'}\gamma(V(s')-V'(s'))P(r,s'|s,\pi(s))\right| \\
&\leqslant \sum_{r,s'}\gamma|V(s')-V'(s')|P(r,s'|s,\pi(s)) \\
&\leqslant \sum_{r,s'}\gamma\|V-V'\|_\infty P(r,s'|s,\pi(s)) \\
&=\gamma\|V-V'\|_\infty
\end{aligned} \tag{3.116}$$

此处 $\|V-V'\|_\infty$ 是∞范数。通过收缩映射定理（Contraction Mapping Theorem），即巴拿赫不动点定理（Banach Fixed-Point Theorem），迭代策略评估会收敛到唯一的固定点 $\mathcal{T}^\pi$。由于 $\mathcal{T}^\pi v_\pi=v_\pi$ 是固定点，迭代策略评估会收敛到 v_π。其流程可概括为算法 3-7。

算法 3-7　策略迭代

```
对于所有的状态初始化 V 和 π
repeat
//执行策略评估
repeat
δ←0
        for s ∈ S do
            v←V(s)
            V(s)← Σ_{r,s'} (r+γV(s'))P(r,s'|s,π(s))
            δ←max(δ, |v−V(s)|)
    end for
    until δ 小于一个正阈值
    //执行策略提升
    stable←true
for s ∈ S do
        a←π(s)
```

（续）

```
            π(s)←argmax_a Σ_{r,s'} (r+γV(s'))P(r,s'|s,a)
            if a≠π(s) then
                stable←false
            end if
        end for
    until stable=true
    return 策略 π
```

在有限状态和动作空间的马尔可夫决策过程中，策略提升是单调递增的，并且贪心策略集合是有限的。由于$\mathcal{T}^{\pi}v_{\pi}=v_{\pi}$是固定点，因此，经过有限次策略提升步骤后，策略迭代算法必然收敛到最优策略π^*及其对应的最优状态价值函数v_*。换句话说，在有限 MDP 环境下，策略迭代能够确保找到最优解。

2. 价值迭代

价值迭代的核心思想是通过迭代计算和更新状态的价值函数来逐步逼近最优价值函数，并据此生成最优策略，通过不断地回溯和更新价值估计，最终能够发现最优的决策路径，从而帮助智能体在 MDP 环境中获得最大的长期累积奖励。

在价值迭代中，贝尔曼最优算子$\mathcal{T}^*$的运算表达式如下：

$$(\mathcal{T}^*V)(s)=(\max_{a\in\mathcal{A}}\mathcal{R}^a+\gamma\,\mathcal{P}^aV)(s)=\max_{a\in\mathcal{A}}\mathcal{R}(s,a)+\gamma\sum_{s'\in\mathcal{S}}\mathcal{P}(s'\mid s,a)V(s') \tag{3.117}$$

同样地，对于任意两个价值函数V和V'，可以证明$\mathcal{T}^*$算子也是一个收缩映射，其差值绝对值不超过$\gamma\|V-V'\|_{\infty}$，由于v_*是$\mathcal{T}^*$的一个不动点，所以价值迭代过程会逐渐收敛到最优价值函数v_*。需要注意的是，在价值迭代中并非使用真实的最优价值v，而是基于当前的估计价值函数V来进行迭代。

关于何时停止价值迭代算法，文献中有提及一个充分停止条件：若连续两次迭代的价值函数最大差异小于ε，则在任何状态下，由贪心策略产生的价值函数与最优策略价值函数的差距不会超过$\dfrac{2\varepsilon\gamma}{1-\gamma}$。

目前讨论的动态规划方法大多采用同步回溯，即按照系统性顺序遍历所有状态进行价值更新。而异步更新作为一种变体，在强化学习中同样适用，尤其是在所有状态都被持续访问的情况下也能保证收敛。

异步动态规划（Dynamic Programming，DP）方法主要包括以下几种策略：

1）在位更新：无需存储价值函数的两个版本，只需维护一个副本进行更新：

$$V(s)\leftarrow\max_{a\in\mathcal{A}}\mathcal{R}(s,a)+\gamma\sum_{s'\in\mathcal{S}}\mathcal{P}(s'\mid s,a)V(s') \tag{3.118}$$

2）优先级扫描：根据贝尔曼误差的绝对值大小决定状态更新顺序，通过优先级队列高效实现，并在每次回溯后更新队列中的状态贝尔曼误差大小：

$$\left|V(s)-\max_{a\in\mathcal{A}}\left(\mathcal{R}(s,a)+\gamma\sum_{s'\in\mathcal{S}}\mathcal{P}(s'\mid s,a)V(s')\right)\right| \tag{3.119}$$

3）实时更新：每个时间步t后根据智能体的实际经历选择要更新的状态：

$$V(S_t) \leftarrow \max_{a \in \mathcal{A}} \mathcal{R}(S_t, a) + \gamma \sum_{s' \in \mathcal{S}} \mathcal{P}(s' \mid S_t, a) V(s') \tag{3.120}$$

价值迭代的流程可概括为算法 3-8。

算法 3-8　价值迭代

为所有状态初始化 V
repeat
$\delta \leftarrow 0$
for $s \in \mathcal{S}$ do
　　$u \leftarrow V(s)$
　　$V(s) \leftarrow \max_a \sum_{r,s'} \mathcal{P}(r, s' \mid s, a)(r + \gamma V(s'))$
　　$\delta \leftarrow \max(\delta, |u - V(s)|)$
end for
until δ 小于一个正阈值
输出贪心策略 $\pi(s) = \operatorname{argmax}_{e'} \sum_{r,s'} \mathcal{P}(r, s' \mid s, a)(r + \gamma V(s'))$

不论是同步还是异步动态规划，都涉及对未来状态预期回报的估算。进一步地，还可以从统计学角度考虑使用采样数据进行有偏但有效的更新，这些内容将在后续章节展开讨论。

3. 蒙特卡洛

蒙特卡洛是对环境模型未知的情况下，通过过去的经验来评估价值函数和学习最优策略的随机采样方法。这种方法依赖于模拟环境或实际环境中的经验数据，而不是利用环境模型进行动态规划中的自举（Bootstrapping）。“蒙特卡洛”可以用来泛指那些有很大随机性的算法。

在强化学习中，蒙特卡洛方法分为两种主要的形式：

（1）首次蒙特卡洛（First-Visit Monte Carlo）方法　仅考虑每个 episode 中首次到达某个状态 s 时的累积回报（Return）来更新该状态的价值。其流程可概括为算法 3-9。

算法 3-9　首次蒙特卡洛方法预测

输入：初始化策略 π
初始化所有状态的 $V(s)$
初始化一列回报：Returns(s) 对所有状态
repeat
通过 π：$S_0, A_0, R_0, S_1, \cdots, S_{T-1}, A_{T-1}, R_t$ 生成一个回合
　　$G \leftarrow 0$
　　$t \leftarrow T-1$
　　for $t >= 0$ do
　　　　$G \leftarrow \gamma G + R_{t+1}$
　　　　if $S_0, S_1, \cdots, S_{t-1}$ 没有 S_t then
　　　　　　Returns(S_t). append(G)
　　　　　　$V(S_t) \leftarrow$ mean(Returns(S_t))

（续）

```
        end if
        t←t-1
    end for
until 收敛
```

（2）每次访问蒙特卡洛（Every-Visit Monte Carlo）方法　在每个 episode 中每次到达状态 s 时，都用当前的累积回报更新该状态的价值。其流程可概括为算法 3-10。

算法 3-10　蒙特卡洛方法探索开始

初始化所有状态的 $\pi(s)$

对于所有的状态-动作对，初始化 $Q(s,a)$ 和 Returns(s,a)

repeat

　　随机选择 S_0和 A_0，直到所有状态-动作对的概率为非零

　　根据 $\pi:S_0,A_0,R_0,S_1,\cdots,S_{T-1},A_{T-1},R_t$来生成$S_0,A_0$

　　$G\leftarrow 0$

　　$t\leftarrow T-1$

　　for $t>=0$ do

　　　　$G\leftarrow \gamma G+R_{t+1}$

　　　　if $S_0,A_0,S_1,A_1\cdots,S_{t-1},A_{t-1}$没有$S_t,A_t$then

　　　　　　Returns(S_t,A_t). append(G)

　　　　　　$Q(S_t,A_t)\leftarrow$ mean(Returns(S_t,A_t))

　　　　　　$\pi(S_t)\leftarrow \text{argmax}_a Q(S_t,a)$

　　　　end if

　　　　$t\leftarrow t-1$

　　end for

until 收敛

在回合制（Episodic）任务中，蒙特卡洛方法通过统计大量 episode 中经过某状态 s 的所有回报并取平均值来估算状态价值 $v_\pi(s)$。随着更多的试验和样本积累，这些平均回报会逐渐接近真实状态价值。

对于状态-动作对的价值函数 $q_\pi(s,a)$ 的估算，则是在每次执行动作 a 并观测到回报后，依据实际发生的情况更新对应的状态-动作对的价值。通过不断迭代策略评估和策略提升，蒙特卡洛方法也能找到最优策略 π^*。

在实践中，为了避免局部最优和充分探索环境，通常采用一些探索策略，如 ε-贪心策略等。另外，为了有效率地更新状态-动作对的价值，可以采用增量式更新法则，例如上述提到的公式的递归形式，这是对蒙特卡洛方法的一种效率优化，类似于学习率调整的梯度下降法，每次更新时结合历史估计值和新获取的目标值来进行更新。这种方式减少了存储所有历史回报的需求，而且是在线地进行更新计算。

3.3.5 Q-Learning 与策略梯度

1. Q-Learning

强化学习中的 Q-Learning 算法是一个重要的突破，它是一种离线策略方法，利用时间差分学习来逐步逼近最优策略。在具有完美模型信息的情况下，动态规划可以递归地求解子问题以达到最优解。然而，在实际应用中，往往缺乏这样的完美模型信息，此时 Q-Learning 通过自举（Bootstrapping）法估算状态价值和状态-动作对的价值。

状态 s 在策略 π 下的价值 $v_\pi(s)$ 定义为从状态 s 开始遵循策略 π 的期望累积回报：

$$v_\pi(s)=E_\pi[R_t+\gamma v_\pi(S_{t+1})\mid S_t=8] \tag{3.121}$$

式中，$\gamma\in[0,1]$ 是衰减率。TD 学习用自举法分解上述估计。给定价值函数 $V:S\rightarrow R$，TD(0) 是一个最简单的版本，它只应用一步自举，如下所示：

$$V(S_t)\leftarrow V(S_t)+\alpha[R_t+\gamma V(S_{t+1})-V(S_t)] \tag{3.122}$$

式中，$R_t+\gamma V(S_{t+1})$ 和 $R_t+\gamma V(S_{t+1})-V(S_t)$ 分别被称为 TD 目标和 TD 误差。策略的评估值提供了一种对策略的动作质量（Quality）进行评估的方法。

Q-Learning 算法进一步估算状态-动作对的价值函数 $q_\pi(s,a)$，即在状态 s 下执行动作 a 后遵循策略 π 所能获得的期望累积回报。

$$q_\pi(s,a)=E_\pi[R_{t+1}+\gamma v_\pi(S_{t+1})\mid S_t=s,A_t=a] \tag{3.123}$$

在 Q-Learning 算法中，TD(0) 学习算法采用一步自举法更新状态-动作价值 Q 值，其更新规则如下：

$$Q(S_t,A_t)\leftarrow Q(S_t,A_t)+\alpha[R_t+\gamma Q(S_{t+1},A_{t+1})-Q(S_t,A_t)] \tag{3.124}$$

式中，R_t代表在时刻 t 获得的即时奖励；γ 是折扣因子；α 是学习率。此处的 A_t和 A_{t+1}动作都是通过基于 Q 值的 ε-贪心算法来选择的。如果 S_{t+1}是一个终结状态（Terminal State），则 $Q(S_{t+1},A_{t+1})$ 将被设置为 0。为了探索和优化策略，通常采用 ε-贪心策略，即大部分情况下选择当前 Q 值最高的动作，但以小概率 ε 随机选取其他动作。通过这种方式，可以保证ε-贪心策略的 Q 值至少不会低于原有策略的 Q 值。当算法中的行为策略和目标策略是同一个策略时（例如 Sarsa），该算法就是一种在线策略（On-Policy）方法。

在线策略方法本质上是一种试错的过程，当前策略产生的经验仅会被直接用于进行策略提升。离线策略方法考虑一种反思的策略，使得反复使用过去的经验成为可能。Q-Learning 算法就是一种离线策略方法。其最简单的形式，即单步（One-Step）Q-Learning 算法遵循如下更新规则：

$$Q(S_t,A_t)\leftarrow Q(S_t,A_t)+\alpha[R_t+\gamma \max_{A_{t+1}}Q(S_{t+1},A_{t+1})-Q(S_t,A_t)] \tag{3.125}$$

此处的 A_t是通过基于 Q 值的 ε-贪心算法采样得到的。注意A_{t+1}是通过贪心方式选择的，此处与 Sarsa 不同。也就是说，Q-Learning 算法中的行为策略也是 ε-贪心算法，但是目标策略是贪心（Greedy）策略。单步 Q-Learning 算法只考虑当前的状态转移，可以选择多步（Multi-Steps）Q-Learning 算法，在近似情况下，通过使用多步奖励（Multi-Steps Reward）来获得更加精准的 Q 值。要注意，多步 Q-Learning 中需要考虑后续奖励的不匹配问题，以保持 Q 函数对目标策略预期回报的近似。

假设有一个小机器人要学习如何在一个迷宫中找到宝藏。机器人每次可以选择向上、向下、向左或向右移动一步。在 Q-Learning 算法中，机器人会维护一个 Q 表格，记录每个状态下采取每个动作的预期回报。初始时，Q 表格的值可以是随机的或者全为零。机器人开始探索迷宫，根据当前状态和 Q 表格中的值，选择一个动作并执行。执行后，根据奖励函数更新 Q 表格中对应状态和动作的值。通过不断地探索和更新 Q 表格，机器人学习到了在不同状态下选择最优动作的策略。最终，它能够按照学习到的策略找到宝藏。

在深度强化学习中，DQN（Deep Q-Network）算法利用深度神经网络来逼近 Q 函数，克服了非线性函数逼近时 Q-Learning 算法的不稳定性和发散问题。DQN 及其他变体不仅在理论层面取得了重大进展，还在实践中取得了显著成果，例如在雅达利游戏上实现高效学习和优良表现。无论是 Sarsa 算法（行为策略和目标策略相同，即在线策略方法），还是 Q-Learning 算法（行为策略为 ε-贪心策略，目标策略为贪心策略，即离线策略方法），它们都通过不断迭代更新 Q 值来逐步优化策略，从而在强化学习环境中实现智能体性能的不断提升。而对于更精确的 Q 值估计，还可以考虑采用多步 Q-Learning 算法，通过整合未来多步的奖励信息来改善学习效果。

2. 策略梯度

策略梯度方法通过针对期望回报（Expected Return）进行梯度下降（Gradient Descent）直接优化策略参数的方式来提升智能体的表现。相较于基于 Q 值函数的深度 Q-Learning 算法，策略梯度方法更适合处理高维或连续动作空间的问题，并能自然地处理随机策略。其基本原理是通过梯度上升在策略参数空间中迭代优化策略 π_θ，从而实现期望回报的增加。

在策略梯度方法的演变过程中，最初的 REINFORCE 算法通过计算策略梯度并沿梯度方向更新参数来改进策略。

$$\nabla_\theta J(\pi_\theta) = E_{\tau \sim \pi_\theta}\left[\sum_{t=0}^{T} R_t \ \nabla_\theta \sum_{t'=0}^{t} \lg \pi_\theta(A_{t'} \mid S_{t'})\right] = E_{\tau \sim \pi_\theta}\left[\sum_{t'=0}^{T} \nabla_\theta \lg \pi_\theta(A_{t'} \mid S_{t'}) \sum_{t=t'}^{T} R_t\right] \tag{3.126}$$

式中，$\sum_{t=i}^{T} R_t$ 可以看成是智能体在状态 S_i 处选择动作 A_i，并在之后执行当前策略的情况下，从第 i 步开始获得的累计奖励。事实上，$\sum_{t=i}^{T} R_t$ 也可以看成 $Q_i(A_i, S_i)$，在第 i 步状态 S_i 处采取动作 A_i，并在之后执行当前策略的 Q 值。所以，一个理解 REINFORCE 算法的角度是：通过给不同的动作所对应的梯度，根据它们的累计奖励赋予不同的权重，鼓励智能体选择那些累计奖励较高的动作 A_i。

只要把上述式子中的 T 替换成∞并赋予 R_t 以 γ^t 的权重，式（3.126）扩展到折扣因子为 γ 的无限范围的设定如下：

$$\nabla J(\theta) = E_{\tau \sim \pi_\theta}\left[\sum_{t'=0}^{\infty} \nabla_\theta \lg \pi_\theta(A_{t'} \mid S_{t'}) \ \gamma^{t'} \sum_{t=t'}^{\infty} \gamma^{t-t'} R_t\right] \tag{3.127}$$

由于折扣因子给未来的奖励赋予了较低的权重，使用折扣因子还有助于减少估计梯度时的方差大的问题。在实际使用中，$\gamma^{t'}$ 经常被去掉，从而避免了过分强调轨迹早期状态的问题。

然而，由于奖励信号的随机性，REINFORCE 算法在估计梯度时存在较大的方差问题。为了解决这一问题，Actor-Critic 方法被提出，它结合了策略梯度和价值函数估计，通过引入

一个基线函数 $b(S_t)$ 来减小梯度估计的方差，基线函数通常是状态价值函数或其他与动作无关的函数，确保了梯度估计的无偏性。

有了基线函数 $b(S_t)$ 之后，增强学习目标函数的梯度 $\nabla J(\theta)$ 可以表示成

$$\nabla J(\theta) = E_{\tau \sim \pi_\theta}\left[\sum_{t'=0}^{\infty} \nabla_\theta \lg \pi_\theta(A_{t'} \mid S_{t'})\left(\sum_{t=t'}^{\infty} \gamma^{t-t'} R_t - b(S_{t'})\right)\right] \tag{3.128}$$

这就是带有基线函数的 REINFORCE 算法。

算法 3-11　带有基线函数的 REINFORCE 算法

超参数：步长 η_θ、奖励折扣因子 γ、总步数 L、批尺寸 B、基线函数 b

输入：初始策略参数 θ_0

初始化 $\theta=\theta_0$

for $k=1,2,\cdots$, do

　　执行策略 π_θ得到 B 个轨迹，每一个有 L 步，并收集 $\{S_{t,\ell},A_{t,\ell},R_{t,\ell}\}$

$A_{t,\ell}=\sum_{\ell'=\ell}^{L} \gamma^{\ell'-\ell} R_{t,\ell} - b(S_{t,\ell})$

　　$J(\theta)=\frac{1}{B}\sum_{t=1}^{B}\sum_{t=0}^{L} \lg \pi_\theta(A_{t,\ell} \mid S_{t,\ell})\hat{A}_{t,\ell}$

　　$\theta=\theta+\eta_\theta \nabla J(\theta)$

　　用 $\{S_{t,\ell},A_{t,\ell},R_{t,\ell}\}$ 更新 $b(S_{t,\ell})$

end for

返回 θ

假设有一个工厂生产两种产品 A 和 B，每种产品有不同的加工时间和利润，工厂需要决定每天生产哪种产品以最大化利润。状态可以包括当前时间、生产线上的产品数量、订单情况等信息。动作可以是生产产品 A 的数量和生产产品 B 的数量，或者是生产比例的调整。奖励可以是每天的利润，即生产的产品数量乘以产品的利润减去生产成本。使用神经网络作为策略网络，输入是状态信息，输出是生产每种产品的概率分布或生产数量。使用策略梯度算法，如 REINFORCE 算法，根据每次决策的奖励来更新策略网络的参数。训练过程中可以考虑实时调整策略，根据订单情况、原材料供应等实时信息进行调整。优化目标是最大化每天的利润，通过策略梯度算法不断优化策略网络，工厂在不同情况下都能做出最优的生产决策。

在 Actor-Critic 框架下，进一步发展出了分布式版本、信赖域策略优化（Trust Region Policy Optimization，TRPO）及其近似版本——近端策略优化（Proximal Policy Optimization，PPO）等算法，这些算法在保留策略梯度优点的同时，提升了收敛性能和稳定性，并能够适应大规模、高复杂度的强化学习问题。

总之，策略梯度方法通过巧妙地利用梯度信息优化策略参数，为强化学习提供了一条可行且高效的途径，特别适用于复杂环境下的策略优化问题。随着理论研究和实践应用的深入，策略梯度方法及其变种已经成为现代强化学习领域不可或缺的重要工具。

3.3.6 深度强化学习

1. 深度强化学习简介

深度强化学习（Deep Reinforcement Learning，DRL）是深度学习与强化学习融合的成果，它巧妙结合了深度神经网络的强大特征表达力和强化学习在序列决策上的优势，使智能体能够自我学习，在与环境的持续互动中不断优化其决策策略。

强化学习根植于控制论中的最优控制理论，专为解决时间序列中的决策问题而设计。这一过程涉及与环境频繁交互及通过试错积累经验，旨在发现能最大化特定任务累积期望回报的最优行为策略。然而，传统强化学习技术在面对高维状态-动作空间时显得力不从心，主要因为这些方法依赖于先评估价值函数（例如状态或动作的价值函数），再据此调整策略。在高维环境下，这种策略不仅效率低下，还难以达到收敛。为突破上述局限，研究者引入了函数逼近技术来预测价值函数，即利用参数化模型对价值函数进行近似描述，旨在提高处理复杂度。这一技术分为线性逼近与非线性逼近两大类。线性逼近技术，诸如多项式基、傅里叶基、粗糙编码、瓦片编码等，虽理论上能确保收敛至全局最优，但其表示能力受限，对于复杂场景的适应性不足。相反，非线性逼近技术，包括核函数方法、基于记忆的函数逼近等，展现出更高的表达潜力，不过在面对极端复杂的任务挑战时，仍存在性能瓶颈。

深度学习使用表示学习对数据进行提炼，不需要选择特征、压缩维度、转换格式等数据处理，拥有比传统机器学习方法更强的特征表示能力，通过组合低层特征形成更加抽象的高层特征，实现数据的分布表示。深度强化学习结合了深度学习和强化学习的优势，利用深度神经网络强大的表征能力去拟合值函数、策略等，实现了端到端的学习。这种方法在解决高维状态-动作空间任务方面效果显著，并且在现实场景中取得了广泛应用。其中，DQN 算法通过端到端的学习，在 Atari 视频游戏中取得了超越人类的成绩，标志着深度强化学习的蓬勃发展。

2. 深度强化学习算法分类

深度强化学习方法可以按照研究目标分为四类：解决高维状态-动作空间任务上的算法收敛问题；解决复杂应用场景下的算法样本效率提高问题；解决奖励函数稀疏或难以定义情况下的算法探索问题；解决多任务场景下的算法泛化性能增强问题。

解决高维状态-动作空间任务上的算法收敛问题的典型方法有值函数和策略梯度。值函数算法通过神经网络输出所有可能动作的价值，然后根据最高价值来选择动作。策略梯度方法则直接学习策略函数，通过优化策略参数来实现最优决策。

解决复杂应用场景下的算法样本效率提高问题一般使用 Off-Policy 方法、Model-Based 方法。Off-Policy 方法样本复杂度较低、探索性能较好，但方差较大、收敛速度较慢，适用于解决难以建模的任务。Model-Based 方法利用模型来近似环境的动态特性，样本效率较高，泛化性较强，适用于解决建模简单的任务。

解决奖励函数稀疏或难以定义情况下的算法探索问题的方法有内部奖励方法、分层强化学习方法、逆向强化学习方法等。解决多任务场景下的算法泛化性能增强问题的方法则有多任务强化学习和元强化学习方法。

3. 常见深度强化学习算法

（1）值函数算法　值函数算法通过神经网络输出所有可能动作的价值，然后根据最高价值来选择动作。这种算法偏向于基于最高价值的决策，即选择具有最高价值的动作，这样的决策更为准确和可靠。传统的值函数算法在处理高维状态-动作空间任务时学习效果不佳，因为它使用表格法进行价值函数评估。而深度强化学习（DRL）中的值函数算法，尤其是像 DQN 这样的代表性算法，通过深度学习模型（比如深度卷积神经网络）直接从高维感官输入中学习控制策略，从而极大地提高了对复杂任务的价值函数的估计精度和稳定性。

DQN 算法通过结合经验回放和目标网络，有效地减少了数据间的关联性，并提高了价值函数的估计精度和稳定性。在 Atari 系列游戏中，DQN 算法在 43 项游戏中都取得了超越其他强化学习方法的性能表现，且在 49 项游戏中达到或超过了人类顶尖选手的水平。然而，DQN 算法也存在一些缺陷，比如容易出现过估计现象，即估计的值函数比实际值函数要大，而这种过估计会累积影响到所有的价值函数估计，从而影响最优策略的学习。

为了解决 DQN 算法的过估计问题，出现了一系列改进算法，如 Double DQN、优先级采样算法、QR-DQN 等。这些算法通过不同的方法减少过估计现象，提高了 DQN 算法的学习效率和稳定性。其中，优先级采样算法在对 DQN 进行改进方面效果最为显著，大幅提高了学习效率，并在 Atari 系列游戏中取得了显著的性能提升。

除了上述算法，还有一些新的算法如 Distributional DQN（C51）、IQN、Noisy Network 和 Rainbow 算法等，它们进一步增强了 DQN 的探索能力、减少了过估计现象，并提高了算法的性能和稳定性。Rainbow 算法集成了上述改进算法的优点，取得了比传统 DQN 算法更大的性能提升，在一些任务中甚至超越了人类选手的水平。

（2）在线策略和离线策略学习方法　在线策略（On-Policy）和离线策略（Off-Policy）是强化学习中两种基本的策略学习方法，它们的主要区别在于如何处理数据收集和策略优化之间的关系。

在线策略学习方法中，智能体遵循当前正在学习和优化的目标策略来采取行动，并从这些行动中直接获得经验数据进行学习。也就是说，行为策略和目标策略是一致的。这种方法鼓励智能体在探索和利用之间寻找平衡，比如在使用 ε-贪心策略时，大部分时间按当前最优策略行动，偶尔随机探索未知领域。不过，它可能造成样本效率较低，因为每一步学习都需要实时与环境互动。

离线策略学习方法则更为灵活，智能体会根据一个（或多个）不同于目标策略的“行为策略”收集数据，这些数据存储在一个经验回放缓冲区中。然后，智能体会使用这些历史数据来优化目标策略，通常借助重要性采样等技术来修正策略差异带来的偏差。这种方法可以更好地利用已有经验，提高样本效率，适用于大规模数据集和分布式训练场景。DQN（Deep Q-Network）和 DDPG（Deep Deterministic Policy Gradient）等算法都是 Off-Policy 的例子。

Retrace 算法解决了离线策略学习中的重要性采样方差过大问题，确保了策略改进的稳健性和更好的收敛性。ACER（Actor-Critic with Experience Replay）算法则是对这一思路的进一步拓展，结合了 Retrace 算法的优点，并采用对抗性网络结构和置信域优化来提高策略优化和样本效率。

SAC（Soft Actor-Critic）算法则引入了熵正则化，鼓励智能体在探索过程中保持行为分布的多样性，这对于处理复杂任务尤其有效，它在样本效率和性能上优于 DDPG、PPO、TD3（双延迟深度确定性策略梯度）等算法。

A3C（Asynchronous Advantage Actor-Critic）和A2C（Advantage Actor-Critic）是两种不同的并行强化学习算法。A3C 通过异步更新实现了在多线程或分布式环境中高效收集样本，但异步更新可能导致主网络的累计效果并非最优。相比之下，A2C 实现了同步更新，虽然牺牲了一定的并行性，但却提高了策略的一致性和收敛速度。

IMPALA（Importance Weighted Actor-Learner Architecture）结合了 A3C 的并行结构和 A2C 的同步更新思想，通过 V-trace 校正 Off-Policy 偏差，极大地提高了算法速度、数据效率和稳定性，适合大规模分布式训练。

APE-X 算法是另一种高效的分布式强化学习算法，基于 DQN 的经验回放机制改进，利用大量 Actor 并发收集数据并填充大规模经验回放缓冲区，通过优先级经验回放进一步提升样本多样性和防止过拟合，大大加快了训练进程。

3.3.7 多智能体强化学习

1. 多智能体强化学习简介

强化学习希望学习者从交互中学习，学习者称为智能体，而与智能体交互的外部称为环境。在强化学习的多智能体系统中，随着智能体数量的增加，智能体间的相互作用和协调成为关键问题。在这种背景下，纳什均衡、相关均衡（Correlated Equilibria）以及其他多智能体博弈理论被用来描述和引导智能体间的行为策略选择。这些理论有助于智能体理解在合作、竞争或其他混合互动场景下的最优策略。

多智能体强化学习（Multi-Agent Reinforcement Learning，MARL）算法的设计和优化需充分考虑智能体间的交互效应，包括但不限于合作学习、联盟形成、对手预测以及环境和其他智能体策略的不确定性，传统的强化学习方法在多智能体决策中表现一般。在实践中，深度多智能体强化学习（Deep MARL）采用深度神经网络来表征复杂的策略和价值函数，以应对大规模、高维度的状态和动作空间。现有工作主要关注五个研究方向：学习框架，环境非平稳问题，奖励设计，通信学习，可扩展性。

学习框架是指开发适用于多智能体环境的新型学习框架，如集中式训练分布式执行（Centralized Training with Decentralized Execution，CTDE）、独立学习与交流机制以及多层次和异构智能体架构。环境非平稳问题，即由于多个智能体同时学习和更新策略导致的环境动态变化（Non-Stationarity）问题，如通过动态编程、时序差分学习或者考虑其他智能体策略的模型。设计合理的奖励函数以促进智能体间的合作或竞争行为，同时考虑全局优化目标和个人局部利益之间的平衡。通信学习研究智能体间的高效通信机制，允许它们在有限的通信条件下共享信息、协调策略，并学习最优通信策略本身。可扩展性探讨如何在智能体数量增加时保持算法的有效性和效率，以及如何在更大规模的环境中实现分布式训练和部署。

通过深入研究以上五个方向，多智能体强化学习得以在众多现实世界应用中取得显著进展，如无人机编队控制、水下机器人协作探测、无人驾驶车辆编队驾驶、室内机器人协同探索等，极大地推动了智能系统的协同决策能力的发展。

2. 多智能体强化学习算法分类

在多智能体学习合作的研究领域，下面将主要的研究方法分为三个类别：基于价值分解（Value Decomposition，VD）的方法、基于 Actor-Critic（AC）的方法和基于经验回放（Experience Replay，ER）的方法。

（1）基于价值分解的方法　基于价值分解的方法是一种应对传统分布式和集中式学习方法局限性的有效策略。价值分解方法借鉴了两种学习方法的优点，并克服了它们在面对大规模多智能体系统时的缺陷。

在传统的完全分布式学习中，每个智能体独立学习自己的价值函数，并依据局部观测做出决策，这种方法在面对需要紧密协作和全局协调的环境中，无法有效分配联合奖励，进而导致学习不稳定和收敛性问题。

而在完全集中式学习中，所有智能体被视为一个整体，共同学习一个联合价值函数，但随着智能体数量的增加，状态-动作空间的维度呈指数级增长，导致学习难度急剧增大，不适合大规模多智能体系统。

价值分解方法结合了集中式训练分布式执行的思想，其核心是设计一个可分解的联合价值函数，该函数在训练阶段能够获取所有智能体的信息并进行集中优化，而在执行阶段，每个智能体根据其本地观测独立做出决策。通过这种方式，价值分解方法能够在训练时充分利用全局信息，避免了单纯分布式学习的协同性不足问题，同时又避开了集中式学习在扩展性上的瓶颈。此外，价值分解方法还能确保在执行阶段，每个智能体根据其局部观察和学到的个体价值函数来选择动作，这样便能够合理分配奖励信号，从而促进了智能体之间的有效协作。

价值分解的代表算法包括 QMIX、VDN 和 QT-RAN 等，它们通过各种机制来实现价值函数的有效分解和聚合，以适应不同复杂度的多智能体协同任务。价值分解方法因其在扩展性和信度分配上的优越性，成为近年来 MARL 研究领域的热点之一。价值函数分解方法的结构如图 3-8 所示。

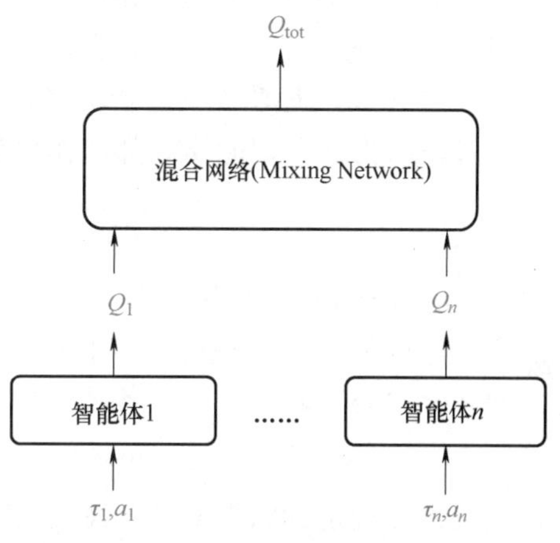

图 3-8　价值函数分解方法的结构

（2）基于 Actor-Critic 的方法　在 MARL（Multi-Agent Reinforcement Learning）的研究中，集中式的 Critic 网络与分布式的 Actor 网络（Centralized Critic Decentralized Actor，CCDA）结构是一种常用的设计策略，它属于 CTDE 范式的一类。CCDA 结构如图 3-9 所示。在 CCDA 结构中，集中式的 Critic 网络能够接收所有智能体的动作和状态信息，从而学习到一个全局的 Q 值函数，该函数能够充分考虑多智能体之间的交互和协作。这样设计的好处在于，Critic 网络能够基于全局视角对整个系统的价值进行评估，有利于智能体在训练阶段掌握更为精准的决策依据，增强系统对抗环境非平稳性变化的能力。

另外，分布式的 Actor 网络允许每个智能体根据其本地观测到的状态信息独立做出动作决策，这在执行阶段保证了智能体的自主性和实时响应性。

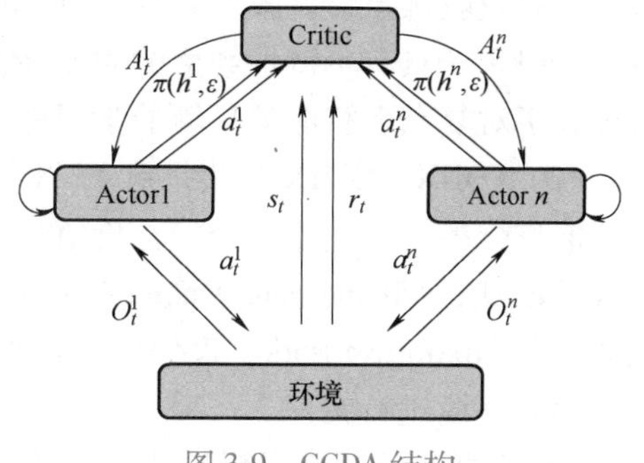

图 3-9　CCDA 结构

但随着智能体数量的增加，Critic 网络需要处理的动作-状态空间维度迅速膨胀，函数拟合难度大幅增加，这很不利于系统的扩展性。而且由于 Critic 网络是全局的，它并不能直接提供每个智能体贡献度的细粒度衡量，因此在联合奖励的分配上缺乏直接的信度分配机制，难以明确指导单个智能体如何针对性地改进其行为。

（3）基于经验回放的方法　在传统的单智能体强化学习中，经验回放已经被证实能够有效解决环境非平稳性和样本稀疏性等问题，它通过存储智能体与环境交互的历史经历，打破数据之间的即时相关性，使得数据样本得以更好地满足独立同分布的要求，从而提高了训练的稳定性和效率。

在 MARL 场景下，经验回放机制被拓展应用，各个智能体不仅可以记录并存储自己与环境交互的经验，还可以通过某种机制（如集中式存储或分布式通信）与其他智能体分享经验。这样，每个智能体都能够从中抽样并学习他人的经验，不仅能够增强智能体对全局环境动态的理解，还能够促进智能体之间的协同学习，解决多智能体系统中智能体数量增多、环境复杂度提高而导致的联合学习难题。

经验回放在多智能体强化学习中的应用，使得智能体能够从更广泛的视角获取学习信号，有助于克服非平稳性带来的挑战，同时也使得智能体能从多样化的历史数据中学习到更普适的策略，提高了学习的效率和最终收敛的性能。

3. 常见多智能体强化学习算法

（1）VDN　VDN（Value-Decomposition Network）是一种基于价值分解的方法的算法，它采用了价值分解的方法，尝试通过将全局的联合 Q 值（Q_{total}）分解为各个智能体的局部 Q 值（Q_i）之和，以此来解决多智能体协作环境下的决策问题。VDN 假设联合动作价值函数可以近似表示为各个智能体局部动作价值函数的简单加和形式：

$$Q((h^1,h^2,\cdots,h^N),(a^1,a^2,\cdots,a^N)) \approx \sum_{i=1}^{N} \widetilde{Q}_i(h^i,a^i) \tag{3.129}$$

式中，h^i表示智能体 i 的观测历史；a^i是智能体 i 的动作。

为了保持集中式训练分布式执行的有效性，VDN 遵循 IGM（Individual-Global-Max）原则，即联合贪心策略应当等于各智能体个体贪心策略的集合：

$$\arg\max_a Q_{tot}(s,a) = [\arg\max_{a_i} Q_i(s_i,a_i)]_{i=1}^{N} \tag{3.130}$$

也就是说，在给定的状态 s 下，最大化联合 Q 值 Q_{tot}的一组联合动作应当分别对应于每个智能体在各自状态下最大化其局部 Q 值 Q_i的动作。

然而，VDN 算法由于其严格的可加性约束，在很多非可加性的情境下（即智能体之间的相互作用并非简单的线性叠加关系时），其联合价值函数的近似可能不准确，进而导致模型无法有效收敛至最优策略。为了克服这个问题，QMIX 算法进一步发展了价值函数的分解技术，引入了具有单调性约束的 Mixing Network，允许更复杂而非线性的局部 Q 值组合，从而提高了对复杂多智能体环境的学习能力。

（2）QMIX　QMIX 算法是对 VDN 算法的改进，采用 Mixing Network 以非线性的方式将局部值进行组合，使得联合动作价值表示为一个单调函数的形式。每个智能体学习一个局部 Q 值函数 Q_i，训练时通过 Mixing Network 联合生成一个网络输出 Q_{tot}。在分布式执行时，智能体去除 Mixing Network，仅保留自己的值函数网络，并通过值函数网络进行动作的选择，并输出到环境进行交互。

QMIX 算法的核心思想是使用神经网络将联合行动值估算为每个智能体 Q 值的复杂非线

性组合，这个神经网络近似表示为 Q'_{tot}。然而，QMIX 算法需要满足一个单调约束条件，即 $\frac{\partial Q_{tot}}{\partial Q_i} \geqslant 0$，$\forall \alpha$，这意味着 Mixing Network 关于每一个 Q_i 的权重必须非负。这个约束条件使得 QMIX 方法无法拟合复杂收敛场景。

另一种思路是从真实的 Q_{tot} 分解为局部的 Q_i，这种方法避免了对 Mixing Network 的单调性约束，但仍需要解决 Q_{tot} 的准确拟合和局部 Q 值的整合问题。

（3）MADDPG OpenAI 最先将单智能体的深度确定性策略梯度（DDPG）扩展至多智能体场景，创新性地提出了多智能体深度确定性策略梯度（MADDPG）算法。在 MADDPG 框架中，每个智能体都有各自的 Actor 网络（负责策略生成）和 Critic 网络（负责评估策略质量），并且允许每个智能体根据任务的具体要求定制个性化的奖励函数，这就使得 MADDPG 算法能够在包含协作、竞争以及混合模式的复杂多智能体环境中有效地进行学习和决策。

在连续动作空间中，MADDPG 算法通过学习确定性策略，并运用以下梯度更新策略来逐步优化策略网络：

$$g = E_{s,a\sim D}\left[\sum_i \nabla_{\theta_i} \pi_i(s_i)\ \nabla_{a_i} Q_i^{\pi}(s,a)\ |_{a_i=\pi_i(s_i)}\right] \tag{3.131}$$

对于每个智能体的 Critic 网络，其输入不仅包含自身的观察和动作，还包含了环境中其他智能体的局部观察和动作信息，这种设计有助于抵消多智能体交互带来的环境非平稳性，从而降低估计值的方差，提高策略评估的准确性。然而，尽管每个智能体在执行时遵循分布式的决策策略，但由于 Critic 网络在训练阶段需要收集所有智能体的信息，所以 MADDPG 在训练阶段仍然是中心化的，而不是完全的分布式训练。

尽管 MADDPG 在连续动作空间的多智能体强化学习中展现出较高的性能，但它并未彻底解决在完全合作环境下的“信用分配”问题，即如何合理地将整体奖励正确地归因到每个智能体的个体行为上，以促进更高效的团队协作学习。

（4）MAAC MAAC（Multi-Agent Actor-Critic with Attention）算法通过引入注意力机制，每个智能体能够根据其他智能体对其贡献的重要性动态地选择性接收相关信息，从而解决多智能体环境下的信息维度急剧增长问题，并能体现不同智能体间相互影响的差异化特点。MAAC 通过构建注意力机制的 Critic 网络，能够更有效地评估和优化每个智能体的策略。

另外，DOP（Off-Policy Multi-Agent Decomposed Policy Gradient）算法借鉴了价值分解的理念，构建了分解的 Critic 网络结构，类似于 VDN 算法，通过将集中式的 Critic 网络拆分成多个 Critic 网络，然后将这些局部 Critic 网络的输出累加，得到全局的 Q_{tot}，以此适应多智能体环境中的连续动作空间问题。

Actor-Critic 方法族的核心特点是构建独立或共享的 Critic 网络，利用全局观测信息和联合策略来解决训练难题，成功应对了多智能体学习中的环境非平稳性挑战，并打破了价值分解理论在离散动作空间的局限性，使之在多智能体连续动作空间中得以应用。

然而，Actor-Critic 方法在面对复杂任务或大规模多智能体系统时也存在问题。集中式 Critic 网络的状态空间规模的迅速膨胀和随之而来的维度爆炸问题，可能导致梯度下降方向的准确率大幅度降低，不利于算法扩展。此外，现有的 Actor-Critic 方法缺乏有效的信用分配机制，无法对海量信息进行筛选，而且全局 Critic 指导个体策略梯度更新时可能存在困难，这可能导致多智能体学习难以收敛。

尽管诸如 COMA（Counterfactual Multi-Agent Policy Gradients）等算法尝试通过优势函数等方式解决智能体贡献的计算问题，但实际应用中表现仍有待提升。总的来说，尽管多智能体 Actor-Critic 方法在结构上有其优越性，但相较于价值分解方法，目前在实验表现和成熟度上还有差距，这也意味着 Actor-Critic 方法在多智能体强化学习领域有着巨大的研究潜力和改进空间。

（5）经验回放　经验回放（Experience Replay）机制的工作原理是将智能体与环境交互产生的数据存入回放缓冲区，并从中随机抽样以更新深度神经网络参数。由于强化学习环境中的数据通常呈现出马尔可夫决策过程的时序关联性，经验回放通过打破数据间的这种相关性，确保训练样本的独立同分布性，从而提升训练效率，降低参数更新的方差。例如，随机优先采样策略依据转移发生的概率赋予采样权重，其中转移 i 的采样概率计算公式为

$$P(i)=\frac{p_i^{\alpha}}{\left(\sum_k p_k^{\alpha}\right)} \tag{3.132}$$

式中，α 是优先级参数，当 $\alpha=0$ 时退化为均匀采样。

经验回放算法结合了重要性采样（Importance Sampling）和指纹（Fingerprint）概念，有效解决了独立 Q 学习（Independent Q-Learning，IQL）与深度学习经验回放的兼容性问题。重要性采样能够自然减弱过时数据的影响，而指纹技术则用于校准每个智能体的值函数，以消除时间因素造成的数据混淆。

（6）L-DQN　Palmer 等人将“宽大”（Lenient）概念引入深度 Q 网络（DQN）中，发展出了名为 Lenient-Deep Q Network（L-DQN）的算法。在传统 DQN 使用温度控制选择动作的基础之上，L-DQN 算法增加了宽容处理函数，以更细致地调控学习过程中的探索与利用平衡。

然而，宽容经验共享机制也可能导致相对过度概括的问题，即智能体可能过早固化在次优策略上。为了解决这一问题，后续研究提出了分布式 Q 学习和滞后 Q 学习两种改进方案。

分布式 Q 学习和滞后 Q 学习通过引入温度衰减机制，对宽容经验进行适时的衰减处理，以避免策略经验过早冷却。具体而言，它们采用了一个宽容经验衰减函数 $l(s,t)$，其中：

$$l(s,t)=1-\mathrm{e}^{-kT(\phi(s),a)} \tag{3.133}$$

在这个公式中，每个宽大经验映射到一个温度值 T，温度值 T 根据预先计算的温度衰减计划以指数形式衰减。通过这种方式，该算法能够更有效地控制宽容经验的时效性和影响力，从而有效防止策略在学习过程中过早收敛于次优策略，促进了更优策略的探索和学习。

（7）参数共享方法　尽管经验回放技术有助于改进多智能体强化学习（MARL）中协作策略的学习效率，但在处理大规模智能体时，其稳定性和扩展性往往会受到影响。对此，Gupta 等人提出了参数共享策略，专门针对同构多智能体环境优化学习方法。参数共享机制通过整合智能体间的采样经验样本，统一更新模型参数，从而提高了算法的可扩展性。同时，为防止智能体间策略趋同，模型在接收局部观察和智能体索引输入时，依然能保持策略的个性化。

在多智能体显式通信研究领域，Foerster 提出的 RIAL（Reinforced Inter-Agent Learning）和 DIAL（Differentiable Inter-Agent Learning）算法同样采用了参数共享技术。这类算法通过

智能体间集中化学习并共享参数，有效减少了通信负担，提升了学习速率。

参数共享方法通过在智能体间传递参数，显著降低了 MARL 学习中参数学习的复杂性，提升了学习效率，并在诸如 VDN、QMIX 及 MADDPG 等价值分解方法和 Actor-Critic 方法中得到广泛应用。尽管参数基于智能体的部分观察，但最终智能体的学习动作仍能体现出差异性。

简而言之，经验回放方法中的 MARL 通过经验和参数共享策略，有效提升了数据使用率，增强了共享模型的鲁棒性，为价值分解、Actor-Critic 等众多 MARL 方法提供了一种更高效的经验处理方式。

3.4 可信人工智能

人工智能的应用不断深入改变生产生活，成为信息基础设施的重要组成部分。但在人工智能推动社会发展和提高工作效率的同时，也暴露出一些风险隐患。因此，发展可信人工智能已成当务之急，2019 年 6 月，二十国集团（G20）提出“G20 人工智能原则”，在其五项政府建议中明确提出的“促进公共和私人对人工智能研发的投资力度，以促进可信赖的人工智能（Trust worthy Artificial Intelligence）的创新；需创建一个策略环境，为部署值得信赖的人工智能系统开辟道路。”已经成为国际社会普遍认同的人工智能发展原则。

3.4.1 可信人工智能概述

所谓可信人工智能，是指能够在法律、伦理和社会规范框架内运作，同时能够赢得用户和公众信任的人工智能系统，这需要抵抗多个方面的风险。

安全风险：深度学习算法可能存在设计缺陷，易受外部攻击，例如对抗样本攻击可以误导模型做出错误的决策。因此，建立完善的安全防护体系，对算法进行加固，提高抗攻击能力和鲁棒性至关重要，是确保人工智能系统安全稳定运行的关键环节。

隐私风险：在大规模数据驱动的人工智能应用中，数据的收集、使用和存储过程中，如果不加以适当管理，很容易造成个人隐私的泄露。为了保护用户隐私，应当采用先进的加密技术、差分隐私等隐私保护手段，严格规范数据的全生命周期管理。

公平风险：人工智能系统在学习和决策过程中可能复制并放大社会偏见，导致不公平地对待某些人群。因此，需要在算法开发阶段就考虑公平性问题，监测和消除数据集中的歧视性因素，并设计公平算法，确保人工智能决策的公正性。

可解释风险：复杂的深度学习模型往往被视为“黑箱”，其决策过程难以被人理解和解释，这不仅影响公众对人工智能的信任，也制约了其在监管严格的行业（如医疗、金融等）中的应用。提高模型的透明度和可解释性，发展可解释的人工智能技术，有助于增进人对人工智能的理解和控制。

可信人工智能指确保人工智能技术在安全、隐私、公平和可解释性方面做到可信赖的能力，使其更加符合人类价值观和社会伦理规范，让人类能够信任、理解和控制人工智能系统，从而在最大程度上发挥人工智能的社会效益。

3.4.2 可信人工智能的框架

可信人工智能（Trustworthy AI）经过发展和演进，已经形成一套较为完善的方法论体系，涉及指导人工智能的研发、部署和应用全过程，确保其在安全性、透明性、公平性、可解释性和隐私保护等方面达到高标准，从而增强社会各方对人工智能系统的信任。这一理念已从单纯关注技术产品的状态深化为涵盖人工智能治理的全方位实践。图 3-10 给出了可信人工智能的总体框架。

人工智能伦理、法律法规等						
可信特征		可靠可控	透明可释	数据保护	责任明确	多元包容
可信支撑技术		稳定性技术、可解释性技术、隐私保护技术、公平性技术、可视化技术等				
企业可信实践（企业文化、管理机制、AI系统研发与使用）	规划设计	系统安全性设计、人类可接管设计	可解释性评估	数据风险评估	系统责任机制设计、用户权利义务设计	系统公平性设计
	研发测试	模型攻击风险防护 系统层面风险防护	理论可解释、算法可解释、功能可解释	数据治理、差分隐私、联邦学习	系统训练阶段记录、完善系统日志功能	产品种类多样化、数据样本全面化
	运营	运行监测	系统AI技术标识 系统意图阐释	数据安全监测	建立监督机制、建立赔偿机制	完善反馈渠道
行业可信实践	可信人工智能标准体系					
	评估	安全性测试、鲁棒性测试	系统可复现性测试	数据收集、使用、存储等合规审查	系统可追溯性测试	公平性测试
	保障机制					

图 3-10　可信人工智能的总体框架

在全球范围内，对人工智能要求的可信特征最终聚焦于五个方面：安全性需要系统应具备抵御攻击和故障的能力，确保稳定运行；透明性要求人工智能决策过程可见并可理解；公平性强调避免算法偏见和歧视，确保对所有用户或实体的公正对待；可问责性要求明确人工智能决策的责任归属；隐私保护则关注用户数据的保护和合法合规使用。

为了实现这些可信特征，企业和研究机构需要在可信支撑技术层面上投入资源，研发新一代可解释性强、具备隐私保护功能的算法和工具。同时，在企业可信实践层面上，不仅要培养诚信的企业文化和建立健全管理制度，还需在人工智能产品和服务的全生命周期中融入可信特征要求，确保产品从设计之初就具有“可信”基因。

行业可信实践层面，可信人工智能的推广离不开统一的标准体系、评估测试机制和保障措施的建立。通过制定和实施相关标准，开展评估测试以验证人工智能系统的可信水平，并探讨通过保险等市场化手段分散风险，共同推动形成一个健康、可持续发展的可信人工智能生态环境。

简言之，可信人工智能的落地实践是一个涉及技术研发、企业管理、行业规范和全社会参与的综合工程，旨在促进人工智能技术更好地服务于人类社会，同时确保其始终处于可信任、可控制的状态。

3.4.3　可信人工智能的支撑技术

随着人工智能技术的广泛应用和普及，社会各界对人工智能的信任问题关注度越来越高。安全可信的人工智能不仅是当前研究的重点方向，也是推动人工智能技术健康、可持续发展的基石。关于可信人工智能研究的重点，主要在于提升人工智能系统稳定性、可解释性、隐私保护、公平性等。

1. 人工智能系统稳定性技术

在当今的人工智能领域，针对系统的安全性和稳定性研究显得尤为重要。随着技术的不断成熟，针对人工智能系统的攻击手段也在不断进化和多样化，其中包括但不限于中毒攻击、对抗攻击和后门攻击。这些攻击技术既可单独出现也可能同时存在。人工智能模型的对抗攻击与中毒攻击早在 2012 年及 2013 年就已出现。

中毒攻击（Poisoning Attack）：这类攻击通常发生在模型训练阶段，攻击者故意向训练数据集中添加“中毒”样本，以诱导模型学习到错误的模式或偏向性，从而影响模型在真实场景中的预测准确性。

对抗攻击（Adversarial Attack）：攻击者通过微小且针对性的扰动（人眼几乎不可察觉）来欺骗模型，使原本可以正确识别的对象被误分类。例如，在自动驾驶场景中，对手可能会在交通标志上添加微小的扰动图案，使得 AI 系统错误识别交通标志内容。

后门攻击（Backdoor Attack）：一种更为隐蔽的攻击手段，攻击者通过在训练数据集中植入后门触发器，使得模型在遇到特定触发条件下会产生预设的错误输出，从而操控 AI 系统的行为。

针对这些攻击，研究者们提出了多种防御策略。一些工作提出通过异常数据检测，检测和移除训练数据集中的对抗样本、中毒样本和后门样本，净化训练数据集，以降低攻击的影响；通过在对抗样本上进行对抗训练，让模型学会抵抗轻微扰动，来抵抗对抗攻击；通过优化模型结构、剪除冗余或可疑的模型组件，以及检测并移除潜在的后门触发器，来强化模型的安全性的方法。

随着攻击技术的快速演变，现有防御手段面临严峻挑战。一方面，各种干扰手段层出不穷、持续演进，而新的攻击方法容易让旧的防御方法失效；另一方面，干扰的形式正在逐步从数字世界向物理世界蔓延，例如通过打印对抗样本等手段能够对自动驾驶和人脸识别系统造成直接的物理干扰。因此，未来在人工智能稳定性技术方面的研究将不断深入和拓宽，既要跟踪和对抗新型攻击手段，也要探索和发展更加普适、高效的防御机制，确保人工智能系统的安全、稳定和可信。

2. 人工智能系统可解释性技术

可解释性暂无数学上的确切定义，这里引用 Tim Miller 对其的定义：可解释性是人们能够理解决策原因的程度。当前，深度学习模型的算法就像一个黑箱，对人们来说只有输入和输出是可见的，对其内部的运作原理和输出依据是不可见的。但随着人工智能的发展，可解释性越来越有必要性，按照智能体能够提供解释的深入程度，可解释人工智能的沟通需求可以分为三个层次。

第一层可解释性是智能体要有自省与自辩的能力，如何解析模型内部结构和参数，通过可视化技术、特征重要性分析、局部敏感性分析以及反向传播等方法，尝试理解每个神经元或特征对模型决策的影响。对抗学习就是其中一种手段，通过生成对抗样本，不仅可以提高模型的鲁棒性，还能显示模型的内在工作机制。

第二层可解释性是智能体要有对人类进行有效沟通和适应的能力，模型不仅应该能提供决策结果，还要能够用人类易于理解的语言或形式解释其决策理由，特别是在人机协作场景中可以提高合作效率，同时也要满足人类对智能体决策机制在道德与法规方面的监管要求。

第三层可解释性要求智能体能够建立简洁明了的模型来解释复杂的决策过程，这种能力通常体现在因果推断和模型简化上。通过构建如因果图模型或贝叶斯神经网络等结构化的、具有明确因果联系的模型，可以更好地理解和解释数据背后的因果关系，从而提升模型的可解释性和泛化能力。

机器学习可解释性的方法可以从多个维度进行分类。

（1）本质的（Intrinsic）和事后的（Post-Hoc） 这个分类标准通过从训练前即设计时限制机器学习模型的复杂性或在训练后分析模型的方法来区分是否实现了可解释性。本质的可解释性是指这类模型设计时就考虑到可解释性，如决策树、线性模型等，因其结构相对直观，权重、分割节点等可以直接反映特征的重要性。事后的可解释性则不依赖模型本身的结构，而是在模型训练完成后添加一个独立的解释层，例如，LIME、SHAP、置换特征重要性等，它们能够为复杂模型（如神经网络）提供局部或全局的解释。当然，事后的可解释性的方法也可以应用到本质的可解释性的模型上。

（2）特定于模型还是模型无关 特定于模型的可解释性方法是只适用于某一类模型的方法，如在神经网络中可视化权重或激活函数，或在线性回归模型中解释系数的意义。模型无关的可解释性方法是可以用于多种类型的模型的方法，无须考虑底层模型的具体结构，而是通过观察输入与输出的关系来提供解释。

（3）局部（Local）和全局（Global） 局部可解释性方法只聚焦于单个数据实例的预测，解释特定输入条件下模型为何做出如此决策。全局可解释性方法则关注模型整体行为，解释模型在整个数据空间上的决策模式或特征普遍影响。

此外，可解释性方法的输出类型也有多种表现形式，包括特征概要统计量、可视化、模型内部参数（如权重、树结构）的揭示，以及通过反事实解释、数据点对比等方式提供决策依据。

在人工智能（AI）的产业应用中，可解释性评估的三个层次分别从不同的角度检验了AI模型的解释能力及其对用户的影响：

1）应用级评估：这是最贴近真实场景的评估方法，直接在实际应用环境中测试模型的可解释性，比如在骨折检测软件的例子中，让放射科医生使用并评价该软件提供的解释是否有助于他们理解和接受软件的决策结果。此级别的评估注重于解释能否有效辅助专业人士的工作，并提高工作效率和准确性。

2）人员级评估：在这个层级，评估简化为对普通用户的测试，而非局限于领域专家。这种方法成本较低，更适合大规模试验，旨在了解大众用户对模型解释的理解程度和接受度。例如，通过问卷调查或互动实验让用户选择更加易于理解的解释方案，从而优化用户体验。

3）功能级评估：侧重于模型自身特性和解释结构的量化分析，而不是通过用户主观反馈。当模型类别的可解释性已经在人员级评估中得到验证时，可以通过设定一些客观标准来评价模型的可解释性，比如决策树模型的深度就是一个典型的代理指标。在保证模型性能的同时，更简单的模型结构往往意味着更好的可解释性。

综上所述，在推动人工智能的产业化进程中，强调可解释性是非常必要的，因为它能提升公众对 AI 的信任度，确保 AI 系统在关键领域内做出的决策既准确又合理，避免因不可控或不透明的决策过程而造成的误判、偏见等问题，从而促进 AI 技术在各行各业的安全、公正和高效应用。

3. 人工智能系统隐私保护技术

在当前数字化和智能化的时代背景下，人工智能技术广泛应用的同时，隐私保护的重要性日益凸显。在银行业务、电信服务、医疗健康等诸多领域，通过大数据分析和机器学习模型，可以为用户提供精准的服务，如信用评估、疾病诊断等。这些过程中产生的模型和数据隐私保护需求尤其不容忽视。模型隐私保护主要是为了避免具有商业价值的高质量模型被非法获取和滥用，保护企业知识产权和竞争优势。数据隐私保护则直接受法律法规约束，例如我国民法典和网络安全法对个人信息保护做出了明确规定，要求数据处理者在使用个人数据时必须遵循合法、正当、必要的原则，采取必要措施保护数据主体的隐私权益。

针对隐私泄露问题，学界提出了多种隐私保护技术，其中差分隐私和联邦学习是两种主流策略。差分隐私最早由美国学者 Cynthia Dwork 于 2006 年提出，通过向数据添加随机噪声，确保模型对数据微小变化的不敏感性，以此达到保护用户隐私的目的。而联邦学习在 2015 年被提出，通过分布式训练方式，使得用户数据无须离开本地，仅在本地计算模型参数的梯度并上传至中心服务器聚合，从而在很大程度上减少了数据集中处理带来的隐私泄露风险。

尽管如此，现有的隐私保护技术并非万无一失，为解决这些问题，研究者正努力探索将差分隐私与联邦学习结合，以及其他更为完善的隐私保护机制，以构建更为安全可靠、符合法律规定的可信人工智能系统。随着法律规范的不断完善和技术研究的深入，隐私保护技术将成为人工智能发展道路上不可或缺的重要组成部分。

4. 人工智能系统公平性技术

在机器学习算法中，造成不公平的原因是多方面的。例如，不正确地解读并使用算法的结果可能导致不公平的发生。通过梳理归纳机器学习中普遍存在的偏差，可以将其归纳为数据的偏差和模型的偏差。

（1）数据的偏差

1）历史偏差：这种偏差源于数据集反映的是历史上存在的社会偏见和不公正现象。如果模型直接基于这样的数据进行训练，那么模型就有可能复制和放大这些偏见。例如，在司法判决预测中，过去可能存在种族或性别歧视，如果不加以校正，算法将延续这些不公平性。

2）交互偏差：源自用户与系统互动过程中的策略偏向、用户行为偏差和反馈循环。比如电商平台因个性化推荐而导致的价格歧视问题，模型根据用户过去的消费行为加强了对其未来的预测，但忽略了其他可能的情况，进而影响了对用户真实需求的判断。

（2）模型的偏差

1）属性偏差：在特征工程阶段，人类选择和权重分配的主观性可能导致模型对某些属性过度依赖或忽视，从而产生不公平性。例如，性别属性在某些情境下可能是无关因素，但在模型中纳入可能会导致歧视性结果。

2）探索偏差：在实践中，模型开发者在尝试改进模型时可能采用次优策略来收集数据，这可能导致某些人群承受过大的负面影响。

3）因果偏差：未能正确识别和捕捉因果关系会导致模型错误地关联了特征和结果。例如，混淆了相关性和因果性，性别与汽车颜色并不能真正反映驾驶员的攻击性驾驶行为，但却可能被误用在保险定价模型中。

4）归纳偏差：在模型评估和优化时，如果过于关注整体性能，模型可能对占多数的群体表现更好，而对于少数群体则出现较高的误差，造成对这些群体的不公平对待。

总的来说，为了应对机器学习中不同类型的偏差问题，尤其是那些可能导致决策不公平的现象，需要从多个角度进行研究和实践。

在机器学习的公平性范畴内，研究者根据不同的公平性定义，提出了不同的保障策略。这些策略可分为三种主要公平性类别：感知公平性、统计公平性和因果公平性。其中，感知公平性关注在不考虑某些受保护属性（如性别、种族等）时，模型预测结果是否对所有个体或群体保持一致；统计公平性则是基于条件概率的视角，确保在考虑受保护属性的情况下，不同群体受到同样的预测待遇；而因果公平性则更深入地探寻了不同属性间的因果关系，确保在因果层面上的决策公平。

为了确保人工智能系统在决策过程中尽可能地实现公平性，相关研究者设计了一系列公平性指标，主要有个体公平性和群体公平性两类，前者评估模型对单个个体决策的偏见程度，后者则关注模型在不同群体间的决策差异。通过这些指标，可以量化模型的公平性表现。基于这些指标的公平性保障方法主要有预处理方法、处理中方法和后处理方法三类。

1）预处理方法：在模型训练之前，通过数据清洗、删除敏感信息或重采样等手段，直接在数据层面上降低潜在的偏差。例如，去除可能透露种族、性别等敏感信息的属性，或调整数据集分布以减少歧视性特征的影响。

2）处理中方法：在模型训练过程中，研究者引入了与公平性相关的正则化项，以引导模型在优化过程中兼顾性能和公平性。比如，利用 Rényi 相关性作为正则项，结合最小-最大优化算法，减少模型预测结果与敏感属性之间的关联性。

3）后处理方法：在模型训练完成后，通过对模型输出进行调整或修正，进一步改善模型决策的公平性。例如，基于多重精确度概念提出的多精度提升（Multiaccuracy Boost）法，可以对黑盒模型的决策结果进行调整，降低决策偏差。

这些方法和技术的综合应用，为提升人工智能系统的公平性和透明度奠定了坚实的基础。随着相关研究的深入和实践经验的积累，人工智能系统的公平性将得到持续改进，从而在诸如招聘、金融服务、刑事司法等领域实现更为公正和透明的决策。人工智能系统在众多敏感领域如招聘、司法、医疗等的应用越来越广泛，其公平性问题愈发引人关注。公平性技术能够从技术角度对数据进行均衡，从而进一步引导模型给出公平的结果，这对于提高人工智能系统决策公平性具有重要意义。确保人工智能系统决策的公平性在技术方面颇具挑战，通过不断研究和发展更稳定的、可解释的、隐私友好的以及公平的人工智能技术，人们有望构建起更加可信的人工智能体系，为社会带来更公正、更普惠的技术成果。随着研究的深入和技术创新的不断积累，人工智能将在尊重和保障个体权利的基础上，为人类社会带来更多积极正面的影响。

3.5 面向特定任务的机器学习

工业人工智能在现代工业系统中广泛发挥作用，在诸多细分应用场景都有其运用，极大地提升了生产效率、产品质量和资源利用率。参考美国国家标准与技术研究院（NIST）对智能制造的划分标准，工业智能应用场景可以按产品、生产、商业三个维度来划分，这三个维度指向三类问题，第一类是对产品库存、成本的计算管理，这类问题机理清晰、经验主导、计算需求相对较低，一般用专家系统来解决；第二类是生产中的流程优化、故障检测，需要对数据进行统计分析但不需要推理，这类问题则引入传统机器学习技术；第三类是对市场需求、商业风险的预测推理，这类问题计算复杂度高但是其问题原理或是不同对象间的关系相对清晰，一般使用深度学习和知识图谱技术来解决。

1. 专家系统解决的问题

专家系统是模拟人类专家解决领域问题的计算机程序系统，作为早期人工智能技术的重要分支，主要优势在于能够模拟人类专家的决策逻辑和知识经验，对特定领域内的问题进行推理和决策，特别适合于解决那些机理清晰、经验主导、计算需求相对较低的工业问题，其在工业领域尤其是钢铁行业中得到了广泛应用。

在车间调度与生产管理方面，专家系统能够根据预设的规则和约束条件，进行智能调度和动态调整，以应对复杂的生产环境变化。此外，专家系统还能够处理与制造过程密切相关的各项管理工作，如产能计划、库存管理等。

故障诊断与参数优化是专家系统在工业领域的另一重要应用，如 Coru 公司采用的专家系统能够针对结晶器液面自动控制系统进行故障诊断，提供准确的问题定位和修复建议。瑞典钢铁公司的专家系统则针对高炉运行参数的调整提供了专家级的操作指导，提高了冶炼效率和产品质量。

异常预测与过程控制方面，日本川崎的 GO-STOP 专家系统可以通过丰富的规则集对炼钢过程进行全面监控，并能及时预警和处理异常状况。BHP 公司的高炉工长指导系统则是基于热平衡模型和专家经验，对炉热平衡进行精确控制，确保了高炉生产的稳定和高效。

随着人工智能技术的不断发展，现代专家系统在原有基础上得到了显著的升级和优化。它们不仅能够进行并行与分布式处理，实现多专家系统间的协同工作，而且还具备了一定的自学习能力，通过引入新的推理机制，能够自我纠错和完善。此外，智能人机接口的引入也使专家系统与操作人员的交互更加流畅和高效，进一步提升了工业生产智能化水平。

2. 传统机器学习技术解决的问题

传统的机器学习技术可以从数据统计结果出发分析出人工不易察觉到的规律，便于对未来趋势进行预测。机器学习技术在设备自执行、预测性维护等场景中应用较多。

在设备自执行场景中，机器学习技术使机器人有了自主学习和适应环境变化的能力，使之能够更灵活、高效地参与到生产活动中。例如，西班牙 P4Q 公司的 Sawyer 机器人通过机器学习技术能够适应电路板组装过程中的复杂变化，从而在保证产品质量的同时，显著提高生产效率和降低成本。

在设备/系统预测性维护场景中，机器学习技术的参与更为重要，通过分析设备运行数据、环境数据和其他相关数据，机器学习模型能够精准预测设备的故障趋势，提前进行预防性维护，大大缩短了停机时间、降低了维修成本。如德国 KONUX 公司通过整合智能传感器与机器学习算法，成功实现了对设备运行状态的精准监测和预测，显著提高了设备维护的效率和效果。

机器学习作为人工智能的核心技术，不仅在产品质量检测、设备控制与维护、生产工艺优化等方面取得了显著成效，还在机器人自适应学习、预测性维护、能源设施管理等方面展示了巨大潜力，为工业生产转型升级提供了强有力的技术支持。

3. 深度学习和知识图谱技术解决的问题

深度学习是基于深度神经网络来学习数据特征的方法，其在工业领域的应用已经展现出巨大潜力，在解决质量检测、物体分拣、风险管理问题上表现良好。

在质量检测环节，深度学习通过自动特征提取和模型训练，能高效识别传统方法难以捕捉的细微缺陷，显著提升检测速度和准确性。例如，康耐视的深度学习软件能够在短时间内训练出能够识别复杂缺陷的模型，而富士康和奥迪等制造商也通过深度学习技术改善了电路板、汽车零件、手机配件等产品的质量检测流程。

在不规则物体分拣方面，深度学习与 3D 视觉技术结合，使得机器人能够学习和识别复杂形状和重叠物体，并确定最佳抓取点，从而实现快速、准确的自动化分拣。Robominds 的 Robobrain-Vision 系统以及爱普生、埃尔森、梅卡曼德等公司的解决方案都证明了这一点。

另外，知识图谱作为一种新型知识组织和管理方式，在工业领域也被广泛应用。通过构建供应链知识图谱，华为实现了供应链风险管理，以有效关联并管理多元信息资源；而在融资风险管控场景中，西门子利用知识图谱技术建立高维关系网络，识别和管控融资过程中的潜在风险。

深度学习和知识图谱技术有效提升了工业生产效率、产品质量、设备利用率及供应链管理水平，降低了风险和成本。

3.6 常用的机器学习框架

机器学习框架是现代人工智能系统开发与应用的核心支撑工具，为数据科学家、工程师和研究人员提供了一套全面且易于使用的工具集，用于构建、训练、评估和部署各种机器学习模型。

3.6.1 TensorFlow

TensorFlow 2.0 是一个强大且全面的机器学习框架，为开发人员、企业和研究者提供了许多独特的优势，对初学者入门也很友好。

TensorFlow 2.0 高度整合了 Keras API，使得模型构建更加直观简洁，且默认开启了 Eager Execution 模式，方便使用者像编写常规 Python 代码一样直接运行和调试代码，这对于初学者理解和掌握机器学习模型的运行机制十分有利。除了高层次的 Keras API 外，TensorFlow 2.0 还在底层 API 上做了大量优化，允许开发者直接使用底层运算单元构建复杂的模型和算法，同时为变量、检查点等核心概念提供了可继承的接口，便于开发者定制化需求。

TensorFlow 2.0 支持 SavedModel 标准格式，这让训练好的模型可以在云端、Web、浏览器、Node.js、移动设备乃至嵌入式系统上无缝部署和运行。

TensorFlow 2.0 提供了分布式训练策略 API，使得分布式训练更加简便，且支持多 GPU 训练。同时，它在 Volta 和 Turing GPU 上利用混合精度训练，能显著提高训练效率，例如在 ResNet-50 和 BERT（Bidirectional Encoder Representations from Transformer，基于 Transformer 的双向编码器）中训练性能提升可达 3 倍。此外，TensorFlow 2.0 与 NVIDIA 的 TensorRT 紧密集成，优化了 GPU 上的推理性能。TensorFlow 数据集模块简化了大规模数据集的访问与处理流程，无论是图像、文本还是视频等不同类型的数据，都能提供统一的标准接口，方便初学者快速上手数据预处理。

3.6.2 Torch

PyTorch 作为一个流行的机器学习框架，在其 2.0 版本中进一步强化了其原有的优势，并引入了一系列创新技术，大幅提升了性能和灵活性。以下是针对初学者介绍的 PyTorch 及其 2.0 版本的主要优点。

PyTorch 2.0 在不影响灵活性的前提下，通过编译器技术改进，如 TorchDynamo，实现了对动态形状的有效处理和优化，模型能够适应在运行时变化的数据维度，这对于复杂和非结构化的机器学习任务尤为实用。

使用者可以利用 TorchDynamo 可靠、快速地采集图形，该方法引入 Cython 的帧评估 API，能够在几乎无额外开销的情况下准确捕获计算图，极大提升了获取和优化模型执行图的可靠性与速度，即使面对复杂的 GitHub 项目也能轻松应对。TorchInductor 作为 PyTorch2.0 新的编译器后端，借鉴了 Triton 语言的经验，设计了一种灵活高效的编译方法，将 PyTorch 模型自动转化为高性能的 GPU Triton 代码或中央处理器（CPU）上的 C++/OpenMP（Open Multi-Processing）代码，无须用户手动编写底层代码。AOTAutograd 则专注于训练加速，它不仅捕捉正向传播的计算路径，还能捕捉反向传播，利用现有 Autograd 系统的稳健性，确保模型训练阶段的性能提升。

PrimTorch 确保 PyTorch 程序可以高效地降低到这些基础算子层面，从而不论是在编译器环境下重构优化，还是在不具备编译条件的后端都能够取得良好性能。

3.6.3 Keras

Keras 涵盖了机器学习工作流程的每个步骤，极大地方便了使用者的工作与学习。

Keras 提供了简单直观且高度模块化的 API，允许用户轻松搭建和训练神经网络模型。其核心 API 设计简洁，易于理解和快速上手，同时又具备足够的灵活性以适应各种复杂模型的构建需求，有较强的易用性和可拓展性。Keras 可与多个深度学习后端如 TensorFlow、JAX 和 PyTorch 无缝对接，这意味着开发者可以根据项目需求自由选择合适的后端引擎，同时保持 Keras 的一致编程体验。

Keras Tuner 是 Keras 生态的一部分，专为超参数调优设计，内置多种优化算法，如贝叶斯优化、网格搜索和随机搜索，即使是初学者也能轻松使用它进行模型调优，寻找最优的超参数组合。

Keras 中的领域专用库 KerasNLP 和 KerasCV 分别为自然语言处理和计算机视觉任务提供了专门的模块化组件，包含预训练模型和先进的架构，使得在这些领域工作的初学者能够快速搭建和定制解决方案，而无需从零开始构建模型。

AutoKeras 是基于 Keras 的自动化机器学习系统，特别适合初学者和非专业机器学习人员，它提供了高级的端到端的 API，只需几行代码就能完成图像分类、文本分类等常见任务，大大降低了机器学习项目的门槛。

本章小结

本章讲解了机器学习在处理工业数据中的常用方法。通过典型的机器学习算法，人们能够实现对工业数据的有效处理和信息提取，为决策制定提供可靠支持。本章介绍了适用于工业数据的一些典型机器学习算法，从线性模型开始，分别讲述了决策树算法、贝叶斯分类器、支持向量机等基础的方法。

另外，特别重要的是深度学习在处理复杂、高维数据和提取复杂模式方面的突出表现。深度学习模型的广泛应用使得工业领域能够更准确地预测趋势、发现隐藏的模式，并从中获得深入洞察。除此之外，本章还介绍了强化学习的一些重要方法。强化学习通过试错学习的方式，使得智能体能够适应动态环境，并在优化资源分配、调度和控制系统方面发挥重要作用。

同时，本章提及了可信人工智能的概念，强调了在工业应用中稳定性、可解释性、稳私保护和公平性的重要性。

最后，探讨了面向特定任务的机器学习方法，如专家系统、传统机器学习技术以及深度学习和知识图谱技术。这些方法赋能了工业界做出数据驱动决策，提高了效率、降低了成本，并提升了整体性能。

相信机器学习技术将继续演进，并对工业数据分析产生持续而深远的影响。未来，期待着看到更多智能、高效的工业流程得以实现。

思考题

1. 什么是机器学习、深度学习、强化学习？
2. 试述机器学习能在工业领域的哪些环节起什么作用。
3. 从网上下载或自己编程实现一个卷积神经网络，并在手写数字识别数据集 MNIST 上进行实验测试。

4. 自己编程实现一个 k 均值算法聚类网络，并思考聚类网络适用的场景。

5. 对于目标驱动（Goal-Directed）的强化学习任务，目标是到达某一状态，例如将汽车驾驶到预定位置。试为这样的任务设置奖赏函数，并讨论不同奖赏函数的作用（例如每一步未达目标的奖赏为 0、-1 或 1）。

6. 一般怎么求解马尔可夫决策过程？

7. 请详细描述 REINFORCE 算法的计算过程。

8. 列出你熟悉的多智能体强化学习算法，并判断它属于哪个类别和适用场景。

9. 列出可信人工智能的支撑技术。

参考文献

[1] 中国信息通信研究院，京东探索研究院. 可信人工智能白皮书［R/OL］.（2021-07-09）［2024-04-08］. http://www.caict.ac.cn/kxyj/qwfb/bps/202107/P020210709319866413974.pdf.

[2] 周志华. 机器学习［M］. 北京：清华大学出版社，2016.

[3] 哈林顿. 机器学习实战［M］. 李锐，李鹏，曲亚东，等译. 北京：人民邮电出版社，2013.

[4] 古德费洛，本吉奥，库维尔. 深度学习［M］. 赵申剑，黎彧君，符天凡，等译. 北京：人民邮电出版社，2017.

[5] 董豪，丁子涵，仉尚航，等. 深度强化学习：基础、研究与应用［M］. 北京：电子工业出版社，2021.

[6] GUI J，SUN Z N，WEN Y G，et al. A Review on Generative Adversarial Networks：Algorithms，Theory，and Applications［J］. IEEE Transactions on Knowledge and Data Engineering，2021，35（4）：3313-3332.

[7] 陈琨，王安志. 卷积神经网络的正则化方法综述［J］. 计算机应用研究，2023，41（4）：961-969.

[8] SRIVASTAVA N，HINION G，KRIZHEVSKY A，et al. Dropout：A Simple Way to Prevent Neural Networks from Overfitting［J］. The Journal of Machine Learning Research，2014，15（1）：1929-1958.

[9] GOODFELLOW I，WARDE-FARLEY D，MIRZA M，et al. Maxout Networks［C］//Proceedings of the International Conference on Machine Learning. Atlanta：JMLR，2013：1319-1327.

[10] JUNSUK C，SEUNGHO L，HYUNJUNG S. Attention-Based Dropout Layer for Weakly Supervised Single Object Localization and Semantic Segmentation［J］. IEEE Transactions on Pattern Analysis and Machine Intelligence，2021，43（12）：4256- 4271.

[11] ZHU H，ZHAO X F. TargetDrop：A Targeted Regularization Method for Convolutional Neural Networks［C］//IEEE International Conference on Acoustics，Speech and Signal Processing. Shenzhen：IEEE，2022：3283-3287.

[12] WAN L，ZEILER M，ZHANG S，et al. Regularization of Neural Networks Using DropConnect［C］//Proceedings of the International Conference on Machine Learning. Atlanta：JMLR，2013：1058-1066.

[13] FARAMARZI M，AMINI M，BADRINAARAAYANAN A，et al. PatchUp：A Feature-Space Block-Level Regularization Technique for Convolutional Neural Networks［C］//Proceedings of the AAAI Conference on Artificial Intelligence. Menlo Park：AAAI，2022，36（1）：589-597.

[14] MOAYED H MANSDDRI E G. Skipout：An Adaptive Layer-Level Regularization Framework for Deep Neural Networks［J］. IEEE Access，2022，10：62391-62401.

[15] LU Z Q, X U C, DU B, et al. LocalDrop: A Hybrid Regularization for Deep Neural Networks [J]. IEEE Transactions on Pattern Analysis and Machine Intelligence, 2021, 44 (7): 3590-3601.

[16] HUANG G, SUN Y, LIU Z, et al. Deep Networks with Stochastic Depth [C]//The European Conference on Computer Vision. Amsterdam: Springer, 2016: 646-661.

[17] YAMADA Y, IWAMURA M, KISE K. ShakeDrop Regularization [C]//The International Conference on Learning Representations. Vancouver: ICLR, 2018.

[18] GASTALDI X. Shake-Shake Regularization [C]//The International Conference on Learning Representations. Toulon: ICLR, 2017.

[19] LU Y, LU G M, LI J X, et al. Multiscale Conditional Regularization for Convolutional Neural Networks [J]. IEEE Transactions on Cybernetics, 2020, 52 (1): 444-458.

[20] ZHAO Chenqiu, DONG Gfang, ZHANG Shupei, et al. Frequency Regularization: Reducing Information Redundancy in Convolutional Neural Networks [J]. IEEE Access, 2023, 11: 106793-106802.

[21] GHIASI G, LIN T Y, LE Q V. DropBlock: A Regularization Method for Convolutional Networks [J]. Advances in Neural Information Processing Systems, 2018, 31: 10750-10760.

[22] AIT SKOURT B, EI HASSANI A, MAJDA A. Mixed-Pooling-Dropout for Convolutional Neural Network Regularization [J]. Journal of King Saud University-Computer and Information Sciences, 2022, 34 (8): 4756-4762.

[23] TOMPSON J, GOROSHIN R, JAIN A, et al. Efficient Object Localization Using Convolutional Networks [C]//Proceedings of the IEEE Conference on Computer Vision and Pattern Recognition. Boston: IEEE, 2015: 648-656.

[24] JIMMY BA L, FREY B. Adaptive Dropout for Training Deep Neural Networks [J]. Advances in Neural Information Processing Systems, 2013, 26: 3084-3092.

[25] GONG D C, WANG Z L, WANG H Q, et al. DropMask: A Data Augmentation Method for Convolutional Networks [C]. Proceedings of the IEEE Advanced Information Technology, Electronic and Automation Control Conference. Beijing: IEEE, 2022: 1718-1722.

[26] PHAM H, LE Q V. AutoDropout: Learning Dropout Patterns to Regularize Deep Networks [C]//Proceedings of the AAAI Conference on Artificial Intelligence. Menlo Park: AAAI 2021, 35 (11): 9351-9359.

[27] LU Z W, PENG Y X. Robust Image Analysis by L1-Norm Semi-supervised Learning [C]//Proceeding of the IEEE Conference on Computer Vision and Pattern Recognition. Colorado Springs: IEEE, 2011.

[28] TARTAGLIONE E, BRAGAGNOLO A, ODIERNA F, et al. SeReNe: Sensitivity-Based Regularization of Neurons for Structured Sparsity in Neural Networks [J]. IEEE Transactions on Neural Networks and Learning Systems, 2021, 33 (12): 7237-7250.

[29] HU Y K, LI F, LI B. Group $L_{1/2}$ Regularization for Filter Pruning of Convolutional Neural Networks [C] // The International Conference on Frontiers Technologies of Information and Computer. Qingdao: IEEE, 2022: 1029-1032.

[30] WU S, LI G Q, DENG L, et al. L1-Norm Batch Normalization for Efficient Training of Deep Neural Networks [J]. IEEE Transactions on Neural Networks and Learning Systems, 2018, 30 (7): 2043-2051.

[31] CORTES C, MOHRI M, ROSTAMIZADEH A. L_2 Regularization for Learning Kernels [C]//Proceedings of the Conference on Uncertainty in Artificial Intelligence. Arlington: AUAI Press, 2009: 109-116.

[32] BAI Y B, YANG E K, HAN B, et al. Understanding and Improving Early Stopping for Learning with Noisy Labels [J]. Advances in Neural Information Processing Systems, 2021, 34: 24392-24403.

[33] 王琦，杨毅远，江季. EASY RL：强化学习教程 [M]. 北京：人民邮电出版社，2022.

[34] 杨思明，单征，丁煜，等. 深度强化学习研究综述 [J]. 计算机工程，2021，47 (12)：19-29.

[35] CONNELL M E, UTGOFF P E. Learning to Control a Dynamic Physical System [J]. Computational Intelligence, 1987, 3: 330-337.

[36] ATKESON C G, MOORE A W, SCHAAL S. Locally Weighted Learning for Control [J]. Lazy Learning, 1997: 75-113.

[37] GOODFELLOW I, BENGIO Y, COURVILLE A. Deep learning [M]. Cambridge: MIT Press, 2016.

[38] MNIH V, KAVUKCUOGLU K, SILVER D, et al. Human-Level Control Through Deep Reinforcement Learning [J]. Nature, 2015, 518 (7540): 529-533.

[39] 邹启杰，蒋亚军，高兵，等. 协作多智能体深度强化学习研究综述 [J]. 航空兵器，2022，29 (6): 78-88.

[40] IQBAL S, SHA F. Actor-Attention-Critic for Multi-Agent Reinforcement Learning [C]//International Conference on Machine Learning. Long Beach: PMLR, 2019: 2961-2970.

[41] PERERA A T D, KAMALARUBAN P. Applications of Reinforcement Learning in Energy Systems [J]. Renewable and Sustainable Energy Reviews, 2021, 137: 110618.

[42] MODARES H, LEWIS F L, NAGHIBI SISTANI M B. Integral Reinforcement Learning and Experience Replay for Adaptive Optimal Control of Partially-Unknown Constrained-Input Continuous-Time Systems [J]. Automatica, 2014, 50 (1): 193-202.

[43] GUPTA J K, EGOROV M, KOCHENDERFER M. Cooperative Multi-Agent Control Using Deep Reinforcement Learning [C]//Autonomous Agents and Multiagent Systems: Workshops, Best Papers. São Paulo: Springer International Publishing, 2017: 66-83.

[44] MAO H Y, ZHANG Z C, XIAO Z, et al. Learning Multi-Agent Communication with Double Attentional Deep Reinforcement Learning [J]. Autonomous Agents and Multi-Agent Systems, 2020, 34: 1-34.

[45] 中国人工智能学会. 中国人工智能系列白皮书：深度学习 [R/OL]. (2023-10-08)[2024-04-08]. https://www.caai.cn/index.php? s=/home/article/detail/id/3156.html.

[46] JOBIN A, IENCA M, VAYENA E. The Global Landscape of AI Ethics Guidelines [J]. Nature Machine Intelligence, 2019, 1 (2): 389-399.

[47] 莫纳. 可解释的机器学习 [M]. 朱明超，译. 北京：电子工业出版社，2021.

[48] MILLER T. Explanation in Artificial Intelligence: Insights from the Social Sciences [J]. Artificial Intelligence, 2019, 267: 1-38.

[49] DWORK C, ROTH A. The Algorithmic Foundations of Differential Privacy [J]. Foundations and Trends in Theoretical Computer Science, 2014, 9 (3-4): 211-407.

[50] MCMAHAN B, MOORE E, RAMAGE D, et al. Communication-Efficient Learning of Deep Networks from Decentralized Data [C]//Artificial Intelligence and Statistics. New York: PMLR, 2017: 1273-1282.

[51] 田海博，梁岫琪. 综述：基于密码技术的人工智能隐私保护计算模型 [J]. 电子学报，2023，51 (8): 2260-2276.

[52] 刘文炎，沈楚云，王祥丰，等. 可信机器学习的公平性综述 [J]. 软件学报，2021，32 (5): 1404-1426.

[53] 工业互联网产业联盟. 工业智能白皮书 2020 [R/OL]. (2020-04-26)[2024-04-08]. https://wap.miit.gov.cn/ztzl/rdzt/gyhlw/cgzs/art/2020/art_e1842c433fce43e39a45ce96be50213a.html.

第 4 章

4

工业中的感知智能

章知识图谱　　说课视频

引言

人工智能分为三个层次：计算智能，感知智能和认知智能。感知智能使得人工智能系统能够感知和理解外部环境的信息。本章将深度探究工业中的感知智能技术与应用。

首先，在“工业智能传感与感知”一节中深入探讨智能传感器的原理、功能、分类和作用。智能传感器凭借其自适应性、自校准、数据预处理等特性，显著提升了工业系统的实时监测、远程控制及故障预警能力。

其次，在“工业机器视觉”一节中全面剖析机器视觉在工业环境中的应用，从机器视觉基本概念、工业图像信号采集技术与工业图像处理技术，到目标检测和自动定位技术，构建起完整的机器视觉技术体系。

再次，“工业机器听觉”聚焦于机器听觉在工业环境中的应用，涵盖了机器听觉基本概念、工业音频信号采集与音频信号特征、语音识别与语言合成技术等内容。

然后，在“多源信息融合”一节中将阐述如何整合来自不同传感器、不同模态的数据资源，运用多源数据融合模型、技术和方法，提炼出更高层次、更全面的态势感知结果，助力企业做出更为精准、高效的运营决策。

最后，“人机交互”这一主题则聚焦于人性化、智能化的人机互动模式，探讨如何借助体感交互、手势交互等前沿技术，构建更为自然、便捷的操作界面，使人在生产流程中能够与智能系统进行有效沟通与协作。

4.1 工业智能传感与感知

4.1.1 智能传感器概述

（1）智能传感器的概念　智能传感器的概念起源于 1979 年的美国国家航空航天局宇宙飞船研发项目。作为一种先进的感测设备，智能传感器具有实时处理、高精度、自校准和通信能力等特点，相比传统传感器，它更小巧高效，其内部配备了先进处理器，可以实时分析环境参数，并通过通信技术与其他设备互动，弥补了传统传感器感知范围有限和数据处理能力不足的问题。

智能传感器的结构具体包括：传感器元件、微处理器以及相关的接口和信号处理电路。

传感器元件负责感知并转换现实世界的物理量或化学量为对应的电信号；这些原始信号在经过精心设计的信号调理阶段时，会依次经历滤波以减少噪声干扰、放大以增强信号强度，以及模数转换以便于微处理器进行数字解读。

微处理器作为智能传感器的心脏，不仅可以执行对这些数字化信息的精密计算与存储任务，而且能够对其进行深度分析与实时调控处理。它通过反馈机制，动态调整传感器的工作状态及其输出信号的质量，确保测量过程的精确性和适应性。

最终，经微处理器处理后的数据会通过标准化的输出接口，按照预设格式呈现为高度准确且易于系统集成的数字化测量结果。

随着技术的演进，智能传感器从早期的分散架构逐渐发展至高度集成化设计，不断拓展功能边界，提升性能指标，有力地驱动着现代测控技术水平的跃升，并已成为推动工业智能化进程中的核心组成部分。

（2）智能传感器的特点　与传统传感器相比，智能传感器的功能更加丰富，主要具有以下特点。

1）高精度测量：智能传感器确保测量高度准确，通过自动校准、误差修正及数字滤波技术，有效减少随机错误，提升数据真实性与可靠性。

2）可靠稳定：智能传感器能自动适应环境变化，补偿参数波动导致的误差，实时自我监测与调整，增强测量的可靠性和稳定性。

3）高分辨率：利用先进处理技术，智能传感器能过滤噪声、精炼数据，并通过数据融合等方法，在多参数环境中保持对特定参数的高分辨识别能力。

4）自适应性强：智能传感器能智能分析信息，动态调整电源管理与数据传输速度，以低能耗实现高效数据传输，达到性能与节能的均衡。

5）高性价比：结合微处理器与经济高效的集成电路技术，智能传感器在不增加成本的前提下提升性能，性价比优越。

6）智能网络化：集信号处理与网络接口于一身，智能传感器不仅能内部处理数据，还能联网交换信息，软件灵活性使其实现智能化操作与高效网络通信。

4.1.2 智能传感器的基本功能及分类

1. 智能传感器的基本功能

智能传感器的基本功能如图 4-1 所示，有数据处理功能、信息存储功能、自校准补偿功能、自动诊断功能、自适应功能、多参数测量功能和数字双向通信功能。

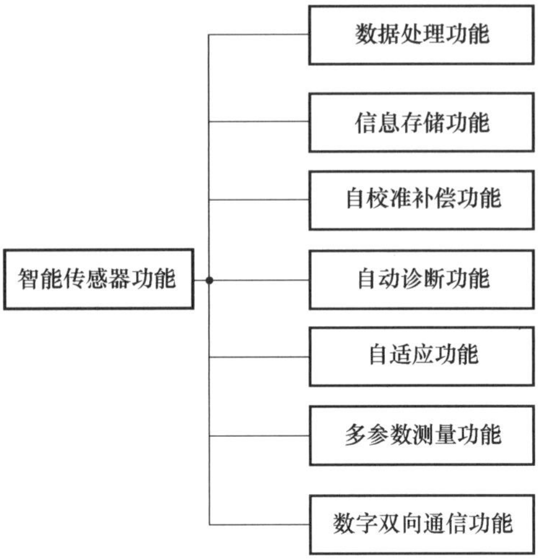

智能传感器功能
数据处理功能
信息存储功能
自校准补偿功能
自动诊断功能
自适应功能
多参数测量功能
数字双向通信功能

图 4-1 智能传感器的基本功能

（1）数据处理功能 智能传感器内置微处理器，强化了数据解析能力，通过复杂的信号处理如放大、数字化及软件调优，提高了测量线性度，并利用数字滤波去除噪声。其软件设计支持环境适应性调整，如温度补偿，以及多样化的信号运算、数据分析、数据融合，乃至高级的逻辑判断与决策制定。

（2）信息存储功能 通过配备存储器，智能传感器保存了丰富的程序与历史数据。这包括处理算法、自校准记录、运行历史记录等，增强了传感器的自主管理和数据分析能力。

（3）自校准补偿功能 智能传感器利用软件，自动执行校准程序，根据环境变化实时调整，减少信号失真。通过微处理器和存储的数据，它能动态选择最佳量程，应用高级算法对抗非线性效应和漂移问题，显著提升测量精度。

（4）自动诊断功能 智能传感器集成了先进的诊断软件，能实时监控自身状态，快速识别并定位故障。相比传统传感器，它能即刻执行在线校验与诊断，借助冗余设计、数学模型和 AI 技术，实现故障预警、定位和分类，增强系统稳健性。

（5）自适应功能 通过算法优化，智能传感器具有学习与适应新环境的能力，利用迭代算法调整参数，甚至可依据特定规则自我调整。结合机器学习技术，它持续优化性能，依据实时数据调整校正值，提升了测量精确度。

（6）多参数测量功能 智能传感器设计支持多通道数据采集，能同时监测和分析多种参数，覆盖广泛的物理量和化学量，为环境监测提供全面的数据支持。

（7）数字双向通信功能 智能传感器具备数字通信能力，不仅能发送测量数据和状态信息至外部系统，也能接收控制指令，实现实时调节与控制。标准化接口使其易于与各类设备联网，支持远程监控与管理，扩展了应用范围和灵活性。

2. 智能传感器的分类

智能传感器根据其内部结构和制造方式，大体上可以划分为三种主要实现形式：组合模块式、混合式和集成式三种，如图 4-2 所示。

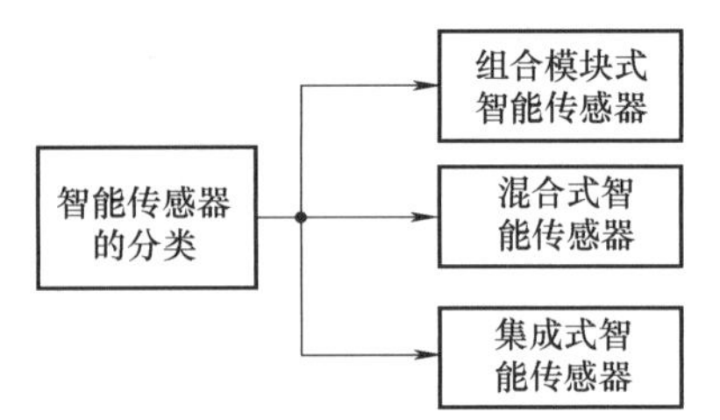

图 4-2 智能传感器的分类（按内部结构和制造方式）

（1）组合模块式智能传感器 组合模块式智能传感器设计通过集成传统的传感器元件、独立的信号调理电路以及具备数字接口的微处理器单元，构建出一个一体化的智能传感系统，其架构如图 4-3 所示。本质上，这种设计是在传统传感器体系结构中引入了微处理器环节，形成信息采集与处理的高度协同。

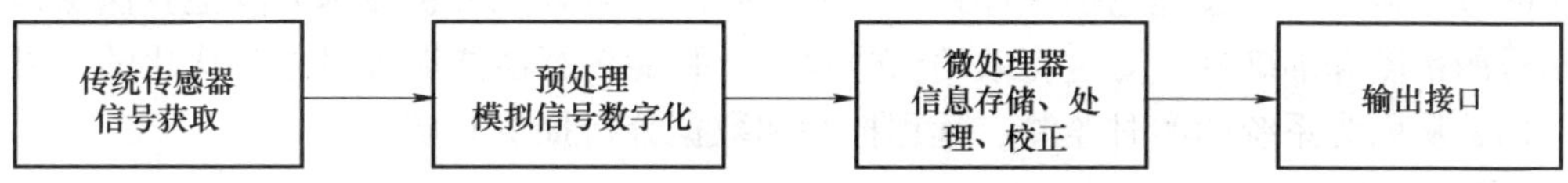

图 4-3　组合模块式智能传感器的架构

此种类型的智能传感器的发展历程深受现场总线控制系统的影响和推动，由于这类控制系统要求连接能够自主进行数据实时传输和指令接收的智能型传感器，以便实现精确监控与高效控制。因此，组合模块式智能传感器因其可扩展性和灵活性，在满足此类高级控制需求中扮演着重要角色。

对于传感器生产商而言，采用组合模块式设计方法具有显著优势。在保持原有生产工艺基础不变的情况下，仅需通过增加一块集成了数字总线接口的微处理器模块，即可将传统传感器升级为智能传感器系统。这一过程中，厂家可以通过开发一系列关键软件功能，如通信协议、控制算法、自校准机制、自动补偿策略以及自诊断程序等，有效地赋予传感器智能化能力，从而实现从单一传感元件到具备高度自主性和适应性的智能传感器系统的飞跃转变。

（2）混合式智能传感器　混合式智能传感器将传感器的敏感元件、信号处理电路、校正电路和补偿电路、微处理器、数字存储器（ROM、RAM）、数字总线接口等以不同的组合方式集成在两块或者三块芯片上，并封装在一个外壳中，其架构如图 4-4 所示。在某些场景下，单一芯片上实现智能传感器可能面临制造工艺上的困难，导致产能较低。因此，混合式智能传感器由于其具备高产能和低经济风险的特点而得到广泛应用。

（3）集成式智能传感器　集成式智能传感器利用大规模集成电路技术和微机电技术，选用硅材料来构建精密的传感元件，并将这些元件与信号处理、模/数（A/D）转换器及微型处理器等关键电路集成在同一微小芯片上，其架构如图 4-5 所示。这种设计不仅显著减小了传感器的体积，还提升了其精确度、响应速度，并有效降低了制造成本。随着微电子技术的发展，集成式智能传感器的优势越来越明显，成为科技人员关注的焦点。

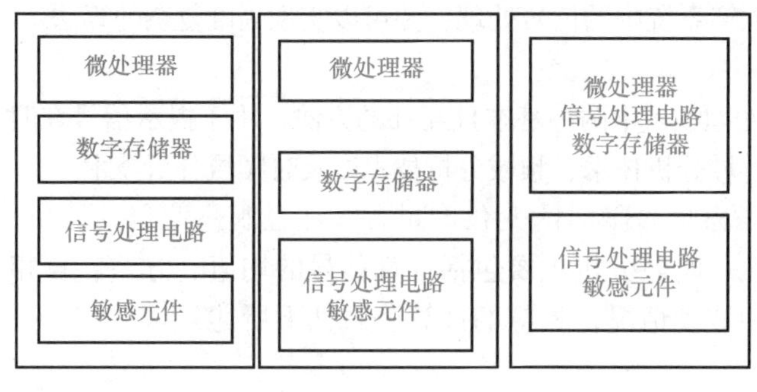

图 4-4　混合式智能传感器的架构

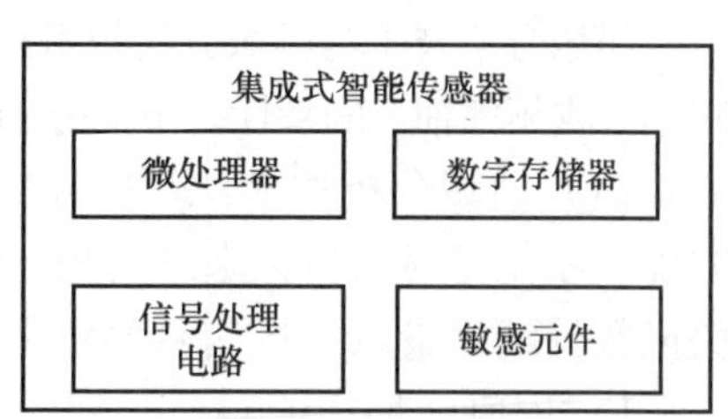

图 4-5　集成式智能传感器的架构

4.1.3 智能传感器的信号处理技术

智能传感器的信号处理技术涉及将传感器获取的模拟信号进行精确的转换和处理，以产生可靠的数字输出。该过程包括采样技术、滤波技术、时频域分析技术和其他算法操作，以提高信号的精度和准确性。通过有效的信号处理，智能传感器能够提供经过优化的、可靠的数字数据，从而为系统的实时监测、远程控制和数据分析提供基础。

1. 采样技术

采样技术在智能传感器中的主要任务是以数字形式获取模拟信号，实现对环境中的物理量或化学量的准确测量。这一过程涉及两个关键方面：采样频率和量化。

采样频率是指到在一秒内对模拟信号进行采样的次数。根据奈奎斯特采样定理，为了避免混叠现象，采样频率必须大于信号最高频率成分的两倍。

奈奎斯特采样定理是由美国工程师哈里·奈奎斯特（Harry Nyquist）在20世纪初提出的，是数字信号处理领域中的一项基本原理。该定理规定了对于一个有限带宽的信号，为了在数字领域中准确地重构原始信号，采样频率必须至少是信号带宽的两倍。

奈奎斯特采样定理的表述如下：如果一个信号的最高频率成分为f_{max}，那么为了避免采样时发生混叠（Aliasing），采样频率f_s必须满足$f_s>2f_{max}$。

混叠是指由于采样频率过低而导致原信号频谱中的高频分量被误认为低频分量，使得在重构时产生失真。奈奎斯特采样定理的核心思想在于确保采样频率足够高，以捕捉信号中的所有频率成分，从而避免混叠现象。

2. 滤波技术

滤波技术是从含有干扰的接收信号中提取有用信号的技术。滤波器通常用于去除或强调信号中的特定频率成分。

根据系统输入和输出信号的特性可以将滤波器分为模拟滤波器和数字滤波微波器。模拟滤波器是通过模拟电子元件（如电容、电感、电阻）来处理连续时间模拟信号的设备。它的操作是基于电流和电压的连续变化。由于是连续时间的处理，模拟滤波器可以处理无限带宽的信号，但受到电子元件的性能和噪声的限制，会产生电压漂移、温度漂移和噪声等不稳定因素，精度不高。

数字微波滤波器是通过数字信号处理器（DSP）或程序实现的设备，要求输入和输出信号均为数字信号，通过离散时间内的数字运算来实现信号处理。数字微波滤波器具有灵活性，可以轻松调整参数和切换滤波类型。它们适用于数字系统中的信号处理，并可以实现高度复杂的算法。

3. 时频域分析技术

时域分析技术与频域分析技术是信号处理领域中两种基本且互补的方法，用于揭示信号在时间轴上或频率轴上的特性。下面分别介绍时域分析技术、频域分析技术以及时频域分析技术。

（1）时域分析技术　时域分析直接考察信号随时间变化的过程，通过观察信号的波形、幅度、相位等时域特性来理解信号的本质。时域分析主要包括计算信号的均值、方差、自相关函数等统计量以描述信号的集中趋势和波动情况，相应的计算公式如下所述。

1）均值（期望值）：

$$\mu_x = E[x[n]] = \frac{1}{N}\sum_{n=0}^{N-1} x[n] \tag{4.1}$$

式中，μ_x为信号的均值（期望值）；$x[n]$ 为信号在离散时间点 n 的值；N 为考虑的信号样本总数。

2）方差：

$$\sigma_x^2 = E[(x[n]-\mu_x)^2] = \frac{1}{N}\sum_{n=0}^{N-1}(x[n]-\mu_x)^2 \tag{4.2}$$

式中，σ_x^2为信号的方差，表征信号值与其均值偏差的平方的平均值；$x[n]$ 为信号在离散时间点 n 的值；μ_x为信号的均值（期望值）。

3）自相关函数：

$$R_x(\tau) = E[x[n]x[n+\tau]] = \frac{1}{N}\sum_{n=0}^{N-1-\tau} x[n]x[n+\tau] \tag{4.3}$$

式中，τ 为时间偏移；$R_x(\tau)$ 为信号的自相关函数，反映信号在不同时间偏移 τ 下的相似度；n 为时间索引；$x[n]$ 为信号在离散时间点 n 的值。

4）信号能量：

$$E_x = \int_{-\infty}^{\infty} |x(t)|^2 \mathrm{d}t \tag{4.4}$$

式中，E_x为信号的能量，所有信号值的二次方的积分；$x(t)$ 为连续时间信号在时间 t 的值。

5）功率信号的平均功率：

$$P_x = \lim_{T\to\infty}\frac{1}{2T}\int_{-T}^{T} |x(t)|^2 \mathrm{d}t \tag{4.5}$$

式中，P_x为功率信号的平均功率，信号能量在无限时间内的平均值；$x(t)$ 为连续时间信号在时间 t 的值；T 为考虑的时间区间长度，理论上趋向于无穷大。

（2）频域分析技术　频域分析将信号从时域转换到频域，通过分析信号的频谱特性来揭示信号的组成成分及其频率分布。主要频域分析技术包括：

1）傅里叶变换（Fourier Transform，FT）。连续时间傅里叶变换（Continuous Time Fourier Transform，CTFT）和离散时间傅里叶变换（Discrete Time Fourier Transform，DTFT）将信号从时域映射到频域。

① 连续时间傅里叶变换：

$$X(f) = \int_{-\infty}^{\infty} x(t)\mathrm{e}^{-\mathrm{j}2\pi ft}\mathrm{d}t \tag{4.6}$$

式中，$X(f)$ 为信号的频谱，表示信号的频率成分；$x(t)$ 为连续时间信号的时域表示；f 为频率变量；$\mathrm{e}^{-\mathrm{j}2\pi ft}$ 为复指数函数，傅里叶变换的基础核。

② 离散时间傅里叶变换：

$$X(\mathrm{e}^{\mathrm{j}\omega}) = \sum_{n=-\infty}^{\infty} x[n]\mathrm{e}^{-\mathrm{j}\omega n} \tag{4.7}$$

式中，$X(\mathrm{e}^{\mathrm{j}\omega})$ 为信号的离散时间傅里叶变换，描述信号的频率特性；$x[n]$ 为离散时间信号；ω 为角频率，通常 $\omega=2\pi f$。

2）快速傅里叶变换（Fast Fourier Transform，FFT）。FFT 是一种高效实现离散傅里叶变换（Discrete Fourier Transform，DFT）的算法，适用于计算长序列的频谱，广泛应用于信号分析、图像处理等领域，加速频谱分析过程。其表达式为

$$X[k]=\sum_{n=0}^{N-1}x[n]\mathrm{e}^{-\mathrm{j}2\pi kn/N} \tag{4.8}$$

式中，$X[k]$ 为信号的离散傅里叶变换，用于有限长度序列的频谱分析；$x[n]$ 为离散时间信号；k 为频率索引；N 为信号的长度。

3）功率谱密度（Power Spectral Density，PSD）。描述随机信号功在频域的分布。其表达式为

$$S_x(f)=\lim_{T\to\infty}\frac{1}{2T}E\{|X(f)|^2\} \tag{4.9}$$

式中，$S_x(f)$ 为信号的功率谱密度，描述信号功率在频率域的分布；f 为频率变量；$E\{|X(f)|^2\}$ 为信号频谱的平方的期望值。

（3）时频域分析技术　时频域分析结合时域与频域信息，能够同时揭示信号的频率成分随时间变化的情况，特别适用于非平稳信号的分析。主要的时频域分析技术包括：

1）短时傅里叶变换（Short-Time Fourier Transform，STFT）。结合时域和频域分析的优点，通过在信号上滑动的窗口进行傅里叶变换，提供信号频率内容随时间变化的信息，适用于分析非平稳信号。其表达式为

$$X(m,\omega)=\sum_{n=-\infty}^{\infty}x[n]w[n-mR]\mathrm{e}^{-\mathrm{j}\omega n} \tag{4.10}$$

式中，$X(m,\omega)$ 为短时傅里叶变换的结果，提供信号在时间 m 和频率 ω 的局部频谱信息；$x[n]$ 为信号值；$w[n-mR]$ 为窗函数，用于局部化分析；m 为窗的位置；R 为窗移动的步长。

2）小波变换（Wavelet Transform，WT）。利用不同尺度的小波基函数，同时在时间和频率上提供信号的局部化分析，特别适用于分析具有瞬态特征或频率随时间变化的信号。其表达式为

$$W(a,b)=\frac{1}{\sqrt{|a|}}\int_{-\infty}^{\infty}x[t]\psi^*\left(\frac{t-b}{a}\right)\mathrm{d}t \tag{4.11}$$

式中，$W(a,b)$ 为小波变换系数，表示信号在不同尺度 a 和不同位置 b 的贡献；$x[t]$ 为信号值；ψ^* 为小波函数的复共轭；a 为扩展因子（尺度参数）；b 为移动因子（平移参数）。

3）Wigner-Ville 分布（Wigner-Ville Distribution，WVD）。一种时频分布方法，直接在时频平面上显示信号的局部能量分布，适用于分析具有复杂时频结构的信号。其表达式为

$$W_x(t,f)=\int_{-\infty}^{\infty}x[t+(\tau/2)]x^*[t-(\tau/2)]\mathrm{e}^{-\mathrm{j}2\pi f\tau}\mathrm{d}\tau \tag{4.12}$$

式中，$W_x(t,f)$ 为 Wigner-Ville 分布，提供信号在时间 t 和频率 f 上的局部能量分布；$x[t+(\tau/2)]$ 为信号值；τ 为时间延迟变量。

时域分析技术能够详细考察传感器输出信号的瞬态响应特性，确保传感器能够快速准确地捕获动态变化的信息，这对于实时监控、快速响应的应用场景至关重要。而在通过使用频域分析技术能够洞察信号的频谱构成，识别并分离出不同频率下的噪声与有用信号，从而指导设计者设计更高效的滤波策略，提升信噪比，增强传感器的稳定性和可靠性。

进一步地，时频域分析技术还促进了智能传感器的自适应调节与故障诊断能力。通过对传感器动态特性的深入理解，可以实施动态校准，确保传感器在各种工况下都能保持最佳工作状态。同时，通过监测频率响应的变化，可以早期识别出传感器可能的退化或故障迹象，

及时采取预防措施，延长传感器使用寿命，减少维护成本。

总之，时频域分析技术为推动传感器技术的创新，实现更高精度、更强适应性和更智能交互提供了强有力的支持，是推动智能传感器技术迈向新高度的关键工具。

4.2 工业机器视觉

4.2.1 机器视觉基本概念

机器视觉这一概念起源于 20 世纪 50 年代，并随着人工智能和计算机技术的进步而迅速发展，成为涵盖计算机科学、机械工程、光学设计、图像处理、模式识别等多个交叉学科领域的关键技术体系，因其在工业生产中起到关键的质量检测与控制作用，故被赞誉为“工业的眼睛”。

机器视觉系统的工作流程大致如下：

1）通过专门设计的机器视觉产品，如高性能的工业相机和精密的工业镜头，获取被检测物品或场景的高清晰度图像。

2）图像信号经过转换后传送给专用的图像处理系统，这些系统能够对图像中的像素进行细致分析，包括但不限于亮度等级、颜色分布、尺寸大小等特征。

3）图像处理系统将模拟图像信号转化为便于计算机处理的数字信号，并运用复杂的算法提取出目标物的关键特征参数。

4）根据所抽取到的特征数据，机器视觉系统运用模式识别、机器学习等智能决策方法做出判断，并据此产生相应的控制指令。

5）控制指令进一步通过接口传输至现场执行机构，如机器人手臂、生产线上的驱动器或其他自动化设备，指导其完成精确的动作调整或质量控制任务。

一个完整的工业视觉应用系统通常由多个子系统构成，如图 4-6 所示，其中包括图像采集系统（工业相机、镜头和光源）、图像数字化模块、数字图像处理模块、智能判断决策模块。

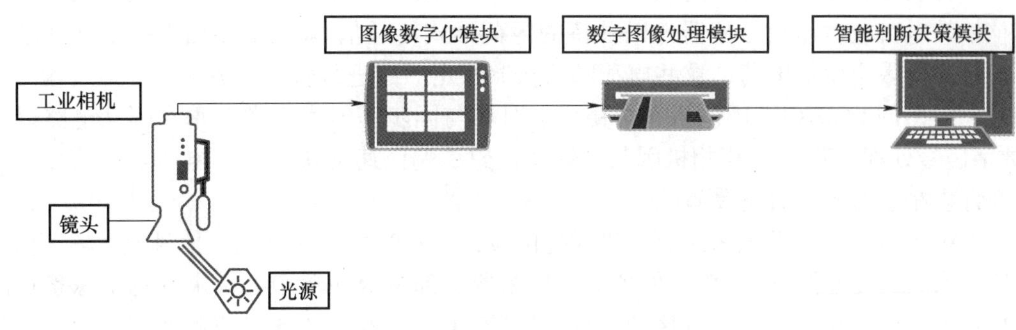

图 4-6　工业视觉应用系统构造

在机器视觉的世界中，图像是关键的信息源，通过各种设备如摄像头、传感器等捕获。图像采集后，机器视觉系统在图像预处理阶段对数据进行处理，包括去噪、增强、裁剪等操作，以提高后续分析的准确性。

机器视觉系统可以广泛应用于产品质量检测、零件定位、缺陷探测、条码/二维码识别、机器人引导等多种工业自动化场景中，极大地提高了生产效率和产品质量稳定性。

接下来，将逐一探讨机器视觉系统中的关键组成部分，包括工业图像信号采集技术、工业图像处理技术，以及目标检测算法与自动定位技术。

4.2.2 工业图像信号采集技术

一个完整的图像采集系统通常由工业相机、镜头以及光源这三个关键硬件部分构成，每一个组件的选型和性能都将直接影响最终获取图像的质量和准确性。其中：

工业相机：作为图像采集系统的“眼睛”，相机负责捕捉并记录被测物体的光学影像。其分辨率、动态范围、帧率等因素均对图像细节表现、色彩还原度及运动场景捕捉能力产生显著影响。

镜头：镜头在图像采集系统中起到至关重要的作用，它通过复杂的光学设计将被测物体的真实景象聚焦投射到相机的感光元件（靶面）上，形成清晰且不失真的影像。镜头的选择会决定图像的清晰度、景深、畸变控制等重要特性。

光源：光源是确保图像质量的关键因素之一，它为被测物体提供充足的照明，以利于相机准确捕捉其特征信息。合适的光源可以改善图像对比度，减少阴影和反光，凸显物体表面的纹理和细微结构，并有助于稳定成像效果，防止因环境光线变化导致的图像质量问题。

图像采集的效果决定原始图像的质量，从而影响图像处理的效果和最终处理结果的好坏，所以为了确保采集图像的清晰度和对比度等满足要求，需要设计合适的图像采集系统。

1. 工业相机

工业相机作为机器视觉系统的核心组件，相较于传统的民用相机，其在图像稳定性、数据传输速率和抗干扰性能等方面具有更高的标准和要求。在选择工业相机时，必须充分考虑检测产品的精度需求、被检测物体的速度特性（动态或静态）、相机的类型参数（如分辨率、帧率、接口类型等）以及成本预算等因素。

根据感光芯片的不同，当前市场上的工业相机主要分为 CCD（Charge-Coupled Device）和 CMOS（Complementary Metal-Oxide Semiconductor）两种类型。

CCD 图像传感器内部集成了光电转换、电荷存储、电荷转移及信号读取等功能，区别于其他依赖电流或电压信号的器件以独特的电荷形式传递信号。当光线照射到 CCD 芯片上时，通过光电效应生成电荷，这些电荷随后按照特定顺序进行转移、放大，并最终输出为图像信号。典型的 CCD 相机还包括光学镜头、时序与同步信号发生器、垂直驱动电路以及模拟/数字信号处理电路。CCD 相机因其无灼伤现象、响应速度快、工作电压低、功耗小等优点，在许多精密检测场合备受青睐。

而 CMOS 图像传感器则采用更为集成化的设计，将光敏元件阵列、信号放大器、信号读取电路、模/数转换器、图像信号处理器及控制器全部整合在单个芯片上。每个像素点能独立完成从电荷到电压的转换并直接产生数字信号。CMOS 相机由于其卓越的集成性、较低的功耗、高速的数据传输能力和宽广的动态范围，在高分辨率和高速成像应用中占据重要地位。相机的尺寸大小和图像分辨率对图像质量有直接影响，一般来说，更大的感光面积和更高的分辨率将带来更佳的成像效果。

2. 镜头

镜头在机器视觉系统中的功能类似于人眼中的晶状体，负责将被观察物体的光线聚焦并投射到图像传感器上形成清晰、准确的图像。机器视觉系统的镜头选择和配置直接影响到系统的分辨率、成像质量、工作范围以及对环境变化的适应能力。

在设计和配置机器视觉系统时，镜头的选择需要考虑以下几个指标。

1）工作波长与变焦需求：首先明确应用的光谱范围，比如使用近红外镜头以穿透表面反射检测玻璃下的瑕疵。同时，根据是否需要调整观测尺度，选择定焦镜头或变焦镜头，以适应不同的检测距离和放大需求。

2）景深管理：特别重要作用于动态生产线或需容忍一定位置偏差的场景，通过精确计算焦距来保证足够的景深，即使目标在小范围内移动也能维持清晰成像。

3）焦距选择：基于工作距离、目标尺寸、所需分辨率和传感器规格，精确定位镜头焦距，以优化视场覆盖和图像细节捕捉。

4）综合考虑其他参数：包括光圈大小（影响曝光时间和图像亮度）、畸变控制、镜头材质与镀膜（提高透光率和图像纯净度）、接口兼容性以及成本效益，这些都是不可或缺的评估要素。

3. 光源

在机器视觉系统的设计与实施中，图像采集的质量直接关联到整体系统的效能，而光源扮演着塑造图像、增强特征识别与维持检测稳定性的重要角色。LED 光源因其实用性、经济性和灵活性，在此领域内尤为受欢迎，其为构建高效、精确的视觉检测系统提供了强有力的支持。

光源选择的主要需要考虑以下指标。

1）对比度：增强图像中感兴趣特征与背景之间的灰度差异，确保特征明显可辨。

2）亮度：足够亮度能减少噪声，提升信噪比，保持良好的图像对比度和景深，避免因光线不足引入的图像质量问题。

3）鲁棒性：光源的均匀稳定照亮是基础，避免局部过曝或欠曝，减少镜面反射干扰，确保在不同角度和区域图像质量的一致性。

4）照明方式：根据检测对象和需求选择合适的照明策略，如暗场照明突出轮廓、侧光增强纹理、垂直光照确保均匀性，每种方式都能在特定应用中发挥最大效用。

5）其他考量：利用单色光源、滤镜、偏振技术等，针对目标物体优化光谱选择，以增强特定特征或减少干扰。

4.2.3　工业图像处理技术

1. 图像增强

图像增强技术旨在改进图像的视觉效果，提升图像的清晰度以及有针对性地凸显或弱化某些特征，以适应特定的应用场景需求。在图像采集、传输和处理过程中，由于噪声干扰、信号衰减等因素，图像质量可能出现明显下降；而镜头失焦、拍摄对象运动模糊等现象也会导致图像细节不清晰。因此需要对图像进行增强以提高图像质量。如图 4-7 所示，图像增强常用的方法有空间域法和频率域法。

（1）空间域法　空间域法是直接在图像像素级别上进行操作，它分为两大子类：

1）点运算方法。点运算方法针对单个像素点执行灰度变换（如线性或非线性变换），以调整整个图像的亮度分布和对比度，直方图均衡化是一种广泛应用的灰度变换技术，通过重新分配像素值，改善图像的整体动态范围。

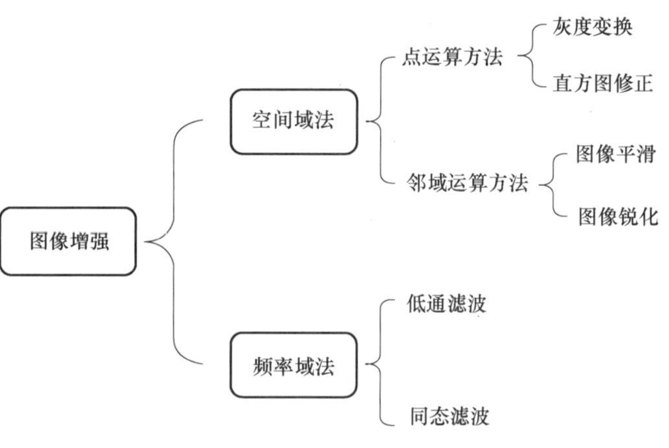

图 4-7　图像增强方法分类

① 灰度变换。在数字图像处理中，将彩色图像转换为灰度图像是一种简化图像表示并降低计算复杂性的常见操作。在彩色图像中，每个像素通常由 R（红）、G（绿）、B（蓝）三个颜色通道的强度值构成，每个通道可以具有从 0 到 255 的不同整数值，组合起来理论上可产生超过 1670 万种不同的颜色。

在转为灰度图像时，通过特定的灰度转换公式（如平均法、加权平均法或亮度法等），将 R、G、B 三个分量整合成一个单一的灰度值。例如，最常用的灰度转换方法之一是将 R、G、B 三个分量按照一定权重相加后除以总权重（通常权重取 1 或 255，使得结果仍在 0~255 范围内），得到的就是该像素点在灰度图像中的灰度值。

灰度变换则是在得到灰度图像的基础上进一步对每个像素的灰度级进行调整的过程。对于图像中的任意一点 s，其在增强后的灰度图像 t 中的对应灰度值可通过一个预定义的灰度变换函数 E 来决定，该函数可能呈现为线性变换、非线性变换或分段线性变换等形式。数学表达上，这种关系可以写作：

$$t=E(s) \tag{4.13}$$

关键在于设计灰度变换函数或规则以满足增强需求，这是图像灰度变换的核心所在。通过精心设计灰度变换函数，可以实现对比度拉伸、直方图均衡化、灰度级调整等多种图像增强效果，从而改善图像细节的表现力和整体视觉质量。

② 直方图修正。直方图修正是图像处理中用于调整图像对比度和亮度的一种方法。该方法的核心在于细致分析图像中各个灰度层次的分布特性，通过以灰度级为横轴，像素出现的频率为纵轴绘制灰度直方图，直观展示每种灰度级与其对应像素数量的关系。这样不仅能够清晰揭示出图像的明暗分布特征及对比度强弱，还能总体上勾勒出图像的视觉概貌。此步骤是后续图像处理工作的关键基础，为深入分析与优化提供了不可或缺的信息依据。

假设图像中像素灰度级为 $L(0\sim255)$，灰度直方图和灰度累计直方图的计算公式分别为

$$h(i)=n_i,\quad 0\leqslant i\leqslant L \tag{4.14}$$

$$c(i)=\sum_{j=1}^{i} n_j,\quad 1\leqslant i\leqslant L \tag{4.15}$$

根据式（4.14）和式（4.15），以 3×3 像素为例，灰度图像和灰度直方图与灰度累计直方图如图 4-8 所示。灰度直方图是图像的一种统计表达，它反映了该图像中不同灰度级出现

的统计概率，是图像重要的统计特征，但其不反映各灰度级的空间位置分布。

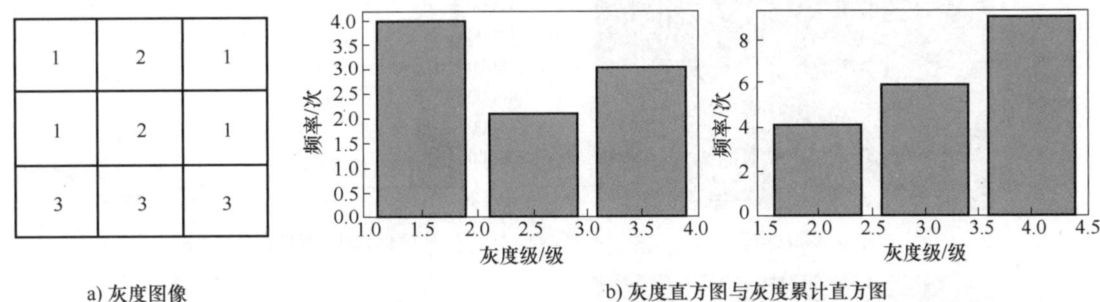

a) 灰度图像　　b) 灰度直方图与灰度累计直方图

图 4-8　灰度图像和灰度直方图与灰度累计直方图

对像素的灰度级作归一化处理，即将像素灰度级为 $L(0\sim255)$ 归一化为 $0\leqslant L\leqslant1$，0 代表黑，1 代表白。灰度直方图的计算公式为

$$p(x_k)=\frac{n_k}{N},\quad 0\leqslant k\leqslant L \tag{4.16}$$

式中，x_k 是像素的灰度级；n_k 是具有灰度 r 的像素的个数；N 是图像中像素总个数；$p(x)$ 称为概率质量函数，其纵轴是概率，其归一化的累计直方图称为累积分布函数。通过图 4-9，可以得出以下结论：

低亮度图像：这类图像的直方图特征表现为灰度级分布集中在较低（暗）区域。这意味着图像中的大部分像素点具有较低的灰度值，整体色调偏暗。在图 4-9b 所示的灰度直方图中，左侧（代表较暗区域）的柱状高度较高，显示了像素数量较多，而右侧高灰度区域的柱状高度则相对较低。

正常亮度图像：对于这样的图像，其直方图（图 4-9d）显示了像素灰度值在中间区域的密集分布特性，意味着图像中的大部分像素灰度均衡地介于高亮与昏暗之间，既不过分偏向极亮也不侧重极度阴暗，展现了良好的灰度平衡。直方图上的峰值出现在中间灰阶部分，两端（最暗和最亮）的灰度级所对应的像素数量相对适中。

通过对灰度直方图的观察和分析，可以直观地了解图像的整体亮度分布、对比度以及是否存在曝光不足或曝光过度的问题，并据此选择合适的图像处理方法来优化图像质量，例如进行直方图均衡化以提高图像的动态范围和对比度。

2）邻域运算方法。邻域运算方法充分利用图像中像素间的空间关联性来有目的地调整图像的视觉特性或提取特定的图像特征。这类方法的核心思想是对待处理的像素及其周围邻域内的像素进行某种联合运算，从而实现对图像局部结构的加工。下面详细展开介绍邻域运算方法中的两个典型应用：图像平滑和图像锐化。

① 图像平滑（Smoothing）。图像平滑，也称为滤波或平滑滤波，其主要目标是减少或消除图像中的噪声，同时保持图像的整体结构和重要细节尽可能不受损。噪声可能源于成像设备的内在缺陷（如热噪声、量子噪声等）、环境干扰（如光照波动、运动模糊等），或是数据传输与存储过程中的误差。图像平滑方法通过计算邻域内像素的某种统计量（如算术平均值、加权平均值、中值等），用以替代原像素值，达到降低噪声强度的效果。

a. 均值滤波（Mean Filtering）：是最简单的平滑方法之一，通过对一个固定大小的邻域

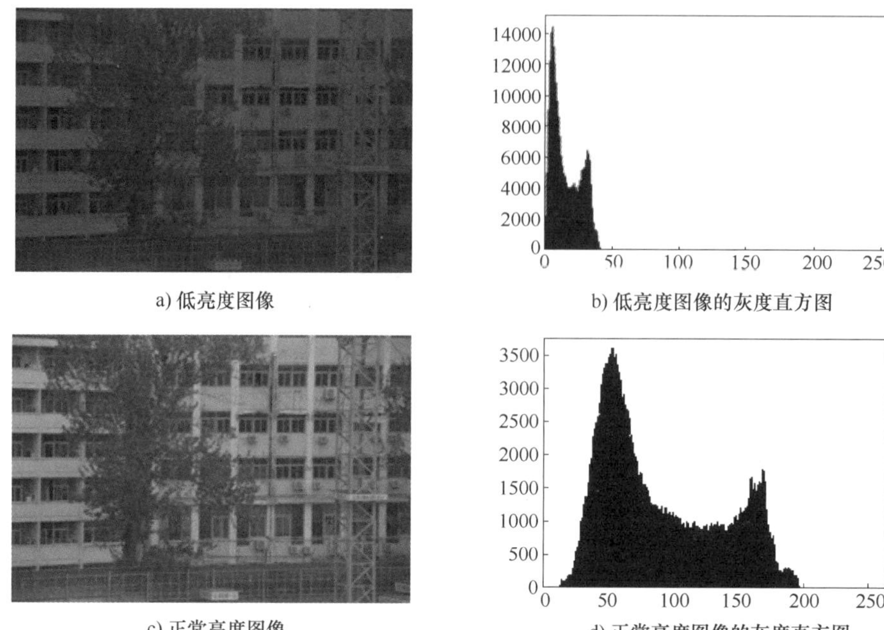

a) 低亮度图像　b) 低亮度图像的灰度直方图

c) 正常亮度图像　d) 正常亮度图像的灰度直方图

图 4-9　低亮度图像与其灰度直方图和正常亮度图像与其灰度直方图

（如 3×3、5×5 等）内的所有像素取算术平均值来代替中心像素的值。这种方法对消除椒盐噪声（像素级离散噪声）效果良好，但可能会导致图像边缘和细节变得模糊。

$$g(x,y)=\frac{1}{|N|}\sum_{(u,v)\in N}f(u,v) \tag{4.17}$$

式中，$g(x,y)$ 为平滑后图像在位置（x,y）处的像素值；$f(u,v)$ 为原始图像在位置（u,v）处的像素值；N 为中心像素（x,y）的邻域，包含所有参与计算的像素坐标对；$|N|$为邻域内像素的数量。

b. 加权均值滤波（Weighted Mean Filtering）：在均值滤波的基础上引入权重系数，使邻域内不同位置的像素对最终结果的贡献不同。权重通常与像素距离中心点的距离有关，距离越近的像素权重越大。例如，高斯滤波就是一种典型的加权均值滤波，其中权重遵循高斯分布，从而赋予邻域内像素以不同的影响力，使得滤波结果更加平滑自然。

$$g(x,y)=\sum_{(u,v)\in N}w(u,v)f(u,v) \tag{4.18}$$

式中，权重满足归一化条件：

$$\sum_{(u,v)\in N}w(u,v)=1 \tag{4.19}$$

对于高斯滤波，权重遵循高斯分布：

$$w(u,v)=\frac{1}{2\pi\sigma^2}\mathrm{e}^{-\frac{(u-x)^2+(v-y)^2}{2\sigma^2}} \tag{4.20}$$

式中，$w(u,v)$ 为邻域内像素（u,v）对平滑结果的贡献权重；σ 为高斯核的标准差。

c. 中值滤波（Median Filtering）：取邻域内所有像素灰度值的中位数作为中心像素的新值。中值滤波对椒盐噪声和脉冲噪声有很好的抑制作用，因为它对异常值具有较高的稳健性，能够在保持边缘清晰的同时有效去除噪声。

$$g(x,y)=\text{median}\{f(u,v):(u,v)\in N\} \tag{4.21}$$

式中，median 为函数，返回一组数值的中位数；$\{f(u,v):(u,v)\in N\}$ 为邻域内所有像素值组成的集合。

d. 双边滤波（Bilateral Filtering）：在考虑空间邻域的同时，还考虑像素间灰度值的相似度，即色彩一致性。这样既能平滑噪声，又能保持边缘和细节，尤其适用于保留纹理信息丰富的图像的平滑处理。

$$g(x,y)=\frac{1}{W(x,y)}\sum_{(u,v)\in N} w_s(x-u,y-v)w_r(f(x,y),f(u,v))f(u,v) \tag{4.22}$$

式中，w_s是空间权重函数；w_r是像素值相似度权重函数；$W(x,y)$ 是归一化常数；$w_s(x-u,y-v)$ 是根据空间距离（$x-u,y-v$）计算的空间权重；$w_r(f(x,y),f(u,v))$ 是根据像素值 $f(x,y)$ 和 $f(u,v)$ 计算的相似度权重；$W(x,y)$ 是与（x,y）相关的归一化常数，确保总权重为 1。

② 图像锐化（Sharpening）。图像锐化的目的与平滑相反，它是通过增强图像的边缘、细节和对比度，使图像看起来更加清晰、细腻。锐化操作通常用来强调图像中的微小变化，使其更加醒目，这对于凸显物体轮廓、增强图像解析力、改善视觉感知等具有重要意义。

a. 拉普拉斯锐化（Laplacian Sharpening）：基于拉普拉斯算子，通过计算中心像素与其邻域像素的灰度差值来检测边缘和细节。正值表示该点可能是边缘，负值则可能代表平坦区域。锐化通常通过将拉普拉斯算子的响应与原图像相加来实现。

$$\nabla^2 f(x,y)=\frac{\partial^2 f}{\partial x^2}+\frac{\partial^2 f}{\partial y^2} \tag{4.23}$$

或在离散形式下为

$$\nabla^2 f(x,y)=f(x+1,y)+f(x-1,y)+f(x,y+1)+f(x,y-1)-4f(x,y) \tag{4.24}$$

锐化操作可以表示为

$$g(x,y)=f(x,y)+k\,\nabla^2 f(x,y) \tag{4.25}$$

式中，k 为锐化增益系数；$\nabla^2 f(x,y)$ 为拉普拉斯算子作用于 $f(x,y)$ 得到的二阶导数。

b. 微分锐化（Differential Sharpening）：使用一阶或二阶导数算子（如 Sobel、Prewitt、Roberts 等）来检测图像梯度，这些算子对图像边缘敏感。锐化过程通常是将导数的绝对值或其平方（以增强对比）与原图像相加。

一阶导数算子（如 Sobel 算子）：

$$\boldsymbol{G}_x=\begin{bmatrix}-1 & 0 & 1\\ -2 & 0 & 2\\ -1 & 0 & 1\end{bmatrix},\quad \boldsymbol{G}_y=\begin{bmatrix}-1 & -2 & -1\\ 0 & 0 & 0\\ 1 & 2 & 1\end{bmatrix}$$

二阶导数(即梯度的模)：

$$|\nabla f(x,y)|=\sqrt{\left(\frac{\partial f}{\partial x}\right)^2+\left(\frac{\partial f}{\partial y}\right)^2} \tag{4.26}$$

或离散形式下的梯度幅值：

$$|\nabla f(x,y)|=\sqrt{(\boldsymbol{G}_x^* f(x,y))^2+(\boldsymbol{G}_y^* f(x,y))^2} \tag{4.27}$$

锐化操作：

$$g(x,y)=f(x,y)+k\mid \nabla f(x,y)\mid^{p} \tag{4.28}$$

式中，k 为锐化增益系数；p 为控制锐化程度的指数，通常取 1 或 2。

c. 高提升滤波（High-Boost Filtering）：通过减去一个平滑版本的图像［如经过低通滤波（Low-pass Filtering）后的图像］与原图像的差值，放大图像中的高频成分（即边缘和细节）。提升的程度由一个增益因子控制，增益越大，锐化效果越明显。

假设平滑图像为 $f_{\text{smooth}}(x,y)$，则高提升滤波结果：

$$g(x,y)=f(x,y)+k(f(x,y)-f_{\text{smooth}}(x,y)) \tag{4.29}$$

式中，k 为提升增益系数；$f_{\text{smooth}}(x,y)$ 为平滑后的图像在（x,y）处的像素值。

综上所述，邻域运算方法利用图像中相邻像素的关系，通过平滑技术有效地消除噪声、改善图像质量，而锐化技术则着重突出图像边缘、增强细节清晰度，二者在图像预处理、视觉增强、特征提取等众多图像处理任务中发挥着不可或缺的作用。这些方法的选择和参数设定应根据具体的应用需求、图像类型和噪声特性来确定，以达到最佳的处理效果。

（2）频率域法　频率域法则是一种基于数学变换的图像处理技术，它借助傅里叶变换（或类似的频域转换方法），将图像从直观的空间域（像素灰度值随位置变化的分布）转换到抽象的频率域（图像中不同频率成分的相对强度分布）。在频率域中，图像被表示为复数形式的频谱，其中不同频率分量对应于图像中不同尺度的变化或纹理。这种转换为图像分析和处理提供了一种全新的视角，特别是在滤波、去噪、锐化等任务中表现出独特的优势。以下对几种常见的频率域增强技术进行详细阐述。

1）低通滤波（Low-pass Filtering）。低通滤波是通过设计一个只允许低频成分通过、同时抑制或消除高频成分的滤波器来进行图像处理。在频率域中，低频成分对应于图像中的缓慢变化区域（如大面积的均匀颜色、平滑过渡的渐变等）以及图像的全局结构信息，而高频成分则对应于快速变化的细节（如边缘、纹理、噪声等）。低通滤波器通常表现为一个频率响应函数（转移函数），其在低频区域具有较大的值，而在高频区域迅速衰减至接近零。低通滤波的主要目的是去除图像中的高频噪声，同时保持图像的低频内容，使得图像整体外观更加平滑，有利于凸显大尺度的结构特征。

低通滤波器的频率响应函数 $H(u,v)$ 通常表现为一个阈值函数或者滚降函数。例如，一个理想低通滤波器的响应函数可以表示为

$$H(u,v)=\begin{cases}1, & \text{如果 } D(u,v)\leqslant D_0\\ 0, & \text{否则}\end{cases} \tag{4.30}$$

式中，$D(u,v)$ 表示频率域中点（u,v）的频率值（如离散傅里叶变换后的坐标）；D_0 为截止频率，即允许通过的最大频率值。实际应用中，更常用的低通滤波器如高斯滤波器、巴特沃思滤波器等具有更平滑的过渡特性。

经过低通滤波处理后的图像频谱 $F'(u,v)$ 可以通过图像频谱 $F(u,v)$ 与低通滤波器的频率响应函数卷积得到：

$$F'(u,v)=F(u,v)*H(u,v) \tag{4.31}$$

2）同态滤波（Homomorphic Filtering）。同态滤波是一种专门针对含有混合光强和色度信息的图像的处理方法，特别适用于处理那些受噪声严重影响的图像。同态滤波的核心思想是利用图像信号的同态特性（即信号在某些变换下的线性叠加性保持不变），将图像分解为

幅度和相位两部分，并分别进行处理，然后再合并回原域。在图像处理过程中，同态滤波首先将图像进行对数变换，将其转化为线性光强和非线性相位的组合，接着在频率域对幅度和相位进行独立滤波，最后通过指数逆变换将处理后的频谱还原为图像空间域。

同态滤波的一般步骤如下。

① 对数变换：

$$L(x,y)=\log(I(x,y)+\eth) \tag{4.32}$$

式中，$I(x,y)$ 为原始图像在位置 (x,y) 的像素值；ð 为一个小的正数（如 1），防止对数运算中的数值问题。

② 傅里叶变换：

$$F(u,v)=F(L(x,y)) \tag{4.33}$$

③ 频率域滤波：

a. 对幅度进行处理：

$$A'(u,v)=A(u,v)H_A(u,v) \tag{4.34}$$

式中，$A(u,v)=|F(u,v)|$为幅度谱；$H_A(u,v)$ 为幅度滤波器的转移函数。

b. 对相位保持不变或进行轻微调整（如平滑）：

$$\Phi'(u,v)=\Phi(u,v) \tag{4.35}$$

c. 合成处理后的频谱：

$$F'(u,v)=A'(u,v)\mathrm{e}^{\mathrm{j}\Phi'(u,v)} \tag{4.36}$$

④ 傅里叶逆变换：

$$L'(x,y)=F^{-1}(F'(u,v)) \tag{4.37}$$

⑤ 指数逆变换恢复图像：

$$I'(x,y)=\mathrm{e}^{L'(x,y)}-\eth \tag{4.38}$$

通过同态滤波，可以同时对图像的幅度（对应于图像的光强信息）和相位（对应于图像的结构信息）进行有针对性的处理，有效改善图像的质量，尤其是在噪声抑制和细节恢复方面表现优异。

2. 图像特征提取

视觉图像特征信息的提取是计算机视觉和机器学习领域中的核心环节。该环节通过如边缘、角点，运用 Canny 边缘检测、Harris 角点检测等算法自动化识别自然特征，这些特征深刻反映图像内容的变动与结构，对物体识别、追踪及场景理解至关重要。颜色特征，如色彩直方图，总结图像色彩布局；纹理特征，通过灰度共生矩阵、LBP（Local Binary Pattern，局部二值模式）等，揭示图像的排列规律。形状特征描绘对象轮廓形态，空间关系特征则表达图像组成部分的相互位置与联系。人工特征基于特定需求设计，如直方图、频谱特征，及尺度不变特征转换（Scale-Invariant Feature Transform，SIFT）、加速稳健特征（Speeded Up Robust Feature，SURF）、ORB（Oriented Fast and Rotated Brief）等局部描述符，强化图像局部不变性特征，在匹配与识别中发挥重要作用。简言之，有效提取与应用自然与人工特征，是构建高性能机器视觉系统的根基。

机器视觉应用中主要用到的特征有边缘特征和点特征，以下介绍这两种特征的提取方法。

（1）边缘特征提取　边缘特征是指图像中呈现明显变化的地方，通常表现为灰度值或颜色强烈变化的区域。这些变化可以通过梯度或二阶导数等方法来检测，常常代表着物体之间的边界或图像中重要结构的位置。在机器视觉和图像处理领域，边缘特征提供了关键的信息。

这些特征有助于捕捉图像中的形状、纹理和结构信息，为许多计算机视觉任务如物体检测、图像分割和目标识别奠定了基础。通过凸显图像中灰度或颜色的变化，边缘特征在图像处理流程中起到重要作用，帮助提高对图像内容的理解和分析。

常见的边缘特征提取方法包括：Sobel 算子，Canny 算子，Laplacian 算子，LoG（Laplacian of Gaussian）算法等。

经典的 Sobel 算子是一种用于图像边缘检测的离散微分算子，它基于图像灰度梯度的变化来确定图像中的边缘位置。具体来说，Sobel 算子由两个 3×3 的卷积核组成，分别用于计算图像在水平方向（x 轴）和垂直方向（y 轴）上的梯度强度。

对于每个像素点，通过将这两个卷积核与该像素及其邻域内的像素进行卷积运算，可以得到该像素点在水平和垂直方向上的梯度值。水平方向上的卷积核用来测量像素亮度在水平方向上的变化率，而垂直方向上的卷积核则用于衡量垂直方向上的亮度变化率。

完成上述卷积操作后，通常会进一步计算每个像素点的梯度幅值和梯度方向。梯度幅值是水平和垂直梯度平方和的二次方根，它可以反映图像局部灰度值变化的程度；梯度方向则是通过 atan2 函数计算得出，指示了图像梯度最大的方向。

最终，通过对整个图像应用 Sobel 算子并获取到所有像素点的梯度信息后，那些具有较大梯度幅值的像素点即被认为是图像边缘的一部分，从而实现了对图像中显著边缘的有效检测。其计算公式为

$$\begin{aligned}\nabla_m I(m,n)=&I(m+1,n-1)+2I(m+1,n)+I(m+1,n+1)-\\&I(m-1,n-1)-2I(m-1,n)-I(m-1,n+1)\end{aligned}\tag{4.39}$$

$$\begin{aligned}\nabla_n I(m,n)=&I(m-1,n+1)+2I(m,n+1)+I(m+1,n+1)-\\&I(m-1,n-1)-2I(m,n-1)-I(m+1,n-1)\end{aligned}\tag{4.40}$$

Sobel 算子模板如图 4-10 所示。

$\nabla_m I(m, n)$

-1	-2	-1
0	0	0
1	2	1

$\nabla_n I(m, n)$

-1	-2	-1
0	0	0
1	2	1

图 4-10　Sobel 算子模板

（2）点特征提取　传统的模板导向的角点检测方法，例如 Harris 角点检测算法，其核心思想是在图像中滑动一个窗口，并分析该窗口内部像素灰度的变化模式。当这个窗口遍历所有方向时，若某区域的灰度值呈现出高度稳定性，则表明该区域缺乏显著特征。相反，如果在某个特定方向上观察到灰度值有显著变化，则可能指示着存在一条边缘。而当无论窗口如何移动，灰度值变化均保持显著时，这一位置极有可能标志着一个角点的存在。

具体来说，Harris 角点检测算子利用自相关矩阵来衡量窗口内各像素灰度值的变化，通过计算特定的锐化度指标（即 Harris 响应函数），确定是否存在角点。另一个类似的 SUSAN（Smallest Univalue Segment Assimilating Nucleus）算法则采用更简单的邻域一致性原则，寻找窗口内具有相似灰度值且与中心像素差异较大的邻域，以此定位角点。

此外，还有许多其他的角点检测算子如 SIFT（Scale-Invariant Feature Transform）、SURF（Speeded Up Robust Feature）、FAST（Features from Accelerated Segment Test）以及 ORB（Oriented FAST and Rotated BRIEF），它们在提高角点检测速度、鲁棒性及尺度不变性等方面进行了优化，为各种复杂的计算机视觉应用提供了强有力的支撑。

4.2.4　目标检测算法

目标检测算法是一种计算机视觉技术，它的核心任务是在输入图像或视频中自动识别并确定感兴趣物体的具体位置和类别。具体来说，目标检测不仅需要识别出图像里有哪些不同的对象，还要为每一个检测到的对象输出一个边界框（Bounding Box），框定对象在其所在空间的精确位置。这种技术的关键在于不仅要完成分类任务（即识别是什么物体），还要解决定位问题（即找出物体在哪里）。

传统的目标检测算法主要依靠人为设计的特征表达如 HOG（Histogram of Oriented Gradient）和 SIFT 以及复杂的分类模型，如 Viola-Jones 目标检测框架，利用级联 AdaBoost 和 Haar-Like 特征实现人脸检测。另一种典型方法是基于滑动窗口或候选区域生成算法，通过在不同位置和尺度下搜索可能的目标区域，然后逐一分析这些区域的特征以进行分类决策。

随着深度学习技术的突破，目标检测算法取得了重大进展。其中，两阶段目标检测算法如 R-CNN（Region-CNN）家族（Fast R-CNN、Faster R-CNN 和 Mask R-CNN）采用深度神经网络生成潜在的目标区域提议，接着对提议区域进行细粒度的分类和边框回归，从而得到精确的目标定位。然而，这类方法由于涉及多个步骤，计算成本较高。

相比之下，单阶段目标检测算法如 YOLO（You Only Look Once）系列、SSD（Single Shot MultiBox Detector）和 RetinaNet 致力于简化流程，直接从全局图像出发一次性预测出所有类别的边界框坐标和相应的类别概率，这使得它们在实时或接近实时的应用场景中表现出优异的速度优势。尽管最初在准确性上可能不及两阶段目标检测算法，但随着算法的迭代优化，单阶段目标检测算法在保持高速度的同时，精度已逐步提高至可与两阶段方法相媲美的水平。

为了适应复杂真实场景中的各种挑战，现代目标检测算法还引入了许多创新策略，包括但不限于多尺度特征融合（整合不同层次的网络特征以处理大小各异的目标）、利用上下文信息增强识别能力、构建特征金字塔网络以适应目标尺度变化，以及设计 Anchor 机制预先定义可能的目标尺寸范围等，这些改进措施极大地提升了算法在处理目标形变、遮挡及降低背景噪声影响等方面的能力，最终实现了更精准且高效的目标检测效果。以下将分别介绍传统目标检测算法和基于深度学习的目标检测算法。

1. 传统目标检测算法

经典的对象检测方法通常依赖于手工设计的特征与分类模型，其执行过程可被概述为三个连续阶段：区域选择、手工特征提取及分类器分类，如图 4-11 所示。

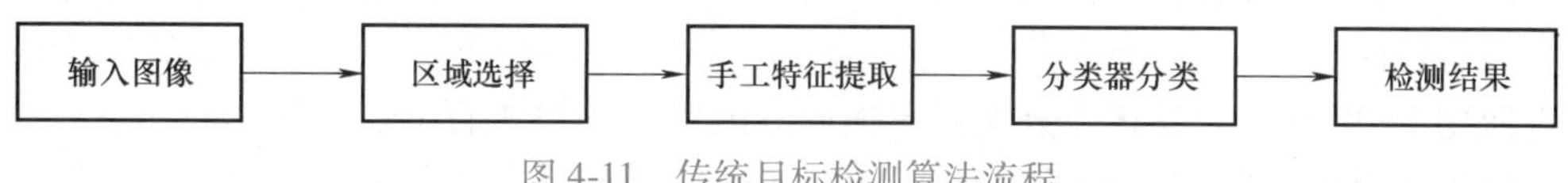

图 4-11　传统目标检测算法流程

在执行目标检测任务时，首要步骤是精准定位图像中各个目标的具体坐标。传统方法采纳了滑动窗口策略，该策略涉及使用多种尺寸的窗口遍历整幅图像，逐一考察作为可能目标区域的每个片段。这一过程伴随着对图像的反复扫描及应用成千上万的滑动窗口，以便探索最合适的尺度与位置组合，随之而来的手工特征提取环节则因庞大的前期运算量而变得异常耗时及资源密集。鉴于上述低效性，科研人员创新性地设计了候选区域驱动的目标检测机制。

基于候选区域的目标检测算法的主要思想是在图像中提取潜在的目标区域，通过利用图像的低级特征，如纹理、颜色和边缘信息，提取具有潜在目标的区域。其中一种典型的方法是选择性搜索（Selective Search），该算法使用分割和合并的策略，生成多样性的候选区域，通过计算出可能存在目标物体的窗口，能够大大减少目标检测的计算量。

在确认了目标物体在图像上的位置之后，接下来的步骤是对该区域实施特征提取，图像特征的选择直接关系到目标检测的准确性，因此是一个核心环节。以往的目标检测技术大多依赖于预设的图像特征，诸如尺度不变特征变换（SIFT）、Haar-Like 特征、方向梯度直方图（HOG），以及局部二值模式（LBP）等。

随后，提取得到的特征将被输入到分类器中进行分类处理，这是实现目标识别的关键步骤。分类器的效能直接影响到目标区分的速度与准确度，在实践中，常用的目标检测分类器有支持向量机（SVM）分类器和 Haar 分类器等。

2. 基于深度学习的目标检测算法

2012 年 AlexNet 和 2013 年 R-CNN 出现以来，传统的目标检测方法已经走到了尽头。基于深度学习的目标检测算法在近年来取得了显著的成功，其主要特点是能够直接从数据中学习特征表示，极大地提高了目标检测的性能。

基于深度学习的目标检测算法按照算法执行步骤的数量划分为两阶段目标检测算法和单阶段目标检测算法。

两阶段目标检测算法通常分为两个阶段。第一阶段生成候选区域，通常称为区域生成阶段，它负责提出可能包含目标的候选区域。第二阶段对这些候选区域进行分类和定位，即目标识别阶段。经典的两阶段目标检测算法有 R-CNN（Region-CNN）、Faster R-CNN、R-FCN（Region-Based Fully Convolutional Network）、特征金字塔（Feature Pyramid Network，FPN）、Cascade R-CNN 等。

R-CNN 是 Ross Girshick 于 2014 年提出的基于候选区域的 CNN 结构。该网络首次表明，将 CNN 与候选区域和特征提取结合，能够比手工特征提取在目标检测网络上得到更好的性能，深度学习方法也自此在目标检测领域确立了绝对的优势。

R-CNN 检测框架如图 4-12 所示，具体如下。

1）利用选择性搜索算法对输入图像进行区域选择，提取 2000 个左右的候选区域。

2）由于网络结构中存在全连接层，需要将提取出的候选区域统一尺寸，此处将尺寸缩放至 227×227 像素，再适当扩大以获取更多上下文信息。

3）使用卷积神经网络对每个归一化后的候选区域做特征提取操作，从每个候选区域提取 4096 维的特征向量。

4）使用 SVM 分类器或其他分类器对提取到的特征向量进行分类识别。

5）使用边界框回归（Bounding Box Regression）微调边框位置。

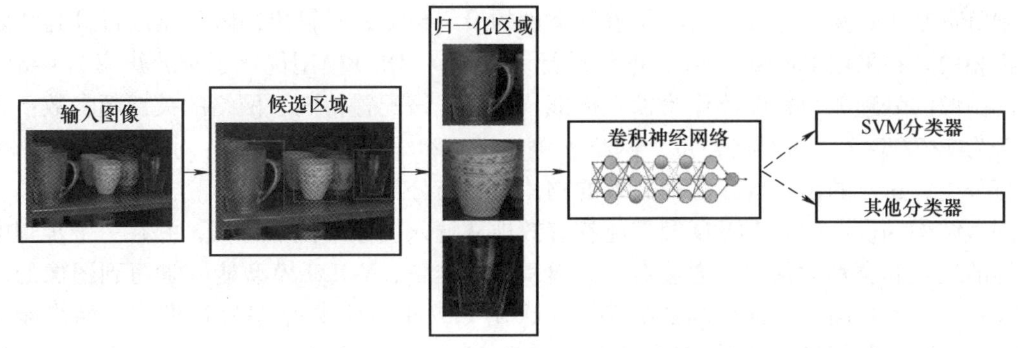

图 4-12　R-CNN 检测框架

单阶段目标检测算法将目标检测任务视为直接回归问题，通过一个统一的网络结构同时完成目标的分类和位置回归，省略了两阶段目标检测算法中的区域生成和目标识别两个步骤。这样的设计简化了整体流程，减少了计算开销。经典的单阶段目标检测算法有：YOLO、SSD、RetinaNet 等。

YOLO（You Only Look Once）检测算法将目标检测任务视为单阶段的回归问题，通过学习从图像像素到边框坐标和类别概率的映射。YOLO 算法的工作流程包括以下三个步骤：

1）图像预处理：YOLO 检测算法首先将输入图像的大小调整为 448×448 像素，为后续处理做准备。

2）神经网络处理：YOLO 检测算法使用一个卷积神经网络对图像进行处理，同时预测图像中多个边框以及它们所属的目标类别。

3）NMS 处理：为了消除重复的边框，YOLO 检测算法使用非极大值抑制（NMS）的方法。NMS 会保留具有高类别概率的边框，并消除与这些边框交并比（Intersection over Union，IoU）高于阈值的其他边框，以确保最终的检测结果具有高度准确性。

YOLO 检测算法将输入图片分割成 $S\times S$ 个网格，每个网格负责检测其中心点落在该网格内的对象。如果物体的中心点坐标位于某个网格单元内，那么该网格单元负责对这个物体进行预测。每个网格单元预测 B 个边框以及这些边框对应的置信度得分。

每个边界框由五个要素构成：x 坐标、y 坐标、宽度 w、高度 h 及置信度（Confidence）。在这一机制下，每个单元格生成 B 组包含（x,y,w,h,Confidence）的向量预测。这里，(x,y) 标示了边界框中心相对于所属网格单元的位置偏移，其数值范围限制在 0 到 1 之间。而 w 与 h，代表边界框的宽度和高度，均经过归一化处理，即分别除以图像的总宽度和高度，确保它们的取值也在 0 到 1 区间内。置信度计算结合了物体存在概率［$Pr(\text{Object})$］与预测边界框与实际边界框之间的交并比（IoU），公式可表达为 $Pr(\text{Object})\times \text{IoU}$，其中 IoU 作为评估两区域重叠程度的指标，体现了预测边界与真实边界覆盖区域的比例。

此外，每个网格单元除了预测边界框之外，还需对 C 个预定义类别进行条件概率预测，即 $Pr(\text{Class}|\text{Object})$，该值反映了如果网格内存在物体时，该物体属于某一特定类别的概率。因此，预测某窗口内目标分类情况的置信度公式为

$$\text{Confidence}=Pr(\text{Object})\,\text{IoU}_m Pr(\text{Class}|\text{Object}) \tag{4.41}$$

YOLO 检测算法的架构起源于 GoogleNet，构建于 24 层卷积层与 2 个全连接层的基础之上，巧妙融合了特征提取与预测功能。卷积层专注于从图像中挖掘有用的特征信息，而全连

接层则负责基于这些特征进行目标位置与类别的最终预测，其输出矩阵的维度设计与特定配置紧密相关。在采用 Pascal VOC 数据集进行训练时，YOLO 模型优化了对分辨率为 448×448 像素的图像的处理能力，以此作为输入标准。此外，该配置特定了网络的关键超参数：将图像划分为 7×7（$S=7$）的网格，每个网格预测 2（$B=2$）个边界框，并针对 20（$C=20$）个类别进行分类，这样的设计旨在实现高效的物体检测与分类。

网络结构的设计使得 YOLO 模型能够有效地从输入图像中提取特征，并在一个步骤中完成目标的位置和类别的预测。通过对大量卷积层的堆叠，YOLO 模型能够学习到图像的高级特征表示，从而提高了目标检测的准确性。采用 Pascal VOC 数据集进行训练，网络能够识别 20 个不同类别的目标。输入图像的分辨率为 448×448，这是为了在保持检测准确性的同时，提高算法的运行效率。

YOLO 模型具有以下优点：

1）高速实时检测：YOLO 模型能够实现高达 45 帧/s 的检测速度，甚至在体积较小的版本下，速度可达到 150 帧/s。这使得它成为实时目标检测的理想选择，而且相较于之前的实时目标检测模型，其准确率提高了一倍。

2）全图上下文信息：YOLO 模型以整幅图像作为输入，能够获取更多的上下文信息，更好地把握图像中各部分的内在关系。相对于基于目标候选框的检测模型（如 Fast R-CNN），YOLO 模型减少了背景错误，因为它在整个图像上进行预测，不容易忽略图像中的内在关联性。

3）优秀的泛化性能：经过自然图像训练的 YOLO 模型，能在处理人造图像时展现出更高的精确性，彰显出其强大的适应新情境的能力。该算法采用的端到端网络架构，与人脑神经网络模型颇为相似，这使得经训练后的网络能够展现出超越预设功能的潜能。

尽管 YOLO 模型在高速实时检测、全图上下文信息和泛化性能方面表现出色，但也存在一些限制，如对密集小物体的检测表现较差。由于网格设置较为稀疏，每个网格只预测 2 个边界框，可能导致对一些场景的适应性相对较低。此外，由于分类部分的损失函数参数共享，一个网格内只能检测一个目标，限制了在同一网格内检测多个目标的能力。

4.2.5 自动定位技术

自动定位技术是机器视觉领域中一项关键而广泛应用的技术，它通过摄像机或其他视觉传感器获取图像信息，并借助计算机视觉算法实现对目标物体的准确定位。这项技术在工业自动化、机器人技术、智能监控、医疗影像等领域中发挥着重要作用，为实现自动化、智能化的生产和服务提供了强大的支持。

自动定位技术的核心任务是确定目标物体在图像中的位置和姿态，以便进行后续的处理、控制或分析。通常包括图像采集、图像预处理、特征提取、特征匹配、定位精度优化、目标识别和输出结果等步骤，如图 4-13 所示。

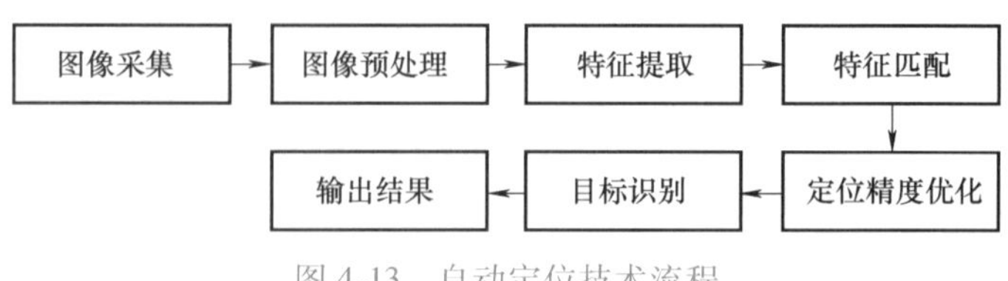

图 4-13　自动定位技术流程

首先，图像采集是自动定位技术的基础，通过安装在特定位置的高清摄像机或多视角摄像系统，连续或按需捕获目标区域的静态图像或实时视频流。在图像获取阶段，可能利用到高级的图像传感器技术和同步曝光控制，确保图像质量足够清晰，利于后续处理。

接下来，对捕获的原始图像进行一系列预处理操作，其中包括但不限于噪声抑制（如使用中值滤波或卡尔曼滤波器去除图像噪声）、亮度和对比度调整（如直方图均衡化以改善图像整体灰度分布）、边缘检测和锐化（如 Canny 算法或 Sobel 算子强化目标物体的轮廓特征），这些预处理步骤都是为了优化图像特征，提高后续算法的识别和定位准确度。

在预处理之后，采用特征提取算法从预处理过的图像中提取出目标物体独特的几何特征（如 HOG、SIFT、SURF 等）、颜色特征（如 HSV 直方图、颜色聚类）以及纹理特征（如 Gabor 滤波器、LBP 算子）。这些特征构成目标物体的视觉描述符，便于系统进行识别和定位。

紧接着，利用特征匹配技术，如基于最近邻搜索（*k*NN）、余弦相似度或匈牙利匹配算法，将提取到的图像特征与预先训练好的目标模板数据库中的特征进行比较，以此确定图像中潜在目标的位置和姿态。在复杂的背景下，可能还会结合候选区域生成技术［如 Selective Search 或 Region Proposal Network（RPN）］来减少无效搜索范围，提高匹配效率。

在目标位置初步确定的基础上，进行定位精度优化，可能涉及边界框回归［如在目标检测算法中使用的边界框优化（Bounding Box Refinement）］、多帧融合以减少抖动引起的定位偏差，或者通过三维重建技术结合深度信息进一步提升空间定位精度，剔除环境干扰因素的影响。

随后进入目标识别阶段，利用深度学习模型如卷积神经网络（CNN）进行分类，区分不同种类的目标，或是利用光学字符识别（Optical Character Recognition，OCR）技术识别文字标识，以确定目标的具体身份或类别属性。

最后，将定位与识别的结果进行整合输出，一般以二维或三维坐标系中的坐标值、角度值以及其他相关参数的形式表示目标在图像或现实场景中的精确位置信息，供下游应用系统进行决策或操控。

自动定位技术在工业自动化领域中发挥了巨大的作用。在生产线上，通过自动定位技术可以实现对产品的精确定位和质量检测，确保产品质量和一致性。在机器人技术中，自动定位技术是实现精准抓取、装配和导航的关键技术，为机器人在复杂环境中的操作提供了可靠支持。在智能监控系统中，自动定位技术用于实现对监控区域内目标的实时定位和跟踪，提升了监控系统的效能和反应速度。在医疗影像领域中，自动定位技术可用于图像识别、病变定位等应用，为医学诊断提供了重要的辅助信息。

4.3 工业机器听觉

4.3.1 机器听觉基本概念

机器听觉是感知智能领域中的一个重要分支，旨在使计算机系统具备类似人类听觉系统的感知和理解能力。机器听觉的概念涵盖了从环境中捕获声音信号到对声音进行深入分析和理解的全过程。人耳能够感知广泛的声音频率和频谱，而机器听觉旨在通过传感器和算法模拟这一过程。通过使用声音传感器，机器听觉系统能够捕捉来自不同源头的声音信号，这些信号可以是语音、音乐、环境噪声等。随后，机器听觉通过信号处理技术对其进行特征提取，将声音转换为数字化的表示，以便计算机进行进一步分析。

机器听觉的发展经历了多个阶段。早期的研究主要集中在音频信号的基本处理和特征提取上，如梅尔（Mel）频率倒谱系数等。随着深度学习技术的兴起，机器听觉进入了一个新的阶段。深度神经网络被广泛应用于语音识别、语音生成等任务，极大提高了机器听觉的性能和准确性。

机器听觉在许多领域都取得了显著的应用成果。在语音识别领域，机器听觉系统被广泛应用于语音助手、语音命令识别、语音翻译等场景，为用户提供更智能和便捷的交互方式。机器听觉在环境感知方面也有着广泛的应用，如噪声监测、声音事件检测、智能监控等，为城市管理和智能交通等领域提供了重要支持。

4.3.2 工业音频信号采集

声波在物理空间中是以振动的形式通过介质（如空气）进行传播的。如图 4-14 所示，当人说话或产生其他声音时，这些声波会向周围环境扩散，并被传声器（俗称麦克风）等音频传感器捕捉，再被转换成模拟的语音信号，这些语言信号经过采样，变成数字信号，再进一步经过量化，采样的每一个样本值会被转换成有限数量级的离散的数字信号，即将连续的幅度等级映射到一个固定的数值集合上，量化后的数字信号被编码为二进制数据流，最终形成可以被计算机读取和储存的数字信号，这种文件格式常见于 WAV（Waveform Audio）、MP3（MPEG Audio Layer 3）、AAC（Advanced Audio Coding）等各种音频文件格式中，通常称之为波形文件。

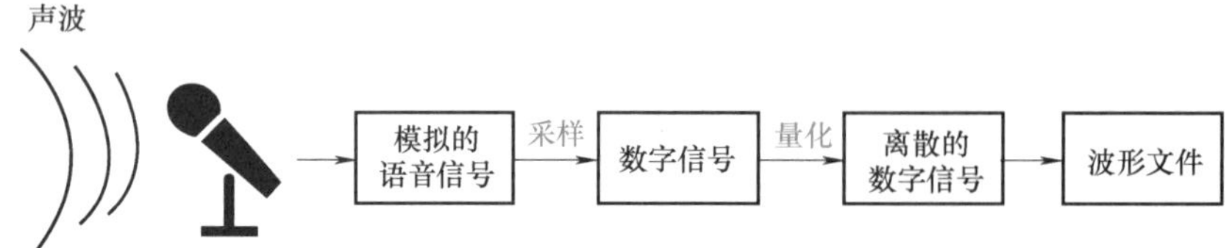

图 4-14　音频信号采集流程

本小节根据上述音频信号采集流程，分别对音频信号的接收装置（传声器）、音频信号的采样、量化、编码过程加以介绍。

1. 音频信号的接收

传声器是最常见的声音接收装置之一，其原理是将声波转换成电信号以捕捉音频信号。主要有两种类型：动圈式传声器和电容式传声器。

动圈式传声器利用电磁感应原理工作，其内部的振动膜与线圈相连，在声波作用下振动并通过磁场产生电流。由于其结构较为简单且坚固耐用，动圈式传声器在各种嘈杂环境中表现出良好的稳定性，输出阻抗较低意味着即使通过长距离电缆传输信号，也能保持相对稳定的信号强度和灵敏度，不易受电缆的电阻影响。此外，动圈式传声器对环境温湿度变化不敏感，因此常被用于现场扩音、舞台表演、广播电台、会议系统等场合，虽然在高频响应和细节捕捉上可能不及电容式传声器，但在实际应用中仍能提供可靠的音频信号接收效果。

相比之下，电容式传声器则以其卓越的音质表现和更高的灵敏度著称，能够捕捉到更为细腻丰富的声音细节。然而，这类传声器一般需要额外供电以维持正常工作状态，因此常被专业级用户选用，并广泛适用于对音质有严苛要求的场所，包括录音棚的专业录制、音乐制作等高标准应用场景。

随着现代生产工艺的发展，现在工业上广泛采用 MEMS（Micro-Electro-Mechanical Systems）传声器。MEMS 传声器从原理上依然属于电容式传声器，其中一个电容器集成在微硅晶片上，可以采用表贴工艺进行制造，具有体积小、耐热性好、一致性好、稳定性好、可靠性高、抗射频干扰等优势，还可以输出数字信号并有利于智能化发展，特别适合用在中高端手机应用中，也适合用于进行远场语音交互的传声器阵列。

传声器性能的评估涉及多个核心指标，这些指标共同决定了传声器在不同应用场景中的适用性和表现能力。以下是主要性能指标的详细解析：

（1）灵敏度　这一指标反映了传声器转换声波能量为语音信号的能力。通常，灵敏度越高，传声器对微弱声波的捕捉能力越强。灵敏度的量化通常采用 mV/Pa 作为单位，但行业惯例更倾向于使用分贝（dB）来表达，其中 0dB 参考值为 1V/Pa。传声器的灵敏度若低于 1V/Pa，其 dB 值为负，这并不意味着性能不佳，而是表明其能够对微小声压级作出精细反应，适用于录音棚等对细节捕捉要求高的环境。

（2）指向性　指向性描述了传声器对不同方向音频信号的接收特性。全指向性传声器对所有方向的音频信号几乎同等敏感，适合需要全方位收音的场合，但可能在嘈杂环境中难以保持高信噪比。心形指向传声器正面最为敏感，向两侧和背面逐渐减弱，适用于多数演讲、演唱和采访场景，能有效抑制不必要的环境噪声。超心形和单指向性传声器的正面接收角度更窄，对侧面和背面的隔音效果更佳，特别适合舞台演出和高噪声环境，以确保主要声源的清晰录制。

（3）频率响应　这一参数展示了传声器在不同频率上的响应一致性，理想的频率响应应该是平坦且宽广的，覆盖人类听力范围（20Hz~20kHz）。一个平坦的响应曲线意味着传声器在所有频率上都能均衡地捕捉声波，不对任何频率段进行过度放大或衰减，这对于忠实还原音质至关重要，特别是在音乐录制和专业音响制作中。

（4）阻抗　传声器信号是交流电压。阻抗是音频信号电压的“交流电阻”，以欧姆（Ω）为测量单位，阻抗控制音频信号的流动。输出阻抗是传声器在其输出连接上的固有阻抗。传声器的输出阻抗分为高阻抗和低阻抗两种。高阻抗传声器的输出阻抗通常在 2~3kΩ 以上，而低阻抗传声器的输出阻抗一般在 1kΩ 以下。高阻抗传声器具有较高的灵敏度，而低阻抗传声器适合长距离采集传输，即使连接线拉得较长也不会改变其特性，音质几乎不受影响，也很少受到外界信号干扰。

对于远距离识别（又称远场识别），仅仅使用单个传声器采集语音是不足够的。在这种情况下，单一传声器无法确定语音的方位，也无法进行有效的语音增强。因此，为了更好地满足远场识别的需求，通常需要采用传声器阵列技术。

（5）传声器阵列　传声器阵列通过使用两个或更多的传声器，提供了更全面的音频信号采集和定位能力。传声器阵列可以采用多种排列方式，包括线形和圆形等，以实现以下主要功能：

1）语音增强（Speech Enhancement）：传声器阵列通过同时采集多个传声器的信号，将它们耦合为一个信号。这样的配置在多个传声器的正前方形成一个接收区域，通过削减传声器侧向的收音效果，最大程度地过滤掉环境背景声音，抑制噪声，从而增强正前方传来的语音信号。这有助于提高语音识别的准确性和清晰度。

2）声源定位（Source Localization）：传声器阵列可以通过分析不同传声器之间的声音差异，确定声源的方向。这种功能对于定位语音信号的来源非常重要，尤其在复杂的环境中。

3）去混响（Dereverberation）：传声器阵列可以帮助减少声波在封闭空间中反射而产生的混响效应。通过特定的信号处理技术，可以有效地降低或消除混响，提高语音的清晰度和可理解性。

4）声源信号提取（分离）：传声器阵列可以分析多个传声器的信号，以提取特定声源的信号。这在复杂环境中，例如多人交流或有多个声源的情况下，有助于保留感兴趣的语音信号。

传声器阵列通过波束形成（Beamforming）的技术，实现了空间指向性。这意味着系统可以有效地抑制主瓣以外的声音干扰，包括旁边其他人的声音，通过这种技术，传声器阵列可以更精确地聚焦在特定方向上的声音源，提高系统的性能和抗干扰能力。

2. 音频信号的采样

音频信号的采样过程涉及将模拟的语言信号转换为数字信号。采样的目的是为了以最大可能的一致性复现原始语音。采样频率是指每秒钟采集声音样本的数量，其计量单位是赫兹（Hz）。具体而言，就是将原始语音信号的连续波形通过采样过程转化为一系列离散的数字信号。

在这个过程中，模拟的语音信号被定期抽样，每秒进行多次采样。每个采样点都记录了在给定时刻语音信号的幅度值。这样的采样过程是为了数字化处理和传输音频信号，从而更方便地进行存储、处理和传输。

音频信号的采样也需要遵循奈奎斯特（Nyquist）采样定理，为了完整保留原始语音信号中的信息，采样频率必须大于语音信号最高频率的两倍。如果采样频率低于语音信号最高频率的两倍，就会发生采样信号的折叠失真。

人耳能听到的频率范围通常在20Hz到20kHz之间，而发声的基音频率一般在70Hz到450Hz之间。通过口腔和鼻腔产生的谐波（周期性信号）频率主要在4kHz以内，但也存在一部分在4kHz到8kHz之间。

由于电话和嵌入式设备的存储空间或带宽受限，因此它们一般采用较低的采样频率，通常为8kHz。手机和个人计算机等设备则采用16kHz的采样频率，这是目前主流的采样频率。相比之下，CD的采样频率达到了无损的程度，为44.1kHz。

采样频率的选择与设备用途和性能要求有关。较低的采样频率可以节省存储空间和带宽，适用于语音通信等场景。较高的采样频率则能更准确地还原声音细节，适用于音乐录制和高保真音频。采样频率越高，采集的时间间隔越短，相应的音频损失也就越小，但同时也会增加数据量和存储需求。因此，在选择采样频率时需要权衡存储和音质等因素。

3. 音频信号的量化

音频信号在被采样后，模拟的语言信号会变成数字信号。音频信号的量化过程涉及将每个采样值在幅度上进行离散化处理，转换为整型数值。图 4-15 展示了量化前后的音频信号波形。图 4-15b 显示的是量化后的音频信号波形，与图 4-15a 的量化前的音频信号波形相比，可以看出二者存在较大的差异。量化位数表示每次采样所使用的二进制位数，而量化过程引入的失真是一种不可逆的变化。

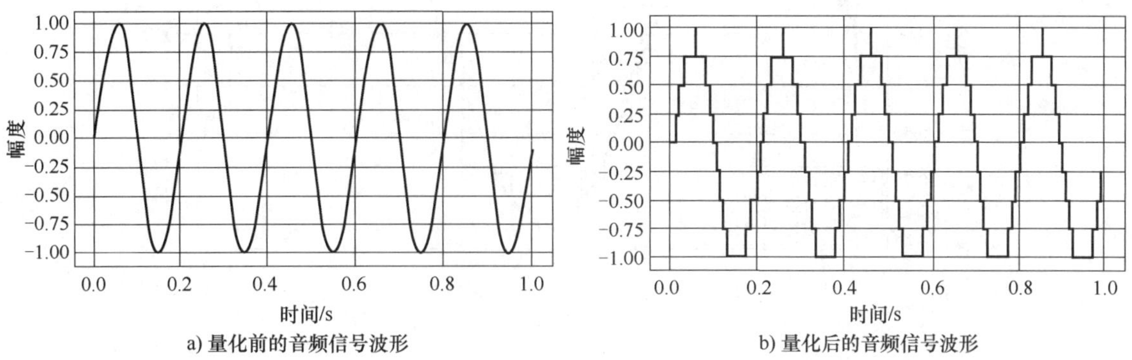

图 4-15　量化前后的音频信号波形

量化失真是将连续的模拟的语音信号映射到离散的数字信号而引起的。量化位数的选择在一定程度上决定了数字表示的精度。一般而言，量化位数可以是 4 位、8 位、16 位、32 位等，其中 16 位是一种常见的选择。

随着量化位数的增加，数字表示的精度提高，失真减少，但相应地，占用的存储空间也增加。通常，16 位的量化位数被广泛采用，因为它在提供相对高精度的同时，仍然具有合理的存储效率。在实际应用中，选择合适的量化位数是在精度和资源消耗之间进行权衡的关键。

图 4-16 展示了两种常见的量化方法：均匀量化和非均匀量化。

1）均匀量化：这种方法使用相等的量化间隔，即将整个输入范围等分为多个区间。每个区间的大小是相同的，导致在整个输入范围内采样点的分布均匀。均匀量化简单直观，但在处理一些具有不均匀分布的输入信号时，可能会导致精度损失。

如果一个信号 x 被量化为最近的量化级 Q，且量化间隔为 Δ，则量化后的信号 x_q 可以近似表示为

$$x_q = Q\Delta, \quad Q = \text{round}\left(\frac{x}{\Delta}\right) \tag{4.42}$$

2）非均匀量化：非均匀量化是根据信号的不同区间来确定量化间隔的。对于信号取值小的区间，其量化间隔也小，反之，量化间隔就大。这样的设计允许在精度损失相对较小的情况下，使用较少的量化位数来表示信号。非均匀量化在处理动态范围较大的输入信号时，能够更好地适应信号的分布，减少存储空间的需求。

在实际应用中，选择均匀量化或非均匀量化取决于输入信号的特性以及对精度和存储空间的要求。均匀量化通常更简单，而非均匀量化更适用于某些特定的信号分布情况。

4. 音频信号的编码

语音编码技术起源于通信行业，早在 1975 年初，美国就成功利用线性预测编码（LPC）声码器实现了分组语音电话会议的传输。随着技术的迭代升级，到 1988 年，美国发布了

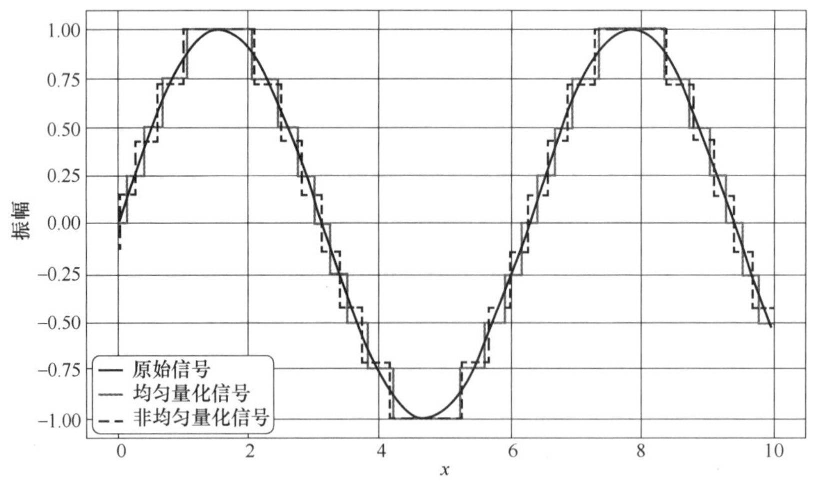

图 4-16　均匀量化和非均匀量化

4.8kbit/s 码激励线性预测编码（CELP）这一具有里程碑意义的语音编码标准算法，标志着语音编码技术进入了一个新的阶段。

随着互联网技术的繁荣以及语音编码技术的深入发展，20 世纪 90 年代迎来了 IP 分组语音通信技术的重大突破，例如在网络游戏内实现的语音聊天功能就是采用了 IP 电话技术。在此期间，国际上还制定了多种广泛采用的语音编码标准，包括 G.723.1（数据率为 5.3/6.3kbit/s）和 G.729（数据率为 8kbit/s），它们极大地推动了语音通信的质量和效率提升。

在语音存储应用领域，同样需要对语音进行编码以减小存储空间占用并方便传输。其中，PCM（脉冲编码调制）、MP3 等是常用的音频编码格式。

PCM 编码是一种将模拟的语音信号转化为数字信号的过程，通过采样、量化和编码三个步骤来完成。其最大优点在于能够无损地保留原始音质，但由此带来的问题是存储空间需求较大。常见的 PCM 编码格式有适用于 PC（个人计算机）传声器录音的宽带 PCM（16kHz 采样频率，16 位量化位数）。这种编码可以保存未经封装的 PCM 原始数据文件（.raw 格式）或封装后的 Microsoft WAV 格式文件。此外，自适应差分 PCM（ADPCM）作为一种改进型编码方式，通过对相邻样本进行预测和差值编码，大幅提高了压缩比，常被封装成 Microsoft ADPCM 格式的 WAV 文件存储。

MP3 编码则是一种针对语音及音乐数据设计的高效有损压缩格式，压缩比率高达 10∶1 至 12∶1。它借鉴人耳的听觉特性，运用“感知编码”原理，在确保声音质量可接受的同时，大大降低了数据量。MP3 编码通过对音频信号进行智能筛选与编码，去除部分人耳不易察觉的信息，从而实现了高音质与高压缩率的平衡。

4.3.3　音频信号特征

首先定义音频信号中常用的时域信号模型。设传声器接收的原始音频（混有噪声的）信号为 $\boldsymbol{y}(n)$，包括干净的目标语音信号 $\boldsymbol{x}(n)$ 和噪声信号 $\boldsymbol{v}(n)$，其中 n 是经过时域采样之后的各个采样点编号，于是这三者之间的关系可以表示为

$$\boldsymbol{y}(n)=\boldsymbol{x}(n)+\boldsymbol{v}(n) \tag{4.43}$$

原始音频信号 $\boldsymbol{y}(n)$ 是不定长的时序信号，不适合直接作为机器学习，深度学习的算法输入，一般需要转换为特定的特征表示，这个过程称为音频信号特征提取。

在音频分析领域中，广泛采用了一系列关键特征参数来表征声音信号的特性，包括但不限于梅尔频率倒谱系数（Mel Frequency Cepstral Coefficient，MFCC）、感知线性预测（Perceptual Linear Prediction，PLP）系数、滤波器组（Filter-Bank，FBank）分析、语谱图（Spectrogram），以及常数 Q 倒谱系数（Constant-Q Cepstral Coefficient，CQCC）等。值得注意的是，无论是构建语谱图、FBank 特征、MFCC 特征还是 PLP 特征，它们均首先依赖于对原始音频信号进行短时傅里叶变换（STFT）以从时域转换至频域。

1. 语谱图

语谱图（Spectrogram）是一种表示语音信号频率内容随时间变化的可视化工具。它通过二维图像展示不同频段的语音信号强度如何随时间变化。生成语谱图的过程如下：

1）对语音信号进行短时傅里叶变换（STFT），将语音信号从时域转换到频域。STFT 能够提供语音信号在特定时间窗口内的频谱信息。

2）STFT 产生的是一个复数矩阵，其模值（幅度）代表语音信号在该时间窗口和频率间隔的能量。由于 STFT 结果是对称的，通常只取正频率轴的部分。

3）将每个时间窗口（帧）的频谱幅度按时间顺序排列，形成一系列的频谱图。

4）在语谱图中，横坐标代表时间，纵坐标代表频率，而颜色或灰度的不同深浅用来表示频谱值的大小。颜色深的区域表示该时间和频率点的语音信号能量较强，而颜色浅的区域则表示语音信号能量较弱。

语谱图可以直观地显示出语音信号中的音高、共振峰、语音的起始和结束，以及其他特征，如图 4-17 所示。

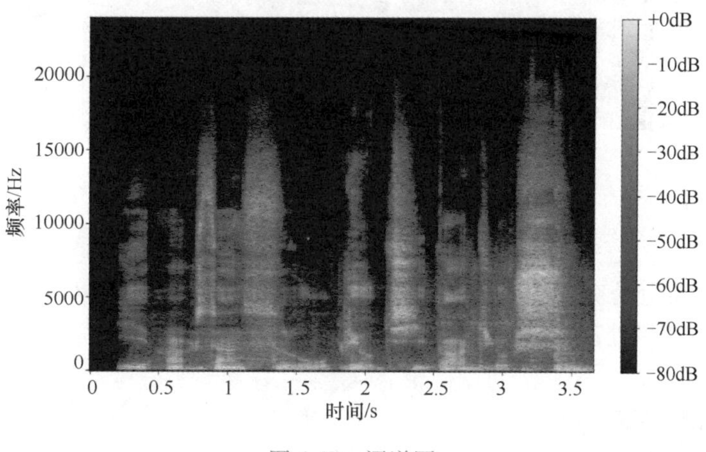

图 4-17　语谱图

语谱图是语音处理和语音识别中常用的一种特征表示方法，因为它能够提供丰富的时间和频率信息，有助于分析和理解语音信号的特性。

2. 滤波器组

滤波器组（Filter Bank，FBank）是一种常用的语音信号特征提取方法，它主要基于人耳听觉特性设计了一组滤波器来捕获语音信号的频谱特征。以下是 FBank 特征提取的基本步骤。

（1）预加重　首先，对原始语音信号进行预加重处理。预加重的目的是强调高频部分，减少语音信号中较低频部分的能量损失。通常使用一阶滤波器对信号进行预加重。

（2）分帧　将预加重后的语音信号分成多个重叠的帧。每个帧通常包含约 20～40ms 的语音信号，相邻帧之间有一定的重叠。分帧可以使用移动窗口的方式实现，通常采用汉明窗或汉宁窗对每个帧进行加窗。

（3）短时傅里叶变换　对每个帧的语音信号进行短时傅里叶变换（STFT），将时域信号转换为频域信号。STFT 可以对语音信号在一小段时间内的频谱信息进行分析，得到每个帧的频谱能量分布。

（4）滤波器组运算　在频域上，对每个帧的频谱信号通过一组滤波器进行滤波操作。这组滤波器通常是三角形滤波器组或梅尔滤波器组。这些滤波器的频率响应在梅尔频率尺度上是均匀分布的，以模拟人耳对频率的感知。

滤波器组运算通常包括对每个帧的频谱信号进行滤波器组加权求和，并对结果取对数（通常是以 10 为底），得到每个帧的 FBank 特征向量。FBank 特征如图 4-18 所示。

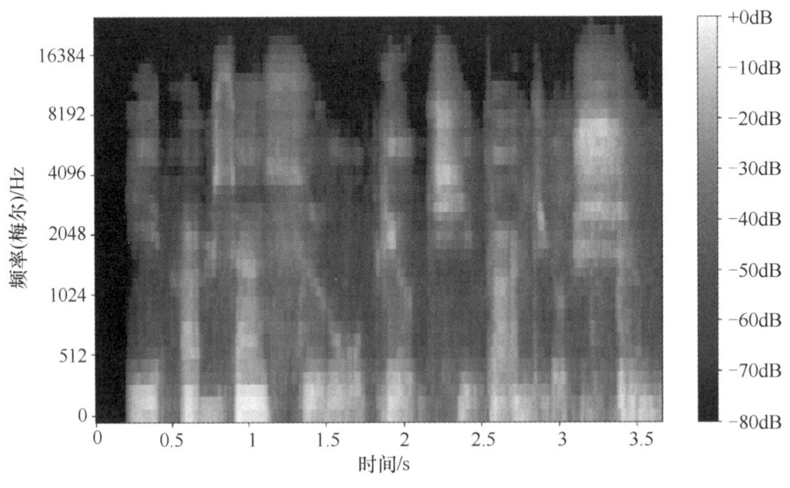

图 4-18　FBank 特征

FBank 特征本质上是对数功率谱，包括低频和高频信息，但是相比于语谱图，FBank 特征经过了梅尔滤波器组处理，其被依据人耳听觉感知特性进行了压缩，从而抑制了一部分听觉无法感知的冗余信息。

3. 梅尔频率倒谱系数

梅尔频率倒谱系数（MFCC）提取流程如图 4-19 所示，可以概括为以下步骤：

（1）预处理　首先对语音信号进行预加重，以平衡频谱。然后对信号进行分帧处理，将连续的语音信号分割成短时帧。接着对每一帧应用汉明窗（Hamming Window）以减少帧边缘的频谱泄露。

（2）短时傅里叶变换（STFT）　对加窗后的每一帧信号进行 STFT，得到其频谱表示。

（3）梅尔滤波器组　将 STFT 得到的频谱通过梅尔滤波器组，该滤波器组模拟了人耳的听觉感知特性，将实际频率转换为梅尔刻度下的频带。每个滤波器输出的能量谱被叠加，得到第 k 个滤波器的输出功率谱 $X[k]$。

（4）取对数　对每个滤波器的输出功率谱取对数，得到对数功率谱。

（5）离散余弦变换（DCT）　对对数功率谱进行离散余弦变换（DCT），得到 L 个 MFCC。这些系数构成语音信号的 MFCC 特征。

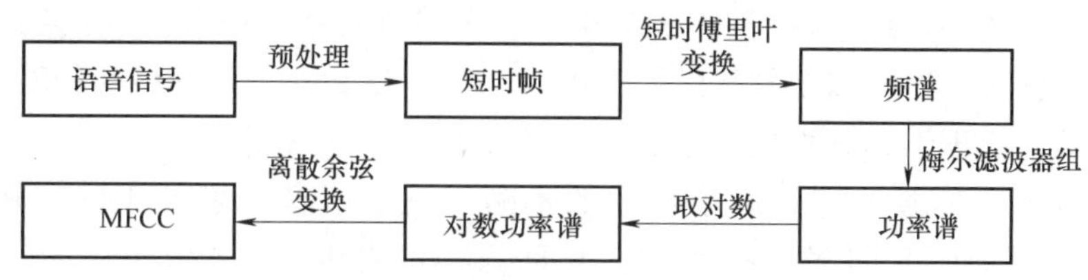

图 4-19　梅尔频率倒谱系数提取流程

4. 感知线性预测

感知线性预测（PLP）是一种基于人耳听觉模型的特征参数，它通过线性预测方法对语音信号进行解卷积处理，从而获得相应的声学特征参数。PLP 特征提取的主要步骤如下：

（1）预加重、分帧、加窗处理　对语音信号进行预加重、分帧和加窗处理。

（2）计算短时功率谱　对每一帧的语音信号进行 FFT，然后计算其幅值的二次方，得到短时功率谱。

（3）临界频带分析　将频率转换为 Bark 频率，然后通过梅尔滤波器组对功率谱进行滤波，得到每个滤波器通道的能量，这些通道对应于 Bark 频带。然后对这些能量进行加权求和，得到每个 Bark 频带的能量。

（4）等响度预加重　根据人耳的感知特性进行信号预处理，以增强高频部分的能量。

（5）强度-响度转换　进行强度-响度转换，用于近似模拟声音的强度与人耳感受的响度之间的关系，例如三次方根压缩。

（6）线性预测　使用线性预测分析（Linear Prediction Analysis）得到 PLP 特征参数，PLP 特征如图 4-20 所示。

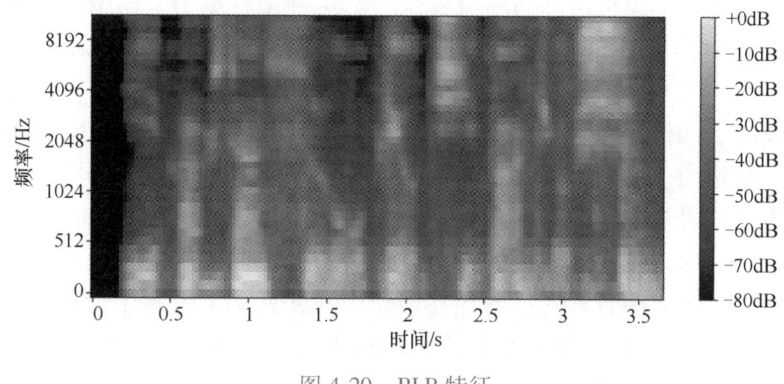

图 4-20　PLP 特征

4.3.4　语音识别

语音识别（Speech Recognition，SR）技术允许机器理解人类的口语，将声音转化为相应的文本信息，并执行相关命令。这项技术包括将输入的声学信号与计算机内存中的词汇库进行匹配，通过比较输入信号和预先存储的波形或其特征来实现。为了实现这一目标，计算机需要经过一个训练阶段，学习一个或多个说话者的口语样本，并生成代表性的波形模板。同时，由于说话速度的多样性，通常采用动态时间调整技术来匹配输入信号的音段与模板中的音段。

连续语音识别是 SR 中更具挑战性的目标，它要求计算机能够处理连续的言语，并提供有关语音和音素切分、形态以及句法的典型模式信息。作为一个跨学科的领域，语音识别与语言学、生理学、心理学、计算机科学和人工智能等学科紧密相连。

随着计算技术、信号处理和声学技术的不断发展，语音识别技术的应用需求不断扩大，推动了语音识别研究向多语种发展，并且识别精度也在不断提高。例如，现代智能手机的语音助手不仅可以进行通话和发送信息，还能查询各种生活信息，甚至支持语音聊天等功能。

语音识别建模方法主要分为模板匹配、统计模型和深度模型几种类型，以下分别介绍高斯混合模型-隐马尔可夫模型（Gaussian Mixture Model-Hidden Markov Model，GMM-HMM）、深度神经网络-隐马尔可夫模型（Deep Neural Network-Hidden Markov Model，DNN-HMM）和端到端（End to End，E2E）模型。

1. 高斯混合模型-隐马尔可夫模型

GMM-HMM 是一种融合了两种强大统计模型优势的复合模型，专为解决时间序列数据的复杂性问题而设计。在该模型中，高斯混合模型（GMM）是一个基于概率的框架，适用于处理多维数据分布，其基本原理是将数据点视为多个独立高斯分布叠加的结果，每个分布称为一个“成分”，这使得 GMM 在聚类分析和密度估计任务中具有广泛应用。

另外，隐马尔可夫模型（HMM）作为一种时间序列的概率图模型，巧妙地隐藏了系统的实际状态，仅通过可观测的数据序列来推断状态变化规律。HMM 遵循马尔可夫性质，即当前状态的概率分布仅依赖于前一状态，而非更早的历史状态。

GMM-HMM 将 HMM 中的每一个状态用一个 GMM 进行描述，意味着在任意状态下产生的观测数据均假定源自某个特定的高斯混合模型。这种结合赋予了模型强大的能力，既能够利用 HMM 捕获时间序列内部的动态转移特性，又能运用 GMM 对各状态下的数据生成过程进行细致建模。

GMM-HMM 对于同样是时间序列的语音序列也有较好的效果，如图 4-21 所示。首先，原始语音信号被转化为一系列声学特征向量，如梅尔频率倒谱系数（MFCC）及其变种，这些特征有效地表征了语音信号的频谱属性。随后，HMM 用于构建语音信号的整体模型，其中各个状态对应不同的语音单元，例如音素、音节乃至单词级别的时间片段，并通过状态间的转移概率揭示了语音流中音素转换的内在规律。在此基础上，每个 HMM 状态进一步细化为一个 GMM，以精确描绘出在该状态下观察到的特征向量分布情况。

为了训练模型参数，通常采用期望最大化（EM）算法，在给定训练数据集的前提下最大限度地提高模型对观测数据的似然度。到了识别阶段，面对新的输入语音信号，预训练好的 GMM-HMM 模型通过 Viterbi 算法寻找最可能的状态序列路径，从而推断出对应的最可能词汇序列。

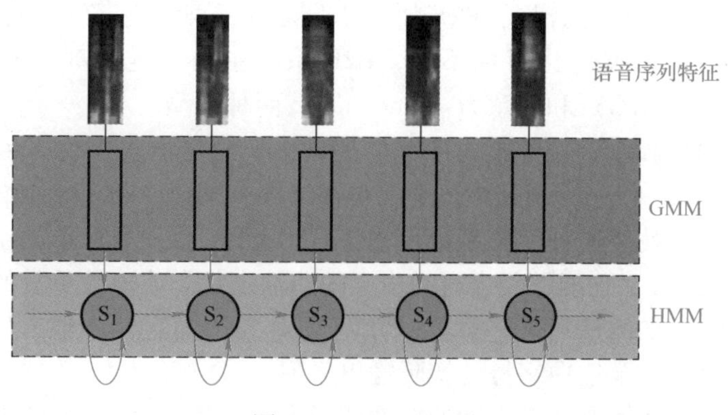

图 4-21　GMM-HMM

2. 深度神经网络-隐马尔可夫模型

随着深度学习技术的发展，DNN（深度神经网络）因其强大的非线性表征能力和对复杂模式的学习能力，在语音识别等任务上逐渐取代了传统的统计模型。在 HMM-GMM 框架中，GMM 用于估计每个状态生成观察值的概率分布，但其参数固定且表达能力有限。

为了利用 DNN 的优势改进这一过程，研究者将 GMM 替换为 DNN。如图 4-22 所示，尽管 HMM 的转移概率矩阵和初始状态概率保持不变，但在新的 DNN-HMM 模型架构中，DNN 被用来直接预测每个状态对应的观察序列的概率分布。具体来说，DNN 的输出层节点与所有 HMM 状态（对应于不同的音素，例如“a”，“o”等）的发射状态一一对应。

在实际操作中，DNN 接收输入特征向量后，经过多层非线性变换，其输出层的每个节点会计算出对应 HMM 状态产生当前观察值的概率。这意味着通过训练后的 DNN，可以得到更精细、更适应复杂变化情况的观察值的概率分布，从而显著提升语音识别和其他相关领域的建模效果。

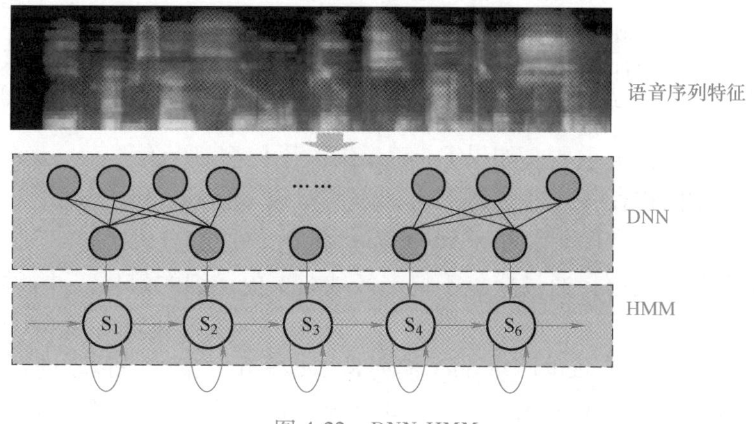

图 4-22　DNN-HMM

3. 端到端模型

2015 年以来，端到端（End to End，E2E）模型开始应用于语音识别领域并日益成为研究热点。E2E 语音识别系统只需要输入端的语音特征和输出端的文本信息，传统语音识别系统的三大组件被融合为一个网络模型，直接实现输入语音到输出文本的转换。

由于没有词典，也就没有分词，E2E 语音识别系统一般以字符（中文用汉字，英文用字母）作为建模单元。根据优化目标不同，E2E 系统主要有连接时序分类（Connectionist Temporal Classification，CTC）和注意力（Attention）两种模型。

（1）连接时序分类模型　在连接时序分类模型中，给定输入序列 $\boldsymbol{X}=\{x_1,x_2,\cdots,x_t\}$ 和目标输出序列 $\boldsymbol{Y}=\{y_1,y_2,\cdots,y_t\}$，其中每个 y_t 是输出序列的一个标签，确实允许输入和输出序列的长度不同。为了处理这种变长映射问题，CTC 引入了一个特殊的空白字符（通常用“-”或特殊符号 ε 表示），它能够代表时间步上的非输出状态或连续重复的字符。

模型通过训练学习如何从可能包含冗余信息和对齐不确定性的输入序列中预测出正确的、去除了无效重复和多余空白字符的实际输出序列。

CTC 损失函数旨在计算在所有可能的对齐路径上，从输入序列到目标输出序列的概率总和，并且最大化这个条件概率。具体来说，损失函数是所有合法路径（即考虑了插入、删除和重复转换操作后与目标序列等价的所有路径）的概率之和的负对数似然函数：

$$L_{\mathrm{CTC}}(X,Y)=-\lg\left(\sum_{A\in B(Y)}P(A\mid X)\right) \tag{4.44}$$

式中，$B(Y)$ 表示所有将目标序列 Y 扩展为与输入序列长度相同并经过有效对齐转换得到的序列集合；A 是 $B(Y)$ 中的一个特定对齐路径；$P(A\mid X)$ 是在给定输入序列 X 的条件下，模型预测对齐路径 A 的概率。

通过优化 CTC 损失函数，模型能够在不预先知道精确对齐的情况下，在语音识别、手写识别等任务中有效地从时序数据中解码出无序且长度可变的目标序列。

（2）注意力模型　类似于机器翻译，语音识别也可以被视为序列对序列（Sequence-to-Sequence，Seq2Seq）问题，即将输入的语音特征转化为识别结果的任务。与大多数 Seq2Seq 模型不同，语音识别模型通常无需对输入和输出序列的对齐做出任何先验假设，而是能够同时学习编码、解码以及对齐的过程。

图 4-23 所示，Seq2Seq 模型通过编码器（Encoder）和解码器（Decoder）对语言序列特征和识别结果进行序列建模。

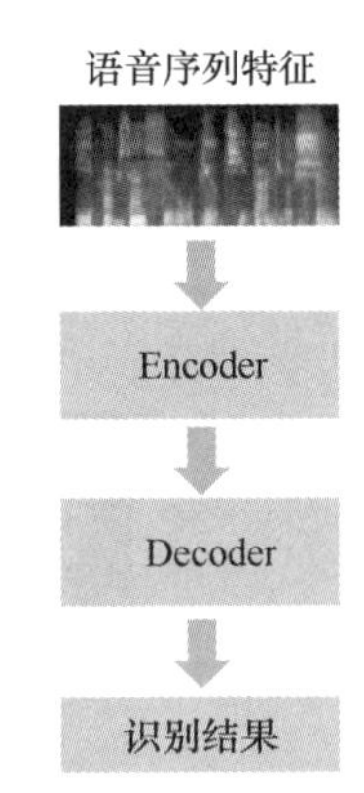

图 4-23　Seq2Seq 模型

Encoder 的结果直接传递给 Decoder，因此 Encoder 的信息完整性对于整个模型的性能至关重要。如果 Encoder 失去了许多细节信息，那么 Decoder 的输出结果也将受到影响。为了增强 Encoder 和 Decoder 之间的关联，引入了注意力（Attention）机制。注意力机制模仿了人的视觉关注机制，通过聚焦于特定区域获得更详细的信息，并根据其重要性赋予相应的权重。

基于 Attention 机制的 Encoder-Decoder 模型是 Seq2Seq 方案的一种改进版本。通过 Attention 机制，Decoder 的输出符号与 Encoder 的每个阶段的编码建立了关联。由于通常需要考虑整句的上下文来计算注意力权重，因此 Attention 机制与 Seq2Seq 方案是天生搭配的。

在 Attention 机制下，Decoder 在生成输出的同时，可以选择性地关注输入序列中不同位置的信息。这使得模型能够更灵活地对输入序列的不同部分进行建模，从而提高了性能，特别是在处理长序列或需要更新全局上下文的任务中。

1）Encoder（声学模型）：通过循环神经网络（RNN），将输入特征序列 $\boldsymbol{X}=\{x_1,x_2,\cdots,$

$x_T\}$ 转换为隐藏向量序列 $\boldsymbol{h}_{\text{enc}}=\{h1_{\text{enc}},h2_{\text{enc}},\cdots,hT_{\text{enc}}\}$。这一部分主要负责将语音输入映射为高层的特征表示，相当于声学模型。

2）Decoder（语言模型）：计算输出序列的概率分布，基于之前预测的标签和输入特征序列，即 $P(y_t|X,y_1,y_2,\cdots,y_{t-1})$。这一部分相当于语言模型，负责生成目标文本序列。

3）Attention（注意力模型）：从 Encoder 输出的所有隐藏向量序列中，计算注意力权重，用于构建 Decoder 网络的上下文向量。这个上下文向量包含了输入序列中与当前时间步相关的信息，进而建立输出序列与输入序列之间的对齐关系。Attention 机制通过学习输入特征序列和模型输出序列之间的对齐信息指导 Decoder 的输出。

综合起来，Attention 模型通过接收来自 Encoder 的高层特征表示，学习输入特征序列和模型输出序列之间的对齐信息，并通过计算注意力权重，将注意力放在与当前解码步骤相关的输入特征序列部分上。这样的设计使得模型能够更灵活地处理不同长度的输入特征序列，提高对长时序列的建模能力，并最终改善语音识别性能。整个过程允许模型集中注意力于输入特征序列的重要部分，从而更有效地生成正确的输出序列。

4.3.5　语音合成

语音合成技术的历史悠久，起始于 18 世纪通过机械装置的初步尝试，至 20 世纪随着电子技术的飞跃，贝尔实验室的“VODER”标志着电子合成语音的重要突破。20 世纪 60 年代，瑞典语言学家引入线性预测编码（LPC），为该领域构筑了理论基石。20 世纪 80 年代见证了技术的显著进步，包括混合型共振峰合成器和 PSOLA 算法的提出，解决了连续语音片段拼接时的平滑过渡问题，进一步推动了语音合成技术向实用化迈进。

计算机技术的飞速发展带动了 20 世纪 90 年代基于语料库的单元挑选与波形拼接技术的成熟，并广泛商业化。20 世纪末，统计建模与机器学习引入语音合成，实现了系统对多样环境的更好适应性。进入 21 世纪，人工智能的兴起引领研究深入音质优化与情感合成等领域，追求更自然、个性化的合成效果。技术上，传统方法与基于深度学习的方法并行发展，后者凭借深度神经网络的卓越性能，极大增强了合成语音的真实感与质量，标志着语音合成技术进入了新的高度。

1. 传统的语音合成

传统的语音合成系统通常包括语言分析模块和声学系统模块，也被称为前端和后端两个模块。这两个模块协同工作，完成从输入文本到最终语音波形的合成过程。

（1）语言分析模块

1）文本结构与语种判断：首先对输入文本进行语种判断，然后根据对应语种的语法规则将整段文字切分为单个句子。

2）文本标准化：对文本进行标准化，将阿拉伯数字或字母转化为文字。这包括将数字转化为文字表示，以及按照设定的规则进行文本标准化。

3）文本转音素：在中文的语音合成中，通常使用拼音对文字标注。分词和词性句法分析用于判断多音字的读音，生成对应的拼音序列。

4）读韵律预测：进行韵律预测，包括在何处停顿、停顿的时长、哪些词需要重读或轻读等。这有助于模仿人类语音的自然韵律和语气。

（2）声学系统模块

波形拼接（Waveform Concatenation）：这是一种基于大量预录制音频片段的语音合成方法，它通过在大规模语料库中挑选最匹配目标文本特征的音素、音节或单词的音频片段，并使用动态规划等算法来优化这些片段之间的连接，从而生成连续、自然的语音波形。

参数合成（Parameter Synthesis）：与波形拼接不同，参数合成技术并不直接操作音频波形，而是首先通过对真实人类语音信号进行分析，提取出一系列声学参数，如梅尔频率倒谱系数（MFCC）、基频、时长等，并建立一个从文本序列到这些声学参数的映射模型。在训练过程中，系统会学习如何根据上下文信息预测相应的声学特征及发音时长，然后在合成阶段利用这些预测的参数通过声码器重建语音波形。

传统的语音合成系统相对复杂，需要专业知识支持，包括语言学、声学等领域的知识。对于不同语言和领域，需要相应领域的专家进行支持。这些系统虽然取得了一定的成就，但也存在一些问题，如对音频库的高要求、信息损失等。随着深度学习技术的发展，近年来的语音合成系统开始采用端到端的深度学习方法，取得了更好的效果。

2. 基于深度学习的语音合成

端到端的语音合成系统通过神经网络学习的方法，实现了直接从输入文本或注音字符到合成音频的转换。这种方法极大地简化了传统语音合成系统中复杂的语言分析模块。神经网络具有强大的自我学习能力，通过大量的数据和特定的网络结构，可以学习到许多领域专家难以总结出的特征，从而降低了对语言学知识的要求。下面介绍几个经典的基于深度学习的语音合成模型。

WaveNet 模型的核心创新在于引入了残差结构和膨胀因果卷积。不同于以往的方法，WaveNet 模型能够逐样本生成连续的音频信号，实现了前所未有的细节和真实感。膨胀因果卷积允许模型在不增加计算复杂度的前提下扩大感受野，有效地捕捉语音信号中的长期时间依赖关系，这是传统循环神经网络难以企及的。然而，WaveNet 模型的主要局限在于其自回归性质，这意味着模型需要按顺序逐个生成每个音频样本，这极大地限制了合成速度，尤其不适合实时交互场景，比如电话机器人或在线语音助手。

Tacotron 系列模型是基于注意力机制的端到端文本转语音技术的代表作。以最初的 Tacotron 为例，它摒弃了烦琐的中间环节，直接将文本序列转化为语音的梅尔频谱图，大大简化了语音合成流程。其中，编码器负责理解和压缩文本信息，而解码器借助注意力机制动态聚焦于文本的不同部分，按需生成对应的频谱特征。这种设计不仅提高了合成语音的质量，还减少了对语言学知识的硬性依赖。然而，早期的 Tacotron 在处理某些复杂语言现象如韵律和语调时可能存在不足，且由于依赖于后续的声码器转换频谱图至波形，整体系统的复杂度并未彻底降低。

Parallel WaveGAN 模型则是为解决 WaveNet 模型生成速度瓶颈而提出的一种新方案。它巧妙地运用了生成对抗网络（GAN）框架，尤其是设计了一种并行化的生成器结构，能够在保持音频质量的同时显著提升合成速度。相较于 WaveNet 模型，Parallel WaveGAN 模型不再受限于自回归生成，而是通过训练判别器来指导生成器直接从 MFCC 特征或其他声学特征生成连续、真实的语音波形。这一突破使得大规模实时语音合成成为可能，极大地拓宽了基于深度学习的语音合成系统的应用范围，例如用于移动设备上的语音助手、智能音箱产品、有声读物制作，甚至是个性化语音定制等领域。

4.4 多源信息融合

4.4.1 多源信息融合的概念和特点

多源信息融合（Multi-Source Information Fusion，MSIF）是 20 世纪 70 年代为了军事应用提出的一项关键的信息处理技术，通过将来自不同来源、不同类型的多个信息源进行集成和处理。多源信息融合旨在获取更全面、更准确的信息，这些信息源可能包括遥感数据、社交媒体数据、传感器数据等各种来源。多源信息融合的核心目标是提供比单一信息源更丰富、更全面的信息，以帮助提高对目标的认知能力和决策水平，同时为科学研究提供更多的参考。

多源信息融合技术在军事领域至关重要，它强化了战场态势感知，确保了对目标的实时监控、精确打击与威胁评估的高效执行。该技术通过汇总多种传感器数据——如雷达、光学、红外及电子情报，并与地理信息系统（GIS）、卫星导航及战术通信网络相结合，显著提高了信息的完整性与决策速度，即便面对遮挡或干扰亦能精准辨认目标。

而在非军事领域，多源信息融合技术同样具有广泛的应用潜力。在智能交通领域，它集成车载传感器、监控摄像头、全球定位系统（GPS）与无线通信信息，不仅提升了路况感知的精确度，还助力于事故预防、自动驾驶导航及交通流优化。环境监测利用该技术，结合卫星遥感、地面气象站及无人机数据，为气候变化、灾害预警和污染监控提供了更为精细的预测。医疗、家居自动化、工业生产等多个领域同样受益，多源信息融合成为提升智能决策与效率的核心技术之一。

多源信息融合技术的特点概括如下：

1）多层次处理结构：确保深度整合与精确解读，涵盖数据预处理、特征提取、决策推理等层面，形成从原始数据到决策支持的完整链条。

2）多元化信息集成：整合各类传感器数据、专家经验与历史记录，形成复合情报源，利用先进科技提升信息处理效能和决策质量。

3）上下文与认知层增强：考虑环境与时空变化，模拟人类理解方式，进行高层次信息处理，以适配决策需求。

4）面临的挑战与对策：解决信息异质性、内容模糊及复杂性问题，需依靠深度数学工具与技术手段，加强技术的准确性与实用性。

5）未来展望：跨学科合作推动意识融合、自主智能融合等领域进步，涉及人类与机器意识的整合，包括人机界面、自主机器协作及集体智能，以至人机界限模糊，促进社会福祉与科技进步。

简而言之，多源信息融合技术通过多层次处理实现信息深度整合，跨越数据、特征、决策多个层面，并在多元化信息的基础上，借助跨学科合作，不断突破技术挑战，探索意识融合新领域，旨在构建更高效、智能的人机交互未来。

4.4.2 多源信息融合的分类

1. 数据层融合

数据层融合是指将来自多个传感器提供的各种类型的原始数据进行直接融合，以获得更加完整、准确、可靠的信息的过程。其输入是原始数据，输出是特征提取或者局部决策的结果。数据层融合是多源信息融合中的第一个层次，也是最基础的层次。它直接对来自多个传感器的原始数据进行融合，以提取特征或做出局部决策。其融合过程如图 4-24 所示。

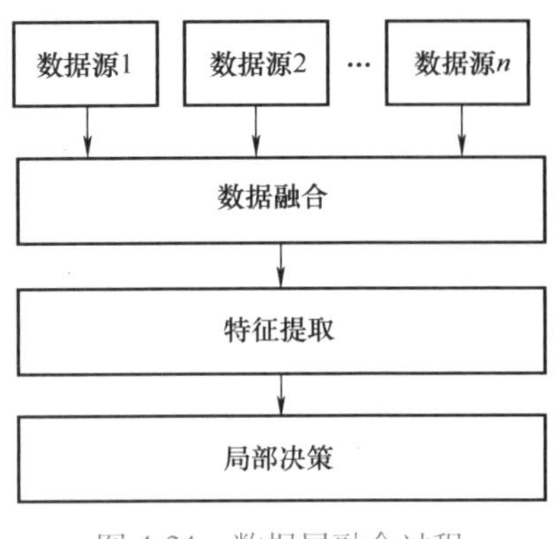

图 4-24 数据层融合过程

数据层融合具备多样性、大规模、时效性和去冗余性几大特点。

1）多样性：数据层融合处理来自不同类型传感器的数据，这些数据可能具有不同的格式、单位和尺度。这种多样性使得信息融合变得复杂而具有挑战性，需要采用适当的技术和方法来有效地整合和处理这些异构数据。

2）大规模：数据层融合通常需要处理大量的数据，这给计算和存储带来了挑战。处理大规模数据集需要充足的计算资源和存储空间，同时也需要高效的算法和技术来保证信息融合的效率和准确性。

3）时效性：数据层融合需要实时处理数据，以满足应用需求。在许多实时应用场景中，数据的及时性是至关重要的，因此数据层融合系统需要具备快速响应的能力，能够及时地处理和分析数据，并提供实时的结果和反馈。

4）去冗余性：数据层融合需要去除冗余数据，提高数据利用率。随着数据量的增加，数据中常常存在大量的冗余信息，这不仅会增加数据处理和存储的负担，还会降低数据分析的效率。因此，数据层融合需要采用合适的去冗余技术，去除重复和无效的数据，从而提高数据的利用率和价值。

数据层融合优势显著：进行格式统一以增强数据价值与分析适用性；通过去冗去噪以提升数据质量及准确性，减少冗余提升效率与利用率。但亦面临挑战，如数据缺失影响完整性和精确度，及高计算存储需求增加处理难度。实际应用中，应当权衡利弊，采取有效策略，最大化融合效益。

2. 特征层融合

特征层融合是一种重要的多源数据信息处理方法，其主要任务是从各种数据源中提取特征信息，并对这些特征信息进行综合分析和处理，以保留足够的重要信息，为后续的决策分析提供支持。这一过程具有多方面的优势：首先，通过提取原始数据的特征，特征层融合能够有效地减少待处理数据量，从而显著提升数据处理的效率和实时性。其次，将来自不同数据源的特征信息进行融合，能够获得更为全面、丰富的数据表示，进而提高数据处理的精度和准确性。此外，特征层融合灵活性较好，可以根据不同的数据处理需求，选择特定的特征提取算法和融合策略，以满足各种不同场景下的数据处理需求。特征层融合的过程如图 4-25 所示，为信息处理提供了一种高效、灵活的方法，能够为决策制定提供有力的支持。

3. 决策层融合

决策层融合作为多源信息融合中的高层次融合，旨在将来自多个决策器的判决结果进行整合，以获得更加准确、可靠的决策结果。通过综合考虑多个决策器的判决结果，决策层融合能够有效降低误判率，提高整个决策系统的可靠性和模型的鲁棒性。其融合过程是一个复杂而关键的环节，如图 4-26 所示。

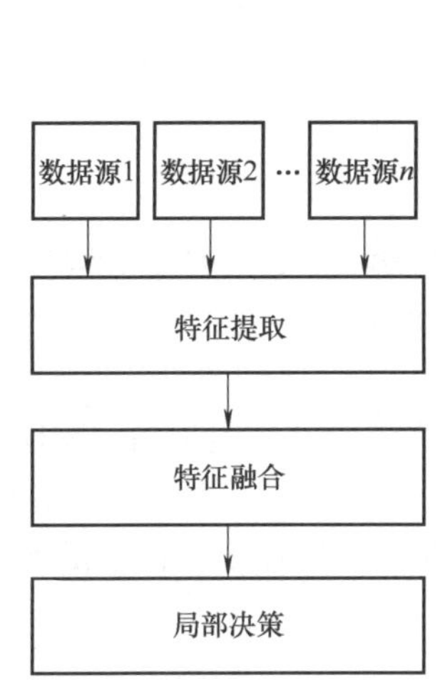

图 4-25　特征层融合过程

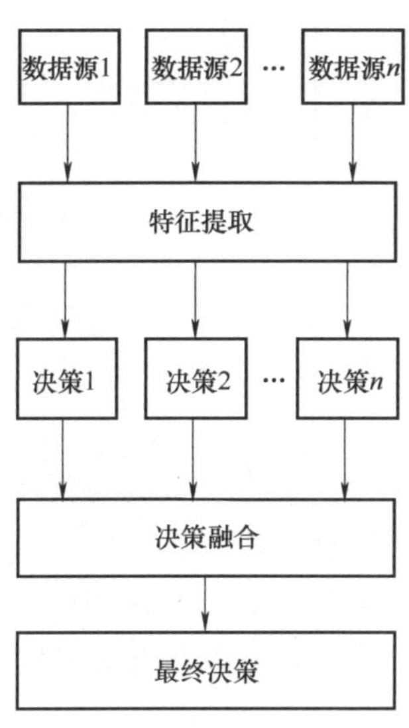

图 4-26　决策层融合过程

决策层融合的优势在于通过整合多个决策器的判决结果，获得了更为全面和综合的信息，从而能够做出更加准确的决策。而且，通过综合多个决策器的结果，还能够减少个别决策器可能存在的偏差，提高整个系统的鲁棒性。然而，决策层融合也面临一些挑战，其中一个主要挑战是增加了计算时间和存储空间的需求。由于需要整合多个决策器的判决结果，决策层融合的计算量相对较大，需要充足的计算资源来支持，同时也需要大量的存储空间来存储中间结果和最终决策结果。

4.4.3　多源信息融合的模型

1. 联合目标定位模型

联合目标定位模型又名 JDL 模型，最初由美国国防部的联合指挥实验室（JDL）在 20 世纪 80 年代末提出，被广泛应用于军事情报领域，后来也被引入其他领域的信息融合，是信息融合领域中广泛使用的一种概念框架，旨在帮助研究人员和实践者理解信息融合过程中涉及的各种任务、数据类型、处理方法等，并指导系统的设计和实现，JDL 模型如图 4-27 所示。

JDL 模型为不同领域的信息融合提供了一个较为统一的流程，明确了信息融合的过程、功能以及可用技术。

（1）层次零：数据源预处理　对来自不同传感器的数据进行预处理以修正偏差，包括数据格式转换、校准、滤波、去噪等，还要对数据进行时间和空间上的对齐为后续融合做好准备。

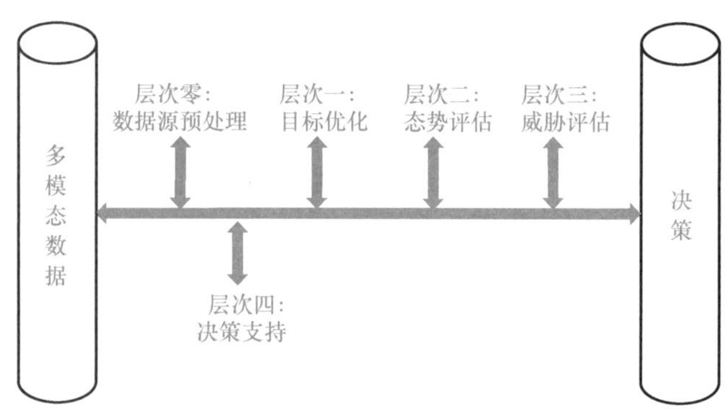

图 4-27　JDL 模型

（2）层次一：目标优化　通过关联数据来确定目标的位置和属性，在这一过程中可以实现两大目标：一是目标辨识，即对目标进行分类和识别；二是目标追踪，涉及监测目标的状态及运动方向。

（3）层次二：态势评估　对对象或事件进行相关性分析并估计其在工作环境中的前后关系，其实主要就是评估当前系统的态势，包括目标的数量、类型、位置、速度等。

（4）层次三：威胁评估　对当前形势的预测旨在进行事件预报、评估潜在威胁的意图、分析我方部队的薄弱环节以及可能产生的后果，这是对层次二目标的深入评估过程，包括确定威胁的严重程度。

（5）层次四：决策支持　评估正在进行的融合过程，并根据评估结果向用户提供指导建议，包括任务优先级的设定以及资源的最优化配置。

JDL 模型的优势主要体现在其通用性、清晰的分阶段流程及对算法设计的指导作用。它作为一个跨领域的框架，广泛适用于军事、医疗、金融等领域的信息融合挑战，为不同背景的研究者和实践者提供了统一的指导思路。通过细化融合过程为多个明确阶段，如传感、信号处理、数据关联及情报推断，JDL 模型增强了过程透明度与操作性，促进了融合系统的高效设计与实施。此外，它为算法开发设定了阶段性的任务导向，增强了针对性和实用性。

尽管如此，JDL 模型亦暴露了理论与实践脱节、未充分考虑数据不确定性及缺乏动态反馈循环机制的不足。首先，其高度抽象化的特性，虽构建了宏观指导框架，却未能充分融入具体的实施细节与挑战，导致应用时需额外的定制与优化。再者，JDL 模型忽视了现实数据的不稳定性与质量差异，对不确定性处理的缺失可能削弱融合结果的可信度。最后，缺乏动态反馈循环机制限制了 JDL 模型根据融合成效自我调整和优化的能力，影响了系统的适应性和灵活性。

2. Bowman 数据融合与资源管理模型

Bowman 数据融合与资源管理（Bowman Data Fusion and Resource Management，Bowman DF&RM）模型由 Bowman 于 1980 年提出，是一种通用的数据融合架构，用于解决多传感器、多目标识别和跟踪问题。虽然 JDL 模型已经在许多数据融合应用程序中证明了有效性，但 Bowman 认为 JDL 模型对实际系统的架构开发的影响有限。Bowman 引入了数据融合层次树的概念，将融合问题划分为节点，其中每个节点在概念上涉及数据链接、估计和关联等功能。该模型构建了一个包含假设生成与评价反馈循环（即假设管理环节）的结构体系，如图 4-28 所示。

Bowman DF&RM 模型的核心思想是将数据融合和资源管理两个方面进行统一建模，以实现在数据融合过程中资源的有效利用和分配。该模型考虑到了在数据融合过程中，资源的有限性和不同来源数据的不确定性，旨在通过合理的资源管理策略提高数据融合系统的性能和效率。

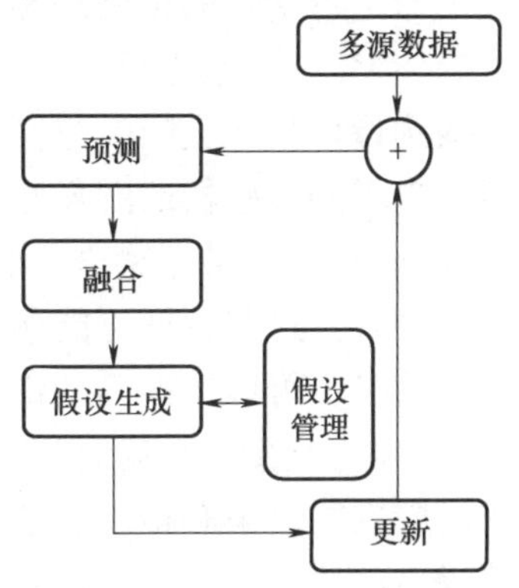

图 4-28　Bowman DF&RM 模型

在 Bowman DF&RM 模型中，数据融合和资源管理被视为相互依存、相互影响的过程。具体而言，该模型包括以下几个关键组成部分：

1）数据融合层（Data Fusion Layer）：数据融合层负责将来自不同来源的数据进行整合和分析，以生成更全面、准确的信息。这包括对数据进行预处理、特征提取、关联分析等操作，以提取数据中的有用信息并减少信息的冗余性。数据融合层的输出被用作资源管理层的输入。

2）资源管理层（Resource Management Layer）：资源管理层负责对数据融合过程中所涉及的资源进行管理和分配，包括计算资源、存储资源、通信资源等。该层根据数据融合的需求和系统的实际情况，制定合理的资源分配策略，以确保数据融合系统的高效运行和性能优化。

3）控制策略（Control Strategy）：控制策略是 Bowman DF&RM 模型的关键组成部分，用于协调数据融合层和资源管理层之间的交互作用。控制策略根据系统的需求和目标，动态调整资源的分配和使用，以最大限度地提高数据融合系统的性能和效率。

Bowman DF&RM 模型的优点在于它将数据融合和资源管理两个关键问题进行了统一建模，从而更好地解决了在数据融合过程中资源有限性和不确定性带来的挑战。该模型提供了一个清晰的框架，帮助研究人员和从业者理解和设计数据融合系统，提高了系统的性能和可靠性。

3. Luo-Kay 模型

Luo-Kay 模型是一种基于多传感器集成的通用数据融合结构，由 Luo 和 Kay 于 1988 年提出。该模型旨在凸显传感器集成和传感器融合之间的区别，并提供了一种分层的数据融合方法，Luo-Kay 模型如图 4-29 所示。

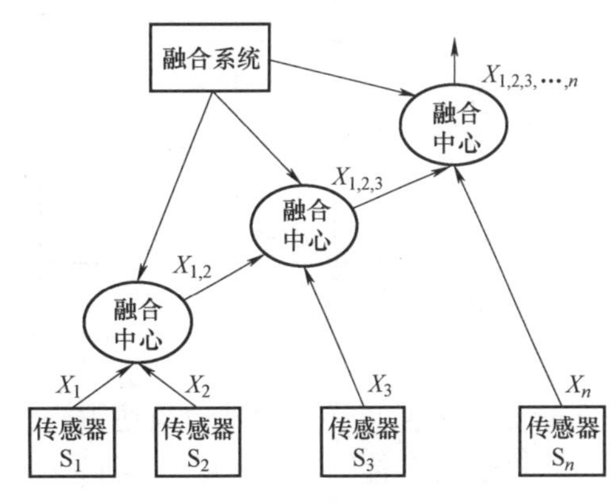

图 4-29　Luo-Kay 模型

在 Luo-Kay 模型中，数据融合过程在一个嵌入式中心内进行，以分层方式组合来自多个来源的数据。模型涉及信号、像素、特征和符号四个不同级别上的数据融合。在这一架构中，从传感器收集的数据被传输到融合中心，在那里进行分层和顺序融合处理。随着数据在融合中心内以各种方式组合，数据表示的信息逐渐从原始数据级别增加到决策级别。在 Luo-Kay 模型中，包括以下几种不同级别的数据融合。

1）信号级别数据融合：在信号级别，来自各个传感器的原始信号数据被收集并传输到融合中心。这些原始信号数据可以是传感器的输出数据，如雷达、红外等。在融合中心，对这些信号进行初步的预处理和校正，以准备进行后续的数据融合处理。

2）像素级别数据融合：在像素级别，对传感器输出的图像数据进行处理和融合。该步骤包括图像增强、去噪、分割等操作，以提取图像中的有用信息并减少噪声的影响。融合中心将来自不同传感器的图像数据进行整合，生成更清晰、更准确的图像结果。

3）特征级别数据融合：特征级别数据融合涉及从图像中提取特征，并将这些特征进行组合和融合。这些特征可能包括目标的形状、颜色、运动等信息。通过综合各个传感器提供的特征信息，可以更准确地识别和跟踪目标。

4）符号级别数据融合：在符号级别，将特征级别的信息转化为符号或语义信息，以进行更高层次的决策和推理。这可能涉及目标识别、分类、行为分析等任务，通过综合各个传感器提供的符号信息，可以做出更可靠的决策。

总的来说，Luo-Kay 模型提供了一种分层的数据融合方法，从原始信号级别逐渐提取和组合信息，直到达到决策级别。通过这种方式，模型能够充分利用多个传感器提供的信息，提高系统的性能和鲁棒性，适用于多种应用场景，如目标跟踪、目标识别等。

4. Pau 模型

Pau 模型是一种基于行为知识的数据融合模型，由法国学者 Pau 于 1992 年提出，是一种典型的分层结构，Pau 模型如图 4-30 所示。在 Pau 模型中，首先从原始数据中提取特征向量，然后将这些向量对齐并与预定义的属性相关联。数据信息在传感器特征融合和数据分析层面进行组合、分析和聚类。最终决策阶段由一组行为规则组成，这些规则可以通过显式组合输出提取出来。

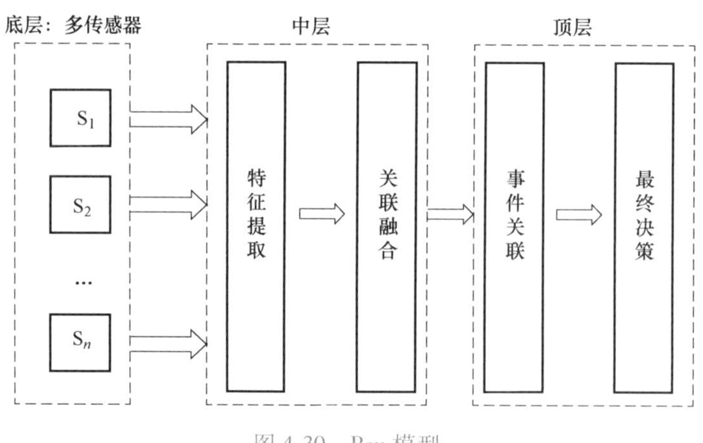

图 4-30　Pau 模型

Pau 模型的具体结构通常被描述为一个分层的技术方法，包含三个显示级别。

1）底层：多传感器在底层，每个传感器都有一个矢量空间，其中包括坐标维度和测量参数。传感器收集的原始数据在此处被表示为向量形式，每个向量代表一个传感器的观测结果。

2）中层：特征提取与关联融合在中层，从底层传感器数据中提取相关特征，并将这些特征与预定义的属性进行关联。这一步骤的目的是提取数据的重要特征，并确保不同传感器的数据可以在相同的框架下进行比较和融合。

3）顶层：事件关联与最终决策在顶层，将特征向量与每个事件关联，定义环境模型和融合策略。在这里，基于数据分析的结果和特定领域的知识，制定一组行为规则。这些规则用于决策阶段，可以根据特定的情况和需求调整，以实现最终的目标，如目标识别、行为分析等。

总的来说，Pau 模型提供了一种有效利用多传感器数据的方法，并通过分层结构将数据处理过程分解为不同的阶段，从而提高了数据融合的效率和精度。该模型适用于多种应用场景，如环境感知、目标跟踪等领域。

4.4.4　多源信息融合的主要技术和方法

多源信息融合场景模型是融合过程的背景框架，描述了融合任务的环境、目标及所需整合的各种信息来源。而具体的多源信息融合技术和方法则是实现这一框架下目标的工具和手段，它们在场景模型的指导下，通过算法和技术手段将来自不同源头的数据综合处理，以提高决策的质量和信息的可靠性。

1. 经典的理论和方法

经典的信息融合理论主要建立在统计推理和估计的数学方法之上，通常用于不完整数据（即数据类型不一致、数据可信度低、数据信息不完整等）的融合处理。下面主要介绍经典信息融合理论中的基于概率建模的融合和信念函数理论（Belief Function Theory）。

（1）基于概率建模的融合

基于概率建模的融合方法是最早应用的信息融合理论之一，也是目前数据融合应用中应用最广泛的标准方法。基于概率建模的融合方法通常依赖于贝叶斯规则来组合先验信息和观测信息。它们用概率来描述观察到的信息和必要的过程信息，并用特定的规则将它们组合起来，得到最终的决策信息和综合描述。

在实践中，虽然基于概率建模的融合方法往往依靠贝叶斯规则来组合先验信息和观测信息，但基于概率建模的融合方法也通常被称为“贝叶斯融合”。然而，没有唯一的方法来组合概率信息。卡尔曼滤波和扩展卡尔曼滤波、序贯蒙特卡洛滤波或函数密度估计等方法都可以作为多源信息融合的组合规则。

贝叶斯概率论作为一种统计推断方法，用统一的概率度量来表示各种不确定性。对于单一来源，贝叶斯公式根据假设的先验概率和事件/观察的条件概率的组合计算给定假设为真的概率，例如表示健康（H_1）或生病（H_2）等相互排斥的事件，以及表示为证据 E 的相应解释事件/观察（可以表示“环境污染”“健康饮食”等观察结果或者“规律的睡眠模式”）。在数学上，贝叶斯推理表示为

$$P(H_i|E)=\frac{P(E|H_i)P(H_i)}{\sum_i P(E|H_i)P(H_i)}=\frac{P(E|H_i)P(H_i)}{P(E)} \tag{4.45}$$

$$P(H_1)+P(H_2)=1, i\in[1,2]$$

$P(H_i|E)$ 是在证据 E 给出后得到的假设 H_i成立的后验概率，$P(H_i)$ 是假设的先验概率 H_i是真的，$P(E)$ 是观察 E 的条件概率。

当存在多个证据 E_i，其中 $i\geqslant 2$ 时，贝叶斯估计器以递归方式将这些多个证据组合起来，以更新系统状态或决策结果的概率分布/密度。例如，考虑到一封电子邮件是垃圾邮件

(E_1) 还是合法邮件 (E_2)，该电子邮件包含观察到的单词/证据（如“我是某人”“转账”“七天旅行”“恭喜你赢了”等）在垃圾邮件中出现的概率分别表示为 $P(E_1)$、$P(E_2)$、…、$P(E_n)$。电子邮件被分类为垃圾邮件的概率可以通过结合这些多个证据来计算。

$$P(H_1 \mid E_1, E_2, \cdots, E_n) = \frac{P(H_1)\prod_{i=1}^{n} P(E_i \mid H_1)}{P(E_1, E_2, \cdots, E_n)} \tag{4.46}$$

(2) 信念函数理论

信念函数理论的起源可以追溯到 Dempster 对 MSIF 中源状态可靠性的研究，旨在理解和完善 Fisher 的概率推理方法。这一理论后来被 Shafer 以数学形式形式化，成为循证推理的一般理论，包括两个主要部分：证据推理（Dempster-Shafer 理论，DST）和 Dezert-Smarandache 理论（DSmT）。信念函数理论引入了为可能的测量假设分配信念和似然性的概念以及融合它们所需的组合规则，它处理涉及不确定性和不精确的数据，可以被认为是贝叶斯理论处理概率质量函数的扩展。1981 年，Garvey 等人首次将该理论应用于信息融合。

在应用中，与基于贝叶斯推理的概率融合不同，信念函数理论的优势在于能够提供不同粒度级别的信息。在人类行为识别任务中，识别的结果可以是粗粒度的静态和运动状态，也可以是细粒度的状态，如躺、坐、站、走、跑和跳。

设置 $\Theta = \{\theta_1, \theta_2, \cdots, \theta_6\}$ 代表六种姿势：躺、坐、站、走、跑和跳。将 Θ 作为识别框架，使用基本的信念函数 m（满足式 (4.47)），系统地为所有潜在的识别结果分配置信度。

$$m(\Theta) = 0,\ \sum_{H \subseteq 2^{\Theta}} m(H) = 1 \tag{4.47}$$

式中，$2^{\Theta} = \{\varnothing, \{\theta_1\}, \{\theta_2\}, \cdots, \{\theta_6\}, \{\theta_1 \cup \theta_2\}, \{\theta_1 \cup \theta_3\}, \cdots, \Theta\}$ 表示 Θ 的幂集，其中包括 Θ 的所有子集（也称为幂集）；$m(H)$ 表示当前证据 E 对命题 H 的支持程度，即基本信念赋值。由于实践中不存在类似于“既跑又躺”的状态，因此将相应的基本信念赋值设为 0。当 $m(H) \leqslant 0$ 时，将 H 称为焦元。在给定的例子中，躺、坐、站、走、跑和跳都是焦点元素。

在融合多源信息时，每个输入源都被视为具有独立基本信念赋值函数的证据。例如，当使用 n 个传感器同时采集人体的状态信息时，每个传感器的输出都可以作为一个独立的证据源 E_i，并具有相应的基本信念赋值函数 m_i。使用 Dempster 规则来组合证据，可以实现多源信息的融合和处理。其中 K 表示冲突系数，用于衡量不同证据来源给出的识别结果的冲突大小。K 越大，证据来源之间的冲突就越大。当 $K=1$ 时，规则变为无效。

$$\begin{cases} m(H) = \begin{cases} \dfrac{\sum\limits_{H_i = H} \prod\limits_{i} m_i(H_i)}{1 - K}, 1 \leqslant i \leqslant n, H \neq \varnothing \\ 0, H = \varnothing \end{cases} \\ K = \sum\limits_{nH_i = \varnothing} \prod\limits_{1 \leqslant i \leqslant n} m_i(H_i) \end{cases} \tag{4.48}$$

在式 (4.48) 中，$m(H)$ 表示命题 H 的组合信念赋值。方程的分子通过考虑 H 的所有可能子集 H_i 并结合每个证据源的基本信念赋值来计算 H 的信念度。Dempster 规则提供了一种系统的方法来融合和组合多个证据来源，考虑到它们各自的冲突，并提供一个统一的信念度分配。

2. 基于人工智能的理论和方法

人工智能是一种使计算机系统能够从给定的数据中“学习”而无需特定编程的技术，

它可以定义为“使机器获得新知识和新技能，并对现有知识进行重组的研究”。用于 MSIF 的 AI 算法大致可分为三类：传统机器学习、深度学习和其他方法比如多视图数据融合。其中传统机器学习和深度学习的方法在本书其他部分已经有过介绍，这里不再赘述，下面主要介绍多视图数据融合（Multi-View Data Fusion，MVDF）方法。

多视图数据涉及跨模式、来源或视角捕获的信息，共通高级语义，如文本、视频、多语言描述及多角度图像记录。尽管深度学习模型（CNN、RNN、Transformer）在单一视图分析上取得显著成就，但面对复杂多源融合任务，单一视图数据的局限性显现。为解决此问题，多视图学习（MVL）概念应运而生，旨在通过集合多视图信息，提升分析的全面性与准确性，有效融合同质与异质数据资源。

传统学习算法尝试将多视图数据降维至单视图适应模型，此举忽略了数据间的深层关联，易引发无意义的结合及过拟合问题，尤其在小样本情况下。随着互联网时代多视图数据在监控、娱乐、社交、医疗等领域的爆炸性增长，对高效多模态数据融合与分析的需求愈发迫切，促使多视图学习迅速发展。

多视图学习的核心在于构建一个共享特征空间，整合多源特征或数据，实现协同训练。当前，主流策略聚焦于映射多视图至统一空间，增强视图间一致性。近几十年，该领域在传统机器学习及深度学习中均有重大突破，催生了协同训练、多核学习、子空间学习等前沿算法。

协同训练是最早的多视图学习（MVL）解决方案之一，是一种基于散度的半监督学习方法。该方法首先使用标记数据在每个视图上训练分类器，然后利用这些分类器为未标记的样本生成伪标签，将这些伪标签作为额外的训练样本提供给其他分类器。这个过程不断迭代重复，交替生成新样本，以促进多个分类器之间的相互学习，直到分类器的权重相对稳定或达到预设的迭代次数。协同训练依赖于三个主要假设：

1）充分性：确保每个视图都能独立地为单一分类提供充分的信息。

2）兼容性：假设在两个视图中具有相同标签预测的共发生特征具有高概率。

3）条件独立：在已知类别标签的前提下，各视图之间相互独立。

协同训练作为一种半监督学习方法，在多源信息融合中可以通过以下方式发挥作用：

1）利用不同视图的信息：多源信息融合通常涉及来自不同数据源或视图的信息，这些视图可能包含互补或重叠的信息。协同学习可以利用不同视图的信息，通过在每个视图上训练分类器并利用其生成的伪标签来增强其他视图的训练，从而提高整体性能。

2）增加训练数据：在协同训练中，未标记的数据可以被用来生成伪标签，进而扩充训练数据集。这种方式可以有效地利用多源信息融合的特点，从而增加了训练数据集的规模，有助于提高模型的泛化能力和性能。

3）促进信息交互和学习：协同学习通过在不同的视图上交替训练和更新模型，使得模型在不同的视图之间进行信息交互和学习。这种信息交互可以帮助模型更好地理解和利用不同视图之间的关联性，从而提高整体的学习效果。

4）降低过拟合风险：通过在多个视图上同时进行训练，协同学习可以有效地减少模型的过拟合风险。因为不同视图提供了不同的信息视角，通过整合这些信息，可以更全面地描述数据分布，从而减少模型过拟合的可能性。

5）提高鲁棒性：多源信息融合通常可以提高系统的鲁棒性，因为它能够从不同的数据源中获取信息，并在整合过程中减轻单个数据源可能引入的误差或偏差。协同学习通过整合多个视图的信息，可以进一步增强系统的鲁棒性，其对噪声和干扰具有更好的适应能力。

综上所述，协同学习在多源信息融合中通过利用不同视图的信息、增加训练数据、促进信息交互和学习、降低过拟合风险以及提高系统的鲁棒性等方式发挥着重要作用，有助于提高整体系统的性能和效果。

4.5 人机交互

4.5.1 人机交互基本概念

人机交互（Human-Computer Interaction，HCI）作为一个伴随计算机技术发展而蓬勃兴起的交叉学科，它专注于探究人类、计算机系统及其两者间相互作用的影响机制，旨在优化用户与计算机系统的交互设计流程，从而提升用户体验和工作效率。美国计算机协会下属的人机交互兴趣小组对此领域进行了定义：人机交互是一门致力于设计、评估并实现可供人类使用的互动式计算系统的科学，同时围绕这些方法所衍生出的主要现象开展深入研究。在这一学科中，学者们从计算机科学、机器智能、人类行为学等多个维度出发，既关注单个或多个人员与计算机之间的直接交流，也探讨通过计算机系统作为中介的人与人之间间接交互的过程。该学科汲取了计算机科学、认知心理学、人机工程学、心理学、语言学、社会学等多个学术领域的精华成果，逐渐成为现代科技发展中不可或缺的重要支柱。

现代生活中，人们无时无刻不在直接或间接地使用各类计算机设备，如个人计算机、智能手机、嵌入式装置，以及众多融入日常工具和社会产品中的智能技术。人机交互的重要性体现在多个方面。首先，优秀的人机交互设计可以提高人们的工作效率，使工作和生活更加简捷、方便。其次，人机交互是大众接触信息技术的入口，促使普通大众更深入地了解和使用计算机。例如，在互联网普及之前，电子邮件、即时通信等技术已存在，但由于需要用户具备一定计算机知识，使用者较少。直到浏览器的出现，人机交互界面简化了这些技术的使用，推动了它们的广泛应用。同样，多点触控技术在 20 世纪 80 年代就已存在，但直到苹果公司推出 iPhone，多点触控技术才真正流行起来。人机交互设计是技术创新和进步的关键环节，为人类带来了巨大的变革。人机交互如图 4-31 所示。

图 4-31　人机交互

人机交互领域自身也正经历着一场前所未有的变革与创新。随着科技的不断进步，人们对于与计算机交互的方式也在不断演进。这种演进不仅对计算机技术产生了深远影响，更深刻地改变了人们的生活方式与工作方式。

4.5.2　体感交互

体感交互技术作为先进的人本交互模式，集顶尖科技于一体，捕捉身体动作并译为数字指令，革新了人与数字世界的互动方式，超越了传统物理输入设备，倡导直观、本能的交流体验。从鼠标引领图形界面革命，到体感技术拓宽交互疆界，推动二维向三维空间的交互转型，涵盖特制硬件与高级算法的飞跃，如 Kinect、Leap Motion 及深度学习技术，这些进步根植于对自然用户界面数十年的研究与传感、AI 技术的发展。

自然交互界面的成熟，让机器能理解触碰、语音、手势乃至眼神等日常交互，极大提升了交互的直观性和易用性，消除认知障碍，促进人机无缝沟通。作为新兴交互范例，体感界面以其无须专业训练的亲民特性，加深了人机间的亲密与和谐，为智能生活、娱乐、教育、医疗等领域开辟了无限可能，预示着人机交互向更真实、沉浸与智能的未来迈进。

1. 体感交互技术的应用

体感交互技术在多个领域展现了其广泛而深远的应用价值，从家庭智能设备、智能家居控制系统，到娱乐领域的游戏互动体验和虚拟现实内容创作，再到教育行业的沉浸式学习工具和康复医学中的运动健康训练系统。此外，在模拟驾驶、电子商务的虚拟试衣间、舞台表演艺术设计等场景中，体感交互也正发挥着越来越重要的作用。

在开发和设计体感交互产品时，设计师和技术人员需要充分考虑产品的物理特性、功能实现的技术复杂性以及用户使用时的操作便捷性和舒适度。他们致力于创造出直观易用、反应灵敏且自然流畅的体感界面，以确保用户能够轻松地通过肢体动作与数字环境进行有效沟通。这种“友好”的人机交互体验不仅要求对硬件传感器性能的优化，还涉及软件算法的精准识别和实时响应能力，以及结合人体工程学原理对交互方式的精心设计。

为了提升用户体验，提高人与产品间的交互效率和认知效能，多学科专家团队需通力合作，融合计算机科学、人工智能、心理学、设计学等多种学科知识，采用创新技术和设计理念，共同打造符合人类直觉行为习惯和审美需求的高品质体感交互产品。这样的努力不仅推动了体感交互技术的发展，也为各行各业带来了更加丰富多元、高效实用的解决方案。

2. 体感交互技术的分类

不同人体动作类型在不同的应用范畴内对应不同的实现技术和反馈技术。体感交互的实现技术主要分为触觉技术和知觉技术。这两种技术分别以实体触碰和非实体触碰为基础，为用户提供了丰富的交互体验。

（1）触觉技术　触觉技术利用可触碰的实体设备，识别并记录人体动作数据，然后将这些数据转化为操作信号，从而实现对计算机的控制。这种技术使用户能够通过直接的物理接触与设备互动，为人机交互增添了实体感和触感反馈。触觉技术的代表性设备包括触摸屏、手势识别设备以及实体传感器等。通过这些设备，用户可以通过手势、触摸或其他实体动作直接与数字环境进行交互，使交互更加直观和自然。

（2）知觉技术　知觉技术则是通过计算机视觉、声音输入、遥感控制等非实体触碰技术对人体动作进行识别。这种技术消除了对物理接触的需求，通过数字化的方式捕捉和解释用户的动作。计算机视觉可以通过摄像头捕捉用户的姿势和动作，声音输入可以通过传声器识别语音指令，遥感控制可以通过无线传感器识别用户的运动。知觉技术使得用户可以在没有直接触碰设备的情况下，通过各种非实体的方式与计算机进行互动，为交互带来更大的自由度和灵活性。

这两种技术的结合，使得体感交互能够更全面地捕捉和理解用户的动作，提供更丰富的交互体验。触觉技术和知觉技术的不断创新与发展将推动体感交互领域的进一步拓展，为用户带来更加智能、直观且个性化的人机交互体验。

4.5.3 手势交互

手势交互技术作为人机交互领域的重要研究分支，通过捕捉和解析用户的手势动作，将这些自然、直观的肢体语言转化为机器可识别的指令，从而实现更为人性化和便捷的操作方式。手势在人类日常交流中具有丰富的语义表达力，它不仅是口头语言的补充，更是人类早期且至今仍广泛应用的沟通手段之一。

手势交互系统的核心组成部分包括手势检测、跟踪与识别三个环节。以数据手套为基础的手势交互技术采用穿戴式设备，如数字手套结合位置跟踪传感器精确记录手部关节运动信息，尽管其能提供高速度、高精度的追踪结果，但高昂的成本以及对用户活动自由度的潜在限制成为其应用推广的挑战。相比之下，以视觉为基础的手势交互技术利用摄像头捕捉手势图像信息，更加贴合人类自然的交互习惯，无须额外佩戴设备即可进行操作。其中，基于激光或红外摄像头的手势交互系统能够获取深度信息，提高了识别的准确度和稳定性；而基于普通摄像头的手势交互系统成本较低，但需克服环境光线变化、复杂背景等因素对识别性能的影响。

总体来看，手势交互技术的发展打破了传统图形用户界面的局限性，赋予了计算机视觉感知能力，使其能够理解并响应用户的非接触式手势命令。这种以视觉感知为驱动的人机交互模式极大地提升了用户体验的空间感和真实感，尽管在实时性和准确性等方面仍存在一些待解决的问题，但无疑正朝着构建更加自然、友好的人机交互环境这一目标稳步迈进。随着技术的进步和创新，手势交互有望在未来进一步拓宽应用场景，并深入到人们生活的各个方面。

4.5.4 沉浸式交互

近年来，随着信息技术的蓬勃发展和各行各业对计算机应用需求的不断增长，虚拟现实技术逐渐成为科技领域的热门话题，广泛渗透到人们生活和工作的各个领域。在中国国家自然科学基金委员会、国家重点基础研究发展计划、国家高技术研究发展计划等资助项目的指南中，先进的虚拟现实技术都受到了特别的关注。一系列顶尖的研发团队相继宣布涉足该领域，推出了像暴风魔镜、Oculus Rift、Gear VR、Project Morpheus 等沉浸式设备，进一步推动了虚拟现实技术的创新发展。

沉浸式 VR 通过头戴显示器、数据手套等装备，构建出一个全方位感知的虚拟世界，使用户深感置身另一现实。其精髓在于封锁感官接口，精确追踪用户的视线、头部动作及手势，实现与虚拟环境的流畅互动，极大地增强了沉浸感与真实体验。

与传统二维展示手段相比，VR 技术的应用突破了信息传递的局限，使用户能直观体验虚拟场景，无论是翱翔天际还是潜入深海，提供了一种更生动、全面的信息展示方式。这不仅丰富了用户的认知体验，也优化了商业产品的展示效果，通过三维立体呈现增强吸引力，提升购买意愿，同时降低了实体展示成本。

VR 技术作为跨学科的集成成果，融合了人工智能、传感、人机交互和计算机图形学等多个前沿领域，起初在军事和航空等行业应用，现已被医疗、娱乐、教育等领域广泛采纳。随着技术成熟和成本降低，基于沉浸式设备的 VR 展示系统研究，不仅具有实践价值，更展现出在多元化领域中的巨大应用潜力，正逐步重塑人们体验世界的方式。

4.5.5　交互界面设计

在设计交互界面时，首要目标是确保界面组件、布局和风格等视觉元素能够有效地支持并优化用户的交互行为。这要求设计师首先对产品的交互逻辑进行深入理解和清晰定义，并以此为基础创建直观易用的界面设计。尽管视觉设计可以追求艺术性和美感，但必须以不损害产品功能性为前提。

交互设计师与视觉设计师虽然关注点不同，但二者的目标是一致的：提升用户体验。交互设计师注重用户使用的可行性和易用性，而视觉设计师则通过视觉表达传递品牌形象和情感体验。视觉设计在交互设计中不可或缺，它不仅要美观，更要符合信息传达的有效性和交互流程的顺畅性。

为了实现这一目标，设计过程需始终围绕最终用户展开，通过详尽的用户研究以了解用户需求、使用环境和习惯，从而形成一个切实可行的设计策略。在视觉设计阶段，设计师运用对比、重复、对齐和邻近性等原则，简化界面并突出关键信息，确保用户能够在短时间内理解并高效地使用系统。

1. 视觉设计过程

视觉设计过程涵盖一系列决定，这些决定最终形成一个策略，并由此定义一个视觉系统。这个系统通过提升细节和清晰度来最大化地满足设计策略。正确的设计流程可以将主观判断降至最低，降低设计方案难以获得用户认同的风险。首先，通过用户研究来了解商业和用户的目标，形成一个可靠的、有效的视觉策略。

（1）研究用户　研究用户是视觉设计过程的第一步，通过用户访谈可以深入了解用户与公司、产品的情感联系。此外，用户访谈还提供了了解用户所处环境的机会，直接了解用户在交互中可能遇到的挑战。在用户研究中，交互设计师关注工作流程、心智模型、任务优先级和频率等方面，而视觉设计师关注用户特征、环境因素、品牌共鸣和用户对体验的期望。

（2）形成视觉策略　研究形成的用户模式和关键词，为设计团队提供了一个明确的方向，包括人物角色、体验关键字和品牌需要等标准，这使得视觉设计师能够提供更深思熟虑的设计方案，并得到更实际的反馈。视觉设计师在设计中应用体验关键字，强调最初五秒钟内用户对界面的情感反应，从而创造积极的第一印象和持续的情感体验。

2. 视觉设计基本原则

视觉设计的基本目标之一是简洁，通过对比、重复、对齐和邻近等原则，降低无关紧要的功能，界面更容易用户学习和使用。对比强调不同风格的含义，重复创造统一性，对齐创造视觉连接，邻近分组相关元素并分开不相关元素。

具体而言，以下几点原则在交互界面设计中至关重要：

1）对齐：保持界面元素间的对齐关系有助于营造视觉一致性，增强可读性和舒适度。

2）一致性：在整个系统内保持设计的一致性，使用户能快速学习并迁移知识到新场景。

3）强调：通过色彩、大小或位置等方式突出重要信息，引导用户的注意力。

4）重复：在设计中采用统一的模式和样式，帮助用户建立熟悉感和操作习惯。

5）映射：直观反映界面元素与其功能之间的关联，让用户能够迅速理解并执行操作。

6）沉浸式体验：在特定应用场景（如游戏、VR）中创造沉浸式的环境，提升用户参与度和满意度。

7）功能可见性：保证关键功能的明显可见，便于用户随时了解系统的状态和可用功能。

8）易于识别：确保信息和控件具有高辨识度，尤其是针对视力较弱或其他特殊群体用户。

将这些原则融会贯通于交互界面设计之中，可以构建出既美观又实用的界面，提升用户对产品的接受度和满意度，进而提高用户的整体体验品质。

本章小结

本章全方位展现了感知智能在工业领域的核心技术及其应用价值，期望能为相关领域的理论研究与实践应用提供有益的参考借鉴。

通过对工业智能传感与感知技术的深度剖析，可以了解到各类传感器如何实时、精确地捕获工业生产过程中的关键物理量信息，进而生成对复杂工业环境的精细化感知，这是实现智能制造的前提条件。

工业机器视觉部分进一步强调了感知智能的价值，通过详述计算机视觉技术如何赋能机器识别、理解图像信息，有效应用于产品质量检测、精密定位、自动化装配等关键环节，大幅提升工业生产的精度和效率。

接着，本章引入工业机器听觉概念，揭示音频信号处理技术在设备状态监测、故障预警等方面的独特优势，通过捕捉和解析工业设备运作时的声学信号，实现对设备状态的智能感知与诊断，保障生产线的稳定运行。

随后，本章通过介绍多源信息融合技术，明确了如何整合来自不同类型的传感器、不同模态的数据资源，采用多源信息融合模型、技术和方法提炼高层次、全面的态势感知结果，为企业的精准决策和高效运营管理提供强大支持。

最后，在人机交互层面，本章探讨了如何借助前沿的体感交互、手势交互等技术，构建更为自然、便捷的人机互动模式，使得人类能够在生产流程中与智能系统无缝对接，协同作业，提高工作效率与舒适度。

思考题

1. 智能传感器相对于普通传感器的优势在什么地方？

2. 为什么不将传感器数据收集之后在统一的计算机中处理，而要实现每一个单独的智能传感器？

3. 请举出日常生活中机器视觉系统起作用的几个例子。
4. YOLO 检测算法和 R-CNN 检测算法的区别是什么？
5. 工业机器听觉系统由哪几个部分组成？
6. 如果要你设计一个工业机器听觉系统实现厂房机器噪声报警系统，你要如何设计？
7. 人机交互有哪几个发展阶段？这几个发展阶段的重要节点是什么？
8. 请分析多源信息融合的模型中每个模型分别是在哪一层进行的信息融合。

参考文献

[1] 国家标准化工作委员会. 中国标准书号：GB/T 7665—2005 [S]. 北京：中国标准出版社，2005.
[2] 宋凯. 智能传感器理论基础及应用 [M]. 北京：电子工业出版社，2021.
[3] 范大鹏. 制造过程的智能传感器技术 [M]. 武汉：华中科技大学出版社，2020.
[4] 刘任露，赵近梅. 现代传感器技术及实际应用 [M]. 西安：陕西科学技术出版社，2022.
[5] 王劲松，刘志远. 智能传感器技术与应用 [M]. 北京：电子工业出版社，2022.
[6] 陈雯柏. 智能传感器技术 [M]. 北京：清华大学出版社，2022.
[7] 叶廷东. 网络化智能传感技术研究与应用 [M]. 北京：科学出版社，2018.
[8] 谢经明，周诗洋. 机器视觉技术及其在智能制造中的应用 [M]. 武汉：华中科技大学出版社，2021.
[9] 工业互联网产业联盟. AI 视觉赋能智造白皮书 [R/OL]. (2023-11) [2024-03-20]. https://www.aii-alliance.org/index/c145.html.
[10] 徐从安，李健伟，董云龙，等. 深度学习时代的计算机视觉算法 [M]. 北京：人民邮电出版社，2022.
[11] 工控帮教研组. 机器视觉原理与案例详解 [M]. 北京：电子工业出版社，2020.
[12] 姜竹青，门爱东，王海婴. 计算机视觉中的深度学习 [M]. 北京：电子工业出版社，2021.
[13] 曹其新，庄春刚. 机器视觉与应用 [M]. 北京：机械工业出版社，2021.
[14] 赵龙. 机器视觉及应用 [M]. 北京：北京航空航天大学出版社，2022.
[15] 王强. 机器视觉与数字图像处理基础：HALCON 版 [M]. 北京：化学工业出版社，2022.
[16] KRIZHEVSKY A，SUTSKEVER I，HINTON G E. ImageNet Classification with Deep Convolutional Neural Networks [J]. Communications of the ACM，2017，60 (6)：84-90.
[17] GIRSHICK R，DONAHUE J，DARRELL T，et al. Rich Feature Hierarchies for Accurate Object Detection and Semantic Segmentation [C]//Proceedings of the IEEE Conference on Computer Vision and Pattern Recognition. Columbus：IEEE，2014：580-587.
[18] REDMON J，DIVVALA S，GIRSHICK R，et al. You Only Look Once：Unified，Real-Time Object Detection [C]//Proceedings of the IEEE Conference on Computer Vision and Pattern Recognition. Las Vegas：IEEE，2016：779-788.
[19] 党建武，俞凯. 听觉信息处理研究前沿 [M]. 上海：上海交通大学出版社，2019.
[20] 洪青阳，李琳. 语音识别：原理与应用 [M]. 2 版. 北京：电子工业出版社，2023.
[21] 李荪，曾然然，殷治纲. AI 智能语音技术与产业创新实践 [M]. 北京：人民邮电出版社，2021.
[22] 马延周. 新一代人工智能与语音识别 [M]. 北京：清华大学出版社，2019.
[23] 姜长三，曾桢，万静. 多源信息融合研究进展综述 [J]. 现代计算机，2023，29 (18)：1-9；29.

[24] 韩崇昭，朱洪艳，段战胜. 多源信息融合［M］. 3版. 北京：清华大学出版社，2022.

[25] 祁友杰，王琦. 多源数据融合算法综述［J］. 航天电子对抗，2017，33（6）：37-41.

[26] LI X，DUNKIN F，DEZERT J. Multi-Source Information Fusion：Progress and Future［J］. Chinese Journal of Aeronautics，2023，37（7）：24-58.

[27] 吴亚东. 人机交互技术及应用［M］. 北京：机械工业出版社，2020.

[28] 单美贤. 人机交互设计［M］. 2版. 北京：电子工业出版社，2022.

[29] 贝尼昂. 交互式系统设计：第2版［M］. 史元春，秦永强，译. 北京：清华大学出版社，2014.

[30] 夏普，普瑞斯. 交互设计：超越人机交互［M］. 刘伟，托娅，张霖峰，等译. 5版. 北京：机械工业出版社，2020.

[31] 李剑. 计算机辅助工业设计中的人机交互探究［J］. 工业设计，2023（12）：119-122.

[32] 陶建华，巫英才，喻纯，等. 多模态人机交互综述［J］. 中国图象图形学报，2022，27（6）：1956-1987.

实验课

5

第 5 章

工业中的认知智能

章知识图谱

说课视频

引言

认知智能是人工智能领域的一个分支，涉及多种技术和方法，可以理解为是指模拟和复制人类思维和认知过程的能力，使机器能够像人类一样感知、理解、学习和解决问题。认知智能作为工业智能化的核心驱动力，不仅重塑了生产流程和服务模式，而且正在构建全新的工业生态系统。本章将聚焦于认知智能的核心技术介绍，包括自然语言处理、知识图谱、知识推理与决策和生成式人工智能。

自然语言处理（Natural Language Processing，NLP）具有能够模拟人类理解与生成语言的能力，其主要流程便是获取工业文本数据、文本预处理、特征提取以及实现各种下游任务。NLP 在工业环境中实现了人机无缝交互，从海量文本数据中挖掘有价值的信息，用于产品反馈分析、客户服务自动化、设备维护预测等多个环节，极大地提升了效率并降低了沟通成本。

知识图谱（Knowledge Graph）则是对实体及其关系网络的结构化呈现，包含了知识表示、知识抽取以及知识图谱的构建。它如同工业世界的“大脑”，能够整合跨部门、跨系统的复杂知识资源，为企业决策提供精准的知识支撑，并在故障诊断、工艺优化等方面发挥关键作用。

知识推理与决策技术则立足于知识图谱之上，通过机器学习、逻辑推理等手段探索隐藏在数据背后的深层规律和关联性，使得工业系统具备自主学习、动态适应及智慧决策的能力，有助于解决高度复杂的工业问题和应对不确定性挑战。

生成式人工智能进一步拓宽了认知智能的应用边界，它可以创造性地生成文本报告、设计图样，甚至新产品模型，从而赋能创新设计、个性化定制等前沿应用场景，驱动工业生产的柔性化、智能化升级。

本章将通过具体案例解析与理论深度解读相结合的方式，深入探讨这四项关键技术如何在工业场景中相互融合、协同增效，引导读者更深层次地洞悉认知智能对未来工业格局的影响以及发展。

5.1 自然语言处理

机器认知理解人类的最基本的一个途径便是语言，人类语言（又称自然语言）具有无处不在的歧义性、高度的抽象性、近乎无穷的语义组合性和持续的进化性，理解语言往往需要具有一定的知识和推理等认知能力，这些都为计算机处理自然语言带来了巨大的挑战，使其成为机器难以逾越的鸿沟。因此，自然语言处理被认为是目前制约人工智能取得更大突破和更广泛应用的瓶颈之一，又被誉为“人工智能皇冠上的明珠”。

5.1.1 自然语言处理基本概念

自然语言处理主要研究用计算机理解和生成自然语言的各种理论和方法，是一种强大的技术，它结合了计算机科学、人工智能、统计学和语言学等多个领域的知识，使得计算机系统对人类日常使用的自然语言进行有效的分析、理解和生成。

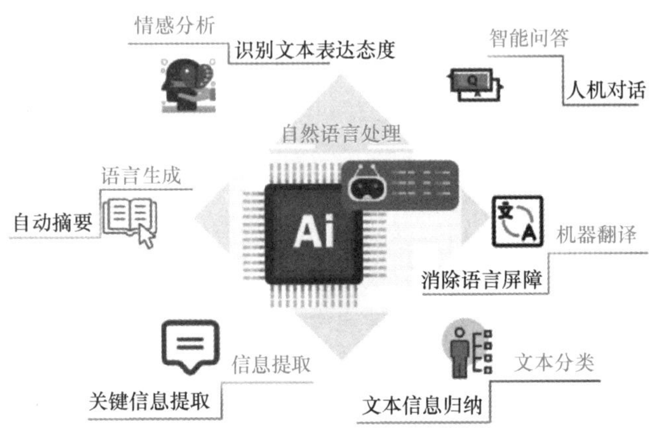

图 5-1 NLP 技术的应用

随着大数据时代的到来，工业企业正面临着海量多模态的沟通数据，涵盖书面文本、语音等多种形式。NLP 技术可以帮助这些企业自动化处理这些数据流，通过识别关键词、语法结构、语义关系、情感倾向和社会动态等方式，从原始的非结构化文本数据中提炼有价值的信息。图 5-1 所示为 NLP 技术的应用。

5.1.2 工业文本数据获取

在工业场景中，文本数据的获取是一个多渠道、全方位的过程，涵盖多种信息源。所获取的文本数据随后经过清洗、格式化、标准化处理，转化为结构化的数据，以便进一步通过自然语言处理技术进行分析和挖掘，从而服务于企业决策、优化生产流程、提升产品质量、加强客户服务及保障合规运营等一系列关键业务需求。

通用数据在自然语言处理模型的训练数据中占比通常非常高，主要包括网页、对话文本（聊天对话数据）、书籍以及日志文件等类型，为自然语言处理模型提供了大规模且多样的训练数据。

1）网页（Webpages）是通用数据中数量最大的一类。随着互联网的大规模普及，人们通过网站、论坛、博客、APP 等各种类型网站和应用，创造了海量的数据。根据 2016 年 Google 公开的数据，其搜索引擎处理了超过 130 万亿网页。网页数据所包含的海量内容，使得 NLP 模型能够获得多样化的语言知识并增强其泛化能力。爬取和处理这些海量网页内容并不是一件容易的事情，为此一些研究人员构建了包括 ClueWeb09、ClueWeb12、SogouT-16、CommonCrawl 等在内的开源网页数据集。但是，这些爬取的网络数据虽然包含大量高质量的文本，如维基百科，但也包含非常多的低质量的文本，如垃圾邮件等。因此，如何过滤和处理网页以提高数据质量对于 NLP 模型训练来说非常重要。

2）聊天对话数据是指两个或者两个以上的参与者对话讨论产生的数据，对话数据包含书面形式的对话、聊天记录、论坛帖子、社交媒体评论等。对话数据可以有效增强 NLP 模型的对话能力，这些对话数据可以帮助 AI 学习更多包含专业知识、附带情感信息等的内容，让 NLP 模型学习得更加鲁棒和智能。

3）书籍是人类知识的主要积累方式之一，也是工业文本数据获取的主要途径之一。书籍通常包含广泛的词汇，包括专业术语、文学表达以及各种主题词汇，书籍还提供了完整的句子和段落，使得 NLP 模型可以学习到上下文之间的联系。利用书籍数据进行训练，NLP 模型可以接触到多样化的词汇，从而提高其对不同领域和主题的理解能力。这对于 NLP 模型理解句子中的复杂结构、逻辑关系和语义连贯性非常重要。通过使用书籍数据训练 NLP 模型，可以使 NLP 模型学习到不同的写作风格和表达方式，提高 NLP 模型在各种文本类型上的能力。

4）日志文件通常是包含大量文本信息的记录，它们详细记载了工业中的生产设备、信息系统或应用程序在运行过程中的状态变化、错误信息、警告提示、操作记录等内容。这些日志数据是深入了解系统行为、排查故障、优化运维的重要依据。然而，由于日志数据通常是非结构化的文本形式，人工读取和分析耗时费力，且容易遗漏重要信息。日志文件数据通常从设备的日志数据源获取，根据 NLP 模型分析日志，能够达到日志解析、异常检测等目的。

5.1.3 文本预处理

1. 文本预处理的定义

文本预处理是自然语言处理中的一个重要步骤，它是指在将原始文本数据应用到机器学习或深度学习模型之前，对其进行清洗、标准化、转换等一系列操作，目的是最大程度地保留有用的信息，同时去除噪声和不必要的元素并增强特征的有效性以便让文本数据更适合模型处理。

2. 文本预处理的步骤

在文本预处理中最常分为两个步骤，分别是文本数据处理和 One-Hot 编码。

文本数据处理的主要方法包括：

1）去除噪声：这包括删除文本中无关的字符，如特殊符号、空格、标点符号等。

2）分词（Tokenization）：将文本分割成单词或短语。这是大多数 NLP 任务的第一步，因为它将文本转换成易于分析的单元。

3）词干提取（Stemming）：将单词还原为其基本形式（或词干），以便将不同形式的单词视为相同的单词（例如，将“running”“runs”还原为“run”）。

4）词形还原（Lemmatization）：与词干提取类似，但是它还原的是单词的标准形式，考虑到词性（例如，将“better”还原为“good”）。

5）去除停用词：停用词（如“的”“和”“是”等）在文本中频繁出现，但对于分析通常没有实际意义，因此会被去除。

6）大小写转换：将所有文本转换为小写或大写，以消除大小写的影响。

7）词性标注（Part-of-Speech Tagging）：标注文本中每个单词的词性（名词、动词等），这有助于理解句子的结构和意义。

8）命名实体识别（Named Entity Recognition，NER）：识别文本中的命名实体（人名、地点、机构等），这有助于抽取文本中的具体信息。

9）n-gram 创建：将文本分割成 n 个连续单词的集合，这有助于模型理解和预测文本中的单词序列。

10）归一化：将不同形式的单词统一成一个标准形式，以减少数据的稀疏性。

这些预处理步骤根据实际的 NLP 任务和目的的不同，可以有选择地应用。正确的预处理可以显著提高模型的性能和准确度。

文本数据处理的下一个步骤便是 One-Hot 编码，其主要目的是把处理过的数据转化为计算机可以理解的输入形式。

One-Hot 编码是一种用于表示分类数据的编码方法，通常用于机器学习和深度学习任务中。该方法将每个类别映射到一个由整数组成的向量，其中只有一个元素为 1，其他元素为 0。这个唯一的“1”的位置表示相应的类别。

假设有一个变量 x，它可以取 1 到 n 之间的整数值，表示 n 个不同的类别。对于 x 的 One-Hot 编码，可以表示为一个长度为 n 的向量，记作 One_Hot(x)，其元素为

$$\begin{cases} 1, & \text{if } i=x \\ 0, & \text{其他} \end{cases} \tag{5.1}$$

式中，i 表示向量的索引，从 1 到 n。当 $i=x$ 时，One-Hot 编码向量的第 i 个元素为 1，表示该样本属于第 i 个类别；否则，第 i 个元素为 0。

例如，一句短语“你好呀”，可以理解为三个类别，对于三个类别的情况，One-Hot 编码的向量表示为

$$\text{One-Hot}(2)=[0,1,0] \tag{5.2}$$

这表示变量 x 的取值为 2，对应的 One-Hot 编码向量中第 2 个位置的元素为 1，表示对应中文“好”这一个字，其余位置的元素为 0。

5.1.4 特征提取

特征提取是指从文本数据中抽取出有意义的特征，以便用于机器学习或深度学习模型的训练和预测。这些特征可以是文本中的单词、短语、句子或者更高层次的语义信息，有助于模型理解和处理文本数据。

通常，自然语言处理的特征提取方法包括有：词嵌入（Word Embedding）、词袋模型（Bag of Word）、TF-IDF（Term Frequency-Inverse Document Frequency）、循环神经网络（RNN）、长短期记忆（LSTM）网络以及 Transformer 模型等。

词嵌入是一种在自然语言处理领域中广泛应用的技术手段，它将词语从原本离散的符号空间转换为连续的、低维的实数向量空间。这种映射过程确保了语义相关的词语在新的向量空间中具有类似的表示，即它们的向量距离较近。词嵌入背后的理念是捕捉到词汇之间的语义和语法关系，这样原本难以度量的词汇间的抽象关系就能通过向量运算（如加法和减法）

直观地体现出来。特别值得注意的是，通过精心设计的训练方法，词嵌入能够有效捕捉词汇间的语义相似性和类比关系。

词嵌入模型包括两种架构，即跳字（Skip-Gram）模型和连续词袋（Continuous Bag of Word，CBOW）模型。

1）跳字模型：跳字模型假设一个词可以用来在文本序列中生成其周围的单词。以文本序列“the”“girl”“loves”“him”“dog”为例。假设中心词选择“loves”，并将上下文窗口设置为2，如图 5-2 所示，给定中心词“loves”，跳字模型考虑基于中心词生成其周围上下文词“the”“girl”“him”“dog”的条件概率：

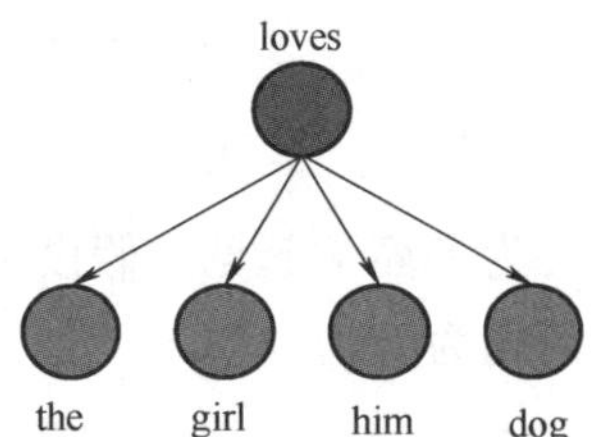

图 5-2　跳字模型考虑基于中心词生成其周围上下文词

$$P(\text{"the"},\text{"girl"},\text{"him"},\text{"dog"}\mid\text{"loves"}) \tag{5.3}$$

假设上下文词是在给定中心词的情况下独立生成的（即条件独立性）。在这种情况下，上述条件概率可以重写为

$$P(\text{"the"}\mid\text{"loves"})\cdot P(\text{"girl"}\mid\text{"loves"})\cdot P(\text{"him"}\mid\text{"loves"})\cdot P(\text{"dog"}\mid\text{"loves"}) \tag{5.4}$$

在跳字模型中，每个词汇均有两个维度为 d 维的向量所表示，其目的是在后面计算条件概率。具体来说，选取词汇表中第 i 个词，这个词同样地由两个维度表示，两个维度分别为中心词向量 $\boldsymbol{v}_i\in\boldsymbol{R}^d$ 和上下文词向量 $\boldsymbol{u}_i\in\boldsymbol{R}^d$。举个例子，给定一个在词典中索引为 c 的中心词向量 $\boldsymbol{w}_c$，生成一个在词典中索引为 o 的上下文词向量 $\boldsymbol{w}_o$ 的条件概率可以通过对向量点积后进行 Softmax 操作来建模，如

$$P(\boldsymbol{w}_o\mid\boldsymbol{w}_c)=\frac{\exp(\boldsymbol{u}_o\cdot\boldsymbol{v}_c)}{\sum_{i\in V}\exp(\boldsymbol{u}_i\cdot\boldsymbol{v}_c)} \tag{5.5}$$

式中，词表索引集 $V=\{0,1,\cdots,|V|-1\}$。给定长度为 T 的文本序列，其中时间步 t 处的词表示为 $\boldsymbol{w}^{(t)}$。假设上下文词是在给定任何中心词的情况下独立生成的。对于上下文窗口 m，跳字模型的似然函数是在给定任何中心词的情况下生成所有上下文词的概率，如：

$$\prod_{t=1}^{T}\prod_{-m\leqslant j\leqslant m,j\neq 0}P(\boldsymbol{w}^{(t+j)}\mid\boldsymbol{w}^{(t)}) \tag{5.6}$$

其中可以省略小于 1 或大于 T 的任何时间步。

2）连续词袋模型：CBOW 模型假定一个词的意义能够从它在文本序列中直接相邻的上下文词中综合推断而出。这意味着，中心词的身份是由它周围的上下文词共同决定的，体现了词语间相互依赖的关系。如在文本序列“the”“girl”“loves”“him”“dog”中，在“loves”为中心词且上下文窗口为 2 的情况下，如图 5-3 所示，连续词袋模型考虑基于其周围上下文词“the”“girl”“him”“dog”生成中心词“loves”的条件概率，即

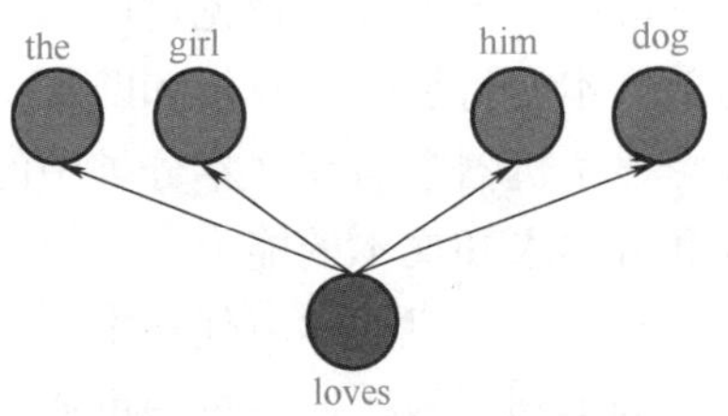

图 5-3　连续词袋模型考虑基于其周围上下文词生成中心词

$$P(\text{"loves"}\mid\text{"the"},\text{"girl"},\text{"him"},\text{"dog"}) \tag{5.7}$$

由于连续词袋模型中存在多个上下文词，因此在计算条件概率时对这些上下文词向量进

行平均。具体地说，对于字典中索引 i 的任意词，分别用 $\boldsymbol{v}_i \in \mathbf{R}^d$ 和 $\boldsymbol{u}_i \in \mathbf{R}^d$ 表示上下文词和中心词的两个向量（符号与跳字模型中相反）。给定上下文词向量 $\boldsymbol{w}_{o_1},\cdots,\boldsymbol{w}_{o_{2m}}$（在词表中索引是 $o_1,\cdots,o_{2m}$）生成任意中心词向量 $\boldsymbol{w}_c$ 的条件概率可以由式（5.8）建模：

$$P(\boldsymbol{w}_c \mid \boldsymbol{w}_{o_1},\cdots,\boldsymbol{w}_{o_{2m}})=\frac{\exp\left(\dfrac{1}{2m}\boldsymbol{u}_c \cdot (\boldsymbol{v}_{o_1}+\cdots,+\boldsymbol{v}_{o_{2m}})\right)}{\sum\limits_{i \in V}\exp\left(\dfrac{1}{2m}\boldsymbol{u}_i \cdot (\boldsymbol{v}_{o_1}+\cdots,+\boldsymbol{v}_{o_{2m}})\right)} \tag{5.8}$$

为了简洁起见，假设 $\boldsymbol{W}_o=\{\boldsymbol{w}_{o_1},\cdots,\boldsymbol{w}_{o_{2m}}\}$ 和 $\bar{\boldsymbol{v}}_o=(\boldsymbol{v}_{o_1},\cdots,\boldsymbol{v}_{o_{2m}})/(2m)$，那么式（5.8）可以简化为

$$P(\boldsymbol{w}_c \mid \boldsymbol{W}_o)=\frac{\exp(\boldsymbol{u}_c \cdot \bar{\boldsymbol{v}}_o)}{\sum\limits_{i \in V}\exp(\boldsymbol{u}_i \cdot \bar{\boldsymbol{v}}_o)} \tag{5.9}$$

给定长度为 T 的文本序列，其中时间步 t 处的词表示为 $\boldsymbol{w}^{(t)}$。给定对于上下文窗口 m，连续词袋模型的似然函数是在给定其上下文词的情况下生成所有中心词的概率，如

$$\prod_{t=1}^{T} P(\boldsymbol{w}^{(t)} \mid \boldsymbol{w}^{(t-m)},\cdots,\boldsymbol{w}^{(t-1)},\boldsymbol{w}^{(t+1)},\cdots,\boldsymbol{w}^{(t+m)}) \tag{5.10}$$

基于深度学习的常见特征提取方法如循环神经网络（RNN）、长短期记忆（LSTM）网络的详细描述见 3.2.3 节，Transformer 模型的详细描述见 5.4.2 节。

5.1.5 自然语言处理的主要任务

本小节阐述自然语言处理在工业场景中的一些主要任务，即文本分类、信息抽取、问答系统、机器翻译以及文本情感分析。

1. 文本分类

文本分类是自然语言处理技术体系中一项基础且至关紧要的任务。它专注于对文本数据进行细致划分与归类，旨在透过深度分析和理解文本内容，将其精准地归纳到预设的一系列类别之中，从而实现对大量文本信息的有效梳理、管理与利用。

文本分类系统首先通过对各类别中大量的代表性样本进行分析学习，提炼出各类别中样本的核心特征及其规律性联系，进而构建出一套严谨且具有泛化能力的类别判别模型或类别判别准则。当面临未曾见过的新文本时，系统便会依据这些预先总结出来的类别判别准则，对新文本的特征进行解析和匹配，从而准确判定该文本应当归属于哪一个既定类别。这一过程彰显了机器学习在文本分类中的应用，通过从历史数据中学习和归纳，系统具备了自主识别和分类未知文本的能力。

在常规的机器学习任务中，训练数据集中的每一个样本实例通常都会被分配至少一个预定义的类别标签。这一过程可通过数据表示模型（Data Representation Model）予以体现，即每个样本实例以特定格式 $\boldsymbol{x} \in \mathbf{R}^n$ 记录，其中 $\mathbf{R}^n$ 代表了数据的向量化表示，而 $\boldsymbol{x}$ 则是对应此实例的类别标签。

针对文本分类问题，向量空间模型是一种广泛应用的数据表示策略。具体而言，首先将每一篇文本文档转化为基于词频的向量形式，即将文档中的词汇转换为数值特征向量，这样文本信息就可以被转化为机器学习算法可处理的数据结构。

在文本分类算法的设计与实现中，模型类别（Model Class）实质上指的是一组参数化的分类器家族，涵盖了多种可能的分类策略。而训练过程则是从这一分类器家族中挑选并优化出最适合当前任务的一个具体分类器模型的过程。训练阶段会依据给定的训练数据集，通过学习算法调整模型参数，其能够尽可能准确地区分并预测各类文本数据的类别标签。简而言之，从数据预处理阶段的文本向量化，到模型选择与训练阶段的分类器构建与优化，共同构成了文本分类问题解决的整体框架。例如，二值分类问题的决策面实际上是如下形式的线性分类器，如：

$$g(\boldsymbol{x})=\boldsymbol{w}\cdot\boldsymbol{x}+w_0 \tag{5.11}$$

当 $g(\boldsymbol{x})>0$ 时，样本属于类别 c_1；当 $g(\boldsymbol{x})\leqslant 0$ 时，样本属于类别 c_2，其中参数 $\boldsymbol{w}$ 和 w_0 决定了分类器的具体形式。

在工业领域中，文本分类技术作为一种关键的自然语言处理技术，扮演着举足轻重的角色。下面将简要介绍文本分类技术在工业应用中的几个重要场景。

1）设备维护与故障诊断：文本分类技术可以应用于工业设备的日志记录、报警信息以及维护文档中。通过对设备运行期间产生的大量文本数据进行分类，可以快速识别设备状态（如正常运行、警告、故障等），进一步细化至具体的故障类别和原因，从而帮助工程师精准定位问题，缩短维修响应时间，提高设备的运行效率和使用寿命。

2）质量控制与管理：在生产过程中，质检报告、客户反馈和产品评论等文本信息十分丰富。通过文本分类，可以将这些信息分类为质量优秀、合格、不合格等不同等级，从而帮助质量管理部门迅速发现产品缺陷和问题根源，推动质量改进措施的实施。

3）供应链与物流管理：在供应链文档中，如采购订单、合同、物流单据等，文本分类有助于将这些文档按照类型、状态、紧急程度等维度进行划分，从而实现供应链的透明化、精细化管理，提升物流效率，减少库存成本，以及对供应风险的预警和应对。

4）安全与合规管理：对于企业的安全报告、操作手册以及法规文件等文本资料，文本分类有助于识别潜在的安全风险和合规问题，促使企业及时采取措施以满足政府监管要求，确保生产经营活动的安全稳定。

2. 信息抽取

信息抽取（Information Extraction，IE）是从纷繁复杂的自然语言文本中系统化地抽取并结构化特定的事实和事件信息，从而协助人们在庞杂的数据中实现内容的自动化识别、筛选和重组。这一过程对于挖掘有用的知识并将其转化为结构清晰、便于处理的数据至关重要。

信息抽取主要包括三个子任务：关系抽取（RE）、命名实体识别（NER）、事件抽取（EE）。以下是信息抽取在工业上的一些典型应用。

1）设备故障诊断：从设备运行日志、故障报告等文本中，信息抽取技术能够自动识别并抽取故障代码、故障部件、故障原因以及维修建议等关键信息。这些结构化数据有助于企业快速响应设备故障，预测潜在问题，优化维护策略，从而提高设备利用率和生产效率。

2）质量控制与溯源：在生产过程中的质检报告和追溯记录中，信息抽取技术可以精准抽取不良品原因、批次信息、生产参数等数据，帮助企业快速定位质量问题源头，制定针对性的改进建议，提高产品质量和客户满意度。

3）研发与技术创新：从专利文献、科技报告、行业资讯等文本资料中，信息抽取技术可以高效提取关键技术、创新点、市场趋势等有价值信息，助力企业研发创新，把握行业前沿，优化产品设计和市场定位。

信息抽取技术能够有效地从非结构化文本中提取结构化信息，为信息检索、数据分析、知识图谱构建、智能决策支持等多种应用场景提供有力支持，是构建知识图谱的重要技术环节，知识图谱描述详见 5.2 节。

3. 问答系统

问答（Question Answering，QA）系统是一个用途广泛的研究领域，在日常生活中就有很多常见的 QA 应用，比如现在的搜索引擎不仅能帮助用户找到相关的网页，还能直接回答用户的一些问题。

如图 5-4 所示，根据输入文体形式，将会输出相应的答案。问答系统处理架构在整合多模态信息后呈现出更为丰富和复杂的流程，其核心组成部分不仅包括传统的问题理解分析、信息检索及答案抽取三大模块，还特别强调跨模态信息的整合与利用。在这样的架构下，问题分析阶段的任务得到了扩展，不再仅限于对纯文本信息进行深度剖析，而是进一步涵盖对图像、音视频等多种媒介类型的内容特征提取与解析。

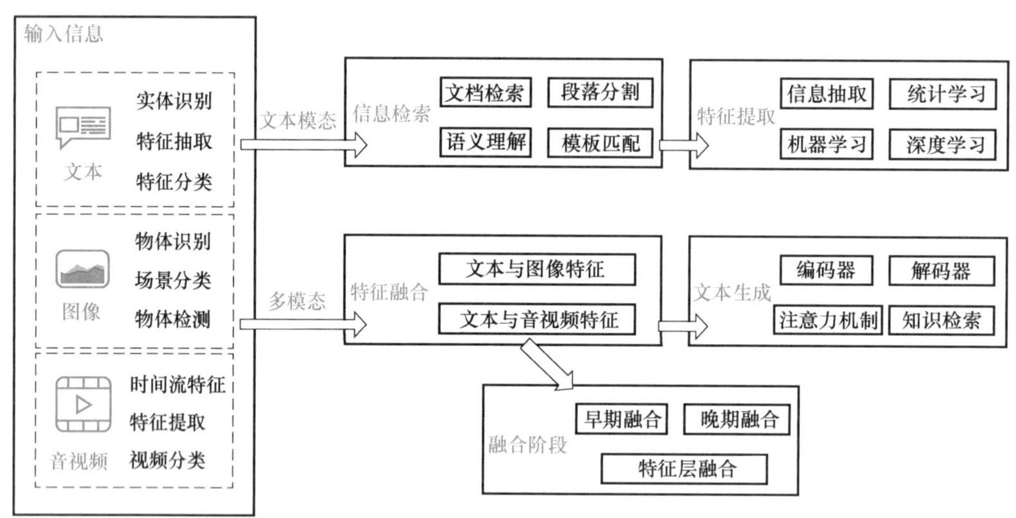

图 5-4　问答系统处理架构

首先，系统需要运用先进的自然语言处理技术、计算机视觉以及语音识别等手段，从非结构化文本、图像以及音视频信号中提炼关键特征。这些特征各自蕴含着不同模态下的语义信息，是后续处理的基础材料。

随后，在信息融合阶段，系统面临的挑战在于如何有效地将来自不同模态的异构特征相互关联，并且合理地将其统一映射至同一个联合特征空间内，形成一种可以进行跨模态交互比较和推理的综合表示。这一过程既要求保留各模态特征的独特性，又要确保它们能够在同一维度下进行有效整合。

最后，在完成了上述跨模态信息融合的基础上，问答系统进入答案生成阶段，此时它能够依据融合后的多元信息，更加全面、精准地定位和生成满足用户需求的答案。这一整套流程旨在提升问答系统的智能水平和泛化能力，使其能够应对更为复杂多样、包含多种媒体类型的情境化查询。

以下是问答系统在工业上的典型应用。

1）数据分析与决策支持：高层管理人员或分析师通过提问形式获取关键业务数据，如“本月生产线 C 的良品率是多少?”问答系统能从后台数据库实时抓取数据，快速生成精准答案，支持决策制定。

2）客户服务与产品支持：在工业产品的售前咨询、售后服务阶段，问答系统能快速响应客户关于产品性能、使用方法、故障排除等问题，提供 24h 不间断的智能客服支持，提升客户满意度。

3）操作指导与技能培训：问答系统可用于培训新手员工，解答他们在操作流程、安全规程、设备使用等方面的问题，如“如何启动设备 B?”系统能详细列出操作步骤，确保操作准确无误，提高工作效率和安全水平。

4. 机器翻译

机器翻译（Machine Translation，MT）是一种利用计算机程序自动将文本从一种自然语言转换为另一种自然语言的过程。这一技术源于计算语言学和人工智能领域，旨在消除语言障碍，创造能够精准而流畅地在任何两种语言间转换的自动化系统，力求达到媲美人工翻译的质量，尤其是在保持目标语言语境和文化习惯上。

机器翻译的当前技术主流是深度学习方法，基本是采用端到端学习的方式，直接从源语言到目标语言进行翻译，而无需手工设计特征。其中最突出的是 Transformer 模型和 BERT 模型。它引入了自注意力（Self-Attention）机制来处理输入序列中的关联信息，使得模型能够更好地捕捉长距离依赖关系，详细描述见 5.4.2 节和 5.4.3 节。而自注意力机制允许模型在处理序列时对不同位置的信息分配不同的注意力权重。这对于处理语言中的长距离依赖关系尤为重要。具体而言，对于每个输入位置，自注意力机制计算一个权重分布，该分布决定了该位置对序列中其他位置的关注程度。

机器翻译常见有以下几种工业场景的应用。

1）跨语言文档翻译：在工程设计、制造、运营和技术文档编写过程中，大量的技术手册、图样说明、专利文献和其他专业文件需要翻译成多种语言以满足全球市场的需求。机器翻译系统能够自动化处理这类文档的大规模翻译工作，极大地缩短了项目周期，并降低了人力成本。

2）全球供应链管理：在全球化背景下，工业供应链涉及多个国家和地区的合作伙伴。机器翻译可以帮助企业迅速理解来自不同国家供应商或客户的邮件、报告和其他通信内容，保证及时准确的交流，促进贸易合作与协调。

3）软件和界面本地化：在工业软件开发中，机器翻译有助于快速完成用户界面、菜单选项、提示信息等内容的翻译，使得软件产品能够在保持原有效能的同时，适应不同语言文化背景下的用户需求。

4）法规遵从性与安全性：各国法律法规的差异要求企业在进入国际市场时严格遵守当地规定。机器翻译可以用来翻译相关的法律文本、标准和规范，帮助企业理解和遵守各地的安全和合规要求，减少潜在风险。

5）内部协作与知识共享：在多元化的工业组织中，员工可能来自不同的国家和地区，机器翻译能够支持员工之间的跨语言沟通，促进知识和经验的无障碍传播，提升团队的协同效率。

5. 文本情感分析

文本情感分析用于识别和提取文本中的情感倾向、态度和情绪。情感分析技术广泛应用于社交媒体监控、市场营销、客户关系管理、舆情分析等领域，帮助企业、研究机构和个人理解公众对产品、服务、事件或议题的情感反应，从而做出更明智的决策。

文本情感分析也有很多工业应用场景，常见的应用有以下几种。

1）客户反馈分析与产品改进：对于工业产品和服务提供商而言，收集和分析客户反馈是至关重要的。通过文本情感分析，企业能够快速识别用户对产品的正面、负面或中立情绪，发掘消费者的满意点和不满意点，为产品改进、服务优化提供依据。

2）市场趋势感知与品牌声誉监测：企业可以运用文本情感分析工具对社交媒体、新闻报道、论坛、博客等网络平台上关于自家产品或竞品的信息进行实时监测，了解市场舆论导向、消费者偏好变化，及时调整市场策略，并有效维护品牌形象。

3）销售与客服支持：在销售与客户服务环节，情感分析有助于客服人员快速理解客户的问题紧迫性和情绪状态，从而提供更有针对性的服务。同时，企业通过对客服对话的情感分析，可以发现客服流程中的问题，提升客户满意度。

4）供应链管理与合作伙伴评估：通过分析合作伙伴、供应商或分销商之间的往来信函、合同等文本，可以识别潜在的合作风险和机会，评估各方的满意程度，进而优化供应链管理，增强合作关系。

5）员工满意度调查与企业文化建设：在内部管理中，企业也可以运用文本情感分析对员工问卷调查、内部论坛帖子、工作报告等文本进行分析，了解员工对公司政策、福利待遇、工作环境的真实感受，从而改进人力资源管理策略，打造积极向上的企业文化。

文本情感分析是一个既有趣又有用的研究领域，它可以帮助人类更好地理解人类的情感和心理，也可以帮助用户更好地与人类进行沟通和交流。随着自然语言处理技术的不断发展和进步，可以期待文本情感分析在未来工业中会有更多的创新和应用。

5.1.6 自然语言处理在工业中的典型应用

自然语言处理技术在工业领域的应用日益广泛。因为人在对话过程中情感动态迁移具有个性化特征，反映了其情感个性。本书以合肥工业大学情感智能研究实验室发布的多模态情感交互大型语言模型系统为案例进行介绍。

在人工智能技术蓬勃发展的大潮中，自然语言处理技术在工业界的应用逐渐扩展，成为当代科技进步中的一大亮点。尤其是车载自然语言处理技术的问世，标志着人工智能与汽车制造业的深度整合达到了新的高度。这一技术体现为一种高级别的智能集成系统——车载语言模型，它巧妙运用了自然语言处理技术，使得驾驶人能够以语音指令的形式与车辆沟通，进而实现两者间流畅无阻的互动体验。

通过车载语言模型，NLP 技术被赋予了实际应用的生命力，驾驶人仅需简单的口头命令，就能指挥车辆完成多样化的任务：从精准导航到音乐播放，从调节车内环境温度到一键拨打电话，乃至发送信息等，一切操作皆在轻松对话间完成。这不仅极大地丰富了驾驶体验，也提升了行车的安全性和便捷性，充分展现了 AI 技术在提升人类生活质量方面的无限潜力。

下面以汽车自动驾驶系统为例进行介绍。

1. 自动驾驶系统介绍

自动驾驶系统集成了自主研发的认知核心、情感驱动引擎及终端多感知技术，成功实现了蔚来汽车、服务与社区的全面融合，旨在提供更加快捷且令人愉悦的人工智能体验。

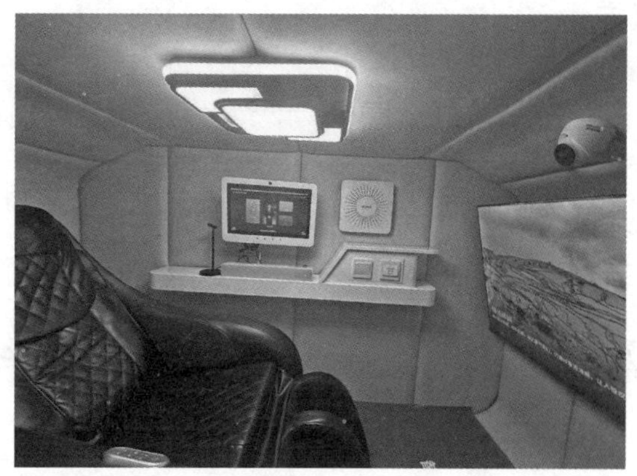

图 5-5　自动驾驶模拟和人工智能助手

自动驾驶系统能够根据驾驶人的情绪与个性化需求，智能调节车内环境，涵盖氛围灯光、温度调控以及音乐选择。假如系统感知到驾驶人情绪紧绷，它将自动切换至播放柔和旋律，并减弱内部照明强度，以此营造一个有助于放松的驾驶空间，如图 5-5 所示。

在确保驾驶安全方面，自动驾驶系统能持续观察驾驶人的状态与外界环境，及时发出警告或介入操控车辆，以保障安全。比如，当检测到驾驶人有疲劳迹象时，NOMI 会建议停车休息，并能自动规划路线前往最近的适宜停车区域。

自动驾驶系统的情感引擎也使其能在家庭智能系统中发挥作用。通过与家中的智能设备如灯光、恒温器等连接，NOMI 可以根据车主的到家时间预调整家庭环境，确保车主回到家能即刻享受舒适的家居环境。

2. 自动驾驶系统的流程

自动驾驶系统的流程主要包括两个部分，即技术实现和应用流程。

（1）自动驾驶系统的技术实现

1）自动语音识别（ASR）。该系统采用深度学习技术，尤其是长短期记忆（LSTM）网络和卷积神经网络（CNN），来分析驾驶人的语音输入。ASR 系统能够在嘈杂的车内环境中准确识别语音，提取出清晰的指令。

2）自然语言处理（NLP）。NLP 部分采用 BERT 等基于 Transformer 的模型，有效从用户的话语中提取意图和实体。例如，从“找到最近的加油站”中提取出“找到”为动作，“最近的加油站”为目的地实体。

3）对话管理（DM）。对话管理系统使用基于规则的技术和状态追踪来管理与用户的对话。它可以处理上下文信息，根据当前对话状态提供响应或询问更多信息以精确执行任务。

4）文本到语音（TTS）。文本到语音转换由先进的语音合成技术支持，如 Tacotron 和 WaveNet，能够生成接近真人的语音反馈。通过这种方式，系统能以自然的声音向驾驶人提供反馈信息或确认命令。

（2）自动驾驶系统的应用流程

1）用户激活系统：驾驶人使用唤醒词，如“嘿，NOMI”，来激活系统。

2）语音命令输入：驾驶人发出语音命令，如“将温度调至 26℃”或“导航到家”。

3）命令解析与执行：利用深度学习方法，特别是长短期记忆（LSTM）网络和卷积神经网络（CNN），自动驾驶系统能够深入分析驾驶人的语音指令。这些先进技术使自动语音识别系统即便在车辆内部嘈杂的环境中，也能精准辨识语音，确保提取的指令清晰无误。进一步地，借助自然语言处理技术，对收集到的文本数据进行全面预处理，涵盖了语言识别、细致的分词操作以及停用词的过滤等关键文本净化步骤，以此提升信息处理的准确性和效率。

接着，NLP 分析文本，提取出调整温度的指令和目标温度值，对话管理确认指令内容，并在需要时与用户进行进一步交互，确认后，系统执行相应操作，并通过 TTS 组件向用户反馈操作结果或状态更新，最终形成一套完整的流程闭环。

5.2 知识图谱

知识图谱与自然语言处理是紧密相关的领域，它们可以相互促进和增强。在 NLP 中，知识图谱可以用来增强文本的理解和推理能力。通过将自然语言与知识图谱进行结合，可以将文本中的实体和关系映射到知识图谱中的实体和关系，从而提供更丰富的语义信息。这样，NLP 系统可以利用知识图谱中的知识来解决歧义性问题、推断实体之间的关系，甚至回答用户的复杂查询。另外，NLP 也可以为知识图谱提供支持。NLP 技术可以用于从大量文本数据中抽取实体、关系和属性信息，并将其构建成知识图谱。此外，通过 NLP 技术，可以将用户的自然语言查询转化为对知识图谱的查询语言，从而使用户能够直接与知识图谱进行交互。

因此，知识图谱和自然语言处理是相互促进和增强的关系，它们的结合可以提高文本理解和推理的能力，并且使得知识图谱更加丰富和易于使用。下面，将对知识图谱展开介绍，主要分为知识图谱的定义、知识图谱的构建步骤、知识图谱可视化以及工业知识图谱在工业上的应用。

5.2.1 知识图谱的定义

知识图谱是一种用图模型来描述知识和建模世界万物之间的关联关系的技术方法。其本质是一种大规模的语义网络，知识图谱的概念最早源于 Tim Berners-Lee 等人提出的 Semantic Web（语义网）理念，其初衷是将现有的基于超链接文本信息的万维网提升到一个新的层次，即构建一个基于实体及其语义关系的网络。这一构想旨在使计算机程序能够更好地理解网页内容的含义，而非仅仅处理字符串形式的文本，从而实现更高级别的信息检索、推理和应用。知识图谱作为一种先进的信息技术手段，它通过图形模型的方式来组织、储存和表达各类知识以及世间万物的关联结构。

自 Semantic Web（语义网）的概念提出后，一系列基于语义技术的知识库和平台得到了快速发展和广泛应用。这些语义网不仅提供了大规模结构化数据存储，还促进了信息的互操作性和机器可理解性。现在主要的几种语义网有 Freebase、DBpedia、Yago、Applebot 和 Wikidata 等。

通过上述语义网的建设和应用，给知识图谱的发展提供了结构化、机器可理解的海量信息存储，以实现数据的互联互通和智能推理，从而提升信息检索、数据分析、决策支持的准确性和效率。

1. 知识图谱的发展

知识图谱的兴起历经了漫长的历史积淀和技术演进，汇聚了诸如语义网络、知识表示理论、本体论构建以及 Semantic Web 等多个领域的研究成果与实践经验。以下是知识图谱发展的重要阶段概述。

1）起源阶段(1950—1970 年)：语义网络概念的提出，逐渐发展为将知识以网络形式表示，为知识图谱的雏形奠定基础。

2）发展阶段(1970—2012 年)：知识工程领域的发展，特别是在 1977 年知识工程概念的提出，促进了基于规则的专家系统的研究和应用。随着语义网技术的兴起，尤其是在万维网发明之后，研究人员开始关注如何在网络上表示和共享知识，引入了资源描述框架（RDF）、OWL（Web Ontology Language）等标准化技术，形成知识本体论。通过语义网，数据被赋予了更丰富的含义，使得机器能够理解数据之间的关联，这是知识图谱形成的基础。

3）繁荣阶段(2012 年至今)：2012 年，谷歌推出 Google Knowledge Graph，标志着知识图谱技术进入了公众视野，并在搜索引擎中得以广泛应用，显著提升了搜索结果的相关性和实用性。此后，知识图谱在各行各业得到广泛应用，如电子商务、金融服务、医疗保健、教育、智能客服、智能推荐等领域。AI 技术的发展推动了知识图谱的自动化构建和更新，包括知识抽取、实体链接、关系抽取等技术的成熟，以及深度学习在知识图谱补全和推理中的应用。

2. 知识图谱的类型

知识图谱技术自其诞生之初便以强化搜索引擎功能作为首要应用目标，通过构建知识网络，提升搜索引擎对用户查询意图的深度理解及搜索结果的精确匹配。此后，知识图谱的适用范围逐步拓宽至多元化的应用场景中，展现了其在多个尖端领域中的广泛应用潜力与卓越价值。知识图谱通常依据其覆盖的知识范围、构建和维护方式、可访问性、数据类型和应用场景等进行分类。

（1）按照覆盖的知识范围划分

1）通用知识图谱：通用知识图谱（General-Purpose Knowledge Graph）是一种广泛涵盖多个领域和主题的大型语义网，它的设计目标是捕捉和结构化大量知识，以便于计算机理解和处理。通用知识图谱通常包含大量的实体（如人物、地点、事件等）、概念以及这些实体之间通过各种关系所构成的事实。这些实体和关系被形式化地表示为图结构中的节点和边，从而形成一张复杂的、互联的知识网络。如 Google 的 Knowledge Graph 和 Wikidata。这类图谱旨在提供尽可能多的通用知识。

2）领域知识图谱：领域知识图谱（Domain-Specific Knowledge Graph）是一种专为特定领域或行业设计的语义网，它以图形的形式组织并表达了该领域内的实体、概念、关系及其属性信息。相较于通用知识图谱，领域知识图谱更侧重于特定领域的专业知识和深度信息，其内容和结构紧密围绕特定领域的业务需求构建，如医疗知识图谱、法律知识图谱、金融知识图谱等。

（2）按照构建和维护方式划分

1）手工构建的知识图谱：手工构建的知识图谱（Manually Constructed Knowledge Graph）

是指通过人工方式进行设计、组织、录入和校验，以图形结构展现实体及其相互关系的知识库。这类知识图谱的特点在于由专家或专业人员依据特定领域知识进行精心策划、梳理和构建，确保数据的准确性和完整性，适合对专业知识要求高、数据来源有限或初始阶段需快速验证概念可行性的场景。由于完全依赖人工操作，其规模和更新速度可能受限，但数据质量通常较高。

2）自动构建的知识图谱：自动构建的知识图谱（Automatically Constructed Knowledge Graph）是一种利用计算机算法和自然语言处理技术从大量异构数据源中自动抽取、整合和结构化知识的数据模型。该过程无须人工介入或仅需少量人工校验，通过信息抽取、实体识别、关系抽取等技术手段，将非结构化文本、数据库记录等转换为实体、属性和关系的图结构数据。自动构建的知识图谱能快速扩大规模并保持实时更新，但也面临数据准确性挑战，需结合后期质量控制与优化。

（3）按照可访问性划分

1）开放知识图谱：开放知识图谱是公开可访问的知识库，提供大量结构化的知识信息，包括实体、概念和它们之间的关系。这些图谱旨在促进知识的共享和再利用，支持各种应用，如搜索引擎优化、数据分析和人工智能研究。开放知识图谱的典型例子包括 Wikidata 和 DBpedia，它们为全球的研究者和开发者提供了丰富的、易于访问的知识资源。

2）私有知识图谱：私有知识图谱是专门为特定组织或企业构建的、不对外公开的知识库，包含该组织内部的专业知识、数据和信息。这些图谱旨在支持企业的内部决策、业务分析、知识管理和运营优化。私有知识图谱通常定制化程度高，密切与企业的特定业务流程和需求相关联。

（4）按照数据类型划分

1）结构化知识图谱：是将知识以明确的格式（如图谱形式）组织起来的数据库，其中知识被细分为实体、属性和实体之间的关系。这种结构化的表示形式使得图谱中的信息易于机器处理和查询，从而支持各种自动化的数据分析和决策制定过程。结构化知识图谱广泛应用于搜索引擎、推荐系统和人工智能领域，以提供精确和可靠的信息。

2）半结构化知识图谱：结合了结构化数据和非结构化数据，以灵活的形式表示知识和信息。在这种图谱中，数据既包括具有明确结构和关系的实体和属性，也包括文本、图像等非结构化内容。半结构化知识图谱使得知识的表示更加丰富和全面，适合处理和分析复杂的信息场景。

（5）按照应用场景划分

1）企业级知识图谱：企业级知识图谱是为满足特定企业的需求而构建的知识管理系统，它集成了企业内部的数据、流程、规则和业务逻辑。这类图谱支持企业的决策制定、业务分析和知识发现，提高组织的效率和竞争力。企业级知识图谱通常具有高度的定制性，以适应企业的特定业务环境和战略目标。

2）学术知识图谱：学术知识图谱是集中存储和管理学术领域信息的知识库，包括论文、专利、学者、研究机构及其之间的关系等。这种图谱旨在促进科研信息的发现和交流，支持学术研究和协作。通过整合和分析大量学术数据，学术知识图谱有助于揭示研究趋势、学术网络和知识结构。

这种多维度的类别划分方式有助于更好地理解和使用知识图谱，根据不同的需求和应用场景选择或构建合适的知识图谱。

3. 知识图谱在工业中的作用

知识图谱作为一种强大的知识组织和管理工具，它通过将大量、复杂、异构的信息以结构化的形式组织起来，实现了知识的有序化、关联化和智能化处理。以下几点凸显了知识图谱在工业上的重要性。

（1）促进生产效率和效果　知识图谱通过整合生产线上的各种数据（如设备性能、维护记录和生产流程），帮助管理者理解和优化生产过程。这种整合能力使得决策更加依据数据驱动，从而提高生产效率和产品质量。

（2）加强决策支持系统　在工业领域，知识图谱能够提供一个全面的视图，将相关数据和信息整合在一起，支持复杂的决策过程。通过分析知识图谱，决策者可以发现生产过程中的潜在问题和改进点，从而做出更有效的决策。

（3）改善设备维护和故障诊断　知识图谱可以存储和关联设备的历史维护记录、操作参数和性能数据，使得维护人员能够快速诊断问题原因并采取相应的维修措施。这种方法不仅减少了设备的停机时间，还有助于实现预测性维护，从而降低维护成本。

（4）促进产品创新和设计　通过集成和分析从市场反馈、客户需求到产品性能的全方位数据，知识图谱可以帮助企业在产品开发和创新过程中做出更加明智的决策。这种深入的洞察促进了设计的优化和新产品的创新。

（5）加强供应链管理　知识图谱能够将供应链中的多个环节和实体（如供应商、运输途径、产品和客户）进行有效的关联和分析，帮助企业优化供应链管理。这种优化能够提高供应链的透明度、灵活性和韧性，降低风险，提升整体效率。

在工业领域，知识图谱的重要性体现在其能够有效地整合和分析大量复杂的数据，为企业提供深入的洞察和支持决策。随着智能制造的不断发展，知识图谱将成为提升生产效率、创新产品和优化运营的关键工具。

5.2.2　知识图谱的构建步骤

知识图谱的构建步骤包括知识表示、知识抽取和知识图谱构建，下面对知识图谱的构建步骤进行详细描述。

1. 知识表示

在知识的分类体系中，可以根据其应用领域和普遍程度，将其大致区分为常识性知识与领域性知识两类。常识性知识是指那些广泛存在于社会生活中、被大众普遍接受和认可的基本事实与规律。而领域性知识则相对更为专业和细分，专指某一学科或行业所特有的、需要专门学习和研究才能掌握的知识内容，例如医学领域的病理学知识、计算机科学中的算法设计原理等。这两类知识相互交织，共同构建了人类文明与科技进步的基石，并在不断的迭代发展中不断完善和拓展。

知识表示这一概念，是指将现实世界中纷繁复杂的知识体系转化为计算机能够理解和运作的结构化形式，旨在对知识进行规范化、系统化的描述和编码。在人工智能的研究与开发中，知识表示扮演着至关重要的角色，其目的在于通过科学合理的方式将知识结构化、体系化，构建出全面而精细的知识表达模型，从而使机器通过学习、理解和运用这些知识，能够在解决问题和执行任务时展现出类似人类的智能行为。

知识表示不仅是知识工程领域中的一个核心研究课题，它还深深植根于知识图谱的研究与应用全过程，从知识的获取、融合、建模到计算与应用等多个环节，无一不依赖于高效且恰当的知识表示方法。知识表示的成功与否直接影响人工智能系统能否有效地获取、理解、推理以及运用知识，进而决定了系统能否在复杂的现实环境中展现出高水平的智能性能。因此，知识表示不仅是知识图谱研究的基础，也是整个智能系统实现智能跃升的基石。

（1）知识表示方法　知识表示方法主要分为基于符号的知识表示方法和基于表示学习的知识表示方法。

1）基于符号的知识表示方法。基于符号的知识表示方法构成了人工智能领域中知识建模与处理的核心手段，可根据其发展历史和技术特点细分为早期的传统知识表示方法与现代语义网知识表示方法两大阵营。

早期的传统知识表示方法着重于通过形式化逻辑和结构化框架来模拟人类思维过程，以实现对知识的有效捕获与处理，包括一阶谓词逻辑表示法、产生式规则表示法、框架表示法和语义网络表示法。下面将对这几种方法展开介绍。

① 一阶谓词逻辑表示法。基于谓词逻辑的知识表示方法是一种以数学逻辑为根基的理论框架，它运用命题、逻辑联结词、个体变元、谓词以及量词等基本逻辑元素，构建出谓词公式来详细刻画和描述客观世界中的实体、属性、状态和相互关系。

一阶谓词逻辑表示法作为此类方法的典型代表，以其深厚的数理逻辑基础和严密的表达形式，成功实现了对知识的精确和自然的表示，其逻辑结构与人类日常使用的自然语言有较高的相似度，因而易于理解和解释。然而，一阶谓词逻辑表示法在知识表示上也存在一定的局限性。其主要问题体现在对某些复杂知识类型的表达不足上。简要解释，一阶谓词逻辑表示法对于过程性知识（即动作、事件及其变迁过程的描述）和非确定性知识（如概率性、模糊性或主观性的知识）的表达能力相对较弱。这是因为一阶谓词逻辑表示法主要侧重于静态的、确定的事实陈述，而对于那些涉及时间动态变化、不确定性因素或多主体观点的知识结构，往往难以做到充分而细致的刻画。

② 产生式规则表示法。20 世纪 40 年代，逻辑学巨擘 Emil Post 提出了一种开创性的知识表示手段——产生式规则表示法，该方法采用“IF-THEN”结构来组织和表述知识，成为知识表示系统开发中广泛应用的核心表示技术之一。

产生式规则表示法的显著特点在于与人类认知习惯中的因果判断模式高度契合，表现得既直观又自然，极大地便利了人工系统进行逻辑推理和决策制定的过程。此外，其广泛的知识覆盖范围，不仅能够精准地表达确定性知识，即无条件正确的事实和规律，而且能够灵活处理不确定性知识，比如通过对规则附加置信度权重来量化不确定程度。同时，这种方法还可容纳启发式知识，即那些基于经验法则和近似策略的知识，以及过程性知识，涵盖了一系列操作步骤或事件演化过程的描述。

不过，产生式规则表示法并非没有局限性。随着知识库规模的不断扩张，其统一的规则结构在大规模知识推理过程中可能会暴露出效率上的短板。因为每个规则可能与其他多个规则交织作用，导致在推理过程中需要检查和匹配的规则数量呈指数级增长，从而引发所谓的“组合爆炸”问题。这意味着，在处理极为复杂和庞大的知识集合时，单纯依赖产生式规则表示法可能会面临严重的计算性能挑战。

③ 框架表示法。“框架理论”是一种知识表示模型，该理论深受人类认知心理学启发，认为人类对于客观世界的认知是以类似框架的结构储存在记忆系统之中。框架表示法由此应运而生，作为一种高级的数据组织结构，它旨在模仿人类心智对信息和经验的组织储存方式，为人工智能系统提供了一种高效的知识表示手段。

框架作为一个通用的数据结构，能够承载个体以往积累的大量信息和经验，为新信息的理解和解释提供背景支持。在框架中，可以有效地表示出不同实体的类别、个体成员、它们的属性特征以及彼此间错综复杂的关联关系。框架的构成遵循“框架名-槽位名-侧面-值”的基本结构模式，具体来说，每一个框架由若干个槽位组成，每个槽位对应事物某一特定属性的描述；而每个槽位又进一步拆分成多个侧面，用以刻画该属性的不同方面；每个侧面则配有相应的值，以填充和具体说明属性特征。

框架表示法具备诸多优点，如继承性，能够反映同类实体之间的共有属性；结构化，便于知识的层次化管理和组织；自然性，其结构与人类认知模型相契合，易于理解和应用。然而，框架表示法也有其局限性，如构建复杂框架的成本较高，对知识库的质量要求严苛，且在表达灵活性上有所欠缺，难以轻易地与其他数据集实现无缝关联和整合使用。尽管如此，框架理论在知识表示和人工智能系统设计中仍占据重要地位，并为后续的研究与发展奠定了坚实基础。

④ 语义网络表示法。语义网络表示法以其直观且结构化的特性革新了知识表示的途径。语义网络本质上是一种图形化的知识模型，表现为一个依托实体及其之间语义关联的有向图结构。在这个图谱构造中，各节点被赋予丰富的含义，它们可以象征各类现实世界及抽象思维中的实体元素，涵盖了事物的本质、属性特质、概念框架、状态变迁、事件过程、情境条件以及行为动作等诸多维度。

节点间的连线——通常称之为弧线，在语义网络中扮演着关键角色，这些弧线精准地揭示了相连节点间的语义联系，从而构筑起一张意义交织的网络。为了确保网络能够精确无误地体现知识内容，弧线上往往附带有特定的标识符，这些标识符相当于逻辑学中谓词逻辑的谓词表达，用于界定节点间关系的具体类型。常见的关系标识符包括但不限于实例关系（指代实体与类别的隶属关系）、分类关系（表示不同类别的层级关系）、成员关系（表明集合与其组成部分的关系）、属性关系（体现实体与属性之间的归属关系）、包含关系（表述整体与部分的包容关系）、时间关系（描述事件或状态随时间的演变关系）、位置关系（指示物体或事件在空间分布上的相对位置关系）等。

2）基于表示学习的知识表示方法。在知识工程发展的初期阶段，传统的知识表示方法与语义网架构下的知识表示技术均依赖于符号系统，以明确且直接的方式来刻画各类概念及其相互联系。然而，不容忽视的是，现实世界中的很多知识形态复杂多样，往往蕴含难以形式化的特点，或者表现为一种非显性的内在关联，这就意味着仅依靠显式的符号知识表达手段难以完整捕捉全部的知识特征。进一步讲，知识表示的目的不仅在于静态地构建概念体系，更在于实现对知识的动态理解和运用，尤其是在语义层次上的计算。遗憾的是，基于符号主义的知识表示模型，在处理实体间的语义关系时，尤其是一些模糊、抽象或情境化的语义关系时，往往显得力不从心，无法有效地实施精确计算和推理。因此，基于表示学习的知识表示方法应运而生，以下是一些代表性技术：

① TransE：TransE 模型假设头实体和尾实体通过关系的翻译操作位于向量空间中的同

一位置。图 5-6 以四大名著中的《红楼梦》和《西游记》为例，列举了实体间的表示关系。

② TransR/CTransR（TransR 的改进版）：TransR 引入了关系特定的空间变换，允许每个关系在不同的子空间中进行翻译，使得不同类型的实体和关系能得到更精细的表示。

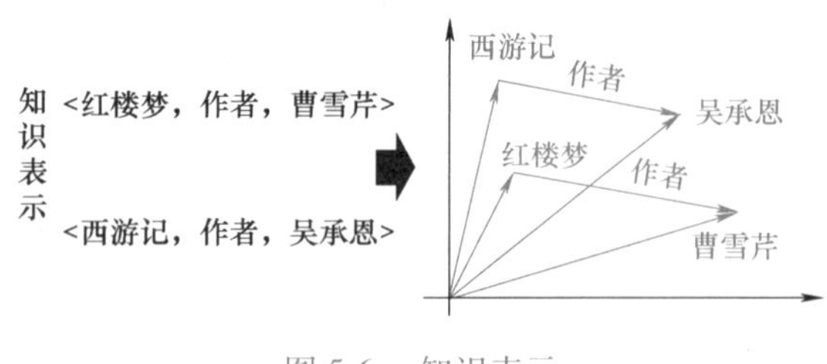

图 5-6 知识表示

③ DistMult：DistMult 通过点积来模拟关系对实体对的影响，简化了关系向量的维度，强调关系的对称性和反对称性。

④ ComplEx：ComplEx 模型扩展了 DistMult，引入复数向量空间来处理知识图谱中的复数关系，能够更好地捕获实体间的关系方向和复数性。

⑤ RotatE：RotatE 通过将关系看作是从头实体向量到尾实体向量的旋转和缩放操作，能够自然地解释多种复杂关系特性，包括对称性、反对称性和传递性。

⑥ RESCAL：RESCAL 模型使用张量分解来表示实体-关系-实体的三元组，并且考虑了关系矩阵的复杂性。

⑦ SimplE：SimplE 是一种双向交互的模型，它可以同时考虑到实体对关系的影响以及关系对实体对的影响，提高了模型的表现力。

⑧ ConvE：ConvE 利用卷积神经网络结构，结合一维和二维的特征表示，增强实体和关系嵌入的能力。

这些方法共同促进了知识图谱在链接预测、实体分类、关系抽取等多个领域的应用与发展。

在实际应用中，有效的知识管理系统需要结合基于符号的知识表示方法与基于表示学习的知识表示方法两种方法，通过知识建模来构建知识框架，再使用知识表示方法来详细描述和实现这个框架中的具体知识内容。这样可以确保知识的整体性和一致性，同时也提高了知识的可用性和应用价值。

（2）知识建模方法　知识建模，旨在探索并确定最佳的知识表达方式，通过创建一套完善的本体模型来对知识进行详尽而精准的描绘。在这一本体模型构建过程中，核心任务包括确立一系列的概念定义、属性列举以及概念间错综复杂的关联关系设定，这些都是构建知识体系框架的基础要素。

知识建模涉及构建知识图谱的底层数据结构，它涉及定义表示知识的方法，即创建一个本体模型来描述知识体系。这个模型包括本体的概念、属性以及这些概念间的相互关系。作为知识图谱开发的核心环节，知识建模确保数据模型的质量，避免了重复和不必要的知识获取，从而提升了构建知识图谱的效率并减少了领域数据整合的成本。考虑到不同领域的知识有其独特的数据特性，因此可以为各个领域构建出不同的本体模型。

知识建模有两种主要策略：自顶向下和自底向上，这两种方法分别遵循不同的逻辑路径以构建和完善知识图谱。

首先，自顶向下的知识建模方法，如图 5-7a 所示，采取一种先决的顶层设计策略。在这种方法中，构建知识图谱的初始阶段着重于精心设计和规定数据模式，也就是本体论体系。这一过程通常需要领域专家的专业参与，他们从最高级别的概念出发，逐步向下细化和延伸，建立起一个层次分明、结构井然的分类体系。这种方法强调事先规划和预设知识结构，确保知识图谱的构建遵循预定的逻辑框架。

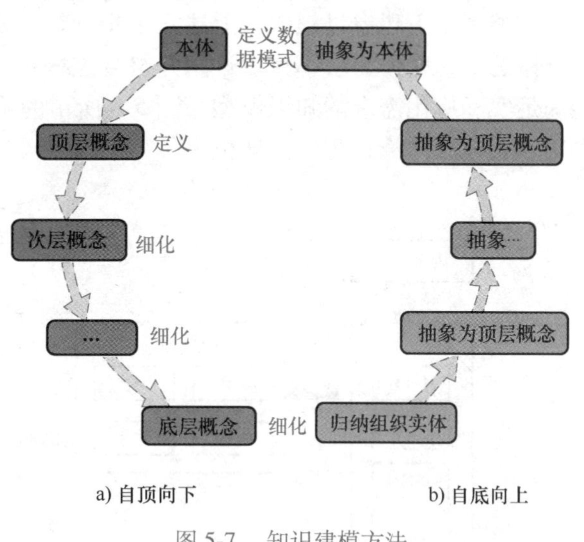

图 5-7　知识建模方法

相比之下，自底向上的知识建模方法，如图 5-7b 所示，采取了一种归纳演绎的渐进式构建策略。在这一过程中，知识图谱的构建首先始于对现实世界中现有实体的收集和初步归类，通过对这些底层概念的整合和理解，逐步上升到更高层次的概念抽象与整合。这种方法在开放域知识图谱的构建中尤为适用，因为在开放且不断变化的世界中，实体种类繁多且边界模糊，难以通过预设的自顶向下方式穷尽所有可能性。随着世界的持续演化与发展，新的实体和概念不断涌现，自底向上的方法因其灵活性和适应性，能够更好地接纳和整合新增的知识单元，从而满足知识体系不断增长的需求。

在当前知识建模的实际应用中，操作方法主要可以划分为手工建模与半自动建模两种方式，每种方式各有其适用场景和优缺点。

1）手工建模方式。手工建模方式适用于那些对知识库规模要求较小、对知识准确性与精细度有极高追求的场景。这种方式要求专业人士基于领域知识，逐一精心设计并构建知识模型的各个组件，包括定义概念、属性和关系等。然而，手工建模过程耗时长、人力成本高，难以应对大规模的知识图谱构建需求，尤其在知识总量庞大且更新频繁的情况下，其局限性尤为明显。

手工建模方式在构建知识模型时，通常会经历一系列精心设计和迭代改进的步骤，这些步骤虽不完全拘泥于严格线性的执行顺序，但相互之间存在着密切的内在联系，共同支撑着知识模型的构建与优化。具体来说，手工建模方式的六大核心步骤如下：

① 确立领域本体与任务目标：首先，明确知识建模的领域范围以及期望达成的任务目标，这将为后续的所有建模活动提供导向和约束条件。

② 利用既有模型资源进行复用：调研和评估已有的相似或相关的领域模型，尝试借鉴和整合已有成果，以节约建模成本，提高工作效率。

③ 梳理领域元素清单：全面列举出本体所涉及的所有基本概念、实体和术语，形成初步的领域元素列表，为后续的分类和属性定义打下基础。

④ 构建分类体系：依据领域特点和知识结构，建立层次化的分类体系，明确各类概念之间的上下位关系，使得知识能够以结构化的形式呈现出来。

⑤ 定义属性与关系：为每一个概念或实体定义其固有的属性，并阐明不同实体之间的关联关系，以丰富知识实体的内涵，增强知识图谱的表达力。

⑥ 设计约束条件与规则：基于领域知识的内在规律和业务需求，定义必要的约束条件

和推理规则，确保知识模型的严谨性与一致性。

在整个手工建模过程中，上述六个步骤往往是交叉互动、循环迭代的，建模人员需要根据具体的知识建模需求，灵活运用并整合这些步骤，最终构建出既能反映领域知识本质，又能满足实际应用需求的知识模型。图 5-8 所示的手工建模方式形象地展示了这些步骤的相互作用和在整个建模过程中的地位。

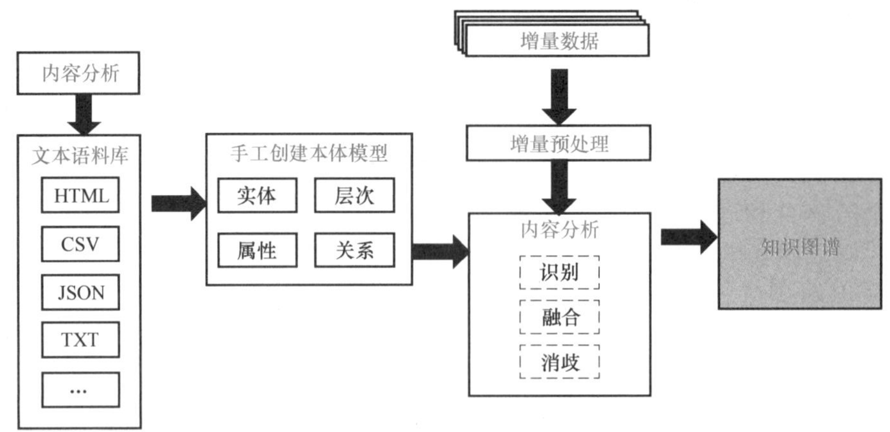

图 5-8　手工建模方式

2）半自动建模方式。半自动建模方式则试图通过结合人工干预与自动化技术，以适应更大规模、更具复杂性的知识图谱构建需求。在半自动建模过程中，自然语言处理技术及其他自动化工具扮演了重要角色，能够从海量文本和其他形式的数据源中抽取和整理知识，然后再由人工进行审查、修正和整合，确保知识的质量与一致性。这种方式在处理大型且语义复杂的知识图谱时，既能够大幅度提高知识获取与整合的效率，又能在一定程度上保障知识内容的准确性与完整性。

半自动建模方式首先通过自动化手段初步构建知识图谱框架，然后通过人工介入以提升质量和精细化程度，该过程旨在平衡效率与准确性的需求，如图 5-9 所示。

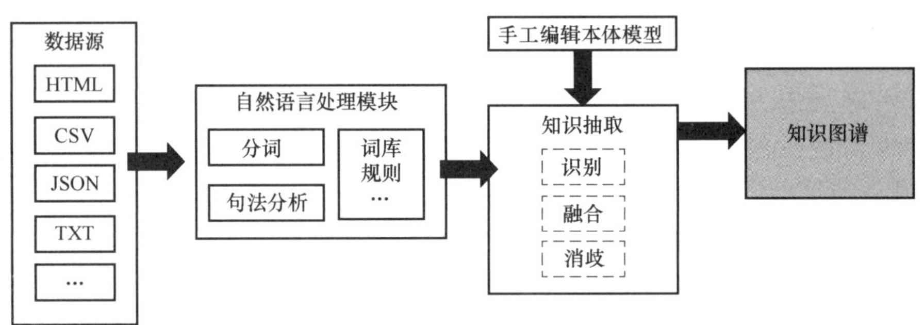

图 5-9　半自动建模方式

2. 知识抽取

在庞大的数据资源中有很大一部分是以非结构化数据的形态存在，尤其是自由文本数据，例如新闻报道、学术论文、政策法规文档等。如何从中有效提取有价值的知识，一直是知识抽取研究领域关注的焦点议题。

本部分将对面向文本数据的知识抽取技术与方法展开扼要概述，重点关注三种主要的抽取技术：实体抽取、关系抽取和事件抽取。

（1）实体抽取　实体抽取也被称作命名实体识别（Named Entity Recognition，NER），其核心目标在于从非结构化的文本数据中自动识别并抽取具有特定意义的实体对象，涉及的实体类型广泛，如人物姓名、组织机构名讳、地理位置标识、时间点、日期、特定数值（如货币金额）等关键性要素。实体抽取在自然语言处理领域内扮演着基石角色，是知识抽取中最基本且至关重要的环节。

在实体抽取的过程中，首要步骤是对文本进行深入扫描与分析，旨在精确地识别并标定出文本中潜藏的实体所在位置。随后，通过算法模型对识别出的实体进行分类，将其准确归入预设的一系列类别当中，从而完成从原始文本到结构化知识的转化过程。

实体抽取是自然语言处理领域的一个基础研究课题，历史悠久，已经发展出多种方法。其大致可以分为三类：基于规则的方法、基于统计模型的方法以及基于深度学习的方法。

1）基于规则的方法。早期内部实体识别技术主要依赖于人为编写的规则化方法进行实体信息的提取。这类方法首先依赖领域知识的专业人士，他们负责制定详尽的实体识别规则集，规则的具体内容和形式皆由人工逐一手工设定。随后，在实际应用过程中，系统会将这些规则与待处理的文本内容进行对照匹配，以此来辨识和提取出具有特定意义的命名实体。

尽管在处理规模较小且结构较为规整的数据集时，基于规则的实体抽取方法能够取得相当高的准确率和召回率，但随着数据集规模的扩大，此种方法的局限性逐渐显现。构建和维护足以覆盖大量新数据的规则集所需的时间成本和人力投入显著增加，规则集的扩展变得越发困难。此外，由于规则高度依赖于特定领域和数据特点，因此这类方法的泛化能力和移植性相对较差，难以轻松适应不同领域或不同类型的数据源，这也限制了其在大规模复杂文本环境中的广泛应用。

2）基于统计模型的方法。基于统计模型的实体抽取方法摒弃了人工编写规则的传统思路，转而采用完全标注或部分标注的语料库进行模型训练，从而实现自动化实体抽取。此类方法的核心技术包括但不限于隐马尔可夫模型（Hidden Markov Model，HMM）、条件马尔可夫模型（Conditional Markov Model，CMM）、最大熵模型（Maximum Entropy Model，MEM）以及条件随机场（Conditional Random Field，CRF）模型等。

在这些统计模型中，命名实体识别被视为一个序列标注任务，这意味着模型在预测每个词是否为命名实体时，不仅需要考虑当前词的上下文特征，还会参考之前预测的标签状态，即预测标签序列之间存在着强烈的依赖关系。换句话说，每个词的标注结果都会受到前面已标注词的影响，形成一个前后关联的标注序列。

从自然语言文本中抽取命名实体，就是一个典型的序列标注问题实例。基于统计模型构建实体抽取系统时，主要涉及三个关键环节：①需要准备并标注合适的训练语料；②设计并提取能够有效区分实体与非实体的特征；③利用标注好的训练数据对选定的统计模型进行训练和优化，以期获得高性能的实体抽取模型。

基于统计模型的实体抽取方法主要涉及训练语料标注、特征定义和模型训练三个方面。

① 训练语料标注。为了构建统计模型所需的训练素材，研究者通常采用 Inside-Outside-

Beginning（IOB）或简化版的 Inside-Outside（IO）标注规范来对文本进行人工精细化标注。在 IOB 标注体系中，对于文本中的每个词语，会根据其在实体名称中的位置赋予不同的标签：起始词被标记为“B-实体类型”，表示它是某个实体名称的开始；后续词被标记为“I-实体类型”，表示它们紧随在某个实体名称的起始词之后，共同构成该实体；而位于实体名称之外的词语则被标记为“O”。

至于简化版的 IO 标注体系，其主要关注词语是否属于某个实体名称，而不区分起始词和后续词的区别。在这一标注体系下，文本中的词语仅被分为两类标签：“I-实体类型”表示该词语是某个实体名称内部的一部分，而“O”则表示该词语不在任何实体名称之内。这样的标注方式有助于模型理解和学习词语间的序列关系，从而有效识别出文本中的命名实体。

表 5-1 以句子“莫言先生是当代中国文学的代表作家之一”为例，给出了 IOB 和 IO 实体标注示例。

表 5-1 IOB 和 IO 实体标注示例

标注体系	莫	言	先	生	是	当代	中国	文学	的	代表	作家	之一
IOB 标注	B-PER	I-PER	O	O	O	O	B-LOC	O	O	O	O	O
IO 标注	I-PER	I-PER	O	O	O	O	I-LOC	O	O	O	O	O

② 特征定义。在运用统计模型进行实体抽取之前，须先为模型输入计算出每个词语的一组特征集合。这些特征可以从多个维度进行刻画，包括但不限于词汇级别的特征、词典参照特征以及文档级别的全局统计特征等。

词汇级别的特征深入挖掘了单个词语自身的特性，如词语首字母是否大写、是否以句点结束、是否混杂数字、词性标注、词的 n-gram（连续 n 个词组成的短语片段）等细节信息。词典参照特征则依赖于预定义的外部资源，例如事先编纂的词汇表、专用名词列表（如地名、人名、组织机构名等）等，通过比较词语是否出现在这些权威词典中，来辅助判断其是否为命名实体的一部分。文档级别的全局统计特征着眼于整个文本语料的全局统计特性，例如在文档集中词语的出现频率、共现词统计、文档主题信息等，这些全局统计信息有助于模型理解词语在上下文中的意义和角色。

以斯坦福大学研发的命名实体识别工具（Stanford NER）为例，该工具在业界的准确率颇高。在 Stanford NER 模型中，所定义的特征多元化且丰富，具体涵盖但不限于：当前词本身、当前词前后的相邻词、当前词的字符 n-gram 特征、当前词的词性标注、当前词的周围词性序列、当前词的形态特征、当前词的周围词的形态序列，以及当前词两侧固定窗口大小（如 4 个词左右）内的邻近词语等。特征的选择和定义对于命名实体识别的最终结果有着直接且重大的影响，因此不同命名实体识别算法往往会根据自身特点选取和设计个性化的特征集。

③ 模型训练。隐马尔可夫模型与条件随机场模型是两种广泛应用在序列标注任务中的统计学习框架，同样在实体抽取等实际问题解决中扮演着关键角色。其中，HMM 架构起一种带有向性的图形概率模型结构，这个模型内嵌有一个不可见的（或称“隐藏”的）状态序列以及与之相对应的可观测事件序列。在 HMM 的理论框架下，每一个隐藏状态实质上对

应着一个潜在的可观察事件，而实际接收到的观测数据则是这些隐藏状态按照某种概率分布生成的结果。HMM 的结构如图 5-10 所示，每个节点代表一个随机变量，随机变量 $\boldsymbol{x}_t$ 是 t 时刻的隐藏状态；随机变量 $\boldsymbol{y}_t$ 是 t 时刻的观测值，图中的箭头表示条件依赖关系。HMM 有两个基本假设：

a. 在任意 t 时刻的状态只依赖于其前一时刻的状态，与其他观测值及状态无关，即

$$P(\boldsymbol{x}_t \mid \boldsymbol{x}_{t-1}, \boldsymbol{x}_{t-2}, \cdots, \boldsymbol{x}_1, \boldsymbol{y}_{t-1}, \boldsymbol{y}_{t-2}, \cdots, \boldsymbol{y}_1) = P(\boldsymbol{x}_t \mid \boldsymbol{x}_{t-1}) \tag{5.12}$$

b. 任意时刻的观测值只依赖于该时刻的马尔可夫链的状态，与其他观测值及状态无关，即

$$P(\boldsymbol{y}_t \mid \boldsymbol{x}_t, \boldsymbol{x}_{t-1}, \boldsymbol{x}_{t-2}, \cdots, \boldsymbol{x}_1, \boldsymbol{y}_{t-1}, \boldsymbol{y}_{t-2}, \cdots, \boldsymbol{y}_1) = P(\boldsymbol{y}_t \mid \boldsymbol{x}_t) \tag{5.13}$$

条件随机场模型用来描述在已知一组输入随机变量的情况下，另一组输出随机变量的条件概率分布情况。特别是在序列标注任务中，线性链 CRF 模型的结构如图 5-11 所示。在这个上下文中，状态序列变量 $\boldsymbol{x}$ 是标记序列，而 $\boldsymbol{y}$ 则代表需要进行标注的观测序列。

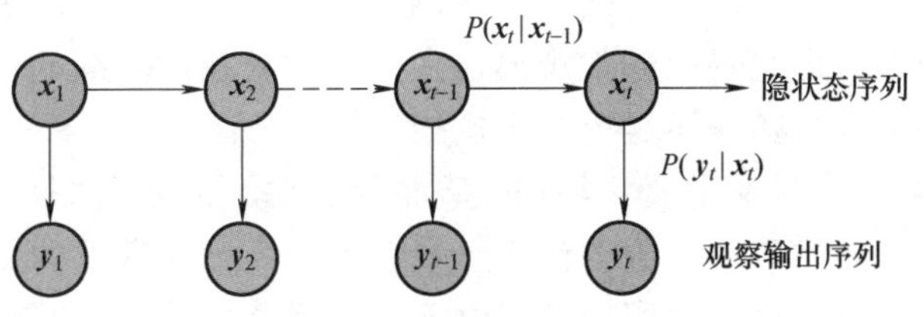

图 5-10　HMM 的结构

给定训练数据集，模型可以通过极大似然估计得到条件概率模型；当标注新数据时，给定输入序列 $\boldsymbol{y}$，模型输出使条件概率 $P(\boldsymbol{x} \mid \boldsymbol{y})$ 最大化的 $\boldsymbol{x}^*$。

3）基于深度学习的方法。随着深度学习技术在自然语言处理领域的深度渗透与广泛应用，深度神经网络已在命名实体识别任务上实现了显著突破，并展现出卓越的性能表现。相较于传统的统计学模型，依赖深度学习的解决方案摒弃了手工设计特征的做法，而是直接采纳文本中单词的向量化表达作为输入，进而借助深度神经网络架构实现从原始输入到最终命名实体标注结果的无缝对接与端到端的学习过程。

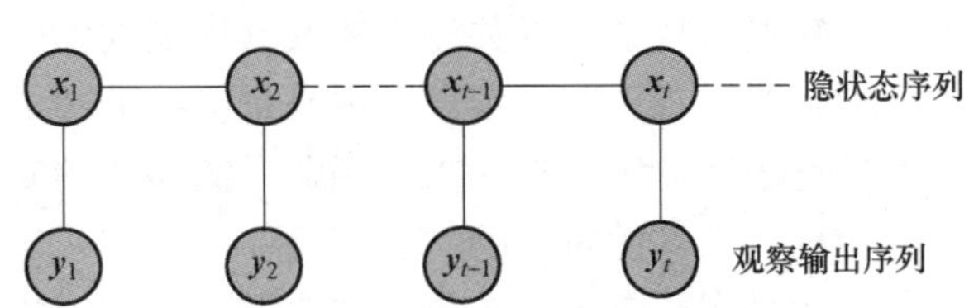

图 5-11　线性链 CRF 模型的结构

当前，在命名实体识别任务中所采用的主要深度神经网络结构包括卷积神经网络（Convolutional Neural Network，CNN）、循环神经网络（Recurrent Neural Network，RNN），以及融合了注意力机制的各类神经网络变体。这些神经网络架构在识别流程中充当核心的编码器组件，依据词语初始的向量表示及其所在上下文环境，逐个对词语生成更为丰富的语义表征。最后，这些增强后的词语表征会被送入条件随机场模型进行解码，从而精确预测每个词语所属的命名实体类别标签。

（2）关系抽取　关系抽取是知识获取过程中不可或缺的核心组成部分，用于从非结构化文本中揭示并提取出实体间蕴含的语义关联，如人物之间的雇佣关系、地点与事件的关联关系等。这一过程与实体抽取紧密交织，通常遵循先识别文本中独立实体，继而探析其间潜在关系的顺序执行。目前，关系抽取技术依据不同的学习策略被划分为以下三大主流类别。

1）基于模板的关系抽取方法。初期的实体关系抽取技术主要采用了模板匹配的方法，

该方法立足于深厚的语义学理论，并紧密结合实际文本数据的特征，通过领域专家的手动干预，设计并制定了特定的模板以匹配文本中表示特定关系的实体对。在处理范围有限、领域固定的实体关系抽取任务时，基于模板的策略确实能够实现相对理想的效果。

采用模板匹配的关系抽取方法的一大优势在于构建过程相对直接、便于快速实现针对小规模数据集的关系抽取系统。然而，随着数据规模的急剧增长，这种方法的局限性逐渐暴露出来：领域专家需要花费大量时间去手动构建足够多的模板以覆盖各种复杂的关系表达。

此外，基于模板的关系抽取系统的可迁移性不强，一旦需要处理不同于原领域的实体关系抽取任务，就必须重新设计和构建相应的模板。最后，由于手工构建的模板数目有限且覆盖面受限，基于模板的关系抽取系统往往难以捕捉所有可能存在的实体关系模式，导致在实际应用中系统的召回率普遍偏低。尽管基于模板的关系抽取方法在某些特定环境下体现出有效性，但它在处理大规模、多样性和复杂性较高的关系抽取任务时，面临着效率低、扩展性差以及覆盖率不足等多重挑战。

2）基于监督学习的关系抽取方法。基于监督学习的关系抽取方法实际上是将关系抽取问题转化为一个分类任务，并在大规模标注数据的支持下，通过训练有监督学习模型实现关系抽取。这一过程通常按以下步骤展开：首先，明确预设的关系类型，并通过人工标注数据集；其次，设计并计算关系识别所需的特征，这些特征通常依据实体所在的句子上下文信息得出；接着，选用适当的分类模型，如支持向量机、神经网络或是朴素贝叶斯等，基于标注数据对模型进行训练；最后，对训练完成的模型进行性能评估。

在特征设计方面，依据计算复杂度的不同，通常将特征划分为轻量级、中等量级和重量级三类。轻量级特征主要关注实体及其周围词汇的特点，例如实体周围的词、实体类型以及实体间的相对位置等基本信息。中等量级特征则更多地考虑到句子中语义相关的词汇序列特征。而重量级特征则更加深入，涵盖了实体间的复杂语法结构，如依存关系路径、依存树结构间的距离以及其他特殊的句法信息。

传统的基于监督学习的关系抽取方法高度依赖特征工程，近年来，随着深度学习技术的快速发展，研究者们提出了一系列基于深度学习的关系抽取模型，如卷积神经网络、长短期记忆网络等。这些模型的一大优势在于不再需要人工设计复杂的特征，通常只需将句子中的词及其在句子中的位置编码为向量表示作为输入即可。

当前，基于深度学习的关系抽取方法主要包括两大类：流水线式方法和联合抽取方法。流水线式方法将实体识别和关系抽取视为两个独立的过程，两者互不影响，其中关系抽取在实体抽取结果的基础上进行，因此关系抽取结果的准确性直接受限于实体抽取的准确度。而联合抽取方法则打破了这种分割，将实体抽取和关系抽取置于同一模型框架下进行一体化优化，从而能够避免流水线式方法中存在的误差传导问题，提高了抽取结果的整体质量。

3）基于弱监督学习的关系抽取方法。基于弱监督学习的关系抽取方法在很大程度上依赖于充足的训练数据，尤其是对于那些基于深度学习的模型，其优化过程对大量标注数据的需求更为显著。然而，在面对标注数据匮乏的情形下，基于弱监督学习的关系抽取方法成为一种可行的解决方案，它允许在有限的标注数据基础上进行模型训练与优化，降低了对大规模标注数据集的依赖。

基于弱监督学习的关系抽取方法在关系抽取领域的应用主要包括远程监督方法和 Bootstrapping 方法。

① 远程监督方法。远程监督机制是一种巧妙的数据增强策略，它利用已有的知识库资源，系统地匹配知识图谱与非结构化的文本资源，自动化地生成大规模训练数据集，从而减轻了模型对人工标注数据的重度依赖，并增强了模型在不同领域情境下的泛化能力。该方法的核心逻辑前提是：若知识库中标记了两个实体间存在着特定关系，那么在任何包含这两个实体的文本句子中，它们之间很可能也体现着这一关系。远程监督关系抽取方法的一般步骤为：

a. 从知识图谱中抽取存在目标关系的实体对。

b. 从非结构化文本中抽取含有实体对的句子作为训练样例。

c. 训练监督学习模型进行关系抽取。

远程监督关系抽取方法巧妙借助了庞大而详尽的知识图谱资源，以实现高效且低成本的训练数据自动生成。然而，这种方法内在地依赖于一个潜在假设，即知识图谱所揭示的关系在所有相关的非结构化文本中都能确切反映，这不可避免地导致了训练数据集中混杂了大量的噪声信息。此类噪声的引入，会使得模型在学习过程中可能出现语义理解上的偏差，即所谓的“语义漂移”现象，从而影响模型的准确性与稳定性。

② Bootstrapping 方法。Bootstrapping 技术是一种递归式的自学习方法，初始阶段利用少量人工标注数据启动模型训练，然后通过模型预测结果不断迭代更新训练集，从而在较少标注数据的前提下逐步提升模型性能，在实体关系抽取领域中展现出了独特的优势。具体来说，这一方法首先依赖于一小部分精选实例作为启动种子集，随后运用机器学习手段在这个基础之上提炼出关系抽取的规则模板。接着，这些模板被用来挖掘更多潜在的实例，并将其中的有效部分回流至种子集内，以此循环往复的过程积累大量的关系实例。

许多实体关系抽取系统都采纳了 Bootstrapping 策略。其中，Brin 等人研发的 DIPER 系统便是一个早期的典范，它以有限的实体对作为起始点，逐步从浩瀚的互联网非结构化文本中抽提新的关系实例，并同步演化出新的抽取规则，展现了 Bootstrapping 方法的应用潜力。与此同时，Agichtein 等学者开发的 Snowball 系统则是在 DIPER 系统的基础上有所创新，该系统采用了一套新颖的模板生成及关系抽取机制，能够智能化评估新抽取出实例的可靠性，并仅选取最为精确的例子充实到种子集合中。另外，Etzioni 等人构建的 KnowItAll 系统，则专门针对非特定领域内的事实信息提取，其从网络文本中抽取出的关系实例准确率高达 90%，印证了 Bootstrapping 方法在实际应用中的高效性。后续的一系列基于 Bootstrapping 的系统，如 NELL 系统，更是通过引入更为精密的模板表述、严格的约束条件以及优化的评分策略，持续提升了关系抽取的准确度，该系统在接受初始本体知识和少量种子信息后，能从海量 Web 文本中自我学习并利用得分机制优化系统的整体表现。

Bootstrapping 方法的核心优势在于降低了构建关系抽取系统的成本投入，尤其适用于大型规模的关系抽取任务，并且具有探测未知关系的能力。然而，这种方法亦存在局限性：对初始种子数据的质量和范围较为敏感，容易出现由于迭代过程中的误差累积而导致的“语义漂移”问题，以及相较于其他高级方法而言可能的较低抽取出结果的准确率等挑战。

（3）事件抽取　事件本质上代表着现实世界中发生的具有时态特征、地理位置、相关行动者等多元维度的具体情况，它的触发可以源自单个动作行为或是系统状态的根本变化。事件抽取聚焦于从纷繁复杂的自然语言文本中捕捉事件的发生、参与者及其相互作用等要素信息，并将其转换为便于计算机理解和处理的结构化形态。举例来说，揭示事件发生的确切时间坐标、地理环境、驱动因素以及牵涉的人物或组织等核心细节。

图 5-12 所示为事件抽取示例。假设有一篇关于华为技术有限公司举行新品发布会的新闻报道，借助事件抽取技术，可以自动化地从这篇报道中提取出一系列结构化的关键信息：事件的基本类别（例如产品发布会）、相关的主体企业（华为技术有限公司）、活动开展的时间与地点，以及发布会上所推介的具体产品清单。这样，原本散落在文本中的零散信息便被有效地整合成了高度有序的数据结构。

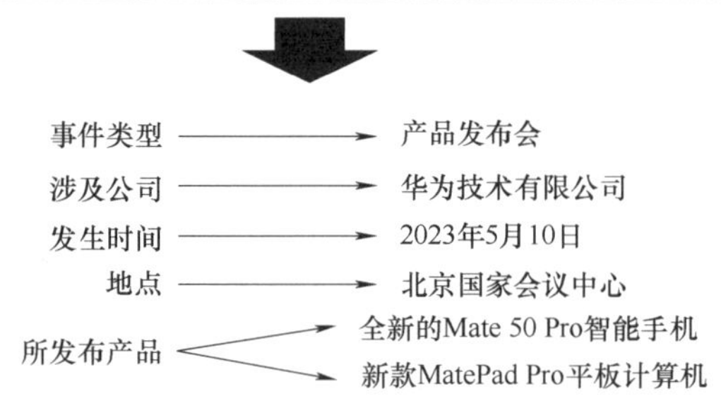

图 5-12　事件抽取示例

一般地，事件抽取任务包含的子任务有：识别事件触发词及事件类型；抽取事件元素的同时判断其角色；抽出描述事件的词组或句子；事件属性标注和事件共指消解。

现有的事件抽取方法可以分为流水线式方法和联合抽取方法两大类。

1）流水线式方法。流水线式方法将事件抽取这一复杂的任务细分为一系列相互衔接的基于分类的子任务，涵盖了事件识别、构成元素提取、元素角色分类、属性鉴别以及事件可报道性判断等多个环节。在这一流水作业中，每一细分任务都由一个专门的机器学习分类器负责执行，下面将对常见的分类器进行列举：

① 事件触发词分类器：首要任务是对词汇进行判断，确定其是否为触发事件的关键词汇，并在此基础上进一步对事件类型进行分类。

② 元素识别分类器：紧接着，该分类器需甄别文本中的词组是否构成事件的元素，即是否与事件有关联。

③ 元素角色分类器：在识别出事件元素之后，此阶段的分类器则专注于分配给每个元素恰当的事件角色类别，如事件的主体、客体、时间等。

④ 属性分类器：进一步对事件本身的属性特征进行分类，例如事件的时态、地点、原因等深层次信息。

⑤ 可报告性分类器：最后，还有一个专门用来决定抽取到的事件实例是否具有足够的新闻价值或信息意义，即是否值得作为一条有效的报告事件。

各个阶段的分类器可根据任务特性灵活选择不同的机器学习算法，如最大熵模型、支持向量机等进行训练和部署，以确保整个流水线在处理自然语言文本时能够准确而有效地抽取事件的结构化信息。

2）联合抽取方法。流水线式方法在各个环节中不可避免地会产生一定的误差，这些误差会在各阶段之间逐层叠加和扩散，最终导致整个抽取过程的性能大幅下滑。为克服这一问题，学术界提出了一种称为事件联合抽取的方法。这种方法倡导一次性提取事件的所有相关信息，而非分阶段进行。

在联合抽取方法中，通常采用联合推断或联合建模的技术手段，如图 5-13 所示。

联合推断方法首先为每个子任务单独建立模型，随后将各个子任务模型的目标函数有机融合，构建出一个综合的联合推断目标函数。通过优化这个联合目标函数，可以同时获得事

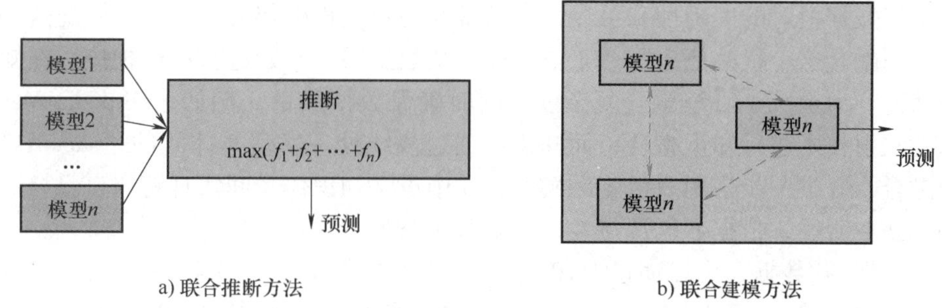

图 5-13　联合抽取方法

件抽取各个子任务的最佳结果，从而减少单个任务误差对整体结果的影响。

联合建模方法则是在深入剖析各子任务之间内在关联的基础上，运用概率图模型等工具进行统一建模。通过这种方式，能够从整体视角出发，一次性构建并求解事件抽取的综合性模型，从而得到更为准确和全面的事件抽取结果。

在事件抽取任务上，深度学习技术的引入带来了显著的进步。相较于传统的事件抽取方法，后者常常需要结合其他的自然语言处理工具，并且人工设计大量特征，而基于深度学习的方法则呈现出以下几方面的优越性：

① 减少了对外部工具的依赖性，甚至可以构建完全自主、端到端的事件抽取系统，从而提升了系统的整体性和执行效率。

② 输入层采用词向量表示，这些词向量蕴含了丰富的词汇语义信息，能够在一定程度上模拟人类对词汇理解的复杂性，从而提高抽取的准确性。

③ 利用神经网络强大的学习能力，能够自动从输入文本中提取和学习有用的句子特征，免去了人工设计和选择特征这一耗时费力的过程。这样一来，模型不仅可以捕捉到更深层次的语言结构和语义关联，还大大简化了事件抽取任务的前期准备工作，使得整个抽取流程更为高效和智能。

3. 知识图谱构建

知识图谱构建是一项囊括数据收集、整合、表示与组织在内的系统性工程，旨在构建一个结构化的、富含信息的知识库。该构建过程主要分为两大策略：自顶向下（Top-Down）与自底向上（Bottom-Up）。

（1）自顶向下构建　当面对特定行业内部具备固有知识体系或经由行业专家系统梳理后能够明确界定模式的数据时，通常会优先选择自顶向下的方式来构建知识图谱。这种方式首先从高层次的结构化知识库入手，通过构建顶层模式层的本体框架和规则体系，然后再向下对接和填充来自底层的非结构化数据，实现对行业专业知识的细致刻画与精准匹配。国内外已有多种建模工具可供利用，其中以 Protege 和 PlantData 尤为突出。

Protege 作为一套开源的本体编辑器，遵从 RDF（S）、OWL 等语义网标准，配备直观的图形界面，尤其适合于快速原型设计阶段的知识图谱构建工作。此外，它还推出了 WebProtege 的在线版本，使得用户能够在线高效地自动化构建知识图谱的语义本体部分。

PlantData 则是一款商业级的知识图谱智能构建平台，它简化了复杂的本体描述语言操作，允许用户仅在概念层级上专注于构建专属领域的本体模型，极大地提升了建模效率。

为了确保数据模式的准确性和可靠性，通常在构建过程中都会经过人工验证这一关键步骤。而在知识融合这一核心任务上，工业界往往从数据层就开始进行严格把控，在知识抽取阶段即已介入，力求减小后续融合复杂度，同时确保数据质量。例如，DBpedia Mapping 项目采用属性映射技术进行知识整合；而知识则通过离线处理发现实体间的“sameAs”关联，实现知识融合，并进一步采用双语主题模型，在中英文知识体系间实现跨语言融合。

在知识获取阶段，依据数据源特性，主要采用三种方法：

1）对于结构化数据，可以通过 D2R 工具将其转换为 RDF（Resource Description Framework，资源描述框架）数据格式。流行的开源 D2R 工具包括 D2RQ、D2RServer 以及 DB2triples 等。D2RQ 借助 D2RQ Mapping Language 将关系数据库的内容转换为 RDF 表述，并能提供直接基于关系数据的 RDF API 访问；D2RServer 则对外提供 RDF 数据的查询接口，便于上层 RDF 浏览器、SPARQL 查询客户端以及传统 HTML 浏览器进行调用；而 DB2triples 则遵循 W3C 制定的 R2RML 和 DM 标准，实现将数据映射成 RDF 形态。

2）针对半结构化数据，常采用包装器技术。此类方法要求开发针对性的站点包装器以解析特定网页或者标记语言文本内容。尽管这通常需要手动编程，但学术界已致力于研究包装器的自动化生成技术。例如，Ion Muslea 等学者基于层次化信息抽取原理，提出了 STALKER 这一包装器自动生成算法；Alberto Pan 等人研发的 Wargo 工具，则是在半自动化包装器开发方面的一个重要实践案例。

3）对于非结构化文本信息，普遍采用信息抽取技术。这类技术可以根据抽样范围细分为 OpenIE 和 CloseIE 两种类别。OpenIE 适用于开放领域的大规模信息抽取，基于自然语言模式，不预先设定抽取关系类型，因而抽取出的信息覆盖面广但精确度相对较低，代表性工具有 ReVerb、TextRunner 等。与此相对，CloseIE 则专注于特定领域的精准信息抽取，依赖于领域专业知识预设抽取关系类型，虽抽取规模较小，但精度较高。DeepDive 即为 CloseIE 场景中的代表工具，它依托联合推理算法，使开发者能够更关注特征表达而非底层算法细节。

（2）自底向上构建　在某些领域中，针对缺乏完善知识体系的数据构建需求，常常采取自底向上的构建策略。通用知识图谱旨在融合不同领域的广泛知识，通常采取自底向上的构建路径。该方法强调从互联网环境中多元化的多模态数据着手，如开放链接数据集和百科全书等，首先将数据拆解成最基本的三元组单位，即实体、属性与关系，并按照原有的逻辑关系逐步归并到数据层的知识仓库中。待知识库构建完成后，再运用特定的推理规则，将底层的非结构化数据（如文本、标签、表格、图形等）逐级提炼并转化为顶层模式层中的结构化表达，如本体、规则等。其主要步骤如下。

1）数据收集与整合：开放链接数据集与百科全书中蕴含着大量详实的实体和概念信息，这些信息往往按照一定的结构化方式进行编排。因此，从这类高质量的数据源中抽取概念和实体相对较为便利。如百科全书的分类体系一般经过严格的编辑审核，确保了高度的可靠性，故在从百科全书中把数据拆解成基本的三元组单位，实体、属性与关系，在此基础上完成实体抽取。

2）实体对齐：是整合知识图谱中的关键步骤，旨在将源自不同百科全书或开放链接数据集中指向相同客观实体或概念的条目统一起来，并构建知识图谱本体。整个实体对齐流程大致划分为以下六个相互衔接的阶段：

① 从开放链接数据集中挖掘和提取同义关系。

② 运用结构化数据的特点，在百科全书中进行实体间的对齐操作。

③ 采用自监督学习机制，对百科全书内的文章内容进行实体层面的匹配与对齐。

④ 将百科全书中所抽取的实体与开放链接数据集中独立获取的实体进行对接与融合。

⑤ 基于语言学模式的方法进一步深入挖掘并抽取隐藏的同义关系。

⑥ 将上述各步骤获得的实体对应关系整合在一起，形成更为全面、一致的实体集合。

3）本体构建与推理：定义知识图谱中的概念类及其属性，构建概念的层次结构，设计知识图谱的结构模式。关于自底向上的上下位关系获取，开放链接数据集内部常设有一套清晰的表述机制，能够根据不同数据集的特点制定规则，直接解析以提炼出此类关系。而在百科全书资源中，则存在着两类上下位关系的体现：一类是类别之间的层级关系，直观反映了概念的上下位结构；另一类则是类别与文章之间的包含关系，体现了实体与概念之间的隶属联系。此外，在实体对齐的过程中，也可从开放链接数据集和百科全书资料中抽取出上下位关系的相关信息。在完成本体构建之后，便可以基于规则进行推理（规则推理在 5.3.2 节中介绍），生成新的知识。

在自底向上构建知识图谱的过程中，随着时间的推移，知识图谱中的概念、关系或属性的含义发生变化，从而导致语义不一致或误解。由于语言演变、新知识的引入、领域变化等原因容易产生语义漂移现象。Wang 等人在研究中引入了弱监督学习框架，针对用户生成的内容成功地萃取类别间的关系，并创新性地提出了一种基于模式的关系选取方法，有效地缓解了学习过程中可能出现的“语义漂移”现象。

5.2.3　知识图谱可视化

知识图谱可视化技术的核心是将复杂的知识图谱数据转化为易于理解和操作的图形表示。通过使用图形数据库技术，可以将知识图谱中的实体、属性和关系以节点和边的形式进行表示，并通过可视化工具将其展示出来。用户可以通过交互式操作来浏览和查询知识图谱，从而获取所需的信息。

近年来涌现了大量专注于知识图谱构建与可视化呈现的平台与工具，例如 CiteSpace、智图、达观知识图谱、DataExa-Sati、Protege 以及 SCI2 等一众解决方案。这些广受认可的平台与工具，在金融风控、安全保障、教育培训、医疗卫生、学术文献检索等诸多专业化场景中发挥了重要作用，极大地推动了各行业知识图谱的设计构建与深度可视化处理。

对知识图谱构建与可视化工具进行全面的考察分析，主要围绕开发主体、所承载的可视化设计方案及其实际应用领域这三个核心维度展开探讨，见表 5-2。

表 5-2　知识图谱平台可视化设计以及其功能

平台	开发者	可视化设计	应用领域
CiteSpace	Drexel University	节点链接可视化、简化表达可视化、树状图	构建知识图谱用于科学文献的可视化分析
智图	智言科技	节点链接可视化、层次结构可视化	智能搜索、决策分析等领域
达观知识图谱	达观数据	节点链接可视化、简化表达可视化	智能搜索领域、制造业领域的故障分析与决策

（续）

平台	开发者	可视化设计	应用领域
DataExa-Sati	渊亭科技	矩阵表达可视化、层次结构可视化	金融、安全、教育、医疗等领域的数据分析与决策
Protege	Stanford University	节点链接可视化、树状图	基于本体的知识分析推理任务
SCI2	Indiana University	节点链接可视化、简化表达可视化	构建文献作者共现网络图对合作关系交互式探索与分析

CiteSpace 具备多样化的功能，用于文本的量化分析，包括引用文献的合作网络图、共现关系图、被引用文献的共引图等。它不仅能够助力研究者量化分析作者的出版活跃度、合作模式，学术机构的产出量，还能深入挖掘关键词的共现现象及文献之间的耦合关系。通过这些综合分析，CiteSpace 使用户能够全面洞察特定研究领域在某一时间跨度内的演变路径与研究动态，从而深刻理解该领域的最新发展趋势和热点议题。如图 5-14 所示，从知网搜索关于“知识图谱”的相关文献，选取 500 篇文献进行知识图谱可视化分析，它们之间的距离以及半径范围说明与“知识图谱”的相关联性以及出现频率。

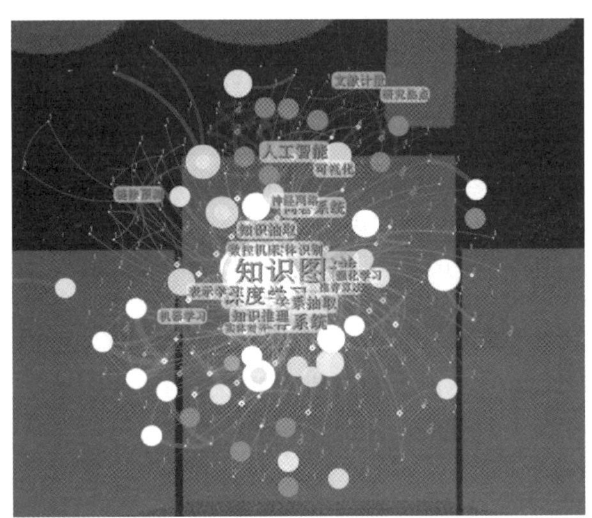

图 5-14　知识图谱可视化示例

5.2.4　工业知识图谱在工业中的应用

构建知识图谱是一项复杂的技术任务，其技术路线的完整实现需要在底层任务上进行算法创新。尽管如此，当前的研究主流大多侧重于基础任务的算法创新方面，而对于全面探索技术实施路径及构建知识图谱的研究则显得较为稀缺。在实际应用场景中，面对的数据往往是多元复杂且含有大量噪声的，因此，如何以较低的成本实现高效、高质的知识抽取成为当前研究领域的一大挑战。进一步地，产业知识图谱是当前一个备受关注的研究领域，其主要研究目标是从文本数据中提取产业相关的结构化知识，并将其应用于下游任务。接下来，本小节将通过汽车领域的案例来进一步介绍工业知识图谱的应用。

在汽车行业中，通过从海量文本数据中智能提取诸如公司、产品、核心技术等各种实体信息，以及企业间诸如生产制造、技术研发、战略合作和市场竞争等多种实体间关系，可以系统性地构建起一个全面详尽的汽车产业知识图谱。这一知识图谱不仅能够全景展示汽车行业生态，更能助力深入了解国内外汽车产业的整体布局和发展态势。

构建与应用汽车领域知识图谱的核心研究内容涵盖了四大关键环节：知识建模、知识抽取、知识融合以及知识管理与应用。具体而言，如图 5-15 所示，首先通过知识建模确定所需抽取的知识结构与类型，进而通过知识抽取技术从文本数据中抽取出相关实体和关系；随后，在此基础上通过知识融合技术整合多源异构数据，消除冗余、填补缺失，以构建完整的汽车产业知识体系；最后，对构建的知识图谱进行有效管理和应用，使其能够在战略分析、市场洞察、决策支持等方面发挥实质性作用。

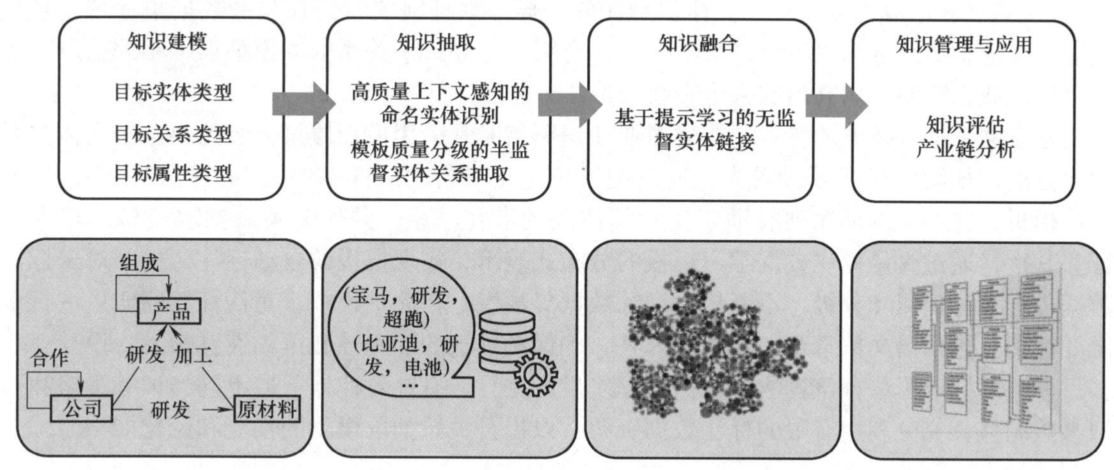

图 5-15　汽车领域知识图谱四大关键环节

（1）知识建模　目的在于依据原始文本材料的特质及知识图谱的应用需求，精心设计并确定目标知识的范畴和类型，确保知识库中仅收纳符合规格的实体、关系和属性信息。例如，在构建汽车产业知识图谱时，主要实体类型可能包括公司、产品和原材料等，而目标关系类型则涵盖了产品研发关系、公司合作关系等重要维度。

（2）知识抽取　旨在将非结构化数据转化为结构化知识，并以知识三元组的形式进行存储，比如（比亚迪，研发，电池）。

在面对实体识别任务时，尤其是在处理产业相关的结构化文本，如年报、新闻报道等，面临的挑战主要体现在如下几个方面：首先，这类文本具有丰富的上下文信息，虽然公开数据集中仅包含样本自身内容，但在实际情况中，文本间存在的关联性可以为实体识别提供额外的补充和解读线索；其次，产业实体特别是产品实体的表述方式多样且富有动态性，与通用或医疗领域中相对固定的实体表达形式有所不同；再次，由于垂直领域的公开数据集稀少，且各领域文本表达习惯及实体差异明显，因此，制定精确的标注规则和收集标注数据的成本较高。针对这些问题，需要设计基于性能良好的实体识别算法和实体关系抽取算法，以实现对目标实体和关系的自动化提取。命名实体识别方法要利用目标句子与其所在文档之间的共享信息，特别关注那些与目标句子密切相关的高质量上下文片段。具体技术路线包括：开发一种基于语义距离的上下文排序算法，筛选出与目标句子关联性强的上下文段落；然后构建一个深度学习模型框架，利用目标句子与其他上下文片段中重复出现的字符串边界信息，辅助确定实体的大概位置，并将多个上下文感知的句子表示融合起来，从而优化实体识别的准确度。

在关系抽取任务上，产业相关的结构化文本同样具有下列独特的数据特点。

1）明确的关系表述：正式文本如新闻报道中，实体之间的关系类型通常以直接且明确的方式表达，这对于关系抽取模型的学习和理解非常有利。

2）相似主题下的关系区分难题：由于所有数据处于同一领域，实体对之间可能存在多种关系，这就加大了关系抽取的难度，因为相似主题和领域背景下，不同关系可能会表现出类似的文本特征，增加了模型区分不同关系类型的挑战。

3）数据获取成本高昂：与实体识别任务一样，垂直领域的公开关系数据集稀缺，且直接应用其他领域的数据集进行迁移学习效果有限，这导致了关系抽取模型训练和评估所需的大量标注数据需要付出高昂的人力和物力成本。

基于关系抽取任务的特点，构建工业知识图谱时常采用模板质量分级的半监督实体关系抽取方法，如图 5-16 所示。首先，通过句法依存工具自动从样本中提取关键词序列，形成关系模板，这些关键词序列有助于揭示实体间的潜在关系，并作为关系抽取模型的输入特征。其次，通过少量标注数据学习模板的分布式表示，实现模板的自动标注，进而对未标注数据进行批量预测和分级，不断扩大训练数据集规模。在此过程中，对伪标签的质量进行多维度评估，包括语义信息及其他相关因素，确保伪标签的准确性和可靠性。最后，设计一个多目标关系抽取算法，该算法能根据数据质量的差异，有针对性地采取不同的训练策略和模型参数调整，充分利用有限的标注数据资源，以提升关系抽取模型的性能和泛化能力。

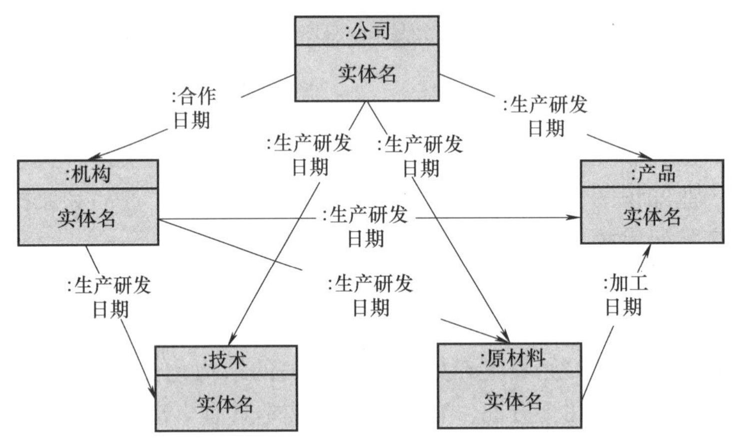

图 5-16　汽车产业知识图谱实体关系

总之，在处理产业相关的结构化文本关系抽取任务时，应当充分考虑关系表述的清晰性、上下文主题的相似性以及高昂的数据获取成本等因素，采用更为灵活和智能的模型设计，结合领域专家的专业知识，以提升关系抽取模型在产业环境中的表现和泛化性能。

（3）知识融合　目的在于将知识库中指向相同实体的各种名称进行统一，进而形成一张更为密集且连贯的知识图谱。因此，核心是设计实体链接算法，以较低的成本吸收并整合多种外部知识资源，以实现知识的标准化和规范化。

（4）知识管理与应用　着重于通过定性和定量的方法对知识图谱的质量进行评估。基本思路是：首先基于知识统计、知识评估和知识检索分析，对知识图谱的可靠性和准确性进行评判；接下来，通过结合知识图谱对产业链布局进行深度剖析，从实际应用的角度对其价值做出评估。

综上所述，四大关键环节环环相扣，其中知识抽取的效果对知识图谱的规模与质量起到决定性作用。因此，在技术层面，知识抽取聚焦于命名实体识别与实体关系抽取任务，并针对特定数据特性设计了定制化的知识抽取算法。在此基础上是将各类模块算法有效地融入汽车这一特定行业的应用场景之中，成功构筑了一套汽车产业的知识图谱。借助这一图谱，可以梳理中国本土及全球汽车产业链的分布格局，并进行深度对比剖析，就中外汽车产业链配置的优劣势进行透彻的探讨。

5.3 知识推理与决策

工业知识图谱利用自然语言处理及知识图谱等技术，将各类工业数据进行知识分类，并根据本体构建知识图谱，通过知识推理，将知识转化为决策依据，从而实现辅助决策及传统应用赋能。在介绍面向知识图谱的各类知识推理方法之前，本节首先介绍知识推理的基本概念、知识推理的方法以及如何有效地将推理应用于决策过程中。

5.3.1 知识推理的基本概念

知识推理是指根据知识图谱中已有的知识，采用某些方法，推理出新的知识或识别知识图谱中错误的知识。

推理本质上是一种认知活动，它涉及对不同现象的剖析、综合及决断过程，起始于既定的现实依据，进而运用个人所掌握的既有知识体系，挖掘其中隐含的真相或通过逻辑归纳提炼出全新的认知内容。严谨表述时，推理可被理解为一种遵循特定策略的心智运作机制，即从已确认的认知出发，通过逻辑推演引申出新的认知结论。

关于知识推理的基本理念，在学术圈内存在着诸多趋近的界定。Kompridis 将推理视为一组相互关联能力的集合体，这些能力包括但不限于：自觉地领悟事物本质的能力、构建和证实事实的能力、娴熟运用逻辑工具的能力，以及依据新旧知识调整或验证现存理论结构的能力。

与此相似，Tari 同样把知识推理界定为一个基于特定规律和条件的过程，强调的是从现有的知识库存中发掘、演绎出崭新知识的过程。这意味着，知识推理不仅是对既有信息的整合与深化，更是通过严谨的规则引导，不断拓展人类认知边界的核心手段。

知识推理，尤其是在知识图谱领域，主要指通过机器学习或深度学习技术，利用图谱中现有的三元组数据来推断出缺失的信息，以此来丰富和完善知识图谱。简而言之，知识推理过程就是基于现有知识来洞察和生成新知识的过程。

尽管有很多学者对知识推理领域进行了深入的研究，并从不同的角度（如分布式表示角度、图神经网络角度、神经-符号角度、基于可解释性角度等）对推理模型进行了梳理和总结，本章主要采用的是基于可解释性角度来对知识推理进行分类，其主要可划分为事前可解释性的推理和事后可解释性的推理。

5.3.2 事前可解释性的推理

事前可解释性推理模型是指那些在设计之初即融入了内在可解释性要素，或将可解释性模块无缝嵌入其结构中的模型体系。对于这样的模型，在训练完成后，无须额外附加信息，就能够直接洞悉模型的决策机制及其背后依据。在知识推理领域，这类模型的可解释性主要通过规则、本体论以及路径等易于理解的特性得以体现。

根据可解释性覆盖的广度，事前可解释性的推理模型被进一步细分为全局可解释性和局部可解释性两种类型。全局可解释性推理模型意味着其整体运行逻辑和决策过程能够被清晰地阐述和理解，而局部可解释性推理模型则侧重于针对每一次具体决策或预测，都能够给出与该决策相关的局部可理解。

1. 全局可解释性

全局可解释性包括基于本体的推理和基于规则的推理。

（1）基于本体的推理　本体构成知识图谱的核心框架，被视为一种共享的概念模型，具备明确且形式化的规范性定义，其中包含的概念和关系均为共识认可的要素。在描述逻辑的范畴内，本体通常通过一元谓词和二元谓词来进行构造。一元谓词通常被称为概念或类别，用于定义具有特定属性的实体集合，例如具有特定特征的个人类别。相比之下，二元谓词则用于描述个体间可能存在的关系，通常被称作关系或角色。

本体在于，它不仅限于定义各类谓词，还包含了基于这些谓词进行推断的规则体系。简单来说，如同“医生”这一类别，其中的每个成员都被视为“人类”的一部分，同时也涵盖了涉及多个概念和关系的复杂推理过程。基于本体的推理，实质上是一种演绎推理方法，其核心思路在于运用本体中抽象且广泛的模式、类型约束进行推理。由于本体中的概念层次关系具有广泛认同性，这种从一般到特殊、从抽象到具体的推理方式，能够为用户提供直观且易于理解的推理过程。

（2）基于规则的推理　基于规则的推理是一种逻辑推理方法，依赖于预定义的规则来推导结论。这些规则形式化为“如果-那么”语句，用于描述对象之间的关系或数据的行为模式。在这种推理系统中，如果规则的“如果”部分（前提）被满足，那么“那么”部分（结论）就被认为是真实的。基于规则的推理系统广泛应用于专家系统和知识图谱中，使计算机能够模拟专家的决策过程，通过一系列规则来处理信息和解决问题。这种方法强调逻辑准确性和可解释性，适用于那些可以明确定义和理解的领域和问题。以医疗诊断为例，基于规则的推理系统可以利用一组预定义的规则来诊断疾病。假设有以下规则：

1）如果病人有发热和咳嗽，那么可能患有流感。

2）如果病人有发热和皮疹，那么可能患有麻疹。

当病人的症状输入到系统中时，推理机会检查这些症状与哪些规则匹配。例如，如果一个病人有发热和咳嗽，基于规则的推理系统将应用第一条规则，并推断病人可能患有流感。这样的系统依赖于规则的准确性和全面性，通过逻辑推理来模拟医生的诊断过程。

2. 局部可解释性

局部可解释性包括基于随机游走的推理、基于案例的推理、基于注意力机制的推理、基于强化学习的推理。

（1）基于随机游走的推理　基于随机游走的推理主要借鉴了路径排名算法（PRA）的核心思想，将实体间的路径视作可解释的预测特征。这种方法的显著优点在于路径特征的直观易懂性，即如果一条路径特征相对于另一条具有更高的评分，那么它对于模型预测结果的影响也就越大。在实际应用中，该方法首先明确要预测的目标关系，判断两个实体之间是否满足这一关系，若是，则将此关系实例添加至正例集合。由于知识图谱中通常仅包含正例而不包含负例，因此需要通过随机替换头实体或尾实体的方式来生成负例集合。

接下来，该方法遍历两个实体之间长度不超过预设阈值的所有可能路径，并将这些路径视为特征纳入特征集合。在此基础上，运用随机游走的理念来计算每条路径的特征权重值，进而组成每个样本的特征向量。最终，利用这些正负例样本的特征向量训练逻辑回归分类器，从而实现对目标关系的推理预测。

（2）基于案例的推理　基于案例的推理（Case-Based Reasoning，CBR）机制是一种人工智能技术，其核心理念是借鉴历史经验和先前案例来解决当前相似问题，并巧妙地将问题解决过程与学习过程相结合。在该推理模式下，当面临新的挑战时，人类或智能系统会依据记忆或庞大的案例数据库，寻觅与当前问题情境最为契合的历史案例作为参照框架，进而在其基础上创新性地制定解决方案。

在构建有效的基于案例的推理系统时，其性能评估尤其关注以下几个方面：系统能否精准匹配产品特性和用户需求，以此作为支撑推荐合理性的关键手段；系统在不同场景下，如搜索相似案例及针对性推荐适宜产品的过程中与用户的互动效能如何；同时，系统还需具备对自我推理结果进行有效评估以及持续学习改进的能力，这样才能不断优化推荐质量和适应复杂多变的应用环境。

（3）基于注意力机制的推理　基于注意力机制的推理已在深度学习等诸多领域得到广泛应用，它模仿人类注意力分配机制，能够从海量输入信息中挑选关键信息予以重点关注，同时忽略不重要的部分。这种机制赋予模型以解释性功能，通过凸显特征的重要性来诠释模型预测结果，从而成为一种内在的可解释性工具。注意力机制的核心部分会在 5. 4. 2 节进行介绍。

当将注意力机制与神经网络模型相结合时，能有效弥补神经网络模型解释性欠缺的问题。在实践中，此类模型通常首先根据当前处理的状态，对不同的实体和关系赋予不同的权重，确保模型能够筛选掉无关信息，专注于对预测结果影响较大的关键信息。然后，通过可视化注意力分布矩阵，模型能够提供对预测结果的直观解释，从而极大地提升了预测结果的可解释性。

（4）基于强化学习的推理　基于强化学习的推理是一种有力应对连续决策问题的策略，其目标是通过有限的探索步骤，寻找到与当前查询紧密相关的合理推理路径。此类方法将推理路径搜寻问题抽象为马尔可夫决策过程，首先从主题实体出发，依照问题需求选择适当的关系，继而过渡到新的实体节点；在新的实体节点的基础上，重复上述选择关系的过程，步步迭代，直至达到预设的最大步数或成功抵达正确的答案实体。

在此过程中，智能体运用强化学习策略，依据当前状态选择最具可能性的关系进行状态转移。一旦发现有效的关系路径，便会通过奖励函数反馈来优化策略网络。通过不断地试错学习与探索，智能体能够逐渐学会寻找与问题密切相关的、具备可解释性的推理路径，进而为当前预测结果提供合理解释。然而，尽管强化学习方法能够明确地显示推理路径，但其所依赖的智能体策略网络通常由 LSTM、CNN 等深层神经网络实现，因此，在模型层面仍然存在一定程度的黑箱效应和不可解释性。

5.3.3　事后可解释性的推理

事后可解释性作为一种独特的方法论，旨在从已训练好的复杂模型中揭示其内部工作机制。

尽管无法完全揭示模型的内在运作原理，但是对于一个特定的分布式推理模型，通过应用解释技术或构建专用的解释模型，可以对其推理过程、决策行为以及预测依据进行一定程度的解读。近年来，分布式表示推理技术取得了显著进展，尽管在性能上表现优秀，但其内在的黑盒特性阻碍了对模型预测的直接解释。

规则提取技术旨在从训练完备的模型中提炼出易于理解的规则集，以此来阐明模型的整体决策逻辑。而敏感性分析则立足于稳健统计原理，通过变动输入变量的值，观察并解析其对输出变量影响程度的变化规律，从而为模型预测的依据提供量化说明。下面，将简要介绍事后可解释性推理模型的代表性工作。

在知识图谱推理的领域中，事后可解释性推理模型主要聚焦于运用分布式表示的推理技术。这类模型通过将知识图谱中的实体与关系嵌入到低维度连续向量空间中，进而运用向量之间的数学操作来进行知识推理过程。根据具体实现策略的差异，基于分布式表示的推理方法可大致划分为三大类别：基于距离度量的推理、基于张量分解的推理以及基于神经网络的推理。

1. 基于距离度量的推理

基于距离度量的推理的基本原理是：将知识图谱中的实体和关系映射至低维度连续向量空间，视关系为实体间的空间转移，并通过设计得分函数来评估三元组的有效性，得分值越高，则该三元组成立的概率越大。

基于距离度量的推理是一种利用数据点之间的距离或相似性来进行决策和推断的方法。在这种推理中，对象之间的相似度通常通过计算它们在特征空间中的距离来衡量，如欧几里得距离、曼哈顿距离或余弦相似度。这种方法的核心思想是，相似的对象往往具有相似的属性或类别。如在机器学习中的 k-最近邻算法就是一种基于距离度量的推理方法，相关介绍在 3.1.7 节。

kNN 通过计算一个未知样本与训练集中所有样本的距离，然后选取距离最近的 k 个样本，根据这些最近邻样本的属性或类别，通过多数投票或加权投票来决定未知样本的分类。

2. 基于张量分解的推理

基于张量分解的推理是一种数学方法，用于发现数据中的潜在结构和模式，特别是在多维数据或称为张量的情况下。张量分解将一个高维张量分解为几个低维张量或矩阵的乘积，这有助于揭示数据中的隐藏因素和关系。

在知识图谱和推荐系统等领域，基于张量分解的推理通常用于发现实体之间复杂的多维关系。例如，在知识图谱中，一个三维张量可以表示实体、关系和实体之间的交互，其中每个维度代表知识图谱的一个方面（例如，主题、谓语和宾语）。

通过对这样的张量进行分解，可以识别出影响实体关系的潜在因素，并用这些因素来预测缺失的关系或属性值，从而进行推理。这种方法特别适用于处理大规模、稀疏的数据集，因为它可以有效地捕捉数据中的多维关系，并利用这些关系进行预测和推理。

3. 基于神经网络的推理

基于神经网络的推理利用网络的学习能力来识别输入数据中的模式和关系，并根据这些信息做出预测或决策。主要采用诸如卷积神经网络（CNN）和循环神经网络（RNN）等深度学习架构对知识图谱进行建模，以便在获取实体和关系的向量表征后，进一步开展推理分析。其中，CNN 和 RNN 已分别在 3.2.2 节和 3.2.3 节中介绍。

下面以自动驾驶汽车的例子来说明基于神经网络的推理。在自动驾驶技术中，神经网络用于处理和解释来自车辆传感器的大量数据，如摄像头图像、雷达和激光雷达（LiDAR）扫描，从而使车辆能够理解其周围环境并做出决策。这个过程包含数据采集与训练、推理与决策。自动驾驶系统在实际驾驶环境中收集数据，包括道路图像、交通状况、行人、障碍物等信息。这些数据被用来训练深度神经网络，教它识别各种交通场景和驾驶情况；一旦训练完成，神经网络能够实时处理新的传感器数据，快速识别道路上的物体（如其他车辆、行人、交通标志）并理解交通环境。基于这些信息，神经网络推理出最佳的驾驶行为，例如加速、减速、转向或停车，以安全地导航车辆。如果神经网络识别到前方是红灯，它将推理出需要减速并最终停车。如果检测到一个行人正在过马路，它会决定减速或停车，以避免碰撞。

这个例子展示了基于神经网络的推理如何在处理复杂、动态和实时的决策环境中发挥关键作用，特别是在需要处理大量高维数据和做出快速反应的情况下。通过学习大量的驾驶数据，神经网络模型能够理解复杂的道路环境并做出安全和有效的驾驶决策。

5.3.4　贝叶斯网络决策

5.3.1 节~5.3.3 节介绍了知识推理的基本概念和方法，阐述了如何从已知信息出发，通过可解释性角度逻辑来分析并形成新的知识和见解。本小节将引入贝叶斯网络决策——一个结合了知识推理和统计概率的强大工具。贝叶斯网络决策不仅仅是一个决策制定工具，它还提供了一种将推理形式化并与不确定性进行交互的方法。因此，下面将介绍推理的不确定性和贝叶斯网络。

1. 推理的不确定性

在 5.3.2 节和 5.3.3 节讨论的推理中，已知事实与推理所依赖的知识为明确无误的，由此产生的结论或被验证的假设也是精确无误的。然而，现实生活中的万物及其相互联系充满了复杂性，由于客观存在的随机变量、模糊界限以及某些事物或现象的揭示不完整性，导致人们对它们的认知往往会存在某种程度的模糊和不完善，从而带有一定的不确定性。这种源于认识层面的不确定性，自然而然地渗透到知识推理的过程中，从而形成了推理的不确定性。

在处理知识图谱中的不确定性时，不确定性推理方法一般沿着两条路线发展，即基于控制方法和基于模型方法发展。

（1）基于控制方法　这种方法在控制策略的层面上处理不确定性，特点是通过识别引起不确定性的特定因素及其相应的控制策略，来限制或减少这些不确定因素对系统的影响。这种方法的效果很大程度上取决于控制策略的有效性。通过精确的控制措施，可以在一定程度上预测和管理不确定性，从而提高系统的稳定性和可靠性。

（2）基于模型方法　这种方法通过将不确定性的证据和知识与特定的量度标准相关联来进行推理，它扩展了确定性推理的概念。其核心在于使用算法融合不确定性的证据和知识，进而产生更新的、具有不确定性的结论。通过这种方式，它建立了一套不确定性推理的模型，有效地处理和量化不确定性。模型方法又可以分为数值方法和非数值方法两种。

1）数值方法主要关注不确定性的定量表示和处理，这方面的研究和应用相对广泛。根据所依赖的理论基础，数值方法进一步分为基于概率的方法和模糊推理两类。基于概率的方法是建立在概率论的基础上，通过概率模型来表示和处理不确定性。它利用概率统计来分析和预测事件发生的可能性，为不确定情况下的决策提供定量的依据。依据模糊理论构建，这种方法通过模糊逻辑来处理不确定性，它允许事物具有非黑即白的多值逻辑状态。模糊推理通过定义模糊集合和模糊规则，使得系统能够在模糊和不确定的环境中做出推理和决策，这种方法便是模糊推理。

2）非数值方法指的是除数值方法之外的多种处理不确定性的策略。关联值计算是其中一种，它采用集合论的方式来描述和应对不确定性，同时保有概率推理的特性。在众多处理不确定性的方式中，基于概率的方法尤为流行。最为常用的就是概率论。例如，银行可能会利用概率来评估贷款申请人按时偿还抵押贷款的可能性；医生在诊断具有特定症状的患者时，会根据各种可能疾病的概率做出决策；在赛马投注中，参与者也会根据马匹获胜的概率来做出押注的选择。在概率论中，常见工具包括条件概率、全概率公式、贝叶斯定理以及贝叶斯网络等。

2. 贝叶斯网络

决策分类是指将一个未知的对象分配到预先定义的多个类别中的过程。解决数据分类问题通常包含两个步骤：首先，构建一个模型，该模型基于已经预设的数据集或概念集。模型的创建需通过分析由一系列属性描述的样本（或称为实例、对象等），每一个样本都被赋予一个预设的类别，这个类别由所谓的类标签属性来标识。构建模型时所使用的、经由属性描述的数据记录构成训练数据集，这一过程也被视为有监督学习的一部分。在机器学习中，常见的决策分类模型有诸如：k-最近邻（k-Nearest Neighbor）、决策树、贝叶斯网络、朴素贝叶斯（Naive Bayes）、随机森林等。

应用最为广泛的分类模型是贝叶斯网络。贝叶斯网络发源于古典数学理论，有着坚实的数学基础以及稳定的决策效率。同时，贝叶斯网络所需估计的参数很少，对缺失数据不太敏感，算法也比较简单。理论上，贝叶斯网络模型与其他决策方法相比具有最小的误差率。但是实际上并非总是如此，这是因为贝叶斯网络模型假设属性之间相互独立，这个假设在实际应用中往往是不成立的，这给贝叶斯网络模型的正确分类带来了一定影响。在属性个数比较多或者属性之间相关性较大时，贝叶斯网络模型的决策效率比不上决策树模型。而在属性相关性较小时，贝叶斯网络模型的性能最为良好。

贝叶斯网络（Bayesian Network），又称信念网络（Belief Network），或有向无环图模型（Directed Acyclic Graphical Model），是一种概率图模型。它是一种模拟人类推理过程中因果关系的不确定性处理模型，其网络拓朴结构是一个有向无环图（DAG）。

贝叶斯网络的概念：对于一个 k 维随机向量 $\boldsymbol{x}$ 和一个有 k 个节点的有向无环图 G，G 中的每个节点都对应一个随机变量，每个连接 e_{ij}表示两个随机变量 x_i和 x_j之间具有非独立的因果关系，令 x_{π_k}表示变量 x_k的所有父节点变量集合，$P(x_k|x_{\pi_k})$ 表示每个随机变量的局部条件概率分布（Local Conditional Probability Distribution）。如果 $\boldsymbol{x}$ 的联合概率分布可以分解为每个随机变量 x_k的局部条件概率的连乘形式，即

$$p(\boldsymbol{x})=\prod_{k=1}^{K}P(x_k|x_{\pi_k}) \tag{5.14}$$

那么（G,$\boldsymbol{x}$）构成一个贝叶斯网络。

条件独立性在贝叶斯网络中，如果两个节点是直接连接的，它们肯定是非条件独立的，是直接因果关系，父节点是“因”，子节点是“果”。

如果两个节点不是直接连接的，但可以由一条经过其他节点的路径来连接，那么这两个

节点之间的条件独立性就比较复杂。以三个节点的贝叶斯网络为例，给定三个节点 x_1、x_2、x_3，其中 x_1和 x_3不是直接连接的，通过节点 x_2 连接，这三个节点之间可以有四种连接关系，如图 5-17 所示。在图 5-17a、b 中，$x_1 \perp x_3 \mid \varnothing$，但 $x_1 \perp x_3 \mid x_2$；在图 5-17c 中，$x_1 \perp x_3 \mid \varnothing \perp$，但 $x_1 \perp x_3 \mid x_2$；在图 5-17d 中，$x_1 \perp x_3 \mid \varnothing$，但 $x_1 \perp x_3 \mid x_2$。

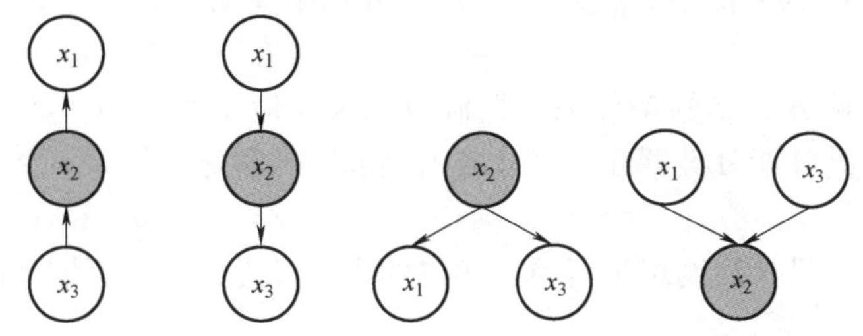

图 5-17　三个变量的依赖关系示例

图 5-17 中的四种关系分别如下。

1）间接因果关系（见图 5-17a）：当 x_2已知时，x_1和 x_3为条件独立，即 $x_1 \perp x_3 \mid x_2$。

2）间接果因关系（见图 5-17b）：当 x_2已知时，x_1和 x_3为条件独立，即 $x_1 \perp x_3 \mid x_2$。

3）共因关系（见图 5-17c）：当 x_2未知时，x_1和 x_3是不独立的；当 x_2已知时，x_1和 x_3条件独立，即 $x_1 \perp x_3 \mid x_2$。

4）共果关系（见图 5-17d）：当 x_2未知时，x_1和 x_3是独立的；当 x_2已知时，x_1和 x_3不独立，即 $x_1 \perp x_3 \mid x_2$。

对一个更一般的贝叶斯网络，其局部马尔可夫性质为：每个随机变量在给定父节点的情况下，条件独立于它的非后代节点，即

$$x_k \perp z \mid x_{\pi_k} \tag{5.15}$$

式中，z 为 x_k的非后代变量。

许多传统的机器学习算法可通过有向图模型这一形式进行有效地表述，其中包括朴素贝叶斯分类器、隐马尔可夫模型及深度信念网络等。接下来以朴素贝叶斯分类器为范例，随后将对其进行简明扼要的阐释。

朴素贝叶斯分类器是一种比较简单的概率分类模型，它在假设特征间相互独立（即朴素独立性）的前提下，运用贝叶斯定理来估算给定一个具有 M 个特征的样本 $\boldsymbol{x}$ 时，归属于类别 y 的条件概率。这种方式有效地利用了统计学原理，以直接且高效的方法处理分类任务。其概率分布为

$$\begin{aligned} p(y \mid \boldsymbol{x};\theta) &= \frac{p(x_1,\cdots,x_M \mid y;\theta)p(y;\theta)}{p(x_1,\cdots,x_M)} \\ &\propto p(x_1,\cdots,x_M \mid y;\theta)p(y;\theta) \end{aligned} \tag{5.16}$$

式中，θ 为概率分布的参数。

在朴素贝叶斯分类器中，假设在给定 y 的情况下，x_m之间是条件独立的，即 $x_m \perp x_k \mid y$，$\forall m \neq k$。图 5-18 给出了朴素贝叶斯分类器的图模型表示。

条件概率分布可以分解为

$$p(y|\boldsymbol{x};\theta) \propto p(y|\theta_c) \prod_{m=1}^{M} p(x_m|y;\theta_m) \tag{5.17}$$

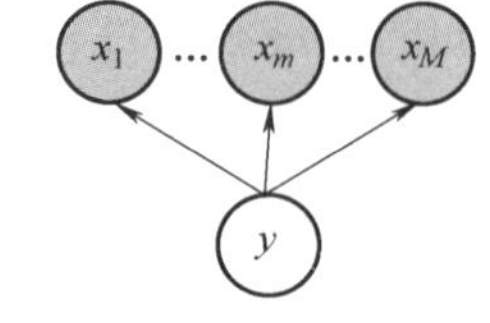

图 5-18　朴素贝叶斯分类器的图模型表示

式中，θ_c是 y 的先验概率分布的参数；θ_m是条件概率分布 $p(x_m|y;\ \theta_m)$ 的参数。若 x_m为连续值，$p(x_m|y;\ \theta_m)$ 可以用高斯分布建模；若 x_m为离散值，$p(x_m|y;\ \theta_m)$ 可以用多项分布建模。

虽然朴素贝叶斯分类器的条件独立性假设太强，但是在实际应用中，朴素贝叶斯分类器在很多任务上也能得到很好的结果，并且模型简单，可以有效防止过拟合。

总的来说，通过贝叶斯网络进行单一实体的决策过程，评估不同策略的概率和效果，从而做出最优选择。

5.3.5　多智能体系统与协同决策

本小节将引入多智能体系统（MAS）和协同决策的概念，展示如何将贝叶斯网络的决策过程扩展到多个决策者或智能体之间的交互和协作中。

智能体（Agent）可以认为是一个独立的系统，该系统能感知所处环境获取信息，利用贮备的先验知识或利用不断更新的判断与策略，完成与环境之间的交互，并完成指定的任务。经过训练，单个智能体能在与环境的互动中逐渐进步、不断提升自身的能力以完成任务，然而在更加复杂的环境中，智能体的数目往往不局限于单个，同时仅凭单个智能体的能力也往往不能胜任复杂环境下的任务。一个自然的解决思路就是增加智能体的数量，通过组合多个经过训练的智能体，形成一个多智能体系统，以此解决单个智能体在复杂环境中能力不足的问题，从而适应更加复杂的环境。

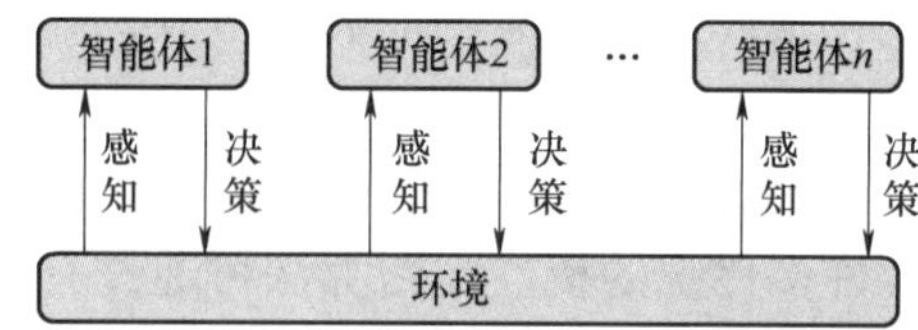

图 5-19　智能体与环境间的互动过程

一个智能体系统由环境与多个智能体组成，智能体和环境间的互动过程如图 5-19 所示。在这个过程中，每个智能体通过感知环境来获取局部观测，并根据环境的反馈奖励来调整自身的行为。智能体根据奖励进行决策，并将动作输出到环境中，与环境动态地进行交互。随后，智能体将获得新的观测和奖励，进入下一轮的互动。在多智能体系统中，智能体之间的决策是相互影响的。这种影响可能是直接的，即一个智能体的行为直接影响到其他智能体；也可能是间接的，即通过环境的变化而影响其他智能体的行为。因此，研究在复杂环境中多智能体的智能协同决策变得至关重要。

多智能体协同决策是指多个智能体在面对共同目标或者共享资源的情况下，利用决策理论（如贝叶斯决策理论）来进行决策，以最大化整体效用或者达到共同的目标。在这种情况下，每个智能体都可能拥有不完整的或者局部的信息，通过相互交流、合作和推理，它们共同决定如何行动以达到最佳结果。

多智能体协同决策涉及多个智能体之间的合作、协调和竞争，以达成共同的目标或优化整体性能。这种协同决策可以应用于各种领域，如机器人协作任务、无人机系统的编队控制、多智能体游戏中的合作与对抗等。在这些应用中，智能体需要通过有效的信息交换、协调行动和决策制定来实现协同工作。

在多智能体系统中，决策过程更为复杂，因为它不仅包括单个智能体内部的决策逻辑，还涉及智能体之间的动态交互和协调。贝叶斯网络可以为这种复杂的决策环境提供一个有力的分析和推理框架，帮助理解和预测不同决策方案的后果。以贝叶斯网络决策为例，多智能体协同决策考虑到了不同决策可能带来的风险和收益，并在此基础上进行决策。在多智能体协同决策中，每个智能体根据自身的观测和信念，利用贝叶斯推断来更新对于环境状态和其他智能体行为的估计，然后根据这些估计进行决策。

这种方法可以应用于各种领域，如无人驾驶车辆的协同导航、智能机器人的合作任务执行、分布式传感器网络的资源分配等。通过多智能体共同贝叶斯决策，可以更好地利用分布式系统中各个智能体的局部信息，实现整体的协调和优化。

在多智能体协同决策中，每个智能体通常只能观测到局部信息，并且可能具有不同的目标、偏好或限制条件。因此，实现有效的协同决策需要解决以下几个关键问题。

1）通信与信息共享：智能体之间需要建立有效的通信机制，以便共享信息和协调行动。这涉及通信协议的设计、信息传输的效率以及信息共享的策略等方面的问题。

2）协作与协调：智能体需要在决策过程中相互协作和协调，以达成共同的目标。这可能涉及任务分配、资源分配、分工合作、冲突解决等方面的问题。

3）决策与规划：每个智能体都需要根据自身的观测信息和目标制定决策和行动计划。这可能涉及单个智能体的决策问题，也可能涉及整体协同决策的问题。

4）适应与学习：由于环境可能不断变化或者智能体之间的关系可能动态演化，因此智能体需要具备适应性和学习能力，能够根据新的情况和经验调整自己的决策策略和行为。

5.4 生成式人工智能

5.3 节探讨了知识推理与决策的过程，揭示了如何通过分析和逻辑推理从已知信息中得出结论或做出决策。本节将介绍生成式人工智能的基本概念和应用，这是一种能够自我学习并创造出新内容的 AI 技术。本节还将探讨生成式人工智能的关键技术，如 Transformer 模型、BERT 模型和大语言模型等。

5.4.1 生成式人工智能的基本概念和应用

知识推理侧重于从现有信息中提取和推导结论，生成式人工智能则扩展了这一能力，使其不仅能推理，还能创造。例如，通过学习特定领域的数据，生成式模型能够创作出新的艺术作品、撰写文章甚至生成新的科学假设。生成式人工智能（Artificial Intelligence Generated Content，AIGC）是一种可用于创建新的内容和想法（包括对话、故事、图像、视频和音乐）的人工智能。下面将从 AIGC 的发展、应用以及与大模型之间的联系进行介绍。

1. AIGC 的发展

下面将简单介绍生成式人工智能的起源与发展历程。

1）早期探索阶段：生成式人工智能的概念起源于 20 世纪 50 年代的人工智能研究，初期主要体现在基于规则的系统设计上，例如简单语言模型和图案生成算法。然而，受限于当时的计算能力和理论基础，实际效果较为有限。

2）深度学习时代的发展：随着深度学习技术在21世纪初的兴起，生成式人工智能取得了重大突破。从最早的受限玻尔兹曼机（Restricted Boltzmann Machine，RBM），到后来的深度信念网络（Deep Belief Network，DBN），再到生成对抗网络（Generative Adversarial Network，GAN）的提出，标志着AIGC进入了全新的发展阶段。

3）强化学习与变分自编码器：强化学习与变分自编码器（Variational Autoencoder，VAE）也被广泛应用到AIGC中，通过自我学习和反馈机制，使得模型能够更准确地捕捉数据分布特征，并在此基础上生成高质量的新样本。

2. AIGC的应用

生成式人工智能学习数据中的联合概率分布，即数据中多个变量组成的向量的概率分布，对已有的数据进行总结归纳，并在此基础上使用深度学习技术等，创作模仿式、缝合式的内容，相当于自动生成全新的内容。生成式人工智能可生成的内容形式十分多样，包括文本、图片、音频和视频等。例如，输入一段小说情节的简单描述，生成式人工智能便可以帮人们生成一篇完整的小说内容；再例如，生成式人工智能可以生成人物照片，而照片中的人物在现实世界中是完全不存在的。

生成式人工智能在文本和图片上的重要性在于其能够自动创造新的、多样化的内容，从而推动创新，并支持在数据受限的情况下进行机器学习模型的训练和优化。此外，它还能模拟人类的创造力，为艺术、设计和娱乐行业提供无限的可能性。下面将从生成式人工智能在文本和图片生成方面的应用进行展开介绍。

（1）生成式人工智能在文本生成方面的应用　AIGC生成文本目前主要被应用于新闻的撰写、给定格式的撰写、风格改写以及聊天对话，生成式预训练模型（Generative Pre-Trained Transformer，GPT）是主流的文本生成模型之一。

（2）生成式人工智能在图片生成方面的应用　生成式人工智能技术在图片生成方面的应用已经成为数字创作和媒体产业的重要推动力。如生成对抗网络（GAN）和扩散（Diffusion）模型，生成式人工智能能够创造出新颖的、高质量的图片内容，这些内容在视觉上与真实世界的图片难以区分。

下面介绍几个AIGC在图片生成领域的应用例子：

1）图片修复和增强：运用AIGC技术，系统能够根据提供的图片素材，智能化地进行图片修复与质量提升。它能够自动识别并修复破损图片，有效滤除图像噪点，对亮度和对比度进行精细调节，甚至可以自如变换色彩搭配，从而使图片呈现出更加清晰悦目的视觉效果，如图5-20所示。

图5-20　图片修复和增强

2）艺术创作和风格转换：得益于 AIGC 技术的力量，能够通过深度学习艺术作品的精髓与独特风貌，进而生成全新的艺术创意之作。这一技术不仅能够将任意图片无缝转换为迥异的艺术表现形式，比如将普通照片转化为充满质感的油画风格，或是捕捉印象派画风的光影瞬间，实现跨风格的艺术重塑与创新表达。例如给定提示词：夏天的湖面倒映着天空，小岛正矗立在湖边，生成不同风格的照片，于是便生成如图 5-21 所示的由 AIGC 创作的图片。

图 5-21　艺术创作和风格转换

3）图片编辑和转换：运用 AIGC 技术，能够对图片的各项特性进行精准调整，或执行深层次的内容转换，从而实现全面的图片编辑功能。举例来说，此技术可将一幅生机盎然的夏日景致画面一键转变为银装素裹的冬日景象，同样也能将真实人物照片魔术般地重塑为生动活泼的动漫形象，赋予静态图像无限的创意变幻可能，如图 5-22 所示。

图 5-22　图片编辑和转换

5.4.2　Transformer 模型

Transformer 模型因具备高效的处理序列数据能力，从而使其成为 AIGC 的基石之一。Transformer 模型是一个革新性的神经网络架构，于 2017 年由谷歌研究团队首度公开并成功运用于机器翻译任务中。Transformer 模型不仅显著提升了翻译性能，而且克服了循环神经网络在处理长序列时面临的训练速度慢、难于并行化等问题，从而开启了神经机器翻译的新纪元。本小节将重点介绍 Transformer 模型的结构、解码器-编码器和注意力模块。

1. 模型结构

在 Transformer 模型中，编码器（Encoder）和解码器（Decoder）具有不同的结构设计，但都以内置的自注意力机制为核心构建。基于 Transformer 模型的编码器和解码器的结构如图 5-23 所示，它们均由若干个基本的 Transformer 块（Block）组成（对应着图中的灰色框）。这里 $N\times$表示进行了 N 次堆叠。每个 Transformer 块都接收一个向量序列 $\{\boldsymbol{x}_i\}_{i=1}^{t}$ 作为输入，并输出一个等长的向量序列作为输出 $\{\boldsymbol{y}_i\}_{i=1}^{t}$。这里的 $\boldsymbol{x}_i$ 和 $\boldsymbol{y}_i$ 分别对应着文本序列中的一个单词的表示。而 $\boldsymbol{y}_i$ 是当前 Transformer 块对输入 $\boldsymbol{x}_i$ 进一步整合其上下文语义后对应的输出。在从输入 $\{\boldsymbol{x}_i\}_{i=1}^{t}$ 到输出 $\{\boldsymbol{y}_i\}_{i=1}^{t}$ 的语义抽象过程中，主要涉及如下几个模块：

1）注意力模块：使用多头注意力（Multi-Head Attention）机制整合上下文语义，它使得序列中任意两个单词之间的依赖关系可以直接被建模而不基于传统的循环结构，从而更好地解决文本的长程依赖。

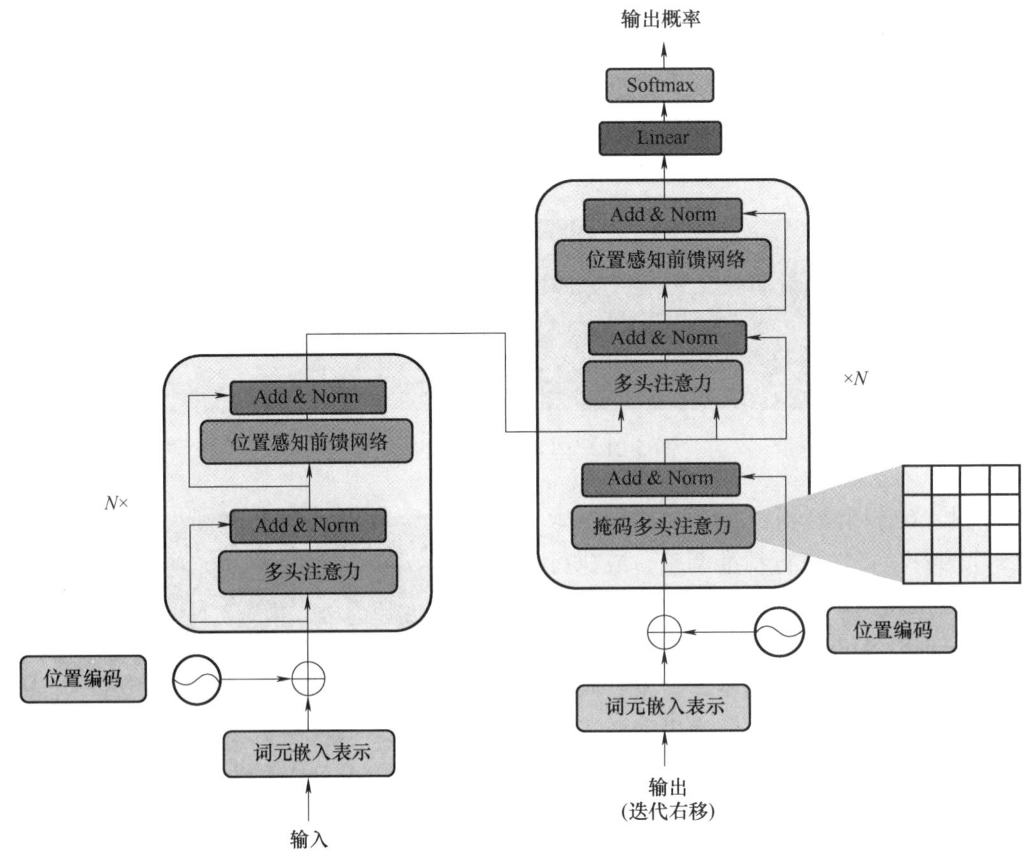

图 5-23　基于 Transformer 模型的编码器和解码器的结构

2）位置感知前馈网络（Position-Wise Feed-Forward Network）：通过全连接层对输入文本序列中的每个单词表示进行更复杂的变换。

3）残差连接：对应图中的 Add 部分。它是一条分别作用在上述两个子层当中的直连通路，被用于连接它们的输入与输出，从而使得信息流动更加高效，有利于模型的优化。

4）层归一化：对应图中的 Norm 部分。作用于上述两个子层的输出表示序列中，对表示序列进行层归一化操作，同样起到稳定优化的作用。

对于输入文本序列，首先通过输入嵌入层（Input Embedding）将每个单词转换为其相对应的向量表示。通常直接对每个单词创建一个向量表示。由于 Transformer 模型不再使用基于循环的方式建模文本输入，序列中不再有任何信息能够提示模型单词之间的相对位置关系。在送入编码器端建模其上下文语义之前，一个非常重要的操作是在词嵌入中加入位置编码（Positional Encoding）这一特征。具体来说，序列中每一个单词所在的位置都对应一个向量。这一向量会与单词表示对应相加并送入后续模块中做进一步处理。在训练的过程中，模型会自动地学习到如何利用这部分位置信息。

为了得到不同位置对应的编码，Transformer 模型使用不同频率的正余弦函数：

$$\mathrm{PE}(\mathrm{pos},2i)=\sin\left(\frac{\mathrm{pos}}{10000^{2i/d}}\right) \tag{5.18}$$

$$\mathrm{PE}(\mathrm{pos},2i+1)=\cos\left(\frac{\mathrm{pos}}{10000^{2i/d}}\right) \tag{5.19}$$

式中，pos 表示单词所在的位置；$2i$ 和 $2i+1$ 表示位置编码向量中的对应维度；d 则对应位置编码的总维度。通过上面这种方式计算位置编码有这样几个好处：首先，正余弦函数的范围是在 $[-1,+1]$，导出的位置编码与原词嵌入相加不会使得结果偏离过远而破坏原有单词的语义信息；其次，依据三角函数的基本性质，可以得知第 pos+k 个位置的编码是第 pos 个位置的编码的线性组合，这就意味着位置编码中蕴含着单词之间的距离信息。

2. 编码器-解码器

如图 5-24 所示，首先编码器部分 Transformer 模型的每个编码器有两个主要部分：自注意力机制和前馈神经网络。自注意力机制通过计算前一个编码器的输入编码之间的相关性权重来输出新的编码。之后前馈神经网络对每个新的编码进行进一步处理，然后将这些处理后的编码作为下一个编码器或解码器的输入。

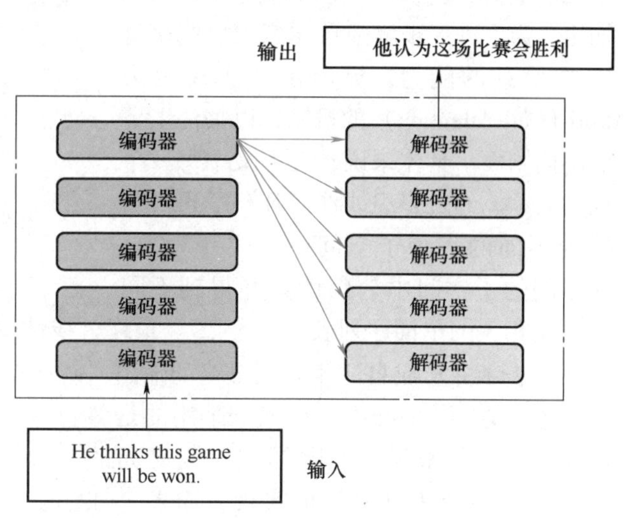

图 5-24　Transformer 模型的网络结构

解码器部分也由多个解码器组成，每个解码器有三个主要部分：自注意力机制、针对编码器的注意力机制和前馈神经网络。可以看到，解码器和编码器类似，但多了一个针对编码器的注意力机制，它从最后一个编码器生成的编码中获取相关信息。最后一个解码器之后一般对接最终的线性变换和归一化层，用于生成最后的序列结果。

从编码器-解码器可以看出来，Transformer 模型离不开注意力模块，下面将对注意力模块展开介绍。

3. 注意力模块

Transformer 模型中最核心的便是自注意力模块，自注意力（Self-Attention）操作是基于 Transformer 的机器翻译模型的基本操作，在源语言的编码和目标语言的生成中频繁地被使用以建模源语言、目标语言任意两个单词之间的依赖关系。给定由单词语义嵌入及其位置编码叠加得到的输入表示 $\{\boldsymbol{x}_i\in\mathbf{R}^d\}_{i=1}^t$，为了实现对上下文语义依赖的建模，进一步引入在自注意力机制中涉及的三个元素：查询 $\boldsymbol{q}_i$（Query）、键 $\boldsymbol{k}_i$（Key）、值 $\boldsymbol{v}_i$（Value）。在编码输入序列中每一个单词的表示的过程中，这三个元素用于计算上下文单词所对应的权重得分。直观地说，这些权重反映了在编码当前单词的表示时，对于上下文不同部分所需要的关注程度。具体来说，如图 5-25 所示，通过三个线性变换 $\boldsymbol{W}^Q\in\mathbf{R}^{d\times d_q}$，$\boldsymbol{W}^K\in\mathbf{R}^{d\times d_k}$，$\boldsymbol{W}^V\in\mathbf{R}^{d\times d_v}$，将输入序列中的每一个单词表示 $\boldsymbol{v}_i$转换为其对应的向量 $\boldsymbol{q}_i\in\mathbf{R}^{d_q}$，$\boldsymbol{k}_i\in\mathbf{R}^{d_k}$，$\boldsymbol{v}_i\in\mathbf{R}^{d_v}$。

为了得到编码 x_i时所需要关注的上下文信息，通过位置 i 查询向量与其他位置的键向量做点积得到匹配分数，$\boldsymbol{q}_i\cdot\boldsymbol{k}_1$，$\boldsymbol{q}_i\cdot\boldsymbol{k}_2$，…，$\boldsymbol{q}_i\cdot\boldsymbol{k}_t$。为了防止过大的匹配分数在后续 Softmax 计算过程中导致的梯度爆炸以及收敛效率差的问题，这些得分会除以放缩因子$\sqrt{d}$

以稳定优化。放缩后的得分经过 Softmax 归一化为概率之后，与其他位置的值向量相乘来聚合希望关注的上下文信息，并最小化不相关信息的干扰。上述计算过程可以被形式化地表述为

$$z=\text{Attention}(\boldsymbol{Q},\boldsymbol{K},\boldsymbol{V})=\text{Softmax}\left(\frac{\boldsymbol{QK}^{\text{T}}}{\sqrt{d}}\right)\boldsymbol{V} \tag{5.20}$$

式中，$\boldsymbol{Q}\in\mathbf{R}^{d\times d_q}$、$\boldsymbol{K}\in\mathbf{R}^{d\times d_k}$、$\boldsymbol{V}\in\mathbf{R}^{d\times d_v}$分别表示输入序列中的不同单词的 $\boldsymbol{q}$、$\boldsymbol{k}$、$\boldsymbol{v}$ 向量拼接组成的矩阵；$z\in\mathbf{R}^{d\times d_v}$表示自注意力操作的输出。为了进一步增强自注意力机制聚合上下文信息的能力，提出了多头注意力（Multi-Head Attention）的机制，以关注上下文的不同侧面。具体来说，上下文中每一个单词的表示 $\boldsymbol{x}_i$经过多组线性 $\{\boldsymbol{W}_j^Q\boldsymbol{W}_j^K\boldsymbol{W}_j^V\}_{j=1}^N$映射到不同的表示子空间中。式（5.20）会在不同的子空间中分别计算并得到不同的上下文相关的单词序列表示 $\{z_j\}_{j=1}^N$。最终，线性变换 $\boldsymbol{W}^O\in\mathbf{R}^{(Nd_v)\times d}$用于综合不同子空间中的上下文表示并形成自注意力层最终的输出 $\{\boldsymbol{x}_i\in\mathbf{R}^d\}_{i=1}^t$。

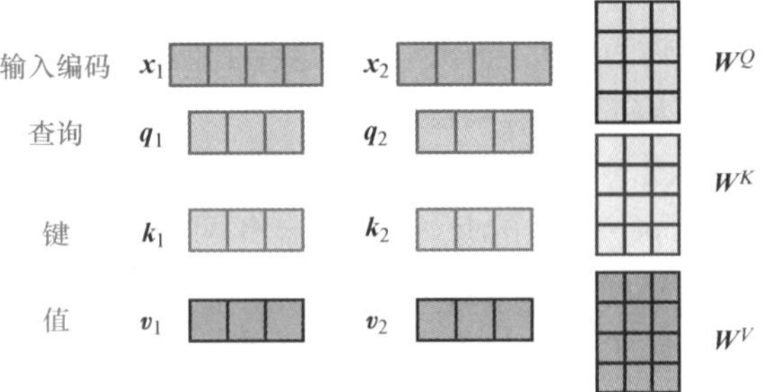

图 5-25　自注意力机制中的查询、键、值

注意力方面，Transformer 模型采用的是多头注意力。简单来说，不同标记相互之间的注意力通过多个注意力头来实现，而多个注意力头针对标记之间的相关性来计算注意力权重（见图 5-26）。如在一个句子中，某个注意力头主要关注上一个单词和下一个单词的关系，而另一个注意力头就会把关注点放在句子中动词和其对应宾语的关系上。而在实际操作中，这些注意力头的计算都是同步进行的，这样整体反应速度就会加快。这些注意力头的计算完成以后会被拼接在一起，由最终的前馈神经网络层进行处理后输出。

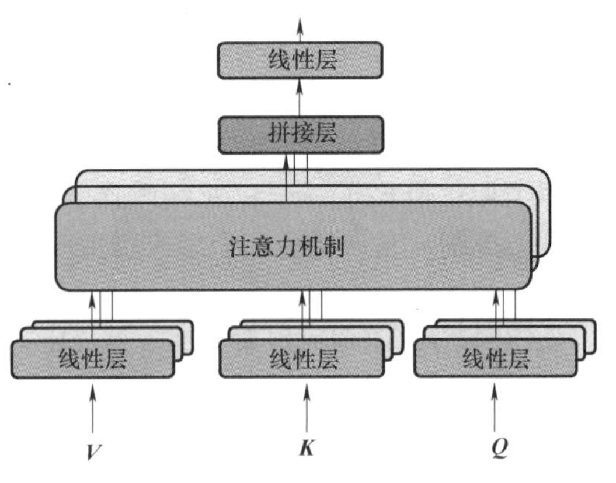

图 5-26　Transformer 模型的编解码器内部结构

为了便于理解，来看这样一个例子："The monkey ate the banana quickly and it looks hungry."（猴子快速地吃了香蕉，它看起来很饿。）这句话中的"it"指的是什么？是"banana"还是"monkey"？这对人类来说是一个简单的问题，但对模型来说却没有那么简单，即便使用了自注意力机制，也无法避免误差，但是引入多头注意力机制就能很好地解决这个问题。

在注意力机制中，其中一个编码器对单词"it"进行编码时，可能更专注于"monkey"，而另一个编码器的结果可能认为"it"和"banana"之间的关联性更强，这种情况下模型最后输出的结果较大可能会出现偏差。这时候多头注意力机制就发挥了作用，有其他更多编码器注意到"hungry"，通过多个编码结果的加权组合，最终单词"hungry"的出现将导致"it"与"monkey"之间产生更大的关联性，也就最大限度上消除了语义理解上的偏差。

位置编码（Positional Encoding）机制也是 Transformer 模型特有的。在输入的时候，加上位置编码的作用在于计算时不但要知道注意力聚焦在哪个单词上面，还需要知道单词之间的相对位置关系。例如："She bought a book and a pen."（她买了书和笔。）这句话中的两个"a"修饰的是什么？是"book"还是"pen"？意思是"一本"还是"一支"？这对人类来说也是一个简单的问题，但对模型来说却比较困难，如果只使用自注意力机制，可能会忽略两个"a"和它们后面名词之间的关系，而只关注"a"和其他单词之间的相关性。引入位置编码就能很好地解决这个问题。

通过加入位置编码信息，每个单词都会被加上一个表示它在序列中位置的向量。这样，在计算相关性时，模型不仅能够考虑单词之间的语义相关性，还能够考虑单词之间的位置相关性，也就能够更准确地理解句子中每个单词所指代或修饰的对象。

通过引入多头注意力机制、位置编码等方式，Transformer 模型有了最大限度理解语义并输出相应回答的能力，这也为后续 GPT 这种大规模预训练模型的出现奠定了基础。

5.4.3　BERT 模型

BERT（Bidirectional Encoder Representations from Transformer，基于 Transformer 的双向编码器）这一开创性的工作于 2018 年由 Devlin 等研究者提出，它是一个建立在深层数字 Transformer 模型架构基础上的预训练语言模型。BERT 模型不仅充分发掘了海量未标记文本所蕴含的丰富语义内涵，而且在很大程度上推动了自然语言处理模型深度的拓展边界。该小节将重点阐述 BERT 模型的核心建模策略。

1. 全局构造

首先，将从整体架构视角出发，概览 BERT 模型的设计原理及其关键组件，并逐步深入各个部分的具体细节。BERT 的基础模型结构是由一系列堆叠的 Transformer 层构建而成，其核心预训练任务包括掩码语言模型（Masked Language Modeling，MLM）和下一个句子预测（Next Sentence Prediction，NSP），如图 5-27 所示。

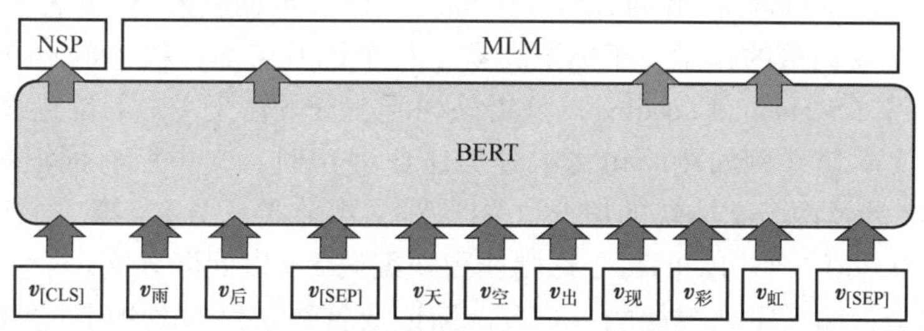

图 5-27　BERT 模型的整体架构

值得注意的是，模型接受的输入是由两段连续文本 $\boldsymbol{x}^{(1)}$ 和 $\boldsymbol{x}^{(2)}$ 拼接形成的，经 BERT 模型处理后能捕获到文本的上下文语义特征，进而在此基础上分别完成掩码词恢复和句间关系预测的学习。其中，掩码语言模型对输入文本的格式相对灵活，无论是单段还是双段文本皆可适用；而下一个句子预测任务则明确要求模型以两段文本作为输入。故而在预训练阶段，BERT 模型统一采用了将两段文本拼接作为标准化输入格式。随后，将详述如何针对这样的两段文本构造合适的输入表示以供模型处理。

2. 输入表示

BERT 模型的输入表示形式由三部分组成：词向量、块向量和位置向量，这些向量相加得到最终的输入表示。具体而言，它融合了词级别的信息（词向量）、句子片段或段落的区分信息（块向量），以及词汇在句子中的位置信息（位置向量），如图 5-28 所示，以此来增强模型的理解能力和表达流畅度。

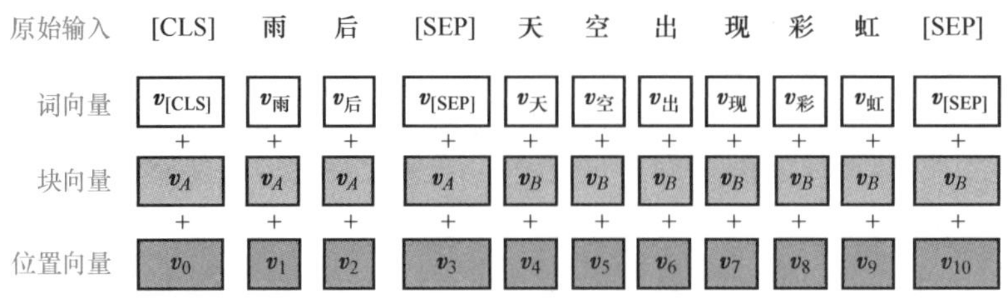

图 5-28 BERT 模型的输入表示形式

为了便于计算，BERT 模型将这三种向量的维度统一设为 e，从而可以利用式（5.21）有效地得出输入序列的输入表示 $\boldsymbol{v}$：

$$\boldsymbol{v}=\boldsymbol{v}^{t}+\boldsymbol{v}^{s}+\boldsymbol{v}^{p} \tag{5.21}$$

式中，$\boldsymbol{v}^t$表示词向量；$\boldsymbol{v}^s$表示块向量；$\boldsymbol{v}^p$表示位置向量。这三种向量的大小均为 $N\times e$，N 表示最大序列长度，e 表示词向量维度。接下来，将详细阐述这三种向量的计算方式。

（1）词向量　类似于传统的神经网络模型，BERT 模型同样利用词向量矩阵来将输入的文本信息转换为实数值向量的形式，以此进行表示。

与传统神经网络模型类似，BERT 模型中的词向量同样通过词向量矩阵将输入文本转换成实值向量表示。具体地，假设输入序列 $\boldsymbol{X}$ 对应的独热向量表示为 $\boldsymbol{e}^t\in\mathbf{R}^{N\times|V|}$，其对应的词向量表示 $\boldsymbol{v}^t$为

$$\boldsymbol{v}^{t}=\boldsymbol{e}^{t}\boldsymbol{W}^{t} \tag{5.22}$$

式中，$\boldsymbol{W}^t\in\mathbf{R}^{|V|\times e}$表示可训练的词向量矩阵，其中$|V|$表示词表大小，$e$ 表示词向量维度。

（2）块向量　块向量的作用在于标识文本中每个词所属的分段（Segment）。具体而言，每个词的分段编码（Segment Encoding）是指该词所在分段在全文中的位置编号，起始于 0。

当处理单一文本块（例如在单句文本分类任务中）时，文中所有词汇将被赋予相同的块编码为 0；而在涉及两个文本块的情况（如句对文本分类任务），第一个句子内的每个词都将分配块编码 0，第二个句子的每个词则获得块编码 1，以此区分。

特别指出的是，输入序列起始的［CLS］标记及首个块结束处的分隔符［SEP］，它们的块编码统一设定为 0，用以维持信息的正确划分与识别。接下来，式（5.23）利用块向量矩阵 $\boldsymbol{W}^s$将块编码 $\boldsymbol{e}^s\in\mathbf{R}^{N\times|S|}$转换为实值向量，得到块向量 $\boldsymbol{v}^s$：

$$\boldsymbol{v}^{s}=\boldsymbol{e}^{s}\boldsymbol{W}^{s} \tag{5.23}$$

式中，$\boldsymbol{W}^s\in\mathbf{R}^{|S|\times e}$表示可训练的块向量矩阵，其中$|S|$表示块数量，$e$ 表示块向量维度。

（3）位置向量　位置向量是用来记录每个词语在其序列中的绝对位置的一种方式。具体做法是，将输入文本序列中的每一个词语，根据它所在的位置索引，转换成一个独一无二的位置独热编码序列，确保每个位置的编码都是清晰且互不相同的。下一步，式（5.24）利用位置向量矩阵 $\boldsymbol{W}^p$将位置独热编码 $\boldsymbol{e}^p\in\mathbf{R}^{N\times N}$转换为实值向量，得到位置向量 $\boldsymbol{v}^p$：

$$\boldsymbol{v}^{p}=\boldsymbol{e}^{p}\boldsymbol{W}^{p} \tag{5.24}$$

式中，$\boldsymbol{W}^{p}\in\mathbf{R}^{N\times e}$表示可训练的位置向量矩阵，其中 N 表示最大位置长度，e 表示位置向量维度。为了描述方便，后续输入表示层的操作统一归纳为：

$$\boldsymbol{X}=[\mathrm{CLS}]\boldsymbol{x}_1^{(1)}\boldsymbol{x}_2^{(1)}\cdots\boldsymbol{x}_n^{(1)}[\mathrm{SEP}]\boldsymbol{x}_1^{(2)}\boldsymbol{x}_2^{(2)}\cdots\boldsymbol{x}_m^{(2)}[\mathrm{SEP}] \tag{5.25}$$

对于给定的原始输入序列 $\boldsymbol{X}$，经过式（5.26）处理得到 BERT 模型的输入表示：

$$\boldsymbol{v}^{p}=\mathrm{InputRepresentation}(\boldsymbol{X}) \tag{5.26}$$

式中，$\boldsymbol{v}^{p}\in\mathbf{R}^{N\times e}$表示输入表示层的最终输出结果，其中 N 表示最大序列长度，e 表示输入表示维度；InputRepresentation($\boldsymbol{X}$) 即词向量、块向量和位置向量之和，具体相加方法见式（5.21）。

3. 基础预训练任务

与 GPT 模型相异之处在于，BERT 模型并未沿袭传统自回归式语言模型训练路径，而是创造性地纳入了基于自动编码（Auto-Encoding）机制的预训练作业。BERT 模型的预训练任务集合中包含了掩码语言模型与下一个句子预测两个部分。以下将细致阐述其中一个基础预训练任务。

BERT 模型创新性地引入了一项名为“下一个句子预测”（Next Sentence Prediction，NSP）的预训练任务，旨在探究并捕捉两段文本间的关联性。然而许多重要的下游任务，如问答（Question Answering，QA）和自然语言推理（Natural Language Inference，NLI）都基于理解两个句子之间的关系，而语言建模并无法直接捕获这种关系。NSP 本质上是一项二元分类任务，目标是对句子 B 是否紧跟在句子 A 之后的真实关系作出判断。

其训练数据的构建遵循以下模式。

1）正样本：直接采自连续的自然文本序列，即将实际紧邻出现的“句子 A”与“句子 B”配对，形成“下一个句子”的实际案例。

2）负样本：通过随机选取语料库中的其他句子来替代原有序列中的“句子 B”，从而模拟出非连续出现的场景，建构“非下一个句子”的对照实例。

NSP 任务在训练过程中维持正、负样本各占一半的比例，这种设计简洁且高效，能够自动批量生成大量的训练数据，因而也具有无监督学习的特性。通过这种方式，BERT 模型得以在无须人工标注的情况下学习到文本间的连贯性和篇章结构。表 5-3 给出了 NSP 任务的样本示例。

表 5-3　NSP 任务的样本示例

	正样本	负样本
第一段文本	The man went to the store.	The man went to the store.
第二段文本	He bought a gallon of milk.	Penguins are flightless.

NSP 任务的建模方法与 MLM 任务类似，主要是在输出方面有所区别。下面针对 NSP 任务的建模方法进行说明。

1）输入层。对于给定的经过掩码处理后的输入文本：

$$\boldsymbol{x}^{(1)}=\boldsymbol{x}_1^{(1)}\boldsymbol{x}_2^{(1)}\cdots\boldsymbol{x}_n^{(1)} \tag{5.27}$$

$$\boldsymbol{x}^{(2)}=\boldsymbol{x}_1^{(2)}\boldsymbol{x}_2^{(2)}\cdots\boldsymbol{x}_m^{(2)} \tag{5.28}$$

经过如下处理，得到 BERT 模型的输入表示 $\boldsymbol{v}$：

$$X = [\text{CLS}]\boldsymbol{x}_1^{(1)}\boldsymbol{x}_2^{(1)}\cdots\boldsymbol{x}_n^{(1)}[\text{SEP}]\boldsymbol{x}_1^{(2)}\boldsymbol{x}_2^{(2)}\cdots\boldsymbol{x}_m^{(2)}[\text{SEP}] \tag{5.29}$$

$$\boldsymbol{v} = \text{InputRepresentation}(\boldsymbol{X}) \tag{5.30}$$

式中，［CLS］表示文本序列开始的特殊标记；［SEP］表示文本序列之间的分隔标记。

2）BERT 编码层。在编码层中，原始输入信息 $\boldsymbol{v}$ 历经 L 轮 Transformer 编码处理，每一轮都使用了自注意力机制这一核心组件。这一过程深刻地挖掘并学习了文本内部每个词汇间的语义联系，确保每一个词不仅理解自身意义，还能够捕捉到与上下文中其他词的相互作用。最终输出的是一个富含上下文语境的文本语义表示，准确反映了输入文本的深层意义结构。

$$\boldsymbol{h} = \text{Transformer}(\boldsymbol{v}) \tag{5.31}$$

式中，$\boldsymbol{h} \in \mathbf{R}^{N\times d}$，其中 N 表示最大序列长度，d 表示 BERT 模型的隐含层维度。

3）输出层。与 MLM 任务不同的是，NSP 任务只需要判断输入文本 $\boldsymbol{x}^{(2)}$ 是否是 $\boldsymbol{x}^{(1)}$ 的下一个句子。因此，在 NSP 任务中，BERT 模型使用了［CLS］位的隐含层表示进行分类预测。具体地，［CLS］位的隐含层表示由上下文语义表示 $\boldsymbol{h}$ 的首个分量 $\boldsymbol{h}_0$ 构成，因为［CLS］是输入序列中的第一个元素。在得到［CLS］位的隐含层表示 $\boldsymbol{h}_0$ 后，通过一个全连接层预测输入文本的分类概率 $\boldsymbol{P} \in \mathbf{R}^2$，即

$$\boldsymbol{P} = \text{Softmax}(\boldsymbol{h}_0 \boldsymbol{W}^p + \boldsymbol{b}^o) \tag{5.32}$$

式中，$\boldsymbol{W}^p \in \mathbf{R}^{d\times 2}$ 表示全连接层的权重；$\boldsymbol{b}^o \in \mathbf{R}^2$ 表示全连接层的偏置。最后，在得到分类概率 $\boldsymbol{P}$ 后，与真实分类标签 $\boldsymbol{y}$ 计算交叉损失，学习模型参数。

5.4.4 大语言模型

大规模语言模型（Large Language Model，LLM），也称大语言模型或大型语言模型，是一种由包含数百亿以上参数的深度神经网络构建的语言模型，通常使用自监督学习方法通过大量无标注文本进行训练。2018 年以来，Google、OpenAI、Meta、百度、华为等公司和研究机构都相继发布了包括 BERT、GPT 等在内的多种模型，并在几乎所有自然语言处理任务中都表现出色。2019 年大语言模型呈现爆发式的增长，特别是 2022 年 11 月 ChatGPT（Chat Generative Pre-Trained Transformer）发布后，更是引起了全世界的广泛关注。用户可以使用自然语言与系统交互，从而实现包括问答分类、摘要、翻译、聊天等从理解到生成的各种任务。大规模语言模型展现出了强大的对世界知识掌握和对语言的理解能力。

为了帮助读者了解大语言模型的工作原理，本小节将介绍大语言模型的构建过程，然后介绍 GPT 系列模型的研发历程。

1. 大语言模型的构建过程

大语言模型的构建和使用通常涉及以下几个关键步骤。

1）数据收集与预处理：通过收集大量、高质量、多样化的文本数据，对收集到的数据进行清洗。详细内容在 5.1.2 节和 5.1.3 节中已有介绍。

2）模型架构设计：选择或设计模型架构，如 Transformer 模型架构（见 5.4.2 节），因其在自然语言处理中的优秀表现而被广泛应用。大语言模型往往采用多层 Transformer 模型结构。

3）模型预训练：在进行模型的大规模预训练时，往往需要设计合适的自监督预训练任务，使得模型能够从海量无标注数据中学习到广泛的语义知识与世界知识。为了预训练大语

言模型，需要大量的数据收集与预处理。由于大语言模型的能力基础主要来源于预训练数据，因此数据的收集与预处理对于模型性能具有重要的影响。目前的开源模型普遍采用 2~3TB 规模的词元进行预训练，并有趋势进一步扩大这一规模。为了防止模型对数据产生过度拟合，训练中还需要采用一系列正则化方法。

4）微调与对齐：指令微调（Instruction Tuning）是指使用自然语言形式的数据对预训练后的大语言模型进行参数微调。使用特定领域的有标签数据集对预训练模型进行微调，以适应特定任务，如问答、翻译或情感分析等。这一步骤帮助模型学习特定任务的细微差别。

5）模型评估：大语言模型的领域呈现多样化发展，一部分模型以其广泛的通用能力著称，而另一部分则是在特定专业领域内经过专门优化的特定模型。因此需要一个评估任务，并配套构建了相应的数据集，旨在深入剖析并量化模型的性能表现。如使用独立的测试集评估模型性能，根据准确率、召回率、F1 分数等指标进行调整优化。

6）推理与部署：当模型完成训练后，通过了评估，便可以将大语言模型部署到真实场景中进行使用。大语言模型针对输入内容（如提示词）来逐个输出生成的文本内容，这一过程称为解码。在模型部署的过程中，需要针对解码这一过程提出相应的策略（如优化加速算法、模型剪枝和模型压缩等）来提高模型速率以适应各种低资源场景。其中通常部署模型到服务器或云平台，可以确保其可扩展性、稳定性和安全性。

2. ChatGPT 系列模型的研发历程

ChatGPT 作为一种基于海量互联网文本资源训练而成的深度学习模型，专精于文本生成及相关自然语言处理应用领域，诸如问答系统搭建、文本摘要创作、机器翻译、文本分类、代码编写以及对话型人工智能开发。GPT 背靠一个大型神经网络，通过在已有文本库中找到有关自然语言的规律来学习。GPT 无须人工设计特定的自然语言处理系统，可以根据已有文本，自动生成语法正确、内容相关的文本。

GPT 的发展目前经历了 GPT-1、GPT-2、GPT-3、GPT-3. 5 和 GPT-4 几个阶段。2018 年，GPT-1 的横空出世标志着自然语言处理领域预训练模型时代的开启。基于文本预训练的 GPT-1、GPT-2、GPT-3 三代模型都是采用的以 Transformer 为核心结构的模型，不同的是模型的层数和词向量长度等超参数，它们具体的内容见表 5-4。

表 5-4　GPT 模型的参数数据分析

模型	发布时间	层数	头数	词向量长度	参数量	预训练数据量
GPT-1	2018 年 6 月	12	12	768	1. 17 亿	约 5GB
GPT-2	2019 年 2 月	48	—	1600	15 亿	40GB
GPT-3	2020 年 5 月	96	96	12888	1750 亿	45TB

其中，GPT-1 采取了自左至右的生成式预训练策略，从而形成了一个通用预训练模型，该模型同样适用于多种下游任务的微调，与 BERT 模型相似。尽管 GPT-1 在当时已能在 9 个自然语言处理任务上达到顶级水平（State-of-the-Art，SOTA），但由于其模型规模和所用数据量相对较小，这为 GPT-2 的发展埋下了伏笔。

相较于 GPT-1，GPT-2 并未对基础模型结构做出革命性的改变，而是更专注于增加模型参数量以及扩充预训练数据量（见表 5-4）。GPT-2 提出的最重要理念是认为“一切有监督学习均可视为无监督语言模型的一个子领域”，这一观念实际上为后来的提示学习理论奠定了基石。

当 GPT-3 被推出之际，除了其超越 GPT-2 的显著效果之外，更加引人注目的则是其庞大的 1750 亿参数量。GPT-3 不仅能出色地完成各类常规 NLP 任务，令人惊奇的是，研究者还发现在编写 SQL、JavaScript 等编程语言代码以及进行简单数学计算方面，GPT-3 亦展示出了优异的表现。

通过上述分析，GPT 在性能追求上有两大核心方向：一方面旨在强化模型在传统自然语言处理任务中的表现力，确保其在诸如文本分类、问答系统等领域持续取得卓越成效；另一方面致力于增强模型在非传统 NLP 任务上的跨领域适应性，比如编写代码、执行数学运算等，展现更广泛的泛化能力。

此外，预训练模型出现以来，其固有的一个问题：潜在偏见，一直是学术界及业界关注的焦点。由于预训练模型依赖于在巨量参数级别的模型上利用海量数据进行训练，相比严谨的人工规则构建的专家系统，预训练模型犹如一个未知的黑箱机制，无法确保模型在生成内容时不涉及任何负面元素，尤其是在其数十 GB 乃至数百 TB 的训练数据中，很可能包含了带有种族、性别歧视等有害信息的样本。正因如此，InstructGPT 与 ChatGPT 应运而生，它们的优化宗旨在论文中被精炼地归纳为“3H 原则”：有用（Helpful）、诚实（Honest）、无害（Harmless），力求在智能交互的同时消除潜在风险，提供安全可靠的服务。

OpenAI 推出的 ChatGPT 是 GPT-3.5 的延伸，这是一款聊天机器人程序，能通过学习和理解人类的语言与人类对话，还能实现视频脚本撰写、营销文案写作、文本翻译、代码编写等功能。例如它在代码理解和编写方面的能力，就在程序员圈引起了广泛的关注：它可以看懂你输入的代码片段，帮你解读其中的含义，甚至可以根据你的要求帮你编写一段完整的代码。如此强大的能力，几乎颠覆了人们的认知，并引发了诸多关于“AI 替代人类”的相关讨论。

ChatGPT 采用了 GPT-3 的架构设计，通过指示学习的方法来创建训练样本，旨在训练一个反映预测模型的效果评价体系，即奖励模型。这一过程依赖于奖励模型的评分系统，来优化和指引强化学习模型的训练方向。InstructGPT/ChatGPT 的训练流程如图 5-29 所示。

接下来，将简单阐述指示学习（Instruct Learning）与奖励模型（Reward Model，RM）学习的概念。

指示学习与提示学习虽同属挖掘语言模型内蕴知识的范畴，但二者方法有所差异。提示学习主要侧重于激活语言模型的补足性智能，例如通过上文推断下文，或者参与完成句子结构类的填空练习。而指示学习则着重于启发模型的理解和执行力，通过提供明确的任务导向指令，引导模型精确执行相应的操作。

指示学习的一大优势在于，经过针对多种任务的精细调整后，它能在未经特定训练的新任务上展现 Zero-Shot 学习的能力，这意味着即使未曾见过相似任务，也能进行有效处理。相比之下，提示学习通常更加专注于单一任务的适应，其泛化到其他任务上的能力相对受限。为了直观展现这三种策略——模型微调、提示学习以及指示学习之间的差异，可以借助图 5-30 来进行深入理解。

奖励模型的核心在于，所训练出的模型往往是对训练数据分布的近似模拟，而非完全可控的实体。模型生成的内容质量很大程度上取决于训练数据的分布特性。然而，在某些情况

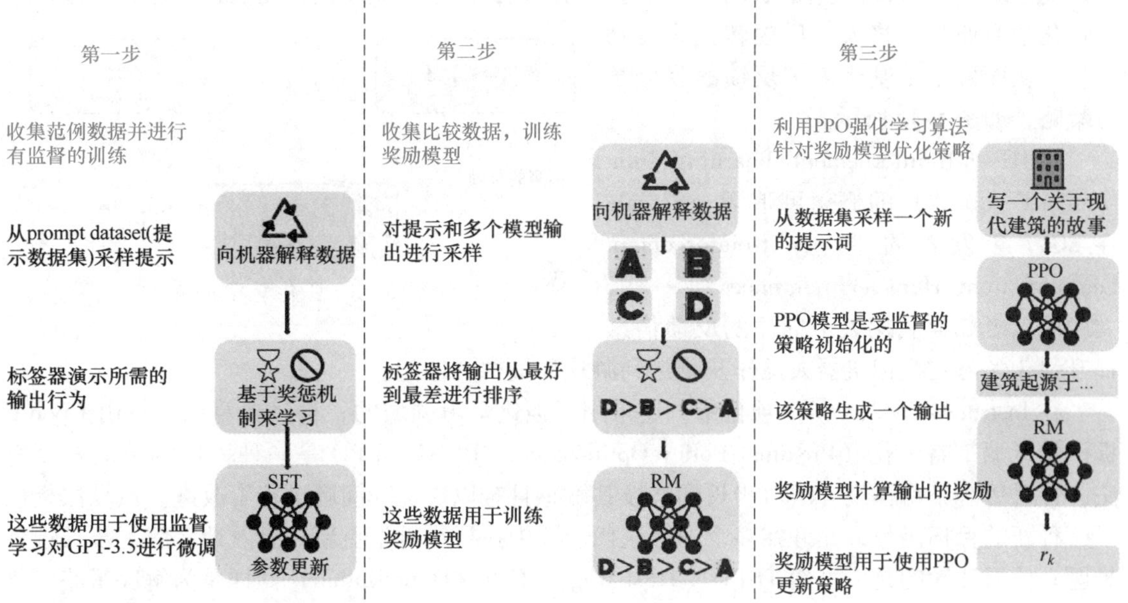

图 5-29　InstructGPT/ChatGPT 的训练流程

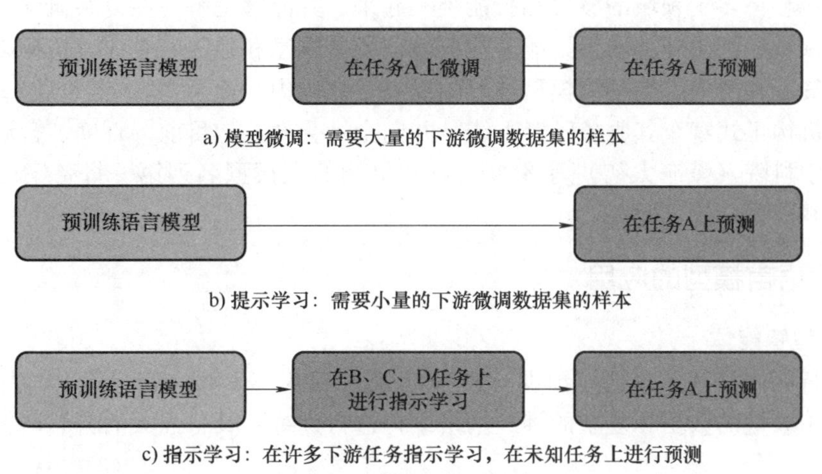

图 5-30　模型微调、提示学习以及指示学习之间的差异

下，期望模型不仅限于单纯地复制训练数据特征，而是能够实现人为调控，确保生成内容具备实用性、真实性与无害性。许多论文中频繁提及的“对齐”问题，实质上是指模型输出与人类期望的理想输出之间的一致性，这一理想输出标准涵盖了语言流畅度、语法正确性以及更重要的实用性、真实性和无害性等维度。

在强化学习领域，奖励机制扮演了传统监督学习中损失函数的角色，但它的设计更为灵活多样，比如 AlphaGo 系统中奖励即为对弈的胜负结果。尽管如此，奖励信号通常是不可微分的，因此无法直接用于传统的反向传播训练过程。强化学习正是通过大规模采集奖励样本并以此逼近损失函数，进而实现模型优化。同样地，由于人类反馈也无法进行微分，故可借鉴强化学习原理，将人工反馈转化为奖励信号，从而催生了基于人工反馈的强化学习策略，如图 5-31 所示。

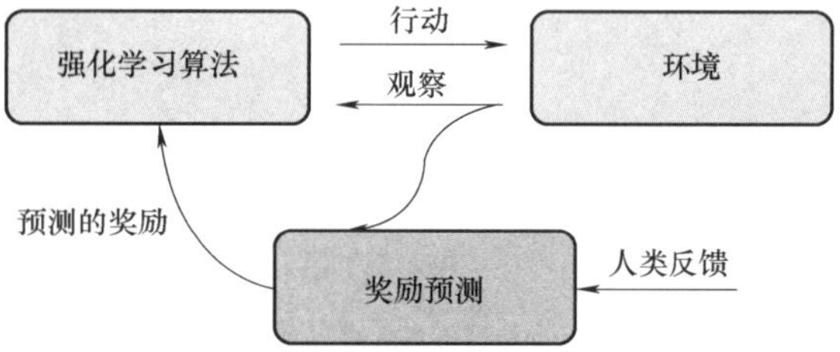

图 5-31　强化学习策略

RLHF（Reinforcement Learning from Human Feedback）的概念可追溯至 Google 在 2017 年发布的“Deep Reinforcement Learning from Human Preferences”一文，文中展示了如何利用人工标注的反馈信息提升强化学习在模拟机器人操作及雅达利游戏环境中的性能。

在 InstructGPT/ChatGPT 项目中，还采用了强化学习领域的一种经典算法——由 OpenAI 提出的近端策略优化（Proximal Policy Optimization，PPO）。PPO 是一种先进的策略梯度算法，针对传统策略梯度方法对步长调整极其敏感且难以寻优的问题进行了改进。该算法提出了一种新的目标函数，允许在多个训练迭代步骤中执行小批量更新，有效地缓解了步长选择难题。值得注意的是，虽然 TRPO（Trust Region Policy Optimization）同样是为解决策略变化幅度控制问题而设计的，但相较于 TRPO，PPO 在实际应用中计算更为简便且易于求解。

在 2023 年 3 月，OpenAI 推出了非常强大的模型 GPT-4。它在文学、医学、法律、数学、物理和程序设计等不同领域表现出很高的熟练程度，各方面能力已全面超越 ChatGPT。不仅如此，它还能够将多个领域的概念和技能统一起来，并能够理解一些复杂概念。

大模型领域在国内外都取得了显著的成就，各个国家和地区的企业、机构以及学术界都在积极投入资源和努力，推动大模型技术的发展。在国内，截至 2023 年 8 月 31 日，多家大模型企业和机构正式宣布其服务已经上线，并向全社会开放。目前，百度、智谱、百川、字节、商汤、中科院（紫东太初）等 8 个企业和机构的大模型名列第一批备案名单，它们可以正式上线并向公众提供服务。

5.4.5　大语言模型的应用

1. 大模型智能体

大模型智能体是基于大规模预训练模型（如 GPT-4、BERT、T5 等）构建的智能系统，这些模型利用大量的数据和复杂的神经网络结构进行训练，具备强大的自然语言处理和生成能力。

大模型智能体通过融合大语言模型与核心组件，包括规划、记忆等功能模块，来高效执行各类任务。在构建这类智能体的过程中，大语言模型扮演着核心控制器或“智慧大脑”的角色，统筹并指导完成任务所需的全部流程，以及精准响应用户的各种需求。为了确保智能体的高性能运作，其构建从根本上依赖于周密的规划能力、可靠的记忆系统，以及对各种工具的熟练使用等关键要素。

一般地，大模型智能体框架包含以下核心部分。

1）用户请求：表达用户的问题或请求。

2）智能体/大脑：作为协调者的智能体核心。

3）规划：助于智能体为未来行动做规划。

4）记忆：管理智能体的历史行为和经验。

得益于各组成部分的协同配合，大模型智能体能够应对各类请求，涵盖从基本到高级的广泛范畴。它们不仅能够直接给出答案，还擅长处理那些需要深入解析和多阶段处理的复杂问题。这种强大的功能，让大模型智能体在复杂信息检索、数据分析及视觉呈现等领域展现出巨大的应用潜力。

随着技术的不断成熟，如智能体技术和具身智能的发展，大模型智能体的应用将更加深入工业场景的每一个角落，在工业上会不断拓宽应用的边界，成为驱动工业 4.0 或更高级别工业智能化的关键引擎，也为工业领域的转型升级提供了强大的技术支持。

2. 大模型机器人

虽然当前的大语言模型能够实现与人类的流畅交流，但它们反馈的信息往往与现实世界缺乏紧密联系，更多地倾向于提供文字内容和部分实用性答案。因此，这些模型的运用主要限于线上互动领域。

因此，大语言模型与线下工业机器人相结合，是当前具身智能领域的研究热点。大语言模型与机器人结合旨在使机器人能够理解并转化人类提供的高度抽象自然语言指令，进而在物理世界中规划并执行详细的操作流程，以达成既定任务目标。这一创新尝试不仅要求深入挖掘 LLM 的语言理解潜能，还要巧妙地将其与机器人的行动规划及执行能力相结合，从而开创性地拓展了人工智能在解决实际问题中的应用范畴，标志着向自主性与智能决策支持迈出的重要一步。大模型机器人一般具有以下特点。

1）零样本任务规划：ChatGPT 可以根据用户的自然语言指令，生成适用于不同机器人平台和任务的代码，无须任何预先训练或微调。这种能力可以让用户快速地探索不同的机器人方案，而不需要了解底层的编程细节。适用场景包括机械臂操作、无人机导航、家庭助理机器人等。优点是可以实现跨平台、跨任务的机器人控制，缺点是可能存在代码错误或效率低下的风险。

2）用户交流：ChatGPT 可以与用户进行交互式对话，以解决复杂的机器人任务，例如需要多步骤或多个目标的任务。用户可以通过对话提供高层次的反馈、指导或修改指令，而 ChatGPT 可以根据用户的意图和上下文调整代码或行为。这种能力可以让用户更灵活地控制机器人，而不需要一次性给出完整的指令。适用场景包括机器人协作、机器人教学、机器人规划等。优点是可以提高机器人任务的成功率和鲁棒性，缺点是可能需要更多的对话轮次或用户干预。

3）感知-行动循环：ChatGPT 可以利用视觉信息来指导机器人的动作，例如识别物体、估计距离、规避障碍等。ChatGPT 可以通过 XML（可扩展置标语音）标签或其他格式来接收和处理图像数据，并生成相应的代码或动作序列。这种能力可以让机器人更好地适应复杂和动态的环境，而不需要预先定义所有可能的情况。适用场景包括机器人导航、机器人抓取、机器人搜索等。优点是可以增强机器人的感知和决策能力，缺点是可能存在视觉误识别或动作不准确的风险。

4）推理和常识性机器人任务：ChatGPT 可以利用常识知识和推理能力来解决一些需要逻辑、几何或数学思维的机器人任务，例如计算角度、判断方向、选择最优路径等。ChatGPT 可以通过自然语言或数学表达式来表达和解决这些问题，并生成相应的代码或动作序列。这种能力可以让机器人更智能地执行一些抽象或难以描述的任务，而不需要用户提供过多的细节。适用场景包括机器人推理、机器人游戏、机器人创造等。优点是可以拓展机器人的应用范围和难度，缺点是可能存在常识错误或推理失败的风险。

目前，越来越多的公司正致力于开发大模型机器人系统，该系统有效地整合了多模态大模型结合机器人，推动了群体智能领域的创新应用。大模型机器人不仅能够深刻理解人类的意图，还能实现高频度的人机交互及应对复杂任务的策略规划。

在机器人的运行周期中，工程师必须不断编写新的代码和设定规范，以调整和优化机器人行为。这一系列操作普遍被认为耗时、成本高昂且效率低下，因为它不仅要求用户具备高度专业的机器人技术知识，还涉及用户频繁介入以确保机器人能够顺利执行任务。基于此，微软展示了如何利用 GPT 技术来自动编写机器人控制代码，从而减少人工干预的情景，如图 5-32 所示。

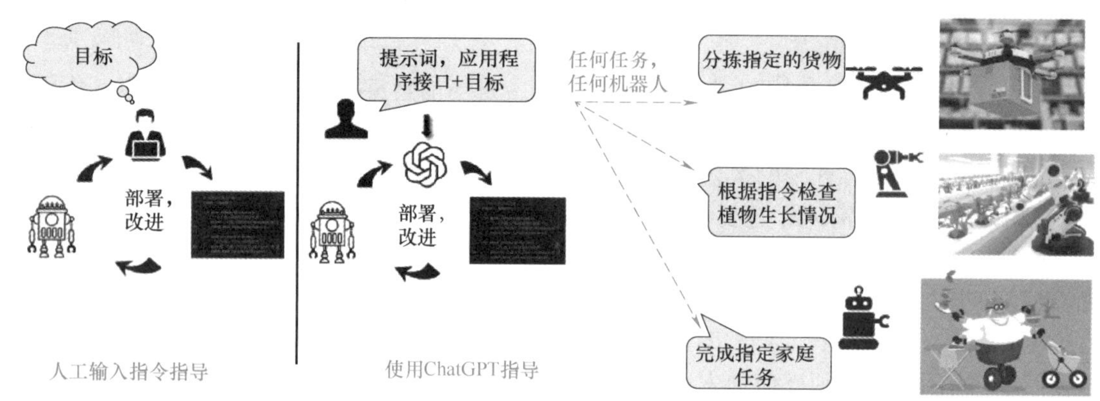

图 5-32　ChatGPT 指导机器人的行为

下面以大模型机器人在无人厨房场景为例，讲述大模型如何通过精准操控多个智能体协同工作，有效管理无人厨房中的烹饪流程，展现了其在实际应用场景中的高效与灵活性。

在无人厨房场景中，借助与多个机器人的自然语言交互，从而实现了从点餐到上菜的全链条自动化，将“炒菜”这一系列复杂操作纳入自主规划之中。其主要应用主要包含以下几点。

1）自然语言处理应用：当用户提出指令，如“请准备一份清炒生菜”时，机器人能够智能解析该指令，自主领悟用户的意图，并将任务细致分解为一系列操作步骤：首先是前往食材区挑选生菜，接着到预备区进行称重，随后转至烹饪区进行炒制，最后送达消费区上菜。

举例来说，在训练阶段，可能仅告知机器人在某个环节添加蒜末，而未涉及添加辣椒的具体案例。然而，凭借其强大的理解力，当用户提出添加辣椒的需求时，机器人能够认识到蒜末与辣椒同属调料范畴，并自动在原先添加蒜末的步骤中灵活替换为添加辣椒，这一能力体现了其超越预设指令的灵活应变性。

在长序列任务规划领域（尤其针对快速生成复杂任务计划）通过多模态大模型的驱动，激发群体智能，使多个智能体能够自主地分配合并完成任务。

形象地描述，这一系统如同单一智慧核心，指挥多样身躯，在大模型机器人系统的统一指导下，不论是机械臂还是自动引导车（AGV）等多台机器人，都能协调一致行动。

面对需要高效率协同执行的复杂任务网时，这些任务间存在着精细且复杂的相互依赖。例如，在一个场景中，当两台机器人正忙于烹饪的同时，其中一台机器人被派遣去取餐具。如果因菜式的制作流程临时调整，导致烹饪时间延长，这并不会造成资源闲置。取完餐具的机器人能主动选择进行下一项食材准备，而非空闲等待，从而显著提升了整体工作效率。

这一进步凸显了机器人大脑在自主构建任务执行逻辑与确保协作流畅性方面的强大能力，同时保证作业安全，而这正是传统基于预设规则的教学方法难以企及的境界。

2）大模型驱动的群体智能（赋予多智能体自主分工协作能力）：机器大脑通过群体智能的大模型驱动，实现了多智能体的自主分工与高效协作。

3）3D 智能识别与抓取：面对物体识别的复杂性，创新性地研发了 3D 可供性感知技术，这一技术无须预先注册，能够抵抗复杂光线干扰及物体堆叠影响，确保了对各类物体功能区域的精准识别与灵活抓取，极大提升了 3D 智能交互的准确度和适应性。

针对高难度动作的精确执行，例如从配料容器中舀取蒜蓉或用铲子从锅里转移烹饪好的菜肴，引入了扩散模型支持的模仿学习策略。这一策略不仅让机器人能够掌握并精准复现复杂技能，还结合了多模态大模型来引导的双臂协同作业，同步提升了任务执行的默契度与效率，革新了机器人多任务处理能力。

随着大语言模型结合机器人的发展，逐渐越来越多的成果走向工业界。谷歌提出 SayCan 方法，它将 LLM 与机器人技能和适应性相结合，使得机器人能够在真实世界中遵循长期复杂的自然语言指令。同一阶段，还有如李飞飞团队的 VoxPoser、谷歌的大语言模型 PaLM-E、Meta 的 GOAT 等。

这些在大模型机器人方面的技术飞跃，很好地解锁了工业、物流及商业领域的广泛应用潜力，涵盖精密加工如焊接、打磨、点胶，物流的智能分拣与码垛混合操作，以及无人零售、无人药房管理、自动化三维清洁等场景，并预示着向消费领域更广阔的应用前景迈进的步伐。

本章小结

本章深入探讨了认知智能在现代工业领域中的技术与应用，集中讨论了四个关键技术方向：自然语言处理、知识图谱、知识推理与决策以及生成式人工智能。

自然语言处理技术成为促进工业界人机交互流畅性和效率提升的关键，其在文档自动化、客户服务和维护报告分析等方面展现出巨大价值。知识图谱技术通过构建高度结构化的数据网络，通过实体链接、关系推理等功能，并通过知识图谱可视化分析，辅助进行产品质量追溯、供应链优化、智能决策制定等工作。知识推理与决策技术的引入，增强了系统处理复杂情境的能力，通过贝叶斯网络对多智能体进行协同决策，预测潜在风险，辅助管理者做出更精准且高效的决策，是工业 4.0 时代智能决策支持的核心。生成式人工智能技术则以创造前所未有的内容生成方式，跨越文本、图片、视频等多个维度，结合机器人加速软硬件的现实应用，为工业设计和仿真带来革新。

总结而言，认知智能四项关键技术在工业领域的深度集成与广泛应用，正不断推动着传统制造业向数字化、网络化、智能化转型，为实现更高水平的工业自动化和智能制造奠定了坚实的基础。未来这些认知智能技术将在工业生产的各个环节产生更加深远的影响。

思考题

1. 请简要概述一下自然语言处理。
2. 请列举三个特征提取方法。
3. 什么是知识图谱？知识图谱中的知识抽取有哪些方法？
4. 简述知识推理的基本概念和可解释性分类。
5. 结合知识图谱的发展，列举知识图谱的相关可视化工具。
6. 知识决策的方法有哪些？请列举一个并说明其过程原理。
7. 试思考一下贝叶斯网络决策能解决哪些问题。
8. 简述生成式人工智能的基本概念，并结合自己的认知，列举几个常见的AIGC的应用。
9. 简述Transformer模型提取特征的过程，并通过查找资料，搜索Transformer模型在AI领域还做出了哪些贡献。
10. 你是否使用过大语言模型，具体是哪个模型？并比较与GPT模型的差异。

参考文献

[1] 朱夫斯凯，马丁. 自然语言处理综论［M］. 冯志伟，孙乐，译. 北京：电子工业出版社，2005.

[2] 张奇，桂韬，郑锐，等. 大规模语言模型：从理论到实践［M］. 北京：电子工业出版社，2024.

[3] BIRD S，KLEIN E，LOPER E. Natural Language Processing with Python：Analyzing Text with the Natural Language Toolkit［M］. Sebastopol：O'Reilly Media Inc.，2009.

[4] 赵京胜，宋梦雪，高祥，等. 自然语言处理中的文本表示研究［J］. 软件学报，2022，33（1）：102-128.

[5] OTTER D W，MEDINA J R，KALITA J K. A Survey of the Usages of Deep Learning for Natural Language Processing［J］. IEEE Transactions on Neural Networks and Learning Systems，2020，32（2）：604-624.

[6] JI S X，PAN S R，CAMBRIA E，et al. A Survey on Knowledge Graphs：Representation，Acquisition，and Applications［J］. IEEE Transactions on Neural Networks and Learning Systems，2021，33（2）：494-514.

[7] 陈华钧. 知识图谱导论［M］. 北京：电子工业出版社，2021.

[8] SHADBOLT N，BERNERS-LEE T，HALL W. The Semantic Web Revisited［J］. IEEE Intelligent Systems，2006，21（3）：96-101.

[9] 中国电子技术标准化研究院. 知识图谱标准化白皮书［R/OL］.（2019-09-11）［2024-3-26］. https://www.cesi.cn/images/editor/20190911/20190911095208624.pdf.

[10] 王昊奋，漆桂林，陈华钧. 知识图谱：方法、实践与应用［M］. 北京：电子工业出版社，2019.

[11] BRIN S. Extracting Patterns and Relations from the World Wide Web [C]//International Workshop on the World Wide Web and Databases. Berlin: Springer, 1998: 172-183.

[12] AGICHTEIN E, GRAVANO L. Snowball: Extracting Relations from Large Plain-Text Collections [C]//Proceedings of the Fifth ACM Conference on Digital Libraries. New York: ACM, 2000: 85-94.

[13] ETZIONI O, CAFARELLA M, DOWNEY D, et al. Unsupervised Named-Entity Extraction from the Web: An Experimental Study [J]. Artificial Intelligence, 2005, 165 (1): 91-134.

[14] CARLSON A, BETTERIDGE J, KISIEL B, et al. Toward an Architecture for Never-Ending Language Learning [C]//Proceedings of the AAAI Conference on Artificial Intelligence. Atlanta: AAAI Press 2010, 24 (1):1306-1313.

[15] WANG C Y, FAN Y, HE X F, et al. Predicting Hypernym-Hyponym Relations for Chinese Taxonomy Learning [J]. Knowledge and Information Systems, 2019, 58: 585-610.

[16] 唐雨晴. 产业知识图谱的构建研究及其在汽车领域的应用 [D]. 上海: 上海财经大学, 2022.

[17] 官赛萍, 靳小龙, 贾岩涛, 等. 面向知识图谱的知识推理研究进展 [J]. 软件学报, 2018, 29 (10): 2966-2994.

[18] KOMPRIDIS N. So We Need Something Else for Reason to Mean [J]. International Journal of Philosophical Studies, 2000, 8 (3): 271-295.

[19] TARI L. Knowledge Inference [M]. New York: Springer-Verlag, 2013: 1074-1078.

[20] 邱锡鹏. 神经网络与深度学习 [M]. 北京: 机械工业出版社, 2020.

[21] 沈卫明, 米小珍, 郝琪. 多智能体技术在协同设计与制造中的应用 [M]. 北京: 清华大学出版社, 2008.

[22] 丁磊. 生成式人工智能 [M]. 北京: 中信出版社, 2023.

[23] LIU Y H, HAN T L, MA S Y, et al. Summary of ChatGPT-Related Research and Perspective Towards the Future of Large Language Models [J]. Meta-Radiology, 2023, 1 (2): 100017.

[24] ACHIAM J, ADLER S, AGARWAL S, et al. GPT-4 Technical Report [EB/OL]. (2023-03-15) [2024-03-01]. https://arxiv. org/pdf/2303. 08774. pdf.

[25] HO J, JAIN A, ABBEEL P. Denoising Diffusion Probabilistic Models [J]. Advances in Neural Information Processing Systems, 2020, 33: 6840-6851.

[26] VASWANI A, SHAZEER N, PARMAR N, et al. Attention Is All You Need [C]//Proceedings of the International Conference on Neural Information Processing Systems. New York: Curran Associates Inc. , 2017: 5998-6008.

[27] DEVLIN J, CHANG M W, LEE K, et al. BERT: Pre-Training of Deep Bidirectional Transformers for Language Understanding [EB/OL]. (2019-05-24) [2024-03-01]. https://arxiv. org/pdf/1810. 04805. pdf.

[28] 车万翔, 郭江, 崔一鸣. 自然语言处理: 基于预训练模型的方法 [M]. 北京: 电子工业出版社, 2021.

[29] WEI J, BOSMA M, ZHAO V Y, et al. Finetuned Language Models are Zero-Shot Learners [C]//International Conference on Learning Representations. Sydney: ICLR, 2021.

[30] CHRISTIANO P F, LEIKE J, BROWN T, et al. Deep Reinforcement Learning from Human Preferences [J]. Advances in Neural Information Processing Systems, 2017, 30: 1-9.

[31] SCHULMAN J, WOLSKI F, DHARIWAL P, et al. Proximal Policy Optimization Algorithms [EB/OL]. (2017-08-28) [2024-03-01]. https://arxiv. org/pdf/1707. 06347. pdf.

[32] 中国人工智能学会. 中国人工智能系列白皮书: 深度学习 [R/OL]. (2023-10-28) [2024-3-26]. https://caai. cn/index. php? s=/home/file/download/id/718. html.

[33] AHN M, BROHAN A, BROWN N, et al. Do As I Can, Not As I Say: Grounding Language in Robotic Affordances [EB/OL]. (2022-08-16) [2024-03-01]. https://arxiv. org/pdf/2204. 01691. pdf.

[34] HUANG W L, WANG C, ZHANG R H, et al. Voxposer: Composable 3D Value Maps for Robotic Manipulation with Language Models [EB/OL]. (2023-11-02) [2024-03-01]. https://arxiv. org/pdf/2307. 05973. pdf.
[35] DRIESS D, XIA F, SAJJADI M S M, et al. PaLM-E: An Embodied Multimodal Language Model [EB/OL]. (2023-03-06) [2024-03-01]. https://arxiv. org/pdf/2303. 03378. pdf.
[36] CHANG M, GERVET T, KHANNA M, et al. GOAT: GO to Any Thing [EB/OL]. (2023-10-11) [2024-03-01]. https://arxiv. org/pdf/2311. 06430. pdf.

6

第 6 章

工业中的智能优化算法

章知识图谱

说课视频

引言

人工智能分为三个层次：计算智能、感知智能和认知智能。感知智能和认知智能在本书前几章已详细介绍。计算智能主要关注使用计算方法和技术来模拟人类智能的特定任务和解决问题，如推理、搜索、优化等。在工业中最常用到的计算智能技术就是智能优化算法。智能优化算法在工业生产、供应链管理、设备维护以及产品设计等方面发挥着越来越重要的作用，已成为提高效率、降低成本以及优化资源利用的重要手段。本章将探讨工业中常用的几种智能优化算法及其应用。

6.1 智能优化算法

智能优化算法是一类基于人工智能和自然现象启发的高级优化方法，旨在解决复杂问题的最优化和决策任务。这些算法通过模拟生物进化、群体行为、物理现象等自然规律，以及利用数学优化理论和计算机科学技术，实现对多样化问题的智能化搜索和优化。

智能优化算法的核心思想是通过对问题空间的搜索和探索，找到使目标函数达到最优值或近似最优值的解。这些算法通常能够处理复杂的问题形式，包括离散、连续、非线性和多目标优化等。与传统的优化方法相比，智能优化算法具有更强的适应性和鲁棒性，能够应对复杂、不确定和动态变化的环境。

常见的智能优化算法包括遗传算法、粒子群优化算法、模拟退火算法、蚁群算法等。这些算法都模拟了自然界的某种行为或过程，如进化、群体行为、退火、觅食等，通过不断迭代和优化来寻找最优解。它们在解决各种实际问题中展现出了很强的实用性和效果，被广泛应用于工程设计、生产调度、生产应用、路径规划等工业领域。

6.1.1 进化算法

进化算法（Evolutionary Algorithm，EA）是一类启发式优化算法，源于对自然进化过程的模拟和借鉴。其核心思想是通过模拟生物群体的演化过程，以达到解决复杂优化问题的目的。进化算法的设计灵感源自达尔文的自然选择原理以及遗传学中的遗传机制。在进化算法中，问题的解被表示为个体，并通过选择、交叉和变异等操作来逐代进化，直至找到满意的解决方案。

在进化算法中，个体的质量由适应度函数评估，这一函数通常是问题的目标函数或者相关评价指标。个体的选择、交叉和变异操作模拟了生物群体的遗传机制，其中选择操作优选具有较高适应度的个体，交叉操作模拟了生物的交配过程，而变异操作引入了随机扰动以保持种群的多样性。

进化算法包括多种变体，例如遗传算法（Genetic Algorithm，GA）、差分进化（Differential Evolution，DE）算法、免疫算法（Immune Algorithm，IA）等，表 6-1 列出了部分进化算法，它们在具体的应用场景中有着不同的优势和适用性。本小节主要介绍遗传算法和差分进化算法两类进化算法，并给出它们在工业场景中的应用案例。

表 6-1　部分进化算法

进化算法	提出者	提出时间
遗传算法	John Holland	1967 年
免疫算法	Jerne	1973 年
差分进化算法	Rainer Storn 和 Kenneth Price	1995 年
分布估计算法	H. Muhlenbein	1996 年

1. 遗传算法

（1）遗传算法概述　遗传算法（Genetic Algorithm，GA）起源于 20 世纪 60 年代，由美国科学家约翰·霍兰德（John Holland）提出。其灵感源自生物进化的过程，尤其是达尔文的自然选择理论和遗传学的基本原理。

在遗传算法的框架下，解决方案被编码为个体，并集群为种群来进行发展进化，这一过程模仿了生物界的遗传、繁殖及变异等自然选择机制，以此来应对复杂的最优化挑战。算法的运行流程涵盖创建初始族群、测定每个个体的适应性水平、实行优选、模拟配对繁殖、实施基因变异，以及更新整个族群至新一代，不断循环往复。

建立初始族群时，会随机构造一批候选解作为起始点，并通过适应性测试来量化它们的解题质量。优选环节根据每个个体的适应度高低，选择出更为优异的个体作为繁衍的模板。交配模拟环节，通过模仿生物的配对生殖，将优选出的个体的部分遗传信息交换，以此繁衍出新的解空间个体。而变异步骤通过在个体遗传信息上施加随机变化，保持种群的丰富多样性和探索未知解域的可能性。族群的迭代更新，则确保了通过优选、交配和变异产生的新一代种群能够持续向更优解逼近。

遗传算法因其卓越的全局探索能力、高度的适应性、简易的实现方式、较少的调节参数以及对抗环境变化的稳定性，使其成为解决复杂优化问题的有力工具。

（2）遗传算法理论

1）遗传算法的生物学基础。自然选择学说主张“适者生存”，意味着生物个体必须经历生存竞争以维持生命。这一竞争包括三种关键形式：首先是同一物种内部的生存竞争（种内斗争）；其次是不同物种间的相互竞争（种间斗争）；最后是生物与所处环境条件的适应性较量。在此斗争中，具备有利遗传变异的个体更易于存活，同时享有更高的机会将这些优势变异传递给其后代；反之，携带不利变异的个体则更易被淘汰，繁殖后代的机会大大减少。因此，凡是在生存斗争中获胜的个体都是对环境适应性比较强的个体。达尔文把这种在生存斗争中适者生存、不适者淘汰的过程叫作自然选择。遗传算法模拟了上述种群自然选择过程，其中个体被称为染色体，解决方案则表示为染色体上的基因。以下是遗传算法的生物学基础。

① 自然选择：生物界中的自然选择是遗传算法的基石之一。这个概念由查尔斯·达尔文提出，强调环境中适应性更高的个体更有可能生存下来，并将其有利的特征传递给下一代。在遗传算法中，个体的适应性由其解的质量或适应度决定，优秀的个体更有可能在进化中被保留和传递。

② 遗传学的基本原理：遗传算法借鉴了遗传学中的核心原理，特别是基因、突变和交叉的概念。基因是生物体内负责传递遗传信息的单位，它们决定了个体的特征和性状。突变是指基因组中随机发生的变化，而交叉是指基因在生殖过程中的重新组合。遗传算法通过模拟这些过程，不断生成新的解并保持种群的多样性。

③ 群体演化：遗传算法中的种群演化过程类似于生物种群的演化。种群中的个体通过遗传、变异和自然选择等操作，逐代进化出更适应环境的解。在生物界中，种群中的个体通过基因的传递和自然选择，逐渐适应环境并提高生存能力。

④ 适应度评估：适应度评估是遗传算法中的关键步骤，类似于生物界中个体的适应性。适应度函数评价个体的质量，从而指导进化算法选择优秀的个体进行繁殖。生物体的适应度决定了其在自然选择中的生存和繁殖机会。

综上所述，遗传算法通过模拟自然选择、遗传和变异等过程，逐步优化问题的解，从而达到最优解。

2）遗传算法的理论基础。

① 模式定理（Schema Theorem）：在遗传算法的理论基础中，模式定理是一项关键概念，由约翰·霍兰德于 20 世纪 70 年代提出。它是描述在位串集合中具有一定结构相似性的子集的一种模板。在最初只包含 0 和 1 的二值字符集中引入通配符“ * ”后，字符集扩充为 {0,1, * }，这允许更灵活地定义模式，如“0110”“0 * 1 1 * ”和“ * 0 1 * 0”等。其中，通配符“ * ”不参与实际的遗传算法运算，仅作为描述模式时的便捷符号。

② 模式阶（Schema Order）：模式阶（O(H)）指的是模式中确定数值（非通配符）的位置数，例如模式“0111”的阶数是 4，而模式“0 * * * * * ”的阶数仅为 1。阶数越高，模式匹配的字符串越具确定性，但样本数相应减少。

③ 定义距（Defining Distance）：在模式定理中，定义距（D(H)）是模式中首个和末个确定位置之间的距离，例如模式“01 * * 1 * ”的定义距是 3。

模式定理构成遗传算法理论的核心支柱，阐述了在历经遗传算法的关键步骤——选择、交叉及变异之后，那些展现出较低结构复杂度（即低阶数）、较短的定义距，同时其平均适应性超越群体普遍水平的模式，将会在进化的过程中以指数级别的速率增加其在后代中的出现频率。这意味着，随着时间推移，更适应环境的、结构相对简化且具有高效适应度的模式将越发频繁地涌现，驱动整个种群向优化问题的最优解聚拢。

④ 积木块假设：在遗传算法的演进机制中，积木块假设占据中心地位，强调了算法演进进程里一个核心现象，即那些呈现独特结构属性，包括简明的结构层级（低阶数）、短小的确定性间隔（短定义距），以及超越群体常规的优良适应性评分的模式，会在种群中经历指数级的增长。这些模式被形象地比喻为积木，因为它们如同现实中的积木组件，能够通过遗传算法中的选择、交叉和变异等机制灵活组装，逐步堆砌成具有更优异适应性的解码序列。这一过程象征着算法如何利用这些“积木块”般的优良模式，不断叠加和优化，以逼近或达成问题的最优解决方案。

模式定理虽表明了在算法迭代过程中，具有良好适应度特征的模式有潜力快速增长，但并没有直接保证一定能找到全局最优解。而积木块假设进一步强化了这一可能性，认为通过遗传算子的操作，不同优秀模式之间能够有效地组合成更复杂的、适应度更高的新个体，从而逐步逼近甚至找到全局最优解。

遵循遗传算法的模式定理，种群进化途中那些表现出高适应性水平、结构简洁（低阶数）、以及紧凑定义区间（短定义距）的模式，其数量会经历指数级的膨胀。这是确保算法能够趋向并捕捉到最佳解决方案的关键要素。另外，所谓的积木块假设揭示了遗传算法拥有的一个独特能力，即推动已有的高效模式沿着优化路径持续进化，就如同搭建积木般，通过遗传操作——选择、交叉与变异的精妙结合，不断堆叠和改进，一步步导向问题的全局最优解决方案。

3）遗传算法的基本概念。遗传算法借鉴了自然界的群体进化原理，在计算机科学领域构建了一种智能搜索策略。它将一系列问题解决方案以“种群”的形式组织起来，这个种群中的每一个个体都是对问题的一种可能解答。通过运用选择机制保留并复制优秀个体、交叉操作混合不同个体的优势以及变异过程引入探索新解的空间，遗传算法能够持续迭代更新种群，从而引导其逐渐趋向最优解区域。因其理论根基植根于生物学的遗传学原理，所以遗传算法中广泛应用了诸如种群、个体、基因等源于自然进化过程的概念，这些概念与算法内各环节的具体实现之间存在着紧密的对应关系，具体对照可见表 6-2。

表 6-2　遗传学与遗传算法术语对应关系

遗传学术语	遗传算法术语
种群	可行解集合
个体	可行解
染色体	可行解的编码
基因	可行解的编码的分量
基因形式	遗传编码
适应度	评价函数值
选择	选择操作
交叉	交叉操作
变异	变异操作

遗传操作是强势个体的“选择”、个体间交换基因产生新个体的“交叉”、个体基因信息突变而产生新个体的“变异”这三种变换的统称。物种群体内特定遗传特性得以延续的关键在于遗传机制的作用，这一机制主要依托于选择、交叉和变异这三大核心步骤，确保了父代群体的遗传信息能够有效传递给下一代（子代）的个体成员。

对应地，在计算机科学中的遗传算法框架内，最优解搜寻策略同样借鉴了生物演化的这一原理，采用了类似的选择算子、交叉算子和变异算子作为其核心技术组件。这些算子在算法执行过程中，模拟了生物进化中维持和演变遗传特征的方式，从而系统性地探寻复杂优化问题中的潜在最优解集合或近似最优解集合。

① 选择算子是遗传算法中的一项关键操作，它依据个体在当前第 t 代群体 $P(t)$ 中的适应度值，依照某种既定规则或算法，挑选出一部分表现优秀的个体过渡到下一代群体 $P(t+1)$ 中。

其中，“轮盘赌选择”作为一种经典且广泛应用的选择策略，最早由约翰·霍兰德在遗传算法理论的发展初期提出。这种方法之所以普及广泛，是因为其直观易行且效果显著。轮盘赌选择本质上是一种按适应度比例分配选择机会的机制。当面对一个包含 N_p 个个体的种群时，个体 i 的适应度为 f_i，则该个体进入下一代的概率与其适应度值成正比关系。具体而言，个体 i 被选中的概率可表示为

$$p_i=\frac{f_i}{\sum\limits_{i=1}^{N_p} f_i}\quad (i=1,2,\cdots,N_p) \tag{6.1}$$

个体在种群中的适应度越高，其在选择过程中获得保留并传递至下一代的机会就越大；相反，适应度较低的个体则相对不易被选中。为了实现对参与交叉操作的个体进行选择，通常需要进行多次循环选择过程。每一次选择循环中，都会生成一个均匀分布于［0,1］区间内的随机数，这个随机数扮演着选择指示器的角色。根据各个个体对应的适应度概率，系统将对照这个随机数来决定哪些个体应当被选出。具体来说，随机数落在某个个体适应度累积概率区间内，则该个体就被选中进行后续的交叉操作，以此保证了高适应度的个体有更大概率参与到种群的遗传进化之中。

② 交叉算子是遗传算法中提升搜索能力的关键环节。在算法运行过程中，首先从当前群体 $P(t)$ 中选出待交叉的个体，按照预设的交叉概率 p_c，对选定的每一对个体进行部分染色体信息的交换。交叉操作的执行步骤主要包括：第一步，从预先筛选出的交配群体中随机抽取一对个体准备进行交叉；第二步，考虑到每个个体所对应的位串长度 L，系统将随机选取［1,L−1］区间内的一个或多个整数 k 作为交叉点；第三步，在确定的交叉位置 k 上，按照设定的交叉概率 p_c 进行实际交叉操作，即对配对个体在该位置处的基因信息进行互换，从而生成一对全新的后代个体。

③ 变异算子作为遗传算法中的重要机制，扮演着激发创新性和增进群体多样性的重要角色。该机制以一个预设的概率（变异概率 P_m）为基础，对种群内的每个成员实施基因层面的微妙改动，涉及在基因序列的特定位置上引入不同于当前的等位基因。这种基因层面的变化依据个体编码方式的不同，展现为两种主要变异模式：二进制变异与实数变异。

在二进制编码的场景下，变异体现为对个体基因序列的特定比特进行翻转，即从 0 转换为 1，或反之，以期打破原有的基因组合，探索新的可能性。

相反，当个体采用实数编码时，变异策略涉及选取基因序列中的某些位置，并用同一数值范围内的一个新的随机值替代原有的数值，以此策略来拓宽种群内个体特征的差异性，促进更广泛的搜索。

4）遗传算法及其流程。遗传算法这一开创性理论体系及其实现方法源自约翰·霍兰德教授与其研究团队于 1975 年的研究成果。遗传算法使用群体搜索技术，通过在当前群体上实施遗传操作序列，包括选择、交叉及变异等关键步骤，来培育新一代群体。这一动态过程旨在促使群体不断进化，进而趋近或直接触及问题的最优解决方案。

在遗传算法中，将 n 维决策向量用 n 个记号 $\boldsymbol{X}=[x_1,x_2,\cdots,x_n]^{\mathrm{T}}$ 所组成的符号串 $\boldsymbol{X}$ 来表示：

$$\boldsymbol{X}=\boldsymbol{X}_1\boldsymbol{X}_2\cdots\boldsymbol{X}_n \Rightarrow \boldsymbol{X}=[x_1,x_2,\cdots,x_n]^{\mathrm{T}} \tag{6.2}$$

将每一个 x_i 视为构成遗传信息的基本单位——基因，其所能取的所有可能值被称为等位基因。这样一来，整个决策向量 $\boldsymbol{X}$ 就被视为由 n 个基因联合构成的一个类比生物体的染色体。通常情况下，染色体的长度是恒定的，但在某些问题场景下也可能动态变化。依据问题的具体需求，等位基因可以是整数集合、某一区间内的实数，或是单纯的符号标记。在最基础的遗传编码设定中，等位基因由“0”和“1”两个二元符号组成，相应地，染色体即可视为一段二进制序列。通过这种二进制编码，每一个个体的遗传结构——基因型，被确定下来，此结构从根本上界定了个体的本质特征。与此同时，与之匹配的决策变量 $\boldsymbol{X}$ 映射出个体 $\boldsymbol{X}$ 在外显行为或性能上的表现型特征。在此背景下，染色体 $\boldsymbol{X}$ 与个体 $\boldsymbol{X}$ 概念上是等同的，对任意特定个体，其适应度必须按照一个明确的标准来评判。个体的适应度水平与该个体表现型 $\boldsymbol{X}$ 值所关联的目标函数值息息相关，意味着当个体 $\boldsymbol{X}$ 的特征更加贴近目标函数期望的最优解时，其适应度等级相应提高；相反，若偏离较远，则适应度降低。

在遗传算法框架内，决策向量 $\boldsymbol{X}$ 构成问题解决方案的全域，对最优解的搜寻过程实质上就是对染色体 $\boldsymbol{X}$ 空间的遍历过程。因此，所有可能的染色体 $\boldsymbol{X}$ 共同构建了问题的搜索空间。在这个空间中，通过遗传算法的一系列运算，包括选择、交叉和变异等，最终导向逼近最优解状态的演化过程。

生物进化过程的核心驱动力体现在染色体之间的信息交换，即交叉作用，以及染色体内部基因发生的随机变化，即变异现象。遗传算法正是受此启发，模拟生物进化过程来实现最优解的探寻。在算法运作中，通过迭代演进，从第 t 代种群 $P(t)$ 出发，经由一轮遗传与进化操作后，形成了第 $t+1$ 代种群 $P(t+1)$。这一过程周而复始，每一代都会遵循自然界优胜劣汰的法则，倾向于将适应度更高的个体遗传至下一代。如此循环往复，最终将在种群中筛选出一个或多个优秀的个体 $\boldsymbol{X}$，这些个体的解空间位置将极为接近或直接达到问题的全局最优解。

遗传算法的运算流程如图 6-1 所示，具体步骤如下。

Step1：初始化。设定进化代数的起始值 g 为 0，同时设置允许的最大进化代数。接着，随机生成 N_p 个个体构成初始种群 $P(0)$，每个个体代表问题的一个可行解。

Step2：个体评价。计算当前种群 $P(t)$ 中每一个个体的适应度，适应度是对个体解质量的量化评估，通常基于目标函数值或其他性能指标。

Step3：选择运算。应用选择算子，根据各个个体的适应度大小，采用如轮盘赌选择、锦标赛选择等策略挑选出一部分较高适应度的个体，保留下来进入 Step4。

Step4：交叉运算。在被选中的个体间执行交叉操作，通常是以一定概率对两个个体的部分染色体信息进行交换，从而产生新的个体，进入 Step5。

Step5：变异运算。针对 Step4 产生的新个体，按照一定的概率应用变异算子，随机改变某个或某些基因（决策变量）的值，引入新的遗传信息，增加种群多样性。

Step6：循环操作。经过上述选择、交叉和变异运算后，形成新一代种群。重新计算新种群中每个个体的适应度，并按适应度进行排序。然后继续进入下一轮的遗传操作。

Step7：终止条件判断。如果当前代数 g 小于预设的最大代数 G，那么令 g 递增 1，跳回到 Step2，继续进行下一轮进化过程；反之，当 g 大于 G 时，表明达到了预设的进化次数上限，此时整个进化过程中适应度最高的个体被视为最优解，并输出该最优解，进而结束整个遗传算法的计算。

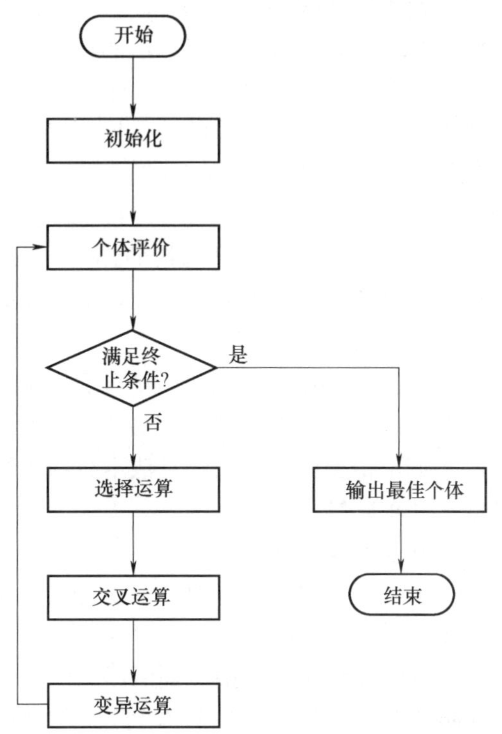

图 6-1　遗传算法的运算流程

5）遗传算法的特点。

① 模拟生物进化：遗传算法模拟了生物进化的过程，通过选择、交叉和变异等遗传操作，逐代演化出适应度更高的解。这种模拟生物进化的方式使得遗传算法具有较强的全局搜索能力。

② 并行搜索：由于遗传算法具有群体化的特点，每一代都是由多个个体组成的群体，因此可以并行搜索解空间中的多个方向，加速优化过程。

③ 适应度评估：遗传算法通过适应度函数来评价个体的质量，适应度函数通常是问题的目标函数或者相关评价指标，它能够准确地反映个体在解空间中的优劣程度。

④ 随机性和多样性：遗传算法引入了随机性和多样性，通过交叉和变异操作引入随机扰动，增加了种群的多样性，有助于跳出局部最优解，避免陷入局部搜索。

⑤ 适用性广泛：遗传算法适用于各种类型的优化问题，包括连续优化、离散优化、组合优化等。它不依赖于问题的具体性质，而是通过调整参数和优化策略来适应不同的问题。

⑥ 参数少、易实现：遗传算法具有较少的参数，相对于其他优化算法而言更易于实现和调整。这使得它成为解决实际问题的有力工具之一。

⑦ 鲁棒性强：由于遗传算法的随机性和多样性，它对初始种群的选择并不敏感，而且在解空间中的搜索能力较强，具有较强的鲁棒性，能够应对复杂问题和噪声干扰。

综上所述，遗传算法具有模拟生物进化、并行搜索、适应度评估、随机性和多样性、适用性广泛、参数少易实现以及鲁棒性强等特点，使其成为解决复杂优化问题的有效工具。

6）遗传算法的改进方向。遗传算法作为一种经典的优化算法，在解决一些实际问题中表现出色，但仍存在一些改进的方向。

首先，改进遗传算法的编码方式是一项关键任务。通过设计更高效的遗传编码策略，能够更好地表示问题的结构和特征。例如，针对连续优化问题，采用实数编码能够更准确地表示解空间中的连续性，提高算法的搜索效率。

其次，适应度函数的设计优化对遗传算法的性能至关重要。优化适应度函数的设计，使其能够更准确地评估个体的质量，能够加速算法的收敛速度并提高搜索效率。例如，在动态优化问题中，设计能够适应问题变化的适应度函数能够提高算法对动态环境的适应能力。

再者，三种算子的优化设计也是改进遗传算法的重要方向之一。通过优化选择、交叉和变异等操作，可以设计更有效的操作，以维持种群的多样性和增强解空间的探索能力。例如，引入自适应性的变异率可以根据个体的适应度动态调整变异概率，有助于提高算法的收敛速度和搜索性能。

此外，遗传算法还能巧妙地与其他各类优化算法如差分进化算法、免疫算法、蚁群算法、模拟退火算法以及神经网络算法等协同工作，构建起多元的混合遗传算法体系。这种跨算法集成不仅能够汲取遗传算法本身的优势，还能吸收其他算法的长处，共同促进算法的运算效率和求解精度。

2. 差分进化算法

（1）差分进化算法概述　差分进化（Differential Evolution，DE）算法由 Rainer Storn 等人于 1995 年首次提出，其原始目的是解决切比雪夫多项式相关的难题，但很快该算法展现出了在处理复杂优化挑战方面的巨大潜力。作为进化计算领域的一项革新，DE 算法深深扎根于群体智能理论，通过群体中个体的协作与竞争机制来驱动高效的搜索过程。与之前的进化计算技术相比，DE 算法的一大特色在于它维持了对整个解空间的广泛探索，同时采纳了实数编码方法及一种基于差异操作简化的变异策略，加之采用了一种直接的“一对一”竞争生存规则，这些特性共同作用，有效降低了算法实施的复杂程度。

差分进化算法独特之处在于其具备记忆功能，能根据当前搜索进度动态调整其搜索策略，展现出强大的全局收敛能力和抗干扰稳定性（即鲁棒性）。更重要的是，它无须依赖问题的特定属性信息，适用于求解那些常规数学优化方法难以甚至无法有效解决的复杂优化问题。

当前，差分进化算法已在众多学科和技术领域实现了广泛应用，包括但不限于人工神经网络构建、电力系统优化、机械工程设计、机器人控制、信号处理技术、生物信息学分析、经济学建模以及现代农业与运筹学问题的求解。然而，尽管差分进化算法在实践中积累了丰富的应用案例和广泛的科研关注，但相较于其他进化算法，其研究现状呈现出明显的分散化特点，缺乏系统性整合，尤其是在理论层面上尚未取得颠覆性或统一性的重大突破。

（2）差分进化算法理论　差分进化算法是一种基于随机启发式的高效搜索技术，兼具简易性、鲁棒性和卓越的全局优化性能。从数学视角审视，它表现为一种随机搜索算法，而从工程实用角度，则被视为一种自我适应的迭代优化过程。除了表现出良好的收敛特性，差分进化算法还因其理解和实现的便捷性而受到青睐，仅包含少量调控参数，且在算法迭代全程中，这些参数值可保持恒定不变。

作为一种自组织最小化策略，差分进化算法对用户输入的需求相对较少。其核心理念区别于传统的进化方法，传统进化方法依赖于预设的概率分布函数来生成向量扰动，而差分进化算法则独辟蹊径，利用群体中随机抽取的两个不同向量对现有向量进行差分操作，这种扰动过程会在种群中每一个向量上逐一执行。差分进化算法依赖于一个向量群体，群体中每个向量的扰动过程可以独立并发地进行，因此具备天然的并行计算优势。当新生成的向量所对应的函数评价值大于原有向量时，新向量将取代旧向量，从而推动种群向全局最优解进化。

同属进化算法家族，差分进化算法同样聚焦于候选解种群的操作，不过在种群的演化机制上独具特色：不同于一般的进化算法，差分进化算法采用了创新的繁殖策略。它通过采用种群内两个个体间的加权差异向量，并将其叠加至第三个个体上，形成新的参数向量，这一过程被形象地称为“变异”。紧接着，在变异的基础上，算法会将变异后的新参数与某个预先选定的目标向量的参数按照特定规则融合，生成待检验的试验向量，此步骤即所谓的“交叉”。

接下来，至关重要的是“选择”环节，若试验向量的函数评价值优于目标向量，则在下一代种群中，试验向量将替代目标向量的位置。为了确保种群规模的稳定和充分的竞争性，所有的种群成员都将作为目标向量经历一轮完整的变异—交叉—选择流程。在每一代的进化过程中，都会对最佳参数向量进行评估和记录，追踪整个最小化进程的发展轨迹。

通过这种方式，差分进化算法利用随机的差异化扰动机制创造新的个体，并以此获得出色的收敛性能，逐步驱使搜索空间向全局最优解方向收缩，从而提高找到全局最优解的可能性。

(3) 差分进化算法的特点　差分进化算法在 20 多年前首次被提出以来，它已在科研界引起了广泛关注并成功应用于诸多领域。该算法的核心特征包括：

1）构造简洁且易于实施。差分进化算法的核心在于运用差异变异算子执行搜索操作，这一算子仅依托向量的加减运算是其简易性的体现。算法摒弃了复杂的确定性规则，转而采用概率迁移机制，极大地简化了操作流程。此外，差分进化算法所需的控制参数相对较少，这些参数的作用及其对算法性能的影响已得到深入研究，并形成了许多实用的推荐配置方案，使得用户可以根据具体问题便捷地选取优化参数设定。

2）出色性能验证。差分进化算法表现出卓越的可靠性和高效能，尤其在处理大规模、非线性以及无法进行梯度求导的连续优化问题时，其求解效能往往优于其他同类进化算法。不断有研究者致力于对算法的持续改进和优化，不断提升差分进化算法的性能上限。

3）自适应优势。差分进化算法所采用的差异变异算子具备灵活性，既可设定为恒定数值，亦可根据目标函数动态调整变异步长和搜索方向，实现自适应搜索策略，进而提升搜索的质量和针对性。

4）并行计算潜能。差分进化算法具有天然的并行计算能力，能够实现协同搜索，巧妙整合个体的局部信息和全体种群的全局信息以引导搜索进程。在满足同样精度需求的情况下，该算法展现出更快的收敛速度。

5）通用适用性。差分进化算法无需深入了解问题的具体信息，即可直接作用于各种结构对象，不受目标函数类型的限制。算法操作逻辑直观明了，便于编程实现，特别适合解决高维函数优化问题，展现了高度的普适性。

(4) 基本差分进化算法及其流程　基本差分进化算法的操作程序如下：

1）初始化：设解空间内存在 N_p 个个体（即种群大小为 N_p），每个个体是 D 维向量。

初始种群随机产生：

$$\boldsymbol{x}_{i,j}=\boldsymbol{x}_j^l+\mathrm{rand}(0,1)\cdot(\boldsymbol{x}_j^u-\boldsymbol{x}_j^l) \tag{6.3}$$

式中，i 表示第 i 个个体；j 表示第 j 个分量；$\boldsymbol{x}_j^l$ 表示第 j 个分量的下界；$\boldsymbol{x}_j^u$ 表示第 j 个分量的上界。

2）变异：差分进化算法使用种群中两个不同向量来干扰一个现有向量，进行差分操作来实现变异。

第 g 代变异个体：

$$\boldsymbol{v}_i(g)=\boldsymbol{x}_{r1}(g)+F(\boldsymbol{x}_{r2}(g)-\boldsymbol{x}_{r3}(g)) \tag{6.4}$$

式中，$\boldsymbol{x}_{r1}(g)$、$\boldsymbol{x}_{r2}(g)$、$\boldsymbol{x}_{r3}(g)$ 是当前群体中随机选择的 3 个互不相同的个体，而且它们也不应与目标个体 $\boldsymbol{x}_i$ 相同；F 为变异因子（缩放因子）；$\boldsymbol{v}_i(g)$ 为目标个体 $\boldsymbol{x}_i(g)$ 对应的变异个体。

在算法演进环节，确保解决方案的可行性是关键，为此，必须核查经变异操作产生的每个个体分量是否处于预设的边界范围内。若分量超越边界，就需要通过随机过程重塑这些个体，以保证解的合法性。

差分进化算法实施中采用的策略可抽象为 DE/x/y/z 格式，其中各个参数赋予了算法独特的搜索特性。参数 y 决定了变异时考虑的向量数量，影响搜索的范围和多样性。参数 z 指定了交叉操作的类型，比如常用的二项式、指数型或正交交叉方式，这些机制调节了解空间的探索策略。参数 x 则标识了变异过程中采用哪类向量参与计算，可选方案涵盖随机向量（rand）、群体中的最优解向量（best），或是直接使用当前处理的向量（current）。两种典型配置 DE/rand/1/bin 与 DE/best/2/bin 凸显了策略差异：前者通过引入随机性增强了种群多样性，有利于跳出局部最优；后者凭借对当前最优解的借鉴加快了收敛步伐，促进了全局最优解的发现。

3）交叉：对于每个个体和它所生成的子代变异向量进行交叉，具体地说就是对每一个分量按照一定的概率选择子代变异向量（否则就是原向量）来生成试验个体。

$$\boldsymbol{u}_{i,j}(g)=\begin{cases}\boldsymbol{v}_{i,j}(g), & \text{当} \quad \text{rand}(0,1)\leqslant CR \quad \text{或} \quad j=j_{\text{rand}}\text{时}\\ \boldsymbol{x}_{i,j}(g), & \text{其他}\end{cases} \tag{6.5}$$

式中，CR 为交叉概率因子；j_{rand} 为随机的一个分量，确保交叉后的试验个体至少有一维分量由变异个体提供。

4）选择：差分进化算法使用贪婪算法，根据适应度函数的值，从目标个体和试验个体中选择更优的作为下一代。

$$\boldsymbol{x}_i(g+1)=\begin{cases}\boldsymbol{u}_i(g), & \text{当} \quad f(\boldsymbol{u}_i(g))\leqslant f(\boldsymbol{x}_i(g))\text{时}\\ \boldsymbol{x}_i(g), & \text{其他}\end{cases} \tag{6.6}$$

5）边界条件处理：边界条件处理在具有边界约束的问题中至关重要，其目的是确保生成的新个体参数值位于问题的可行域内。一种简单的方法是将不符合边界约束的新个体用在可行域中随机产生的参数向量代替。另一种方法是进行边界吸收处理，即将超出边界约束的个体值调整为最接近的边界值。

通过以上的初始化、变异、交叉、选择以及边界条件处理，种群进化到下一代并反复循环，直到算法迭代次数达到预定最大次数，或种群最优解达到预定误差精度时算法结束。

差分进化算法采取实数编码机制，并通过基于差异的简化变异操作以及“一对一”的竞争生存策略来推进优化进程，其执行流程如下所述。

Step1：首先，设定差分进化算法的运行参数和选用的具体策略。这些控制参数包括种群规模大小、变异算子的类型和参数、交叉算子的选择、最大迭代次数（进化代数）以及提前终止算法的条件等。

Step2：初始化阶段，随机生成首个种群，并将进化代数 k 初始化为 1。

Step3：对初始种群中的每个个体进行适应度评估，即计算每个个体对应的目标函数值。

Step4：检查是否已经达到预设的终止条件或达到了预先设定的最大进化代数。如果满足任一条件，则进化过程终止，输出当前最佳个体作为问题的解决方案；否则，继续进行后续步骤。

Step5：对当前种群执行变异和交叉操作，并在此过程中对越界个体进行合理的边界条件处理，从而生成一个新的临时种群。

Step6：对临时种群中的每个个体再次进行适应度评估，计算它们各自对应的目标函数值。

Step7：在临时种群和原种群之间进行“一对一”的竞争选择，根据目标函数值择优保留个体，从而构建出新一代的种群。

Step8：更新进化代数，即令 $k=k+1$，然后返回 Step4，继续进行下一轮的进化迭代。

差分进化算法流程如图 6-2 所示。

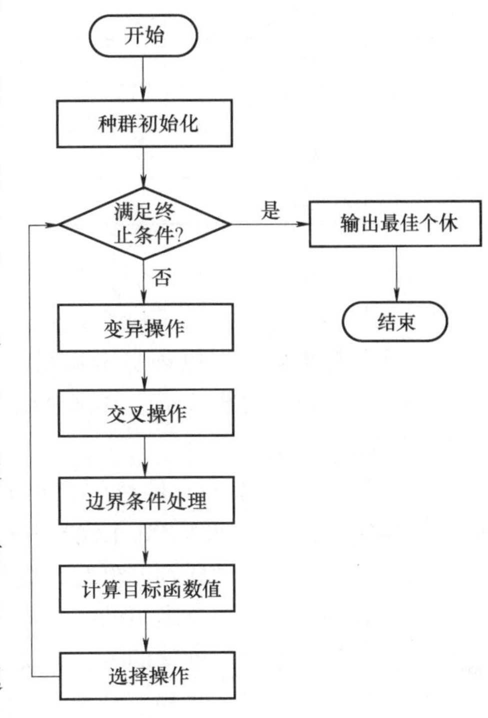

图 6-2　差分进化算法流程

6.1.2　群智能优化算法

说课视频

群智能（Swarm Intelligence，SI）是一种模拟自然界中生物群体行为以解决复杂优化问题的方法论。这种智能体现在即使单个个体的行为相对简单且不具备高级智能，但当大量同类个体通过局部互动和遵循简单规则时，整体上却能够展现出高效、灵活且适应性强的智能行为。群智能算法的核心特点是分布式计算、自组织、自适应和无须全局信息。

在实际应用中，群智能算法利用模仿诸如蚂蚁寻找食物路径［蚁群优化（Ant Colony Optimization，ACO）算法，简称蚁群算法］、鸟类迁徙过程［粒子群优化（Particle Swarm Optimization，PSO）算法，简称粒子群算法］以及其他动物群体行为的方式，设计出一系列用于求解连续优化问题或离散优化问题的算法框架。表 6-3 列出了部分群智能优化算法。这些算法的优点包括易于实施、对计算资源要求较低、适用于非线性和多模态优化问题，并且对于优化问题的梯度信息要求不敏感，仅依赖于目标函数的值。

表 6-3　部分群智能优化算法

群智能优化算法	提出者	提出时间
蚁群算法	Dorigo	1992 年
粒子群算法	Kennedy	1995 年

（续）

群智能优化算法	提出者	提出时间
人工鱼群算法	李晓磊	2002 年
猴群算法	Ruiqing	2008 年
细菌觅食优化算法	Passino	2002 年
混合蛙跳算法	Eusuff	2003 年
果蝇优化算法	潘文超	2011 年

蚁群算法模拟了蚂蚁释放信息素、寻迹和强化路径的过程，特别适合于图论中的最短路径问题和其他离散优化场景。粒子群算法则是模拟粒子在空间中随时间演化，通过互相交流信息和自我认知更新位置以逼近全局最优解，适用于连续优化空间中的问题。由于篇幅所限，本小节重点对蚁群算法进行详细介绍，粒子群算法在此不多赘述。

1. 蚁群算法概述

蚁群算法是一种源于大自然生物世界的新的仿生进化算法，这一算法由意大利学者 Dorigo 及其合作者于 20 世纪 90 年代初开创性地提出，他们基于蚂蚁在自然环境下展示出的觅食技巧，开发出了一种新颖的群智能优化算法。

在蚁群算法中，每一只虚拟的蚂蚁都被编程为在一个问题的解空间中移动，并通过模拟真实的蚂蚁释放和感知信息素的方式来决定移动方向。每一步移动，蚂蚁都在先前探索过的路径上留下信息素痕迹，这些信息素浓度随着时间的推移会发生自然衰减。蚂蚁在移动决策时会参考路径上信息素的浓度，选择信息素浓度较高的路径的概率较大，这种机制促成了群体的自组织行为。

随着更多蚂蚁沿较短路径移动并在该路径上累积信息素，这种路径被后续蚂蚁选择的概率会逐渐增大，形成正反馈循环，促进了最优路径的快速识别。即便在环境变化或路径阻断等不确定性条件下，蚁群依然能够通过自适应地更新信息素分布，高效地搜索并发掘出从源点至目标点的最短或最优路径。

最初的蚁群算法模型——蚂蚁系统（Ant System，AS），自诞生以来，受到了众多研究者的关注与改进。他们根据不同的优化策略对该系统进行了精细化升级，由此衍生出了一系列不同版本的蚁群优化算法，这些算法在解决实际问题时取得了显著的效果，特别是在经典的旅行商问题（Travelling Salesman Problem，TSP）、资源分配问题、车间作业调度（Job-Shop Scheduling）等多个优化领域中验证了其有效性。

2. 蚁群算法理论

蚁群算法借鉴蚁群在自然环境下的觅食过程。蚁群觅食过程中，会在路径上会分泌信息素作为路径信息的载体，并且具备对这种信息素信号的有效感知能力，从而根据信息素的分布状况调整自身行进的方向。这一机制在宏观层面，即蚁群整体行为上，体现为一种积极的信息正反馈过程：一条路径上通行蚂蚁的数量越多，随之遗留的信息素浓度越高，那么后续蚂蚁选取该路径的可能性便会相应增大。

（1）真实蚁群的觅食过程　为了阐明蚁群算法的工作机制，先概览一下自然界中蚁群觅食的实际行为模式。在现实环境下，蚁群中的一些蚂蚁会离开巢穴，沿着周围环境搜索食物的来源。这些蚂蚁会随机地探索周围的区域，寻找食物的踪迹。当一只蚂蚁发现食物后，它会将食物的信息带回巢穴。同时蚂蚁会释放一种称为信息素的化学物质，以便其他蚂蚁能够感知到这个重要信息。其他蚂蚁在感知到信息素后，会被吸引到信息素浓度较高的地方。这些蚂蚁会跟随信息素的引导，沿着信息素浓度较高的路径前进，直到到达食物的位置。到达食物位置的蚂蚁会开始采集食物，并将其带回到巢穴。在返回的过程中，它们也会释放信息素，强化路径上的信息素浓度，以便其他蚂蚁能够更快地找到食物。随着时间的推移，信息素会逐渐挥发和降解。如果某条路径上的蚂蚁反复通过，该路径上的信息素浓度就会增加。相反，如果某条路径长时间没有被蚂蚁使用，则信息素浓度会逐渐降低。

随着在短路径上通过的蚂蚁数量增多，沿途留下的信息素总量也随之增加，形成了一个积极的反馈循环系统，最终找到最优路线。

举例来说：如图 6-3 所示，一群蚂蚁从起点 *A* 启程，以恒定的速度朝向食物所在地 *D* 移动。在初始探索阶段，假设蚂蚁随机选取了两条可行路径，即路径 *ABD* 和路径 *ACD*，并且每条路径各分配了一只蚂蚁作为探路先锋。在这套模型中，每经过一个时间单位，蚂蚁会向前移动一个单位的距离。

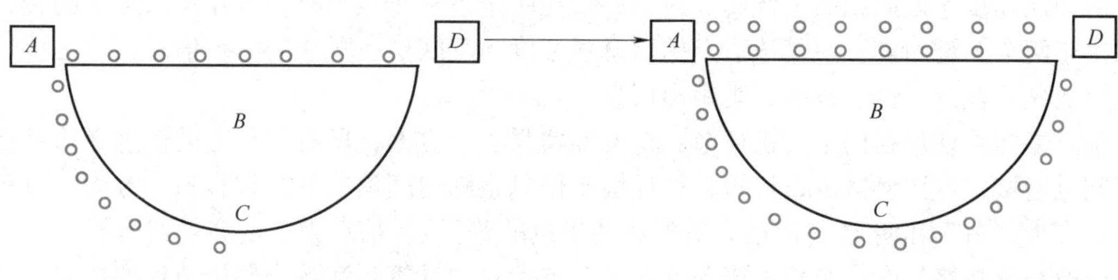

a) 蚂蚁出发后经过8个时间单位时的情形　　b) 蚂蚁出发后经过16个时间单位时的情形

图 6-3　蚂蚁出发后经过 8 个时间单位到经过 16 个时间单位时的情形

图 6-3a 所示为蚂蚁出发后经过 8 个时间单位时的情形：选择路径 *ABD* 行进的蚂蚁已成功达到终点 *D*，完成了整个旅程；与此同时，选择路径 *ACD* 行进的蚂蚁则刚好行至中途点 *C*，完成了大约一半的行程。

图 6-3b 展示了蚂蚁出发后经过 16 个时间单位时的情形：沿 *ABD* 路径行进的蚂蚁已完成到达 *D* 点取得食物并返回 *A* 点的任务；而沿 *ACD* 路径行进的蚂蚁此时正好到达目的地 *D* 点。

假设蚂蚁每经过一处所留下的信息素为 1 个单位，经历 32 个时间单位后，所有同步启程的蚂蚁分别通过 *ABD* 和 *ACD* 两条路径完成了从 *D* 点获取食物的任务。此时，*ABD* 路径由于被往返了两次，故各节点累积的信息素总量为 4 个单位；相比之下，*ACD* 路径仅被往返了一次，其各节点的信息素总量为 2 个单位，两者比例为 2∶1。

接下来，随着寻找食物过程的延续，蚁群遵循信息素浓度的指引，调整了在两条路径上的部署：*ABD* 路径上的蚂蚁数量增至 2 只，而 *ACD* 路径上仍保持 1 只。又经过 32 个时间单位后，*ABD* 路径各节点上的信息素积累升至 12 个单位，而 *ACD* 路径上则为 4 个单位，两者比例变为 3∶1。

假定按照同样的规律继续演化，蚁群进一步调配兵力，将 *ABD* 路径上的蚂蚁数量增加至 3 只，而 *ACD* 路径依旧维持 1 只。再次经过 32 个时间单位，*ABD* 路径各节点积累的信息素达到 24 个单位，*ACD* 路径上则为 6 个单位，此刻两者比例变为 4 ∶ 1。

依此类推，随着每一次迭代，*ABD* 路径上的信息素密度将持续增高，而 *ACD* 路径上的信息素密度相对较低。按照这一趋势，最终所有蚂蚁都将响应信息素的强烈导向，逐渐舍弃 *ACD* 路线，转而集中于 *ABD* 路径，这就是之前提及的信息素正反馈效应的实际体现。通过这一过程，蚁群能够逐步收敛到最优或近似最优的路径上。

（2）人工蚁群的优化过程　基于上述真实蚁群觅食过程，人工蚁群算法被设计出来。在人工模拟系统中，将简化功能的计算实体看作蚂蚁个体，同样遵循优先选择信息素浓度较高的路径这一原则。由于较短路径上的信息素浓度会在迭代过程中逐渐累积并占据主导地位，因此最终会被全体蚂蚁一致采纳，从而揭示出问题的最优解。

不过，人工蚁群与自然蚁群在机制上亦存在差异，人工蚁群具有记忆功能，能记录已经访问过的节点，以避免重复计算。在解决 TSP 问题时，人工蚁群不是盲目地移动，而是根据既定的算法逻辑，有针对性地寻求最短路径，比如在明确知道当前城市与下一目标城市间的距离前提下做出决策。

在 TSP 的人工蚁群算法实施过程中，设有 m 只虚拟蚂蚁在图形网络的相邻节点间穿梭，异步协同地逐步逼近问题的最优解。每只蚂蚁在决定下一步走向时，其在每条边上的转移概率取决于两个关键因素：一是该边上的信息素浓度，反映历史积累的路径信息；二是该边的可视度或先验权重，即预设的客观距离信息。

信息素的管理包括两个关键环节：挥发和增强。一方面，所有路径上的信息素浓度会随着时间流逝按一定比例减少，模拟自然环境中信息素随时间消散的过程；另一方面，对于那些被证实为“好”的路径（即已有蚂蚁成功走过的路径），信息素浓度会得到增强。

蚂蚁在寻找路径时，会根据当前所在的节点信息，计算到达各个邻居节点的概率，并据此概率随机选择下一个前进目标，通过不断迭代，逐步趋向于最优路径。每当蚂蚁探索到一个新的路径片段或找到完整的解决方案时，会根据该片段或解的质量更新相关路径上的信息素，以便后续蚂蚁更好地利用这些经验信息，共同推动整个群体朝着全局最优解的方向进化。

（3）真实蚂蚁与人工蚂蚁的异同　蚁群算法中，人工设计的“蚂蚁”个体借鉴了真实蚂蚁的运动模式，同时又有所创新，具备了超越自然属性的特性。

具体而言，人工蚂蚁在算法中的行为兼具仿真与增强两大特点：一方面，它们模仿了真实蚂蚁在路径上释放信息素、感知信息素浓度以指导路径选择的行为模式；另一方面，这些人工蚂蚁还融入了额外的计算智能元素，例如记忆功能（避免重复搜索）、基于问题特性的启发式信息处理能力等，从而增强了在实际优化问题求解中发现最佳解决方案的效能。

1）人工蚂蚁与真实蚂蚁在解决优化问题时确实存在着若干相似之处，人工蚂蚁与真实蚂蚁有以下相同点。

① 群体协作：人工蚂蚁和真实蚂蚁同样展示了群体智慧，通过群体内部的同步或异步协作寻找问题的最优解。尽管单个个体也能独立构建解，但真正有效的是多个个体间通过读写共享状态变量（模拟信息素）实现的合作，从而揭示出问题的全局最优或次优解。

② 信息素痕迹与蒸发机制：在寻找路径的过程中，人工蚂蚁与真实蚂蚁都利用了信息素的痕迹和蒸发原理。在蚁群算法中，信息素浓度的变化被模拟为数字状态信息的更新，作为群体间唯一的信息传递渠道。信息素蒸发机制在模拟中至关重要，它对应于真实蚂蚁世界

中信息素随时间逐渐消失的现象，让算法能够适时“遗忘”过去的不佳路径，减轻其对未来搜索的负面影响，从而使搜索更专注于新的、可能更好的解空间。

③ 最短路径搜索与局部移动：无论是真实蚂蚁还是人工蚂蚁，它们都致力于通过逐段的局部移动来确定从起点（蚁巢）至目标点（食物源）的最短路径。这种局部搜索策略使得它们能够在未知环境中逐步优化路径。

④ 随机状态转移：在搜索过程中，人工蚂蚁与真实蚂蚁都遵循基于概率的决策规则从一个状态转移到另一个相邻状态。这种转移概率是根据与问题相关的全局信息（如信息素浓度）和局部环境信息计算得出的。在状态转移决策时，两者都不依赖于对未来的预测（前瞻策略），仅依赖于当前局部信息作出决策，这使得它们在搜索复杂问题空间时能够表现出较强的适应性和鲁棒性。

2）人工蚂蚁与真实蚂蚁有以下不同之处。

① 生活状态：人工蚂蚁生活在离散的时间中，从一种离散状态转换到另一种离散状态。

② 内部状态：人工蚂蚁具有内部状态，即它们具有一定的记忆能力，能够记住自己已经经过的地方。

③ 信息素释放：人工蚂蚁释放信息素的数量与其生成解的质量有关。

④ 信息素更新时机：人工蚂蚁更新信息素的时机取决于特定的问题。例如，大多数人工蚂蚁通常在找到解之后才会更新路径上的信息素。

（4）蚁群算法的特点　蚁群算法是通过对生物特征的模拟得到的一种优化算法，它本身具有很多优点。

1）正反馈机制：蚁群算法利用正反馈机制来增强搜索的方向性。当一条路径上的蚂蚁发现了更短的路径或更好的解时，它会释放更多的信息素，吸引更多的蚂蚁跟随同一路径进行探索，从而增加该路径被选择的概率。

2）并行搜索：蚁群算法采用群体并行搜索的方式，每个蚂蚁独立地搜索解空间，并通过信息素的沉积和挥发来实现全局搜索和局部搜索的平衡。

3）自组织性：蚁群算法具有一定的自组织性，蚂蚁根据周围的信息素浓度和距离等因素进行决策，不需要中心化的控制，从而适用于复杂的问题和环境。

4）适用性广泛：蚁群算法适用于解决各种类型的优化问题，包括组合优化、连续优化、离散优化等。它已成功应用于旅行商问题、调度问题、路径规划问题等实际应用中。

5）鲁棒性：蚁群算法对初始解和参数设置的敏感度较低，具有较好的鲁棒性。即使在复杂的问题和环境中，也能够找到较好的解决方案。

（5）基本蚁群算法及其流程　本部分以旅行商问题（Traveling Salesman Problem，TSP）为例，阐述基本蚁群算法的运作流程和核心机制。首先，在算法启动之初，将 m 只虚拟蚂蚁随机分布在包含 n 座城市的地图上，同时为每只蚂蚁设立一个禁忌表 tabu，其中首个元素记录蚂蚁当前所在的城市。此时，所有路径上的信息素初始值统一设定为一较小常数 c，即 $\tau_{ij}(0)=c$。

接下来，每只蚂蚁在每次迭代中，会根据当前路径上信息素的浓度以及启发式信息（此处指两城市间的距离）独立决定下一步前往的城市。在时间步 t，当蚂蚁 k 考虑从城市 i 迁移到城市 j 时，转移概率 $p_{ij}^{k}(t)$ 的计算公式为

$$p_{ij}^{k}(t)=\begin{cases}\dfrac{[\tau_{ij}(t)]^{\alpha}[\eta_{ij}(t)]^{\beta}}{\sum\limits_{s\in J_k(i)}[\tau_{is}(t)]^{\alpha}[\eta_{is}]^{\beta}}, & \text{当} j\in J_k(i) \text{时}\\ 0, & \text{其他}\end{cases} \tag{6.7}$$

式中，$J_k(i)$ 代表了蚂蚁 k 在当前位置 i 时，排除已访问过的城市记录在禁忌表 tabu_k 中的余下可选择城市集合，即 $J_k(i)=\{1,2,\cdots,n\}-\text{tabu}_k$。当禁忌表 tabu_k 包含了所有 n 个城市时，意味着蚂蚁 k 已经完整地遍历了一圈，形成的路径即为 TSP 问题的一个可行解答。

在蚁群算法中用于决策下一站的转移概率公式里，启发式因子 η_{ij} 体现了蚂蚁从当前位置城市 i 移向城市 j 的偏好强度，通常被设定为城市 i 与城市 j 间距离的倒数，即距离越短，偏好转移的概率越高。α 和 β 分别表示信息素和期望启发式因子的相对重要程度。当所有蚂蚁完成一次周游后，各路径上的信息素根据下式更新：

$$\tau_{ij}(t+n)=(1-\rho)\tau_{ij}(t)+\Delta\tau_{ij} \tag{6.8}$$

式中，$\rho(0<\rho<1)$ 代表信息素蒸发率，$1-\rho$ 为信息素持久度；$\Delta\tau_{ij}$ 是本轮迭代中边 ij 上信息素浓度的增加量，即

$$\Delta\tau_{ij}=\sum_{k=1}^{m}\Delta\tau_{ij}^{k} \tag{6.9}$$

式中，$\Delta\tau_{ij}^{k}$ 表示了在当前迭代过程中，第 k 只蚂蚁在边 ij 上遗留的信息素总量，若该蚂蚁未曾经过边 ij，则 $\Delta\tau_{ij}^{k}$ 的值为零。具体表达式为

$$\Delta\tau_{ij}^{k}=\begin{cases}\dfrac{Q}{L_k}, & \text{当蚂蚁} k \text{在本次周游中经过边} ij \text{时}\\ 0, & \text{其他}\end{cases} \tag{6.10}$$

式中，Q 为正常数；L_k 表示第 k 只蚂蚁在本次周游中所走过路径的长度。

Dorigo 提出了 3 种蚁群算法的模型，其中式（6.10）称为 Ant-Cycle 模型，另外两个模型分别称为 Ant-Quantity 模型和 Ant-Density 模型，其差别主要在于 $\Delta\tau_{ij}^{k}$ 的表示。其在 Ant-Quantity 模型中表示为

$$\Delta\tau_{ij}^{k}=\begin{cases}\dfrac{Q}{d_i}, & \text{当蚂蚁} k \text{在时刻} t \text{和} t+1 \text{经过边} ij \text{时}\\ 0, & \text{其他}\end{cases} \tag{6.11}$$

而在 Ant-Density 模型中表示为

$$\Delta\tau_{ij}^{k}=\begin{cases}Q, & \text{当蚂蚁} k \text{在时刻} t \text{和} t+1 \text{经过边} ij \text{时}\\ 0, & \text{其他}\end{cases} \tag{6.12}$$

蚁群算法本质上是一种融合正反馈机制和启发式导向搜索的策略性优化方法。在路径决策过程中，蚂蚁的行动不仅受制于路径上既存信息素的引导，还会融入从起点到目标点距离的逆值这一直观的启发式线索。实验结果揭示，相较于 Ant-Quantity 和 Ant-Density 模型，Ant-Cycle 模型展现出更优越的性能特征。其优势根源于 Ant-Cycle 模型能够整合全局路径知识，以此来校正和刷新路径信息素的分布，而 Ant-Quantity 与 Ant-Density 模型则主要聚焦于局部信息处理，缺乏全面的视角。正是凭借这种对全局信息的整合与利用，Ant-Cycle 模型得以更高效地探索解空间，更大概率地逼近或直接找到最优解。

基本蚁群算法的具体实现步骤如下。

Step1：初始化阶段。设定初始时间 $t=0$ 和循环计数器 $N_c=0$，预设最大循环次数 G。将 m 只蚂蚁放置在 n 个节点（城市）上，并初始化有向图中每条边 (i,j) 的信息素量 $\tau_{ij}(t)$ 为常数 c，且初始时刻 $\Delta\tau_{ij}(0)=0$。

Step2：进入新一轮循环。将循环次数 N_c 加 1，即 $N_c=N_c+1$。

Step3：初始化蚂蚁编号。设置当前处理的蚂蚁编号为 $k=1$。

Step4：循环处理蚂蚁个体。将蚂蚁编号 k 加 1，即 $k=k+1$。

Step5：蚂蚁决策移动。当前编号为 k 的蚂蚁根据状态转移概率公式［式（6.7）］选择下一个节点 j，其中 $j\in\{J_k(i)\}$。

Step6：更新禁忌表与移动蚂蚁。选定节点后，蚂蚁移动至新节点，并将该节点添加至该蚂蚁个体的禁忌表中。

Step7：判断是否继续处理下一只蚂蚁。若还未遍历完所有蚂蚁，即 $k<m$，则跳转回 Step4 继续处理下一只蚂蚁；否则，执行 Step8。

Step8：记录当前最优路径。记录本次所有蚂蚁遍历结束后找到的最优路线。

Step9：更新路径信息素。根据信息素更新公式更新每条路径上的信息素总量。

Step10：结束条件判定。若当前循环次数 N_c 已达到预设的最大循环次数 G，则循环结束，输出优化结果；否则，清空所有蚂蚁的禁忌表，并重新开始新一轮循环，跳转至 Step2。

蚁群算法的运算流程如图 6-4 所示。

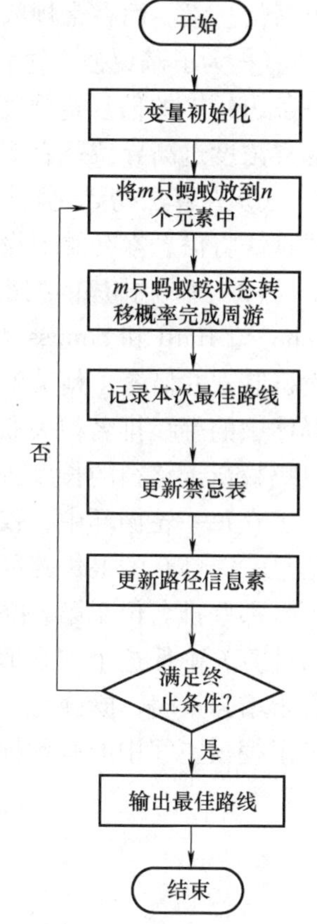

图 6-4　蚁群算法的运算流程

3. 改进的蚁群算法

鉴于基本蚁群算法存在搜索耗时长、易停滞于局部最优等问题，学者们研发了改进版本，通过优化信息素更新、引入精英策略等方式，显著提升了算法的性能和效率。

（1）精英蚂蚁系统　精英蚂蚁系统是对原始蚁群算法进行的第一项重大改进，最早由 Dorigo 等人提出。该系统在基本蚁群框架的基础上，引入了所谓的“最佳至今解” T^{bs}（best-so-far）概念。对于已找到的最优路径，系统会在更新信息素痕迹时特意追加额外的信息素，从而进一步强化正反馈效应，促进算法更快收敛到全局最优解。与之对应的信息素更新方程式为

$$\Delta\tau_{ij}=\sum_{k=1}^{m}\Delta\tau_{ij}^{k}+e\Delta\tau_{ij}^{bs} \tag{6.13}$$

式中，e 是调整 T^{bs} 影响权重的参数，而 $\Delta\tau_{ij}^{bs}$ 由下式给出：

$$\Delta\tau_{ij}^{bs}=\begin{cases}\dfrac{1}{L_{bs}}, & (i,j)\in T^{bs}\\ 0, & \text{其他}\end{cases} \tag{6.14}$$

式中，L_{bs} 是已知最优路径 T^{bs} 的长度。

（2）最大最小蚂蚁系统　为解决基本蚁群算法中存在的易于停滞的问题，Thomas Stutzle 等研究者提出了最大-最小（MAX-MIN）蚁群算法，该算法主要在以下三个方面做了改进。

① 在信息素更新策略上，类似于蚁群系统，最大化利用每个循环迭代中找到的最优解以及从实验开始至今的全局最优解。但与常规蚁群系统不同，MAX-MIN 蚁群算法在每个循环后仅允许一只蚂蚁（可能是当前循环中的最优解发现者，也可能是全局最优解的发现者）更新信息素。而在常规蚁群系统中，所有蚂蚁走过的路径都会进行信息素更新。

② 为了避免搜索过程停滞不前，MAX-MIN 蚁群系统对每条路径元素（在 TSP 问题中即每条边）上的信息素强度设置了上下限，限定在［$\tau_{\min}$，$\tau_{\max}$］区间内，防止某些路径上的信息素浓度过高导致所有蚂蚁过于集中在这条路径上，从而忽视了对其他潜在最优解的探索。

③ 在算法初始化阶段，为了鼓励蚂蚁在初期更广泛地探索新的解决方案，MAX-MIN 蚁群算法将信息素初始值设定为 $\tau_{\max}$。相反，传统的蚁群系统并没有这样的特殊初始化设置。

（3）基于排序的蚁群算法　基于排序的蚁群算法（Rank-Based Ant System）是由 Bullnheimer、Hartl 和 Strauss 等研究者所创，该算法引入了一种基于蚂蚁等级的差异化信息素挥发机制，并借鉴了精英蚂蚁算法的部分特性。在该系统中，每只蚂蚁释放的信息素量与其在群体中的等级排名相关联，并根据排名高低进行调整。在更新信息素痕迹之前，首先依据每只蚂蚁所走路径的长度进行排序，较短路径对应的蚂蚁排名靠前。

在每一轮循环中，仅有排名前 $w-1$ 位的普通蚂蚁以及精英蚂蚁被允许在其路径上释放信息素。已知的最优路径会得到最强的反馈，其释放的信息素量将与系数 w 相乘；相比之下，那些排名位于第 r 位的蚂蚁，它们留下的信息素量会按照一个动态调整的因子“$w-r$”来计算，确保这个因子值始终是一个非负数（至少为 0）。这样的设计旨在通过差异化的信息素增强策略，既强化了已被验证的有效路径，又合理调控了其他路径上的信息素积累，促进了搜索空间中的有效探索与优化。信息素更新的数学表达式如下所示：

$$\Delta\tau_{ij}=\sum_{r=1}^{w-1}(w-r)\Delta\tau_{ij}^{r}+w\Delta\tau_{ij}^{bs} \tag{6.15}$$

$$\Delta\tau_{ij}^{r}=\begin{cases}\dfrac{1}{L_r}, & (i,j)\in T^{r}\\ 0, & 其他\end{cases} \tag{6.16}$$

式中，L_r是排名为第 r 位的蚂蚁的旅行路径的长度。

（4）自适应蚁群算法　基本蚁群算法侧重于强化信息素丰富的路径对蚂蚁路径选择和信息素更新的重要性，但这可能导致算法过早锁定在局部最优解，即“早熟”停滞问题。而最大-最小蚁群算法通过将所有路径上的信息素更新限制在一定阈值内，虽能在一定程度上缓解早熟停滞，但当解空间分布较广时，可能会造成收敛速度下降。这两种方法共同的局限性在于，它们在更新信息素和决定路径选择概率时均遵循固定不变的模式。

为了克服这些局限性，Gambardella 和 Dorigo 提出了基于信息素挥发率调节的自适应蚁群算法。相对基本蚁群算法的改进如下。

1）在每次循环结束时，算法会确定并记录当前最优解。

2）动态调整信息素挥发率 ρ 值。在面对大规模问题时，固定的信息素挥发率 ρ 可能导致未被充分搜索的信息素迅速减少至近乎于零，从而削弱算法的全局探索能力。若 ρ 设置过大，将导致已搜索过的解信息素过高，也会影响全局搜索效果。尽管减小 ρ 可以提高全局搜索能力，但可能牺牲算法的收敛速度。因此，该算法采用了自适应调整 ρ 值的策略。初始时，$\rho(t_0)$ 设为 1；若算法在连续 N 次循环内未能显著改善最优解，则适当减小 ρ 为

$$\rho(t)=\begin{cases}0.95\rho(t-1), & 0.95\rho(t-1)\geqslant\rho_{\min}\\ \rho_{\min}, & 其他\end{cases} \tag{6.17}$$

式中，$\rho_{\min}$为ρ的最小值，它可以防止ρ过小而降低算法的收敛速度。

6.1.3　仿物理学优化算法

仿物理学优化算法是指一类从多方位或多个层面对物理过程进行模拟的优化技术，其中包括但不限于模拟金属冷却结晶过程中的退火现象、流体流动中的涡旋形成机制；借鉴宇宙大爆炸原理、万有引力规律、热力学原理、电磁作用力、光的折射规律以及量子力学等物理学和化学定律；效仿自然界的风、雨、云、闪电以及水循环等自然现象；甚至参照哲学中对立统一的阴阳平衡观念；以及生态系统中的自组织临界性、混沌行为、随机分形等非线性科学中的演化、进化与自适应过程所蕴含的优化理念。

部分仿物理学优化算法见表 6-4，其中模拟退火算法是最经典的仿物理学优化算法，已被广泛引用达 43924 次。模拟退火算法是一种基于蒙特卡洛迭代求解策略的随机搜索优化算法，通过模拟固体材料在冷却过程中的能量状态变迁，有效实现了对复杂优化问题的全局搜索。

表 6-4　仿物理学优化算法

仿物理学优化算法	提出者	提出时间
模拟退火算法	N. Metropolis	1953 年
引力搜索算法	Esmat Rashedi	2009 年
随机分形搜索算法	Salimi	2015 年
黑洞优化算法	Bouchekara	2018 年
光谱优化算法	Mohamed Abdel-Basset	2022 年
能量谷优化算法	MahdiAzizi	2023 年

1. 模拟退火算法概述

模拟退火（Simulated Annealing，SA）算法的概念根基可追溯至 1953 年 N. Metropolis 等人的研究，但直到 1983 年，Kirkpatrick 等人首次将其应用于组合优化问题的求解，标志着该算法实践应用的开端。SA 算法作为一种借鉴了固体物理退火原理的蒙特卡洛随机迭代优化策略，其设计初衷是为了解决那些具有非确定多项式复杂度的优化难题，提供了一个近似但有效的方法。它在优化领域的一大突破在于，能够有效避免传统算法易于陷入局部最优和过度依赖初始解的局限性。

模拟退火算法的灵感来源于真实世界中金属退火的过程，通过模拟高温下原子剧烈热运动的特性，算法以一定的概率采纳比当前解更差的解，并随时间逐渐减小这一概率，从而在解的搜索空间中逐步逼近全局最优解或较为优质的局部最优解。这一策略通过动态调整接受较差解的概率，实现了对解空间的广泛探索与逐步精细化搜索，克服了局部最优陷阱，提高了求解质量。

算法的核心思想是通过在解空间中随机游走，以一种接受较差解的概率来避免陷入局部最优解。在算法执行过程中，通过引入一个控制参数（温度），控制接受较差解的概率随时间递减，从而使得在初始阶段更容易接受较差解，而在后续阶段更倾向于接受较优解。

在模拟退火算法中，温度参数的设置对算法的性能具有重要影响。较高的温度会使得算法更容易接受较差解，有利于跳出局部最优解，但可能导致算法收敛速度过慢；而较低的温度则会使得算法更倾向于接受较优解，有利于收敛到全局最优解，但容易陷入局部最优解而无法跳出。

模拟退火算法的核心步骤包括初始化温度、迭代搜索、温度更新以及停止条件等。通过不断调整温度参数，并在搜索过程中根据一定的概率选择接受或拒绝新解，模拟退火算法能够在解空间中进行全局搜索，并在一定程度上克服了传统优化算法中的局部最优解问题。

2. 模拟退火算法理论

模拟退火算法的构建理念基于优化问题求解过程与物理退火现象之间的类比联系。在这个类比中，优化问题追求的最优化目标，相当于在热处理期间金属内部能量的最小化；而问题中所有可能的解决方案组合，则类比为金属冷却时其内能状态的多样化分布。算法的核心目标，即在这众多状态中寻找能使目标函数值降到最低的特定组合。

借鉴 Metropolis 抽样法则，模拟退火算法巧妙地利用了温度参数的逐步递减策略，精确模拟了物质退火时温度变化的自然规律，借此有效驾驭了全局优化问题的挑战。算法通过模拟温度的下降来调节对新解的接受程度，初期的高温允许算法更加宽容地探索解空间，包括可能的非最优解，随后温度的逐渐下降促使算法更专注于优化区域，最终趋向于全局最优或接近最优解。这一机制不仅保留了算法对全局解的探索能力，还确保了算法在搜索过程中的高效性和实用性。

（1）物理退火过程　物理退火是固体材料加工中的一项重要工艺，通过控制材料的温度和冷却速度，使材料内部的原子或分子重新排列，以消除或减小缺陷，从而改善材料的晶体结构和性能。

在物理退火过程中，首先将材料加热至高温状态，使得固体内部的原子或分子获得足够的能量以克服位阻，从而能够自由移动。在这个高温状态下，晶体内部的缺陷，如晶界、位错等，会逐渐消除或减小。随后，随着温度的降低，原子或分子的热运动逐渐减弱，使得它们逐渐趋于稳定的位置。这个过程类似于材料的“自我修复”，有助于消除内部应力和缺陷，提高材料的力学性能和化学稳定性。总而言之，物理退火过程通常包括加热、恒温扩散和冷却三个阶段。

（2）模拟退火原理　模拟退火算法借鉴了固体物理学中的退火机制，首先要求将固体加热到足够高的温度，随后使其缓和降温。升温过程中，固体内部粒子因热运动加剧而趋向于更无序的状态，导致内能显著提升；而在渐进的冷却阶段，粒子活动逐渐有序化，每经过一个特定温度，系统都会趋向于一个新的热力学平衡状态，直至最终在室温下稳定下来，此时系统的内能最小。

模拟退火算法术语与实际金属材料退火术语之间存在着一种对应关系，具体对照见表 6-5。根据 Metropolis 准则，粒子在温度 T 时趋于平衡的概率为 $\exp(-\Delta E/T)$，其中 E 代表在温度 T 时系统的内能，而 ΔE 则是内能的变化量。

在将模拟退火原理应用于处理组合优化问题时，创造性地把物理学中的固体内能 E 概念映射为目标函数的评估值，同时，将物理温度 T 的概念融入算法作为核心调控变量。这样一来，模拟退火算法的操作流程可概述为：从初始解 X_0 及初始温度参数 T_0 出发，反复经历“创造新解→评估目标函数变化→依据规则判断接纳或拒绝新解”的迭代循环，期间按照既定方案逐步降低温度 T 的值。当预设的停止准则达成时，算法维持的解被视为全局最优解的高质量近似。该算法方法论本质上采纳了 Monte Carlo 迭代思路，属于一种启发式随机探索策略。

表 6-5　模拟退火算法术语与实际金属材料退火术语的对应关系

物理退火术语	模拟退火术语
粒子状态	解
能量最低状态	最优解
溶解过程	设定初温
等温过程	Metropolis 采样过程
冷却	控制参数的下降
能量	目标函数

整个算法进程由一个精心设计的冷却时间表来调控，该时间表综合考虑了初始化温度 T_0、温度衰减速率 K、每一温度层级所需的迭代回数 L，以及确定算法何时停止的具体停止条件。

（3）模拟退火算法思想　模拟退火算法的核心理念涉及在解空间内实施随机探索（随机点选取），并借由 Metropolis 抽样原则引导这一随机漫步过程朝向局部最优化。Metropolis 法则中，温度扮演了一个核心调节器角色，它实质上调控了搜索过程倾向于局部或全域最优解的速度与效率。

Metropolis 抽样技术是一种高效的特定抽样策略，其运作逻辑概括为：当系统在不同能量水平间迁移，相应的能量从 E_1 变化到 E_2，其概率为

$$p=\exp\left(-\frac{E_2-E_1}{T}\right) \tag{6.18}$$

如果 $E_1<E_2$，系统接受此状态；否则，以一个随机的概率接受或丢弃此状态。状态 2 被接受的概率为

$$p(1\to 2)=\begin{cases}1, & E_2<E_1\\ \exp\left(-\frac{E_2-E_1}{T}\right), & E_2\geqslant E_1\end{cases} \tag{6.19}$$

这样经过一定次数的迭代，系统会逐渐趋于一个稳定的分布状态。

在 Metropolis 抽样环节，解决方案若向着更低能量状态（即局部最优解）转变，则必然被采纳；反之，若能量升高（全局探索），采纳则依据一个预设概率发生。模拟退火算法从初步解启动，通过频繁的解变换，在特定的控制参数 T 下，逐步逼近较优解。算法随后逐步调低 T 值，并重复实施 Metropolis 策略，意图在 T 接近零之际，找出组合优化问题的全局最优解。需要注意的是，控制参数 T 的值必须缓慢衰减。

温度是 Metropolis 算法的关键控制参数，模拟退火可以视为在逐渐递减控制参数 T 时

Metropolis 算法的迭代过程。初始时，T 值较大，因此可以接受较差的解；随着 T 的减小，只能接受较好的解；最终在 T 趋近 0 时，不再接受任何恶化解。

当温度无限高时，系统会立即均匀分布，接受所有提出的变换。T 的缓慢衰减导致 T 达到终点的时间延长，这可以减小马尔可夫链的大小，从而缩短达到准平衡分布的时间。

（4）模拟退火算法的特点　模拟退火算法因其应用广泛、求解全局最优解的可靠性高、实现简单等特点备受青睐。其搜索策略特别设计以克服陷入局部最优解的问题，从而增强全局最优解的搜索有效性。该算法具有强大的鲁棒性，主要体现在以下几点。

1）接受劣解的概率策略：模拟退火算法融合了随机性和物理退火原理，允许在迭代过程中不仅接受目标函数值改善的解，也以一定概率接受目标函数值暂时恶化的解。随着温度（控制参数）逐渐降低，接受劣解的概率相应减小，这种随机搜索机制显著区别于传统的确定性优化算法，增强了搜索的灵活性和全局性。

2）引入算法控制参数：类似退火温度的控制参数将优化过程划分阶段，决定不同阶段下随机状态的接受标准，采用 Metropolis 算法作为接受准则的数学模型。算法执行分为两步：首先，在每个控制参数下，从当前解出发生成邻域内的随机新解，并依据控制参数确定的接受准则决定是否采纳；其次，逐渐降低控制参数以收紧接受标准，最终在控制参数趋于零时，状态链趋于优化问题的最优状态，从而增强了模拟退火算法求解全局最优解的可靠性。

3）对目标函数要求宽松：相比传统搜索算法必须依赖目标函数值及其导数等附加信息，模拟退火算法只需定义解的邻域结构，从中选取相邻解并通过目标函数评估即可。这种特性使得模拟退火算法在缺少辅助信息的情况下依然能有效工作。

（5）模拟退火算法的改进方向　优化模拟退火算法的核心在于在维持解决方案质量的同时提升搜索效率，主要改进措施包括：选取适宜的初始解；设计能体现全空间探索或局部精细搜索特性的状态生成函数；构建高效的降温策略；改进温度控制机制；实施并行搜索架构；设定合理的终止条件等。

此外，模拟退火算法的进一步改进可以通过增补特定环节来达成。

1）引入记忆机制：为了避免在随机接受过程中丢失已发现的最优解，可在算法中增设存储功能，实时保存至今为止所遇到的最佳状态。

2）实施动态升温或重升温操作：适时提高算法内部的温度，重新激活较高的接受概率，有助于调整搜索轨迹，防止算法过早陷入局部最优解而不易自拔。

3）多次采样接受策略：针对每个当前状态，不再仅基于单次比较接受新状态，而是采取多次搜索并以一定概率接受区域内最优状态的策略。

4）融合其他搜索算法优势：将模拟退火算法与其他高效搜索机制，例如遗传算法、免疫算法等相结合，以整合各自优点，共同提升算法运行效率及求解质量。

（6）模拟退火算法的流程　模拟退火算法新解的产生和接纳可分为如下三个步骤。

1）新解生成：通过特定的产生函数从现有解中演变出解空间中的新候选解，通常选取一种能基于当前解快速生成新解的变换机制，此举有利于简化后续决策过程并减少计算时间。值得注意的是，所采用的变换单元直接决定了新解与其所在邻域的关系，因此对冷却策略的选择具有间接指导作用。

2）新解接纳评判：采用公认的 Metropolis 接受准则来决定新解是否被接纳。具体来说，若新解带来的目标函数值降低（即 $\Delta E<0$），则无条件接受新解 X' 取代当前解 X；反之，若

$\Delta E \geqslant 0$，则依据概率 $\exp(-\Delta E/T)$ 接受新解，这一机制赋予了算法在不同温度阶段突破局部极值的能力。

3）迭代与更新：一旦新解被确认接纳，则将新解替换原有当前解，仅需实施相应的变换操作并将目标函数值进行更新。此刻，当前解便完成了一次迭代升级。未能被接受的新解则保持原当前解不变，继续进入下一轮搜索实验。如此迭代推进，不断探寻潜在的更优解决方案。

模拟退火算法因其具备独立于初始解状态的全局收敛性，在理论上已被证实为一种高概率收敛至全局最优解的概率优化方法。该算法的核心框架可拆分为解空间探索、目标函数评估以及初始解设定三大要素。其具体执行流程可归纳为以下步骤。

Step1：初始化。设定一个较高的初始温度 T_0，确保算法初期有足够的搜索活力，并确定起始解状态 X_0，它是整个迭代过程的出发点；同时，规定每个温度 T 下的迭代循环次数 L。

Step2：迭代循环。针对每一个降温周期 $k=1,\cdots,L$，执行以下几步操作：

① 新解生成。从当前解生成一个新的候选解 X'。

② 能量差计算。计算新解与当前解的目标函数值之差，记作 $\Delta E=E(X')-E(X)$，其中 $E(X)$ 是评估函数。

③ 接受准则应用。若 $\Delta E<0$，则无条件接受 X'作为新的当前解；若 $\Delta E \geqslant 0$，则按照概率 $\exp(-\Delta E/T)$ 接受 X'。

④ 终止条件检查。若满足预先设定的终止条件，则输出当前解作为最优解，并终止算法运行。

Step3：逐步降温。随着温度 T 的逐渐下降直至趋近于零，算法回归到 Step2 继续进行迭代。如此往复，在温度冷却过程中引导解空间搜索逐渐收敛至全局最优解附近。

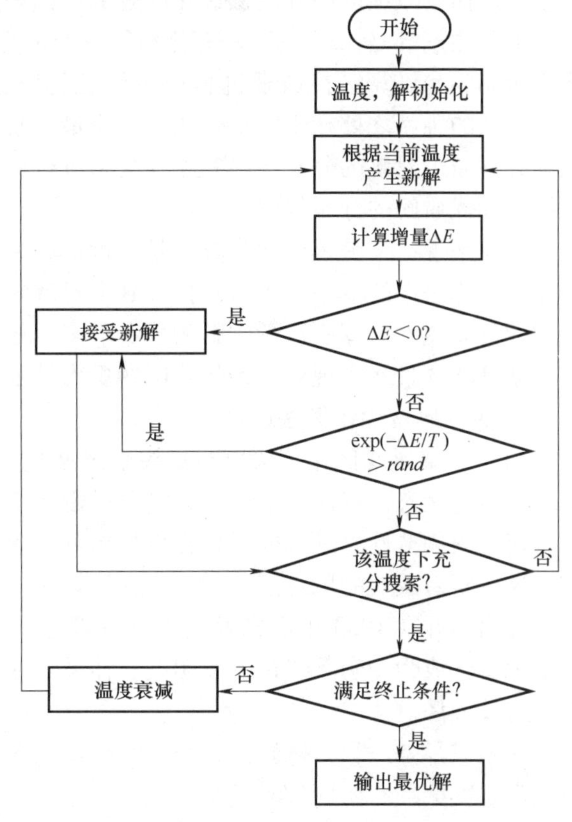

图 6-5　模拟退火算法流程

模拟退火算法流程如图 6-5 所示。

6.1.4　仿人智能优化算法

“仿人智能优化算法”这一术语涵盖了那些汲取人类智能特征、生理机制乃至社会行为原理设计而成的一类创新优化技术。此类算法试图模仿人脑的认知逻辑、人体生理系统的协调运作，以及人类社会竞争与协同演进机制等多元智慧来源。在各类仿人智能优化算法中，以头脑风暴优化算法备受青睐，其在相关研究中被引用高达 396 次。头脑风暴优化算法本质上是对集体创新思考过程——即头脑风暴法的一种数字化再现与强化，旨在通过模拟人类集体创造性地解决问题的方式来探寻解决方案空间中的最佳点。

1. 头脑风暴优化算法概述

头脑风暴优化（Brain Storming Optimization，BSO）算法是由史玉回教授在 2011 年所提出的，它巧妙地模拟了人类团队通过头脑风暴方式集中智慧解决复杂问题的社会交互过程。该算法的核心设计理念在于构建一种能够动态调整探索与开发平衡的群体智能框架。在 BSO 算法中，解空间内的候选解群被划分为多个集群，每个集群代表了解空间内某一区域的潜在优质解集合。

算法的关键组成部分包括两个互补的操作算子：收敛算子负责引导解向已知的良好解区域聚集，促进局部精细化搜索；发散算子则鼓励解跳出当前的局部极值，实现全局范围内的广泛探索。通过这两个算子的交替作用，BSO 算法能够在每一次迭代中同步进行收敛与发散活动，从而有效地遍历并发掘优化问题的多模态解空间。

值得注意的是，BSO 算法还引入了一个称为“发展势能”的概念，这是一种内在的自适应机制，允许算法在搜索过程中灵活地调整策略以应对不断变化的解空间特征。此外，BSO 算法的独特之处在于它不仅关注单个最优解的寻找，而是将整个解集视为一个数据样本集合，并通过对解的分布特性和相互关系进行深入的数据挖掘和分析，以揭示解空间中隐藏的结构和优质解的分布规律。

总体来说，头脑风暴优化算法是一种创新型的群体智能优化技术，它成功地将传统群体智能优化算法中的单一优化目标拓展到了对解集合的整体优化上，借助数据分析手段，依据问题的具体属性与算法运行中解的分布形态，形成对问题解空间结构的深刻理解，并据此优化搜索策略，最终实现对复杂优化问题更为精准高效的求解。

2. 头脑风暴优化算法理论

（1）头脑风暴优化算法思想　头脑风暴这一术语最初源自精神病理学，形容精神病患的精神紊乱状态，然而时至今日，它已被赋予全新的含义，演变为一种倡导无限自由联想和深度讨论的创造性思维方式，旨在催生新颖观念和激发创新构想。

这一富有成效的思维策略——头脑风暴法，是由美国创新学先驱 A. F. Osborn 于 1939 年率先提出，并在 1953 年正式发表了这一理论。历经世界各国创新研究学者的实践与推广，头脑风暴已成为一套系统化的发明技法体系，在管理学领域更衍化为一系列提升团队决策效率的有效方法。

头脑风暴是一种集体研讨行为，其价值在于：相较于个体孤立思考，集体智慧能够催化出更高层次的创新协同效应。

为了最大程度消除头脑风暴小组内部可能出现的社会心理阻碍，最大限度释放整体创新能力，以及催生更多元化的解决方案，头脑风暴在执行时通常严格遵循四项核心原则：

1）所有提议均具有潜在价值，不论优劣，在一轮头脑风暴阶段结束之前，不对任何想法进行评价或筛选。

2）小组成员应全情投入，毫无保留地分享自己脑海中闪现的任何创意，认为所有想法都值得探讨。

3）新颖构思往往依托于现有思路的延展与联系，通过联想链得以繁衍壮大。

4）强调首先积累大量不同的想法，然后再从中筛选提炼，甄选出卓越的解决方案。

这四大原则共同确保了头脑风暴小组中每位成员能够充分利用自身智慧潜能，贡献丰富多样且质量上乘的提案，通过累积的数量优势逐步转化为高质量的解决方案。

头脑风暴这种方法通过跨学科背景的个体间协作，往往能够意外地激发出超乎预期的集体智慧。借鉴这一创新性问题解决思路，在头脑风暴优化算法中，每一个个体代表着问题的一个潜在解答，通过个体间的不断演化与融合更新，直至找出问题的最优解。

（2）头脑风暴过程　头脑风暴过程可梳理为以下几大步骤：

1）组织一支由不同专业背景人士组成的团队。

2）根据既定原则，团队成员共同提出大量的问题解决方案。

3）指定几位领导者，他们将从众多提议中精选出若干较为出色的方案。

4）以优选方案为基石，团队进一步发散思维，衍生出更多的解决方案，并着重围绕步骤 3）中筛选出的优质方案进行深化拓展，因其具有更高的可能性成为最终解决方案。

5）再次由领导者审视现有的全部方案，从中再度甄选出一些杰出的方案。

6）回归问题本质，重新审视并对问题进行深入分析，基于特定原则，团队再次随机生成一系列新的解决方案。

7）继续沿用之前的筛选机制，领导者再次从现有的全部方案中挑出若干优秀的方案。

8）对目前汇集的所有方案进行归纳总结，甚至进行有机融合，以此形成并确定针对问题的最优解决方案。

头脑风暴流程一般包含三大关键角色：一位中立的主持人、一个多维度的参与者群体以及数位对应问题领域内的专家——即问题所有者。主持人的角色至关重要，其对所讨论问题的理解应保持适度距离，且不直接介入创新思路的生成阶段，如此设计旨在遵循奥斯本提出的四条基本原则，确保头脑风暴过程中产生的各种想法不受主持人的主观倾向影响，从而保障思想的独立性和多样性。

头脑风暴团队的成员应当具备广泛多样的背景与知识结构，这样的多元组合能够孕育出丰富多样的思考角度与创意。每一位问题所有者，则应在特定的专业领域内具有深厚的知识储备，这样才能有效地识别并选取那些真正具有突破性和适用性的想法。

经历一轮又一轮的创新思维碰撞之后，问题所有者们会在已有的诸多想法中筛选出最为卓越的解决方案来应对当前挑战。在此期间，主持人将持续推动头脑风暴团队反复迭代这一过程，直至找到最优化的解决方案，或是达到预定的时间上限。

（3）头脑风暴优化算法的特点　经过一系列优化函数的严格测试，头脑风暴优化（BSO）算法展现出了相较于众多常规群体智能优化算法更为出色的性能优势：

1）更高的收敛精度是其显著特点。在连续迭代过程中，BSO 算法所得结果之间的差异较小，表现出较强的连续计算一致性。此外，其优化结果与理论最优解之间的差距也被有效控制在较低水平，体现了良好的逼近精度。

2）卓越的稳定性是 BSO 算法的另一亮点。针对不同类型的测试函数，该算法在多数情况下都能够成功定位到全局最优解，相较于粒子群优化（PSO）算法和蚁群（AC）算法等其他算法，BSO 算法在稳定寻优方面的表现更加突出。

3）在处理多模态、多峰优化问题时，BSO 算法的独特优势尤为明显。不同于容易被局部极值陷阱困住的传统算法，BSO 算法倾向于分散搜索空间，使得解分布覆盖多个潜在最优区域，而不是局限于单一的小范围区域内。因此，对于存在大量局部最优解的复杂多峰函数优化任务，BSO 算法具有更强的适应性和有效性。

然而，如同其他智能优化算法一样，头脑风暴优化算法也并非完美无瑕。它可能存在的局限性包括收敛速度相对缓慢、整体效率有待提高，以及在某些情况下可能出现对局部最优解的过度依赖，不易跳出局部极值区域以发现全局最优解。

3. 基本头脑风暴优化算法及其流程

头脑风暴优化算法的核心包括聚类和变异两个关键组成部分。

（1）聚类　头脑风暴优化算法采用了 k-Means 聚类算法进行聚类操作。在这一步骤中，首先将相似的个体聚合成 k 个类别，然后将人为设定的适应度函数值最优的个体作为每个类别的中心。为了避免陷入局部最优，算法引入了一个随机概率，以便在某些情况下随机产生一个新个体来替换其中一个聚类中心。

（2）变异　头脑风暴优化算法的变异操作主要涵盖四种方式：

1）在随机选择的一个类别中，在该类别中适应度最优的个体上添加随机扰动，以生成新的个体。

2）在随机选择的一个类别中，随机选择一个个体，并添加随机扰动，以产生新的个体。

3）随机融合两个类别的中心，并添加随机扰动，以生成新的个体。

4）随机融合两个类别中随机选择的两个个体，并添加随机扰动，以产生新的个体。

这四种方式都是基于当前种群状态的随机变异策略，其中每个聚类中心都对应着该类别中的最优个体。

被选中的概率为

$$p_j=\frac{|M_j|}{N} \tag{6.20}$$

式中，$|M_j|$代表类中个体的数量。新个体产生公式为

$$x_{nd}=x_{sd}+\xi \cdot N(0,1)_d \tag{6.21}$$

$$\xi=\text{lgsig}[(0.5T-t)/k] \cdot R(0,1) \tag{6.22}$$

式中，x_{nd}是新的 d 维个体；x_{sd}是选中的个体；T 和 t 分别表示设置的最大迭代次数和当前迭代次数；k 可以调节 lgsig( ) 函数的坡度；$N(0,\ 1)_d$是 d 维标准正态分布；$R(0,\ 1)$ 是 0~1 之间的随机值。

（3）头脑风暴算法流程　BSO 算法步骤如下。

Step1：首先，通过随机生成算法产生 N 个初始个体，作为种群的起始状态。

Step2：针对每个个体，计算其适应度值，根据问题的特性确定适应度函数。

Step3：利用 k-Means 算法，将 N 个个体分为 C 个聚类，并记录每个聚类的聚类中心。

Step4：生成一个随机数 $r_1 \in (0,1)$，若 $r_1<P_1$，则随机选择一个聚类中心，并用新生成的随机个体替换它。

Step5：更新个体。产生随机数 $r_2 \in (0,1)$，若 $r_2<P_2$，则随机选择一个概率为 P_i的类；否则，随机选择两个类产生新个体。产生随机数 $r_3 \in (0,1)$，若 $r_3<P_3$，则选择该类中心并加上随机值，产生新个体；否则，随机选择该类中的个体，加随机值更新。产生随机数 $r_4 \in (0,1)$，若 $r_4<P_4$，则合并两个聚类中心，加随机值产生新个体；否则，从两个聚类中选择个体合并后，加随机值产生新个体。新产生的个体与当前个体相比，适应度值小的作为下一次迭代的新个体。

Step6：若所有 N 个个体均完成更新，则转入 Step7；否则返回 Step5 进行下一轮更新。

Step7：检查是否达到最大迭代次数，若达到则停止迭代，否则返回 Step2 进行下一轮迭代。

4. 头脑风暴优化算法的改进

（1）头脑风暴优化算法存在的问题　尽管头脑风暴优化算法在多项测试中体现出优于常见智能优化算法的性能，但也难逃一些共性局限，如收敛速率欠佳、收敛效能低下，以及易于陷入局部最优解等问题。具体表现如下：

1）针对部分优化问题，该算法可能显示出相对较慢的收敛速度。为改善这一点，未来的研究可尝试设计调节算法参数的策略，并在遇到不佳收敛效果时采用重新初始化方案以优化算法表现。

2）算法性能对聚类数量具有较高敏感性，这在一定程度上降低了其稳定性，有必要进一步探究如何优化聚类机制以增强算法的稳健性。

3）在处理低维空间中规模较大的问题集时，特别是在面对某些特定测试函数时，该算法的求解精度相较于粒子群优化算法显著降低，反映出其在计算效率方面尚有提升空间。

4）此外，头脑风暴优化算法在执行过程中步骤相对复杂，尤其是在解决连续性函数问题时，虽然具备一定的求解能力，但在凸显算法优势方面并不突出，同时仍面临易被困于局部最优解的风险。

（2）头脑风暴优化算法的改进　研究者们提出了不同的改进策略，提高 BSO 算法的求解性能，以便更好地求解不同的优化问题。

1）基于解集合聚类的改进。在原初版本的头脑风暴优化（BSO）算法框架内，采用了 K-Means 聚类算法作为解决方案集合分群的方法，然而这一过程通常需要经过多轮迭代才能完成有效分组。为了提升算法的整体计算效率，研究人员引入了多种替代分组策略，包括但不限于简易分组法（Simple Grouping Method，SGM）、亲和传播聚类（Affinity Propagation Clustering）、k-Median 聚类算法、随机分组策略（Random Grouping Strategy），乃至依托全局最优信息的改进型 BSO 算法。

对于多数优化问题而言，目标函数的数量常常少于决策变量的数量，这意味着目标函数所构成的空间维度要低于解空间维度。鉴于此特点，将分组操作从解空间迁移至目标函数空间实施，依据各个解在目标函数空间上的适应度值进行分门别类，可以显著地降低计算复杂度。

不同于传统做法，在目标函数空间内的头脑风暴优化算法变体中，摒弃了复杂的聚类算法，转而采取了一种更为直接的分类机制。依据函数值排序，解集被简化划分为精英解组（包含较优适应度值的解）和普通解组（非精英解）。基于精英解组或普通解组的部分或全部解生成新的候选解。这样，通过在目标空间内实施高效的分组操作，不仅大大降低了计算成本，而且有利于扩大 BSO 算法在处理大规模优化问题时的有效性和适用性。

2）基于新解生成机制的改进。对新解生成机制的优化改进同样是提升 BSO 算法搜索效能的关键手段。为确保针对各种复杂问题的高效求解，算法必须具备灵活运用搜索过程中实时反馈信息的能力。关于新解生成策略的研究不断深入，涌现出了诸多创新方法。

一方面，改进方案涉及搜索步长的动态调整以及生成新解方式的革新，其中搜索步长可根据当前解集分布的动态范围做出适应性变化；另一方面，采用批处理模式（Batch-Mode）生成新解集，并在后续迭代中根据实际需求自适应选择合适的解，确保搜索的针对性。

此外，在面对解集趋于集中在较小搜索区域导致多样性降低的情况时，可通过对部分解进行重新初始化以生成新颖解，维持群体多样性；同时，有研究尝试将混沌理论应用到部分解的生成过程中，借助混沌操作来拓展全局搜索视野，有效防止算法陷入局部最优陷阱。

再者，为了使聚类过程更加智能且适应性强，某些研究提出根据聚类中单个或多个簇的结构特性动态调整簇的数量，并以此为基础创造新的解集。而在基于交互式讨论机制的 BSO 算法变体中，进一步引入了簇内部成员之间的深度讨论及不同簇之间的交流互动，旨在更好地调控算法的全局探索与局部精细搜索行为。

3）基于混合运算的改进。头脑风暴优化算法作为一种有效的智能优化工具，已在众多实际应用领域展现出强大的求解能力。为了应对各个领域的特异性挑战，研究者们设计出了一系列融入了创新算子的 BSO 算法变种。诸如闭环型 BSO 算法，它借鉴了自然界闭环系统的稳定性和动态反馈机制；基于捕食者-猎物动力学模型的 BSO 算法，则模拟生态系统中捕食关系以驱动搜索过程；还有结合量子行为特征的 BSO 算法，利用量子力学原理强化全局寻优能力。

在群体智能优化算法家族中，混合算法扮演着关键角色，它们通过集成不同算法的优点，有效地弥补了单一算法在解决特定问题时可能存在的局限性。例如，基于 BSO 算法的混合策略被广泛应用于各类问题场景中，如结合模拟退火算法来协同处理连续优化问题，或者与差分演化算法联手优化人工神经网络的训练过程。

除此之外，还有一系列其他算法与 BSO 算法进行了融合创新，比如教育启发式的教学算法（Teaching-Learning Based Algorithm），以及适用于离散优化问题的离散粒子群优化（Discrete Particle Swarm Optimization）算法，它们共同展示了在构建高效混合优化策略方面的广阔前景。通过这样的交叉融合，BSO 算法及其混合算法在提升问题求解性能上取得了显著进步。

4）基于求解不同类型问题的改进。基础版本的 BSO 算法最初设计针对的是单目标优化任务，但经适当改造后，该算法同样能够胜任解决多目标优化及多模态优化等多元化问题。在多模态优化场景下，BSO 算法旨在探寻并持续保留在同一搜索过程中发现的多个最优解，不仅包括全局最优解，也涵盖局部最优解。通过 BSO 算法特有的分区搜索特性，它能够在存在多个最佳解的问题设置中展现出更强的求解效能。

多模态优化问题的核心在于，在单次搜索行程中揭示并维持多个峰值解（无论是全局最优还是局部最优），这源于问题本身的复杂性，如解的数量不确定性和解分布的非唯一性等特征。

另外，多目标优化问题要求在单次运行中均衡考虑多个目标函数，由于各目标函数之间可能存在矛盾与权衡，无法同时实现所有目标函数的绝对最优，因此多目标优化并不寻求单个确定的最优解，而是致力于发掘符合“帕累托最优”原则的解集，这一概念意味着没有一个解能在不损害其他解至少一个目标函数值的前提下优于它。

针对这类复杂的多目标优化问题，头脑风暴优化算法已经过专门设计以有效应对。相较于传统的多目标优化手段，BSO 算法独具优势，能够直接作用于目标函数空间。在该空间内，算法实施聚类操作，在每一轮迭代或在目标函数空间层级上对解集进行分组。那些在多数目标函数空间上表现出卓越性能的解会被纳入下一轮迭代，而其余解则通过随机选择的方式加入进来，确保了解集的多样性和全局搜索能力。

6.2 车间生产调度优化

调度问题的核心在于高效利用有限资源，以期在特定时间框架内达成既定任务目标。这一概念在生产领域体现为生产调度，它扮演着桥梁角色，衔接战略规划与实际操作，对确保生产活动的顺畅运行至关重要。生产调度的首要任务是基于生产作业计划，围绕企业经营目标，细化并展开生产蓝图。此过程不仅涉及生产计划的科学拆分，还着重于根据生产线的实际产能及当前状况，进行全面的资源配置优化。这包括精细的生产排程、物料与能源的最优配置，以及为各生产单元确立精确的操作指导，以调度指令的形式传达，旨在促进物流的灵活调配、生产环节间的无缝协同，以及整个生产链条的高效整合与连续性。

此外，生产调度还需密切关注生产活动的实时进展，通过综合分析，及时识别并解决生产中出现的各种冲突与瓶颈，确保生产流程的均衡性、稳定性、安全性及长期连续性，为圆满实现企业生产目标奠定坚实基础。

聚焦于车间层面，车间生产调度则是实现日常生产任务与长期规划对接的具体实践。它涉及对共享资源进行时间维度上的精心调配，以满足车间生产作业计划的多项目标。从数学规划的视角审视，车间生产调度可抽象为在一系列约束条件（等式或不等式形式）下，对特定目标函数的最优化求解过程。其核心挑战在于如何均衡分配工作任务至每台机床，科学决定作业的加工顺序与启动时机，同时在遵循所有约束的前提下，最大化特定的性能指标，这正是现代生产调度研究的热点所在。

车间生产调度的范畴广泛，覆盖生产决策层、调度管理层和生产控制层三大关键部分。其中，生产决策层负责宏观层面的生产计划制订，确立生产执行的总体框架；调度管理层则专注于跨车间的协同与沟通，为生产计划的实施提供策略支持和实操指导；而生产控制层则深入到生产活动的每一个细节，直接负责成品制造、生产计划的执行监控以及生产设备的维护管理，是生产调度指令落地执行的实体部门，如图 6-6 所示。

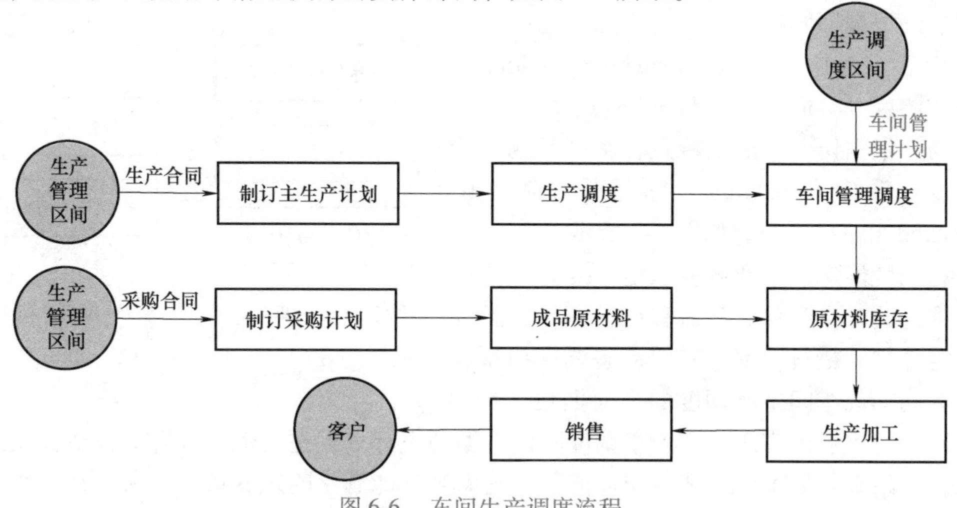

图 6-6　车间生产调度流程

车间生产调度需要对资源进行时间上的分配，一般包括以下内容：

1）协同联动各有关部门，助力生产作业前期筹备工作的顺畅推进，细致筛查筹备期间潜在问题，并促进立即整改行动，确保准备工作万无一失。

2）根据生产实际需求，实行劳动力的智慧调配，并严格核查原材料、工具及能源供应状态，同时强化内部物流运输的监管，保障生产资源的充沛与流通效率。

3）深入巡查各生产阶段，密切跟踪零件、组件、原材料直至半成品的流量与转换进度，迅速识别并应对任何偏差，对偏离预定生产时间表的情况，采取果断措施矫正，维持生产流程的连贯与高效。

4）透彻分析周度、旬度乃至月度生产计划的执行成果与轮班运行模式，依托详实的统计分析报告及其他生产资讯——诸如工时损失、机械故障等损耗日志，以及生产力变动档案，持续优化生产分析，指导未来的生产策略与决策。

6.2.1 车间生产调度的分类与特点

在理论研究中，生产调度问题聚焦于车间环境下资源的优化配置与任务的有序安排。根据 Graves 等人的研究，对车间调度问题的分类可以分为四类。

第一，根据加工系统的复杂程度，可把车间调度问题分为单机调度（Single Machine Scheduling，SMS）问题、多台并行机调度（Multiple Parallel Machine Scheduling，MPMS）问题、作业车间调度问题（Job-Shop Scheduling Problem，JSSP）和流水车间调度问题（Flow-Shop Scheduling Problem，FSSP）。简而言之，单机调度问题意味着生产流程中仅有一台设备承担全部的加工责任，由此，对该设备上任务的顺序优化成了讨论的核心。与之相对，多台并行机调度问题则针对那些需多台设备协同作业的任务，显著提高了调度的复杂度与优化的紧迫性。至于流水车间调度问题，其构建在作业与设备类型匹配的基础上，确保同类工作在同类设备上遵循统一的操作序列执行，突出了流程的标准化。而在这些类别中，作业车间调度问题是最为普遍的一种，它在灵活性上超越了流水线模式，不仅支持作业的不同加工顺序，还允许一个作业通过多条路径完成，展现了调度策略的高度多样性与适应性。

第二，根据性能指标，车间调度分为基于费用的调度（Cost-Based Scheduling）和基于性能的调度（Performance-Based Scheduling）两大类。

第三，根据不同的生产环境特点，可把调度问题分为确定性调度（Deterministic Scheduling）和随机性调度（Stochastic Scheduling）两类。

第四，根据作业的加工特点，调度问题分为静态调度（Static Scheduling）和动态调度（Dynamic Scheduling）两类，如图 6-7 所示。

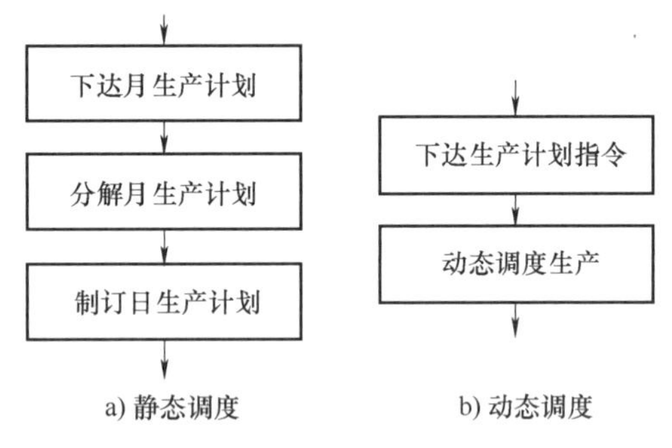

图 6-7　车间静态及动态调度流程

静态调度聚焦于生产环境恒定不变条件下的调度安排，此时生产参数和流程已被固定，旨在优化既定计划的执行效率。它与动态调度模型相结合，共同构成车间生产调度的全面框架，是生产调度研究的重点内容之一。静态调度不仅遵循预设计划，还需依据现有资源状况及市场趋势前沿，来精细规划生产工艺与作业流程，确保生产能满足既定的量化需求。其核心职能围绕三方面展开：优化生产任务的分组策略以实现效率最大化，平衡制造资源分配以保持生产负荷均匀，以及精准预测资源需求，确保供需协调。

相比之下，动态调度的探索则深入到生产活动的瞬息万变之中，自作业投入至成品输出的全链路，需充分考量环境的多变性、设备性能波动及原料供应的不确定性等随机变量。即便有详尽的生产计划，实际操作中仍面临非预期的资源限制，可能导致任务分配不均，这类隐性成本虽难以精确计量，却直接影响企业的经济绩效。动态调度的优势在于能迅速响应突发状况，通过车间间的灵活调度与协作，有效抑制局部动荡，防止负面效应扩散，维护系统整体稳定。在模型构建之初即融入对这些动态因素的考量，无疑增强了系统的适应性和韧性，提升了对复杂生产环境的应对能力。

除了上述讨论的特点和模型外，在真实的车间生产调度实践中，还频繁遭遇各种未预见的随机变量干扰，这些不可预测的因素进一步凸显了调度问题的动态本质。这种动态性也是实际车间生产调度问题应解决的重点问题。

6.2.2　车间生产调度基本模型

在车间生产调度中，机器加工环境的数学模型可抽象为 $a=a_1a_2$，其中 $a_1 \in \{O,P,Q,R,G,X,J,F\}$。具体说来：

1）当 $a_1 \in \{O,P,Q,R\}$，表示每个工作仅包含一个工序的情况。

2）当 $a_1=O$，表示每个工作只能在某个指定的机器上加工的情况。

3）当 $a_1 \in \{P,Q,R\}$，表示并行机加工环境。其中 $a_1=P$ 表示具有相同加工速度的并行机，即相同并行机；$a_1=Q$ 表示具有不同加工速度且所加工的作业和速度无关的并行机，即均匀并行机；$a_1=R$ 表示不相关并行机。

4）当 $a_1 \in \{O,J,F\}$，表示一个作业包含多个工序的情况，工序由指定机器加工，同一作业不同工序间存在着次序约束关系。特别地，若表示各作业不考虑工艺顺序，$a_1=F$ 和 $a_1=J$ 分别表示流水车间（Flow-Shop）和作业车间（Job-Shop）这两种调度类型。

在产品集的界定中，产品被定义为订单（Order）所界定的车间制造体系内所有待处理的零部件总和，这些零部件构成生产活动的基础对象。制造资源集则概括了车间生产全过程中涉及的一切实体性资源要素，涵盖各类材料、生产设备、加工刀具、检测仪器，以及其他与生产紧密相关的辅助资源。

在生产加工任务集内，生产任务被视为车间制造系统处理的基本单位，其核心源自公司内外部的生产订单，体现了对产品加工信息的具体转化要求。

加工时间流集则详细记录了加工时间的三个关键组成部分：加工启动时间、预定加工时间以及等待加工时间，所有零部件的这一系列加工时间序列共同组成了车间生产调度的时间管理框架。

生产事件集则特指那些为了改变某一零部件特定物理属性而发生的、特定时间点上的制造资源与生产加工任务的配对行为。值得注意的是，若同一生产任务在另一时间点与资源结合，或是同一资源服务于另一任务，都将生成不同的生产事件记录，体现了生产过程中事件的多样性和时间敏感性。

6.2.3　车间生产调度优化算法

智能优化算法在车间生产调度优化中扮演了关键角色，其通过模拟自然界中生物进化、社会行为或其他优化现象，有效地解决了生产调度中的复杂问题。面对多工件、多工序、多机器以及多种约束条件的车间环境，智能优化算法能够自动化地搜索庞大的解空间，以寻求最优或近似最优的生产调度策略。

具体应用中，智能优化算法首先通过特定的编码方式将生产调度问题转化为数学表达，如遗传算法将每一种生产调度方案编码为染色体，粒子群优化算法将每个解表示为搜索空间中的粒子。之后，通过设计适应度函数来量化不同调度方案的优劣，例如，根据总加工时间、设备利用率、完工时间窗口等因素来评估解的质量。

接着，智能优化算法通过一系列操作如交叉、变异、粒子速度更新、信息素传播等机制，引导算法在解空间中进行全局搜索和局部精细搜索。这些操作允许算法在迭代过程中不断优化生产调度方案，避免陷入局部最优解，朝着全局最优或满意解的方向演进。

最终，经过多次迭代优化，智能优化算法能够输出一套理想的生产调度方案，这套方案能在满足各种约束条件的前提下，最大程度地减少生产周期、提高设备利用率，从而实现车间生产效率和效益的最大化。下面介绍蚁群算法在作业车间调度中的应用。

6.2.4 蚁群算法在作业车间调度中的应用

各类智能优化算法都尝试解决作业车间调度问题，其中遗传算法虽能发掘较优解决方案，却面临计算效率低下、并行性能不佳及易早熟收敛的问题；模拟退火算法则因其缓慢的收敛速率与解质量的不稳定性，难以适应实时及动态调度场景的需求；禁忌搜索算法展现了强大的探索能力，但其成效显著依赖于初始解的选择——优良的起点能助力算法深入解空间探寻更佳解，反之，较差的起点则拖慢收敛步伐。此外，该算法在单一初始解基础上进行，每一步仅实现一个解向另一解的迁移，限制了其灵活性。因此，本小节采纳蚁群算法作为求解车间作业调度问题的新途径，旨在克服上述算法的局限性，利用其群体智能和信息素引导机制寻求更高效、稳定的调度策略。

1. 作业车间调度问题描述

作业车间调度问题（Job Shop Scheduling Problem，JSSP）通常描述为：存在 n 项工作，这些工作必须分配到 m 台不同的机器上完成加工。对于每一项工作而言，其在每一台机器上的具体加工时长是预设的，并且每项工作在各机器上的作业顺序也是事先规定的。JSSP 的核心目标在于制订一个最优的加工顺序计划，针对每台机器上的所有工作任务，确保达到某项关键的生产效率指标最大化。

（1）问题约束条件　前面提到 JSSP 是生产调度的一种简化模型，比实际生产调度情况简单得多。关于 JSSP 的研究，通常基于以下假设条件：

1）每个工件必须按照其特定的工艺次序在特定的机器上加工。

2）每道工序一旦开始加工，在完成之前不允许中断。

3）同一时刻同一台机器只能加工一个零件。

4）每道工序必须在它前面的工序加工完毕后才能加工。

5）工件的每一个工序所需的加工时间都是已知的，并且在加工过程中是保持不变的。

6）每个工件在一台机器上只能加工一次。

7）每个工件利用每台机器的顺序可以不同。

8）不考虑工件的优先权。

（2）问题建模　关于 JSSP，本部分作如下定义：

1）n 为工件的数目。

2）m 为机器的数目。

3）工件集用二维数组 P 表示，$P=\{p_1,p_2,\cdots,p_n\}$，P_i为第 i 个工件，$i=1,2,\cdots,n$。

4）工序集用二维数组 OP 表示，$OP=\{op_1,op_2,\cdots,op_n\}$，其中 $op_i=\{op_{i1},op_{i2},\cdots,op_{in}\}$，$i=1,2,\cdots,n$。$op_{ig}$表示工件 i 的第 g 道工序所需的机器号，n 为工件 i 的工序总数。

5）机器集用二维数组 M 表示，$M=\{m_1,m_2,\cdots,m_m\}$，m_j为第 j 个机器，$j=1,2,\cdots,m$，$m_j=\{m_{j1},m_{j2},\cdots,m_{jh}\}$，$m_j$表示机器上进行的操作顺序的集合。$m_{jk}$表示机器 j 上第 k 步操作的工件号，h 为生产单元 i 上的操作工件总数。

6）加工时间集用二维数组 T 表示，$t_{ij}\in T$ 为第 i 工件第 j 道工序加工的时间。

7）c_{ik}表示工件 i 在机器 k 上的完成时间。

关于 JSSP，本部分以最小总加工时间为目标函数，蚂蚁搜索解的目标函数值即为蚂蚁依次搜索的工件顺序中最后一个工件在最后一个机器上的完工时间。故目标函数为

$$\min_{1\leqslant k\leqslant m}\max_{1\leqslant i\leqslant n}\{c_{ik}\} \tag{6.23}$$

$$s.t.\begin{cases}c_{ik}-t_{ik}+M(1-a_{ihk})\geqslant c_{ik}\\ c_{jk}-Mft_{ik}+M(1-x_{ijk})\geqslant t_{jk}\\ c_{jk}\geqslant 0\\ x_{ijk}=a_{ihk}=0\text{ or }1\\ i=1,2,\cdots,n;j=1,2,\cdots,n;k=1,2,\cdots,m;h=1,2,\cdots,m\end{cases} \tag{6.24}$$

式（6.23）表示目标函数即最小化加工时间；式（6.24）表示约束条件。t_{ik}表示工件 i 在机器 k 上的加工时间；M 表示很大的正数；当机器 h 先于机器 k 加工工件 i 时，$a_{ihk}=1$，否则 $a_{ihk}=0$；若工件 i 先于工件 j 在机器 k 上加工，则 $x_{ijk}=1$，否则 $x_{ijk}=0$。

（3）问题析取图模型　分析 JSSP 时，常常采用一种析取图模型来直观描绘，记作 $G=(V,A,E)$，这里：V 代表了由所有加工操作节点组成的集合，特别地，包括两个虚构节点来标志作业的起始与结束。A 是一个由 n 条有向边组成的边集合，这些边（以实线表示）展示了工件遵循的加工顺序和机器约束。E 则是由 m 条有向弧组成的弧集合，使用虚线标示，它们说明了同一台机器上不同工件加工工序间的衔接关系。

以一个具体例子来说明，设想一个含有 3 个工件和 3 台机器的 JSSP 场景，如图 6-8 所示。节点集合 V 被定义为 $\{0,1,2,3,4,5,6,7,8,9,10\}$，代表了全部的加工步骤，其中 0 和 10 作为起始和终止的虚拟工序。每个工件由 3 个连续的工序组成，以工件 1 为例，涉及工序 1 至 3。边集合 A，如 $\{(1,2),(2,3),(4,5),(5,6),(7,8),(8,9)\}$，代表了工件内部工序的连贯性要求。至于弧集合，$E1=\{(1,5),(5,9),(1,9)\}$ 描绘了机器 1 上的工序流程，$E2=\{(4,8),(8,2),(2,4)\}$ 对应机器 2 的作业安排，而 $E3=\{(7,6),(6,3),(3,7)\}$ 则反映了机器 3 上的加工序列。

2. 蚁群算法求解 JSSP 问题流程

相较于其他问题，应用蚁群算法解决 JSSP 显得尤为复杂，原因在于 JSSP 蕴含了更多层次的制约条件，如工序顺序约束和设备占用约束等，这些约束的复杂度远超常规问题。具体而言，工序顺序约束要求每个工件的后续加工步骤必须在其前置步骤完成后方可进

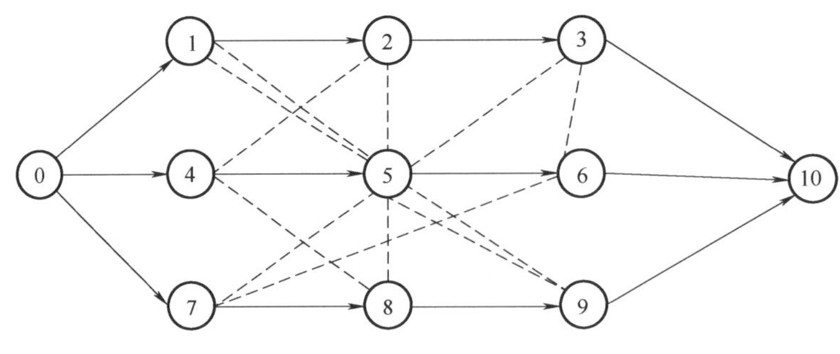

图 6-8　析取图实例

行；而设备占用约束则指出，任何给定时间点，一台机器只能执行一个工件的一个加工工序。因此 JSSP 比蚂蚁觅食的过程复杂，在这里将蚁群算法稍作变换就可以成功地用于解决 JSSP。

（1）解的构造　对于图 6-8 中的有向弧，蚂蚁必须按照弧的顺序进行加工；而对于无向弧，则顺序不受限制。针对有向弧，使用数组 $S[\ ]$ 存放蚂蚁可以访问的节点，使用数组 $G[\ ]$ 存放尚未访问的节点，同时维护禁忌表 tabu 存放已经访问过的节点。例如，当蚂蚁位于初始节点 0 时，$S[\ ]=\{1,4,7\}$，$G[\ ]=\{1,2,3,4,5,6,7,8,9\}$。若在第一步选择过程中蚂蚁选择了节点 4，则将 4 放入禁忌表 tabu 中，并更新 $S[\ ]$ 和 $G[\ ]$。这时，用 4 的后续节点 5 替换 $S[\ ]$ 中的节点 4，并从 $G[\ ]$ 中删除节点 4，得到 $S[\ ]=\{1,5,7\}$，$G[\ ]=\{2,3,4,5,6,7,8,9\}$。依次循环，直至蚂蚁完成一轮完整的搜索。通过这种方式，可以确保蚂蚁按照工件的工艺顺序约束条件搜索到一组可行解。

（2）概率转移　在选择下一个节点时，蚂蚁通常会根据当前节点到可选节点路径上的信息素浓度和启发式信息计算每个可选路径的选择概率。转移概率公式如下：

$$p_{ij}^{k}(t)=\begin{cases}\dfrac{[\tau_{y}(t)]^{\alpha}[\eta_{ij}(t)]^{\beta}}{\sum\limits_{s\in J_k(i)}[\tau_{is}(t)]^{\alpha}[\eta_{is}]^{\beta}}, & \text{当} j\in J_k(i)\text{ 时}\\ 0, & \text{其他}\end{cases}\tag{6.25}$$

依据该概率公式来选取下一个工序时，若单纯依赖概率最高者作为后续步骤，面对复杂大规模问题，算法可能会过早锁定局部最优解而非全局最优解，导致求解效果受限。同时这样使算法失去随机性，有可能丢失某些较好解，以致最终找不到真正最优解。因此，在此采取改进的蚁群算法，采用轮盘赌方法进行选取下一工序节点。

（3）信息素更新　当蚂蚁遍历所有的工序，完成一周搜索，则根据式（6.23）计算目标函数值并进行信息素更新，信息素更新策略有局部更新策略和全局更新策略。

6.3 路径规划问题

路径规划技术广泛应用于工业领域，构成了生产线自动化与智能化建设的基石。诸如机器人独立无碰撞行走、无人机避开障碍物执行高难度飞行任务、巡航导弹在复杂环境中巧妙规避雷达探测、实施突破式打击等，均依赖于精密的路径规划。此外，在决策管理层面，物流配送中的车辆路径问题（Vehicle Routing Problem，VRP）及其他类似资源调度分配问题，以及通信技术中的网络路由问题，凡涉及点线网络结构的规划问题，大多都能借助路径规划方法加以解决。

路径规划的核心即是算法设计的艺术，路径规划算法的研究由来已久。从早期的传统算法，到各类智能算法的重大突破，展现了广阔的发展前景。

6.3.1 路径规划问题的分类

根据对环境认知的详尽程度，路径规划可分为两个类别：基于完整预知信息的全局路径规划和依赖实时传感信息的局部路径规划。从障碍物信息获取方式来看，全局路径规划通常属于静态规划范畴，也可称为离线规划；相反，局部路径规划则归属动态规划领域，通常被称为在线规划。全局路径规划要求全面掌握所有环境数据，依据完整环境地图进行路径计算，预先规划出穿越整个环境的最优路径。而局部路径规划则依赖于传感器实时捕捉环境信息，仅需了解当前位置及其周边的局部地图细节和障碍物分布情况，便可即时计算出从当前节点到下一目标节点的最优局部路径。

根据环境信息的特性，路径规划还可划分为离散空间路径规划问题与连续空间路径规划问题。离散空间路径规划问题主要涉及在已知、简化的一维环境中进行静态优化，相当于是对环境信息高度抽象后的路径优化问题。而连续空间路径规划问题则涉及在多维连续变化环境中的动态规划，它要求在连续变化的空间中实时规划并调整路径，以应对复杂且实时变化的环境条件。

6.3.2 路径规划的一般步骤

在连续空间内的路径规划问题，如机器人和飞行器等的动态路径规划，其典型处理流程通常由三个关键步骤构成：环境模型构建、路径搜索和路径优化平滑。

（1）环境模型构建　这是路径规划过程的基石，旨在建立一个能够被计算机算法有效解析和操作的环境模型，即将复杂的实际物理空间转化成算法可处理的抽象空间结构，实现两者之间的合理映射。

（2）路径搜索　在此阶段，基于已经建立的环境模型，采用适宜的算法探寻一条连接起点和目标点的路径，以期在满足预设性能指标的前提下，找到全局或局部最优路径。

（3）路径优化平滑　初步搜索得出的路径可能并非运动实体能够实际通行的平滑路径，因此需要进一步运用相关算法对其进行细化处理和优化平滑，确保最终生成的路径切实可行且满足运动体的实际行驶需求。

而对于离散空间内的路径规划问题，或者是那些在环境建模或路径搜索阶段就已经充分考虑了路径可行性的规划问题，路径优化平滑这一步骤有时是可以省略的。

6.3.3 常用的路径规划算法

路径规划算法多样，依据不同算法的特点和局限性，其适用场景有所差异。根据算法的历史发展脉络及其核心工作原理，将它们概括地划分为四个主要类别：传统算法、图形学方法、智能算法（图形学方法）以及其他高效算法。

1. 传统算法

在诸多路径规划技术中，传统算法占据着重要地位，包括但不限于人工势场法、模糊逻辑算法以及禁忌搜索算法。本节将重点阐述人工势场法和模糊逻辑算法的原理及其特点。

（1）人工势场法　作为一种基于虚拟力学原理的路径规划技术，人工势场法模拟自然界中物体在引力和斥力作用下的运动规律。在此框架下，规划主体被设想为在目标点的吸引力与障碍物的排斥力之间平衡运动。具体而言，目标点如同磁石般吸引着运动体趋向目标路径，而障碍物则通过构建一个排斥势场引导运动体避免碰撞。这种方法的优点在于能够生成自然平滑且安全的行驶路径，其概念直观、形式简洁，易于理解与初步实施。然而，人工势场法的一大挑战在于容易陷入局部最优解的困境，尤其是引力场的设计至关重要，其准确性和精细度直接影响整个算法的实际效果。

（2）模糊逻辑算法　模糊逻辑算法则借鉴了人类驾驶员的操作经验和直觉决策机制，通过融合生物体的感知反馈和行动响应，利用实时的传感器数据驱动规划过程。这种算法摒弃了严格的数学模型构建方式，转而依赖预先设定的模糊规则表，依据实际情况推导出行进方向和速度等规划信息。模糊逻辑算法的优势在于其与人类思维方式的高度契合，易于将专家智慧转化为实际的控制指令，确保规划路径的一致性、稳定性和连续性。不过，此类算法也存在固有难点，如模糊规则的制定往往较为复杂且主观性强，一旦规则确立后不易在线动态调整，这限制了算法应对复杂、动态变化环境的能力。其中，如何提炼出最优的隶属度函数、设计出精准的控制规则，以及有效实现在线规则优化更新，成为模糊逻辑算法研究的核心课题。

2. 图形学方法

在解决现实世界路径规划问题时，传统算法有时受限于复杂的环境建模难度。图形学方法为此提供了基本的建模手段，这些方法在独立使用时可能搜索效率有限，通常需结合特定的搜索算法以增强规划性能。典型的图形学路径规划技术包括 C 空间法、自由空间法、栅格法以及沃罗诺伊图法等。

（1）C 空间法　C 空间法又名可视图空间法，其核心思想是在运动空间内将障碍物扩展为多边形形态，并以起点、终点及所有障碍多边形顶点间的无障碍直线连接作为潜在路径集合，进而寻找最短路径。此法直观易懂，利于求取最短路径；然而，当起点或目标点发生变化时，需重新构建可视图，导致其在面对局部路径规划需求时灵活性欠佳。C 空间法尤其适用于全局路径规划以及连续空间内的环境建模，因其能够在较大范围内快速生成有效的环境映射。

（2）自由空间法　针对 C 空间法适应性不强的特点，自由空间法引入了一种预定义的基本几何形状（例如广义锥形或凸多边形）来界定无障碍空间，并将其转化为连通图结构。这样一来，在起点或目标点位置变动时，仅需在已构建的自由空间中重新定位而不必整体重构图形，提高了算法的响应速度。然而，随着障碍物数量增加，算法复杂性随之增大，实现起来更具挑战性。

（3）栅格法　栅格法采用网格化的方式描绘地图，将含有障碍物的单元格标记为障碍栅格，其余为空闲栅格，以此为基础执行路径搜索。虽然栅格法广泛应用于路径规划的环境建模阶段，但它难以单独处理复杂的环境细节信息，通常需要与智能搜索算法联用以提升在复杂环境中的表现能力。

（4）沃罗诺伊图法　沃罗诺伊图是一种基于空间临近关系的数据结构，它将空间划分为一系列由“元素”构成的基本图形，每个元素边界由其内部点到周围最近邻居点之间的中垂线决定。最终形成的紧凑型沃罗诺伊图可用于构建路径网络，并在此基础上进行最优路径搜索。这种方法的优势在于有效地将障碍物封装在各个元素之内，有利于实现避障功能。然而，沃罗诺伊图的生成和更新过程耗时较高，因此在大型动态环境中适用性受限，不适合频繁变更的地图场景。

3. 其他高效算法

一系列人工设计的算法因其实现卓越而在众多领域得到广泛应用，它们尤其擅长在离散的路径拓扑结构中进行高效的路径搜索。这些算法主要包括但不限于 A^* 算法、Dijkstra 算法、Fallback 算法以及 Floyd-Warshall 算法等。

（1）A^* 算法　A^* 算法是一种基于启发式的搜索策略，通过精心设计的启发函数，综合考量待扩展节点的实际代价和估计代价，优先选择具有最小总体期望代价的节点进行拓展。这一策略极大地减少了搜索空间，增强了算法的效率与鲁棒性，能够快速应对环境变化。尽管 A^* 算法在考虑实体自身占据空间方面可能存在局限，但可以通过细化节点设置予以完善。

（2）Dijkstra 算法　作为一种标准的最短路径算法，Dijkstra 算法从起点出发逐步递增地探索周边节点，直至抵达终点，确保所找到的是经过所有节点的严格最短路径。该算法成功率高且具有良好的稳定性，但在处理大规模复杂路径网络时，由于需要穷举所有节点而导致效率低下，且无法直接处理带有负权重边的图结构。

（3）Fallback 算法　Fallback 算法实质上是对 Dijkstra 算法的一种扩展和优化，特别适用于多服务质量要求下的路径选择问题。它根据不同服务质量（Quality of Service，QoS）指标设定目标函数，并利用 Dijkstra 算法进行多轮搜索，依据 QoS 约束的满足程度决定是否继续搜索或停止。由于其基本框架沿用了 Dijkstra 算法，故同样继承了原算法的优劣特性。

（4）Floyd-Warshall 算法　弗洛伊德算法即 Floyd 算法，被广泛应用于计算加权无向图中任意两点之间的最短路径。该算法首先将路径网络转换为距离矩阵，随后通过动态更新矩阵元素来求解任何两点间的最短路径。相比 Dijkstra 算法，Floyd 算法在处理稠密图时表现更优，允许边权重为正负值，并且对于起点和终点的变化相对不敏感，整体更为简洁高效。然而，其内在的时间复杂度较高，这意味着在处理大规模数据集时可能显得力不从心。

除上述方法外，智能优化算法在路径规划中也经常被使用，在此不具体介绍，详情请参见 6.1.2 节。

6.3.4　路径规划不同应用场景

1. 离散域路径规划

离散域路径规划主要聚焦于那些能够被简化的环境，其中空间被划分成有限数量的不连续状态或节点。在此框架下，路径被视为一系列离散节点间的转移过程，每一步转移代表一种可能的状态变换。

（1）仓储物流自动化　自动化仓储系统中，自动引导车（AGV）需在固定货架布局间穿梭执行取放货任务。此时，每个货架位置可视为路径规划中的一个离散节点，规划任务在于发现一条从起点至终点的高效路径，同时考虑作业效率与避免拥堵。

（2）网格化游戏地形导航　在电子游戏中，非玩家控制角色（NPC）或玩家的自动寻径功能，常利用诸如 A^* 算法在网格地图上实现。地图被细分为可通行或不可通行的单元格，寻径算法旨在找出穿越这些网格达到目标的最短或最优路径。

（3）网络通信路由　计算机网络领域，数据包的传输同样面临路径规划问题，网络中的路由器作为节点，数据包需通过一连串路由器从源头传输到目的地，其间路由选择依据最小延迟、最高吞吐量等性能指标。

2. 连续域路径规划

与离散域路径规划相对，连续域路径规划则关注环境状态可连续变化的情况，处理对象是无界、无缝隙的物理空间。此类路径规划不仅要求精确的数学模型支撑，还需运用高级优化算法，在无限可能性中筛选出最优解。

（1）自动驾驶路径规划　自动驾驶汽车在开放道路环境中实时进行路径规划，需综合考量道路条件、周围车辆动态、交通法规等因素，以确保行驶路径的安全性、合法性及效率性。

（2）无人机航迹规划　无人机执行复杂任务时，其在三维空间中的飞行路径规划尤为重要，需规避静态障碍（如建筑群、山体）及动态限制区域，同时优化能源消耗，对算法的实时性和适应性提出极高要求。

（3）机器人臂运动规划　在精密制造领域，机器人臂的运动轨迹规划是一项关键任务，目标是确定一组关节角度序列，使终端效应器能沿预定轨迹精确操作，此过程涉及在高维连续空间中寻找无障碍且平滑的运动路径，极具挑战性。

综上所述，不论是离散域还是连续域路径规划，其核心目标均在于在特定约束条件下寻求最优化或可行的路径解决方案。不同应用场景下的路径规划策略选择，需基于具体需求和技术可行性进行深入分析与考量。

6.3.5　遗传算法在机器人路径规划中的应用

在机器人路径规划领域，核心挑战聚焦于两个关键方面：一是选取合适的环境模型，二是确定高效的路径规划算法。环境模型的选项繁多，其中包括但不限于栅格地图、几何地图和拓扑图等。其中，栅格地图因其实现的直观性、构造的便捷性而被广泛采纳。常见的创建栅格地图方法包括视觉法和激光雷达法等。本小节使用遗传算法结合图形学中的栅格地图建模来对连续域范围内的机器人路径规划问题进行求解。

1. 环境建模

（1）栅格地图　栅格地图通过栅格的占有率来表示环境中的障碍物，通过“0”和“1”的数字矩阵区分无障碍空间与障碍区域，其中“0”代表可通过区域，“1”则代表障碍物所在区域。这一过程通过将实际环境分割成多个矩形栅格单元并实施直角坐标系构建来模拟，图 6-9 形象地展示了这一概念：无阴影的格子代表无障碍通道，阴影格子则标示障碍区域，每个栅格边长统一设定为 1 单位长度，图 6-9 中的栅格地图矩阵可表达为 [[0,0,0],[0,1,1],[0,1,0]]。

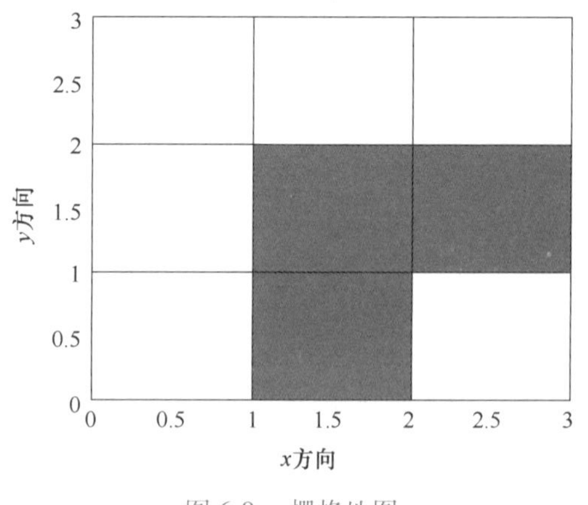

图 6-9　栅格地图

（2）障碍物处理　为了便于研究，假定所有障碍物的尺度与位置是预知且固定的。但若简单地将机器人视作无体积影响的点进行运动模拟，可能会忽略一个重要现实：当按此模型沿障碍物边界行动时，尽管理论上未触及障碍物，实际上机器人因具有实体体积而可能与障碍物发生实际接触。为应对这一可能冲突，采取障碍物膨胀策略显得尤为必要，即在构建环境模型时，将障碍物的实际边界适度外扩，扩张幅度至少要等于机器人的最小转弯半径，以确保安全间隙。鉴于障碍物形态的不规则特性，为了模型的简易性和实用性，将涉及障碍物的所有相邻栅格均标记为不可通行区域，使得栅格地图模型贴近真实场景，有利于研究和分析。障碍物的膨胀处理和栅格的填充处理分别如图 6-10 和图 6-11 所示。

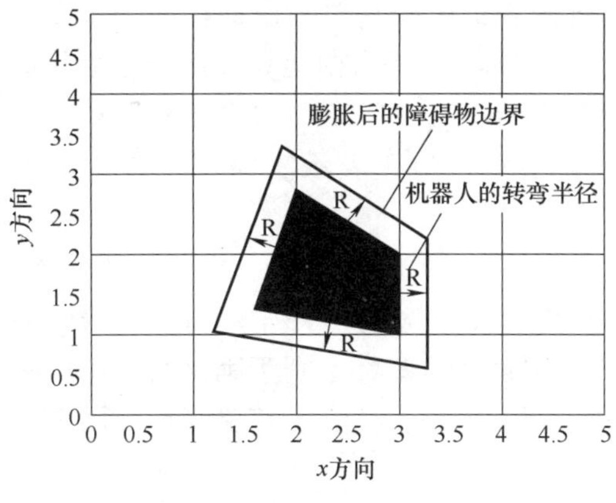

图 6-10 障碍物的膨胀处理

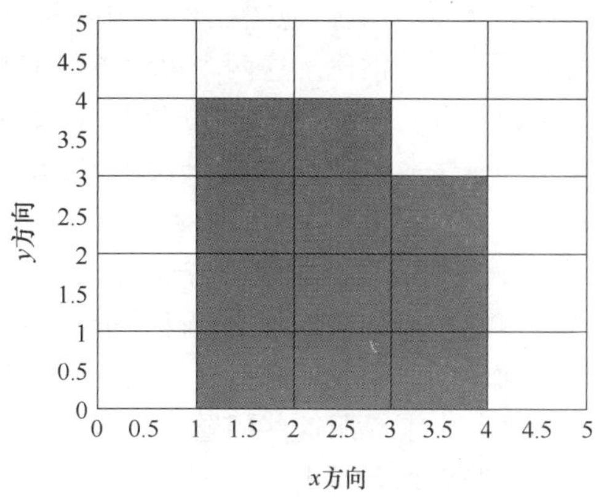

图 6-11 栅格的填充处理

（3）栅格地图信息编码 为了便于研究栅格地图，需要对其中的每个栅格进行标识。本部分使用序号法对栅格地图进行标识。

1）直角坐标表示法。在平面中，以栅格地图的左下角为坐标系的原点，定义水平方向为 x 轴，垂直方向为 y 轴，从而建立起一个直角坐标系。图 6-12 展示的是一个 10 行 10 列的栅格地图，采用直角坐标表示法，其中某一点 A 的具体坐标为（4.5，1.5）。

2）序号表示法。从栅格地图的左下角开始，标记为数字 1，随后依循从左至右、自下而上的规则，连续递增地为每个相邻栅格分配序号，直至最后一个栅格被标记 $N_x \times N_y$。每个栅格都通过一个独一无二的序号精确对应，便于信息的编码与检索。图 6-13 展示了一个 10 行 10 列的栅格地图的序号表示法。

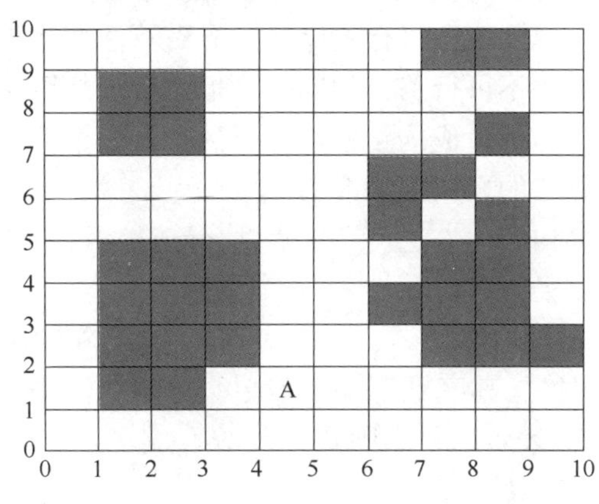

图 6-12 栅格地图的直角坐标表示法

91	92	93	94	95	96	97	98	99	100
81	82	83	84	85	86	87	88	89	90
71	72	73	74	75	76	77	78	79	80
61	62	63	64	65	66	67	68	69	70
51	52	53	54	55	56	57	58	59	60
41	42	43	44	45	46	47	48	49	50
31	32	33	34	35	36	37	38	39	40
21	22	23	24	25	26	27	28	29	30
11	12	13	14	15	16	17	18	19	20
1	2	3	4	5	6	7	8	9	10

图 6-13 栅格地图的序号表示法

直角坐标表示法信息编码和序号表示法信息编码是可以相互转换的，其转换过程如下：

$$x=\mathrm{mod}(a,N_x)L_{x-\frac{L_x}{2}} \tag{6.26}$$

$$y=\mathrm{fix}\left(\frac{a}{N_y}\right)L_y+\frac{L_y}{2} \tag{6.27}$$

$$a=\mathrm{fix}\left(\frac{x+L_x}{L_x}\right)+N_x\mathrm{fix}\left(\frac{y}{L_y}\right) \tag{6.28}$$

式中，x 和 y 分别表示直角坐标法栅格中心位置的横坐标和纵坐标；a 是栅格位置的序号；N_x和 N_y分别为网格地图在水平与垂直方向上的栅格计数；L_x和 L_y是单一栅格在两个维度上的尺寸大小，惯例上这两个尺寸单位值默认为1；此外，“mod”是求模运算，用于获取除法的余数部分；“fix”操作指的是向下取整，即舍弃小数部分。式（6.26）和式（6.27）表示序号表示法向直角坐标表示法的转换，式（6.28）表示直角坐标表示法向序号表示法的转换。

2. 遗传算法路径规划方法设计

尽管遗传算法理论上适用于处理各类复杂路径规划挑战，其实际应用中却可能遭遇诸如计算效率低下、收敛速度缓慢及易陷于局部最优解等局限性，这些都不利于满足实际应用的高标准。为了克服这些问题，本部分对传统遗传算法进行了改进，使其能够更好地应用于实际的路径规划问题中。

（1）个体编码方式　在解决实际问题时，遗传算法的第一步是选择合适的个体编码方式，即染色体的表示方法。个体编码方式的选择对后续遗传操作的难易程度有着直接的影响。针对机器人的路径规划问题，本部分选择了路径点的栅格序号编码方式。

在这种编码方式下，机器人从起始栅格出发，穿越一系列连贯的可行路径点，直至抵达目标栅格，整个路径构成遗传学概念中的染色体，其中每个路径点如同染色体上的基因单元。以图 6-13 展示的栅格布局为例，假定栅格 1 标识起点，栅格 100 为终点，用序号法可表示为 1-2-3-4-5-15-25-35-45-55-66-77-88-89-90-100。将每个栅格序号视作遗传基因，所有序号的序列化组合即构成完整的染色体，这一策略以其简洁明了的特性，极大地提升了算法的易用性和理解度。

（2）种群初始化　优秀的初始种群可以有效简化后续遗传操作。在传统遗传算法中，初始种群通常是随机生成的。这意味着随机产生一些路径点，逐个连接起点、路径点和终点，形成初始种群的个体。然而，这种方法可能会生成许多不可行的路径，导致算法效率下降。虽然可以通过在适应度函数中引入惩罚机制来解决不可行路径的问题，但这会增加算法的复杂度，降低搜索速度，并延长优化时间。此外，随机生成的路径可能导致种群中个体之间的相似度较高，容易陷入局部最优解，从而影响算法的全局搜索能力。

为了解决这些问题，本部分提出了一种新的种群初始化方法——中点法。在介绍该方法之前，需要先引入两个基本概念：中点栅格和连续路径段。

中点栅格：若有两个栅格 N_1、N_2，其栅格序号分别为 a_1、a_2，对应的坐标分别为 (x_1,y_1)、(x_2,y_2)，栅格 N_3为栅格 N_1和 N_2的中点栅格，其序号为 a_3。设单个栅格的横坐标长度为 L_x，通常取值为 1，横轴栅格的数目为 N_x，int 表示取整。则式（6.29）成立。

$$a_3=\mathrm{int}\left[\frac{1}{2}(x_1+x_2)+L_x\right]+N_x\mathrm{int}\left[\frac{1}{2}(y_1+y_2)\right] \tag{6.29}$$

栅格 N_3的坐标可依据式（6.26）、式（6.27）、式（6.29）得到。

连续路径段：在栅格地图中，若 (x_1, y_1)、(x_2, y_2) 为某一路径段的端点坐标，可依据式（6.30）判断该路径段是否为连续路径段。

$$\delta=\max[\mathrm{abs}(x_2-z_1),\mathrm{abs}(y_2-y_1)] \tag{6.30}$$

式中，max 为取最大值操作；abs 为取绝对值操作。当 $\delta=1$ 时，该路径段为连续路径段；否则，为非连续路径段。

中点法产生初始路径的具体步骤如下。

Step1：首先，在起点 S 和终点 E 之间绘制一条直线段。

Step2：接着，找到直线段 SE 的中点栅格 M。若 M 点位于障碍物栅格上，则随机选择 M 点附近的非障碍物栅格点 M'，并将 M'取代 M。若 M 点是自由栅格点，则无须做任何处理。

Step3：然后，将线段 SM（或 SM'）视为起点到终点的路径段。接着，将 M（或 M'）点作为新的起点 S，E 点保持不变；或者将 M（或 M'）点作为新的终点 E，S 点保持不变。

Step4：重复执行 Step1 至 Step3，直到所有生成的路径段都是连续的路径段。

Step5：最后，将从起点 S 到终点 E 的每一条路径经过的栅格编号连接起来，形成一条初始路径。通过这样的方式，生成与种群数量 N 相等的路径群体。

中点法产生初始路径的效果如图 6-14 所示。

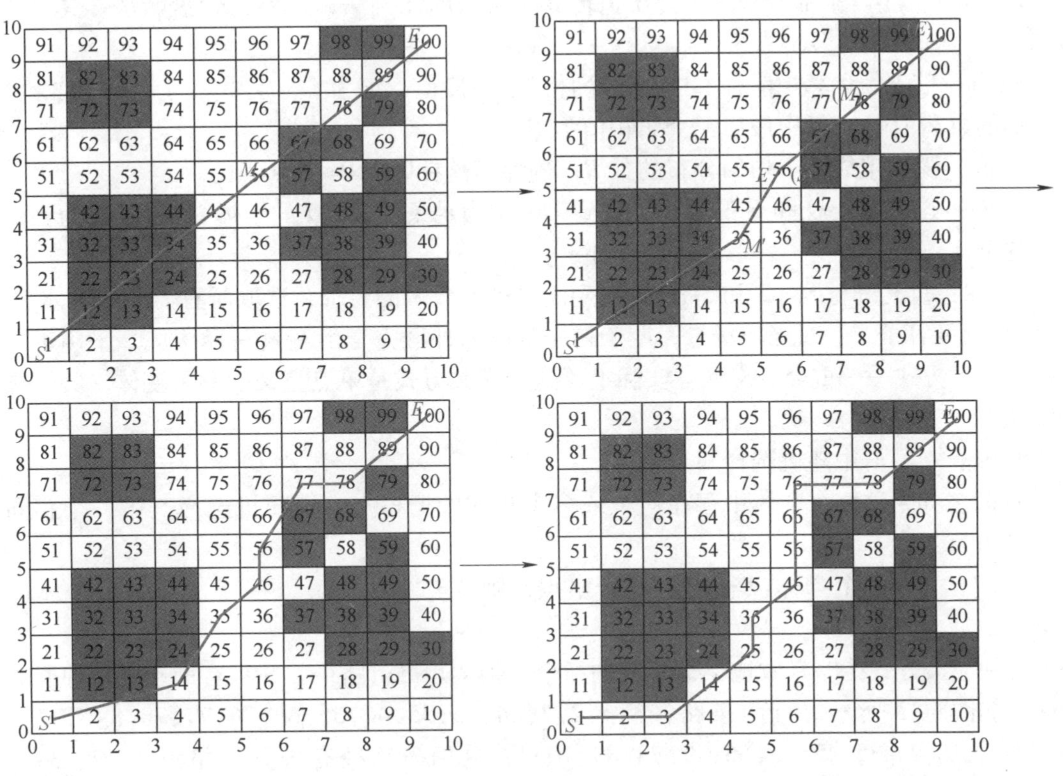

图 6-14　中点法产生初始路径的效果

与标准遗传算法相比，此改进方法在初始化路径阶段巧妙利用了预先存在的信息，引导生成的路径从起始便贴近最优解。更重要的是，经此方法产生的路径都是连贯且实际可行的，自然而然地规避了无效解的问题，无须再施加特别的惩罚机制以过滤不可行路径。

（3）适应度函数确立　在机器人路径规划中，核心优化目标通常是确定最短的可行路径。由于本节场景下生成的所有初始路径均满足可行性条件，故无须额外添加惩罚项来规避不可行解，这简化了适应度函数的设计，使其专注于促进路径长度的优化。设置的适应度函数为

$$f=\frac{1}{\left(1+\frac{1}{\sqrt{n-1}}\right)d} \tag{6.31}$$

式中，f 代表个体的适应度函数；n 代表个体所经过的栅格数量；d 表示个体路径的总长度。很显然，适应度值与路径长度成反比例关系：路径越短，适应度越大；反之，适应度越小。同时，在式（6.31）中引入了 $d/\sqrt{n-1}$，旨在防止个体过早陷入局部最优解。个体路径的总长度定义为起点到终点之间所有相邻路径点之间距离的总和，可表示为

$$d=\sum_{i=1}^{n-1}d(p_i,p_{i+1})=\sum_{i=1}^{n-1}\sqrt{(x_{i+1}-x_i)^2+(y_{i+1}-y_i)^2} \tag{6.32}$$

式中，p_i、p_{i+1}表示两个相邻的路径点；(x_i,y_i)、(x_{i+1},y_{i+1}) 分别表示它们的坐标。

（4）遗传算子

1）选择算子。本部分采用了传统遗传算法常用的比例法，也称为轮盘赌法。具体的步骤如下。

Step1：首先，计算当前种群中每个个体的适应度值，记为f_1，f_2，…，f_i，…，f_n，并计算它们的累积值 Q_i，其中最后一个累积值为 Q_n。

Step2：随机生成一个均匀分布的数 R，确保其落在区间 $0\leqslant R\leqslant Q_n$内。

Step3：逐一比较 Q_i和 R 的大小，找到第一个满足条件 $R\leqslant Q_i$的个体 i，将其选为当前被选择的个体。

Step 4：重复进行 Step2 和 Step3，直到满足种群数量的要求，选取所有需要的个体。

2）交叉算子。针对当前场景，鉴于初始生成的种群完全由有效路径构成，采用了一种特殊的交叉方式——重合点交叉。实际上，这种交叉方式是单点交叉的一种变体。具体操作步骤如下。

Step1：在种群中随机选择两个个体。

Step2：如果这两个个体中存在一个或多个相同的栅格点，则随机选择其中一个相同的栅格点作为交叉点。

Step3：如果两个个体没有相同的栅格点，则放弃本次交叉，重新选择两个个体进行交叉。

这种交叉方式能够有效地保证生成的新个体仍然是可行路径，并且有助于维持种群的多样性。如图 6-15 所示，有两条路径 [1,2,3,14,25,35,46,56,66,76,77,78,89,100] 和 [1,2,3,4,15,25,35,45,55,66,77,78,89,100]，这两条路径有公共栅格点 1，2，3，25，35，66，77，78，89，100，选取公共点 66 进行交叉，得出路径 [1,2,3,14,25,35,46,56,66,77,78,89,100] 和 [1,2,3,4,15,25,35,45,55,66,76,77,78,89,100]。

3）变异算子。为了强化算法在细节上的探索能力和维持种群的多样性，变异算子的采纳是必不可少的，常见的策略涵盖自适应变异、基本位变异及均匀变异等。本部分特地设计

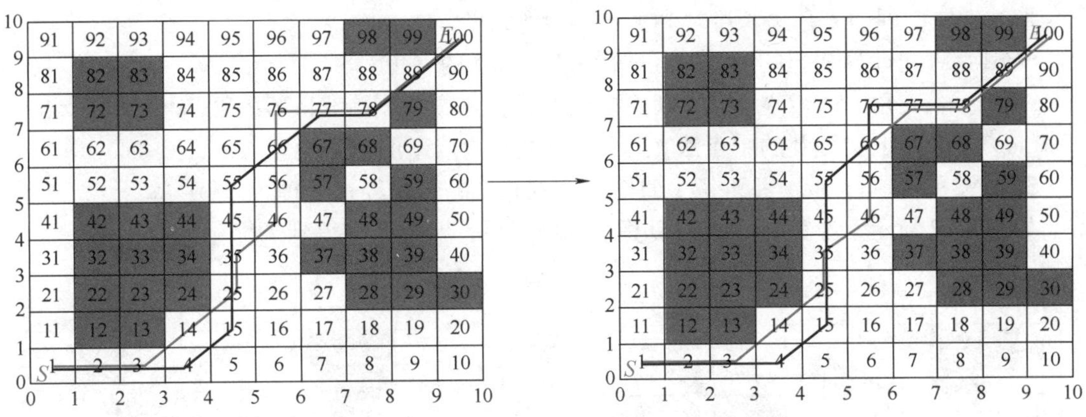

图 6-15　交叉操作

了一种新颖的变异策略，其灵感来源于中点法，具体步骤概括如下。

Step1：从现有路径中随机抽取一条作为变异对象。

Step2：在这条路径中随机挑选两个节点，移除这两节点间的全部路径片段。

Step3：直接连接这两个节点，形成新的直线段。

Step4：检验新形成的线段是否穿越障碍区域，若发生碰撞，则进入 Step5；否则依次进入 Step1～Step4。

Step5：应用中点法填补这两个节点间的空白路径段，完成变异步骤。

这一变异方法不仅增强了算法在局部空间的探索效能，还有效促进了种群的多样性维护，有效遏制了早熟收敛现象，为遗传算法在解决复杂路径规划问题时提供了更加灵活和高效的策略。

在图 6-16 中，所选的变异路径为［1,2,3,4,15,25,35,45,55,66,77,78,89,100］，其中变异节点为 3 和 55，符合变异条件。为了进行变异操作，需要删除这两个节点之间的路径段，并使用中点法重新生成新的路径段。因此，新的路径段为［1,2,3,14,25,35,45,55,66,77,78,89,100］。

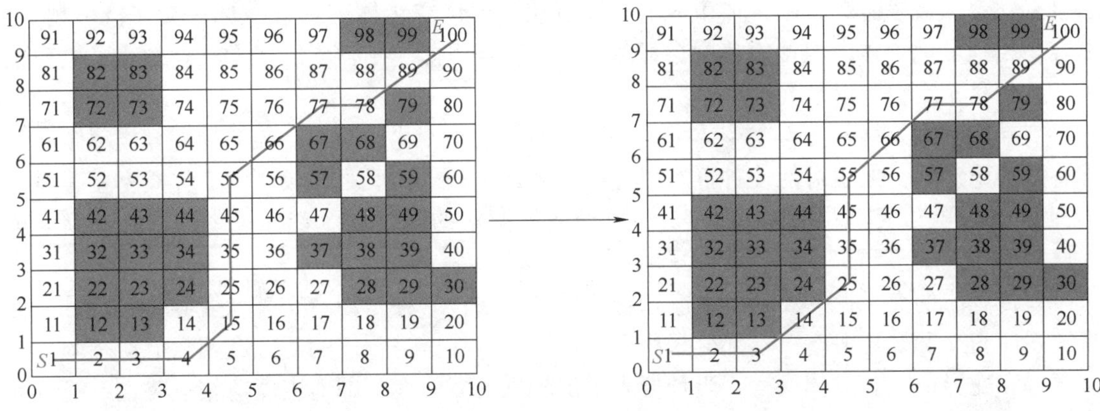

图 6-16　变异操作

4）修复算子。尽管交叉和变异操作可以增加种群的多样性，但可能会导致生成的路径包含冗余路径段。为了确保获得最优路径，本部分引入了修复算子，其基本原理是利用直角三角形的性质，即两直角边长度之和大于斜边的长度。

Step1：首先计算相邻的两条路径线段 OP 和 PQ 的夹角。

Step2：若夹角 $\angle OPQ$ 为 90°，则连接点 O 和点 Q，并删除线段 OP 和 PQ。

Step3：使用上文提及的中点法在路径 OQ 之间生成新的路径段。

Step4：重复执行 Step1 ~ Step3，直至所有的直角路径均经过处理。

如图 6-17 所示，显然，经过修复算子的修复后，路径明显得到了优化。

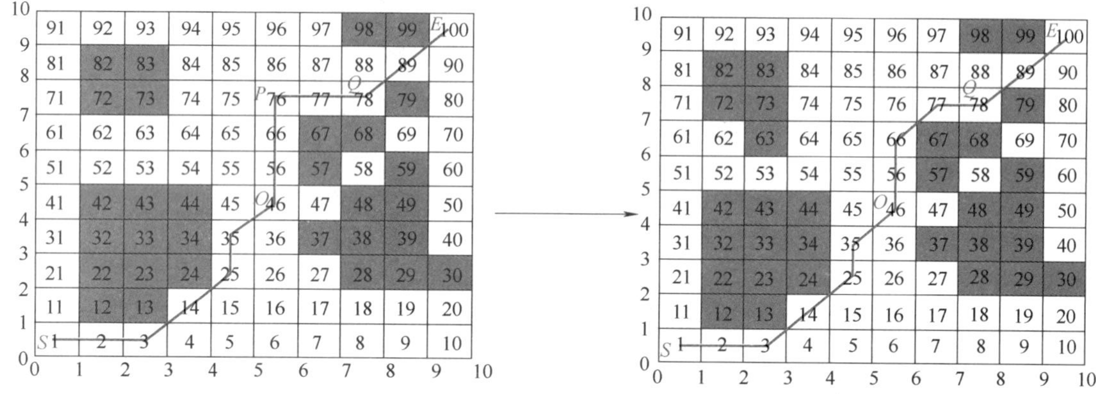

图 6-17　修复操作

（5）控制参数　遗传算法中的控制参数选择至关重要，对算法性能和收敛性有显著影响。主要控制参数包括种群大小 M、交叉概率 P_c、变异概率 P_m 等，一般依据具体问题选择控制参数。

1）种群大小。在机器人路径规划的环境中，种群大小的选择应根据地理环境的复杂程度而定。当环境较为复杂时，种群规模应选择较大；而当环境相对简单时，则可以选择较小的种群规模。一般而言，种群规模的选择范围通常为 40 至 100 之间。

2）交叉、变异概率。交叉概率指的是种群中被选定进行交叉操作的两个个体进行交叉的概率。交叉概率越高，新个体生成的速度越快，但优秀个体容易被破坏；交叉概率越低，更容易找到最优个体，但搜索速度会显著减慢，甚至可能中断搜索。通常推荐的交叉概率位于 0.4 与 0.9 之间，以平衡两者。

变异概率则是衡量种群中个体发生基因层面上微小变化的频率。较低的变异概率倾向于维持解的稳定性，但也可能使种群难以逃离局部最优陷阱；反之，较高的变异概率显著增强了种群的多样性，扩展了搜索空间，却可能增加搜索的随机性。变异概率通常在 0.001 至 0.1 之间选择。

遗传算法的交叉概率和变异概率选择有两种方法：一种是固定交叉和变异概率，另一种是自适应交叉和变异概率。本部分采用后者，即根据种群内个体的适应度函数值动态调节交叉概率和变异概率。具体而言，当种群表现出较低的多样性，即适应度值相近时，系统自动上调交叉概率和变异概率，旨在通过增加遗传物质的重组与变异事件，激发更多新颖解的出现，以逃离局部最优区域。反之，若种群内已存在显著的适应度差异，表明搜索正趋向有效区域，这时则适度下调交叉概率和变异概率，以便集中力量优化已发现的高质量解，加速收敛至全局或近全局最优解。自适应交叉概率 P_c、自适应变异概率 P_m 分别表示为

$$P_c=\begin{cases}\dfrac{C_1(F_{max}-F')}{F_{max}-F_{avg}} & F'\geqslant F_{avg}\\ C_2 & F'\geqslant F_{avg}\end{cases} \tag{6.33}$$

$$P_m=\begin{cases}\dfrac{C_3(F_{max}-F)}{F_{max}-F_{avg}} & F\geqslant F_{avg}\\ C_4 & F\geqslant F_{avg}\end{cases} \tag{6.34}$$

式中，F_{max}代表种群内个体适应度的峰值，即最大适应度值；F_{avg}是种群所有个体适应度值的均值，反映整体平均水平；F'特指在进行交叉操作时，两个被选中个体中适应度较高的那个值；F是正在进行变异操作的个体的适应度值；C_1至C_4为约束因子，它们的取值范围被限定在 0 到 1 之间，用于调整算法的行为。至于种群多样性的评估，可以通过最大适应度与平均适应度之间的差值，即 $F_{max}-F_{avg}$来近似量化，这一差值较小意味着种群内的解更加趋同，多样性较低；反之，若差值较大，则说明解的分布广泛，种群多样性高。

3）终止条件。终止条件是指遗传算法停止进化的标准。本部分综合考虑了进化代数和适应度函数值的变化情况。具体设定为：若算法连续迭代五代，期间观察到群体中的最优适应度值保持稳定不变，同时种群平均适应度的波动幅度限制在-1%~1%的狭窄区间内，或者算法迭代次数已经达到或超越了预先设定的最大值，则算法停止进化。

6.4 电池剩余电量估计问题

近年来，中国新能源汽车产业迅速发展，动力电池作为新能源汽车系统中的关键组成部分，其能量开发利用不言而喻地在未来的发展中发挥着至关重要的作用。锂离子电池作为电动车核心技术“三电系统”的关键组成部分，凭借其高能量密度、无明显记忆效应、较长循环寿命以及较低自放电率等诸多优势，在当今电动汽车技术中占据核心地位。然而，设计一套性能可靠的电池管理系统（Battery Management System，BMS）仍是一项艰巨挑战。其中，电池荷电状态（State of Charge，SOC）作为 BMS 不可或缺的功能模块，衡量了电池当前可用容量与其额定容量的比例，对于有效掌控电池能量使用、确保电池不过充过放至关重要。图 6-18 为 BMS 中电池荷电状态估计原理。

由于动力电池内部复杂的化学反应机制以及外部因素如车辆行驶过程中的急停、温度急剧变化以及外部环境干扰，致使电池实际监测数据体现出强烈的耦合性和非线性特性，大大增加了精确估算 SOC 的难度。因此，实现对 SOC 的精确估计具有极其重大的实践价值和实际意义。

6.4.1 剩余电量估计问题概述

SOC 估计过程中存在的关键技术难点可以归结为以下三个方面：一是电池具有高度非线性、多空间时间尺度老化等特性，难以建立能够准确反映其运行状态的模型；二是影响 SOC 估计精度的内外部因素很多，外部因素如环境温度、电流突变等，内部因素有循环次数、自

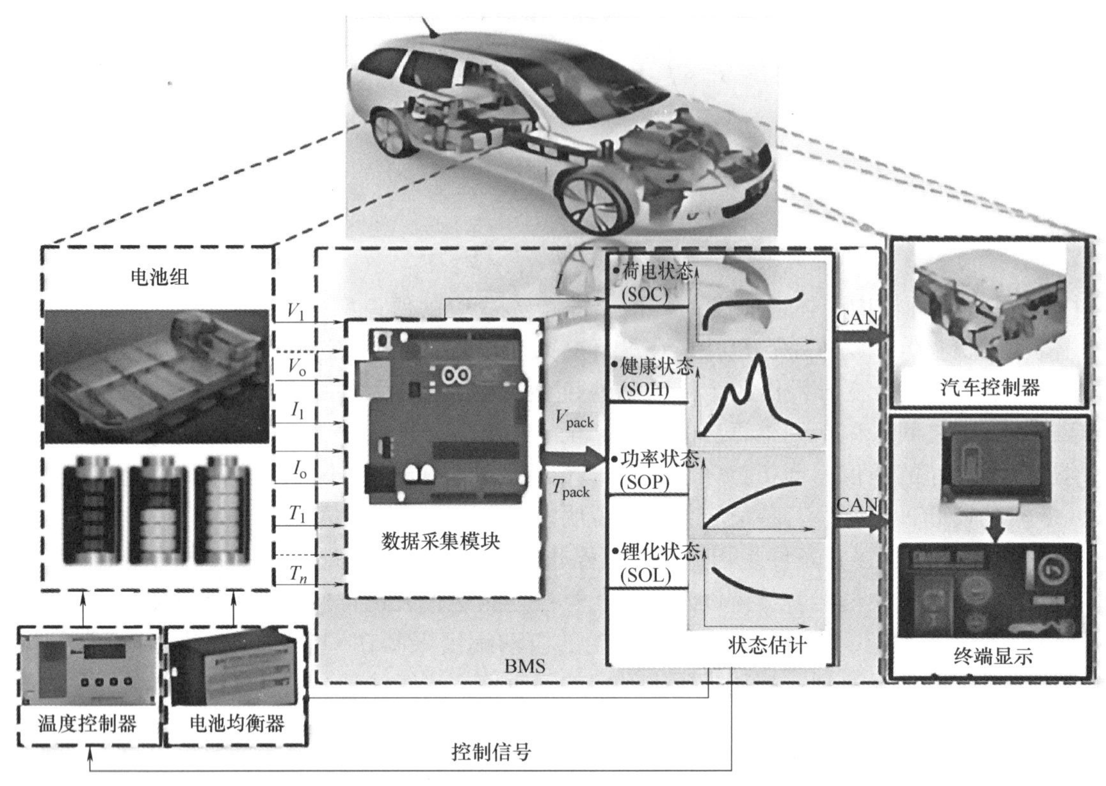

图 6-18　BMS 中电池荷电状态估计原理

发热情况、老化状态等；三是估计过程中传感器的精度、噪声误差、算法优劣等会直接影响估计模型的收敛速度和准确性。为了解决以上问题，国内外学者对 SOC 的估计进行了大量的研究。早期的研究大多采用基于实验的常规方法，但其逐渐被更复杂的方法取代，如基于滤波的方法等。这些技术具有更高的精度，但需要复杂的模型参数识别来充分表征电池的非线性特性，因此通常需要大量的参数或不同版本的电池模型来进行准确的 SOC 估计。而近几年的最新趋势是加入一些人工智能、机器学习方法来提高估计性能，这种方法对数据和计算成本要求很高，不适合工程实际运用。尽管付出了几十年的不断努力，电池 SOC 在线估计的准确性和实用性仍然没有得到有效解决。因此当前研究的最大挑战是如何在不增加模型和估计过程的复杂性的情况下，还能提高 SOC 估计的准确性、鲁棒性和有效性，从而促进其在低成本硬件上来实现。

6.4.2　剩余电量估计的基本方法

SOC 是为了研究动力锂电池电量状态而特意给的一个数学定义，因研究角度不同而标准不一。常用的定义为

$$\mathrm{SOC}=\frac{C_R}{C_N}\times 100\%=\left(1-\frac{\Delta Q}{C_N}\right)\times 100\% \tag{6.35}$$

式中，C_R为当前电池剩余容量；C_N为电池出厂时设定的额定容量；ΔQ 为工作期间累计放出的电量。

SOC 不是一个显性变量，并不可以通过监控设备直接被测量。因此需要通过一些间接的估计策略来获取其值，这也是目前国内外研究的一项热点。目前最为普遍的有安时积分法、开路电压法、内阻法、数据驱动法和基于模型的方法等。

1. 安时积分法

安时积分法（Coulomb Counting Method）是通过对电池充放电过程中的电流进行积分来估算 SOC。具体来说，SOC 可以表示为初始 SOC 减去放电电流的积分或加上充电电流的积分：

$$SOC(t)=SOC(0)+\frac{1}{C_{nom}}\int_0^t I(\tau)\mathrm{d}\tau \tag{6.36}$$

式中，$I(\tau)$ 为电池在时间 τ 时的电流；C_{nom}为电池的额定容量。

该方法优点为：实现简单，计算速度快；对于短时间内的 SOC 变化具有较高的精度。该方法缺点为：需要精确的初始 SOC 值，否则会产生累积误差；受电流传感器精度和测量误差影响较大；长时间使用会导致误差累积，需定期校正。

2. 开路电压法

开路电压法（Open-Circuit Voltage Method，OCV）基于电池的开路电压与 SOC 之间的关系。在电池静止一段时间后，其端电压趋于稳定，此时的电压称为开路电压，开路电压与 SOC 之间存在一定的函数关系：

$$SOC=f(OCV) \tag{6.37}$$

该方法优点为：方法简单，易于实现；不需要复杂的计算。该方法缺点为：电池需要长时间静置才能测量稳定的开路电压，实用性差；受到温度等外界条件的影响较大；不适用于实时 SOC 估计。

3. 内阻法

内阻法（Internal Resistance Method）通过测量电池的内阻来估计 SOC。电池的内阻会随着 SOC 的变化而变化，因此可以利用内阻与 SOC 之间的关系来进行估计：

$$SOC=g(R_{int}) \tag{6.38}$$

式中，R_{int}为电池内阻。

该方法优点为：可以在一定程度上反映电池的健康状态；相对容易实现。该方法缺点为：电池内阻受温度、老化等因素影响显著，稳定性较差；测量内阻需要施加小幅度的交流信号，增加了测量难度；内阻与 SOC 之间的关系较复杂，难以建立准确的模型。

4. 数据驱动法

数据驱动法（Data-Driven Method）通过机器学习和统计分析等技术，利用大量实验数据来训练模型，从而实现 SOC 的估计。常见的数据驱动方法包括神经网络、支持向量机、决策树等。

该方法优点为：能够处理复杂的非线性关系，具有较高的估计精度；适应性强，可以不断更新和改进模型。该方法缺点为：需要大量的训练数据，数据获取成本高；模型训练和验证过程复杂，计算量大；依赖于数据的质量和数量，对于未知工况的泛化能力有限。

5. 基于模型的方法

基于模型的方法（Model-Based Method）通过建立电池的数学模型，结合电池的电压、电流、温度等实时测量数据，利用状态估计算法（如卡尔曼滤波、扩展卡尔曼滤波、粒子滤波等）来估算 SOC。常见的模型包括等效电路模型、热力学模型、动力学模型等。

该方法优点为：能够综合考虑电池的动态特性，具有较高的估计精度；可以反映电池的内在物理特性，适应性较强；具有良好的实时性，适用于动态工况下的 SOC 估计。该方法缺点为：模型建立和参数辨识复杂，依赖于对电池特性的深刻理解；计算复杂度较高，实时性要求高；对模型的精确度和算法的稳定性要求较高，易受外界干扰影响。

6.4.3 剩余电量估计中的智能优化算法

在剩余电量估计中，智能优化算法主要用于优化模型参数或直接估计电池的剩余电量。在此简单介绍一下几类优化算法在剩余电量估计中的应用，后面再给出差分进化算法在剩余电量估计中的应用。

（1）遗传算法　在电池剩余电量估计中，遗传算法通过编码电池状态参数为染色体，并通过选择、交叉和变异等操作来生成新的解集。通过迭代过程，算法逐渐优化 SOC 估计模型的参数组合，力求找到一组能最大化估计精度的参数集。

（2）差分进化算法　差分进化算法用于搜索电池 SOC 最优估计值时，通过随机生成初始种群，并利用变异、交叉和选择等操作更新种群成员。在电池管理中，它通过不断地对个体（即可能的 SOC 值）进行更新和筛选，以逼近真实的剩余电量值。

（3）粒子群优化算法　粒子群优化算法模拟粒子在搜索空间中的飞行，每个粒子代表一个可能的 SOC 值。每个粒子在迭代过程中根据自身和群体最优的经验信息更新速度和位置，最终整个粒子群能收敛到 SOC 估计问题的最优解附近。

总之，这些智能优化算法利用各自的搜索策略和优化机制，试图在复杂的电池系统模型中找到最优的 SOC 估计方案，从而提高剩余电量预测的准确性和可靠性。

6.4.4 差分进化算法在剩余电量估计中的应用

本小节结合差分进化（Differential Evolution，DE）算法和改进的支持向量回归（improve Support Vector Regression，imSVR）算法，用于优化超参数并构建 imSVR 模型，从而对电池剩余电量进行估计预测。imSVR 算法框架如图 6-19 所示。

整个框架分为两个主要部分：DE 算法参数自动寻优和 imSVR 算法对电池剩余电量进行估计。

1. 改进支持向量回归

（1）支持向量回归　在本部分电池剩余电量估计应用中，具体的支持向量回归算法过程如下：

假设一组电池训练样本 $\{(\boldsymbol{x}_1,\boldsymbol{y}_1),\cdots,(\boldsymbol{x}_n,\boldsymbol{y}_n)\}\subset\boldsymbol{X}^R$，$\boldsymbol{X}^R$ 为输入特征的空间，$\boldsymbol{x}_n$ 为第 n 个输入电池特征向量，$\boldsymbol{y}_n$ 为 $\boldsymbol{x}_n$ 对应的输出向量即自放电压降值，n 表示样本数量。非线性映射为

$$f(\boldsymbol{x})=\boldsymbol{\omega}\boldsymbol{\Phi}(\boldsymbol{x})+b \tag{6.39}$$

式中，$\boldsymbol{x}$ 是输入指标即为中选定的特征指标；$\boldsymbol{\Phi}(\boldsymbol{x})$ 是非线性映射；$\boldsymbol{\omega}$ 为权重；b 为常数项。根据结构风险最小化（SRM）原则可将其转化为优化问题：

$$\frac{1}{2}\|\boldsymbol{\omega}\|^2+C\sum_{i}^{n}L(f(\boldsymbol{x}_i),\boldsymbol{y}_i) \tag{6.40}$$

式中，C 为惩罚因子；L 为损失函数。L 的定义为

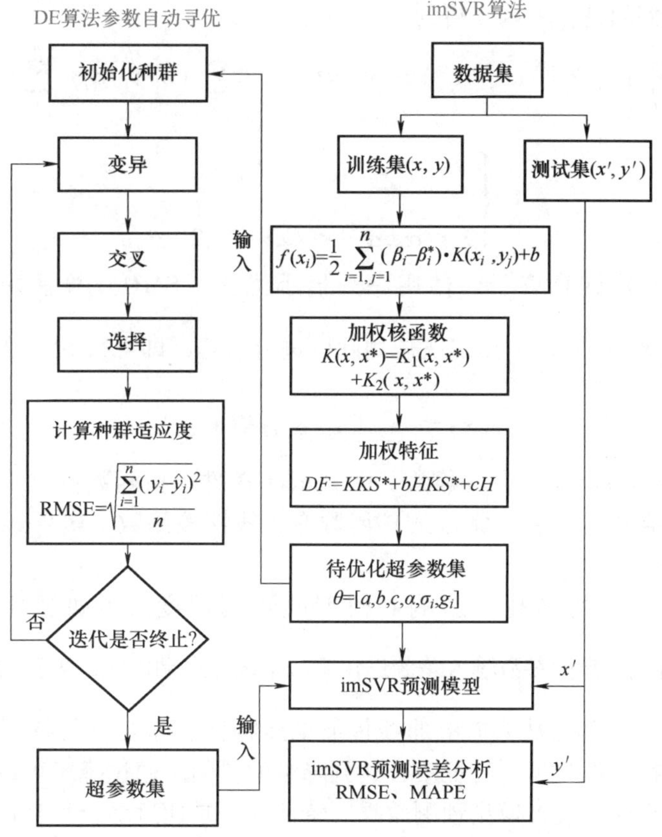

图 6-19　imSVR 算法框架

$$L=\begin{cases}0, & |f(\boldsymbol{x})-\boldsymbol{y}|<\varepsilon\\ |f(\boldsymbol{x})-\boldsymbol{y}|-\varepsilon, & |f(\boldsymbol{x})-\boldsymbol{y}|>\varepsilon\end{cases} \tag{6.41}$$

样本点处于不敏感回归带内时，$L=0$；样本点不处于不敏感回归带内时，引入松弛变量 ξ_i 与 ξ_i^*，使得样本点满足约束条件：

$$\min \frac{1}{2}\|\omega\|^2+C\sum_{i}^{n}(\xi_i+\xi_i^*)$$

$$\text{s.t.}\begin{cases}\boldsymbol{y}_i-\boldsymbol{\omega}\boldsymbol{\Phi}(\boldsymbol{x}_i)-b\leqslant\varepsilon+\xi_i\\ \boldsymbol{\omega}\boldsymbol{\Phi}(\boldsymbol{x}_i)+b-\boldsymbol{y}_i\leqslant\varepsilon+\xi_i^*\\ \xi_i,\xi_i^*\geqslant 0\end{cases} \tag{6.42}$$

式（6.42）引入拉格朗日算子得：

$$\begin{aligned}L(\boldsymbol{\omega},b,\xi_i,\xi_i^*,\alpha,\alpha^*,\mu,\mu^*)=&\frac{1}{2}\|\boldsymbol{\omega}\|^2+C\sum_{i}^{n}(\xi_i+\xi_i^*)+\\&\sum_{i=1}^{n}\alpha_i(\boldsymbol{y}_i-\boldsymbol{\omega}\boldsymbol{\Phi}(\boldsymbol{x}_i)-b-\varepsilon-\xi_i)+\\&\sum_{i=1}^{n}\alpha_i^*(\boldsymbol{\omega}\boldsymbol{\Phi}(\boldsymbol{x}_i)+b-\boldsymbol{y}_i-\varepsilon-\xi_i^*)-\sum_{i=1}^{n}\mu_i\xi_i-\sum_{i=1}^{n}\mu_i^*\xi_i^*\end{aligned} \tag{6.43}$$

由于 $L(\boldsymbol{\omega},b,\xi_i,\xi_i^*)$ 取极小值时满足卡罗需-库恩-塔克（Karush-Kuhn-Tucker，KKT）条

件，能够转化成对偶问题，求偏导得到：

$$\min \frac{1}{2}\sum_{i,j}^{n}(\alpha_i-\alpha_i^*)(\alpha_j-\alpha_j^*)\boldsymbol{\Phi}(\boldsymbol{x}_i)\boldsymbol{\Phi}(\boldsymbol{x}_j)+\sum_{i}^{n}(\varepsilon-\boldsymbol{y}_i)\alpha_i+\sum_{i}^{n}(\varepsilon+\boldsymbol{y}_i)\alpha_i^*$$

$$\text{s. t.}\begin{cases}\sum_{i}^{n}(\alpha_i-\alpha_i^*)=0\\ 0<\alpha_i,\alpha_i^*<C,i=1,2,\cdots,n\end{cases} \tag{6.44}$$

式中，α_i与α_i^*为拉格朗日算子。使用序列最小优化（SMO）算法求出α_i和α_i^*，得到$\boldsymbol{\omega}=\sum_{i}^{n}(\alpha_i-\alpha_i^*)\boldsymbol{\Phi}(\boldsymbol{x}_i)$。对以上凸二次规划问题进行求解，即可得SVR的标准形式：

$$f(\boldsymbol{x})=\sum_{i}^{n}(\alpha_i-\alpha_i^*)K(\boldsymbol{x}_i,\boldsymbol{x}) \tag{6.45}$$

式中，$K(\boldsymbol{x}_i,\boldsymbol{x})=\boldsymbol{\Phi}(\boldsymbol{x}_i)\boldsymbol{\Phi}(\boldsymbol{x})$为核函数。由Mercer条件，核函数可以将非线性数据映射到高维空间以得到更高精度。目前常用的核函数有：线性核函数、多项式核函数和高斯核函数等。

综上所述，SVR中的参数会影响到模型的预测精度，例如惩罚因子C和核参数$\gamma=-\frac{1}{2\sigma^2}$。本部分将这些模型参数输入差分进化算法中进行自动优化，来获得更好的预测精度。

（2）加权特征　本部分从充放电曲线提取电压特征后需要进行特征选择，从原始特征集合中遴选出少量特征作为预测特征集合达到降维的目的。通过降维可以大幅降低模型计算开销，并且在一定程度上改善模型预测效果。特征融合是通过融合得到使每个特征对结果影响最大的加强特征，目前最常用方法就是给定每类特征一个权值，以此改善样本集的空间分布状态，使得算法能够更好地挖掘数据潜在的关系，合理的特征权重使得特征对模型的作用变得更加显著。

建立锂离子电池的加权特征主要考虑两个方面：①需要改善电池样本集的分布状态，使得算法可以更好地挖掘数据潜在关系；②在模型训练时，对不同批次的电池可以自适应地赋予不同特征指标各自的权重，这样不同批次的电池可以有选择地充分利用具有更高关联度的特征指标，使得模型在更广泛的条件下获得稳定的预测结果与精度。加权特征（Weighted Feature，WF）定义式如下：

$$WF=a\,|\boldsymbol{u}_{\mathrm{FG}}|_N+b\,|\boldsymbol{u}_{\mathrm{JK}}|_N+c\,|\boldsymbol{u}_{\mathrm{OP}}|_N \tag{6.46}$$

式中，a、b、c为对应的特征权重；下标N表示这些特征需要进行归一化操作后才能代入式（6.43）。特征的权重需要和惩罚因子C、回归带宽度ε等参数一起使用DE算法来自动获取最优值。

（3）加权核函数　核函数能够将非线性问题转化为一个近似线性回归问题，可以直接在低维空间中处理非线性问题，避免了高维空间计算的“维数灾难”现象。

核函数可分为全局核函数和局部核函数。全局核函数比如多项式核函数，其泛化能力较强，但是在高次项时计算非常缓慢且学习能力较差；而局部核函数比如高斯核函数，相较于多项式核函数虽然学习能力较强，但是泛化能力却较弱。目前对核函数的研究可以看出，使用单个核函数存在一定局限性。本部分将两个或者多个核函数组合起来构造加权核函数（Weighted Kernel Function）。将几个核函数进行线性运算即可得到加权核函数，这样加权核函数也满足 Mercer 定理。假设 $K_1(\boldsymbol{x},\boldsymbol{y})$ 和 $K_2(\boldsymbol{x},\boldsymbol{y})$ 都是空间上的核函数，对于任意的 $\lambda \in (0,1)$，则下面的几个函数都是核函数：

$$K(\boldsymbol{x},\boldsymbol{y})=\lambda K_1(\boldsymbol{x},\boldsymbol{y})+(1-\lambda)K_2(\boldsymbol{x},\boldsymbol{y})$$

$$K(\boldsymbol{x},\boldsymbol{y})=K_1(\boldsymbol{x},\boldsymbol{y})K_2(\boldsymbol{x},\boldsymbol{y}) \tag{6.47}$$

除上述核函数外，常见的核函数还有 Sigmoid 核函数，线性核函数等。高斯核函数现阶段已在估计电池参数等方面取得了良好的成果，所以高斯核函数将作为构建加权核函数的一个基础核函数。由于加权特征作为输入特征的维度为 1，作为目标输出的维度也为 1，因此可以将锂离子电池自放电压降的估计过程视作是二维层面中的曲线拟合过程。

加权核函数具有组成它的简单核函数的所有优点，构建加权核函数可以适当增加全局的训练误差，降低预测过程出现过拟合几率。因此，本部分选择了线性核函数和高斯核函数组成加权核函数，加权核函数的计算方式为

$$K_{\mathrm{c}}(\boldsymbol{x},\boldsymbol{y})=\lambda K_{\mathrm{linear}}(\boldsymbol{x},\boldsymbol{y})+(1-\lambda)K_{\mathrm{rbf}}(\boldsymbol{x},\boldsymbol{y}) \tag{6.48}$$

式中，$K_{\mathrm{linear}}(\boldsymbol{x},\boldsymbol{y})$ 为线性核函数，其表达式为 $K_{\mathrm{linear}}(\boldsymbol{x},\boldsymbol{y})=\boldsymbol{x}^{\mathrm{T}}\boldsymbol{y}$；$K_{\mathrm{rbf}}(\boldsymbol{x},\boldsymbol{y})$ 为高斯核函数；$\lambda \in (0,1)$ 为权重系数，

从理论上讲，此时的加权核函数可以减少过拟合现象，并提高锂离子电池自放电压降的预测精度。加权核函数的权重参数 λ 放入 DE 算法中优化，以获得高精度的自放电压降预测结果。

2. 差分进化算法优化超参数

DE 算法自动优化超参数集的步骤如下：

1）随机生成 M 个个体，其中每个个体包含 n 个特征，本小节中 $n=6$，包括改进支持向量回归模型的 2 个超参数和 4 个加权参数，作为初代种群。第 t 代的种群表示为

$$\boldsymbol{X}_i^t=[x_{i,1}^t,x_{i,2}^t,\cdots,x_{i,n}^t,],i\in 1,2,\cdots,M \tag{6.49}$$

2）变异：使用差分策略进行个体突变，即在第 t 代种群中随机选择 3 个相异的向量 $\boldsymbol{X}_{r1}^t$、$\boldsymbol{X}_{r2}^t$、$\boldsymbol{X}_i^t$使用差分策略：

$$\boldsymbol{M}_i^t=\boldsymbol{X}_i^t+F[\boldsymbol{X}_{r1}^t-\boldsymbol{X}_{r2}^t],r1,r2\in 1,2,\cdots,M,r1\neq r2\neq i \tag{6.50}$$

式中，F 为缩放因子，取值介于 0~1，本部分取 0.6；$\boldsymbol{X}_i^t$为目标向量；$\boldsymbol{X}_{r1}^t$、$\boldsymbol{X}_{r2}^t$为差分向量；$r1$ 和 $r2$ 为常量。

3）交叉：使用二项式交叉方式重组向量，将变异个体与当前种群的个体进行交叉：

$$U_{i,j}^t=\begin{cases}M_{i,j}^t, & \text{当 } rand\leqslant cr \text{ 或 } j=j_{rand}\text{时}\\ X_{i,j}^t, & \text{其他}\end{cases} \tag{6.51}$$

式中，$M_{i,j}^t$为 $\boldsymbol{M}_i^t$个体中第 j 个基因；$rand$ 为 0~1 之间的随机数；cr 为交叉控制算子，cr 越大，表示交叉发生的概率越大；j_{rand}为 $1\sim n$ 维度的随机数，保证交叉操作是有效的。

4）选择：若试验向量能获得更好的适应度函数 $f(x)$ 值，它将成为下一代的目标向量。若未能获得更好的 $f(x)$ 值，则目标向量维持不变。选择过程为

$$\boldsymbol{X}_i^{t+1}=\begin{cases}\boldsymbol{U}_i^t, & \text{当 } f(\boldsymbol{U}_i^t)\leqslant f(\boldsymbol{X}_i^t)\text{时}\\ \boldsymbol{X}_i^t, & \text{其他}\end{cases} \tag{6.52}$$

重复进行变异、交叉和选择三个步骤，直到到达设置的迭代次数 500 次后算法终止迭代。使用差分进化算法对本小节提出的 imSVR 模型中所有的超参数以及加权参数进行自动寻优，减小参数寻优过程中陷入局部最优的可能性，同时降低手动调参带来的时间浪费。

本章小结

本章系统地介绍了工业中常用的智能优化算法，包括遗传算法、差分进化算法、蚁群算法、模拟退火算法和头脑风暴优化算法等。这些智能优化算法通过模拟自然界的进化、群体行为或物理现象，能够在复杂的生产环境中搜索到最优解决方案。遗传算法模仿了生物的进化过程，通过选择、交叉和变异等操作优化解的生成。差分进化算法则通过群体搜索策略，不断演化出更优的解。蚁群算法通过模拟蚂蚁寻找食物的行为，引导搜索最优路径。模拟退火算法模拟金属退火的过程，通过随机搜索和温度控制找到最优解。头脑风暴优化算法借鉴了团队协作的创意生成方式，快速产生大量创意解。

这些算法在工业领域的应用多种多样，包括但不限于生产调度、参数优化、路径规划等。通过选择合适的算法，并结合具体问题的特点进行调整和优化，工程师和研究人员能够更好地应用这些算法解决实际工业场景中的问题。

思考题

习题讲解

1. 请解释以下概念，并给出每个概念在智能优化算法中的应用实例：适应度函数、约束条件、局部最优解、全局最优解。

2. 对比遗传算法和模拟退火算法的基本原理、主要步骤和它们在解决问题时的优势与局限性。

3. 简述遗传算法、粒子群优化算法、模拟退火算法和蚁群算法的优缺点以及它们在不同情况下的有效性比较。

4. 简述遗传算法的基本原理。编写一个遗传算法程序并求解：在一个长度为10的一维数组中，找到和最大的连续子数组。

5. 阐述粒子群优化算法的基本原理，并求解：在一个二维平面上，找到距离给定的一系列点最近的点。

6. 有 N 件物品和一个容量为 V 的背包。第 i 件物品的体积是 c_i、价值是 w_i。求将哪些物品放入背包可使物品的体积总和不超过背包的容量且价值总和最大。假设物品数量为10，背包的容量为300。每件物品的体积为［95,75,23,73,50,22,6,57,89,98］，价值为［89,59,19,43,100,72,44,16,7,64］。用1表示带走该物品，0表示不带。试使用模拟退火算法求解该问题。

7. 利用蚁群算法求解旅行商问题（TSP）。给定一组城市和它们之间的距离，找到一条最短的遍历所有城市的路径。

8. 设计一种基于生物启发的优化算法求解：在给定的资源约束条件下，如何合理分配资源以最大化收益？

9. 结合模拟退火算法和遗传算法，编写一个混合优化算法并求解：在一个包含多个山峰和山谷的二维平面上找到最高点。

10. 使用蚁群算法求解作业车间调度问题。

参考文献

[1] 包子阳，余继周，杨杉. 智能优化算法及其 MATLAB 实例 [M]. 3 版. 北京：电子工业出版社，2020.

[2] 张生财. 智能优化算法及其应用 [M]. 北京：中国铁道出版社，2020.

[3] 李士勇，李研，林永茂. 智能优化算法与涌现计算 [M]. 北京：清华大学出版社，2022.

[4] HOLLAND J H. Adaptation in Natural and Artificial Systems [M]. Ann Arbor：University of Michigan Press，1975.

[5] 梁旭，黄明，宁涛，等. 现代智能优化混合算法及其应用 [M]. 2 版. 北京：电子工业出版社，2014.

[6] STORN R，PRICE K. Minimizing the Real Functions of the ICEC'96 Contest by Differential Evolution [C]//Proceedings of IEEE International Conference on Evolutionary Computation. Nagoya：IEEE，1996：842-844.

[7] DORIGO M，MANIEZZO V，COLORNI A. Ant System：Optimization by a Colony of Cooperating Agents [J]. IEEE Transaction on Systems，Man，and Cybernetics-Part B，1996，26（1）：29-41.

[8] KENNEDY J，EBERHART R C. Swarm Intelligence [M]. San Francisco：American Academic Press，2001.

[9] 杨淑莹，张桦. 群体智能与仿生计算：Matlab 技术实现 [M]. 北京：电子工业出版社，2012.

[10] DORIGO M，GAMBARDELLA L M. Ant Colony System：A Cooperative Learning Approach to the Traveling Salesman Problem [J]. IEEE Transactions on Evolutionary Computation，1997，1（1）：53-66.

[11] STUTZLE T，HOOS H. Improvements on the Ant System：Introducing MAX-MIN Ant System [C]//Proceedings of the International Conference on Artificial Neural Networks and Genetic Algorithms. Norwich：Springer Vienna，1997：245-249.

[12] BULLNHEIMER B，HARTL R F，STRAUSS C. A New Rank-Based Version of the Ant System：A Computational Study [J]. Central European Journal for Operations Research and Economics，1999，7（1）：25-38.

[13] GAMBARDELLA L M，DORIGO M. Solving Symmetric and Asymmetric TSPs by Ant Colonies [C]//Proceedings of IEEE International Conference on Evolutionary Computation. Nagoya：IEEE，1996：622-627.

[14] LIU M，ZHENG F F，CHU C B，et al. Single-Machine Scheduling with Past-Sequence-Dependent Delivery Times and Release Times [J]. Information processing letters，2012，112（21）：835-838.

[15] BERRICHI A，YALAOUI F. Efficient Bi-Objective Ant Colony Approach to Minimize Total Tardiness and System Unavailability for a Parallel Machine Scheduling Problem [J]. The International Journal of Advanced Manufacturing Technology，2013，68：2295-2310.

[16] SUNDAR S，SUGANTHAN P N，Chua T J. A Swarm Intelligence Approach to Flexible Job-Shop Scheduling Problem with No-Wait Constraint in Remanufacturing [C]//In Artificial Intelligence and Soft Computing：12th International Conference，ICAISC 2013. Berlin：Springer，2013：593-602.

[17] PANWALKAR S S，SMITH M L，KOULAMAS C. Review of the Ordered and Proportionate Flow Shop Scheduling Research [J]. Naval Research Logistics（NRL），2013，60（1）：46-55.

[18] YU J，BUYYAR R，THAM C K. Cost-Based Scheduling of Scientific Workflow Applications on Utility Grids [C]//First International Conference on e-Science and Grid Computing（e-Science'05）. Melbourne：IEEE，2005：8-16.

[19] LEE A C E，MATHEWS G S. Efficient Performance Based Scheduling Mechanism for Handling Multiple TLB Operations：U. S. Patent 6，728，800 [P]. 2004-04-27.

[20] 王景华. 基于离散和混合模型的生产调度若干问题研究 [D]. 合肥：合肥工业大学，2013.

[21] 王小伟. 室内自主导航轮式机器人路径规划策略研究 [D]. 合肥：合肥工业大学，2018.

[22] 何慧娟. 基于 SVR 的锂离子电池自放电压降预测 [D]. 合肥：合肥工业大学，2023.

7

第 7 章

工业大数据与人工智能应用

章知识图谱

说课视频

引言

本章旨在探讨工业大数据与人工智能在工业领域的前沿进展和实际应用案例，从而为读者提供深入理解和实践指导。

第一节“产品缺陷检测”将介绍机器视觉和深度学习在检测产品缺陷方面的应用。这些技术能够帮助企业自动识别产品中的微小缺陷，大大提高了质量控制的准确性和效率。

第二节“设备健康管理”将探讨如何利用 AI 技术监控和预测机械设备的健康状况。通过实时数据分析和机器学习模型，企业可以实现对设备潜在故障的早期预警，从而减少停机时间，延长设备寿命。

第三节“机器智能分拣”着重介绍人工智能在自动化分拣系统中的应用。利用图像识别和机器学习算法，智能分拣系统能够高效准确地对物品进行分类和分拣，提高物流和仓储的效率。

第四节“数字孪生与仿真”将深入探讨数字孪生技术及其在工业应用中的价值。数字孪生创建物理实体的虚拟副本，使得企业能够在虚拟环境中模拟、测试和优化产品设计和生产流程。

通过本章的学习，读者将能够深入理解工业大数据与人工智能技术的实际应用场景，掌握这些技术如何助力工业生产的智能化升级，并启发思考如何在自身领域中应用这些先进技术来解决实际问题。

7.1 产品缺陷检测

7.1.1 产品缺陷检测概述

工业制品已经深入现代生活的各个方面，从飞机部件到芯片晶粒，无处不在。随着工业化的持续演进和科技的进步，生产方式已从传统的手工作坊转变为大规模自动化生产，制造业也正从数量扩张逐渐转向质量提升。然而，工业制品生产中常出现如孔洞、磨损等缺陷，影响了产品性能，增加了成本，甚至危及人身安全。为此，工业缺陷检测技术应运而生，旨在保障产品质量，维持生产稳定。

1. 缺陷的定义

在机器视觉应用中，缺陷的概念往往源自人类的经验理解，并非直接通过数学公式严格界定。以罅隙样布的表面缺陷检测为例，如图 7-1 所示，在有监督的学习方法中，“缺陷”的含义具体化为被人工标识出的问题区域或整体图像。比如，在训练阶段，如果将布匹图像中出现的凹凸痕迹标记为“修痕”缺陷类型，那么模型就会学习并聚焦这类特征。到了测试阶段，一旦新布匹图像中检测到类似的痕迹，系统就判定可能出现了“修痕”缺陷。在无监督的学习方法中，“缺陷”更多地体现为异常现象。

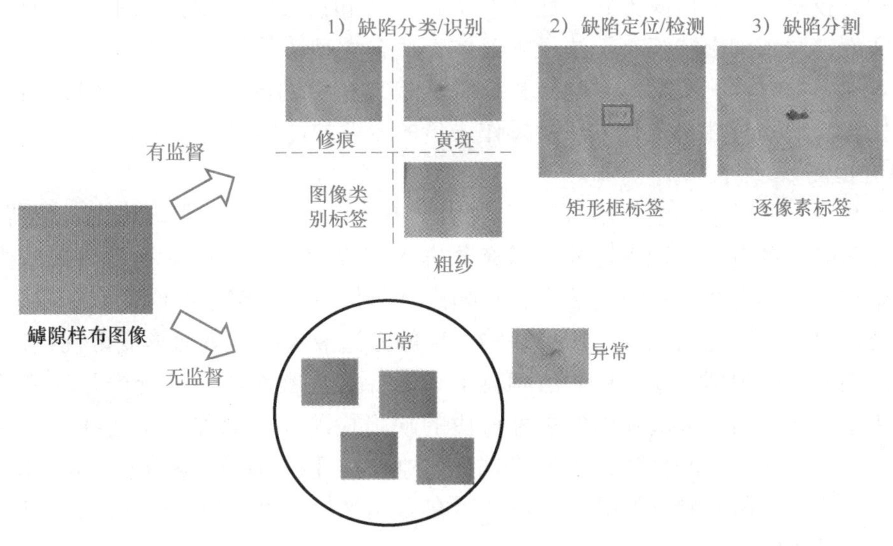

图 7-1　缺陷检测的问题定义

2. 缺陷检测的定义

在计算机视觉领域中，尽管缺陷检测不像分类、检测和分割任务那样具有清晰明了的目标定义，但它可以通过分解成多个子任务来满足不同的需求层次。这三层分别是：

1）缺陷分类（“缺陷是什么”）。类似于标准分类任务，此阶段着重于识别图像中存在的各种缺陷类型，例如图 7-1 所示的“修痕”“黄斑”和“粗纱”缺陷。这个阶段只回答缺陷的基本类别问题，不涉及具体的位置信息。

2）缺陷定位（“缺陷在哪里”）。这与目标检测任务相呼应，不仅要识别出图像中有何种缺陷，还要准确地标记出每个缺陷的具体位置，可能使用边界框、关键点等方式来标定缺陷的所在区域，如同图 7-1 中用矩形框圈出的“修痕”缺陷区域。

3）缺陷分割（“缺陷是多少”）。类似语义或实例分割任务，要求精确到像素级别，将缺陷区域从背景中分离出来，从而不仅可以获得缺陷的形状轮廓，还可以进一步计算缺陷的尺寸（如长度、面积）、位置以及可能的其他属性。这对于产品质量的精细化评估至关重要。

尽管这三个阶段各自有独立的功能和目标，但它们之间存在密切关联和交叉。例如，进行缺陷定位时必然包含了对缺陷类别的识别；而缺陷分割不仅能提供定位信息，还能细化至像素级别的分析。此外，通过适当的方法和技术，有时候可以从缺陷分类阶段出发，通过后处理或其他方式逐步过渡到定位甚至分割阶段。因此，在后续讨论中，通常沿用工业界的习惯，将整个过程统称为“缺陷检测”，但在具体设计和实施网络结构及功能时，会根据需求明确区分各个子任务。

7.1.2 传统缺陷检测技术

针对不同种类的缺陷，业界采用了多种检测技术和方法，常用的缺陷检测方式主要包括磁粉检测、渗透检测、涡流检测、超声检测和基于图像处理的表面缺陷检测法。

1. 磁粉检测

磁粉检测技术为无损检测方式，涵盖湿法、干法和连续法。湿法利用磁悬液覆盖工件，检测灵敏度高，适用细微缺陷；干法无须液体，适合大型铸件等，灵敏度相对较低；连续法边磁化边施加磁粉，检测灵活。影响磁粉检测法检测精度的因素众多，其中包括但不限于：工件表面状态、缺陷特性、磁化方法及操作人员的专业技能和经验水平。

2. 渗透检测

渗透检测是一种基于毛细作用原理开发的创新表面缺陷检测技术。首先，将待检测的产品浸没于特殊的渗透液中，让渗透液得以充分进入表面存在的任何微小开口缺陷内。接着，在移除产品并清除其表面过量渗透液后，缺陷内部仍保留有一定量的渗透液。接下来的关键步骤是运用显像液，它凭借毛细作用将缺陷内部的渗透液吸出，进而形成可视化的痕迹，从而实现对缺陷的有效识别。渗透检测法相较于只能针对铁磁性材料进行检测的磁粉检测法，渗透检测法适用于包括非金属在内的多种材质的缺陷检测，检测覆盖面远胜于磁粉检测法。然而，对于具有多孔结构的材料，由于其自身孔隙较多且容易吸附渗透液，导致缺陷处与正常部位间的渗透液残留差异不明显，这就使得在多孔材料表面缺陷的检测上，渗透检测法难以精确分辨和可靠判断。

3. 涡流检测

涡流检测技术巧妙运用物理学中的电磁感应原理，通过精密设计的正弦交流电流驱动的磁线圈，在贴近金属工件表面时产生一个交替变化的磁场。此磁场诱导工件内部产生相应的涡电流，涡电流的流动又会生成一个与原磁场方向相反的二次磁场。检测线圈实时捕捉到这一由涡流产生的磁场变化，导致检测回路的阻抗发生变化，从而精确反映出工件表面状况。

涡流检测技术的优势主要体现在：对于细微裂纹、麻点等表面不连续性缺陷具有高灵敏度并且实现了非接触式检测，避免了对工件造成机械磨损。然而，涡流检测技术对复杂形状适应性差、局限于导电材料表层检测及易受材料属性和环境因素影响，要求检测条件严格并细致解析数据。

4. 超声检测

超声检测是一种利用超声波在材料中的传播特性来检测材料内部缺陷的技术。在超声检测过程中，缺陷面对超声波传播方向的角度显著影响检测效果。当缺陷面与超声波传播方向垂直时（即所谓的“端射”或“正射”），超声波入射到缺陷上会产生最强的反射信号，因为垂直入射时能量损失最小，反射系数最大。此时，缺陷的回波信号最强，因此最易于被检测系统捕捉并识别。而当缺陷面与超声波传播方向呈水平或其他较小角度时，入射超声波的部分能量会发生散射或者绕过缺陷，导致直接反射回探头的信号减弱，这可能会降低缺陷的可检测性，增加漏检的风险。为了提高超声检测的准确性和可靠性，通常需要考虑投影方向、探头效能、耦合情况、仪器的激励频率这几个关键因素来优化检测过程。此外，检测工艺参数设置、信号处理技术和操作者的经验也是影响超声检测效果的重要因素。通过综合调整这些参数和条件，可以最大程度地减少漏检现象，确保高质量的无损检测结果。

5. 基于图像处理的表面缺陷检测法

（1）基于图像处理的表面缺陷检测过程　基于图像处理的表面缺陷检测过程技术是一种非接触且不会对被检测对象造成损害的自动检测手段，其通过图像采集装置（如图像传感器）获取待检测图像，然后利用缺陷检测算法处理和分析采集的图像，实现对图像中表面缺陷的分类识别和定位检测。基于图像处理的表面缺陷检测过程一般包括图像采集、图像处理和图像分析三步，如图 7-2 所示。

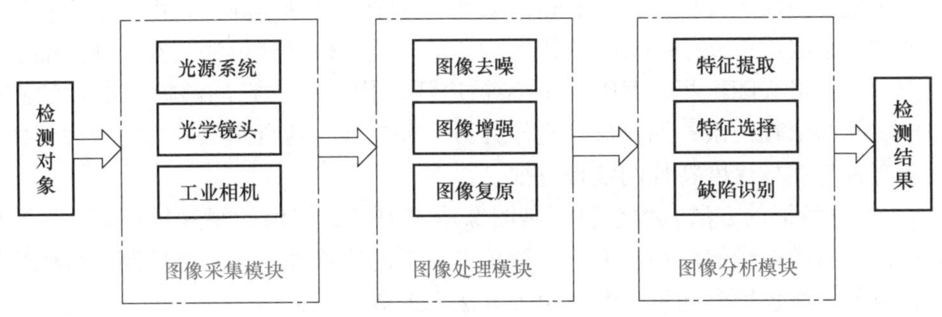

图 7-2　基于图像处理的表面缺陷检测过程

图像采集模块的核心功能是捕捉和记录检测对象表面的高质量图像信息。该模块通常由以下几个关键组件构成：光源系统、光学镜头、工业相机。光源的作用是为了减少环境光的干扰，保证采集到尽可能清晰的图像，提高获取图像的质量。在光源作用下，光学镜头将检测对象在工业相机的图像传感器（CCD 或 CMOS 摄像头等）上成像，实现图像的采集。

图像处理模块的功能是提升图像的质量，以降低外界干扰，突出检测目标，该模块包括图像去噪、图像增强和图像复原等，其实质是对图像进行预处理。其中图像去噪是消除环境和设备在采集图像过程中产生的噪声；图像增强是增大不同物体特征差异，增加目标的清晰度，抑制无用信息；图像复原则是利用图像重建或复原技术来恢复已退化图像。图像处理是为图像分析做准备，以提升图像分析的效果。

图像分析模块根据检测任务不同，可实现对表面缺陷的分类、检测和分割，该模块通常包含特征提取、特征选择和缺陷识别等。表面缺陷检测过程中提取的特征主要包括形状、颜色和纹理等特征信息，然后根据这些特征实现对表面缺陷的检测。但是各特征间一般存在冗余信息，为此需要进行有效特征的选择以更有利于表面缺陷的检测，即特征的选择。最后，根据选择的特征，实现对图像的分析和缺陷的识别，完成对表面缺陷的检测。

通常，基于基于图像处理的表面缺陷检测技术包含了以上各部分，相比之下，基于深度学习技术的表面缺陷检测中特征的提取和选择则是由深度神经网络自动完成的，可实现端到端的自动检测，具体内容见 7.1.3 节。

（2）具体方法分类　从特征提取层面对基于图像处理的表面缺陷检测方法进行分类，根据特征的不同，主要分为三类：基于纹理特征的方法、基于颜色特征的方法、基于形状特征的方法。

1）基于纹理特征的方法。纹理特征在图像分析中起着关键作用，它们揭示了图像内部同质元素的分布规律和表面结构的排列特性。基于这一概念，纹理特征提取方法可概括为四大类别：统计学方法、信号处理法、结构分析法以及模型建模法。统计学方法的核心思想在于，将物体表面的灰度值分布视为一种随机现象，通过统计的角度来探讨这些随机变量的分布特性。为了全面揭示灰度值的空间分布特征，常见的统计分析手段包括通过直方图描绘灰度级的频度分布，利用灰度共生矩阵分析图像纹理特征，采用局部二值模式（Local Binary Pattern，LBP）捕捉像素间的灰度关系，运用自相关函数探究灰度值自身的空间相关性，以及借助数学形态学方法描述灰度值分布的形态特征等。信号处理法则是从二维信号处理的角度出发，将图像视为可以进行滤波和频域分析的对象，此类方法包括傅里叶变换法、Gabor 滤波器法、小波变换法等方法。结构分析法认为，复杂的纹理实际上是由一系列按照特定规则重复排列的最小组成单元——纹理原语所构建的。至于模型建模法，在工业产品表面缺陷检测领域内，马尔可夫随机场（MRF）模型被广泛应用，因为它能够模拟纹理的随机过程及相邻像素之间的依赖关系；而分形理论作为另一种模型，其自相似和自仿射属性使它适合于刻画复杂且具有多重尺度特性的纹理特征。

2）基于颜色特征的方法。颜色特征是图像检索中广泛使用的视觉特征之一，其优势在于计算量小，对图像本身的大小、方向、视角等因素的依赖性小，鲁棒性高。颜色特征可以通过颜色直方图、颜色聚合向量、颜色矩等方法来提取和匹配。

颜色直方图是一种全局统计描述方法，它记录了图像中不同颜色出现的频率或比例，不考虑像素的空间位置关系，因此无法提供关于图像中特定物体形状或布局的信息。

颜色聚合向量是对颜色直方图算法的一种改进，其核心在于将图像中的颜色聚类并区分出显著的“聚合”部分与非显著部分，在比较图像相似度时，分别评估这些部分的相似性，并结合权重来确定最终的相似度评分。颜色集作为一种简化版的颜色全局特征，以二值特征形式近似表达图像的颜色构成信息，可通过构建二叉查找树等数据结构加速检索过程。颜色相关图则关注图像内部颜色之间的空间关联性，它可以展示某种颜色像素在整个图像中与其他颜色相邻出现的概率分布，但该方法可能需要更强大的硬件支持才能有效处理和分析。

颜色矩则是对图像颜色分布的一种量化表示，通过计算颜色空间中每个阶次的矩（如一阶矩代表平均颜色、二阶矩代表颜色分散程度即方差、三阶矩反映颜色偏斜），尤其是低阶矩通常足以捕捉到图像表面整体的颜色特征。

3）基于形状特征的方法。基于形状特征的方法能够有效地捕捉和利用目标对象的轮廓特征。其中，轮廓分析技术是这一方法类别中的重要分支。轮廓分析法通过提取并描述目标物体外边缘特征来量化图像的形状参数。两个具有代表性的轮廓分析技术包括霍夫变换和傅里叶形状描述符。霍夫变换借助全局视角关联边缘像素，构建出区域的闭合边界轮廓。其理论基础在于点-线对偶原理，即通过将每个边界点映射到参数空间，并统计这些点在参数空间的分布，从而实现对复杂形状边界的识别与重建。而傅里叶形状描述符则是通过对物体边界进行傅里叶变换，将其二维形状信息转化为易于处理的一维频谱数据。这种方法充分利用了轮廓边界封闭且具有一定周期性的特点，从而提供了一种更为高效和精确的形状表示方式，便于在图像检索场景下的形状匹配与对比。

7.1.3　基于深度学习的缺陷检测

随着深度学习技术的崛起，基于深度学习的缺陷检测方法逐渐成为研究热点和工业实践的新趋势。深度学习技术通过构建复杂的神经网络模型，能够更好地理解和分析复杂的图像信息，从而实现更高效、更准确的表面缺陷检测。相较于传统方法，基于深度学习的缺陷检测不仅能够自动学习特征，还能逐步提升检测性能，并且在处理复杂缺陷和大规模数据方面表现更出色。

如图 7-3 所示，依据数据标签的类型将基于深度学习的缺陷检测划分为三大类：全监督学习模型、无监督学习模型以及其他模型（包括半监督学习模型和弱监督学习模型）。

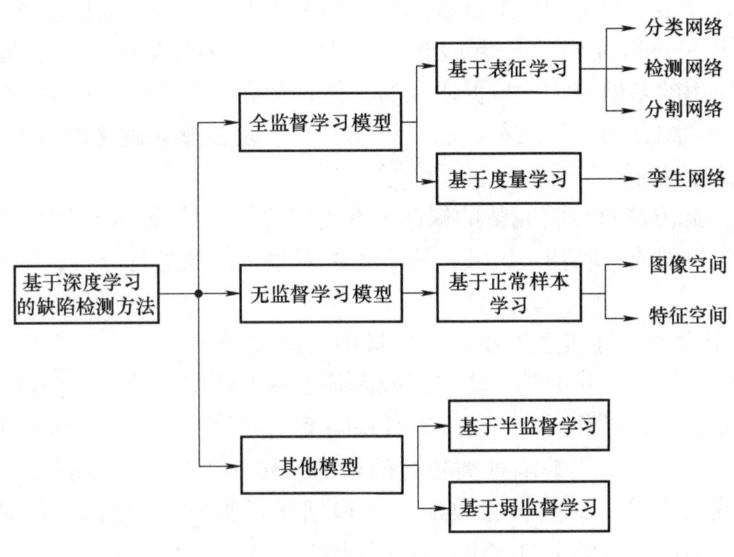

图 7-3　缺陷检测方法框架

1. 全监督学习模型

在全监督学习框架内，基于输入图像处理方式与损失函数设计的不同，进一步区分出两种主要方法：表征学习和度量学习。其中，在表征学习这一分支下，根据网络架构的差异性，又可细分为多个子类别，诸如分类网络、检测网络以及分割网络等，而度量学习通常与孪生网络相结合。

（1）表征学习　当前，大量基于深度学习的表面缺陷检测技术主要依托于有监督的表征学习策略。表征学习的核心在于将表面缺陷检测问题转化为计算机视觉中的分类任务框架，涵盖了从宏观层面的图像整体标签分类到更细粒度的局部区域分类，乃至最精细的像素级分类。由于这些实现目标与计算机视觉的基本任务诉求完全契合，因此，运用表征学习法进行缺陷检测的过程，实际上可以理解为是将计算机视觉中经典的深度网络架构和技术手段成功应用于工业领域的实例化实践。

1）分类网络。在实际的工业生产环境中，面对待检测对象的多样性和复杂性，如形状变化、尺寸差异、纹理细节、颜色差异、背景干扰、内部布局的不规则以及成像时光照条件的不稳定等因素，使得在复杂条件下准确地对表面缺陷进行分类变得尤为困难。得益于卷积神经网络（CNN）强大的自动特征提取能力，采用基于 CNN 的分类网络已经成为表面缺陷检测与分类的标准做法。在典型的 CNN 分类网络架构中，特征提取模块通常包含一系列串联的卷积层（CONV 层）和池化层（POOLING 层），这两个层级相互配合，能有效地从输入图像中抽取多尺度和深层次的特征表达。随后，这些高级特征经过降维整合，可能通过全连接层（Fully Connected Layer）或者是平均池化层（Average Pooling Layer）进行全局特征融合，并最终通过 Softmax 层完成分类任务，得出图像所属的缺陷类别及其概率。目前表面缺陷检测任务中广泛应用的 CNN 模型不仅限于基础的经典网络结构，例如 AlexNet、VGG、GoogLeNet、ResNet、DenseNet、SENet、ShuffleNet 以及 MobileNet 等，这些预训练网络因其良好的性能和泛化能力而备受青睐。同时，针对特定场景的实际需求，研究人员也会定制化设计简洁且高效的网络结构。依据分类网络方法实现任务的差异，可将其细分为三个小类：直接利用网络进行分类、利用网络进行缺陷定位和利用网络作为特征提取器。

① 直接利用网络进行分类。直接使用分类网络执行缺陷分类任务是早期 CNN 在表面缺陷检测领域广泛应用的基础方法。根据研究的具体目标和技术手段，这一方法可以根据应用场景和需求被进一步细分为如下三种方法：原图分类、定位感兴趣区域（Region of Interest，ROI）后分类和多类别分类。

a. 原图分类。此方法直接将完整的缺陷图像作为训练数据输入至网络模型中进行学习与训练，无须预先处理或选取特定区域，网络直接对整幅图像进行分析，并判断其是否包含缺陷。

b. 定位 ROI 后分类。在诸多工业应用场景中，此类分类方法尤为普遍。面对整幅待检图像，实际关注焦点往往是其中某一特定区域内是否存在缺陷。故而，会在前期阶段确定并截取 ROI，随后将这一局部图像送入网络进行缺陷类别的判别，而非处理整个图像。

c. 多类别分类。当待分类缺陷种类超过两种时，传统的缺陷分类网络与原图分类策略类似，其输出节点数量等于缺陷类型数加一（包括正常类别）。然而，针对多类别分类问题，通常会采取一种更为精细化的方法：首先运用一个基础网络进行缺陷与正常样本的二分类训练。在此基础上，保留并共享该网络的特征提取部分，同时调整或增设用于细分各类缺陷的分类分支。这样一来，后续的多目标缺陷分类网络便有了预训练的权重参数，这些参数是通过前期二分类（正常样本与缺陷样本）训练过程中所习得的。这种方法有助于提升网络对多种缺陷类别区分的准确性和效率。

② 利用网络进行缺陷定位。尽管分类网络最初主要设计用于图像级别的标签分类，但随着技术的发展和创新，它们已经被拓展，并结合其他技术和策略来实现对缺陷的定位甚至

逐像素级别的分类。依据采用的技术手段不同，可进一步细分为滑动窗口法、热力图（Heatmap）法和多任务学习网络三种形式。

a. 滑动窗口法。作为最直接且易于理解的缺陷定位策略，该方法适用于处理高分辨率的工业表面缺陷检测图像。如图 7-4 所示，操作时，选取尺寸较小的窗口在原始图像上进行重叠滑动。每一窗口内的图像片段均被送入分类网络以判断是否存在缺陷。最终，将所有滑动窗口的识别结果拼接整合，即可得到缺陷的初步定位图。

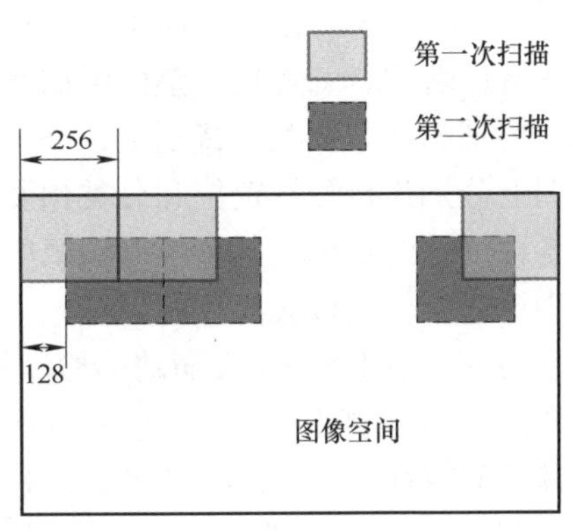

图 7-4　滑动窗口路径

b. 热力图法。热力图是一种可视化工具，用以呈现图像中各区域的重要性等级，颜色深度与重要性成正比。在缺陷检测场景下，热力图中颜色越深的区域，表示其属于缺陷的可能性越高。据此，检测人员能快速锁定潜在缺陷位置。

c. 多任务学习网络。常规分类网络仅能实现对整幅图像的缺陷有无判断，而无法精确定位缺陷位置。为此，设计者常引入额外的分割分支，与主分类分支共享同一特征提取骨干网络。如此构建的多任务学习网络，具备分类与分割双重输出功能。其中，分割分支将待检图像的每个像素视为独立训练样本，从而实现对缺陷的精确勾勒。这种方法既利用分割结果提供的缺陷的细致分布信息，又因大量像素参与训练而有效减轻了对单一分类样本的依赖，提升了网络的学习效率与定位精度。

③ 利用网络作为特征提取器。在早期研究中，大量文献探讨了基于深度学习的缺陷分类技术，其中广泛采用的是具有卓越的特征抽取能力的卷积神经网络（CNN）。研究人员通常首先将待检测图像输入预先训练好的 CNN 模型中以提取出高维图像特征表示，随后，这些得到的特征会被进一步送入传统的机器学习分类器，如支持向量机（SVM），以实现对缺陷类型的精确分类。

2）检测网络。在计算机视觉领域中，目标定位确实是一项关键任务，特别是在缺陷检测方面，要求系统能够准确地确定缺陷在图像中的位置及类型。基于深度学习的方法已经显著提升了这一任务的性能和效率。目前，基于深度学习的目标检测方法层出不穷，一般来说，基于深度学习的缺陷检测网络从结构上可以划分为：以 Faster R-CNN（Region-CNN）为代表的两阶段缺陷检测网络和以 SSD（Single Shot Multibax Detector）或 YOLO（You Only Look Once）为代表的单阶段缺陷检测网络。两阶段缺陷检测网络的优势在于能够生成更精确的候选框，从而可能获得更高的检测精度，但速度相对较慢；而单阶段缺陷检测网络追求实时性，适合对响应速度要求较高的应用场景，虽然它们在某些复杂场景下的准确率可能不及两阶段缺陷检测网络，但在效率上占有优势。

① 基于两阶段的缺陷检测网络。Faster R-CNN 两阶段检测框架的核心步骤包括：首先运用 Backbone 网络从输入图像中抽取特征映射；接着，借助 Region Proposal Network（RPN）在这些特征上评估锚框（Anchor Box）的信任度，并据此生成候选（Proposal）区域；接下来，对每个 Proposal 区域内的特征进行 ROI Pooling 操作后馈入后续网络层；通过进一步细化初始检测结果，最终确定出缺陷的位置及其类别。鉴于缺陷检测的特定需求，常见的优化

手段通常集中于改良 Backbone 结构、特征图处理、锚框尺寸设定、ROI Pooling 机制以及损失函数设计等多个层面。

② 基于单阶段的缺陷检测网络。单阶段目标检测算法中，SSD 和 YOLO 均以其高效直接的特性著称，二者均将整张图像作为网络输入，并在输出层一次性完成对边界框坐标及其对应类别的回归预测。特别地，SSD 创新之处在于采用了特征金字塔结构，从多个尺度的特征图上分别进行目标定位和分类预测。该网络结构巧妙地整合了 6 种不同层次的特征图以覆盖各种尺寸的目标，其中较低层级的特征图倾向于捕捉微小目标的信息，而较高层级的特征图则更适合检测较大尺寸的目标。

3）分割网络。在表面缺陷检测任务中，分割网络将问题转化为对缺陷与正常区域的语义乃至实例分割任务，不仅能精确区分出缺陷部分，还能同时揭示出缺陷的具体位置、类别及其几何特性，如长度、宽度、面积、轮廓线、中心点等。根据分割功能的不同，目前主流的分割网络主要分为两大类：全卷积神经网络（Fully Convolutional Network，FCN）以及 Mask R-CNN。

① FCN。FCN 是图像语义分割的基础，现今大部分语义分割模型都是以 FCN 为基础发展起来的。FCN 的工作流程首先是通过一系列卷积层对输入图像执行特征抽取和降维编码，接着借助反卷积（有时也称为转置卷积或上采样）技术将特征图重新升至与输入图像相同的空间维度，以便对每个像素进行分类。依据 FCN 的不同扩展和改良，缺陷分割方法可概括为如下三个典型类别：

a. 常规 FCN 方法。此类方法通过对来自多尺度特征图的融合来增强分割效果，尤其是在处理轮胎图像等对象的缺陷分割时，通过整合不同层次的特征信息来提高缺陷边界和细节的识别精度。

b. U-Net 方法。U-Net 不仅仅是一个基于 FCN 的模型，更是编码器-解码器结构的典范。其独特之处在于使用跳跃连接（Skip Connection），即将编码器阶段捕获的多层次特征图直接与解码器阶段对应的特征图相结合。这种设计使得模型能够充分利用低层的局部细节信息和高层的全局上下文信息，显著增强了对图像细微结构的分割表现。

c. SegNet 方法。同样采用编码器-解码器结构的 SegNet，其特点体现在解码阶段的上采样操作上。不同于一般的上采样方法，SegNet 在解码器中使用的不是简单的插值上采样，而是利用了编码器阶段最大池化操作时保存的池化索引，实现了非线性上采样。这种机制确保了解码过程能够更好地重建编码过程中丢失的空间信息，特别适合于保持边缘清晰和平滑过渡的分割任务。

② Mask R-CNN。Mask R-CNN 作为一种先进的图像实例分割技术，已成为当前广泛应用的标准方法之一，尤其擅长处理涉及多个紧密相连或相互重叠的同类缺陷问题。相比于语义分割，实例分割的独特优势在于能够准确区分并独立标记图像中的每一个具体实例，即使它们属于相同的类别，也能精准地分开并统计各自的数量。而在语义分割中，同一类型的缺陷会被视为一个整体进行标注。在实际研究和应用中，学者们广泛采纳 Mask R-CNN 框架来应对各种领域的缺陷检测和分割任务。例如，在道路维护领域，用于路面裂缝、坑洼等路面缺陷的精确分割；在工业生产质量控制中，用于检测和分割制造业产品上的微小瑕疵或异常；在机械部件检查中，对螺栓紧固件等部件表面损伤的精细分割；以及在皮革制品品质管控中，对皮革表面瑕疵的识别与定位等。

（2）度量学习　度量学习在计算机视觉和机器学习中是一个重要概念，它利用深度学习技术直接学习数据样本之间的相似性测度。在表面缺陷检测的分类任务中，度量学习常常采用孪生网络（Siamese Network）架构。这种网络并非像表征学习那样将单张图像转换为某一类别的表示，而是将成对的图像作为输入，通过网络训练使模型能够量化并比较两幅图像之间的相似程度，进而判断它们是否属于相同的类别。孪生网络的核心在于设计损失函数，促使网络学习时使得同类别的图像在特征空间的距离尽可能接近，而不同类别的图像在特征空间的距离则尽量拉大。

度量学习的视角可理解为在特征空间里对样本进行隐式的聚类处理，而表征学习则侧重于学习样本在特征空间中的明确分界线，以便于分类。尽管度量学习在缺陷分类上有显著效果，但在表面缺陷定位方面的应用相对较少，这是因为缺陷定位往往需要更为精细的空间信息，而孪生网络对输入图像对的要求较为苛刻，需要图像对在内容上具有一致性和可比性。目前，度量学习尚不能很好地应对工业环境中复杂多变的缺陷定位需求。

2. 无监督学习模型

尽管当前大量研究集中于全监督学习路径，但无监督学习作为机器学习的重要分支同样具有极高的研究价值。目前，在表面缺陷检测领域广泛应用的一种无监督学习模型是基于正常样本学习的方法，也就是常说的 One-Class Learning。这种方法仅依赖于正常（无缺陷）样本进行网络训练，旨在让模型学会重现和辨识正常样本的分布特征。在训练完成后，当模型遇到存在缺陷的样本时，由于它只能有效重建或匹配正常样本的特征，因此对异常样本的处理结果会出现明显的偏差，表现为与正常样本不同的重建输出或者较高的重建误差。相比于有监督学习模型，基于正常样本学习的无监督学习模型对未知的、与训练数据中正常模式有所偏离的情况更加敏感，能够有效地检测出异常情况下的新型缺陷或未曾见过的异常模式。在实际应用中，该类无监督缺陷检测方法可以根据处理对象的不同分为基于图像空间的方法和基于特征空间的方法。常用的网络模型包括自编码器（AutoEncoder，AE）和生成对抗网络（Generative Adversarial Network，GAN）等。

（1）基于图像空间的方法　基于图像空间的方法通过直接操作图像数据来探测缺陷，不仅能够完成图像的整体分类与识别任务，而且能够精准定位缺陷的具体位置。以下为主要运用的两种策略：

1）利用网络实现样本重建与补全。此方法借鉴了去噪编码器的工作机制，通过训练一个网络模型，当任意一幅样本图像输入网络后，系统会输出一幅重建后的“理想”（无缺陷）图像。这样一来，网络便具有了内在的缺陷修复或填充功能。将原始图像与重建图像做像素级减法运算，可得到所谓的残差图像，即重建误差。这种误差的程度成为评估待检图像是否含有异常的关键依据：如果重建误差显著，则表明原图像可能存在缺陷，而误差较大区域即可对应识别为缺陷区域；反之，若重建误差微小，则推断图像为正常样本。

2）利用网络实现异常区域分类。这类网络通常采用 GAN 的判别器。这种方法的核心在于，通过训练 GAN 生成与正常表面图像难以区分的假图像，从而使 GAN 的判别器部分能够在潜在特征空间中深刻理解正常样本图像的本质特性。因此，经过训练后的 GAN 判别器可以直接充当分类器角色，有效地区分出图像中的缺陷部分与正常的样本。

（2）基于特征空间的方法　基于特征空间的缺陷检测方法，通过比较正常样本与缺陷样本在特征分布上的差异来识别异常。特征之间的差异也称为异常分数，一旦其数值超过预设阈值，则可判定存在缺陷。不过，单纯基于特征空间的传统方法通常局限于对整体图像进行分类或识别，难以直接获取缺陷在像素级的精确位置信息。实际上，通过运用 AE 和 GAN 模块也能实现与图像空间检测方法类似的缺陷精确定位。

3. 其他模型（半监督学习模型和弱监督学习模型）

相较于全监督学习模型和无监督学习模型的广泛应用，半监督学习模型和弱监督学习模型在表面缺陷检测领域的应用相对有限。通常情况下，弱监督学习模型采取的是图像级别的类别标注（弱标签信息），以此期望达到分割或定位级别的精确检测。至于半监督学习模型，则惯常利用大量未经标记的数据结合少量已标记样本共同训练表面缺陷检测模型，更多聚焦于解决缺陷分类与识别难题，尽管如此，在涉及精确分割任务的应用上尚未得到广泛的推广和实践。

7.1.4 关键问题

1. 小样本

当前，深度学习技术已普遍运用于表面缺陷检测的应用。传统观念认为，由于在实际工业环境中可获取的缺陷样本数量极为有限，深度学习方法难以直接服务于该类检测工作。在表面缺陷检测挑战的核心难题中，小样本问题尤为突出，不少真实工业场景仅能提供极少数几张乃至几十张缺陷图像资源。实际上，针对工业表面缺陷检测中关键问题之一的小样本问题，目前有以下四种不同的解决方式：

1）数据扩增、合成与生成。数据扩增技术利用诸如镜像翻转、多角度旋转、平移变换、几何变形、噪声注入以及色彩与亮度调整等方式，从已有的缺陷图像出发生成新的多样化样本，从而有效增加训练集的多样性和规模。

2）网络预训练或迁移学习。预训练与迁移学习策略则借鉴了大规模数据集上预先训练好的深度神经网络模型的参数和特征表示能力，将其迁移到目标的小样本表面缺陷检测任务中。这种方法利用了预训练模型所学到的基础特征层次，使得即使在只有少量样本的情况下，也能较快地收敛并获得较好的性能表现。

3）合理的网络结构设计。通过设计合理的网络结构也可以大大减少样本的需求，例如孪生网络等，能够在一定程度上减少对大量样本的依赖。孪生网络通过共享权重机制，在相同的底层特征提取器上对比不同样本之间的相似性，尤其在小样本表面缺陷检测领域中，这种结构能够更高效地利用有限的数据资源进行有效的学习。

4）采用无监督学习与半监督学习。无监督学习主要利用正常样本构建潜在空间，通过异常检测算法区分正常与异常；而半监督学习结合了一定量的标记样本和大量的未标记样本，借助于自我训练、伪标签或者其他半监督技术提高模型在小样本条件下的学习能力和泛化性能。

2. 实时性

在工业环境的深度学习缺陷检测流程中，主要包括三个关键步骤：数据标注、模型训练以及模型推理。尤其是在实际应用场景中，对模型推理环节的实时响应能力提出了更高的要求。尽管现有的众多缺陷检测技术大多专注于提升分类或识别的准确性，但对于模型推理效率的优化并未给予充分的关注。为了改善这一状况，一些技术手段被用于提升模型的推理速度，例如模型权重量化技术和模型剪枝技术，这些都是目前较为常见的加速模型推理的方法。通过这些技术，不仅可以减小模型体积，还能有效加快模型在设备上的运行速度，从而更好地满足工业实时检测的需求。

3. 不平衡样本标签问题

不平衡样本标签问题包含正常样本学习问题和部分样本学习问题。区别于全监督学习模型对所有样本数据的详细标注，不平衡样本标签的主要特征是其训练样本无标签或者其标签并不完整（弱标签），由于数据获取简单且数据标注成本较低，在这种条件下对产品表面进行缺陷检测识别更加符合真实工业条件，现已经成为缺陷检测领域内的研究热点。

（1）正常样本学习问题　在深度学习的背景下，无监督是指在训练阶段只包含了正常样本的图像，即没有任何的缺陷标注。在真实的工业场景中，正常样本的获取难度远低于缺陷样本，无监督学习方式可以有效地避免采集缺陷或异常样本的困难，目前无监督学习方法仅应用在简单的纹理缺陷检测中，对于复杂的纹理缺陷或者结构缺陷效果不佳。解决无监督学习问题的方法主要为图像重建，它是基于只训练模型重建正常图像的思想，当输入一幅异常图像时，模型仍将异常区域重建为正常，输入图像和重建图像之间的差异代表了定位结果，该方法主要使用自编码器、生成对抗网络和归一化流（Normalizing Flow，NF）。

（2）部分样本学习问题　相较于全监督学习和无监督学习，弱监督学习与半监督学习的特点是样本图像标签并不完整（弱标签）。一是有多处缺陷但标注不完全；二是只有较为低级的分类标签，并没有更高一层的矩形框和像素级标签。正因如此，弱监督学习方法与无监督学习方法能极大地减小数据标注的难度，提升模型开发效率，本质上看，弱监督学习与半监督学习就与小样本问题和无监督学习一致。目前解决弱监督学习与半监督学习问题的方法也大多借鉴于小样本问题和无监督学习。

7.1.5　产品缺陷检测典型应用案例

在工业生产领域，基于深度学习的产品缺陷检测系统广泛应用，为提升产品质量、保障生产效率提供了强大支持。接下来，以合肥工业大学分布智能与物联网研究所开发的边缘智能驱动的带材表面缺陷检测系统为例来展示基于深度学习技术的产品缺陷检测在实际生产中的应用和效果。

1. 平台介绍

边缘智能驱动的带材表面缺陷检测平台可用于锂电池覆膜、隔膜等大幅带状材料生产制造过程中的快速批量身份识别、3D 尺寸测量、表面缺陷检测和质量跟踪。其总体架构如图 7-5 所示。

（1）软硬件一体化平台终端设备　利用高精度、高分辨率、高效率、连续性好和非接触性的线阵相机，通过搭建多线阵相机系统，进行高清图像采集并进行识别，实现带状材料的缺陷检测。平台样机如图 7-6 和图 7-7 所示，针对不同的应用场景，项目设计有内嵌式平台终端设备（见图 7-6）和模块式平台终端设备（见图 7-7）两种类型。

平台终端设备的硬件部分包括工作台、CCD 检测机构、除尘机构和伸缩罩等。其部分结构划分如图 7-8 所示。

（2）基于视觉感知的表面缺陷检测系统　该平台可应用于多种检测场景，平台集成的基于视觉感知的表面缺陷检测系统整体框架如图 7-9 所示。按照技术特点可将功能实现全流程分为图像采集层、预处理层、图像处理层和应用层。

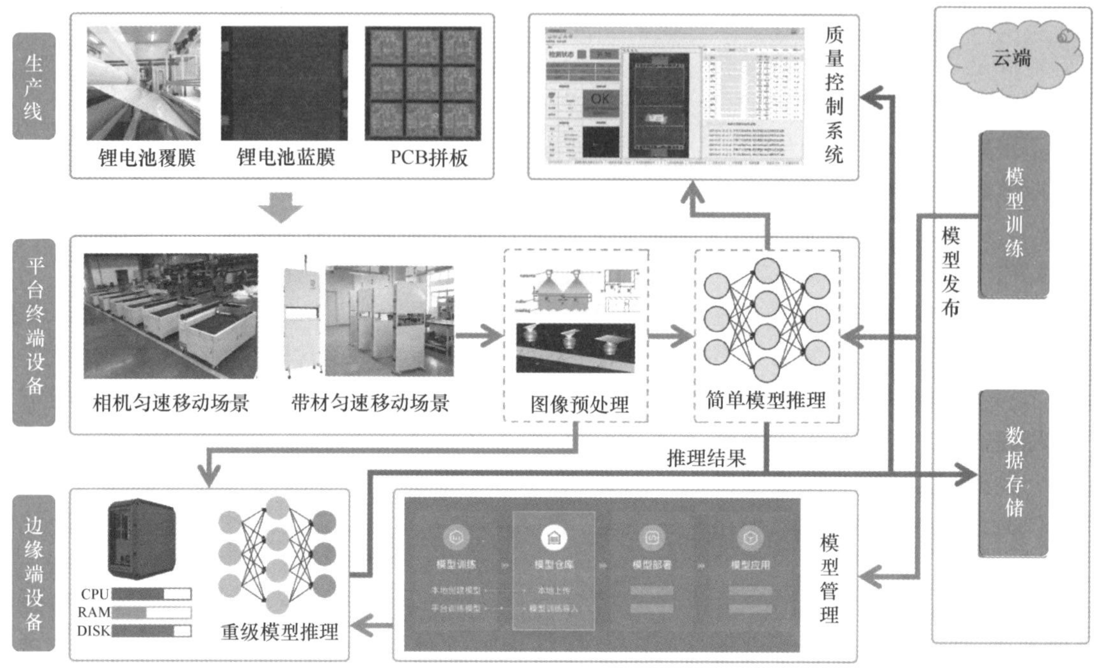

图 7-5 平台总体架构

图 7-6 内嵌式平台终端设备

图 7-7 模块式平台终端设备

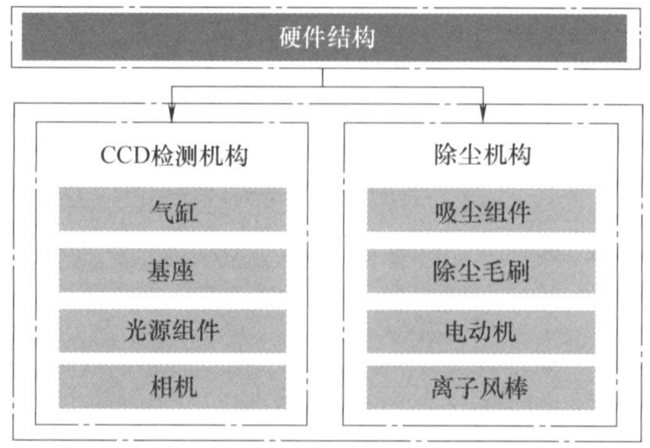

图 7-8 平台终端设备的硬件结构划分

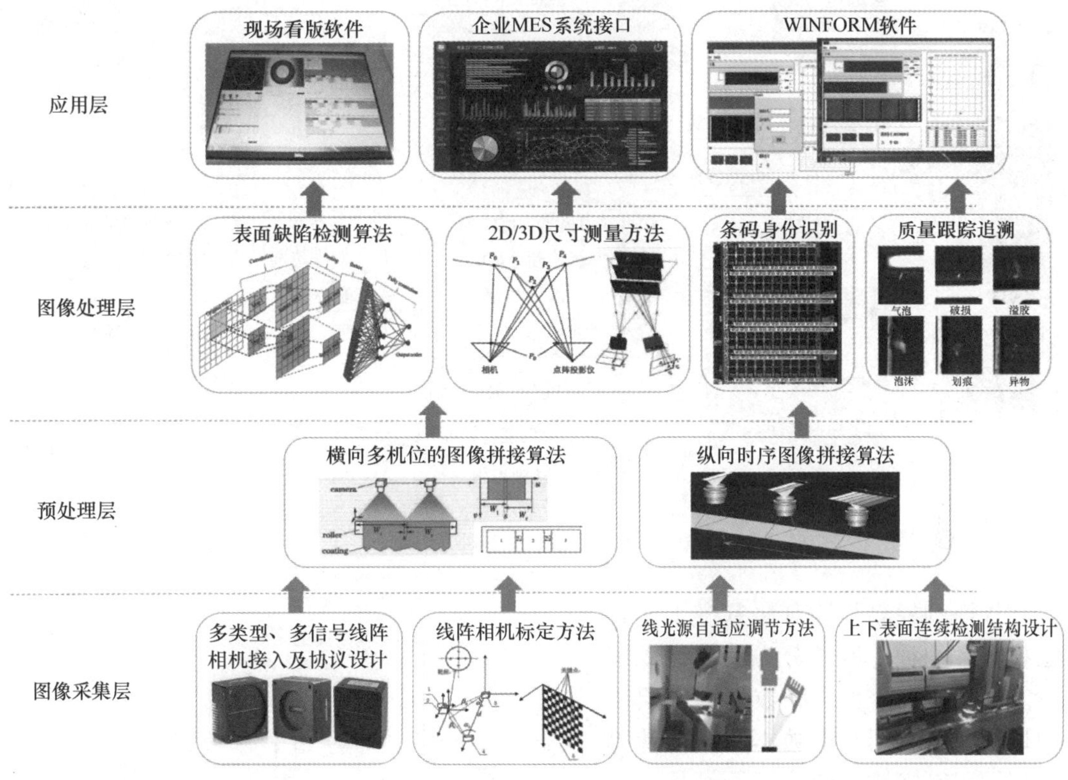

图 7-9　表面缺陷检测系统整体框架

（3）高效互通的云-边-端协同分级架构　带材表面缺陷检测是一项高度精细，且较为耗时的工程，尤其是传统的人工缺陷检测方式，不仅速度慢，而且准确度较差，成了制约产量提升的瓶颈。针对这一瓶颈，部分带材研发制造商采用传统数字图像处理技术来替代人工，用于识别产品缺陷，以提升检测速率与精度。但这种检测模式泛化能力不足，需要根据每个机台进行参数适配且与分工厂及总部脱节，缺乏整体部署管控能力，处理能力不能与持续增长的市场需求相匹配。

因此，平台引入新兴边缘计算模式，设计基于云-边-端协同分级架构（见图 7-10）。通过将高复杂度、高能耗的计算和存储下沉到靠近平台的网络边缘，建立云-边-端协同分级架构，可以实现在满足总部逐层管控的要求的同时，具备更高效的实时缺陷检测能力。

云-边-端协同的能力与内涵，涉及 IaaS、PaaS、SaaS 各层面的全面协同：EC IaaS 与云端 IaaS 应可实现对网络、虚拟化资源、安全等的资源协同；EC PaaS 与云端 PaaS 应可实现数据协同、智能协同、应用管理协同、业务管理协同；EC SaaS 与云端 SaaS 应可实现服务协同。

（4）基于联邦学习的多车间模型个性化聚合算法　锂电池生产的不同阶段涉及多种带状材料，如正负极活性材料带、电解质浸渍带和锂电池封口蓝膜等，考虑到不同车间的数据非独立同分布，同时单个车间自身的数据样本少、数据处理方式不同以及其对车间本身数据的隐私安全较为重视，传统的训练方式无法满足这些需求，因此该项目提出一种基于联邦学习的多车间模型个性化聚合算法，如图 7-11 所示。

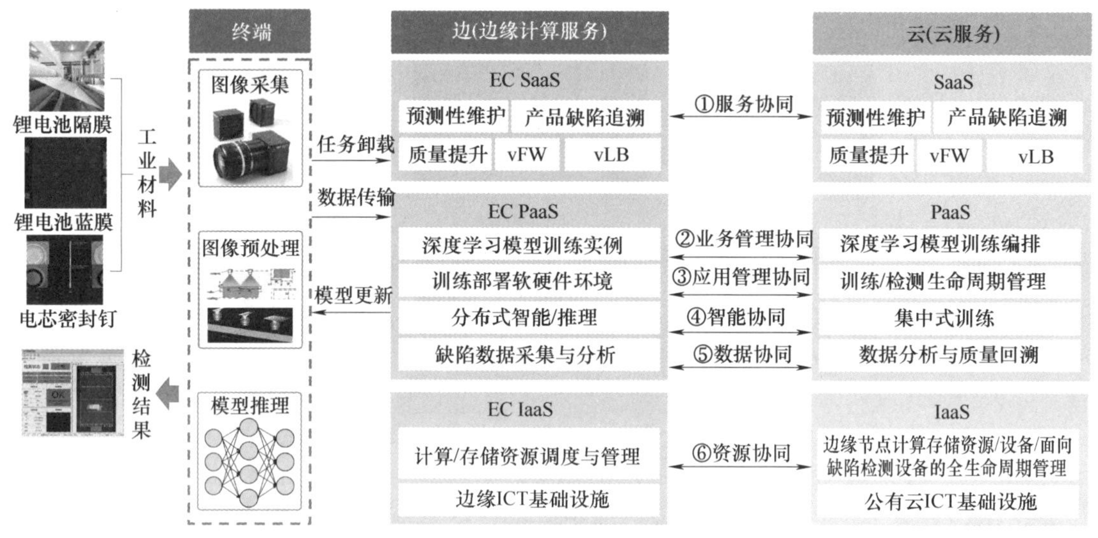

图 7-10 云-边-端协同分级架构

在提出的缺陷检测算法基础上，将算法模型中的神经网络分为数据提取层和计算结果层两个部分，数据提取层用于提取带状材料图片的数据特征，计算结果层用于网络输出缺陷检测结果。在云服务器进行联邦聚合时，只上传网络参数，将数据集和数据特征留在本地，降低通信负担与存储成本，并通过差分隐私等加密手段对数据进行处理，保护隐私安全。

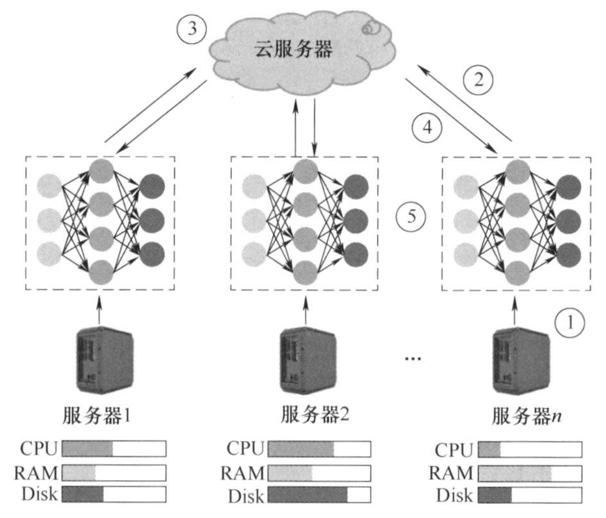

图 7-11 基于联邦学习的多车间模型个性化聚合算法

2. 系统功能

（1）多品牌、多信号类型、多源线阵相机接入方法及协议设计 针对机器视觉硬件成像传感器种类多、成像素质不一致、成像文协议和文件格式多、多设备同时接入稳定性差的问题，研究并开发稳定可靠的具有统一机器视觉硬件接口技术。针对不同品牌、不同种类的相机的特点，设计统一应用层协议和硬件接口，完成不同硬件接口的数据读取、协议转换和数据格式化存储及调用方法。针对多设备同时接入的需求，在统一接口机器视觉平台上，设计支持最少同时 8 个相机稳定在线的功能。支持常见的工业通信协议设备的快速接入，并能稳定、高速的完成通信任务。

（2）面向多场景的通用型带材缺陷检测方法 在锂电池实际生产中，不同生产线生产的型号可能不同，在尺寸大小、表面材质以及锂电池性能等方面都存在差异性。为了能够满足多场景下的带材缺陷检测，本项目基于在线学习，可以在新的场景中通过与环境的交互进行增量更新，从而自适应地改变模型参数以适应新的数据分布和任务需求，而无须重新训练整个模型，从而达到通用型的带材缺陷检测的任务需求。同时团队提出的跨类别带材缺陷检测方法，基于数据在特征向量空间中的相似度对缺陷图像进行分类，仅需要易于获取的正常样本用于模型训练，无须使用真实缺陷样本。

（3）高速大批量条形码/二维码快速读取及身份识别　针对电子产品大批量生产领域产品身份识别问题，开发适用于高速生产上的条形码快速读取方法，适应高速度、多角度、多场景下的条形码读取需求。结合传统模式识别算法与深度学习图形识别算法，设计一机多读、多机交叉验证的高可靠条形码快速读取算法。

（4）高效互通的云-边-端协同分级架构　针对平台设备的资源受限、数据密集、计算量大的需求及特点，云-边-端协同分级架构将高复杂度、高能耗的计算和存储下沉到靠近缺陷检测设备的网络边缘，而边缘服务器作为有限的可贵资源，必须在其正常工作期间发挥出最大的利用效率。正常生产过程中，每个厂区、每个车间甚至每条生产线的生产需求不同，为了能够充分利用这些资源，使得不同服务器之间能够协作，本项目研发了基于多智能体强化学习的多边缘协作调度算法。当出现在本地服务器中的计算资源需求较大的情况时，可以自行智能地做出决策，调度其他空闲服务器的计算资源，以最大化边缘服务器资源利用率。

（5）基于联邦学习的个性化机制　本项目在传统的联邦学习框架下实现多工厂的个性化数据模型聚合与更新，在保护分工厂数据隐私安全的前提下，解决分工厂检测数据量有限、无法支撑缺陷检测模型更新的痛点。通过该方法，有效提高不同工序下的带状材料缺陷检测精度。

该系统在锂电池隔膜缺陷检测应用中的软硬件效果如图 7-12 所示。

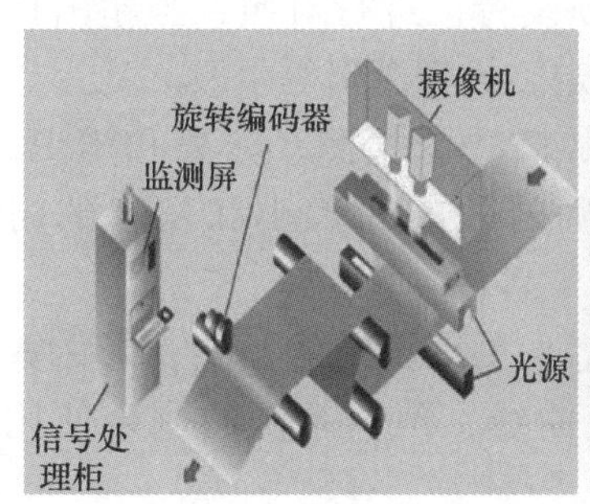

a) 锂电池隔膜缺陷在线检测原理

b) 锂电池隔膜在线检测平台

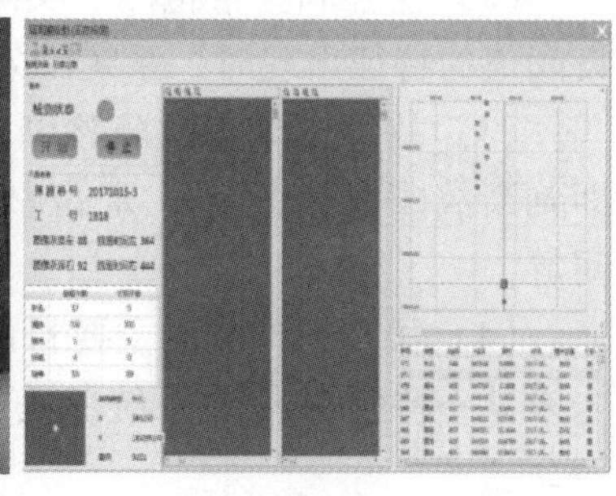
c) 锂电池隔膜在线检测软件

图 7-12　系统软硬件效果图

7.2　设备健康管理

7.2.1　设备健康管理概述

1. PHM 的概念

PHM（Prognostic and Health Management）技术始于 20 世纪 70 年代中期，从基于传感器

的诊断转向基于智能系统的预测，并呈现出蓬勃的发展态势。20 世纪 90 年代末，美军为了实现装备的自主保障，提出在联合攻击战斗机（JSF）项目中部署 PHM 系统。从概念内涵上讲，PHM 技术从外部测试、机内测试、状态监测和故障诊断发展而来，涉及故障预测和健康管理两方面内容。故障预测（Prognostic）是根据系统历史和当前的监测数据诊断、预测其当前和将来的健康状态、性能衰退与故障发生的方法；健康管理（Health Management）是根据诊断、评估、预测的结果等信息，可用的维修资源和设备使用要求等知识，对任务、维修与保障等活动做出适当规划、决策、计划与协调的能力。

2. PHM 的体系结构

如图 7-13 所示，完整的 PHM 套件包括五个模块：数据采集、监控和异常检测、故障诊断、预测、规划和决策。通过适当的检测、诊断和预测以及缓解措施，强大的 PHM 系统将允许对设备的退化进行早期预警，并可能排除故障和因故障而导致的严重后果，同时有助于减轻不必要的维护活动的负担。

图 7-13　PHM 系统流程

（1）数据采集　分析所需监测数据，选择适用传感器（如应变片、红外、霍尔等），在合适位置测量关键物理量（如压力、温度、电流），并按照定义的数字信号格式输出数据。

（2）监控和异常检测　实际提取的特征与不同工况下的预设特征进行对照，当超出预设阈值的特征出现时，系统触发警报。这一过程运用了阈值判定、模糊逻辑等手段。

（3）故障诊断　故障诊断主要研究如何对系统中出现的故障进行检测、分离和辨识，即判断故障是否发生，定位故障发生的部位和种类，以及确定故障的大小和发生的时间等。

（4）预测　预测的主要目的是基于当前的健康状况及对将来负载情况的预期，来估算未来某一特定时刻的系统状态，或者是依据给定的载荷演变曲线，预估系统的剩余使用寿命。

（5）规划和决策　根据故障诊断和预测所提供的数据，以确保任务完成、成本最优化等为宗旨，对维修时机、维修规模等进行精细决策，进而形成包括调整运行参数、制定维修措施及确定备件更换需求在内的维护计划。

7.2.2　设备状态监测

在实际工业环境中，机械设备会因多种运行条件（如正常磨损、外力冲击、不均衡负载等）导致其性能和整体健康状况逐渐恶化。这种内在的退化进程通常无法通过直接的物理量测量来准确反映，而是需要借助间接检测手段，例如通过监测机械设备在运行过程中的振动特性、声发射信号以及温度变化等关键参数来表征设备的健康状况。得益于传感器技术、无线通信技术和高性能计算技术的飞速进步，现代工业场所能够实时采集到大量的机械设备运行状态监测数据，并实现这些数据的有效存储和深度分析。这一进展使得机械设备健康管理迈入了大数据时代，其中海量数据成为揭示设备潜在故障和评估健康状况的关键资源。在大数据背景下，机械设备健康监测更加注重从复杂的监测数据中挖掘深层次的设备状态信息。具体做法包括但不限于设定科学合理的故障预警阈值，当监测指标超过预设范围时即判断设备可能存在异常或即将发生故障；同时，也可以利用先进的数据分析方法和智能模型（如机器学习算法、人工智能诊断系统等），对设备的健康状态进行更为精确的量化评估，从而实现更早预警、更精准维护，显著提升设备的可靠性和使用寿命。

1. 基于故障阈值的健康监测

如图 7-14 所示，基于故障阈值的健康监测的主要步骤包括特征提取和健康状态定性判定。

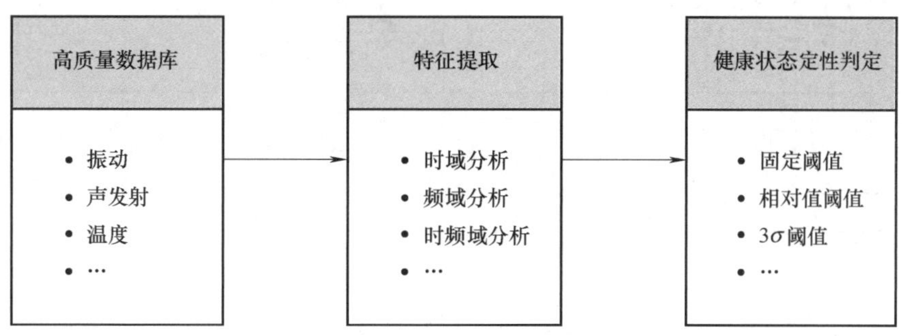

图 7-14　基于故障阈值的健康监测

特征提取阶段：系统收集的监测信号被划分为两类——慢变信号和快变信号。对于慢变信号，运用机理模型结合行业专家的专业知识，对预处理后的数据进行深度挖掘，提炼关键特征；而对于快变信号，则采用时域分析、频域分析以及时频域分析手段，对预处理数据进行细致的转换和拆解，从而有效提取其内在特征。

健康状态定性判定阶段：基于提取出的特征参数，系统设定相应的故障阈值，以此来评判机械设备当前的运行健康状况。故障阈值的确定方法多样，包括但不限于固定阈值、相对值阈值以及 3σ 阈值等。通过对比特征值与这些阈值的关系，可以准确判断机械设备是否存在潜在故障或性能退化情况。

（1）时域与频域特征提取　信号时域分析致力于估算和量化信号在时间维度的特性参数，这些参数分为有物理量纲和无物理量纲两类。对于有物理量纲的统计属性，常见的包括平均值、标准偏差、方均根值、峰值等，它们通常关联到设备的转动速度、负载等实际操作条件。而无物理量纲特征则独立于机械设备的具体运行状况，例如波形指标、峰值指标、脉冲指标、裕度指标、偏斜度以及峭度等。

另外，信号的频谱分析揭示了信号内部各个频率成分及其相对幅度或能量分配。当机械设备发生故障时，其产生的信号在不同频率处的幅度或能量会发生改变，这会在频谱上体现为相应谱线的变化：故障可能导致新频率成分的出现或原有成分的消失，使得频谱表现出集中或离散的趋势；同时，特定频率下的幅值或能量增强或减弱，则会反映在频谱对应谱线高度的增减上。通过提取能够反应频谱中谱线高低变化、分散程度及主频带位置变化的频谱特征参数，能够较好地描述信号中蕴含的信息，从而指示健康状态信息。常用的 11 种时域特征参量与 13 种频域特征参量见表 7-1。

表 7-1 常用时域与频域特征参量

时域特征参量	频域特征参量
均值 $\bar{x}=\frac{1}{N}\sum_{n=1}^{N}x(n)$	$F_1=\frac{1}{K}\sum_{k=1}^{K}s(k)$
标准差 $\sigma_x=\sqrt{\frac{1}{N-1}\sum_{n=1}^{N}[x(n)-\bar{x}]^2}$	$F_2=\sqrt{\frac{1}{K-1}\sum_{k=1}^{K}[s(k)-F_1]^2}$
方根幅值 $x_r=\left(\frac{1}{N}\sum_{n=1}^{N}\sqrt{\lvert x(n)\rvert}\right)^2$	$F_3=\frac{\sum_{k=1}^{K}[s(k)-F_1]^3}{(K-1)F_2^3}$
方均根值 $x_{rms}=\sqrt{\frac{1}{N}\sum_{n=1}^{N}x^2(n)}$	$F_4=\frac{\sum_{k=1}^{K}[s(k)-F_1]^4}{(K-1)F_2^4}$
峰值 $x_p=\max\lvert x(n)\rvert$	$F_5=\frac{\sum_{k=1}^{K}f_k s(k)}{\sum_{k=1}^{K}s(k)}$
波形指标 $W=\frac{x_{rms}}{\bar{x}}$	$F_6=\sqrt{\frac{1}{K-1}\sum_{k=1}^{K}(f_k-F_5)^2 s(k)}$
峰值指标 $C=\frac{x_p}{x_{rms}}$	$F_7=\sqrt{\frac{\sum_{k=1}^{K}f_k^2 s(k)}{\sum_{k=1}^{K}s(k)}}$
脉冲指标 $I=\frac{x_p}{\bar{x}}$	$F_8=\sqrt{\frac{\sum_{k=1}^{K}f_k^4 s(k)}{\sum_{k=1}^{K}f_k^2 s(k)}}$
裕度指标 $L=\frac{x_p}{x_r}$	$F_9=\frac{\sum_{k=1}^{K}f_k^2 s(k)}{\sqrt{\sum_{k=1}^{K}s(k)\sum_{k=1}^{K}f_k^4 s(k)}}$
偏斜度 $S=\frac{\sum_{n=1}^{N}[x(n)-\bar{x}]^3}{(N-1)\sigma_x^3}$	$F_{10}=\frac{F_6}{F_5}$
峭度 $K=\frac{\sum_{n=1}^{N}[x(n)-\bar{x}]^4}{(N-1)\sigma_x^4}$	$F_{11}=\frac{\sum_{k=1}^{K}(f_k-F_5)^3 s(k)}{(K-1)F_6^3}$

（续）

时域特征参量	频域特征参量
—	$F_{12}=\dfrac{\sum_{k=1}^{K}(f_k-F_5)^4 s(k)}{(K-1)F_6^4}$
—	$F_{13}=\dfrac{\sum_{k=1}^{K}(f_k-F_5)^{1/2} s(k)}{(K-1)F_6^{1/2}}$

注：表中 $x(n)$ 为信号的时域序列，$n=1$，2，…，N；N 为样本点数；$s(k)$ 是信号 $x(n)$ 的频谱，$k=1$，2，…，K；K 是谱线数；f_k是第 k 条谱线的频率值。

（2）健康状态定性判定　设置特征值的故障阈值是机械设备状态定性评估的一种常规方法。这一阈值可分为两大类：固定阈值和自适应阈值。固定阈值是一种预设的数值标准，用于比较和判断机械设备是否处于健康状态。它是基于既定测量技术和方法，在明确的条件（如特定频率范围、检测手段）下确立的。使用固定阈值时，必须考虑其适用场景，往往参照“国家标准化管理委员会”“国际电工委员会”等权威机构发布的行业标准。相比之下，自适应阈值更具动态性，它的设定是基于同类机械设备的整体表现或者是基于同台机械设备随时间推移的状态变化趋势，充分考虑了设备自身的性能变化特点。自适应阈值的设定方法有很多，如相对值阈值法、3σ 阈值法等。本部分仅对常用的 3σ 阈值法作介绍。

若随机变量 X 的概率密度函数为

$$f(x)=\frac{1}{\sigma\sqrt{2\pi}}\exp\left[-\frac{1}{2}\left(\frac{x-\mu}{\sigma}\right)^2\right]\ (-\infty<x<+\infty) \tag{7.1}$$

式中，σ 是标准差，$\sigma>0$；μ 是均值。若$-\infty<x<+\infty$，则称 X 服从参数为 μ 和 σ^2的正态分布，并记为 $X\sim N(\mu,\sigma^2)$。由正态分布概率密度曲线的性质可知，服从正态分布 $N(\mu,\sigma^2)$ 的随机变量只有 0.26%的可能落在（$\mu-3\sigma,\mu+3\sigma$）区间之外。通常把正态分布的这种概率法则称为 3σ 原则。基于 3σ 原则的故障阈值确定方法称为 3σ 阈值法。

2. 基于机器学习的健康监测

如图 7-15 所示，基于智能模型的健康监测的主要步骤包括特征提取和健康状态定量判定。

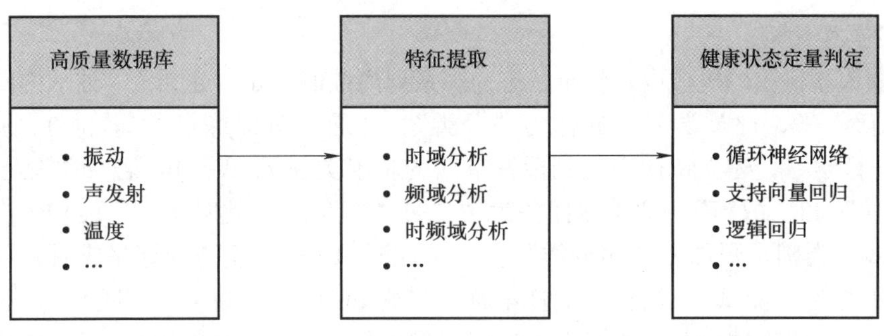

图 7-15　基于智能模型的健康监测

特征提取阶段：在智能模型驱动的健康监测系统中，特征提取过程与基于故障阈值的传统健康监测方式具有相似性，旨在通过对原始监测数据进行深入分析和挖掘，提取出反映设备健康状况的关键特征指标。

健康状态定量判定阶段：系统将已提取的设备健康特征值输入一系列智能模型中，如循环神经网络（Recurrent Neural Network，RNN）、支持向量回归（Support Vector Regression，SVR）及逻辑回归（Logistic Regression，LR），以实现机械设备健康状态的精细化量化判定。这些智能模型凭借其强大的学习与推理能力，能够根据特征值的变化趋势与模式，精准地评判设备的健康等级和潜在故障严重程度。本质上，基于智能模型的机械设备健康状态定量判定是一种运用机器学习中回归算法进行连续数值预测的方法。其运作机制在于，通过让智能模型（如前述的 RNN、SVR 和 LR 等）学习大量的训练样本数据，逐步构建起特征变量与机械设备健康状态连续数值间的精确数学映射。当新的监测数据被输入模型时，模型将输出一个代表机械设备当前健康状态的连续数值范围，从而达成对机械设备健康状态的定量判定目标。

7.2.3 设备故障诊断

机械设备在运行过程中可能出现性能衰退乃至故障问题，因此除了对其进行健康监测之外，还需要对故障进行精确诊断。机械设备的潜在故障信息常常潜藏在诸如振动、声发射及温度等各种监测数据之中。有效地解析和识别这些监测数据变化中所携带的故障信息，就能精准定位故障位置、辨别故障类型乃至评估故障严重程度。随着人工智能技术的快速发展，机器学习正试图赋予计算机模拟人类的学习能力，使其能够深入分析数据、提炼规律、总结经验，并最终取代或辅助人类的学习及“经验”积累过程，从而使人类得以从浩瀚复杂的数据世界中解脱出来。在计算机体系结构中，“经验”被转化为可处理的“数据”形式，而机器学习的核心目标便是研究如何从数据中构建出具有预测和解释能力的“模型”，也就是各类学习算法。将这些学习算法应用于机械设备的实时监测数据之上，即可构建出“智能诊断模型”。当面对新的、机械设备健康状态未知的监测数据时，智能诊断模型能够凭借已学习到的“经验知识”，对数据所对应的机械设备健康状态进行精准判断，比如识别轴承内圈是否存在故障等问题。因此，大数据智能诊断可以被视为一种运用大数据技术来精确识别机械设备健康状态的科学方法，它依托于传感系统对监测数据的实时获取，借助机器学习积累和应用经验知识，并以智能化判别机械设备健康状态为目标，旨在确保机械设备运行的稳定性和可靠性。

1. 问题描述

智能诊断模型输出的机械设备健康状态为一系列离散值，如“正常”“轴承内圈故障”和“轴承外圈故障”等，此类学习任务称为“分类”，即通过对训练集 $\{(x_1,y_1),(x_2,y_2),\cdots,(x_m,y_m)\}$ 进行学习，建立特征空间到标签空间的映射关系 f：$X\rightarrow Y$。若分类只涉及两个类别，即“正常”和“故障”，则学习任务为“二分类”任务，此时 $Y=\{-1,+1\}$ 或 $\{0,1\}$；若分类涉及多个类别，则称为“多分类”任务，此时 $|Y|>2$。模型训练完成后，预测其他样本类别的过程称为“测试”，被预测的样本称为“测试样本”，例如，将学得的智能诊断模型记为 $f(\cdot)$，对于机械设备健康状态未知时采集的样本 x（标签未知），可得该样本的预测标签 $y=f(x)$，即实现机械设备的智能诊断。

2. 基于浅层机器学习模型的智能诊断

基于浅层机器学习模型的智能诊断流程如图 7-16 所示，其核心流程主要包括三个关键步骤：特征提取、特征优选及故障分类。机械设备在运行过程中产生的监测信号包含了反映其健康状态的关键信息，但由于这些信号本质上属于随机过程，直接分析原始信号可能难以揭示其中隐藏的状态变化，因此通过采用统计学分析方法，例如时域分析、频域分析以及时频域分析等手段，可以从监测信号中提取出有意义的数字特征。这些特征反映了机械设备工作状态随时间或其他变量变化的规律，是后续分析的基础。在大数据背景下，机械设备监测数据规模庞大且价值密度较低，这可能导致提取出的特征中包含大量冗余或不相关的信息。为了提升智能诊断的准确度和效率、减少计算复杂性，特征选择阶段至关重要。在此阶段，可使用诸如主成分分析（PCA）、距离度量方法、特征评估方法以及信息熵等技术筛选出最具代表性的特征子集，去除噪声和冗余，有效避免"维数灾难"。经过优选后的敏感特征集中隐含着机械设备各种潜在的健康状态信息。这时，可以利用浅层机器学习模型来进行进一步的建模和分析，如自适应模糊神经网络（ANFIS）、传统神经网络（NN）、k-最近邻（kNN）等机器学习算法。这些模型能够建立起敏感特征与机械设备健康状态之间的非线性映射关系，进而构建智能诊断模型。最后，该模型能够在接收到新监测数据时，快速、准确地识别出机械设备的实际健康状态，从而实现自动化、高效的智能诊断功能。

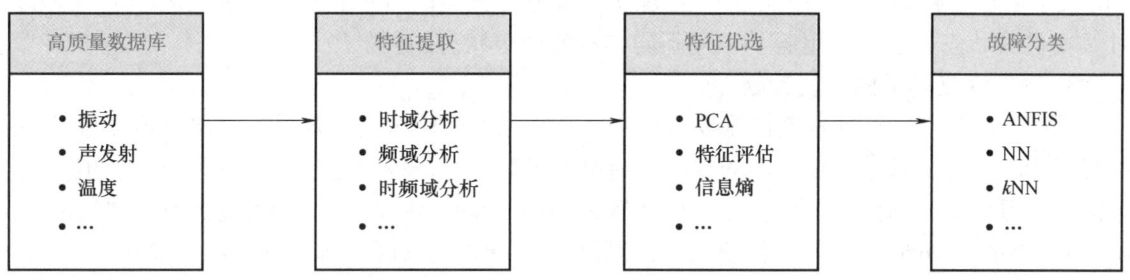

图 7-16　基于浅层机器学习模型的智能诊断流程

在智能诊断过程中，不相关或冗余的特征不仅无助于揭示故障信息，反而会增加数据集的计算复杂度，降低诊断的准确性与效率。特征选择方法试图从高维特征集中选择对故障敏感，且维数最小的特征子集。假设数据集 D 含有 m 个 d 维特征集，共含有 C 类健康状态，特征选择方法即从 d 维特征空间中，寻找由 n 个特征决定的子空间来最好地表征 C 类健康状态。特征评估技术则是通过衡量特征间的距离差异来评价特征的敏感度。其基本原则是：来自同一类健康状态样本的特征应表现出较小的类内距离，而不同健康状态样本的特征应体现出较大的类间距离。若某特征在满足同类健康状态样本特征距离极小的同时，还能使得不同健康状态样本的特征距离最大化，那么这个特征就被认为是高度敏感的。换句话说，对于某一健康状态类别，若其内部样本在某个特征上的差异最小，而在不同健康状态类别间该特征的差异最大，则表明此特征对该类别健康状态的识别特别敏感。

假设具有 C 类健康状态的特征集为

$$\{q_{m,c,j} \mid m=1,2,\cdots,M_c;c=1,2,\cdots,C;j=1,2,\cdots,J\} \tag{7.2}$$

式中，$q_{m,c,j}$是属于第 c 类健康状态的第 m 个样本的第 j 个特征；M_c是第 c 类健康状态的样本数；J 是每一类健康状态的特征个数。

距离评估技术的一般步骤如下：

1）计算属于第 c 类健康状态样本的第 j 个特征的类内距离。

$$d_{c,j}=\frac{1}{M_c(M_c-1)}\sum_{l,m=1}^{M_c}|q_{m,c,j}-q_{l,c,j}|,l,m=1,2,\cdots,M_c,l\neq m \tag{7.3}$$

2）计算 C 类健康状态样本的第 j 个特征的类内距离的平均值。

$$d_j^{(w)}=\frac{1}{C}\sum_{c=1}^{C}d_{c,j} \tag{7.4}$$

3）计算属于第 c 类健康状态的 M_c 个样本的第 j 个特征的平均值。

$$u_{c,j}=\frac{1}{M_c}\sum_{m=1}^{M_c}q_{m,c,j} \tag{7.5}$$

4）计算 C 类健康状态样本的第 j 个特征的类间距离的平均值。

$$d_j^{(b)}=\frac{1}{C(C-1)}\sum_{c,e=1}^{c}|u_{e,j}-u_{c,j}|,c,e=1,2,\cdots,C,c\neq e \tag{7.6}$$

5）计算第 j 个特征的评估因子。

$$\alpha_j=\frac{d_j^{(b)}}{d_j^{(w)}} \tag{7.7}$$

α_j 的大小反映了利用第 j 个特征对 C 类健康状态进行分类的难易程度。α_j 越大表第 j 个特征对 C 类健康状态越敏感，更容易识别不同样本的健康状态归属。

3. 基于深度学习的智能诊断

基于深度学习的智能诊断的主要步骤为特征表征及故障分类，与基于浅层机器学习模型的智能诊断相比，基于深度学习的智能诊断摒弃了数据特征提取过程中的人为经验干预，利用深度学习方法，如深度置信神经网络（Deep Belief Network，DBN）、栈式自编码神经网络（Stacked AutoEncoder，SAE）和卷积神经网络（Convolutional Neural Network，CNN），直接对输入的信号逐层加工，把初始的、与机械设备健康状态联系不太密切的样本特征转化成与健康状态联系更为密切的特征表达，即逐渐将初始的“低层”特征表达转换为“高层”特征表达。并将特征提取与故障分类过程合二为一，直接建立“高层”特征与机械设备健康状态之间的非线性映射关系，获得智能诊断模型，以完成复杂的分类学习任务。下面以基于三元组关系网络的跨部件小样本故障诊断模型（TRNet）为例进行说明。

如图 7-17 所示，TRNet 主要包括三个部分，其中特征嵌入模块是一个孪生卷积神经网络结构，用于将元任务中的样本映射到嵌入空间；关系度量模块也是由卷积网络构成，在度量相似度之前，在嵌入空间中对样本特征进行拼接；困难样本识别模块需要先进行降维操作，嵌入维度较高，不适合用于计算欧氏距离来挖掘出困难样本。

（1）特征嵌入模块　特征嵌入模块是基于一维卷积网络的孪生结构，包括四个卷积块（ConvBlock），两个最大池化层和一个自适应池化层。每个卷积块都有一个卷积层，一个归一化层和一个 ReLU 激活层。为了抑制原始振动信号的高频噪声，第一个卷积块使用大小为 10×1 的卷积核，以获得一个较大的感受野。接下来的几个卷积块使用大小为 3×1 的卷积核来提取详细的特征信息（每个有 64 个卷积核）。每个池化层的大小被设定为 2×1，其具有相同的步长和池化窗口。为了保留足够的信息用于关系度量模块中的卷积操作，第三个卷积块和第四个卷积块后面没有连接池化层。

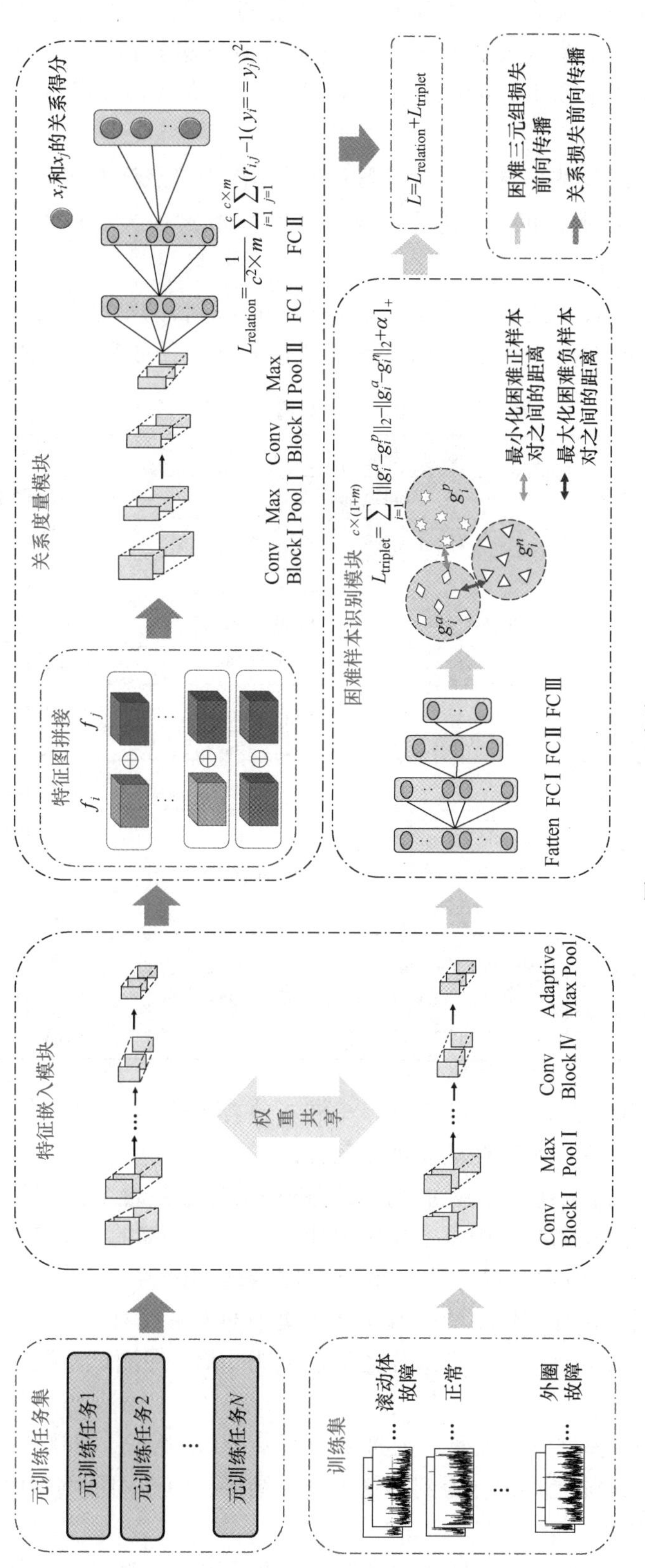

图 7-17 TRNet 框架

（2）关系度量模块　关系度量模块有一个特征图连接层、两个卷积块，分别用于拼接特征嵌入模块得到的样本集（支撑集）和查询集（测试集）的特征和提取高维关系特征，两个全连接层分别为8维和1维的两个全连接层，用于降低特征维度，便于后续计算关系得分。

（3）困难样本识别模块　选择训练集第i个样本作为锚点样本g_i^a，然后从相同类中选择另一个样本g_i^p作为正样本，再从其他类中选择一个样本g_i^n作为负样本。这三个样本构成一个三元组（g_i^a，g_i^p，g_i^n）。

以凯斯西储大学的公开轴承数据集、实验室自建实验台的轴承数据集、康涅狄格大学的公开齿轮数据集为实验对象，构建了12组跨部件故障诊断任务来验证模型性能，见表7-2。

表7-2　12组跨部件故障诊断任务描述

诊断任务	跨部件诊断实验	故障类别 机械部件 A	故障类别 机械部件 B	训练样本数量	相对距离 α
任务A1	CWRU轴承到Uconn齿轮	80 categories	Health、Missing、Spall、Crack、Chip5a	1-shot 105	0.3
任务A2				3-shot 115	
任务A3				5-shot 125	
任务B1	Lab-built轴承到Uconn齿轮	IF、OF、BF、BOF、N	Health、Missing、Spall、Crack、Chip5a	1-shot 105	0.5
任务B2				3-shot 115	
任务B3				5-shot 125	
任务C1	Uconn齿轮到CWRU轴承	Health、Missing、Spall、Crack、Chip5a	80 categories	1-shot 105	0.3
任务C2				3-shot 115	
任务C3				5-shot 125	
任务D1	Uconn齿轮到Lab-built轴承	Health、Missing、Spall、Crack、Chip5a	IF、OF、BF、BOF、N	1-shot 105	0.5
任务D2				3-shot 115	
任务D3				5-shot 125	

本小节评估了5-way K-shot(k=1,3,5）小样本分类任务。在目标部件的支撑集设置完成之后，选择源部件的训练样本来构建元训练任务。

具体来说，以5-way 1-shot实验为例，目标部件的样本集每个类别只有一个带标签的样本，有5个类别，因此在训练集中每个类别只使用一个带标签的样本作为样本集S，每个类别随机抽取20个样本作为查询Q，因此训练样本总数为105个。

根据类别的不同，将查询集中的样本与样本集中的样本配对，形成元训练任务。即一个元训练任务包含5个样本对，该元训练任务的总数为100。在测试阶段，元测试任务的设置和元训练阶段是相同的。

使用Adam算法对模型进行优化，元训练进行2000次迭代，1000次迭代用于元测试来评估模型性能以获取最佳元知识，得到400个测试结果，模型的平均精度和标准差是根据这400个测试结果确定的。

如图7-18所示，呈现了12个任务的平均分类准确率。虽然目标部件的每个故障类别中只有 1 个、3 个或 5 个标记样本，但所有跨部件故障诊断实验的准确率都在 79.66%（任务 C1）以上，同时，最高的分类准确率为 93.74%（任务 A3）。这些结果表明本部分所提出的 TRNet 是有效的。

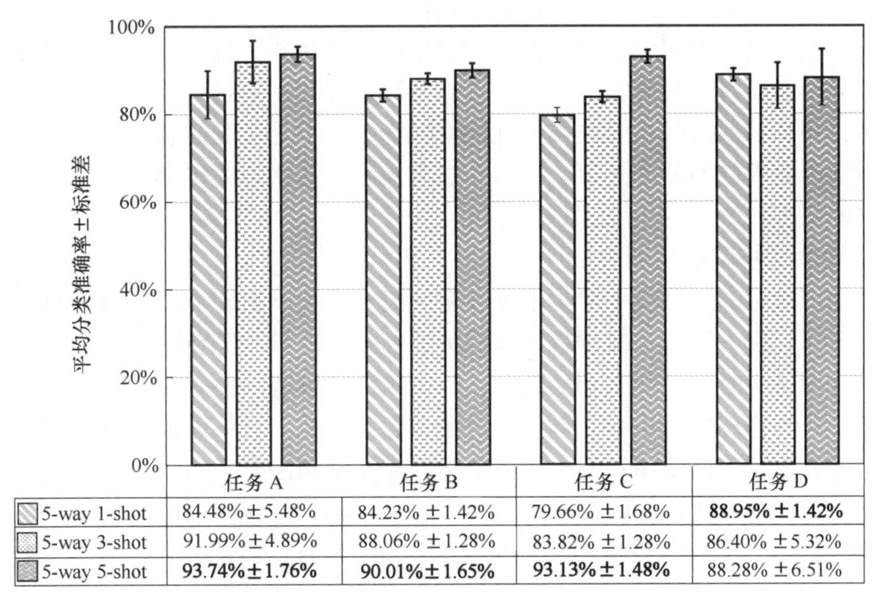

	任务 A	任务 B	任务 C	任务 D
5-way 1-shot	84.48%±5.48%	84.23% ±1.42%	79.66% ±1.68%	**88.95% ±1.42%**
5-way 3-shot	91.99%±4.89%	88.06% ±1.28%	83.82% ±1.28%	86.40% ±5.32%
5-way 5-shot	**93.74%±1.76%**	**90.01%±1.65%**	**93.13% ±1.48%**	88.28% ±6.51%

图 7-18　TRNet 在 12 个任务上的分类结果

7.2.4　设备剩余使用寿命预测

剩余使用寿命（Remaining Useful Life，RUL）被定义为相关设备在被认为失效之前的剩余使用寿命。机械设备剩余寿命预测根据机械设备历史服役记录、运行工况、服役环境、材料特性等信息，并结合实时状态监测数据，预测机械设备由当前健康状态退化到完全失去服役能力的时长。

RUL 预测方法的分类包括基于经验、数据驱动和基于失效物理模型这三类。基于经验的预测方法侧重于历史数据和经验知识，数据驱动的预测方法则基于大量数据进行预测，而基于失效物理模型的预测方法则利用物理和数学模型来预测寿命。随着计算机技术和人工智能领域的发展，数据驱动的寿命预测方法正在不断创新和迭代，为 RUL 预测提供更加准确和可靠的预测能力。

1. 基于经验的预测方法

当难以建立系统或部件的失效物理模型且无法通过传感器网络获取设备部件或系统状态、工作环境和载荷时，此时只能采用基于经验的预测方法。通常，将获取的故障和失效数据拟合为统计分布，例如泊松（Poisson）分布、指数（Exponential）分布、威布尔（Weibull）分布、对数-正态（Log-Normal）分布等。其中，应用最广泛的是威布尔分布，因为威布尔分布能适用于多种情况，包括“浴盆曲线”中的早期失效。基于经验的预测方法都是根据同类部件/设备/系统事件记录的分布，采用历史失效数据去估计对象的整体特性（例如，平均故障间隔时间 MTBF、平均失效前时间 MTTF、可靠性运行概率等），统计方法和可靠性分析在其中已得到广泛应用，因此也被称为基于统计和可靠性理论的预测方法。然而，这种方法仅提供了基于同类对象整体可靠性指标的预测评估，缺乏个体故障或者健康状态的信息。此外，维修人员更关心当前运行设备的某些部件或子系统的实际健康状况和剩余使用寿命，而不是同类部件的整体可靠性相关指标。

基于经验的预测简单易实现，可以作为定时维修的驱动器，且可以在规定的时间间隔内不断更新概率分布。而对于只有很少或没有传感器测量参数且不属于关键件的电子或机身部件的维修安排，预测部件何时失效或设备性能何时降级到不可接受的状态只能依靠分析以往的使用经验或生产商提供的使用建议。由于其没有监测设备状态的传感器数据，其预测精度不能得到很好的保证。

2. 基于失效物理模型的预测方法

基于失效物理模型的预测技术要求依据扎实的机械动力学原理、设备独特的构造特点和材料属性，深度探究设备性能衰减过程以及相关的失效物理机制。在此基础上构建起失效物理模型，并结合设备实时运行状态和负载条件，来预估其可能的失效时间及剩余寿命。此类模型通常源自经典的物理失效法则，例如通过疲劳裂纹扩散、材料磨损及腐蚀现象建立起函数关系或一组微分方程。值得注意的是，失效物理模型预测法多适用于单个零部件级别的失效预测和寿命评估，针对特定故障情境，模型实质上揭示了组件损伤（如裂纹增长、碎片形成等）与作用在其上的载荷或应力之间的定量联系。创建失效物理模型的过程往往需要对故障和失效机理进行详尽解析，并全面考量部件在实际运作中所经受的各种物理、化学、气动热力学效应的影响。由于这类建模分析涉及的高度复杂性和难度，一定程度上限制了该方法的广泛普及和实际应用。

3. 数据驱动的预测方法

（1）方法概述与分类　数据驱动的方法主要依据设备实时状态监测数据以及同类设备从正常状态至失效期间的性能参数演变历程，以此来预测设备的剩余使用寿命。这种方法并不强调对复杂物理失效机理的深入理解，而是仅依赖于传感器收集的数据，并将这些数据转化为有关设备性能衰退的有效信息和模型。由于其操作简便、模型适应性强等特点，数据驱动方法无需过度关注具体的失效机理，也因此在全球范围内得到了广泛的研究和推广应用。数据驱动的 RUL 方法分为传统数据驱动方法和基于深度学习的方法。

传统数据驱动通常有三个关键组成：手工特征设计、特征提取和模型训练，其中模型使用的常见算法有支持向量机（Support Vector Machine，SVM）、朴素贝叶斯（Naive Bayes，NB）等。基于深度学习的 RUL 预测设计目标是一个端到端的神经网络结构，可以直接从原始振动数据挖掘内部特征信息，映射退化过程与振动数据之间的序列关系。与传统数据驱动方法相比，模型特征提取模块和回归模块的参数都可以联合训练，使用深度学习方法不需要额外的人力进行特征设计。

（2）基于深度学习的 RUL 预测方法　基于深度学习的 RUL 预测方法主要包括数据采集、健康指标（HI）构建、剩余使用寿命预测这几个步骤。首先，通过在机械设备上安装振动、力、声发射、电流等不同类型的传感器，获取对应的物理信号。这些信号中蕴含丰富的机械设备退化信息，是剩余使用寿命预测的数据基础。然后，利用信号处理、机器学习等方法从监测数据中提取能够反映设备退化趋势的健康指标，并从单调性、趋势性等方面对健康指标进行系统的评价与选择，进而构建敏感健康指标。之后，将这些健康指标输入循环神经网络（RNN），长短期记忆（LSTM）网络，门控神经单元（GRU），卷积神经网络（CNN）等深度学习模型，通过多次迭代训练，自动学习机械设备的退化规律。最后，利用训练好的深度学习模型，根据新获取的机械设备监测数据预测机械设备的剩余使用寿命。

下面以基于卷积增强自注意力的门控神经网络（SACGNet）的寿命预测方法为例来介绍基于深度学习的方法在轴承寿命预测领域中的应用。

SACGNet 的整体结构如图 7-19 所示，其中包括健康指标构建模块和剩余使用寿命预测模块。首先，在健康指标构建模块，通过主成分分析（PCA）技术和欧式距离度量方法相结合将轴承的原始振动信号进行分析处理构建成健康指标，以解决对真实使用寿命标签的依赖问题。在剩余使用寿命预测模块，数据经过数据归一化和滑动窗口处理后，输入进 SACGNet 开始训练模型。该模型通过结合卷积神经网络和自注意力机制来提取数据中的局部特征并给其赋予更多的权重，让模型在提取数据的总体退化趋势的同时能够有效利用到退化数据中的局部特征以此提高预测精度。

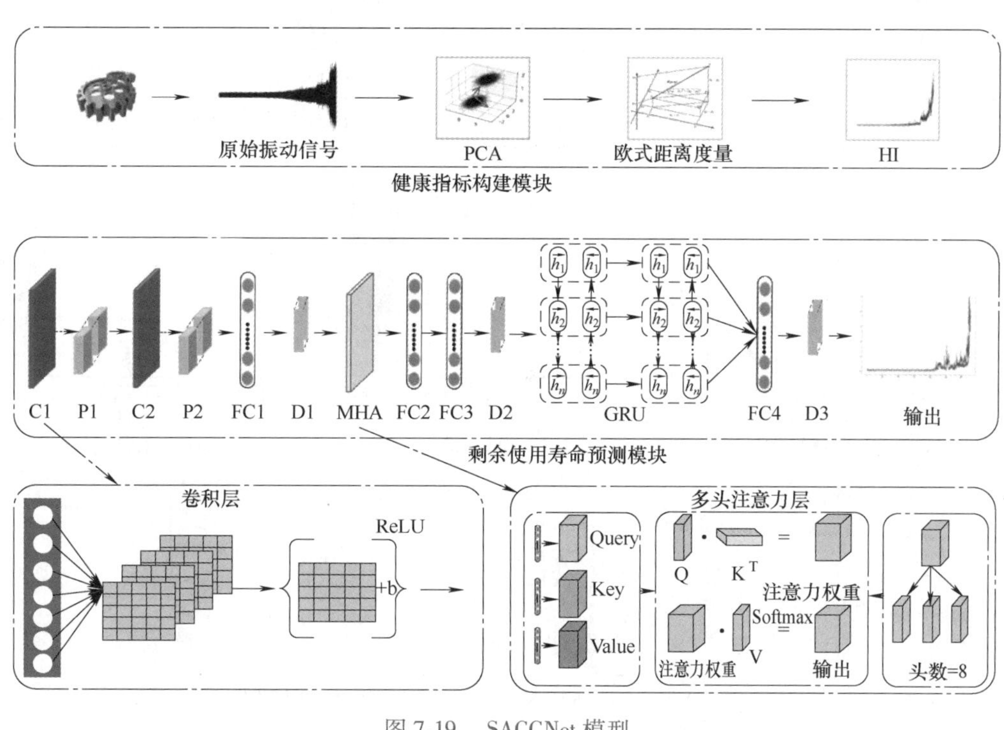

图 7-19　SACGNet 模型

接下来，在 IEEE PHM Challenge 2012 轴承数据集上对比不同的模型的预测结果来证明 SACGNet 模型的优越性。对比模型包括 CNN、RNN、LSTM、GRU 模型。不同模型在 PHM 数据集上的预测结果见表 7-3。

在 PHM 数据集上，使用 MSE 和 RMSE 指标，SACGNet 模型在 11 个轴承数据上有 9 个取得了最优结果。实验结果表明，在多个评估指标下，SACGNet 模型优于现有的模型，具有更高的预测精度。在轴承 1-4 上不同模型的预测结果如图 7-20 所示。

表 7-3 不同模型在 PHM 数据集上的预测结果

轴承	SACGNet		CNN		RNN		LSTM		GRU	
	MSE	RMSE	MSE	RMSE	MSE	RMSE	MSE	RMSE	MSE	RMSE
1-3	0. 010	0. 101	0. 276	0. 526	0. 087	0. 295	0. 051	0. 227	0. 156	0. 395
1-4	0. 053	0. 230	0. 236	0. 486	0. 079	0. 282	0. 154	0. 393	0. 130	0. 360
1-5	0. 039	0. 197	0. 361	0. 601	0. 191	0. 437	0. 099	0. 315	0. 220	0. 469
1-6	0. 042	0. 205	0. 339	0. 583	0. 167	0. 409	0. 088	0. 296	0. 212	0. 461
1-7	0. 012	0. 108	0. 401	0. 633	0. 089	0. 299	0. 100	0. 317	0. 122	0. 350
2-3	0. 017	0. 131	0. 017	0. 132	0. 098	0. 313	0. 134	0. 366	0. 047	0. 216
2-4	0. 042	0. 204	0. 044	0. 209	0. 107	0. 327	0. 126	0. 354	0. 173	0. 416
2-5	0. 066	0. 202	0. 033	0. 182	0. 102	0. 319	0. 080	0. 283	0. 074	0. 272
2-6	0. 042	0. 205	0. 049	0. 221	0. 106	0. 326	0. 129	0. 360	0. 150	0. 387
2-7	0. 061	0. 397	0. 063	0. 250	0. 052	0. 229	0. 153	0. 392	0. 621	0. 788
3-3	0. 078	0. 280	0. 159	0. 399	0. 080	0. 282	0. 232	0. 482	0. 255	0. 505

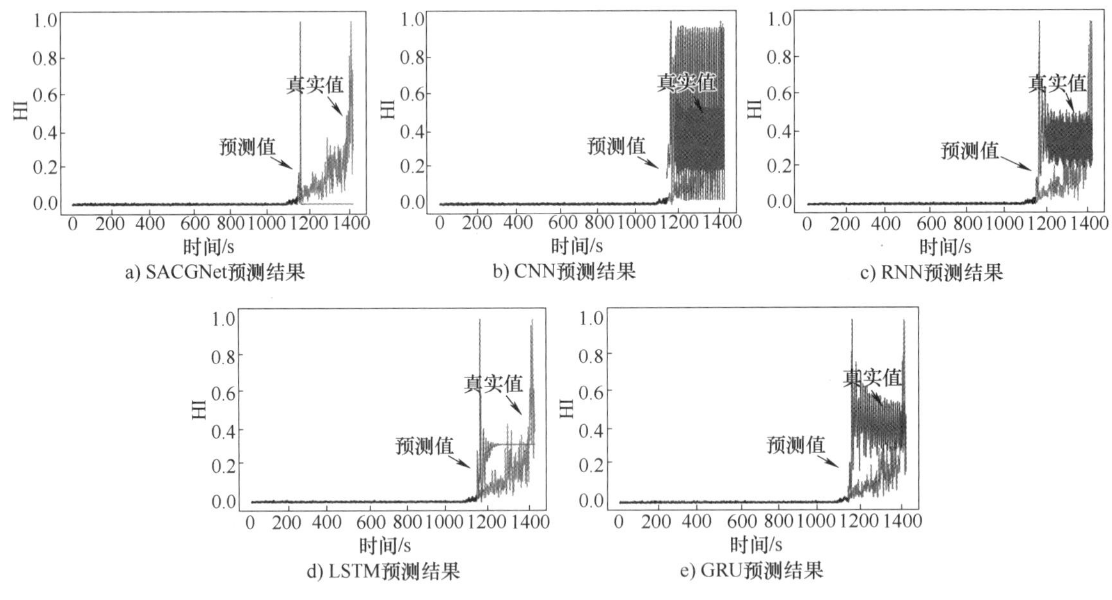

图 7-20 在轴承 1-4 上不同模型的预测结果

从图 7-20a ~ 图 7-20e 可以看出 CNN 模型对于测试数据的适应性是最差的，CNN 模型的预测结果与原始信号的差异偏移非常明显，这很显然，单独的卷积神经网络对于时序数据的适应性本就不是很好，RNN 和 GRU 的预测结果稍优于 CNN，能够体现出原始信号的变化趋势，不过仍然算不上很好的拟合，它们的预测结果在长期序列的性能上也不如 LSTM。SACGNet 和 LSTM 对于轴承 1-4 数据的预测结果相似，但是 SACGNet 的拟合结果在与其他四种模型对比时体现出了更好的拟合和更高的预测精度。

通过上述内容，可以得知基于深度学习的 RUL 预测方法在处理复杂数据、提高准确性和泛化能力等方面具有显著优势，为工程和科学领域中的 RUL 预测问题提供了强大的解决方案。

4. 各类预测方法的比较

各种预测方法都有其优势和缺点，在实际应用中，必须针对具体的问题进行权衡和选择。图 7-21 从预测方法工程应用的广泛性、费用投入与预测精度方面，对 RUL 预测方法进行了对比。

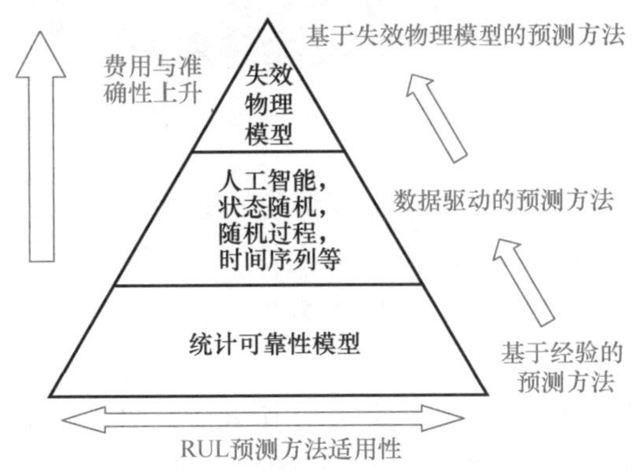

	预测精度低 ⟶ 高		
	基于经验的预测方法	数据驱动的预测方法	基于失效物理模型的预测方法
工程模型	不需要	有最好	需要
失效历史	需要	不需要	有最好
历史工作状态	有最好	不需要	需要
当前状态	有最好	需要	需要
识别故障类型	不需要	需要	需要
维修历史	有最好	不需要	有最好
总结	不需要传感器和模型	需要传感器不需要模型	需要传感器和模型

图 7-21　RUL 预测方法特点分析

对三类预测方法进行比较分析可以得知，基于经验的预测方法依赖于历史失效数据和专业判断，无须实时传感器数据和详细的失效物理模型，具有广泛的适用性，但因其不考虑单个设备的实时状态信息，预测精度相对较低。数据驱动的预测方法借助传感器监测数据及大规模历史数据库，通过分析性能退化趋势、识别失效模式特征来进行预测，模型构建相对简便且通用性强，尤其是在拥有充足运行至失效实例的数据条件下，预测精度较高。基于失效物理模型的预测方法基于深厚的物理原理和详尽的设备信息，能够提供最高的预测准确性，但实施起来最为复杂且成本较高，因为它要求深入了解设备的结构材料、负载特性及物理失效机制等多方面内容。

7.2.5　设备健康管理典型应用案例

本节以合肥工业大学分布智能与物联网研究所开发的智能型水务阀门在线数字化检测与质量评价系统为例，深入探讨设备健康管理在工业中的应用。

1. 系统总体架构

该系统硬件部分包括现场端的智能监测站（分有线和无线两种方式）和多种传感节点。如图 7-22 所示，有线智能监测站支持实时时钟（RTC），温度探头自校准、网络调试、断网保存功能，支持手动采集功能，保障特殊场景下的数据有效性，可测量定义数据采集，实现故障精准分析，具备以太网/光纤等多种通信方式，能适应不同的工业现场，并且支持 MQTT、Modbus 等多种通信方式，便于数据交互，支持接收软件下达的 Python 算法。

图 7-23 所示为无线传输的智能监测站，支持 60 个振动传感器和 30 个工艺量传感器，集测振、测温等于一体，支持断网数据存储，避免数据丢失。向下通信支持 ZigBee、LoRa，

向上通信支持以太网、光纤、Wi-Fi、4G/5G 等。

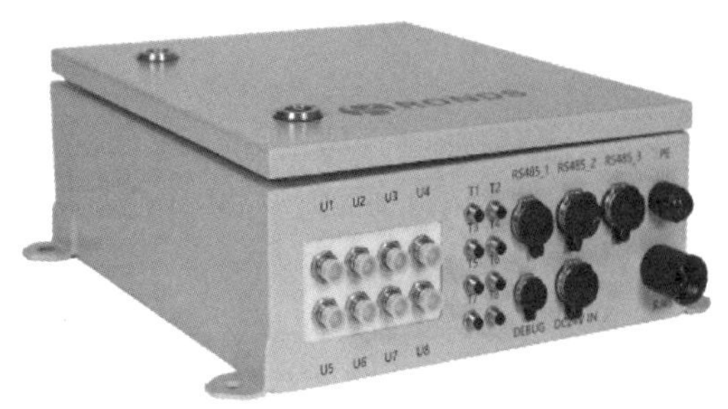

图 7-22　有线智能监测站

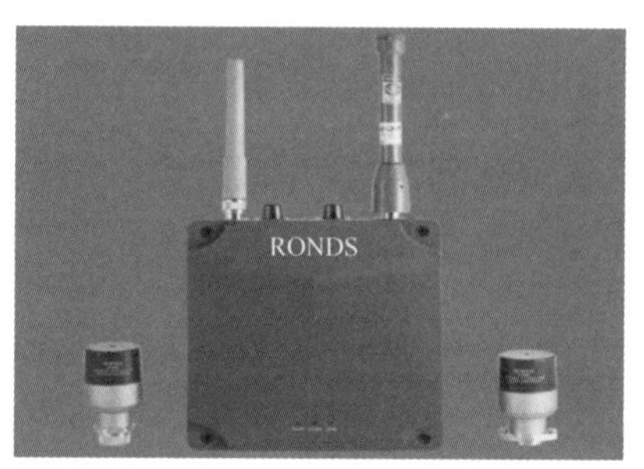

图 7-23　无线智能监测站

图 7-24 所示为通用无线振动传感器，支持蓝牙 5.0 与 Zigbee 双协议自动切换，可采集三轴加速度、速度、位移等数据，其频响范围宽，0.1～10000Hz，可支持双孔丢失设计，能达到 IP68 防水等级。实验中可通过手机 APP 临时采集振动、温度等数据。无须配置，直接上电使用，并且支持软件定制化开发等。

图 7-25 所示为 LORAWAN 无线变送器，是一体化温度、压力（压差）、液位、温压一体化变送器。采用微功耗无线通信模式，不需要外部接线，安装快捷方便，隔爆铝壳，防护等级 IP66。无线通信距离 1～2km，单网关覆盖范围广，通过 LORAWAN 网传输，能够方便地接入测控系统，系统成本低，470～510MHz 适配多种网关。LCD 显示，-30～70℃清晰显示，超过温度显示不损坏。高能锂电支持，高增益天线，自动功耗控制，在发送数据时高功率工作，待机时微功耗运行。具有主动数据报警功能。支持动态更新软件升级服务。

图 7-24　通用无线振动传感器

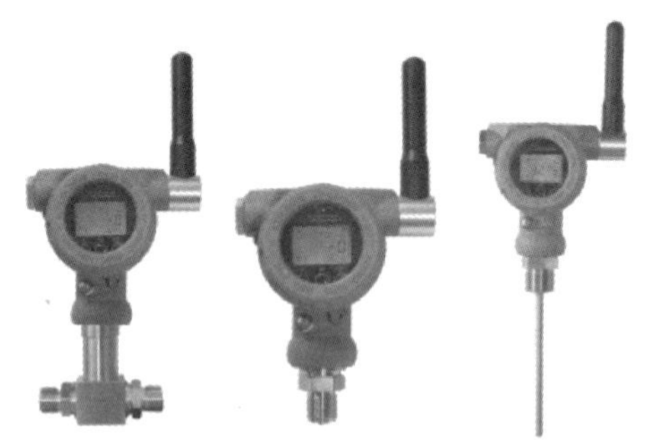

图 7-25　LORAWAN 无线变送器

系统总体架构如图 7-26 所示。

2. 软件平台

水务阀门监测数据上传流程如图 7-27 所示。用户通过智能监测站和各类传感器进行数据采集，数据采集完毕后将其存入数据库，将数据封装成包通过消息中间件传送给后台服务器，后台服务器对数据包进行解析，解析之后通过通信机制推送到前端，前端调用页面展示最终数据。

软件平台的功能主要包括水务阀门（水阀）状态数据上传、在线监测与分析、故障预

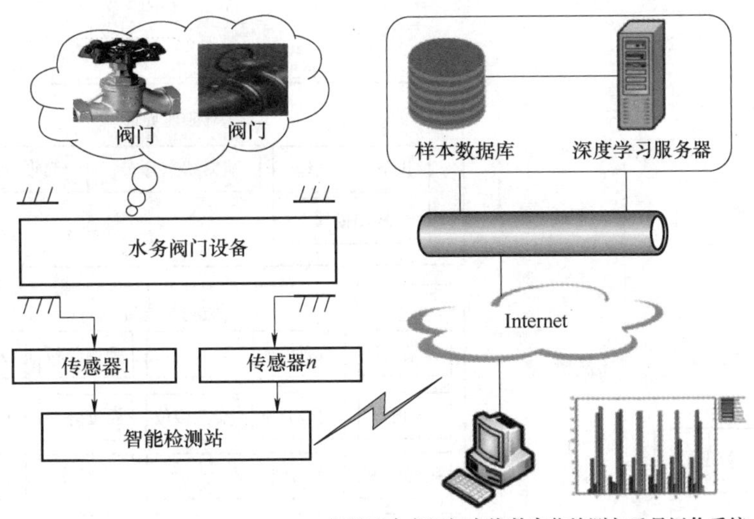

图 7-26　系统总体架构

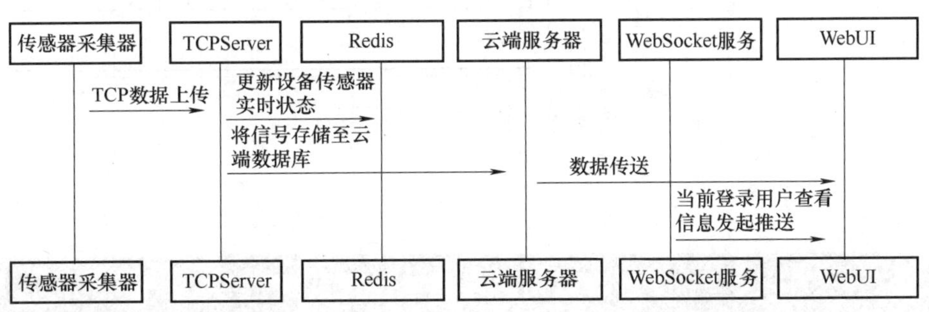

图 7-27　水务阀门监测数据上传流程

警与质量评价、驾驶舱等。水务阀门状态数据上传负责实现采集并上传水阀工况数据。故障预警与质量评价根据获取到的实时数据对水阀进行故障预警和质量评价。在线监测与分析负责监测水阀流量、温度、压力和振动等实时状态，并根据振动数据进行各种时频域分析。驾驶舱界面则根据权限展示不同公司、所有部署的阀门设备的统计信息，如设备报警次数统计、阀门泄露状态分布、设备总数统计等。其功能架构如图 7-28 所示。

3. 代表性功能介绍

（1）驾驶舱　驾驶舱是一个集中管理和监控各种设备和系统的核心控制中心，如图 7-29 所示。其主要职责包括以下方面：设备数量、部件数量、传感器数量、故障数量、设备类型数、设备状态分布、每月故障案例数、设备故障类型分布排名、故障诊断结果。

（2）在线监测　在线监测可以一站式分析设备的实时数据和运行状态，分析设备可能存在的故障或异常情况。在线监测模块可以查看所有设备的全部波形，包括：振动趋势、泄露分析、时域波形、频谱分析、多时域波形、多频谱、包络解调、多指标、倒谱分析、交叉相位、温度分析、工艺趋势、采样值分析、瀑布图。在线监测总览界面如图 7-30 所示。

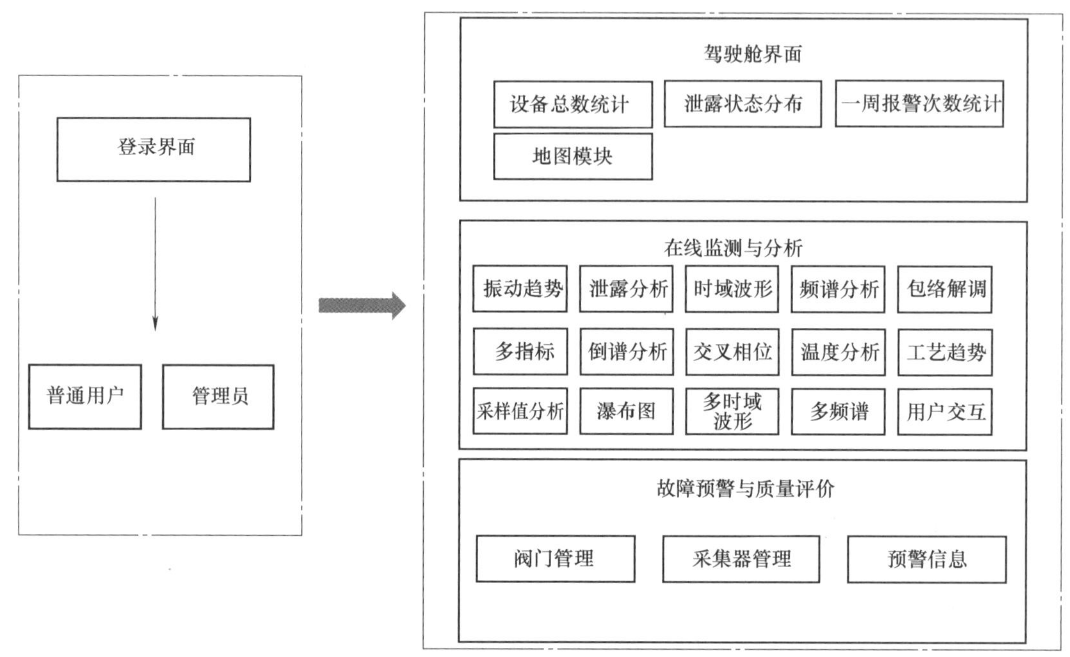

图 7-28　软件平台功能架构

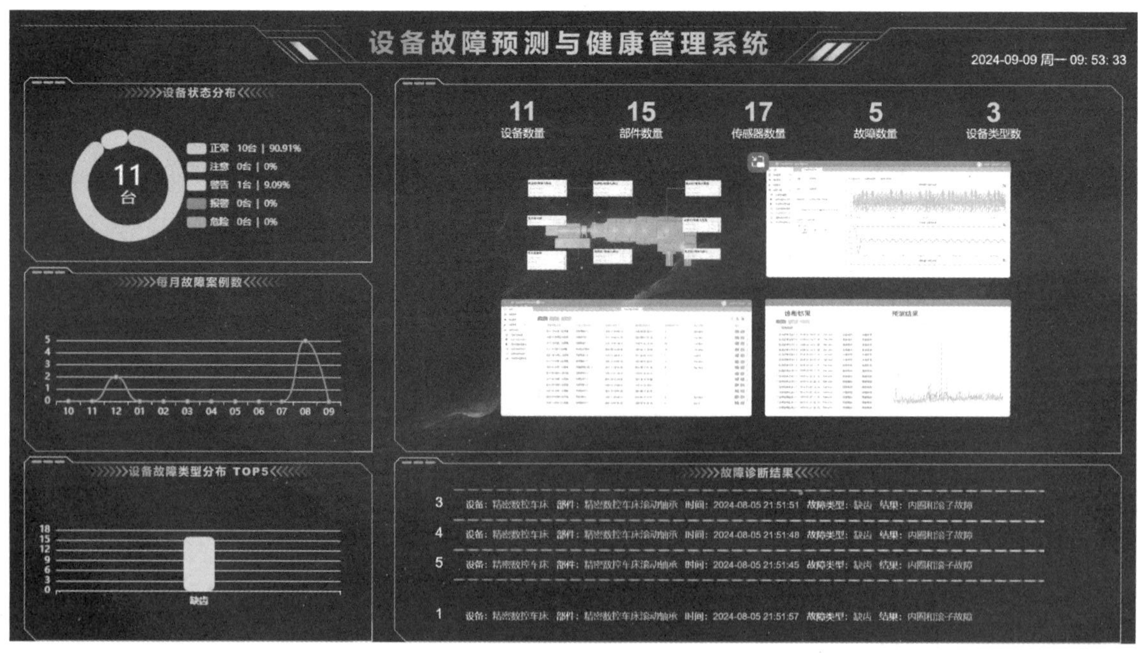

图 7-29　驾驶舱主界面

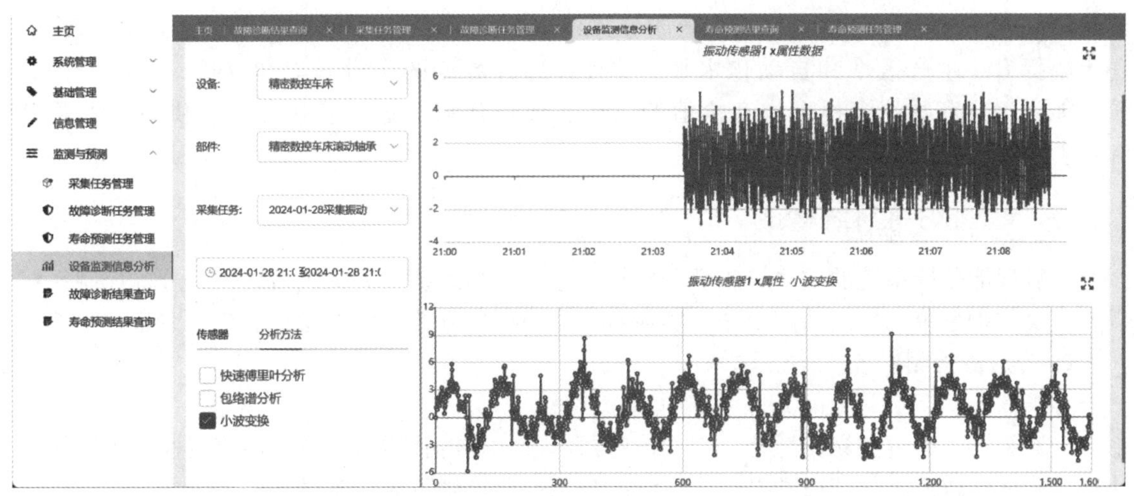

图 7-30　在线监测总览界面

7.3 机器智能分拣

7.3.1　智能分拣系统概述

分拣系统是现代工业生产和物流领域中至关重要的一环，它承担着对产品或物品进行分类、归类和分配的任务。在传统的生产制造和物流流程中，分拣往往是一项费时费力的工作，需要大量人力投入，且容易出现差错和效率低下的情况。然而，随着机器和人工智能技术的快速发展，机器智能分拣系统逐渐成为改善分拣效率和质量的重要手段。

智能分拣系统包括多种类型的分拣设备，如基于图像识别的分拣机、基于重量和尺寸的分拣机等。这些设备利用不同的传感器和人工智能算法，对物品进行精确的检测和分类，提高了分拣过程的自动化和智能化水平。

基于图像识别的分拣机通过高速摄像机和图像处理软件，能够对物品的外观特征、颜色、形状和纹理等进行实时分析和分类。这种分拣机广泛应用于食品加工、农业和回收等领域。例如，在食品加工中，图像识别分拣机可以有效识别和剔除不合格的食品，具有提高被选产品的质量与经济效益和社会效益的价值。

基于重量和尺寸的分拣机则通过重量传感器和尺寸测量装置，对物品的重量和体积进行精确测量，并根据预设的标准进行分类。这类分拣机在包裹物流、仓储和制造业中具有重要应用。例如，在物流中心，基于重量和尺寸的分拣机可以快速准确地对包裹进行分拣，大大提升了分拣效率和处理能力。在物料分拣过程中，分拣机以物料形状为分拣基础，并通过称重检测提高分拣的合格率。

这些智能分拣设备的应用，不仅大幅减少了人工操作的需求，还显著降低了人为错误的发生率。在工业生产和物流领域，智能分拣系统的应用不仅提高了产品的质量和一致性，还大幅提升了生产效率和自动化水平。此外，通过数据的实时采集和分析，智能分拣系统还能为生产和物流流程提供有价值的反馈和改进建议，进一步优化整个供应链的管理和运营。

7.3.2 智能分拣系统构成

一般智能分拣系统的重要组成部分包括传感器检测系统、分拣机械结构、分拣控制系统以及安全防护系统，它们共同协作，实现对产品的准确分拣和高效运行。

1. 传感器检测系统

传感器检测系统是智能分拣系统的关键部件之一，用于捕捉产品的特征信息，如颜色、形状、大小等。通过激光传感器、光学传感器、近红外传感器等设备，传感器检测系统能够快速准确地获取产品的特征数据，为后续的分拣作业提供可靠的基础。

2. 分拣机械结构

分拣机械结构用于支撑传感器检测系统和实施分拣操作。其设计要考虑到产品的尺寸、重量和形状等因素，以确保分拣过程的稳定性和可靠性。分拣机械结构通常由输送带、分拣器、排放装置等部件组成，根据产品特性的不同，结构设计也会有所差异。

3. 分拣控制系统

分拣控制系统负责对传感器检测到的数据进行处理和分析，并控制分拣机械结构进行相应操作。通过采用先进的计算机视觉技术和智能控制算法，分拣控制系统能够实现对产品的准确分类和分拣，提高分拣效率和精度。

4. 安全防护系统

安全防护系统是保障智能分拣系统安全运行的重要保障。它包括安全感知装置、急停按钮、安全栅等安全设施，用于监测和防止分拣过程中可能出现的意外情况，确保操作人员和设备的安全。安全防护系统至关重要，不仅能够有效减少事故发生的风险，还能提升生产线的安全性和稳定性。

7.3.3 面向智能分拣的核心技术

面向智能分拣的核心技术是一系列在自动化分拣系统中应用的关键技术，旨在提高分拣效率、准确性和系统可靠性。这些技术涉及机器视觉技术、智能控制算法等方面，通过不断创新和集成，推动了智能分拣行业的发展和进步。

1. 机器视觉技术

在智能分拣技术中，机器视觉系统扮演着至关重要的角色。它通过高速摄像机捕捉物品图像，利用图像处理算法识别物品特征，如形状、大小、颜色和条形码等。这些数据随后被用来指导机械臂或传送带将物品准确地分拣到指定位置。

图像采集和处理技术是机器视觉系统的核心组成部分。摄像头捕捉到的图像包含了物品的颜色、形状等信息，通过图像处理算法对图像进行预处理，包括去噪、增强对比度、边缘检测等，以提高后续分析的准确性和效率。

其次是深度学习和神经网络算法，一些先进的智能分拣系统采用深度学习和神经网络算法，能够学习和识别复杂的物品特征，既能提升生产线的运行效率，还能减少人工误差。这些算法对大量样本数据的学习，使得智能分拣系统能够识别更复杂的物品特征，不仅可以识别颜色和形状等基本特征，还可以识别更加复杂的纹理、图案等特征，从而实现更加精细化的分拣。

2. 智能控制算法

人工智能和机器学习技术的应用也在不断提升分拣系统的智能化水平。通过大量数据的学习，分拣系统能够自我优化，提高识别准确率和处理速度。例如，深度学习算法可以帮助系统更好地理解复杂的物品形态和模式，从而在没有明确条形码的情况下也能进行有效分拣。

智能控制算法结合传感器和机器视觉数据，实现对物品的分类和分拣。例如，在某些分拣系统中，吹气模块与智能控制算法密切相关，共同协作以实现对物品的精准分拣。吹气模块通过控制信号释放气流，利用压缩空气精确地将目标物品从原料中分选出来。智能控制算法根据传感器和机器视觉数据分析目标物品的位置和特征，制定相应的分拣策略。在此过程中，智能控制算法根据实时的分拣需求和环境条件，确定吹气模块的使用时机、位置和力度。

7.3.4　机器智能分拣典型应用案例

本小节以矿石品质智能分选系统为例，深入探讨机器智能分拣技术在工业场景中的应用。基于工业视觉技术的矿石品质智能分选系统通过摄像头，基于深度学习的目标检测和传统工业视觉相结合，实现对传送带上矿石尺寸、色泽等信息的综合检测，结合电磁阀等机械结构对其进行分选（矿石品质实时分选验证平台见图 7-31）。该系统为面向工业矿石分选环节进行的定制开发，与传统分选相比，该系统结合矿石的特点针对性地设计了优化算法和控制系统，极大地降低了识别速度、提高了识别效果。由于采用深度学习模型进行前端预选，使得系统在实际工况中有着很高的适应性，且针对目标特征能够快速进行修正，解决了传统分选中适应性差、分选特征难提取等问题。

图 7-31　矿石品质实时分选验证平台

电控系统采用 EtherCAT 总线控制器与 GIGE 相机，全网络化总线控制方案，部署便利、抗干扰能力强，末端执行机构可以根据用于的需求灵活选配和组合（分选线识别目标及分析见图 7-32）。除了采用喷气、启动推杆、电机推杆外，也可输出识别结果坐标，配合机械手进行分选。执行控制系统采用实时嵌入式系统，结构执行误差小于 1ms，保证了下落过程中将目标物分选出来。

该系统部署实施后，可以有效提高企业的产品品质和生产效率，对于矿石加工行业具有重要的应用意义。

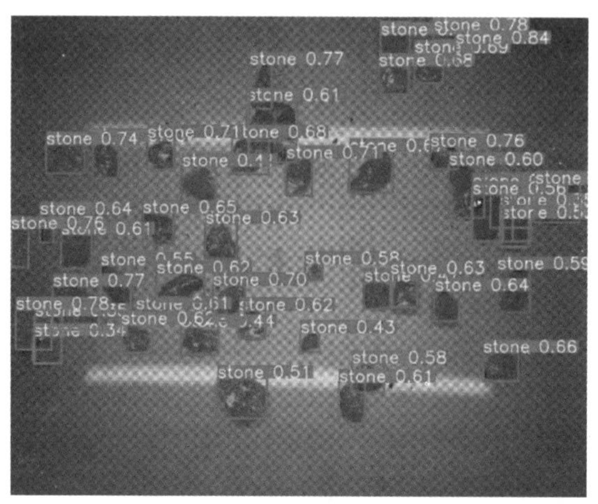

图 7-32　分选线识别目标及分析

7.4 数字孪生与仿真

7.4.1 数字孪生概述

1. 数字孪生的一般定义

通俗来讲，数字孪生是指针对物理世界中的物体，通过数字化的手段构建一个在数字世界中一模一样的实体，借此来实现对物理实体的了解、分析和优化。从专业视角看，数字孪生融合了人工智能（AI）及机器学习（ML）等前沿科技，巧妙整合数据、复杂算法与高级分析，创造出了物理实体的高精度虚拟模型。这一模型能够预见性地识别问题，即在实际故障前预警，通过持续监控虚拟模型中的状态变化，利用 AI 驱动的多维度数据分析来诊断异常，并且预测可能的风险，从而为设备的维护和运营策略提供科学合理的规划依据。

数字孪生是一种技术手段，它通过在数字环境中构建和维护物理世界中某个生产流程或系统的精确复制品，形成一个动态同步更新的数字化镜像（见图 7-33）。该技术背后的五大驱动力分别是：物理世界的传感器、数据、集成、分析和促动器，以及持续更新的数字孪生应用程序。

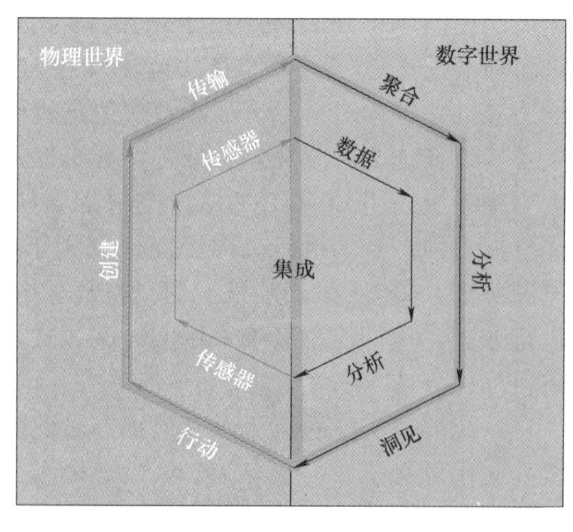

图 7-33　动态同步更新的数字化镜像

（1）传感器　在生产流程中配备的传感器会生成实时信号，这些信号携带着与实际作业活动和周边环境紧密相关的数据信息。数字孪生技术正是利用这些信号，实时捕获并解析这些数据，从而对实体生产流程进行精准的数字化呈现与分析。

（2）数据 从传感器收集的实时运营状况和环境信息，在整合之后会被结合进企业的综合数据库中，这些数据库涵盖了物料清单、内部管理系统数据以及设计标准等多种企业级资源；此外，还包括诸如工程蓝图、第三方数据来源以及客户反馈等多元化的数据集。

（3）集成 传感器通过集成技术（包括边缘、通信接口和安全）达成物理世界与数字世界之间的数据传输。

（4）分析 数字孪生利用分析技术开展算法模拟和可视化程序，进而分析数据、提供洞见，建立物理实体和流程的准实时数字化模型。数字孪生能够识别不同层面偏离理想状态的异常情况。

（5）促动器 若确定应当采取行动，则数字孪生将在人工干预的情况下通过促动器展开实际行动，推进实际流程的开展。

2. “工业 4.0” 术语编写组的定义

“工业 4.0” 术语编写组对数字孪生的定义是：利用先进建模和仿真工具构建的，覆盖产品全生命周期与价值链，从基础材料、设计、工艺、制造及使用维护全部环节，集成并驱动以统一的模型为核心的产品设计、制造和保障的数字化数据流。通过分析这些概念可以发现，数字组带为产品数字孪生体提供访问、整合和转换能力，其目标是贯通产品全生命周期和价值链，实现全面追溯、双向共享/交互信息、价值链协同。

从根本上讲，数字孪生是以数字化的形式对某一物理实体过去和目前的行为或流程进行动态呈现，有助于提升企业绩效。

7.4.2 数字孪生技术体系

数字孪生技术的成功实施依赖于一系列前沿技术的集成和发展，其技术体系按照从基础数据采集层到顶端应用层可以依次分为数据保障层、建模计算层、功能层和沉浸式体验层，从建模计算层开始，每一层的实现都建立在前面各层提供的基础之上，是对前面各层功能的进一步深化和拓展。

1. 数据保障层

数据保障层是整个数字孪生技术体系的基础，其通过高效能的传感器数据采集、高速的数据传输以及全面的生命周期数据管理这三个核心模块，确保了整个系统的稳定运行与高效运作。

先进传感器技术及分布式传感技术使整个数字孪生技术体系能够获得更加精准、充分的数据源支撑。数据是整个数字孪生技术体系的基础，海量且复杂的系统运行数据包含用于提取和构建系统特征的最重要信息。相较于专家经验知识，系统实时传感信息更准确，更能反映系统的实时物理特性，在处理涉及多个运行阶段的复杂系统时，展现出显著的优越性和普适性。因此，作为数字孪生技术体系的最前端环节，数据保障层的重要性毋庸置疑。

高带宽光纤技术的采用使海量传感器数据的传输有效消除了带宽的限制。在工业环境中，复杂系统的数据生成规模往往极为庞大，此时，显著提升的带宽容量能够大幅缩减数据传输的时间延迟，从而降低系统的整体响应时间，确保数字孪生系统能够近乎实时地跟踪并精确模拟现实世界的系统状态变迁。

分布式云服务器存储技术的进步有力地支撑了从数据生成到消亡的全生命周期数据存储与管理需求，其高效的存储组织架构和智能化的数据索引机制，为海量历史运维数据的持久保存和高效检索提供了关键性的底层支持。依托此类技术的云存储与云计算生态系统，能够坚实地奠基在大规模历史数据之上，进而极大地加速了大数据分析与计算过程中的数据查询与检索效率，确保了整个过程的迅速与可靠性。

2. 建模计算层

建模计算层主要由建模算法和一体化计算平台两部分构成，建模算法运用机器学习与人工智能技术，对系统数据进行深度特征提取和复杂建模。通过多物理、多尺度解析，挖掘传感数据中的关联、逻辑与特征，形成对系统超现实状态的精准表征，预测未来状态与寿命，并依据健康状态评估任务执行成功率。一体化计算平台提供高效算力、数据管理与接口整合，以及可视化交互界面，支持算法运行、数据接入与用户交互，实现对系统数据的深入理解与有效建模。

3. 功能层

功能层旨在为实际的系统设计、生产、使用及维护需求提供相应功能，涵盖多维度系统健康管理、任务执行能力评估、协同维护保障、生产过程监控及设计辅助决策等。针对复杂系统在运行中可能出现的异常与退化问题，功能层着重进行关键部件与子系统的退化建模与剩余使用寿命预测，为系统健康状态的监测与管理提供科学依据。对于由多个系统协同工作的复杂集群，该层能够评估其整体任务执行可行性，实时感知各成员状态，辅助集群任务的高效执行决策。基于对系统集群个体的深度状态认知，功能层进一步实现基于群体的智能维护，减少维修成本，避免人力浪费，实现系统批量化的高效维修保障。

4. 沉浸式体验层

沉浸式体验层的目标是构建一个极度真实的交互空间，让用户在心理和生理上都感觉到自己是虚拟环境或远程真实环境的一部分。这种技术不仅限于传统的视听维度，而是通过先进的传感器技术和多模态交互装置，捕捉并反馈用户的多种感官输入，如语音指令、手势动作、触觉反馈（例如压力变化）、体感运动跟踪（如身体姿态和重力方向的变化），甚至包括温度、气味等更复杂的感知维度。在未来，沉浸式体验层会更加精细化和智能化，能够模拟出与真实无异或超越真实的环境效应，帮助用户直观理解并操作原本抽象复杂的系统。

使用者通过学习和了解在实体对象上接触不到或采集不到的物理量和模型分析结果，能够获得对系统场景更深入的理解，设计、生产、使用、维护等各个方面的灵感将被激发和验证。

沉浸式体验层是直接面向用户的层级，以用户可用性和交互友好性为主要参考指标。沉浸式体验层融合多种先进技术，构建起一个多物理、多尺度的集群仿真环境，通过高保真建模与仿真技术，结合状态深度感知与自感知技术，成功塑造出目标系统的虚拟实时任务孪生体。这一孪生体能够连续预测系统的健康状态、剩余使用寿命以及任务执行成功率。虚拟数字集群作为数字孪生体向工程实践应用的关键示例，对于在成本可控的前提下确保高可靠性任务执行具有重大意义，为未来工程实践开辟了崭新路径。

7.4.3 数字孪生在智能制造中的典型应用案例

数字孪生在智能制造领域展现出了其在工业界的重要作用与巨大潜力，本小节将以基于数字孪生的航空发动机全生命周期管理为例揭示数字孪生技术在智能制造中的重要性。

传统的航空发动机研发途径在应对不断提升的性能标准和广阔的工作范围需求时，其局限性日益凸显。随着信息技术的快速发展，数字化、智能化成为推动航空发动机研制模式升级的新动力。尽管数字化的概念早已有之，但直到数字孪生技术的崛起，才真正开启了航空发动机设计与制造领域的一场革命性变革。

2011 年，美国空军研究实验室（AFRL）在飞机机体结构剩余使用寿命预测工作中开创性地应用了数字孪生技术，构建了一个极具真实性的机体数字孪生概念模型。该模型不仅考虑了实际飞机制造过程中的公差影响，还纳入了材料的微观结构属性等详细信息。通过利用高性能计算能力，研究人员能够在实体飞机实际投入飞行之前，通过数字孪生体执行大量虚拟飞行测试，以探测和识别潜在的未预期失效模式，并据此调整设计方案。与此同时，通过在实际飞机上安装传感器网络，实时捕获包括三维空间六自由度的加速度数据、机体表面温度和压力在内的各项关键参数，这些数据会被实时传送到数字孪生模型中，以此校准和更新模型，从而更加精确地模拟和预测实际飞机结构在不同工况下的剩余使用寿命（见图 7-34）。

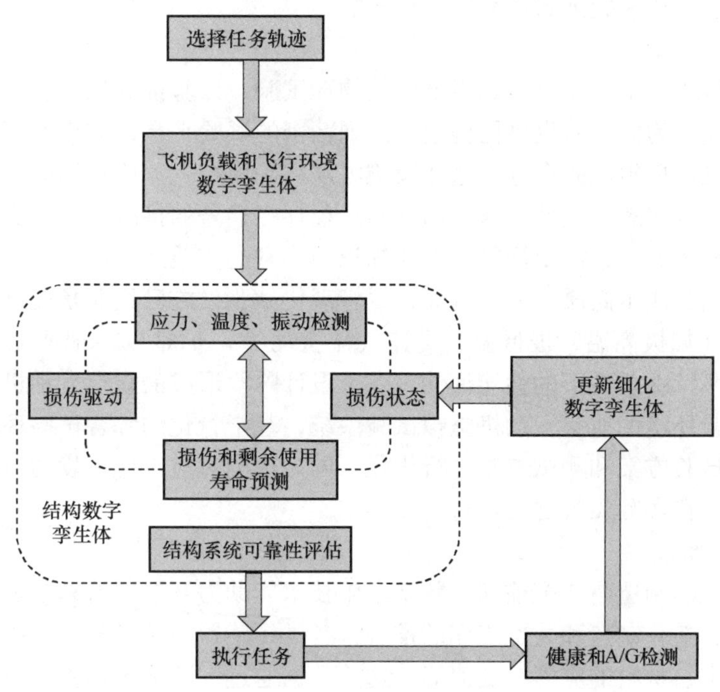

图 7-34　AFRL 机体数字孪生概念模型示意图

NASA 正在研发的降阶模型（ROM）旨在精确预测飞行器在各种飞行条件下的气动载荷和内部应力分布。此外，AFRL 正在开展结构力学项目，旨在研究高精度结构损伤发展和累积模型，AFRL 的飞行器结构科学中心在研究热-动力-应力多学科耦合模型，这些技术成熟后将被逐步集成到数字孪生体中，进一步提高数字孪生体的保真度。

同时，全球航空制造业领军企业纷纷依据各自业务特点，推出相应的数字孪生应用方案，旨在深入整合航空航天领域的虚拟与实体世界，从而推动企业在研发设计、生产制造及服务等层面迈向协同创新。以通用电气公司为例，其现有的民用涡扇发动机以及正在研发的先进涡桨（ATP）发动机项目均计划采用或已经采用了数字孪生技术来提供预测性维护服务。具体而言，通过对飞行过程中由各类传感器采集的海量飞行数据、环境数据以及其他相关数据进行仿真分析，能够全面掌握并模拟实际飞行状态下发动机的工作状况，精准评估磨损程度，并预估最佳维修时机，最终达到提前预警和实时监控故障的目标。

中国的航空航天领域也在加紧进行数字孪生在航空工业方面的应用研究。航空发动机数字孪生技术的创新应用过程有以下五个阶段。

1. 设计阶段

设计阶段的航空发动机开发是一项典型的复杂系统工程，其挑战源于多方面：繁复的研制要求、复杂的系统构成、高精尖的产品技术、烦琐的制造流程、严谨的试验与维护、精细的项目管理以及严苛的工作条件等。为应对这些难题，业界开始借助基于同类航空发动机的数字孪生技术。通过对用户需求参数（如推重比、燃油消耗率、喘振裕度、效率及可靠性等）进行量化设定，设计阶段能够迅速构建针对个性化新型发动机的精密仿真模型，进而生成该新型发动机的数字孪生体，并对其整体性能和功能进行多系统联合仿真，大大提高新产品的设计可靠性，快速验证新产品的设计功能。

2. 试验阶段

试验阶段的传统航空发动机研制高度依赖物理试验，以验证其在真实工作环境和使用场景下的性能与特性。为此，研发机构构建一系列精密的试验平台，如地面模拟试验台、高空模拟试验台以及飞行模拟试验台等，这些设施力求精确模拟发动机在不同海拔、气候、速度及负载条件下的运行状态。然而，这样的试验过程存在显著的挑战。一方面，制定详尽且覆盖所有关键工况的试验方案需要深厚的专业知识与丰富的实践经验，往往历经长时间的探索和调整，试验时间和成本高昂；另一方面，尽管现代试验设施已经非常先进，但某些极端或特定的飞行环境（如极高温、极低温、高速气流扰动等）仍难以在地面完全复现，这限制了对发动机在这些特殊条件下的性能评估。基于设计阶段形成的航空发动机数字孪生体，可构建包含综合试验环境的航空发动机虚拟试验系统，基于量化的综合试验环境参数，不断修正其模型，可对试验方案和测试参数进行优化，同时预测对应工况下发动机的性能，诊断其潜在的风险，强调在实际飞行之前进行“试飞”。

3. 制造/装配阶段

在航空发动机的制造与装配前期，数字孪生技术能助力开展制造和装配流程的最优化设计。具体实施时，随着制造和装配工作的推进，各类传感器会持续收集关键信息——包括尺寸精度、装配间隙、材料的应力应变值等，这些数据通过大数据技术被即时反馈到航空发动机的数字孪生模型中，推动模型与实体的精准同步，实现虚拟与现实的紧密贴合。在物联网（IoT）技术的强有力支持下，发动机部件的生产过程得到了前所未有的实时监控与精细管理能力。这种能力不仅允许即时修正加工过程中的偏差，确保每个部件都达到最优的制造质量，还促进了个性化发动机数字孪生体的形成，每个孪生体都蕴含着其对应实体的独特“基因”。这样一来，在发动机后续的运行维护阶段，这些高度定制化的数字孪生体就能提供极具针对性的服务，大幅提高维护效率与延长发动机的使用寿命。

4. 运行/维修阶段

在实际航空发动机出厂时，存在一个与其高度一致的航空发动机数字孪生体，同时交付给用户。在发动机运行/维修阶段，基于飞行器综合健康管理（Integrated Vehicle Health Management，IVHM）实时监测航空发动机的运行参数和环境参数，如气动、热、循环周期载荷、振动、应力-应变、环境温度、环境压力、湿度、空气组分等，数字孪生体通过对上述飞行数据、历史维修报告和其他历史信息进行数据挖掘和文本挖掘，不断修正自身仿真模型，可实时预测发动机的性能，进行故障诊断和报警，借助 VR/AR 等技术，还可实现支持专家和维修人员的沉浸式交互，进行维修方案制定和虚拟维修训练。

5. 报废/回收阶段

在实际航空发动机被报废或回收之后，与其对应的数字孪生体作为发动机全生命周期内数字化信息的存储和管理库，可被永久保存，并被用于同类型发动机的研制过程中，构建闭环的发动机全生命周期数字化设计和应用模式，形成良性循环，大大加速了发动机的研制流程，提高发动机设计的可靠性。

当然，构建航空发动机的数字孪生模型面临着诸多尖端技术挑战。然而，数字孪生恰恰是推动航空发动机研发周期压缩、成本削减，以及迈进智能化生产和维护服务的必然路径。在这一框架下，航空发动机的数字孪生体实时吸收和整合发动机在其整个生命周期内产生的各类数据，动态优化自身的虚拟模型，确保与实际发动机的运行状态保持高度同步，从而实现对实际发动机性能表现、运行状态和寿命的实时预测和监控。此外，数字孪生体还充当了航空发动机全生命周期数据的集成仓库，这些累积的经验数据可复用于后续同系列产品的设计迭代，显著加快新品研发速度，并节约研发经费。随着关键技术难关的逐个破解，未来的航空发动机数字孪生技术将成为推动发动机设计数字化、制造自动化和服务智能化的核心工具，引领发动机创新设计水平、生产工艺和整体可靠性跃升至全新层次。

本章小结

本章全面探讨了工业大数据与人工智能在工业领域的四个关键应用场景：产品缺陷检测、设备健康管理、机器智能分拣、数字孪生与仿真。这些内容不仅展示了 AI 技术的强大能力和广泛应用前景，也为工业生产提供了有效的智能化解决方案。

通过深入了解产品缺陷检测的技术和方法，人们认识到了机器视觉和深度学习在提高产品质量控制效率和准确性中的重要作用。在设备健康管理一节中，通过大数据分析和机器学习模型，可以实现对机械设备健康状态的实时监测和预测维护，极大地降低了维护成本并提高了生产效率。在机器智能分拣一节中讲解了智能分拣系统如何利用人工智能技术提高分拣速度和准确率，从而优化物流和仓储管理。数字孪生与仿真一节展示了通过构建虚拟模型来模拟真实世界场景的强大能力，这对于产品设计、测试和优化具有重要价值。

总之，本章不仅为读者提供了工业大数据与人工智能的深入理解，还展示了其在实际工业应用中的巨大潜力和价值。随着技术的不断进步和应用的不断深化，大数据和人工智能将在未来的工业发展中扮演更加关键和核心的角色。

思考题

1. 常用的缺陷检测方式有哪些？基于深度学习的缺陷检测有什么特点？
2. 基于深度学习的缺陷检测有哪几个关键问题？如何解决？
3. PHM 系统由哪几个模块组成？简述各个模块的功能。
4. 浅层机器学习模型与深度学习在大数据智能诊断的应用中有何异同？
5. 智能分拣系统由哪几个部分构成？
6. 机器视觉技术在机器智能分拣中的应用原理是什么？
7. 数字孪生技术在工业应用中的优势是什么？请结合实际案例进行说明。
8. 鉴于数字孪生技术的发展，讨论其在未来工业应用中可能面临的新挑战和发展方向。

参考文献

[1] 陶显，侯伟，徐德. 基于深度学习的表面缺陷检测方法综述 [J]. 自动化学报，2021，47 (5)：1017-1034.

[2] 李少波，杨静，王铮，等. 缺陷检测技术的发展与应用研究综述 [J]. 自动化学报，2020，46 (11)：2319-2336.

[3] 曹锦纲. 基于机器视觉的复杂环境下表面缺陷检测技术研究 [D]. 北京：华北电力大学，2022.

[4] CHEN Y J，DING Y Y，ZHAO F. Surface Defect Detection Methods for Industrial Products：A Review [J]. Applied Sciences，2021，11 (16)：7657.

[5] 陈雪峰. 智能运维与健康管理 [M]. 北京：机械工业出版社，2018.

[6] 何正嘉. 机械故障诊断理论及应用 [M]. 北京：高等教育出版社，2010.

[7] 雷亚国. 混合智能技术及其在故障诊断中的应用研究 [D]. 西安：西安交通大学，2007.

[8] LI N P，LEI Y G，LIN J，et al. An Improved Exponential Model for Predicting Remaining Useful Life of Rolling Element Bearings [J]. IEEE Transactions on Industrial Electronics，2015，62 (12)：7762-7773.

[9] LEI Y G，JIA F，LIN J，et al. An Intelligent Fault Diagnosis Method Using Unsupervised Feature Learning Towards Mechanical Big Data [J]. IEEE Transactions on Industrial Electronics，2016，63 (5)：3137-3147.

[10] LUO M，XU J，FAN Y，et al. TRNet：A Cross-Component Few-Shot Mechanical Fault Diagnosis [J]. IEEE Transactions on Industrial Informatics，2022，19 (5)：6883-6894.

[11] XU J，DUAN S Y，CHEN W W，et al. SACGNet：A Remaining Useful Life Prediction of Bearing with Self-Attention Augmented Convolution GRU Network [J]. Lubricants，2022，10 (2)：21.

[12] 周俊. 数据驱动的航空发动机剩余使用寿命预测方法研究 [D]. 南京：南京航空航天大学，2017.

[13] 张啸，黄富传，贾光帅. 基于魂芯五号的色选机图像识别算法实现与优化 [J]. 中国集成电路，2024，33 (3)：54-59；71.

[14] 廖耿斌. 基于 PLC 的物料分拣远程监制系统 [J]. 电子制作，2022，30 (19)：42-44；18.

[15] 陈志佳. 基于机器视觉技术的分拣系统设计分析 [J]. 上海包装，2023 (12)：9-11.

[16] 王君阳，王吓长. 智能色选机在中药净选生产中的应用［J］. 现代工业经济和信化，2022，12（6）：140-142.
[17] 陈根. 数字孪生［M］. 北京：电子工业出版社，2020.
[18] 庄存波，刘检华，熊辉，等. 产品数字孪生体的内涵、体系结构及其发展趋势［J］. 计算机集成制造系统，2017，23（4）：753-768.
[19] 刘大同，郭凯，王本宽，等. 数字孪生技术综述与展望［J］. 仪器仪表学报，2018，39（11）：1-10.

总结与展望

工业大数据与人工智能的融合创造了前所未有的协同效应，正引领二十一世纪制造业的深刻变革，为高端装备的智能化发展创造了历史性机遇。利用工业大数据技术，企业能够收集产品全生命周期内的海量信息，挖掘有价值的新信息，发现新的工业知识与模式。而工业人工智能技术则面向这些工业数据实现了强大的计算和分析能力，使智能化决策成为可能。在这一背景下，我们编写了《工业大数据与人工智能》一书，聚焦于工业领域智能制造的发展规律和基本要求，从系统层面梳理和构建了工业大数据技术和工业人工智能技术的知识体系，为读者提供了一个相对完整的工业大数据与人工智能的学习与应用框架。全书共计七章。第一章为绪论，对工业大数据和人工智能的发展历程、主要技术体系和未来趋势进行了简要系统的论述，是本书的总论。第二章深入剖析了工业大数据在数据采集、处理、储存、分析和挖掘等方面的技术及其应用场景。第三章讲解了机器学习在处理工业数据中的常用方法。同时提及了可信人工智能的概念并探讨了面向特定任务的机器学习方法。第四章深度探究工业中的感知智能技术与应用，包括工业智能传感与感知、工业机器视觉、工业机器听觉、多源信息融合和人机交互技术。第五章介绍了工业中的认知智能的核心技术，包括自然语言处理、知识图谱、知识推理与决策和生成式人工智能。第六章探讨了工业中常用的几种智能优化算法及其应用。第七章介绍了工业大数据与人工智能在工业领域的前沿进展和实际应用案例，从而直观提升学生对智能制造新模式的认识。

总体而言，作为世界第一的制造大国，中国拥有丰富的工业大数据资源。工业大数据与人工智能技术作为推动制造业转型升级的核心引擎，受到政产学界的广泛关注，其发展呈现出“数据驱动、算法优化、智能决策和可持续发展”的多重特点。需要特别指出的是，工业大数据与人工智能的发展正处于从初期的探索阶段进入快速发展的关键时期，还有许多重要问题亟待我们深入探讨与研究。

1. 工业大数据与人工智能技术的互动发展规律

工业大数据与人工智能之间的互动发展呈现出一种相辅相成的复杂关系，推动着现代工业的深刻转型与升级。一方面，工业大数据为人工智能提供了坚实的基础。丰富的训练数据为人工智能算法的优化创造了良好的条件。另一方面，随着人工智能系统的实施，工业领域生成的新数据的不断产生，包括用户交互数据和生产监控数据等，人工智能模型需要迭代发展。因此，深入思考数据、计算能力和算法有机结合所构成的工业大数据和工业人工智能发展基础架构及其内在蕴含的互动发展规律，是一个至关重要的根本主题。未来工业大数据和人工智能技术的互动发展与之前有什么不同？随着工业大数据和人工智能技术的进步，所引发的伦理和社会问题（例如数据隐私和算法偏见等）已经从单一的技术发展关注点，转变为涉及工业大数据和人工智能治理的全面实践，对此我们该如何走自主创新之路？上述问题都需要我们不断地探索和认知，为将来的技术创新奠定思维基础。

2. 工业大数据不足和数据孤岛的应对

相比于互联网服务领域大数据应用的普及和成熟，工业大数据高度复杂，面临着高质量数据不足和数据孤岛两大核心障碍。高质量数据不足是指工业企业往往收集了海量工业数据，但有分析利用价值的高质量数据不多。数据孤岛问题指的是不同部门、系统和企业之间的数据无法有效共享流通和整合。从全行业来看，发展工业互联网，实现从单一企业内的局部优化，到整个产业链的全局优化的跨越，必然要实现整个供应链上跨企业的数据流通共享。因此如何破解数据不足和数据孤岛的问题，推动工业大数据技术的发展，这是一项复杂的系统工程。为此，我们需要抓住数据采集、汇聚、流通、分析、应用这些关键环节，思考如何构建工业大数据的价值闭环，从而夯实高质量的工业大数据；思考如何在新技术层面如同态加密、安全多方计算、零知识证明、区块链与智能合约等，来解决数据共享中法律、隐私和安全等核心挑战，从而提升企业对工业大数据的管理能力，打破数据共享的僵局。更重要的是，思考在我国工业大数据进入快速发展的关键时期，我们该从什么方面做好准备？在此基础上，自主创新有什么重大意义？

3. 安全可信工业人工智能的构建

针对高可靠性、高实时性和高危险性的工业场景，构建安全可信工业人工智能的需求越发迫切。它是指工业领域应用人工智能技术时能够确保系统的安全性、可靠性、可解释性、隐私保护、公平性等一系列内在属性的可信赖程度。这些属性共同构成了工业人工智能的可信基础，确保了人工智能系统在实际应用中的稳定性和可预测性，以及在面对各种挑战时的鲁棒性。对此，我们必须深入思考，工业场景下人工智能技术的属性需求有什么新趋势？面对智能设备的广泛应用，未来生产场景中人和机器应该如何安全可信的互动？从系统工程的角度来看，如何确保工业人工智能技术的发展既符合伦理原则，又能够应对实际应用中的挑战？厘清这些问题才能为将来的技术创新乃至智能制造模式的变革奠定思维基础。

4. 大数据与人工智能技术在智能制造全流程中的融合应用

大数据与人工智能技术在智能制造全流程中的融合应用，代表着现代制造业向数字化、网络化和智能化转型的重要趋势。可以预见，未来十年将是大数据与人工智能技术在智能制造中融合应用的快速发展时期。这一过程不仅涉及技术层面的深度整合，还涵盖了管理、组织和生态系统的变革，因此其内涵和复杂性不可小觑。为此，我们需要厘清大数据与人工智能技术有哪些新进展，如何推动了智能制造的应用与创新？关于智能制造的技术或者模式变革是如何产生的，向什么方向发展？在智能制造的资源组织上，管理和组织形式有什么新特点，新型组织方式需要什么样的大数据与人工智能的支撑技术？更重要的是，如何让数据成为驱动制造优化的重要引擎，构建适应我国实际的智能制造新模式。